“十二五”普通高等教育
本科国家级规划教材

江苏省高等学校重点教材

高等学校社会工作专业主干课程教材

人类行为与社会环境（第四版）

Human Behavior and the Social Environment (Fourth Edition)

主　编　彭华民
副主编　徐

中国教育出版传媒集团
高等教育出版社·北京

内容提要

本书由供职于南京大学、南开大学、香港大学等高校的成果丰硕、实务扎实的学者们精心打造，入选“十二五”普通高等教育本科国家级规划教材。本书整合了国际前沿成果，体系合理；从生理、心理到个人成长，逻辑清晰；制度分析与社会工作案例相结合，理论联系实务。

本书第一章为引导章，第二章与第三章研讨人类行为与社会环境相关理论，第四章、第五章、第六章介绍人类行为的社会结构环境、文化环境与公共卫生环境，前六章内容体例是本书特色。第七章到第十四章分析了个人从胎儿到老年各个阶段生理、心理和社会的三重发展，成长危机和解决方法，以及环境与个人的互动影响。每章除正文外，还包括本章小结、思考题、推荐阅读、扩展推荐阅读和案例，以便读者延伸阅读视野。

本书是社会工作专业的必备教材，也可以作为公共管理、公益慈善、社会组织管理等领域工作者的培训教材，还可以作为非专业人士全面了解人类行为发展演进、个人成长中需要面对的危机等的导读书。

图书在版编目(CIP)数据

人类行为与社会环境 / 彭华民主编；徐愫，刘玉兰副主编. --4版. --北京：高等教育出版社，2025.8. --ISBN 978-7-04-063715-1

Ⅰ. C912.4

中国国家版本馆CIP数据核字第20254MQ154号

人类行为与社会环境
RENLEI XINGWEI YU SHEHUI HUANJING

策划编辑 张婧涵　责任编辑 程思祎 张婧涵　封面设计 李小璐　版式设计 于 婕
责任绘图 裴一丹　责任校对 刘丽娴　责任印制 刘思涵

出版发行	高等教育出版社	网　址	http://www.hep.edu.cn
社　址	北京市西城区德外大街4号		http://www.hep.com.cn
邮政编码	100120	网上订购	http://www.hepmall.com.cn
印　刷	三河市骏杰印刷有限公司		http://www.hepmall.com
开　本	787mm×960mm 1/16		http://www.hepmall.cn
印　张	32	版　次	2011年12月第1版
字　数	600千字		2025年8月第4版
购书热线	010-58581118	印　次	2025年12月第2次印刷
咨询电话	400-810-0598	定　价	66.00元

物 料 号　63715-00

先有后好　生生不息
——《人类行为与社会环境》第四版序

彭华民

一、先有后好　吾道无穷

恩师费孝通先生在中国社会学重建之始，鉴于当时中国从事社会学教学和研究的专业人才奇缺，社会学研究资料奇缺，部分从事社会学教学研究的学者缺乏严格的专业训练，提出了社会学学科建设"先有后好"的观点。他不顾 71 岁高龄，积极为社会学专业的教材建设奔走呼吁。他说，中国大学里的社会学教学工作中断了多年，可以走先编写教材、先培养学生，在后来不断教学研究中再提高教材和研究质量的路子，即"先有后好"。[①] 我不止一次聆听过他关于"先有后好"的演讲。随着自己参与社会学和社会工作学科重建发展工作，我对他"先有后好"观点的深刻意义不断有新的认识。[②] 中国大学社会工作教育也中断了多年，面对社会对社会工作人才的迫切需要，中国社会工作教材建设实际上也走了"先有后好"的道路。最开始我们较多使用的是外国和我国港台地区出版的教材，后来开始自己编写教材。早期编写的教材明显受到中国港台地区的影响，现在我们将本土社会工作发展经验和研究成果纳入教材，不断地向"好"迈进。编写《人类行为与社会环境》也是中国社会工作教材建设"先有后好"过程中的一步，是一项富有挑战性的任务。它时时刻刻激励着我们反思社会发展过程，寻找生命意义，创新社会工作教材内容。因为中国社会工作教材本土化有很多工作需要做，在向"好"迈进的道路上，我们肩上的担子很重。这个过程犹如人类发展过程，前赴后继，生生不息。

中国高等学校社会工作学科的重建工作从"马甸会议"开始，也经历了先有后好的历程。从最开始的几所大学开设社会工作专业，到现在全国有 380 多所

---

① 费孝通:《社会学概论(试讲本)·前言》,天津人民出版社 1984 年版。

② 彭华民:《自序:费孝通中国社会学重建战略思想与对消费社会学的启示》,彭华民主编:《消费社会学新论》,北京师范大学出版社 2011 年版。

大学开设社会工作专业，215所大学设立社会工作专业硕士点，24所大学设立社会工作与社会政策博士点，其中南京大学、南开大学、复旦大学、华东理工大学、华中师范大学自设社会工作二级博士点。2024年7月31日，国务院学位委员会办公室发布新增博士硕士学位授权审核专家核查及评议结果，最终中国青年政治学院、华东理工大学、河海大学、深圳大学、西南财经大学、贵州大学、云南大学7所高校成功获批社会工作专业博士点（DSW），成为全国第一批新增设社会工作专业博士点大学（注：清华大学和浙江大学2023年自设社会工作专业博士点，南京大学和复旦大学等2024年自设社会工作专业博士点，未列入该名单）。大学为社会培养了越来越多的高质量专业人才。

社会工作重建工作还得到政府有关部门的重视和大力支持。“社会工作”一词七次写入政府工作报告。中共中央等19部门于2010年发布《国家中长期人才发展规划纲要（2010—2020年）》，将社会工作人才纳入人才发展大局，使社会工作人才成为与党政人才、企业经营管理人才、专业技术人才、高技能人才、农村实用人才并列的第六支主体人才队伍。在中长期规划的指引下，十多年来，通过职业水平考试、学历学位教育、在职在岗培训“三位一体”培养方式，全国社会工作专业人才总量从30万人增长到160余万人。这支队伍成为社会建设的重要参与者和贡献者，也让社会工作发展的根基更加坚实。2023年中央社会工作部成立，为社会工作的发展提供了更广阔的空间。

在教材前三版建设的基础上，教材第四版编写团队坚持以人民为中心的发展思想。教材增加了增进民生福祉，不断实现发展为了人民、发展依靠人民、发展成果由人民共享，让现代化建设成果更多更公平惠及全体人民的内容①。教材在增进民生福祉提高人民生活品质的思想指导下，突出对弱势群体的研究，发展共享型普惠福利理念，细化阐释专业社会工作服务，植根本土，创新特色。

二、金陵基石 历史传承

南京大学是中国最早从事社会工作教育的大学之一，其社会工作和社会福利教育发展是中国社会工作和社会福利教育发展的一个缩影。20世纪30年代，南京大学的前身中央大学、金陵大学和金陵女子大学就开设了社会工作和社会福利课程。中央大学开设社会工作专业，建立了儿童福利院等四个实习基地，组织同学到福利院等机构实习，金陵大学还建立了儿童福利系。为适应抗日战争需要，金陵大学和金陵女子大学西迁后采取了新的办学措施，把社会学教学团队分为五组，即普通社会学组、都市社会学组、乡村社会学组、边疆社会学组和社

① 习近平：《高举中国特色社会主义伟大旗帜 为全面建设社会主义现代化国家而团结奋斗——在中国共产党第二十次全国代表大会上的报告》，人民出版社2022年版。

会福利行政组（社会工作）。此时金陵大学社会福利行政组开始独立招收学生。1942 年，鉴于抗战时期社会工作人才缺乏，为加强大学生对社会福利事业的认识，金陵大学增设社会福利行政特别研究部，招收大学毕业生提供一年至二年的高阶训练，以适应社会之需要。金陵大学还在联合国善后救济总署社会工作组的支援下培养了十余名社会福利专业研究生，又于 1948 年专门设立了社会福利行政系，招收社会福利本科生，成为当时中国唯一的社会福利系。该系还成为国际社会工作协会及国际社会福利研究院联合委员会会员。① 时任国民政府教育部高教司司长的孙本文组织编写了社会工作专业教学大纲，为规范大学社会工作专业发展起到了积极作用。

1949 年后，南京大学由于院系调整等人为原因中断了社会工作教育。1986 年，中国社会工作重建的马甸会议召开，讨论了中国大学社会工作教育恢复发展的问题。1993 年，南京大学开设了社会工作与社会管理专科（自学考试），1997 年社会工作专科升为本科。2008 年南京大学建立社会工作与社会政策系。教育部于 2009 年批准了包括南京大学在内的 36 所大学开设社会工作专业硕士学位点。虽然南京大学社会工作本科专业重建较晚，但是社会工作研究生教育后来居上。之后，南京大学成立了社会工作硕士学位教学指导委员会和社会工作硕士教育中心。2010 年，南京大学社会工作专业硕士开始招生，学制分全日制（南京大学本部）和兼读制（南京大学深圳研究院），还建设了几十个实习基地，开展了儿童抗逆力、成长小组等社会工作服务。2011 年，教育部批准南京大学自主设立二级学科社会工作博士点；2013 年，民政部批准南京大学设国家级社会工作人才培训基地；2014 年，南京大学成立社会建设与社会工作研究院和公益慈善研究院；2015 年，南京大学与江苏省民政厅共建社会工作研究生工作站；2021 年，南京大学社会工作专业获批教育部国家级一流本科专业。2024 年，南京大学自设社会工作专业博士点，并在社会学博士后流动站中招收社会工作与社会福利方向博士后。南京大学逐步成为培养高级社会工作人才的重要基地。同时，南京大学社会工作专业与其相关专业携手并进，成为社会学一级学科发展的重要支柱之一。2013 年教育部社会学学科评估中南京大学社会学学科获 A，名列全国第三。2014 年南京大学项目获得教育部优秀教学成果二等奖，其中也有社会工作专业的贡献。

三、天开教泽　生生不息

“天开教泽兮，吾道无穷。”②大学教师承担着研究和教学的双重责任。编写

---

① 王世军：《金大金女大社会工作专业沿革》，《南京师大学报（社会科学版）》2001 年第 5 期。

② 江谦：《南京大学校歌》，1919 年。

优秀教材从古至今都应该是、也必须是大学教师的重要职责和工作，是育人的重要环节。我们耳熟能详的多位学者都亲自编写教材。如郑杭生的《社会学概论新修》、王思斌的《社会工作概论》；还有吉登斯(A. Giddens)的《社会学》、默顿(R. K. Merton)的《社会学导论》、梅志里(J. Midgley)的《社会政策》、阿尔科克(P. Alcock)的《解析社会政策》等。优秀的教材能够引导莘莘学子尽快进入人类知识殿堂，学习人类辉煌的文明。《人类行为与社会环境》编写工作在我心中与研究工作具有同等重要性。我要求自己和编写团队成员具有人类行为研究的多元视角和前沿成果，具有与人类行为有关的多个学科的知识积累，具有将社会工作和实务结合的能力，全力以赴呈现一部具有中国特色的优秀教材。

“人类行为与社会环境”是社会工作专业教学体系中具有极其重要地位的课程。因为社会工作服务方案制订和实施是建立在我们对人类行为与社会环境分析与评估基础上的。国外不少大学社会工作学系不仅给本科生开设“人类行为与社会环境”课，也给硕士研究生和博士研究生开设高阶“人类行为与社会环境”课程。“人类行为与社会环境”还是我国台湾社会工作师考试科目。我国的社会工作教材建设工作虽然有不少进步，但还存在令人担忧的问题。中国社会工作教育从 20 世纪早期到重建阶段都受到社会学的影响，形成专业发展的路径依赖。2004 年由教育部高教司委托全国高校社会学学科教学指导委员会(以下简称教指委)组织编写并经教育部高教司审定的《社会工作专业主干课程教学基本要求》①，包括 11 门社会工作主干课程，其中包括“社会学概论”却不包括“人类行为与社会环境”课程，这不能不说是一个缺憾。

2009 年起，我受学院委托，接受邀请参与了社会工作本科专业人才培养计划的编写工作。在教指委组织召开的教指委暨(社会学与社会工作)系主任联席会议(2011 年贵阳会议、2012 年南京会议、2013 年长沙会议、2014 年南京会议)，以及社会学与社会工作人才培养方案讨论会(2010 年北京会议和 2013 年南京会议)上，与会专家经过讨论，一致同意将“人类行为与社会环境”列入社会工作专业主干课程。

2013 年我受聘担任教育部社会学本科专业教育质量国家标准工作小组成员，与李路路教授、洪大用教授、冯仕政教授、刘爱玉教授、周晓虹教授、顾东辉教授、麻国庆教授、雷洪教授等专家一起，对社会学大类本科专业教学质量国家标准和人才培养方案进行了讨论和编写。2018 年，教育部高等学校教学指导委员会在前期工作基础上出版了《普通高等学校本科专业类教学质量国家标准》②，

① 教育部高等教育司：《社会工作专业主干课程教学基本要求》，高等教育出版社 2004 年版。

② 教育部社会学类教指委编：《教育部社会学本科专业教学质量国家标准》，教育部高等学校教学指导委员会编：《普通高等学校本科专业类教学质量国家标准》，高等教育出版社 2018 年版。

将社会学、社会工作、人类学、女性学、家政学等专业归为社会学类。社会工作专业课程模块包括:社会工作理论、社会工作研究方法、社会工作伦理、人类行为与社会环境、社会心理学、社会福利思想、社会保障概论、社会政策、社会工作法规与政策、社会行政、创新管理、社会管理/社会治理、社会组织管理、社会服务、个案工作、小组工作、社区工作、社区发展、社会工作评估、质性研究方法。“社会福利思想”被重新纳入,此外还增加了“社会保障概论”“社会服务”等体现社会工作福利性和服务性的课程。“人类行为与社会环境”课程纳入社会工作专业课程,对人才培养的重要意义再次得到充分肯定。《社会学类教学质量国家标准》是《普通高等学校本科专业类教学质量国家标准》的一个部分。《普通高等学校本科专业类教学质量国家标准》由教育部委托高等学校教学指导委员会研制,参与的专家教授有 5 000 多人。该国标涵盖了普通高校本科专业目录中全部 92 个本科专业类、587 个专业。教育部要求把国标实施与“一流本科、一流专业、一流人才”建设紧密结合。在一流本科专业建设中,国标成为我们工作的指南。

2016 年至 2018 年我还承担了全国社会工作专业学位研究生教育指导委员会社会工作课程大纲编写工作,主持宏观高级社会工作实务大纲编写。2023 年我参加了教指委社会学类专业核心课程教学要点研制工作,与顾东辉、黄晨熹教授一起编写《社会工作概论》。日积月累的专业教材建设工作给《人类行为与社会环境》内容的丰富和完善打下了越来越扎实的基础。

为了回应社会对社会工作专业人才和中国社会工作教育快速发展的需要,中国社会工作教育协会和高等教育出版社于 2007 年冬在北京中国青年政治学院召开社会工作教材建设会议。会议中,时任中国社会工作教育协会会长、北京大学王思斌教授根据中国社会工作教材发展的现状和我的学科背景,建议我编撰《人类行为与社会环境》。根据王思斌教授的建议,我回到天津后就开始准备《人类行为与社会环境》的大纲。2007 年底,我完成了 11 000 多字的《人类行为与社会环境》出版申请书,提交高等教育出版社。该申请很快得到高等教育出版社的积极回应。教材大纲经过反复修改和完善,参与大纲第一版修改完善工作的有干咏昕、楼玮群、库少雄、蔺文钧、徐文燕。参与本教材第二版大纲修改工作的有徐愫、沈晖、张洪等。2014 年《人类行为与社会环境》获教育部“‘十二五’普通高等教育本科国家级规划教材”称号后,我和团队再次对教材进行了修改,形成《人类行为与社会环境》第三版。2018 年《人类行为与社会环境》获江苏省“十三五”高等教育重点教材立项,2021 年获江苏省高等学校重点教材立项。我带领团队进行了书稿全面修改,完成了《人类行为与社会环境》第四版。

《人类行为与社会环境》团队开放包容,借鉴了我国香港地区和美国社会工作教材建设经验。1998 年我访问香港中文大学社会工作学系,向开设“人类行为与社会环境”课程的石丹理教授请教，获益良多。为了推动中国刚刚起步的社会工作专业硕士教育发展，国际社会工作教育联盟、中国社会工作教育协会和美国社会工作教育协会于2012年12月在北京召开了社会工作专业硕士教育研讨会，启动中美“7+7”社会工作国际交流项目，即7所美国大学的社会工作学院（系）与7个中国社会工作教育片区联合开展中国社会工作教育能力建设活动。南京大学牵头苏皖片区36所大学与美国排名前十的南加州大学社会工作学院开展合作交流。其中一项活动就是共同完善美方大学的“人类行为与社会环境”教材的内容和案例，同时修改丰富中方大学的社会工作教材。我们不断开展的国际交流拓宽了我们的国际视野，为教材建设打好了基础。

通过团队认真而细致的工作，《人类行为与社会环境》（第四版）教材知识体系相对完整，逻辑层次清晰，内容丰富而不庞杂，理论联系中国实际，全面展示中国社会经济变迁背景下社会工作发展的内容，适合社会工作专业学生、研究生和社会工作者学习。

第一章导论是引导章，帮助学生认识人类行为、人类需要、自然和社会环境的内容、人与环境互动关系以及研究这一领域的意义。第二章和第三章讨论了和人类行为与社会环境有关的心理和社会理论，分别讨论了精神分析、心理与家庭发展阶段、认知发展、道德发展、学习、人本主义和符号互动、社会互动、社会化、系统、全球化等理论，新加入了全球变迁理论。这两章通过对理论的阐释，帮助学生认识人类成长的阶段和特征，掌握人类行为与社会环境互动关系的理论。第四章、第五章和第六章分别是社会结构环境、文化环境、人类健康与公共卫生环境。社会结构环境包括家庭、群体与组织、学校、社区、工作单位、制度等内容。文化环境包括文化的构成、价值观、文化变迁等内容。第四版新加入了第六章人类健康与公共卫生环境，内容包括人类健康的新定义、人类健康的不平等问题、突发公共卫生危机与应对、社会工作在突发公共卫生危机中的作用等。这三章内容和体例是本书的创新和特色，也是同类教材中没有的。我们认为只有通过对人与环境的专业分析，才能帮助学生建立对人、社会—生态环境、社会变迁—生态风险应对的整体认识。

第七章到第十四章按照人的成长历程分析了人从胎儿开始到老年各个阶段的发展，以及社会环境对个人发展的影响。包括第七章妊娠、胎儿与社会环境，第八章婴儿行为与社会环境，第九章幼儿行为与社会环境，第十章儿童行为与社会环境，第十一章青少年行为与社会环境，第十二章青年行为与社会环境，第十三章中年人行为与社会环境，第十四章老年人行为与社会环境。

本教材特别重视中国特色、中国风格、中国气派知识体系的建构，突出学生为本的原则。为了方便课堂学习和课后拓展学习，本书每章内容都包括：学习目的、主要内容、案例分析、本章小结、思考题、推荐阅读、扩展推荐阅读等。学习本课程的同学可以先读每章开始的学习目的，了解本章学习的方向，然后学习本章主要内容，其中的案例分析将帮助你理解人类行为与社会环境互动关系，每章最后一节都是社会工作重要议题，目的是帮助学生扩展对当今社会中人类行为与社会环境互动的新议题、新知识和新问题的认识广度及深度。

四、人的危机与成长

在社会工作百年历史中，我们一直在面对各种危机，我们一直在化解危机中成长①。在我 40 多年的教育生涯和 20 多年"人类行为与社会环境"课程教学及教材编写过程中，我一直希望表达人的一生都在面对危机、化解危机，将危机视为机会，不断成长的观点。具体到人的每一个成长阶段，都会有不同的危机，有不同的成长。在教材编写中我们从具体的问题分析开始，最后升华到人与环境关系的宏观智慧。中国古人说，一鲸落，万物生；等生死，齐万物。人生也是危机与成长循环往复，能量转换。这是生命的多样性和生命存在意义的根本。

人的生命是流动的，变化在我们生活中的每一天，在我们服务的每一个对象，以及我们自己。每一次站在人类行为与社会环境课堂的讲台上，每一次翻开《人类行为与社会环境》教材，每一版写作和修改，内容都呈现了流动性变化，我们从变化中不断汲取营养，丰富了自己的内心，对知识和自然更加敬畏。

天人合一，物我合一，有无合一。人类行为与社会环境关系包含至高的智慧。希望你们和我们一起，读书但不限于书，提升反省思维能力，理解学习对我们人生的滋养，成长为堪当重任的时代新人。

2011 年 5 月第一版定稿于南京丹凤街唱经楼
2013 年 12 月第二版定稿于南京大学河仁楼
2016 年 4 月第三版定稿于南京仙林共美斋
2024 年 10 月第四版定稿于南京仙林共美斋

① 彭华民：《中国社会工作学科：百年论争、百年成长与自主性研究》，《社会科学》2017 年第 7 期，第 66—73 页。

目　录

第一章　导　论

学习目的

了解人类行为与社会环境关系的研究视角；认识人类行为的概念、特征、类型和人类的成长阶段；学习人类需要理论、需要类型和特征，以及需要评估的方法；认识人类与环境的互动关系，以及在互动关系中形成的多种角色；认识社会工作者在个人成长中的作用，以及人类行为与社会环境在社会工作学科建设、社会工作教育体系建设、社会工作实务中的意义。

近年来新冠疫情大流行带来的健康、生态、社会和经济综合危机，人类面对的环境污染、经济波动、心理危机等问题再度引发人们对自身行为和环境关系的高度重视，促使人们重新审视人类行为与环境的关系①。本书最重要的视角之一是“人在环境中”或“环境中的人”（person-in-environment approach，PIE）②。“人在环境中”作为社会工作的实践导向观点，认为不考虑个人所处环境的各个方面如空间、时间、经济、政治、社会、家庭、身体和精神，就无法充分理解个人及其行为。该观点提供了一个优化的框架用以评估社会成员行为，评估他们面对的问题和他们的优势。“人在环境中”可以帮助社会工作者组织观察、编制规划和干预策略、开展服务。基于这一观点，社会工作者建立了有效的干预路径和范围，从而直接干预个人或环境。该视角被认为是社会工作的独特方法（自理论），同时整合心理学（以微观—人为取向）和社

① 金英爱、彭华民：《国际社区抗疫社会工作—志愿行动：跨文化整合性介入模式研究》，《中国社会工作学刊》2021 年第 1 期。Jie Lei，Tian Cai，Zhenhao Su & Wanyi Huang，“Examining the Person-in-Environment Perspective Among Social Work Students in China：Individual- or Society-Orientation?，” *Australian Social Work*，vol. 71，no. 4（2021），pp. 505–518.

② Marry Ellen Kondrat，“Actor-Centered Social Work：Re-visioning ‘Person-in-Environment’ Through a Critical Theory Lens，” *Social Work*，vol. 47，no. 4（2002），pp. 435–448.

会学(以社会—结构为取向)的理论(他理论),结合生理学(以生物、生态视角为取向)建立的多元分析框架。

“人在环境中”在某种意义上并不是严格意义上的理论,一些实务案例和研究将其归为基于证据的实践。在社会工作发展早期,研究者和实务工作者就将该观点用在社会工作学科建设中。今天,人类行为研究领域的诸多理论支持了“人在环境中”的观点。人类行为研究领域的理论经历了实证主义理论、后现代主义理论的发展历程,需要在思想发展史的背景中去理解。社会工作者采用源自实证主义(positivism)传统的人类行为理论,通过收集政策信息、案例和数据来指导临床实践。后现代主义(postmodernism)的人类行为理论则持续关注对环境中的人的反思①。批判理论或称社会科学的批判主义范式(the critical social science paradigm)对社会工作理论影响较多,由其发展出的批判性社会工作观点对人与社会环境关系的解释进行了修正。生态系统观点(ecosystems perspective)已成为理解人类行为与社会环境之间关系的较为普遍的方法。它将个人和更大的社会系统视为相互影响关系中独立的却又相互作用的要素。通过理论的多重视角,社会工作对人类行为与社会环境的关系解释进行了整合,强调人类的独特性,将人类行动者定义为社会环境的共同建构者,而不仅仅是社会环境中的互动者。尽管人类行为是由社会及其结构塑造的,但这些结构又是由人类主体的社会行为随着时间的推移而递归构建、维持和复制的②。近年来,学者提出社会工作者的研究重点应该是不断发展的环境系统的边界,要把维持人类生活和福祉所必需的条件(社会、生态、经济、政治等)纳入环境研究之中③。

洛帕塔和利维(H. Z. Lopata, J. A. Levy)指出社会问题贯穿人的生命全过程,在人生的各个阶段,人们都会遇到问题④。我们在开展社会工作介入时需要把握的原则之一就是将社会问题放入具体环境中来考察,将服务对象放入社会环境中来分析。广义上来讲,环境中的人和人所生活的社会环境,都是社会工作的对象。“人在环境中”视角是本书的主线⑤。一些其他学科也关注人和社会环

---

① Roberta R. Greene, *Human Behavior Theory, Person-in-Environment, and Social Work Method*, New York: Routledge, 2008.

② Marry Ellen Kondrat, "Actor-Centered Social Work: Re-visioning 'Person-in-Environment' Through a Critical Theory Lens", *Social Work*, vol. 47, no. 4(2002), pp. 435-448.

③ David Green & Fiona McDermott, "Social Work from Inside and Between Complex Systems: Perspectives on Person-in-Environment for Today's Social Work," *The British Journal of Social Work*, vol. 40, no. 8(2010), pp. 2414-2430.

④ Helena Znaniecka Lopata & Judith A. Levy, *Social Problems Across the Life Course*, New York: Rowman & Littlefield Publishers, 2003.

⑤ 本书的读者包括社会工作专业同学、已经从事社会工作的社会工作者以及对服务人类感兴趣的人士等。大家可以从每章扩展阅读文献以及案例深化学习相关知识。

境的关系①,但与之不同的是,我们将通过本书,帮助读者认识人和社会环境的关系,通过实现助人目标,缓解社会不平等问题,提升人类福祉。本章是全书的引导,将为读者提供人类行为与社会环境的基本概念和分析框架。

第一节 人类行为

一、人类行为的含义与过程

(一) 人类行为的含义

人类行为(human behavior)最简单的定义是人类作为主体的活动。它既是人类对社会环境的反应,也是人类对自然环境的反应。在很多时候,人类所处的社会环境和自然环境是交织在一起的。如果更深入和具体地来说,人类行为的定义为:人类行为是人类为满足其自身需要,采取某种方式去适应环境所表现出来的活动。这要求社会工作者探索人类行为和社会环境的传统和非传统的互动范式。传统的范式注重个人、家庭、团体、组织、社区,非传统的范式重视数字化空间和全球化趋势。所有的环境因素都可能是促进或阻碍人们健康保障和福祉提升的要素②。人类行为可以是生理的也可以是社会的,可以是外显的也可以是内在的,可以是个体的也可以是集体的,可以是理性的也可以是非理性的,可以是正常的也可以是异常的。人类行为是整合的过程,包含着丰富的内容。社会工作结合多学科的理论和方法批判性地思考社会工作实践,从传统到当代理论都在不断推动建立社会工作实践的批判性视角,鼓励学习者探索每一种理论,培养批判性思维能力。

对人类行为的分析可以从不同角度切入。本书采用的是多元分析框架,这个多元分析框架主要包括社会维度、心理维度和生物维度等③。从社会维度分析人类行为及其与环境的关系,要求将人的行为放入社会环境系统中,人不断地在和社会环境系统互动。社会环境系统包括社会结构环境和社会文化环境。社会结构环境包括家庭、群体、组织、单位、社区、国家等,还包括各种社会制度。社会文化环境包括社会的主流文化和亚文化、社会价值和社会规范、社会文化与文

① 有的学者从心理学的角度讨论人和环境的关系,如 W. Bruce Walsh, Kenneth H. Craik & Richard H, Price, *Person-Environment Psychology: New Directions and Perspectives*, Mahwah: Lawrence Erlbaum Associates, 2000.

② Joe M. Schriver, *Human Behavior and the Social Environment: Shifting Paradigms in Essential Knowledge for Social Work Practice*, Boston: Allyn and Bacon, 2015.

③ [美]乔斯 · B. 阿什福德等:《人类行为与社会环境:生物学、心理学与社会学视角》,王宏亮等译,中国人民大学出版社 2005 年版,第 35—40 页。

化创新传播等①。从心理维度分析人类行为及其与环境的关系,要求讨论个人的心理活动过程,个人在成长阶段中的心理特征,形成和影响心理活动的社会环境因素,人类在行为过程中的信息处理和认知发展,人类的态度和情感,社会认知和心理危机等。从生物维度分析人类行为与环境的关系,要求讨论人类的生化系统、细胞系统、器官系统及人的生理成长阶段,外界环境变化对人类生理的影响等。在人类成长的不同阶段,人类可能面对不同的社会、心理、生理危机,我们将在本书中提出化解危机的对策。

人类行为包括生理行为(physical behavior),如吃饭、睡觉、生育等,也包括社会行为(social behavior),如结交朋友、建立自助小组等。但在人类的发展过程中,社会因素会影响人的生理行为,社会行为和生理行为也会互相影响。例如,人类的繁衍生育本身是生理行为,但胎教、优生、独生子女等议题使生育行为中体现出社会因素的影响。社会工作者既可以通过个案工作的方式帮助个人改变行为,也可以通过小组工作、社区工作、社会行政、社会福利制度建设等方式方法帮助社会成员解决问题,帮助社会群体改变行为。

人类行为既可以是外显的(overt behavior)也可以是内在的(covert behavior)。外显的人类行为可直接观察。例如,贫困的老张一家居住在很旧的房屋中,孩子在流动人口子女学校上学,夫妻俩在社区内收废品,工作不稳定而且收入低,这些都是外显行为。内在的人类行为一般来说不容易直接观察,如人类思考问题的过程、人类的情感过程等。还是以老张一家为例,老张的两个孩子每天放学回家后,要帮助爸爸妈妈将回收来的废品分类,帮助爸爸妈妈做饭和洗衣服,没有足够的时间复习功课,学习成绩不好,因此内向自卑,有时被同学欺负了也憋在心里,不告诉父母和老师,孩子难受的心情就是内在行为。社会工作者不仅仅要观察服务对象的外显行为,更要注意服务对象的内在行为,只有了解了他们的心理感受,才能提供有针对性的服务。

一些理论和研究采用狭义的人类行为概念,通常只包括外显的活动。如心理学中的行为主义学派重视研究由外界刺激引起的可观察和测量的人的外在反应;社会学中的集体行为研究关注社会运动的社会起因、过程和后果。实际上,人类的外显行为和内在行为在现实生活中是不可分割的。精神分析学者认为,人类行为是由本能引起的一种结果;认知成熟论者认为,人类行为是人的认知能力成熟之后对环境所产生的反应;社会学学者认为人类行为是其价值观点及态度的表现②;社会工作者认为人类行为发生于生物的、心理的、社会的、经济的以

---

① 本书第四章将介绍社会结构环境,第五章将分析文化环境,第六章研究人类面临的突发公共卫生危机。

② 李增禄主编:《社会工作概论(增订二版)》,台北巨流图书公司 1995 年版,第 65—66 页。

及物理力量的整体性相互作用①。

人类行为既可以是个人的(individual behavior)也可以是集体的(collective behavior)。集体行为是指社会成员的共同行为。在许多人共同生活的地域社会中,人们必须建立社会规范体系,使社会生活有一定的秩序,同时人类必须共同行动才能解决他们共同面对的风险问题。现在愈来愈多的研究关注集体行为,著名的有奥尔森(Mancur Olson)的集体行为逻辑理论(logic of collective action)。他提出一个清晰、简洁的分析框架:在任何集体行为中,行为者是根据个人的边际利益而不是群体的利益进行决策的。当个体的潜在收益大于其成本时,个体参与集体活动;反之则不会参与。② 奥尔森受到经济学的影响,将集体行为视为理性行为,事实上并非如此,资源分配也会促使个人或者集体行为的产生。塔罗(S. Tarrow)在《运动中的力量:社会运动与斗争政治》一书中,研究了西方社会运动中集体行为产生暴力的问题,他指出,群体性事件中使用暴力不是由于事件的组织者热衷于使用暴力,而是由于其缺乏其他资源,只能以暴力为手段从而制造公共影响,向政府施压。③ 因此,弱势群体的抗议游行之类的集体行为具有改变不合理的社会制度、创新社会规范的意义,不能简单解释为一种破坏行为。

人类行为既可以是有理性的(rational behavior)也可以是非理性的(non-rational behavior)。社会生活是许多人互动的过程,在一定的条件下会出现流行、狂欢、骚乱等集体行为。非理性集体行为通常不受正常社会规范控制,会引起社会高度关注,如果产生了正面作用,对社会的积极意义很突出,如果产生了负面作用,对社会的危害也很大。社会工作者必须关心非理性集体行为发生的诱因和环境条件,如果是负面的非理性集体行为,应该尽量地把它的危害性降低或者消除。流行、狂欢、骚乱等非理性集体行为发生须具备一定的条件:(1) 接触与摩擦。人群的交流、接触和摩擦可能导向非常规的情绪。(2) 情绪感染。在集体接触与摩擦过程中产生的热烈情绪或者其他情绪会快速传播,引发更大规模的集体行为。(3) 集体激动。集体激动是集体行为的高潮,表现为一群社会成员情绪热烈、行为冲动,常常伴随着激烈的行为。非理性集体行为有不同于个体行为的特征即自发性、狂热性、非结构性和过渡性。

人类行为既可以是正常的(normal behavior)也可以是异常的(deviant behav-

---

① [美]罗伯特·伯格等:《人类行为与社会环境》,陈怡洁译,台北扬智文化事业股份有限公司1998年版,第15页。

② Mancur. Olson, *The Logic of Collective Action*, Cambridge: Harvard University Press, 1965.

③ Sidney Tarrow, *Power in Movement Social Movements and Contentious Politics*, New York: Cambridge University Press, 1998, p. 5.

ior,异常行为也翻译为越轨行为)①。事实上,在正常行为与异常行为之间划一道绝对分明的界限是非常困难的。在特定的社会环境下,人类应该有什么样的行为或不应该有什么样的行为,必须结合具体情况去理解。一些行为在某种社会环境下被认为是正常的,在另一种社会环境下可能被认为是异常的或变态的;反之亦然。划分正常行为与异常行为的常用标准有以下几方面:(1) 符合社会规范。正常行为是被社会普遍接受的、符合社会行为规范的从众行为,异常行为则相反。(2) 良好的社会适应。正常行为与社会环境适应,异常行为往往社会适应性不良,这种行为会给个人带来困惑,或者给社会造成危害。(3) 健康的个体发展。当行为符合人的生理、心理、情绪发展阶段特征,可归为正常行为。另外,也可以根据人的内在感受来判别行为是正常还是异常。应该注意的是,单独使用上述的一个或两个标准往往很难确定人类行为正常与否,必须综合使用上述标准才能有效地判断人类行为。

如果有异常行为的人求助社会工作者,或者社会工作者识别、评估出某个社会成员的行为异常,他们可能就是社会工作者服务的对象。在最近二三十年中,矫治社会工作、社区社会工作等领域的关注点从对越轨行为的社会学解释转向对越轨行为和犯罪的社会反应(societal reactions)理论解释。标签和冲突理论(Labeling and conflict formulations)是对越轨行为进行解释的主要理论。理论的转向被认为是纠正之前对越轨行为研究不足所必需的,威慑理论的复兴(modern resurrection of deterrence theory)使得研究从对违反刑法的行为实施正式法律制裁更多扩展到非法律制裁领域。赫斯基(T. Hirschi)的控制理论(control or social bonding theory)对越轨行为有比威慑理论更强大的解释力②,但它主要局限于非正式的社会控制,即基于个人、群体与机构的服务和控制③。上述理论虽然没有讨论如何开展针对越轨行为人的社会工作服务,但是为人类行为分析提供了行为类型参考及相关研究变量。

(二) 人类行为的一般过程

社会成员的个人行为是一个过程。生物学研究个人行为过程④,认为个人行为起源于个人的需要,个人的需要引起行为动机,然后个人选择手段,确定要达到的目标,最后行动。基于生物学的研究,图 1-1 简单描述了个人行为过程。

---

① Ronald L. Akers, Marvin D. Krohn, Lonn Lanza-Kaduce & Marcia Radosevich, "Social Learning and Deviant Behavior: A Specific Test of a General Theory," *American Sociological Review*, vol. 44, no. 4(1995).

② Travis Hirschi, *Causes of Delinquency*, Oakland: University of California Press, 1969.

③ Ronald L. Akers, Marvin D. Krohn, Lonn Lanza-Kaduce & Marcia Radosevich, "Social Learning and Deviant Behavior: A Specific Test of a General Theory," *American Sociological Review*, vol. 44, no. 4(1995).

④ Mandel Sherman & Irene Case Sherman, *The Process of Human Behavior*, New York: W. W. Norton & Company, 1929.

真实的个人行为过程非常复杂,在每个细小的环节上都有可能受到多个因素如心理因素、生理因素、社会因素和自然因素的影响。个人行为的内容也因此丰富多彩,构成了万花筒般的人类社会。社会工作者经常为如何应用理论,政策和教育中如何理解人类行为过程的统一性和分析的连贯性而苦苦挣扎。社会工作的整体主义(integralism)代表了超越现代和后现代理论之间的辩证困境的方法论。它通过将后现代主义各流派的认识论与现代主义的方法论相结合,建立整体主义的认识论。① 这种观点有助于我们对人类行为过程的一般性和特殊性的认识。

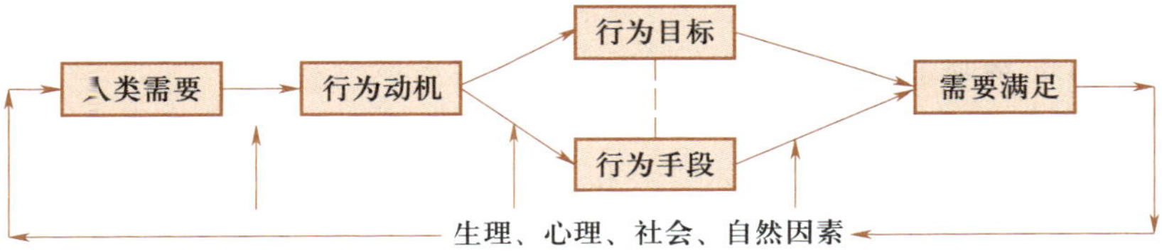

图 1-1 个人行为的一般过程示意图

在人类行为的过程中,需要是行为的动力,有需要才有行为的动机。人类需要的内容十分丰富,不但包括生理性的需要,而且包括心理性和社会性的需要。人类的每一种需要都会引发相应的行为动机,所谓动机就是一种达到预期目的的愿望或意念,是人类行为发生的内驱力。

人类一切行为(纯属生理性的本能反应除外)都是有目标的,人类行为的方向是由其行为目标所规定的。行为目标和动机紧密联系:由需要诱发的动机要求人类去寻找合适的目标;而合适的目标也能激起人的需要从而诱发人的行为动机。例如:一个贫困家庭的母亲和两个孩子住在一套很小的租借来的房子里。她本来并不想购买房子,但提供给贫困家庭的保障性住房的宣传广告吸引了她,使她产生购买保障性住房的动机。因为购买保障性住房还需要自己支付少部分费用,她可能产生积极的就业动机,以就业为手段,通过工作获得更多收入去买房,满足家人住房的需要。

人类为了满足需要而行动时,必须选择手段。行为手段是人类为达到某种目标而采取的行为方法或措施的总称。手段是人类行为目标实现的前提,没有手段,人类需要就不能得到满足。例如,一个人要表达自己的愿望,他必须采用一定的方式或通过一定的途径如语言的或非语言的(文字、肢体动作等)方式直接地或间接地表达,表达方式就是手段。人类行为的手段和目标之间有着内在

① Philip E. Thomas, "Toward the Development of an Integral Approach to Social Work: Implications for Human Behavior Theory and Research," *Journal of Human Behavior in the Social Environment*, vol. 9, no. 3(2004), pp. 1-19.

的关联：一方面，目标的性质决定着手段的性质，手段从属于目标，服务于目标；另一方面，手段又反过来影响目标，决定着目标能否实现。当人类通过一定的手段去达到一定的目标时，行为就发生了。

二、人类行为的类型与特征

（一）人类行为的类型

根据不同的视角，人类行为可以被划分为不同的类型，如利他主义与自利的人类行为①，保护环境和破坏环境的人类行为等②。人类行为类型划分和行为特点分析一样，是为了帮助社会工作者清楚地分析服务对象的行为，在行为与环境关系分析的基础上，提出合理的服务方案并开展服务。

社会互动(social interaction)是人类行为最基本的形式。社会互动是指个人与个人之间通过语言、表情、身体姿势和其他象征性符号，彼此表达意向，沟通感情，共同行为的过程。社会互动与社会成员的特征有关，如年龄、性别、教育、职业、民族、种族、文化、信仰等决定了成员对某种活动的参与度、影响力和活动中的声望。③ 凡是社会成员活动关联到他人和社会环境，或对他人和社会环境产生影响，并能引起他人和社会环境反应的行为，就是社会互动。社会互动是两个及以上的社会成员之间相互影响的行为。社会互动可分为直接的面对面互动(direct interaction，face to face interaction)和通过一定媒介进行的间接互动(indirect interaction)。社会互动理论由米德(G. H. Mead)提出④，他用符号和互动的概念来解释社会现象⑤。社会互动理论在多个领域中不断发展。从微观动力学的理论视角，特纳(J. H. Turner)认为社会互动是社会最基本的分析单位，它包括三个过程：动机或动员和激励互动行为的过程；互动或用符号相互传递信号和解释的过程；结构化或在某一时间和地点重复和组织社会互动的过程。对于每一

---

① Davide Secchi, "A Theory of Docile Society: The Role of Altruism in Human Behavior," *International Academy of Business and Economics*, vol. 7, no. 2(2007), pp. 146-160.

② Rabindra Kumar Pradhan, Lalatendu Kesari & Bhagirath Behera, "Human Behavior, Environmental Problem and Social Wellness: An Interdisciplinary Exploration," *International Journal of Sustainable Development*, vol. 44, no. 33(2015), pp. 2186-8662.

③ Joseph Berger, Bernard P. Cohen & M. Zelditch, "Status Characteristics and Social Interaction," *American Sociological Review*, vol. 37, no. 3(1972), pp. 241-255.

④ 米德的主要著作有《心理的定义》(1903)和《心灵、自我与社会》(1934)。米德认为象征符号是社会生活的基础。人们通过语言、文字、手势、表情等象征符号进行交往，达到共同理解。社会意义建立在对别人行为的反应基础上。他重视日常生活情境(社会情境)中人们如何交往，如何理解社会关系。

⑤ 米德的学生布鲁默总结了符号互动论的三个原则：根据对于事物所赋予的意义，我们对之采取行动；我们对于事物所赋予的意义是社会互动的结果；在任何情境下，这一解释过程通常包括角色借用，即假定承担别人的角色并试图理解别人的思想和情感，这是一个内在阐释过程，我们与我们自己交流。布鲁默和库恩分别是芝加哥学派和艾奥瓦学派的代表人物。

个过程,都可以进行研究然后整合为互动模型和一般规律。① 随着经济社会发展,特别是数字通信工具的发展,社会成员的互动范围、互动手段都发生了深刻的变化,人与人之间、人与物之间、系统之间的相互影响无论在广度和深度上都有了新的内容,但社会互动的基本类型仍以暗示与模仿、竞争与冲突、调适与同化为主。②

1. 暗示与模仿

暗示与模仿是互相对应的互动方式,无暗示即无所谓模仿,无模仿则暗示不能成立。暗示与模仿是社会生活中最基本、最普通的一对互动方式,暗示是采用含蓄的方式将一种意见、态度或行为方式通过语言及其他象征符号传达给他人并能引起他人反应的行为。一种意见、态度或行为方式只有被他人模仿才能成为暗示,即必须存在接受暗示的人,暗示才能成立。社会工作者常常会采用暗示的方法进行家庭治疗、小组活动等。暗示可分为直接暗示、间接暗示和反暗示三种。直接暗示是对特定对象面对面地发出的暗示。间接暗示是对不特定对象通过媒介符号发出的暗示。反暗示是鼓励受暗示者向相反的方向行动。反暗示又可分为有意识的反暗示和无意识的反暗示两种。有意识的反暗示如采用激将法,讥讽他人缺点,希望其改正。无意识的反暗示如为了推销商品,卖家常常把自己的商品说得天花乱坠,而往往卖家说得越好,买家越是会怀疑他的商品质量和功能,越是不买。还有一种特殊的暗示是自我暗示,即依靠思想、语言向自己发出刺激信号,从而影响自己的情绪和意志或加深对某一观念的认识,或要求自己按某一方式行动等。我们也称之为自我控制。

如何使社会工作者的意见及他们建议的行为方式成为有效暗示,帮助服务对象改变他们的行为呢?从暗示者即社会工作者方面来看:(1)暗示者权威越高,其意见和行为越能被他人模仿,从而成为暗示。(2)信息量越大,刺激越稳定持久,越可能成为有效的暗示。如果社会工作者提出意见或建议的行为方式是统一的、稳定的,甚至是规范化的,使意见或建议能经常不断地传递给服务对象,那么积极的有效的暗示最有可能形成。(3)向特定目标发出的刺激比无特定目标的刺激更可能成为暗示。从受暗示者即服务对象的角度来看:(1)暗示者和受暗示者之间有三种心理状态:对抗、无对抗和适应状态。社会工作者和服务对象处于无对抗和适应状态时,暗示最容易形成。(2)受暗示者中年轻人更容易接受暗示。(3)受暗示者在危机和焦虑中更容易接受暗示,如服务对象在危机动乱中不知如何是好时,最容易接受别人的暗示。

模仿可分为潜意识的自动模仿和有意识的自觉模仿两类。潜意识的自动模

① Jonathan H. Turner, *A Theory of Social Interaction*, Redwood City: Stanford University Press, 1988.

② 彭华民、杨心恒主编:《社会学概论》,高等教育出版社 2006 年版,第 104—116 页。

仿是指对暗示信息不加分析批判、自然而然的模仿,在不知不觉中进行。儿童由于天天和父母生活在一起,天然地将父母作为模仿对象。孙本文把此类模仿视为对“规定的反应”,即对社会生活模式化的反应。自动模仿在个人的初级社会化过程中起到重要作用。有意识的自觉模仿是指对暗示的信息作出分析批判之后进行的模仿,又称为合理模仿。对新发明的采用,对先进技术的引进和吸收等即属此类。凡新发明创造的传播推广都借助于合理模仿来实现,所以合理模仿在社会进步过程中起到重要作用。① 发明创造是人类社会进步的源泉,一切发明都必须依靠模仿来流传和推广。

法国社会心理学塔尔德(G. Tarde)在1890年出版《模仿律》②。他提出,模仿的主要定律有:(1) 在没有外界干扰的情况下,模仿是按照几何级数进行的。(2) 传递使信号减弱时会导致模仿变形。塔尔德还提出模仿的逻辑定律:(1) 逻辑冲突律。有些发明与原有的旧事物相悖,二者之间发生冲突,不易被接受,或需经过长期冲突、摩擦、选择后方被接受。(2) 逻辑结合律。有些发明与原有事物并不矛盾,经模仿加入原有事物,成为文化积累。塔尔德最后提出模仿的非逻辑定律:(1) 模仿总是由内向外的。例如:先是思想模仿,后是行为模仿;先是目标模仿,后是手段模仿。(2) 模仿是向上的,总是地位低的人模仿地位高的人,而不是相反。(3) 模仿新奇的事物与模仿古老的事物互相交替。人们有时追求现代的生活方式,有时追求古代的生活方式。③ 塔尔德提出的模仿定律对社会工作者开展服务有很多启示。

2. 竞争与冲突

竞争与冲突也是社会生活中最基本的人类行为。竞争可分为生物竞争和社会竞争。生物竞争是一种生存竞争,是生物的本能,是生物进化的普遍规律。社会竞争是指人类社会的竞争,即人与人之间的竞争,群体与群体之间的竞争,社区与社区之间的竞争,甚至国家与国家之间的竞争。

关于竞争行为有多种解释。达尔文(C. R. Darwin)提出了生物进化论。他认为,地球上的生物随着环境的变迁,遵循由低级生命形态向高级生命形态逐渐进化的必然趋势。他还提出物竞天择,适者生存的观点。④ 达尔文的进化论问世之后,斯宾塞(Herbert Spencer)提出了社会有机体理论。他认为社会本身是一个有生命的有机体。人类在受到外部环境各种影响,与环境或他人发生冲突的同时,通过不断地适应而争取使自己和环境之间形成均衡状态,因为均衡状态有助于生命的维持。由个人所构成的人类社会也一样,为了让每个个体维持生

① 孙本文:《社会学原理》(下册),商务印书馆1946年版,第16—17页。

② [法]加布里埃尔·塔尔德:《模仿律》,何道宽译,中国人民大学出版社2008年版。

③ [法]加布里埃尔·塔尔德:《模仿律》,何道宽译,中国人民大学出版社2008年版。

④ [英]达尔文:《物种起源》,周建人等译,商务印书馆1995年版。

命的活动在相互依存的关系中实现，社会不断地进化以达到其所必需的社会均衡。① 社会达尔文主义(Social Darwinism)是将达尔文进化论中自然选择的思想应用于人类社会的一种社会理论，其认为人类社会的竞争行为是向生物界学习来的，社会可以和生物有机体相比拟，社会与其成员的关系有如生物个体与其细胞的关系。社会达尔文主义者根据自然界的食物链现象认为社会也存在物竞天择和适者生存，并以此解释社会现象。②

社会达尔文主义把生物学中的遗传、变异、自然选择等概念引进社会科学，在一定程度上解释了社会发展，但把生存竞争当作社会发展的规律则完全混淆了人类社会与自然界的本质差异。竞争有助于社会发展，但我们倡导的是社会公正和平等。社会工作者帮助弱势群体，为弱势群体服务，是对社会达尔文主义物竞天择和适者生存最好的批判。竞争经常被用于社会活动中，但是我们需要根据情境考虑其是否适用。社会工作者采用小组工作方法和社区工作方法开展服务活动时，要有针对性地选择活动形式。例如，在地震灾区开展儿童服务活动时，考虑到灾区儿童经历了大地震，已经承受了很大压力，社会工作者最好不要选择有竞争性的儿童游戏，而要选择轻松的游戏，帮助灾区儿童释放不良情绪和压力，让他们建立起对生活的信心，愉快地面对灾后生活。

对食物和生活空间的竞争自人类产生起就已经存在了。人类的社会竞争源于人人都需要得到食物和社会资源等来满足自己的生理需要和社会需要，而这些资源的社会分布是不平均的。社会竞争可根据不同标准分成若干不同种类。依据竞争对象的不同，可分为经济竞争、政治竞争、地位竞争、文化竞争、配偶及爱情竞争等。社会竞争能够发生的前提除了资源分布的不平均，还包括：(1) 必须有一个共同争夺的目标。例如：全国大学生“挑战杯”竞赛主要是争夺一种荣誉；商业竞争主要是争夺利润。(2) 必须遵守一定的规则。竞争是有秩序的理性行为，规则能保证竞争的公平性。(3) 竞争一方获得成功即剥夺另一方成功的机会。竞争在社会工作领域中也有积极意义，常常被用于社会工作者开展的活动中。社会工作者如果为了提高居民的社区参与水平，组织社区居民开展有奖娱乐活动，首先必须提出活动目标、制定活动规则，这样才能保证活动结果的公正性，真正提升社区居民的参与度。

社会冲突(social conflict)也是一种互相反对的行为方式，其有正负双重功

---

① [英]斯宾塞：《群学肄言》，严复译，商务印书馆 1981 年版。

② 最早提出社会达尔文主义思想的是英国哲学家、社会学家斯宾塞。社会达尔文主义从 19 世纪到第二次世界大战结束都颇为流行。有人认为现代的社会生物学也可归类到社会达尔文主义学派中。社会达尔文主义一词最早出现在美国历史学家理查德·霍夫施塔特(Richard Hofstadter)于 1944 年出版的著作《社会达尔文主义：美国思想潜流》。社会达尔文主义观点早于成熟的社会达尔文主义概念出现，这是学术界一个比较奇特的现象。

能。冲突的正功能包括有助于建立和维持群体的身份和边界线等。模式化的冲突和互相对立还可以保护社会分工和分层系统,具体表现为防止社会系统中各子群体之间界限的逐步消失,并为各个子系统明确它们的位置。此外,冲突是发泄互相之间的敌意和发表不同意见的渠道。通过释放被封闭的敌对情绪,冲突可以起维护关系的作用。有些竞争很容易发展成为冲突,如在足球比赛中,两个足球队员由于进球问题打了起来,就形成了明显的冲突。虽如此,两者之间还是具有一定区别:(1) 冲突伴随着情绪上的敌对,竞争则不一定,冲突双方的作用方向是互相反对、互相打击的,竞争则不一定。(2) 冲突的根源是个人或群体在利益、意见和态度等方面的对立,竞争则不一定。社会冲突的直接原因往往是争夺社会资源,其根本是由于存在着社会不平等。凡是大规模的社会冲突,总是由社会不平等造成的。学者们从社会不平等视角研究冲突,并提出相对剥夺概念(relative deprivation),它是指当人们将自己的处境与某种标准或某种参照物相比较时,发现自己处于劣势时所产生的受剥夺感。这种感觉会引发消极情绪,表现为愤怒、怨恨或不满。相对剥夺分为个人相对剥夺和集体相对剥夺①,当社会成员有相对剥夺感时就容易产生社会冲突②。一些人甚至认为许多社会冲突并不是发生在人们拥有资源最少的时候,引发冲突的领导者一般也不是最穷的人,更多的是破产或面临破产的富人。③

社会冲突的种类很多。社会工作者在开展服务时需要仔细识别冲突的类型以寻找解决问题的最佳服务方案。根据不同标准,冲突可分为:(1) 个人冲突和社会群体冲突。个人之间的冲突规模小且随处可见,但影响较小。社会群体间的冲突,包括群体之间、组织之间、社区之间、部落和民族之间,乃至两个国家之间的冲突,范围广而且影响大。(2) 阶级冲突和非阶级冲突。阶级冲突是阶级斗争激烈化的一种表现形式。非对抗的阶层之间虽然不存在根本的利益冲突,但由于他们社会地位不同,阶层意识不同,仍然可能存在利益和意见的对立,因此也会发生冲突。例如,中国社会转型过程中,收入低、社会地位低的阶层和收入高、社会地位高的阶层之间就容易发生冲突,近些年我国发生的一些社会事件中都能看到"仇富"的情绪。(3) 经济冲突、政治冲突、思想冲突、文化冲突、宗教冲突等。经济冲突是为了争夺经济利益发生的冲突,如进城务工人员为争取提高工资与管理者发生冲突、企业间的经济诉讼等。政治冲突是为了争夺政治

---

① Walter Garrison Runciman, *Relative Deprivation and Social Justice: A Study of Attitudes to Social Inequality in Twentieth Century England*, Berkeley: University of California Press, 1996.

② Stephen C. Wright, Donald M. Taylor & Fathali M. Moghaddam, "Responding to Membershipin a Disadvantaged Group: From Acceptance to Collective Protest," *Journal of Personality and Social Psychology*, vol. 58, no. 6(1990), pp. 994-1003.

③ [美]刘易斯·科塞等:《社会学导论》,杨心恒等译,南开大学出版社 1990 年版,第 615—616 页。

权力和政治地位而发生的冲突，如社会运动、政变、革命和战争等。文化冲突是表现在社会成员的行为规范、生活方式、风俗习惯及思想理论等方面的冲突。宗教冲突是不同的宗教或教派之间因为信仰不同而发生的冲突，如排斥和杀害异教徒、宗教战争等。社会冲突可能发展为社会危机事件，社会冲突也反映出一些社会问题，因此，社会工作者需要注意分析冲突的性质和冲突的形式，努力寻找解决社会冲突的办法。

3. 调适与同化

社会调适(social adjustment)指的是人们调整自己的行为以适应环境的要求。根据人群类型、调适目标、具体环境，社会调适有多种表现方式。从广义上理解，调适既包括人类对自然环境的调适，如在北方有暖气以御寒，在岭南有凉茶以清热，还包括人类对社会环境的调适，社会工作者关注人，帮助人解决社会问题，因而社会调适是我们助人活动中的重要内容。这方面的例子包括：世界范围内帮助新移民适应新社会环境的服务；中国一些城市开展帮助流动人口适应城市生活方式的社会福利服务。

为什么社会工作者要开展以社会调适为目标的服务？主要有三个原因：(1) 由冲突引起的调适。在冲突过程中和冲突结束后社会成员都需要调适，人们都要调整自己的行为以适应冲突中和冲突后形成的新的社会关系(环境)。(2) 由社会变迁引起的调适。社会变迁中不断有新观念和新规范产生，人们需要改变原来的观念和行为以适应新的社会环境。(3) 由文化交流或人口迁移引起的调适。新文化传入后会和原有的传统文化发生碰撞，社会成员需要调整自己的行为以适应变化了的文化环境。社会成员从一个地区迁入另外的地区或国家，也需要改变原有的习惯和生活方式，调适自己的行为以适应新地区或国家的文化。总之，调适是社会工作者帮助他人改变行为以适应社会环境的方式。

社会调适可分为不同的种类。比如，人类可以采用内在行为调适和外在行为调适。内在行为调适是一种认知调适，是从思想观念和心理上改变自己原来的想法和心理状态以适应社会环境。外在行为调适是在具体行为过程中改变自己原来的行为方式以适应社会环境。因为调适的目的不同，人类可以选择的调适方式也有不同，具体地说，针对对抗性冲突可以选择和解、妥协、统治与服从等方式，针对社会变化可以选择容忍、权变、突转、顺从等方式。当然这样的划分也不是绝对的。个人选用哪一种或几种调适方式是根据他们要适应的社会环境和他们行为目的决定的，但无论使用怎样的方式，其最终目标不外乎改善自身与环境的关系，通过调适释放负面情绪，解决社会问题。

社会同化(social assimilation)是调适的进一步发展。社会调适只是有意识地改变自己的思想方法和行为习惯以适应环境，社会同化则是社会成员全部改变原来的思想方法和行为习惯，完全接受新社会环境，完全变成另一个社会或者社区的成员。同化也指不同文化的民族、群体或个人融化成为一个同质文化单位的过程①。这个过程可能是和风细雨、潜移默化式的，也可能是疾风暴雨快速接受式的。当社会成员被同化时，他已经改变原来的思想方法和行为习惯，与新的社会环境融为一体了。

社会同化产生的原因有多种。人口社会流动和社会文化交融是同化的主要原因②。社会经济变化经常引发人口社会流动，而一个外来社会群体、民族进入新的社会环境后，容易和原来的社会群体、民族发生冲突。冲突的结果往往是双方被融合为同一性质的文化单位。人口社会流动引起同化的形式有通婚、移居、入侵等。属于多个民族、群体或家庭的社会成员如果长期共同生活，就会同化，形成统一的社会规范（文化）。否则，人们之间无法沟通，也无法形成社会共同体。社会文化交融引起同化的形式有：文化创新、文化传播、文化变迁等。现代社会大众传播工具不断更新，互联网等新媒体使世界各国、各地区、各民族之间沟通的范围扩大，频率提高，周期缩短。每个国家、地区、民族的人都不断地接触到外来文化，这引起了碰撞和接纳，进而使外来文化与本国、本地区、本民族文化融合为一体。

社会同化一般是先进文化同化落后文化。由于科学技术的进步，交通工具和沟通工具的发达，"地球村"中生活的人类在生活模式和条件上愈来愈相似，所以世界各国的文化出现一种类同的趋势，如西装、眼镜、电脑、手机的广泛使用。如何界定文化的先进性，如何理解传统文化的重要性和独特性，这是非常重要的问题。在同化现象愈来愈突出的今天，尽力保护本民族、本社区的独特传统文化，防止其在被全球化文化入侵后消失，成为社会工作服务中需要讨论的议题。社会工作者在异地开展服务时，要事先学习了解当地文化或者民族文化，要特别尊重当地习俗，坚持实施案主自决原则。

语言是同化的媒介也是同化的重要内容。语言是人类沟通的手段和工具，也是人类社会环境的内容。同化一般是从语言模仿和行为学习开始的，但是如果只有模仿而没有语言沟通是不可能完成同化过程的。语言表达思想，思想方式支配行为方式，语言能够表达同化的愿望和实践，先有思想上对同化的接受才会有行为上的同化，因此，一个社会成员或者一个社会群体学习并使用一种新语言是同化的标志。不少社会工作服务中都有语言学习

---

① Zhenchao Qian & Daniel T. Lichter, "Social Boundaries and Marital Assimilation: Interpreting Trends in Racial and Ethnic Intermarriage," *American Sociological Review*, vol. 72, no. 1 (2007), pp. 68–94.

② Stanley L. M. Fong, "Assimilation and Changing Social Roles of Chinese Americans," *Journal of Social Issues*, vol. 29, no. 2 (1973), pp. 115–127.

的内容，社会工作者在服务过程中要特别注意：同化对服务对象来说可能有积极意义，也可能有消极影响，要因时因地和服务对象讨论是否接受同化的问题。

4. 中国人的行为模式

前面讨论的人类行为类型是从一般意义上来讲的。每个国家和地区的人类行为有自己的特点，我们必须关注中国人的行为特点是什么。费孝通于 1947 年提出中国是一个“差序格局”的社会①。他认为，中国的人际关系模式和人类行为最大的特点就是以“己”为中心。作为差序格局中心的“己”，是从属于家庭的社会个体，被“人伦关系”包裹。父母者生之本，父子关系为重，父子关系推而至于君臣。差序格局主张建立以血缘关系为基础的伦理秩序，主张人治和因人而异，在此基础上实现天地人的内在和谐。中国传统社会讲究人情、面子，在这样的社会中，人们对做人、做事的判断不单依靠理性的、逻辑的思维和条文制度的规定，还考虑具体的、情境的和个别性的方面。合情合理、入情入理、通情达理、酌情处理、情理交融等词都表现了人们做人做事时希望兼顾情和理。中国人的行为模式是非常有特点的，我们在此抛砖引玉，希望读者深入学习与研究，以便更好地理解人和环境，开展适合的服务。

（二）人类行为的特征

社会工作者助人的过程也是一个改变人行为的过程。在助人的过程中，我们必须评估对象的需要，了解他们行为的特点，再确定服务方案。例如：研究发现青少年行为中性风险和吸毒行为具有相关性，使用特定药物的青少年有更多的性伴侣，他们也更有可能与网络上结识的成员发生性关系，从事商业性性工作和进行无保护性行为②。只有对他们行为特征进行有效评估，才能开展有针对性的服务。可见，认识和研究人类行为的特征，是我们必须要做的工作。尽管人类行为的内容很多，但人类行为一般具有以下几个方面的特征：

（1）人类行为的适应性。人类能够而且必须适应社会环境并对其作出反应，即人类行为是为了适应社会环境的需要而产生的。例如，我们在对进城务工人员子女的调查中发现，孩子们跟随到城市打工的父母到城市读书，不仅学习书本上的知识，还学说普通话，参加学校的舞蹈队等，他们在慢慢适应城市生活方式的过程中成长。当然，人类行为也必然会改变社会环境。因为愈来

① 费孝通：《乡土中国》，生活·读书·新知三联书店 2021 年版。该书 1947 年首次出版。

② P. L. Flom, S. R. Friedman, B. J. Kottiri, A. Neaigus, R. Curtis, D. C. Des Jarlais, M. Sandoval & J. M. Zenilman, “Stigmatized Drug Use, Sexual Partner Concurrency, and Other Sex Risk Network and Behavior Characteristics of 18 to 24-Year-Old Youth in a High-Risk Neighborhood,” *Sexually Transmitted Diseases*, vol. 28, no. 10(2001), pp. 598–607.

愈多的进城务工人员子女跟随父母到城市生活，原来规定必须要有城市户口才能入学的城市中小学，逐步实行平等入学的政策，这就是人类行为改变环境的例子。

（2）人类行为的多样性。人类行为是一个复杂的过程，包含丰富多样的内容：既包括可以直接观察到的外显行为如行走、哭、笑等，也包括可以间接观察到的心理行为如思想、意欲、恐惧、幻想及态度等；既包括不同性别的人类的行为，也包括不同年龄的人类的行为；既包括生活在不同地域的人类的行为，也包括生活在不同社会文化中的人类的行为等。

（3）人类行为的可变性。人类行为的变化是持续不断的，它既包括身高、体重等生理变化而造成的人类行为的变化，也包括社会生活条件的变化造成的人类行为的变化。例如：改革开放前的大学生和现在的大学生的行为就有许多不同，以前的学生不用电脑，没有手机和互联网，现在的学生使用的交流工具则十分丰富，他们表达思想和交流情感的行为就有很大的变化。人类行为的变化除了受自身生理结构机能的影响限制，还受到社会生活条件的制约。

（4）人类行为的可控制性。人类有意识，这使他们能够自主地了解和分析周围事物的特点及其内在联系，明确行为过程和方向，并有目的地控制和调节自身的行为。除了来自人类自身的控制，人类生活的社会环境也会产生控制力，控制人类行为，这种控制即社会控制。例如，社会工作者在帮助吸毒成瘾者戒毒瘾时，会根据他的问题设计一套服务方案，对他的行为有一系列规定，控制并改变他的行为。社会工作者在服务过程中会产生社会控制的力量，改变服务对象的行为。

（5）人类行为的整合性。人类行为是由多个方面组成的，由于人类行为变化的复杂性，每个学科可能关注的只是其中的一个或者几个方面，单一的学科无法对其进行全面的描述，这就使越来越多的学科互相渗透和整合。例如：生物学家研究人类行为的生理现象，心理学家注重分析人类的心理行为，社会学家关注人类的社会行为，社会工作者则关注人类行为的生理、心理和社会各方面。因此，我们设计了生物、心理和社会多元分析视角，提出了人类行为整合性是社会工作者提供正确服务的基础的观点①。

三、人生发展阶段

人类行为与人生发展阶段密切相关，不同的人生发展阶段有不同的行为表现。人的发展阶段可以分为胎儿期、婴儿期、幼儿期、儿童期、青少年

---

① 采用多元分析框架的还有 Jose B. Ashford & Craig Winston LeCroy（eds.），*Human Behavior in the Social Environment：A multidimensional Perspective*（*6th edition*），Boston：Cengage Learning，2018.

期、青年期(成年早期)、中年期(成年中期)和老年期(成年晚期),不同理论对人类行为在不同阶段的发展有不同的解释。其中,社会工作者经常引用的有弗洛伊德的性心理发展阶段理论、埃里克森的心理发展阶段理论、皮亚杰的认知发展阶段理论、科尔伯格道德发展阶段理论和哈维格斯特的人生发展阶段与任务理论(见表1-1)。

表1-1 人类行为与社会、心理发展阶段理论比较

理论家与理论	发展阶段	主要观点	代表作
弗洛伊德的性心理发展阶段理论	性心理发展阶段:(1)口欲期(0~18个月);(2)肛门期(18个月~36个月);(3)生殖器期(3~6岁);(4)潜伏期(6~11岁);(5)生殖期(11~12岁之后)	弗洛伊德认为人类本能中的性驱力是人格发展的主要动力。在人的一生中,性驱力的聚集区域从身体的一个部位转向另一个部位,而每一次转变都标志着人格发展又进入了一个新的发展阶段。他的理论有广泛的影响	《梦的解析》(1900)、《精神分析引论》(1917)、《自我与本我》(1923)
埃里克森的心理发展阶段理论	(1)信任对怀疑的婴儿期(0~1.5岁);(2)自主对羞怯的儿童早期(1.5~3岁);(3)主动对内疚的游戏期(3~6或7岁);(4)勤奋对自卑的学龄期(6或7~12岁);(5)同一性对同一性混乱的青年期(12~18岁);(6)亲密对孤独的成年早期(18~30岁);(7)繁殖对停滞的成年中期(31~60岁);(8)完美无憾对悲观绝望的老年期(60岁以后)	埃里克森引入了社会文化因素,强调社会环境在自我发展中的作用,认为每个发展阶段个体都面临特殊的发展任务,都要经历一次心理—社会危机或矛盾冲突,这些冲突包含着对立的两极。个体只有面对并解决这一冲突之后,才能顺利进入下一发展阶段,同时发展出某种特定的品质或美德。如果冲突无法解决,个体的自我发展就会出现困扰乃至停滞。埃里克森特别强调青少年期自我同一性的发展,并认为这是自我发展的关键环节	《同一性:青少年与危机》(1968)、《生命周期完成式》(1982)、《整合与完满:埃里克森论老年》(1986)

续表

理论家与理论	发展阶段	主要观点	代表作
皮亚杰的认知发展阶段理论	将儿童的认知发展划分为感觉运动阶段、前运算阶段、具体运算阶段和形式运算阶段。皮亚杰用逻辑数学工具（如群、格、命题逻辑）展现阶段的结构性特点	皮亚杰认为心理的发展既不是起源于先天的成熟，也不是起源于后天的经验，而是起源于主体的动作（思维、活动）。个体主要运用组织、同化（把环境因素纳入机体已有的图式中，以加强丰富主体的动作）、顺应（改变主体动作以适应客观变化）三种原则来认识世界，发展心理的。组织原则是其中最基本的一环，个体将活动系统化，在头脑中形成“心理图式”。适应包括了同化、顺应这两个相辅相成的过程	《儿童心理学》（1966）、《结构主义》（1968）、《发生认识论原理》（1970）、《走向一种意义的逻辑》（1991）
科尔伯格的道德发展阶段理论	提出三种道德发展水平，对应的是六个发展阶段：（1）前习俗道德水平（0~9岁），对应惩罚与服从阶段、工具性相对主义阶段；（2）习俗道德水平（9~15岁），对应寻求认可阶段、遵守法规和秩序阶段；（3）后习俗道德水平（15岁以后），对应社会契约阶段、良心或原则阶段	科尔伯格提出道德发展是连续地按照不变的顺序由低到高逐步展开的过程，更高层次和阶段的道德推理兼容更低层次和阶段的道德推理，反之则不能；道德发展各阶段的时间长短不等，个体的道德发展水平也有较大差异，有些人可能只停留在前世俗水平或世俗水平，而永远达不到后世俗水平的阶段。基于他的理论，我们可以对儿童进行发展性辅导即人格辅导。这一理论对社会工作者开展服务具有积极意义	《道德发展文集》（1981—1986）

续表

理论家与理论	发展阶段	主要观点	代表作
哈维格斯特的人生发展阶段与任务理论	(1)婴儿期与儿童早期(0~6岁)的发展任务;(2)儿童晚期(6~12岁)的发展任务;(3)青少年期(12~21岁)的发展任务;(4)成年期(21~40岁)的发展任务;(5)中年期(40~60岁)的发展任务;(6)老年期(60岁至死亡)的发展任务	个体的学习过程是应该伴随人的一生的。个体是不能以一个固定的速度去完成一个个任务的,而是会产生许多加速学习时期。正是加速学习时期的存在使得个体在发展过程中感到不适应,由此产生心理危机和冲突。基于这一认识,哈维格斯特提出了发展任务这个概念。发展任务即一个人在发展的某一阶段必须完成的活动。促使个体去完成发展任务的力量有:身体成熟和体力发展的规律;社会文化的压力和社会期望;个体的价值观和抱负	《发展任务与教育》(1948)

人生是一个不断成长的过程,人类行为的阶段化特点非常突出。人生发展阶段是社会工作者分析服务对象行为、寻找问题根源的主要依据之一。如果从人生成长过程中的生理、心理、社会因素和人格发展、面对的主要危机和成长机会等几个方面来分析,人类个体在不同发展阶段有如下特征①。

1. 胎儿阶段(怀孕至出生)

胎儿阶段是个体诞生前在母体内发展的阶段。个体发展从父母生殖细胞结合构成受精卵时开始。受精卵在母体内分裂发展、长成胎儿,而后诞生。胎儿期是儿童发展的第一个阶段,约长280天。在这一时期内,个体从微小的受精卵长成长50厘米左右、重约3500克的新生儿。

现代生物学将胎儿期的发展过程分为三个阶段。(1)胚种阶段,从受精到受精后2星期。最初,受精卵还是一个游离的细胞,并不附着母体。它一方面不断分裂增生,一方面沿输卵管向下漂移。第3~4天时到达子宫,形成胚泡。约

① 人生阶段有不同的划分方法,本小节主要是引导读者建立人生阶段的框架,具体每个阶段的生理、心理、社会发展内容,以及问题与需要的服务可以阅读本书后面章节进行了解。

在第6~8天,开始植入子宫内膜,从此依赖母体生存。(2) 胚胎阶段,持续2~8星期。在此阶段,胚泡分化出外胚层、中胚层和内胚层,这3个胚层最终分别长成身体的各种器官组织。外胚层逐渐长成皮肤的表皮、毛发、指甲、牙齿、感觉器官和神经系统;中胚层长成皮肤的真皮、肌肉、骨骼、排泄系统和循环系统;内胚层长成气管、消化系统、呼吸系统,以及甲状腺和胸腺等。在第2个月末,胚胎呈现出人的外表。(3) 胎儿阶段,第2个月末至出生。在此阶段,胎儿身体各部分渐次发育,肌肉迅速增长,中枢神经发展极快。第4个月末,母亲可以感到胎动。第5个月,胎儿出现吸吮、吞咽现象,并开始长指甲和毛发。第6个月,眼睛开始发展,眼睑能启闭。一般情况下,第7个月的胎儿如果早产,已能存活,因此常把第28周看作"生存的年龄"。这也表明第7个月时,神经、呼吸等系统已发展到可以维持个体生命的水平。第8~9个月,皮下脂肪积聚,胎体丰满。第10个月,顺利出生。

母亲的营养水平、健康程度、情绪状态及服用的某些药物等能够影响胎儿的发展,甚至影响到个体出生后生理和心理方面正常与否。除此之外,家庭其他成员、社会环境中的其他因素也会影响胎儿的发展。中国古代即注意胎儿发展的环境影响,倡导胎教,要求孕妇慎于喜怒,切戒盛怒、忧郁、惊恐等。而现代科学则重视从孕妇的心理卫生等方面保证胎儿的健康发展,使个体在胎儿期获得良好的成长,达到优生的目的。

2. 婴儿阶段(生理年龄约在出生至2岁)

婴儿动作的发展规律是:(1) 从上到下,先头部后躯干;(2) 由近及远,从身体中部开始,越接近躯干的部位,动作发展越早,远离身体中心的肢端动作发展较迟;(3) 由粗到细或由大到小,儿童先学会大肌肉、大幅度的粗动作,然后才学会小肌肉的精细动作。整个身体动作发展的顺序是头部—躯干部—手臂和手—腿和脚。

婴儿生理发展的主要特征是:(1) 大脑发展是一切行为发展的前提。这个阶段需要均衡而充足的营养,早期经验与学习对于婴儿的成长至关重要。(2) 动作发展迅速。手的动作是婴儿认识事物的重要途径,婴儿手的抓握动作发展重点是五指分化、手眼协调。独立行走是婴儿发展的一个里程碑,因为它能使婴儿的躯体移动从被动转为主动,扩大了其认知范围,增加了其主动交往的机会,为自主性的发展提供了必要的条件。

这个阶段婴儿心理发展主要有:(1) 认知发展。孩子从随意性的天生反射活动慢慢过渡到目标取向行为如主动去寻找玩具;2岁左右形成符号思维能力;2岁以后,同伴关系、性别身份识别及移情均开始得到发展。(2) 语言发展。婴儿的学习、记忆、语言理解能力发展迅速;2岁左右口语词汇迅速增加,对语言产生明显兴趣,喜欢听故事、儿歌,喜欢与人交流,符合语法的复合句子逐渐增加。

这个阶段婴儿的社会性与人格发展特征有：婴儿的依恋形成，婴儿及其照顾者（一般为父母）之间发展出特殊感情关系，这种特殊关系产生于婴儿与其父母的相互作用过程中，是一种感情上的联系与纽带；其心理功能是使婴儿获得安慰和安全感。

婴儿阶段面对的主要问题有：心理—社会发展的自主对应羞怯与疑虑。婴儿开始寻求自主性，自己穿衣、吃饭，如果失败则会感到羞愧，并怀疑自己的能力；如果危机成功解决，则形成好的品质，能更乐观、更坚强地面对生活。

3．幼儿阶段（生理年龄约在 3—6 岁）

幼儿期脑和神经系统的发展速度很快，幼儿期末即 6 岁时已经接近成人的水平。3 岁幼儿的大脑有 1010 克，而 7 岁幼儿则能达到 1280 克。从 4 岁起，由于神经系统结构和语言的发展，幼儿的抑制机能开始迅速发展，从而使儿童能较好地控制和调节自己的行为。

幼儿期认知也快速发展。幼儿的各种感觉迅速完善，一些复杂的感觉如视觉、听觉和触觉等，都有了进一步发展。幼儿注意力的总体水平较低，但随着年龄增长会逐渐提高。幼儿容易记住自己感兴趣的、刺激强烈的事物，根据一定目的进行有意识的记忆则有一定困难。幼儿语言的发展处于基本掌握口语阶段，这是熟练掌握口头语言的关键期，是初步掌握书面语言的时期。语音、语法、口头表达能力都有迅速发展，为书面语言的学习打下基础。

幼儿期社会性与人格的发展。幼儿期是游戏期。幼儿在娱乐、学习、社交等活动中都以游戏为主，通过游戏角色的模仿和互换，认识事物、解决问题和学习知识。游戏规则可以让孩子养成纪律性，锻炼意志力和协作精神。

幼儿自我意识的发展。自我意识包括一个人对自我的认识、评价、情绪体验及调节。幼儿自我意识的发展是一个重要的过程，在这一过程中，幼儿对自己身体有了认识，对自己的行动有了认识，对自己的心理活动有了认识。幼儿的父母要给幼儿充分的自由和空间，允许他做最好的自己。这一时期，幼儿的自我评价也得到发展。幼儿自我评价能力总体上较差，往往是根据成人的评价来形成自己的评价。他们自我评价的发展趋势是：从主要依赖成人的评价到独立的自我评价；从对外部行为的评价到对内心品质的评价；从比较笼统的评价到比较细致的评价；从带有很大主观情绪的评价到较客观的评价。幼儿自我情绪体验的发展是：3 岁幼儿的自我情绪体验不明显；4 岁是发展关键期，5～6 岁幼儿出现明显的自我情绪体验；幼儿有从生理性自我体验到社会性自我体验的发展，如自尊、羞愧、胆小、悲伤等情绪。幼儿有一定的自控能力，但自控能力总体较差。幼儿期品德的发展与认知的发展是一致的，认知的发展决定着道德发展，总体趋势是由他律到自律。

4. 儿童阶段(生理年龄约在 7—12 岁)

儿童生理的发展。儿童的大脑结构得到迅速发展,12 岁儿童为 1400 克,达到成人的水平。7 岁儿童平均睡眠时间为 11 小时,10 岁平均为 10 小时,12 岁平均为 9~10 个小时。儿童的兴奋和抑制机能都有进一步增强。抑制机能的发展表现为善于调节和控制自己的行为。儿童的条件反射比以前容易形成,条件反射形成以后比较稳定。

儿童认知的发展。在这个阶段,儿童的颜色视觉、视觉感受性、听觉感受性、运动觉(手的关节肌肉感觉,表现为动作精确性和灵活性)都有了很大提高。儿童的记忆迅速发展。如果懂得大脑记忆的规律,掌握记忆的科学方法,儿童记忆之门就会打开。儿童想象的有意性逐渐增强,想象中的创造性成分也会日益增多,想象更富于现实性。儿童阶段是思维发展的重大过渡或转折时期,儿童的思维从以具体形象思维为主要形式逐步过渡到以抽象逻辑思维为主要形式,但这种抽象逻辑思维仍然具有很大的具体形象性。

儿童社会性与人格的发展。儿童自我的发展进入“客观化时期”,就是对自我的评价趋于客观。社会自我形成,儿童获得各种社会角色。自我情绪体验的发展使他们能意识到自己和他人的感情,能根据具体的情境更好地调节自己的情绪表现。儿童的自尊明显增强,表现出羞愧、自豪等情感。儿童的移情能力、亲社会行为倾向、控制消极情绪(愤怒、恐惧、沮丧等)的能力增强。儿童开始学习社会认可的各种技能,与他人比较,如果他们感到自己很差,就会退缩到家庭中寻求保护。如果父母的爱和支持能够滋养儿童,儿童就可以重新获得自我价值感。儿童社交的主要内容包括亲子交往、师生交往和同伴交往,同伴交往逐渐占据重要地位。儿童逐渐能自觉地运用道德认识评价和调节道德行为。儿童对事物的理解从比较肤浅的、表面的理解逐步过渡到比较精确的、本质的理解,但具体性和概括水平仍然较差。儿童对行为的判断从只注意行为效果到比较注意动机和效果的统一,但仍存在片面性和主观性。

这个阶段的发展危机是勤奋对自卑,如果儿童成功解决危机,他们就会形成“能力”品质,认为自己能掌握技能和圆满地完成任务。儿童主要有以下行为障碍:对抗性行为、反社会行为、破坏性行为;消极、充满敌意、挑衅、攻击,违背社会行为规范;焦虑或情绪障碍(包括学校恐惧症),情绪糟糕、抑郁、神经质、恐惧或孤独。如出现上述症状,成人要耐心地寻找原因,不能以暴力手段解决这些心理问题。

5. 青少年阶段(生理年龄约在 13—20 岁)

这是个体身心发展的关键时期,是一个承上启下的重要阶段,该阶段也常常被称为心理风暴期、混沌期、危险期和第二反抗期。由于性发育成熟,青少年在生理、心理、人格和社会化等方面均具有其特殊性。青少年身体成长迅速、关注异性、智力发展达到高峰、重视朋辈群体规范、生理及心理不稳定但逐步走向成熟,人生观开始形成。青少年阶段的年龄划分有不同观点。例如,用社会行为来界定青少年阶段,从小学毕业起到上大学为青少年期。社会工作者在开展研究和服务时,可参考生理和社会两个因素来界定该阶段。

青少年阶段的生理发展。在青春期青少年的性特征发展明显,身高、体重增加明显,骨骼、肌肉、皮下脂肪及神经系统等也逐渐发展,出现第二性征,并开始具有生殖能力。17 岁以后青少年的性生理继续发展并逐渐走向成熟。青少年对亲密行为、性行为充满好奇,也会产生程度不同的渴望,但因其生理、心理发展的不平衡,对行为后果往往缺乏很深的认识,因此,尝试性行为可能会对自己造成不同程度的伤害。

青少年阶段的心理发展。青少年的认知发展达到形式运算阶段,这是其一生的智力发展高峰。此时,青少年推理和解决问题的能力达到更加整合的水平,形成比较稳定的价值观、人生观及待人处世的方法。(1)在青少年前期,青少年开始性成熟,具有想象力,爱争辩,希望不受权威人士管制;能力与期望有差异,要求独立却心有余而力不足,从而导致内心矛盾;情绪和行为不太稳定,转瞬之间可以由一个极端转向另一个极端;同辈群体是青少年重要的支持源。(2)在青少年后期,青少年在很多方面逐步成熟,其人格发展逐渐独立于父母;逐步学会控制自己的情绪,行为比较稳定成熟;比较关注个人外表、学习成绩、升学、职业、经济状况、异性朋友等人生议题;解决问题的方法逐步成熟;通过部分人生事件增长了阅历,其自由、地位和权利意识增强;父母则给他们压力,希望其独立的同时又希望他们继续依赖家庭。

青少年阶段的社会性及人格发展。这个阶段青少年经历自我意识的发展,他们努力寻找自我身份;同时他们面对自我同一性的认同危机:如果认同失败,青少年个体就会陷入角色混乱之中;他们与成人世界存在矛盾和冲突,在建立自我认同感方面有难度。青少年在这个阶段社会化的主要影响因素有:家庭(如果管教不当,容易导致越轨行为的产生),学校(青少年发展的重要区域),外界社会环境对青少年影响作用也开始扩大。

青少年阶段面临的主要问题。他们容易成为危险期问题少年;学业上失败会导致多重负面影响;对异性好奇和缺乏责任感导致不良性行为或性罪错;等等。

6. 成年阶段(生理年龄约在 21—60 岁)

成年阶段可以分为成年早期阶段(21—40 岁)即我们通常所说的青年阶段,以及成年中期阶段(40—60 岁)即我们通常所说的中年阶段。成年阶段的主要任务有:完成学业、就业、结婚、生育等。成年阶段的主要标志有:结束校园生活、经济独立、离家独立、生活、结婚、为人父母。成年阶段的主要特征有:生理机能达到高峰后逐步进入衰退期，进入更年期，人生经验丰富，社会角色丰富，家庭和社会责任多而重。成年阶段的年龄划分也有不同观点。例如，用社会行为来界定，从上大学到工作或结婚组建家庭为一个阶段；从生育子女到子女离开家庭为一个阶段；从工作到退休为一个阶段等。社会工作者在开展研究和服务时，可参考生理和社会两个因素来界定该阶段。

成年阶段的生理发展表现为：人生的生理高峰期到来，尔后身体机能逐步衰退。人的身体发育一般在22岁左右基本完成；22—40岁生理器官状况良好、功能正常、抗病力强、体力精力充沛，是生理发展的黄金时期；40岁以后生理状况从高峰衰退；更年期后，性功能有所下降，身体疾病日益增多；女性45—55岁出现更年期综合征，情绪波动大、性格改变、烦躁易怒、消沉抑郁；男性较晚也会出现更年期综合征，健忘、注意力不集中、精力不济等。

成人阶段的认知与心理发展。个体在40岁前尝试了多个角色的转型，通过学习和训练，他们的认识能力和实际操作能力上升，个人特长在工作中得以体现；在40岁后，由于长期的学习、反思、积累，他们能熟练处理各种社会关系，解决问题更加智慧。

成人阶段的社会性与人格发展。成人在这个阶段建立了稳定的社会角色，开始承担公民的责任和义务，并表现出符合身份的社会行为；选择伴侣并结婚成家，学习与配偶共同生活的技巧，生育并抚育儿女，家庭管理与子女教育成为其重要责任；建立、维持与朋友、亲戚、同事的和谐关系；有职业和工作收入，学习遵守职业准则。

成人阶段的重要变化出现在40岁后，这一阶段个人情感趋于深沉稳定，人的性格完全定型，意志成熟坚毅，情感控制力加强，道德感和理智感上升，比较关注生活的意义；婚姻更加务实，婚姻中责任已超越情感，责任成为维系夫妻和家庭稳定的关键因素；这也是事业成败的关键期，个人的才华与潜能得到发挥，个人的事业、地位、财富可能达到人生的顶峰。

中年阶段面对的主要问题。如果生活、工作上的问题得不到妥善解决，会陷入中年危机。成年早期的冲突是亲密对孤独，没有稳定职业和形成亲密能力的人会离群索居，回避与人交往，产生孤独感。如果成功解决了冲突，个人会形成爱的美德。成年中期的冲突是繁殖对停滞，成功者在培养后代和发展事业上都有成就，体验成就感，相反则会产生停滞感。如果成功解决了危机，个人会形成关怀的美德。

7. 老年阶段（生理年龄约在61岁以后）

老年阶段又被称为成年晚期阶段。由于人类生活质量的提高，人口寿命普遍延长，进入老年阶段的人口数量愈来愈多。老年阶段总体特征是生理功能和认知能力有较大的退化，容易回忆过去，社会角色减少，开始退出社会生活的中心。哈维格斯特提出人生发展阶段与任务理论，老年阶段的发展任务是：适应退休与收入的减少；适应健康与体力的衰退；与自己的年龄群建立亲密关系；适应配偶的死亡；担负起社会和公民的责任；建立满意的生活安排，考虑自己的经济和家庭状况，重新安排居住环境①。

老年阶段的生理发展特征是：各项生理功能发生较大变化，出现明显退化现象，记忆力衰退，各类老年疾病开始出现。老年阶段的认知和心理发展特征是：反应减慢，容易怀旧等。老年阶段的社会性与人格发展特征是：适应角色变化，接受人生阶段的新任务与挑战，自我整合、完美与绝望是此阶段老人要处理的危机和冲突，其任务是进行自我整合，重新评价自己的一生，积极面对生命的终结，思索其意义和重要性。如果处理不当，对过去的选择和结果感到不满和失望，则会对死亡感到畏惧和焦虑，产生绝望感；若整合达到平衡，对自己的一生感到满足，则会持乐观态度来安排自己的晚年，对死亡持接纳的态度。一些老年人的自我中心思维比较严重，较少从客观角度看问题。老年人的人际交往范围缩小，但也有的感情会更加深刻，人际关系结构会在长期生活的考验后更加稳定。

老年阶段面对的主要问题有：退出工作领域产生无用感；经济收入减少导致生活上的困难；退出社会生活主要领域使人际关系淡化而产生孤独感；各类疾病增加，受疾病的折磨而产生无助感；社会对老年人的排斥与歧视；老年丧偶；等等。针对这些问题，社会工作者应该积极开展老年社会工作服务，帮助老人解决问题，度过危机。

第二节 人类需要

一、人类需要的含义

社会工作者传递社会福利给服务对象，从接案开始就要对服务对象需要进行评估，服务对象的需要是提供服务的指南。社会工作者在结案时也要对服务对象的需要满足程度进行评估，借以分析服务的效果，并给服务对象提出新的建议。因此，需要是一个十分重要的概念。

需要（need）不是某个单一学科的范畴，而是诸多社会科学和领域如哲学、经济学、政治学、社会学、社会工作和社会福利的重要概念。社会福利视角下的需要含义可以表述为：人类为了生存、福祉和自我实现而具有的生理、心理、经济、文化和社会要求②。从某种意义上说，需要可以看作人类一切活动的出发点

① R. J. Havighurst, *Developmental Tasks and Education* (*3rd edition*), New York: David McKay Co, 1972.

② David Macarov, *Social Welfare: Structure and Practice*, Thousand Oaks: Sage Publications, 1995.

和归宿。需要是人脑对生理和社会需求的反应，是个体对内部环境和外部生活条件的稳定要求，是其赖以生存和发展的必要条件。人的需要通常以愿望、意向等形式表现出来。人的需要和动物的需要有着本质的不同。人的需要具有社会性，它的发展变化受到社会发展和财富分配性质的制约。即使是人的生物性需要，其实现方式也受到社会生活方式的制约。我们的定义将需要与人类进行某种社会行为与社会环境联系在一起，将需要与社会福利制度给予或者人类拥有的必需品联系在一起，将需要与物资的匮乏联系在一起。需要的内容是多元的，满足需要后人类生存的目的才能实现，人类的福祉才能提高，人类自我实现的目标才能真正实现。①

要注意需要和需求(want)的区别。很多研究和教科书将需要和需求混杂在一起，没有进行区分，模糊了需要的本质。如果从最本质的、可以进行操作性研究的角度来看，需要是社会中生活的人在其生命过程中的一种缺乏状态。人的基本需要如果不能得到满足，这种缺乏状态将损害人的生命。与此相关，需求是对于某一具体需要满足物的指向。需要是客观性的，需求是主观性的；需要是长久的，需求是暂时的；需要具有普遍的意义，需求更多地表现出个体指向具体需要物品的意义。

需要概念界定既参考了巴甫洛夫(И. Павлов)进行的实验心理学的研究结果②，也参考了其他学科的研究成果，对需要的研究从个体心理机制研究扩大到社会心理研究，从个体的需要满足研究扩大到整体社会的需要满足研究。心理学家注意到了个体社会成员需要的差异。社会心理学结合试验心理学成果认为：需要是个体在社会生活中缺乏某种东西在个体大脑中的反映，它是一种缺乏状态，是需求在个体大脑中的反映。需求既包括了个体的生理需求也包括了个体的社会需求。个体身体内的对某种物质的缺乏反映到人的大脑中(需求在大脑中反映出来)，集合形成了人的需要。因此，形成需要必须具备两个条件：一是个体对某种外在客体的缺乏；二是个体的获得期望。人的一生就是不断产生需要、满足需要，再产生需要、再满足需要的过程。③

需要分为个人需要(individual need)和社会需要(social need)。所有个体社会成员都具有从生存到自我实现等不同层次的需要。人们实现这些需要的方式深受人类行为差异性的影响。人们在生理、心理、社会、文化上存在的差异会影响人们表达和满足需要的方式。例如，儿童和老人为了生存都必须吃饭，但他们的食物种类、饮食方式及获取食物的方式各不相同。人的需要不是静止不变的，

---

① 彭华民：《社会福利与需要满足》，社会科学文献出版社 2008 年版，第 3—24 页。

② ［苏］巴甫洛夫：《大脑两半球机能讲义》，戈绍龙译，上海卫生出版社 1957 年版。

③ Abraham Harold Maslow, *Motivation and Personality*, New York: Harper & Row Publisher Inc, 1970.

人在生命周期的不同阶段会表现出不同的需要。儿童希望他们的心理的、情感的和社会的需要主要能在学校里得以满足；进入工作阶段的成人希望通过和谐的人际关系及有意义的职业活动来满足他们的需要。个体的集合形成社会，个体的需要集合形成社会需要。人类社会为了自身生理的、心理的、社会的综合发展，需要一定的共同资源来满足社会需要。社会的共同需要（common human needs）是指那些为全人类所共有的、对他们的生存和发展来说最为基础的需要。[①] 这里的共同需要实际上就是人类的社会需要。贯穿整个人类生命周期的社会需要，是社会福利制度发展的动力。

二、人类需要的类型与特征

人类需要有不同类型。社会工作者只有根据服务对象的需要类型和需要内容提供服务，才能有的放矢。在社会工作理论和实务中，提及较多的需要分类方式有如下几种：

人类需要的基本类型有：（1）生理需要和社会需要。这是按需要的起源来划分的。生理需要也称自然需要，是原发性需要，它反映了人们对延续和发展自己的生命所必需的客观条件的需要，如对生活资料的需要、对健康保健的需要、对繁衍后代的需要等。社会需要是人们在社会生活中形成的需要，是习得性需要，它是在社会生产和社会交往的过程中形成并得到满足的，如对人际交往的需要、对工作的需要、对尊重的需要等。（2）物质需要和精神需要。这是按需要的对象来划分的。物质需要是指个体对物质，如衣、食、住、行和日常用品的需要。精神需要是指人对自己的智力、道德和审美等发展条件的需要，是随着社会的发展而不断发展的，如对知识的需要、对友谊的需要、对独立的需要等。（3）直接需要和间接需要。这是按人们对需要的迫切程度来划分的。直接需要是一系列具体的需要，如吃饱穿暖等。间接需要是指那些比较抽象的需要，常常以直接需要的实现为基础，以理想等形式表现出来。

人类需要可以依照由低到高递进的顺序分为若干个层次，层次越低的需要其需要强度越大，层次越高的需要其需要强度越小。马斯洛（A. H. Maslow）提出的需要层次理论（hierarchy of needs theory）被广泛运用于社会工作、心理学、管理学等学科中[②]。他认为只有当较低层次的需要得到满足后，较高层次的需要才会出现并被要求得到满足。马斯洛将需要分为五种类型：（1）生理

---

① William H. Whitaker & Ronald C. Federico, *Social Welfare in Today's World*, New York: McGraw-Hill, 1997, p. 57.

② Abraham Harold Maslow, *Motivation and Personality*, New York: Harper & Row, 1954. Healy, K. A., "A Theory of Human Motivation by Abraham H. Maslow-Reflection," *British Journal of Psychiatry the Journal of Mental Science*, vol. 208, no. 4(2016).

需要。(2) 安全需要。个人希望免于恐惧、孤独,安全得到保障的需要。(3) 归属与爱的需要。个人希望归属于群体、获得爱的需要,它可以通过参与有意义的、富有创造性的社会性、生产性过程而获得满足。(4) 尊重的需要。个人获得他人和社会尊重的需要。(5) 自我实现的需要。个人通过自我导向的潜力发挥,实现个人社会价值的需要,是人类需要满足的最高层次。阿尔德弗尔(Clayton P. Alderfer)在马斯洛的需要层次理论研究基础上提出生存—关系—成长需要理论,又称为 ERG(Existence-Relatedness-Growth)理论。① 他提出人类需要层次可以分为生存需要、关系需要和成长需要。生存—关系—成长需要理论的特点是不强调需要层次的顺序;当较高层次的需要不能得到满足而受挫时,个体也可能会退而求其次;某种需要在得到基本满足后,其强烈程度不仅不会减弱,还可能会增强(见图 1-2)。

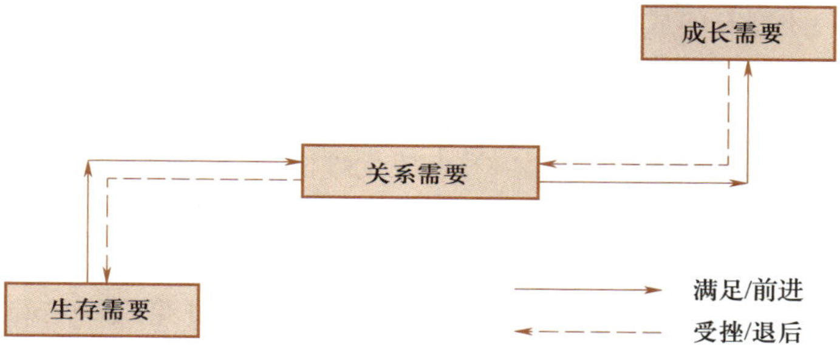

图 1-2 阿尔德弗尔生存—关系—成长需要满足示意图

在社会工作与社会福利领域中影响很广的还有步瑞德山(Jonathan Bradshaw)的需要类型理论②。他在 1972 年提出了该理论,认为人类的需要可以分为四种类型:

(1) 感觉性需要(felt need)。感觉性需要是由社会成员个人感觉到的需要。由于主客观因素的影响,不同个体之间的感觉性需要具有很大的差异。它是个人知觉到的需要,基于个人过去对于生活中一些问题的经验,可以说是一种具有情境性的需要。中国文化中有"心由境造、境由心生"之说,与此有相通之处。感觉性需要属于一种个人主观的感受,是个人真正意识到的需要。

---

① Clayton P. Alderfer, "An Empirical Test of a New Theory of Human Needs," *Organizational Behavior and Human Performance*, vol. 4, no. 2(1969), pp. 142-175.

② Jonathan Bradshaw, "A Taxonomy of Social Need," in M. A. Heasman & Gordon McLachlan(eds.), *Problems and Progress in Medical Care: Essays on Current Research* (7' Series), London: Oxford University Press, 1972, pp. 70-82.

（2）表达性需要（expressed need）。它是由感觉性需要（内在的）转换而来的个人表达出来的需要（外在的）。在社会工作领域，表达性需要被界定为人们有被服务的需要。表达性需要是最普遍的了解服务对象需要的方式，社会保障、福利机构通常会尽力满足此类需要。但这种需要也经常反映出服务对象对服务提供了解有限，只有他们认为在服务范围内的需要才会被表达出来，当他们表达之后仍然有许多需要未被满足。不过目前，表达性需要仍然是最重要的认识需要的指标。

（3）规范性需要（normative need）。这种需要是由社会工作者或社会科学研究人员研究界定出一个最低需要标准从而确定的。这种需要往往由专家学者来测量，其测量标准常是为了维持社会结构体系的整合而必须让个人满足的需要。健康物质方面的规范性需要比较容易找到量度的标准，而心理和社会层面的规范性需要，则很难建立一个绝对客观的标准。

（4）比较性需要（comparative need）。该需要是规范性需要的延伸，但考虑了个人需要之间的差异性。界定比较性需要时至少有一个参考的标准，也就是说，比较性需要的认定是针对某些标准而言的，如当事人具有与已接受服务者相同的特征，然而却未接受同样的服务，他即具有比较性需要。

【延伸阅读】：人类需要理论

近年来多亚尔和高夫的人类需要理论受到重视。他们把需要分为基本需要（basic needs）和中介需要（intermediate needs）。多亚尔和高夫认为，健康和自主为基本需要，基本需要满足以后社会成员才能在参与社会生活的过程中避免受到伤害，基本需要的满足可以进行同文化、跨文化的比较。多亚尔和高夫还认为，满足基本需要的非社会性和社会性的需要满足物有 11 个类别：营养食物和干净的水；保护性的房屋；没有伤害的工作环境；没有伤害的物理环境；适当的健康照顾；儿童的保障；重要的初级人际关系；安全的物理环境保障；安全的经济保障；适当的教育；安全的计划生育和儿童照顾。基本需要是具有普世性（universal）的，但是满足基本需要的需要满足物常常是相对的。

资料来源：L. Doyal & I. Gough, *A theory of Human Need*, Basingstoke: Macmillan, 1991, pp. 49–75; pp. 191–221.

人类需要的特征是多样的，这使得社会工作更加具有挑战性。下面我们将在需要含义和类型研究的基础上讨论需要的多元特征。人类需要的基本特征有[①]：（1）客观性。需要并不是由人的主观意志决定的，不是一个人想有什么需

① 彭华民：《社会福利与需要满足》，社会科学文献出版社 2008 年版，第 17—20 页。

要他就有什么需要。从历史的角度进一步分析需要的客观性,可以看到人类需要是历史性的,它客观地存在于某个个体诞生之前。从某种意义上讲,人的个体只是这个客观需要的一个载体。(2) 社会性。人类很多需要在社会中才能得到满足。人类需要中的安全需要、爱的需要、自尊需要的满足皆依赖于社会生活。因此,需要的社会性体现了人的个性和社会性的统一。(3) 对象性。人类需要指向一定对象,这个对象可以是过程也可以是结果,可以是物质的也可以是精神的。(4) 动力性。某一需要被满足后不会消失,同类需要还可能再次出现。人类需要的出现和满足可能带有周期性特征。人类需要的不断出现推动人类不断进行需要满足的活动,推动了个人和社会的发展,成为个人和社会发展的动力。(5) 独特性。人们表达需要和满足需要的方式深受人类社会和个体社会成员差异性的影响。人们在生理、心理、社会、文化等方面存在的差异会直接影响人们表达和满足需要的方式。

三、人类需要的评估

在需要类型和特征分析的基础上,我们分析需要评估(needs assessment)。需要评估是一个重要的领域。在社会工作实务的通用流程中,接案后首先要对服务对象的需要进行评估(预估),计划和介入之后还要继续对服务对象的需要进行评估。在更广义的社会福利服务中,需要评估既是服务提供的基础,也是服务质量评价的依据。

影响较大的需要评估方法主要有四种:(1) 社会指标方法(social indicators approach)。20 世纪至今,社会指标方法广泛使用于需要评估。社会指标的设立和需要评估的结果有直接的关系。(2) 社会调查方法(survey approach)。社会调查方法在 19 世纪就已经开始被用于需要评估。社会调查方法可以识别出社区问题,分析发现社会成员需要获得满足的情况。今天的社会工作与社会福利服务广泛使用这个方法。(3) 社区印象方法(community impressions approach)。需要评估的人士可以通过社区会议(community forums)、名义小组(nominal groups)或者一些可以提供重要信息的人(key informants)来收集社区需要的信息①。(4) 量表评估方法。量表评估方法即通过量表方式来测量服务对象的需要,使用过程中可根据情况对量表作出修改。量表测量是一种定量化的方法,结果可以用作比较,因此它在实际工作中使用较多。

社会工作者常常使用需要评估方法来确定服务方案或结束服务。需要评估的流程主要包括:确定评估对象和评估目标;组织评估团队,招募参加评估的专

---

① Frederic G. Reamer, *Social Work Research and Revaluation Skills: A Case-based, User-friendly Approach*, New York: Columbia University Press, 1998.

业人员；制定评估方案；准备评估工具或材料；根据评估方案实地评估；整理评估材料，编写评估报告；根据实际情况将评估结果提交给服务对象、社会工作机构或社区和政府相关部门①。

第三节　人类与环境

一、自然环境与社会环境的含义

环境就其词义而言，是指人类周围的要素。本书中讨论的人类环境即以人类作为中心的环境要素，其他生物和非生命物质都被视为环境要素，构成人类的生存环境。人类环境有别于其他生物的环境，它包括自然环境与社会环境两部分。

1. 自然环境的含义

自然环境是人类赖以生存和发展的各种自然因素的总和，即通常所称的自然界。人类对自然环境的依存关系及人类对自然环境的理解随人类文明的进步而不断变化。古代人类的自然环境是一个比较狭窄的范畴，而当代人类所理解的自然环境则要广泛得多。我们可以把自然环境理解为一个由近及远、由小到大的有层次的系统，包括：（1）生存环境。由人类赖以生存的空气、水、土壤、阳光和食物等基本环境要素组成，这也是人类文明初期所了解和利用的自然环境。（2）地理环境。由地球表层的大气圈、水圈、岩石圈和生物圈组成，上达大气圈对流层顶部，下至岩石圈底部，是现代文明所认识的自然环境，也是环境科学和地理科学研究的对象。（3）地质环境。包括地表以下直至地核的各地质圈层，与地理环境有着物质和能量的交流，主要是地质学和地球物理学的研究对象。（4）宇宙环境。指地球以外的宇宙空间，与地理环境之间也存在着物质、能量和信息的交流。②

世界各国的环境保护法规往往把环境要素或其中需要保护的对象称为环境，这可能是为了适应立法的技术需要。在我国，1989 年颁布、2014 年修订的《中华人民共和国环境保护法》明确指出：本法所称环境，是指影响人类生存和发展的各种天然的和经过人工改造的自然因素的总体，包括大气、水、海洋、土地、矿藏、森林、草原、湿地、野生生物、自然遗迹、人文遗迹、自然保护区、风景名胜区、城市和乡村等。在人类发展过程中，自然环境改变着人类，人类也在改变着自然环境。这是一个复杂的互动关系和过程。由于环境污染问题直接影响了人类生活，人类保护自

---

① 顾东辉：《社会工作评估》，高等教育出版社 2009 年版。

② 刘树华：《人类环境生态学》，北京大学出版社 2009 年版，第 5—10 页。

然环境的呼声愈来愈高。

人类所生活的环境是自然因素和社会因素互动共生的产物。因此,基于狭义的社会环境来讨论人类的行为,制定服务行动方案是不够的,环境还包括对人类行为有重要影响的自然环境因素。例如,目前全世界共同面对的气候变暖问题,其中既有自然环境中非人类因素的作用,也有人类不合理使用和消耗资源的作用,如过量排放二氧化碳导致温室效应。为了应对环境问题,2009 年 12 月,192 个国家的环境部长等在哥本哈根召开联合国气候会议,就应对气候变化的全球行动签署协议,即《哥本哈根协议》。联合国气候会议前身为 1992 年在里约热内卢召开的地球峰会,地球峰会的目的是协调各国应对气候变化而采取的行动。《哥本哈根协议》是国际社会为共同应对气候变化迈出的具有重大意义的一步,这个协议至少有以下几个特点:第一,维护了《联合国气候变化框架公约》和《京都议定书》确立的“共同但有区别的责任”原则,坚持了“巴厘路线图”的授权,坚持并维护了上述两个政策协议“双轨制”的谈判进程。第二,在“共同但有区别的责任”原则下,最大范围地将各国纳入了应对气候变化的合作行动,在发达国家实行强制减排和发展中国家采取自主减缓行动方面迈出了新的步伐。第三,在发达国家提供应对气候变化的资金和技术支持方面取得了积极的进展。第四,在减缓行动的测量、报告和核实方面,维护了发展中国家的权益。第五,根据联合国政府间气候变化专门委员会(IPCC)第四次评估报告的科学观点,提出了将全球平均气温较前工业化时期上升幅度控制在 2 ℃以内的长期行动目标。

【延伸阅读】:良好的生态环境是最普惠的民生福祉

建设人与自然和谐共生的现代化,核心是处理好人与自然的关系,要求我们友好对待自然,合理利用自然。在国土空间规划、自然资源利用、生态系统保护修复等生态文明建设的各个方面,都要把尊重自然、顺应自然、保护自然作为基本原则。

——自然资源部部长　王广华

生态环境保护和经济发展是辩证统一、相辅相成的,加强生态环境保护,能够引领和倒逼发展方式绿色转型、实现高质量发展,而促进经济社会发展全面绿色转型,是解决我国生态环境问题的基础之策。

——生态环境部副部长　孙金龙

中央电视台:《焦点访谈:奋斗新的伟业 推动绿色发展 建设美丽中国》,2022 年 10 月 27 日。

2. 社会环境的含义

对于人类来说,社会环境一般指围绕某个人或者人类整体的外部世界。动物实际上也有它们的社会环境,环境可以有不同的相对物。结合前面对自然环境的分析,人类的社会环境是指围绕着人类的空间和其中可以直接、间接影响人类生活和发展的各种社会因素的总和,具体可以表述为:与人类生物遗传、心理状态及社会过程相互作用的社会系统,家庭、学校、群体、组织、社区、社会、制度、文化等都是其重要组成部分。自然环境先于社会环境存在,是人类生存和发展的基础,也是社会环境存在和发展的基础;而社会环境的发展也可影响自然环境。

社会环境是人类通过长期的有意识的社会劳动,加工和改造的自然物质、创造的物质生产体系、积累的物质文化等所形成的环境体系,是在自然环境的基础上发展而成的人类生活环境。人类发明了工具,驯化了部分植物、动物,修建了房屋、道路等,在这一过程中,自然提供了资源,人类发挥了智力,进行了劳作,社会环境是人类精神文明和物质文明不断发展的标志,它也因人类精神文明和物质文明的演进而不断地丰富和发展。社会环境是人类文化与自然环境不断互动而形成的产物。

按照包含要素和性质,社会环境可分为:(1)物理社会环境,包括食物、衣物、交通工具、通信工具、建筑物、道路、企业厂房等。(2)生物社会环境,包括人类驯化和驯养的动物、人类栽培的植物等。(3)心理社会环境,包括人的性格、心理状态、心理疾病、群体态度等。在对人类智商研究的基础上,研究者发现人还具有情商、逆商等。这些构成了人类的心理社会环境。(4)文化社会环境,文化是社会发展过程中人类创造物的总称,包括物质技术、社会规范和精神体系,是所有物质产品与非物质产品的总和。文化表现为人类的生活方式、风俗习惯、行为规范、语言等。文化依附于语言、文字、艺术作品及其他文化载体,对生活于其中的人们产生社会化作用,进而成为维系社会发展的巨大力量。(5)制度社会环境,包括人类建立的关于繁衍和提供照顾的家庭制度、关于生产和分配资源的经济制度、关于国家管理与政府运作的政治制度、关于社会控制的法律制度、关于保障社会成员生活质量的社会福利制度、关于个人社会化和知识文化传递的教育制度、关于国家安全的军事制度等。(6)群体与组织社会环境,包括家庭、同龄群、朋友群、学校、工作单位、非政府组织、协会、政府、国际组织等。现在我们把大众传媒单列为一类,它也是人类社会环境的重要组成部分。大众传媒包括广播、电视、报刊、互联网等。它们的积极影响是帮助个人、群体及组织获取信息、作出判断、满足要求或达成目标;它们的消极影响是可能传递不适当的价值观念或行为模式,误导受众。

社会环境的特点包括:(1)社会构成的多样性。社会由物质—文化因素、自然—社会因素、微观与宏观结构等构成,内容十分丰富。(2)社会具有动态平衡性。社会文化、社会制度、社区组织、学校、家庭等因素对个体而言是相对稳定的，但社会环境因素本身时刻处于变动之中。我们面对的社会有动态平衡的机制，能够保障社会成员有相对稳定的生活。社会的各个部分能够系统地满足人们的不同需要，使社会个体得以在有规范秩序的系统中互动。我们接受社会的法律规范，按照既定的方式生活和工作，本质上是社会人。社会环境的本质和核心是人类创造的所有物和人类本身。

二、人类与环境的关系

1. 人类与自然环境的关系

根据人与自然的关系及人类社会发展的不同水平，人类文明可划分为四种历史形态，在不同文明形态下人与自然关系各有特点。原始文明时代，人类匍匐在自然的脚下。农业文明时代，人类对自然进行初步开发。工业文明时代，人类以自然的征服者自居，社会生产虽然获得空前发展，但对自然的超限度开发造成生态—社会互构的双重危机。人类反省后希望进入生态文明时代，人类与自然实现协调发展。为了建设生态文明，首先需要实现观念变革；其次需要解决建设生态文明的关键问题，即节约资源和保护环境等；最后需要在全社会树立和普及保护自然环境的法治观念和伦理规范①。

中国自古以来就重视人与自然的关系。儒家提出了“天人合一”论，其主要内容为万物一体，天人相参等。天人合一指的是人主动与天相合，而非天与人合。为实现合一，儒家要求人积极有为，在行为上一要努力认识自然万物，二要效法天地自然并利用其规律。而在主观方面，人们一须体物、成物，二须“绝四”，三须尽心“体物”、大其心爱物。② 这些主张对正确处理人与自然的关系具有积极意义。天人合一等传统文化在今天得到了更多的重视，人与自然和谐相处的思想得以弘扬与发展。

2. 人类与社会环境的关系

关于人类与社会环境的关系，社会科学发展出了多元化的理论观点。宏观视角下这些理论观点可归入社会唯实论和社会唯名论两类。社会唯实论从宏观方面分析社会，强调社会对个人及其行为的决定作用，把社会看作高于个人且不依赖于个人而独立存在的客观事实。迪尔凯姆（又译涂尔干，E. Durkheim）认为社会环境的意义大于个人行为，社会现象是社会事实。社会事实是固定的或不固定的，它具有强制力量，这种力量使它们凌驾于每个社会成员及其独立的个人

---

① 李祖扬、邢子政：《从原始文明到生态文明——关于人与自然关系的回顾和反思》，《南开学报》1999 年第 3 期。

② 陈业新：《儒家天人“合一”思想探析——以“人与自然”关系的认识为对象》，《孔子研究》2009 年第 4 期，第 4—16 页。

意志之上，对个人具有客观制约力[①]。因此，不应当从个人的心理或生理方面寻求对社会现象的解释，而应当从先于个人而产生的社会事实中去寻找决定因素。他认为社会不可能产生于追求最大幸福而互相交易的个人主义倾向之中，因为个人欲望是无止境的，任其追求就会出现失范（anomie）现象。所以，社会要合理合法控制和限制个人的需要，形成社会的共同目标，只有这样才能实现社会的整合[②]。

社会唯名论强调个人即行为者的主观意义，即认为个人行为的意义大于社会（环境）。社会唯名论认为个人动机和主观意义对于理解社会现象具有决定意义。韦伯（M. Weber）不是从宏观的社会结构方面，而是从微观的个人方面来解释社会现象。迪尔凯姆把社会事实看作超越个人的独立存在，韦伯则认为个人动机和行为的主观意义就是社会现象的本质。韦伯认为只有个人才是客观实在，社会仅仅是用来称谓一群人的名称。他把个人及其行为看作基本单位，看作"原子"。个人是有目的行动的最高限度和唯一载体，国家、社团、封建制度等概念指的是人类互相作用的某些范畴。理论的任务是把这些概念一律简化为"可理解的"行动，简化为参与者个人的行动[③]。

上述两种观点都有重要的解释意义，但也有需要完善之处。现在愈来愈多的人采用人类与社会环境互动的观点来认识人类与社会环境的关系。（1）人在社会环境中进行社会化。个人必须适应其所在的社会环境，社会环境无时无刻不在影响着个人行为，人的一生都在持续社会化，人类个体通过与外部环境的积极互动，形成自己的人格，学会参与社会或群体的方法，掌握社会经验与规范，取得社会成员资格。（2）人在社会环境中扮演社会角色。人类个体在扮演社会角色的过程中获得自我价值和社会归属感，从而发展成有所创造、有所贡献的社会成员。社会角色是连接个体与社会系统的联结点，是人与环境之间的中介点。社会工作者就是要通过评估个体扮演社会角色的情况，找到解决问题的方案。（3）社会环境对人的影响不能脱离人类遗传因素的限制。人的生理能力是有限的，人的发展受生理因素制约。人类遗传因素与环境交互作用，这个互动过程同时影响人类行为，如愚公移山只能是神话，人工作后必须休息，人的能力有限，有搬不走的大山。（4）人类行为影响和改变着自然和社会环境，如人开通运河、填海、建水库等；人们制定社会规范，同时又在不断改变规范。在不同的行为过程中，人类行为与环境互相作用和影响的力度并不是对等关系。我们可以这样认

① ［法］埃米尔·涂尔干：《社会分工论》，渠东译，生活·读书·新知三联书店 2013 年版。［法］E. 迪尔凯姆：《社会学方法的准则》，狄玉明译，商务印书馆 2017 年版。

② 彭华民、杨心恒主编：《社会学概论》，高等教育出版社 2006 年版，第 80 页。

③ ［美］刘易斯·A. 科瑟：《社会学思想名家》，石人译，中国社会科学出版社，第 241—242 页。

为:人类行为与环境不是谁高于谁,谁决定谁,而是互动的关系,即互相影响,互相决定,共同变化。

三、人与环境互动:生物角色和社会角色

人与环境的互动表现在生物角色和社会角色关系上。人在与社会环境的互动中形成了一些既有生理特征又有社会特征的角色,如父亲、母亲等。理解在环境中形成的角色对我们开展社会工作服务有很重要的帮助。

1. 人的生物角色

人的生物角色(biological role)是对基于人生理特征而形成的角色的统称,它内含自然环境基于人的生理条件对人类行为方式所形成的各种规定。一个人在出生以后根据自己的生理特征将这些规定加以内化,从而形成一定的符合自然环境期望的心理与行为特征的过程,就是生物角色社会化。人类的生物角色的形成首先源于人类与自然环境的互动,但在人类社会形成和发展过程中,人的生物角色也受到社会环境的影响,具有了丰富的社会意义。人的生物角色多种多样,包括年龄角色、性别角色、家庭角色、亲属角色等,还有一些和生物因素密切相关的角色也可以归到此类,如癌症患者、残障人等。我们在讨论生理年龄和生理性别时其实也是在讨论生物角色。

从历史渊源上看,生物角色的形成首先与人类生理特征的差异有关。其次,也是更为重要的方面,在生理差异的基础上,社会分工的出现和发展强有力地促进了生物角色之间的分化及相关社会观念的形成。随着人类历史进程的推演,在不同的时期或阶段中,不同经济和社会因素在性别社会化过程中的作用也不同。一般来说,对性别社会化能够产生重要作用的社会因素包括家庭教育、学校教育、培训就业、文化传统、社会关系、大众传媒、规范制度等。现在人们重视生物角色和社会环境之间的互动关系,把年龄平等、性别平等、种族平等、民族平等内容纳入社会平等的范畴。

2. 人的社会角色

作为社会成员的个人在一定社会环境中处于特定地位,并按照这个地位规范行为,这就是个人的社会角色(social role)。社会角色这一概念源于戏剧中的角色,其原意是指演员化妆戴上面具以后所扮演的那个人及其系列行为。戏剧中的角色指向一套表演的行为模式,这套行为模式和个人的地位、身份、性格是一致的。在现实生活中,围绕一个人的社会地位也有一套权利义务和行为模式,由此从戏剧角色发展出了社会角色这一概念。社会角色指向与个人社会地位有关的一套权利义务和行为模式,还表示社会对一个人的行为期待。

社会角色是个人在社会环境(社会体系)中的地位所决定的。地位是一个人在社会体系中所处的位置,每个人在一定的社会关系和社会组织中都有一个

特定的位置。社会位置有一定的次序，所以人的社会地位高低不同。社会角色是地位的动态表现形式，地位一定通过角色行为表现出来，而没有地位角色就无从谈起。

社会地位可以根据其特征分成若干种类。(1) 按其获得的方式划分，可以分为先赋地位（ascribed status）和自致地位（achieved status）[①]。先赋地位是生来就有的，如世袭的王子、贵族，以及儿子、女儿等。自致地位是个人通过自己后天的努力得来的，如社会工作者、艺术家、运动员、经理、政府官员等。在现代社会环境中，人们对自致地位愈来愈重视。(2) 按其产生的方式划分，可以分为规定地位和非规定地位。某个地位受到社会明确的规定，并通过一定的程序产生出来，我们称之为规定地位。规定地位有一套明确的权利义务和行为规范。有些规定地位是自然形成且受到法律认可的，如父亲、子女、亲属等。还有一些地位，社会对其没有明确的规定，我们称之为非规定地位，如临时到灾害现场救人的志愿者。从非规定地位中还可衍生出争取地位，如正式群体和非正式群体中的自然领袖，他们由于个人的才智、品德或经历受到群众的拥戴，成为非正式的领袖。自然领袖的社会地位是个人争取来的，我们称之为争取地位。社会工作者在服务过程中，要帮助服务对象认清他们的社会地位及相关的社会角色规定。

3. 人的社会角色类型

人在社会环境中的社会角色有多种类型。由于多种社会因素和自然因素的影响，不是每一个人都能完美无缺地满足社会对他的行为期待，所以，社会角色被分为理想角色、领悟角色和实践角色三种。(1) 理想角色也称期望角色，即社会对某一角色规定的一套理想的权利义务和行为规范。如社会规定做父亲的人对子女有哪些权利义务，应当怎样抚养和教育子女，在子女面前应当怎样行动等。(2) 领悟角色。由于个人和社会环境中众多因素的影响，每个人对自己角色的领悟是不同的，甚至对同一角色的认识有很大的分歧，个人领悟到的对应于角色的权利义务和行为规范即领悟角色。每个人对角色理解不同，所以采取的行动也不同。由于领悟角色和理想角色有差距，所以社会工作者有责任帮助服务对象理解角色，设法缩小这个差距，减少社会冲突。(3) 实践角色是个人在实际行为中表现出来的角色。实践角色与理想角色和领悟角色都有差距，这是因为人的行为受到社会环境因素的影响与限制，同时也受到个人条件的影响和限制，人不可能完全按照社会规范或自己的想法去行动。在这里我们看到了社会环境的力量，它能影响、规范、约束个人的行为，使个人不可能完全按照自己的意志和理解去行动。

---

① Irving S. Foladare, "A Clarification of 'Ascribed Status' and 'Achieved Status'," *The Sociological Quarterly*, vol. 10, no. 1 (1969), pp. 53-61.

根据不同的标准，我们可以把社会角色分为四种基本类型：(1) 规定性角色。规定性角色的权利义务明确，办事程序明确，其角色行为没有个人自由或只有规定下的有限的自由。(2) 开放性角色。指没有明确规定，需要根据社会成员的理解和社会对自己的期望去采取行动的角色。(3) 功利性角色。这种角色行为计算成本，讲究报酬，注重实际利益，行为的目标和价值在于获得利益，产生经济效果。社会成员的经济行为就属于此类。这种角色行为对社会发展有着十分重要的意义。(4) 表现性角色。一些角色不计经济报酬或者主要目的不是获得经济报酬。如志愿者的服务、社会工作者的服务、慈善家的慈善行为等。这些角色的扮演者对自己的事业有浓厚的兴趣和爱好，他们履行自己的角色行为，主要是因为对社会的责任感和自我实现的愿望。

4. 社会工作者与案主的角色紧张与角色冲突

角色紧张(role strain)是社会工作者在服务时经常遇到的问题。社会环境内容丰富，一个人往往与他人建立多种社会关系，在许多不同的社会关系结构中占有不同的地位，因此一个人可能同时兼有几种角色。如一个人在家中是儿子、丈夫、父亲，在机构是社会工作者，对机构中其他人来说是同事，在社会工作者协会中是会员等，于是儿子、丈夫、父亲、社会工作者、同事、会员六个角色集中在一个人身上，形成了角色集(role set)①。每一个人都是一个角色集。每一个角色都有一套行为规范，都要求角色的承担者去履行，个人可能会在时间和精力上感到紧张，从而出现角色紧张。生活中还有另外一种角色紧张，即一个人扮演一个角色时，不同的人对这一角色有不同的要求，令这个角色扮演者难以应对，形成角色紧张。不仅服务对象经常会有角色紧张的问题，社会工作者也容易发生角色紧张。

角色冲突(role conflict)也是社会工作者在服务时经常遇到的问题。角色冲突可分为角色内部的冲突和角色之间的冲突。一个角色规定的各种行为规范之间可能发生冲突。比如一个社会工作者，他有通过需要评估建议案主改变的责任，也有当案主益友的要求，这两种角色行为就可能发生冲突：是为保持与案主的亲密友善关系而不作出实事求是的批评？还是冒着关系疏远的风险履行社会工作者的职责作出严厉批评呢？社会工作者要在这两者之间进行艰难的选择，这就是角色内部的冲突。社会工作者的角色行为经常受到各方面的挑战，一般来讲，社会工作者应该伦理优先，案主优先，从而克服角色的内部矛盾冲突。

四、人与环境互动：生理年龄和社会年龄

人的年龄本是生理现象，它是表示一个人生命过程的时间单位。但人与社

---

① Robert K. Merton, *On Social Structure and Science*, Chicago and London: University of Chicago Press, 1996, p. 136.

会环境的互动过程中,年龄也演变成为一种社会现象,人不仅有生理年龄还有社会年龄。

因为人类和社会环境有密切的互动关系,年龄被社会化了。我们在进行户口登记、人口普查时填写的年龄是生理年龄。心理学家发现人有心理年龄,发展心理学从人生不同阶段特点和不同需要出发,将人的不同发展阶段划分为不同的心理年龄。心理学和教育学还把人的生理年龄与人的智力发展水平联系起来,指出个人(主要是儿童)在其发展的各个阶段应达到的或者可能达到的智力水平,提出人还有智力年龄。社会工作者为了分析各种年龄层次的个人和群体在社会结构中的地位和作用、权利和义务,提出了社会年龄的概念。社会年龄表示一个人的社会体验丰富程度,表示一个人处理社会问题的技能熟练程度,包含心理年龄、智力年龄的内容。

一个人可能生理年龄较小,但社会经历丰富,那么他的社会年龄就可能大于生理年龄,人们常说"少年老成"就是这个含义。相反,一个人对社会接触少,不能很好地处理社会关系、面对社会问题,他的社会年龄就可能小于生理年龄。因此,父母在孩子成长过程中,应该鼓励孩子走出家门,到社会中去学习,适应社会环境,孩子才能够真正地长大成人。如果个人生理年龄增加了,但社会年龄没有增加,他的行为与对他的社会期望之间就可能产生混乱。社会工作者发现,一些社会问题的出现就是个人没能顺利地社会化、社会年龄比生理年龄小造成的。

五、人与环境互动:生理性别和社会性别

人与环境的互动还表现在生理性别和社会性别的关系上。社会性别的概念是在人类与环境互动的过程中产生的。第二次世界大战后性别平等观念的普及,使人们认识到性(sex,又译为生理性别)和性别(gender,又译为社会性别)是两个易于混淆的概念。社会性别的关键点并不在于其生理意义,它在很大程度上是由社会和文化因素决定的,是一个社会意义上的概念。社会性别是以性别规范和社会角色为基础的社会建构,是社会文化形成的男女有别的社会期望、角色分工及行为规范。现在有更多的人认识到:性代表人的自然属性,表示男性和女性身体的解剖学和生理学方面的差异;社会性别表示男性和女性之间心理、社会和文化的差异,与男性气质和女性气质概念的社会建构相关,它并不一定是一个人生理性别的对应面。现在人们还认识到除了男性和女性,还存在第三性别。社会性别和性别平等的内容也日趋丰富。

女性主义的出现给传统性别理论和观念带来了强烈的冲击。女性主义对性别进行解释和批评,形成三代理论,它们的主干思想相同,同时在部分观点上不断发展。第一代理论由霍妮(K. Horney)创立。她推动了精神分析学的女性主

义转向，放弃了以往心理学以男性视角说明女性、以男性标准度量女性心理发展的做法，从女性的角度理解她们的生理构造和成长方式，强调不应当以这些构造和方式及其与男性的差异为借口把女性置于劣于男性的地位①。第二代是克莱因（M. Klein）创立的对象关系理论，为精神分析由驱力结构模式向关系结构模式转变奠定了基础，对于儿童心理结构和精神病学的研究产生了深远的影响②。第三代是伊丽格瑞（L. Irigaray）对性别差异问题进行的语言学和符号学的探讨，她试图摆脱父权制传统，突出母亲的社会秩序，以女性为体验主体来论述女性的欲望，说明女性解放和两性之间理想的伦理关系，把女性主义精神分析学研究纳入后现代主义学术思潮，为其合法地位提供有力论证③。当代三位女性主义精神分析学家对于性别差异的探讨，呈现出相互补充和促进的关系，在人的道德与心理动态发展方面丰富了女性主义关于性别差异的解释。上述学者的理论观点给我们解释性别差异带来了许多启示。

我们从很小的时候就在父母的指引下开始学习识别两性差异。人们通常用自信、独立、强壮等词汇来描述男性，而用温柔、贤惠、有同情心等词汇来描述女性。是社会环境因素还是自然环境因素导致了男性和女性之间的这些差别？两性差异包括哪些内容呢？

（1）两性生理差异。两性生理特征的不同是男性和女性产生性别差异的基本原因。首先，他们的遗传基因不同。基因携带人类代代相传的遗传信息，两性基因差别体现在他们的第 23 对性染色体结构不同。女性染色体由两个相同的 XX 染色体组成；男性的染色体由一个 X 染色体和一个较小的 Y 染色体组成。其次，他们的性激素不同。雄激素和雌激素同时存在于男女体内，但男子体内的雄激素多而女子体内的雌激素多，性激素会对性行为和攻击性行为产生影响。最后，他们的大脑不同。脑是行为的主要调节器官，男性的下丘脑控制垂体稳定分泌激素，而女性的下丘脑则控制垂体周期性地释放激素。生理因素只在某些方面起作用，两性的生理差异与社会性别差异的关系，主要受到社会环境的影响。

（2）两性心理差异。两性的心理差异从生物学角度来看属于生理上的差异，但从社会角度来看，两性心理差异在很大程度上受到社会环境的影响。在某些方面，男女差异是很明显的，研究发现：女性的语言表达能力比男性强，女性在阅读、理解、想象和写作方面占优势；男性的视野比女性要广，对图形和数学的理解能力超过女性。两性心理差异历来有很多争议，至今仍有许多问题有待进一

---

① Karen Horney, *Feminine Psychology (reprints)*, New York: W. W. Norton & Co., 1967.

② M. Fricker & J. Hornsby, *Feminism in Philosophy*, Cambridge: Cambridge University Press, 2000.

③ Luce Irigaray, Carolyn Burke & G. Gill, *An Ethics of Sexual Difference*, New York: Cornell University Press, 1993.

步的研究。由于长期以来的社会、文化等因素的影响，在多数人的眼中，描述女性心理的词汇是温柔、顺从、细心、胆小、保守、被动、依赖、感性，而描述男性心理的词汇则是刚强、粗犷、独立、主见、好斗、雄心、主动、支配、智慧、理性。随着社会环境的变迁，以上观念也在逐渐发生变化。

社会工作者常常遇到需要危机介入的情景，这时需要认真分析案主的心理和社会环境。在对待两性心理危机这一问题上，社会中大多数人仍然会受到性别角色刻板印象的干扰，认为女性更容易出现心理危机。实际上，两性心理危机的差异与个人形成的性别角色心理及社会期望有很大的关联。例如：社会传统高度重视男人坚强与成功的品质，儿童、青少年接受这一社会认同的性别心理和角色期待，通过取舍、选择使之内化为指导自己行为的观念。另外，两性心理危机的差异还与两性的自我意识有关。例如：女性比较注重别人对自己的态度，缺乏主见，依附他人，自信心较弱；男性则带有主观化倾向，自信心较强。女性产生的心理问题虽然较多，但多偏重于家庭方面。另外，女性的自我防卫能力较强，心理障碍多与当前现实的心理矛盾有关，一旦发生来势凶猛，但女性易于发泄，易受暗示，容易被劝解。男性由于坚强和成功角色期待的束缚，容易压抑自己的感情，心理压力难以外泄而是转向心理内部冲突，男性的心理危机症状重且持续时间长。通过对大学生调查的分析，研究者发现在心理疾病污名得分上男大学生显著高于女大学生，在心理求助态度、耻辱忍受性和人际开放性上女大学生的得分显著高于男大学生，大一学生的心理疾病污名化程度显著高于大四学生，大四学生在求助态度及其各个维度上的得分显著高于其他三个年级的学生。因此无法简单得出女性比男性更容易出现心理危机的结论。[①] 近年来，国家和社会组织积极推动性别平等价值和政策，人们不再保守基于传统的性别刻板印象，社会性别及性别的社会性也有了新特征，两性心理差异逐渐缩小，两性心理危机差异有了新的变化，这些趋势值得我们深入研究。

（3）两性社会角色差异。婴儿一出生就从生理基础上被界定为男孩或女孩。之后，孩子的性别角色就同主流社会的价值观念联系起来了。有学者认为，社会因素是解释性别差异原因的主要途径。性别差异不仅仅是由生物特性决定的，而且也是文化的产物。婴儿出生之后一直接受来自家庭、学校和媒体的性别社会化，逐渐被形塑成主流文化所认同的男性气质和女性气质。功能论者认为男子气和女人味是人们习得的结果，在这个过程中，人们通过奖励和惩罚等社会化力量的引导，帮助男孩和女孩学习并遵从社会期望的性别角色。

---

① 汤芙蓉、闻永：《大学生心理疾病污名和心理求助态度的关系》，《中国健康心理学杂志》2015 年第 10 期，第 1495—1499 页。

研究发现,性别角色和性别期待来自人类早期的社会分工。在远古时代的人类社会生活中,男子因其强壮的体魄而担任起狩猎和保护家园的任务;而女子则因其有生育、哺乳等能力而抚养孩子和料理家务。他们在各自不同的劳动生活中获得了不同的经验,分工的差异延伸出人格倾向和社会地位的分化。男子在承担对外责任的过程中发展出独立性、果断性,女子则在承担对内责任的过程中发展出亲和性、依赖性。最初的劳动分工经过反复社会实践逐步成为一种社会秩序。在这种社会秩序下发展起来的性别差异通过社会化而一代一代地传递下来。人类学者的调查研究证明了这点,他们在 1957 年发表了对 100 个"未开化"的原始社会部落施于下一代的男女角色要求的比较调查研究结果,发现这 100 个部落中有 82%要求女孩操持家务,而没有一个部落对男孩有此要求;有 87%的部落要求男孩追求成就,而只有 3%的部落对女孩有此要求;有 85%的部落鼓励男孩要自立,却没有一个部落这样鼓励女孩。原始部落社会对于男女角色行为分化进行了鼓励和强化。①

正是由于性别角色所具有的社会性,它的形成不可避免地会受到来自文化传统、家庭、学校、大众传播等社会环境因素的影响。生活在这些社会环境因素中的人们在幼儿时期就接受了性别角色的传统观念,形成了对男女性别的刻板印象。即使在以后的生活中并不是所有的儿童都按同一种模式进行性别分化,这种刻板印象也会或多或少地影响到他们的心理和行为。

男性和女性构成两大社会群体,两性角色差异催生的刻板印象广泛地被人们接受。社会要求个人依据两性角色刻板印象来修正自己的思维和行为,因而极大地影响个人的成长。传统社会中,性别角色刻板印象认为男性气质在事业上比女性气质优越,它影响到了人们对男女职业行为的评价和成败归因,对女性自我概念的形成与成长危害极大,容易成为对女性不公正的依据。现代社会中女性和男性的社会分工由于社会的发展而日趋重叠,但性别角色刻板印象并没有因此而发生根本性的改变。正如个体之间的差异将会永远存在一样,两性之间的差异也将永远存在,但是人为地、片面地扩大两性差异,或者片面地忽视两性差异,都会阻碍个人健康成长和社会发展。因此,社会工作者应该帮助社会成员消除性别偏见,改变传统的性别角色观念,帮助他们更好地发展自我,从而适应未来社会。社会工作者要特别注意对儿童进行两性平等化教育,借此帮助儿童消除性别刻板印象,让他们在平等的条件下塑造个体的自我概念,不带任何偏见地去认识两性间的差异,形成两性之间互相学习和借鉴的氛围,更好地构建自我,发展健全的人格。

---

① Barry Ⅲ, Herbert, Bacon, Margaret K., Child & Irvin L, "A Cross-Cultural Survey of Some Sex Differences in Socialization," *Journal of Abnormal and Social Psychology*, vol. 55, no. 3(1957), pp. 327-332.

第四节　研究人类行为与社会环境的意义

一、对中国社会工作学科建设的意义

社会工作学科建设是中国社会工作百年成长和百年论争的核心议题。中国社会工作学科走过萌芽初创成长、民政社会工作发展和专业化快速发展阶段①。国务院学位委员会、教育部于2022年印发了《研究生教育学科专业目录(2022年)》和《研究生教育学科专业目录管理办法》。该政策规定社会工作可以授予专业博士学位,这是学位体系的重大突破,标志着我国社会工作学科建设进入一个新阶段。社会工作发展的主要目标一直是宏观社会变革与微观个体治疗并重。中国社会工作学科在社会工作知识体系建设、社会工作学科准入、社会工作高等教育、社会工作专业成果发表、社会工作学科伦理规则、社会工作职业报酬等多个方面有不少进步,但仍然存在专业自主性缺乏等问题。化解社会工作学科建设中的弱势因素,强化社会工作学科的自主性,才能使中国社会工作真正成为专业化和本土化相结合,学术和实务相结合的独立学科②。

人类行为与社会环境的研究与教学有助于社会工作学科建设:(1) 有助于凝练学科方向。学科方向是学科建设的基础,学科建设的首要任务是选择、校准学科方向。对中国人行为的分析,以及对人与环境关系的认识,有助于完善中国社会工作学科本土化发展方向。(2) 有助于建设完整的社会工作知识体系。社会工作知识体系的基本内容包括:社会工作的价值、分析社会的知识理论、研究社会的方法、专业助人的方法等。人类行为与社会环境关系是这个知识体系中的一个主要内容。(3) 有助于培养和建设人才队伍。社会工作人才队伍指持有社会工作价值、受过专业训练、有社会工作实务经验的教学科研人员。人类行为与社会环境课程学习能够拓展他们认识人和环境的能力,提升社会工作学术队伍的水平。因此,推动人类行为与社会环境的研究和教学,建立适合中国本土的人类行为与社会环境知识体系,能有效地支持中国社会工作学科的专业水平提升。

---

① 到2023年,全国开设社会工作专业的专科院校有70所,本科院校有333所,社会工作硕士专业学位授权点183个,院校自主设立社会工作与社会政策博士点22个,另有17所高校依托社会学等一级学科博士点设立了社会工作博士研究方向。

② 彭华民:《中国社会工作学科:百年论争、百年成长与自主性研究》,《社会科学》2017年第7期,第66—73页。

社会工作是增进人类福祉、提升个人解决问题能力的学科①,其专业性特征之一就是具有专门的知识体系。社会工作学科旨在增进人类福祉,其方式是通过增加机会、资源和提高人们在各自环境中的适应能力,制定政策并提供服务以改善限制人类权利和生活质量的境况。社会工作者在尊重人类与环境多样性关系的前提下,以"人在环境中"视角为指导,为人类发展、环境保护、社会平等而奋斗。只有正确认识人与环境的关系,分析和解决社会成员在适应环境过程中的问题,社会工作增进人类福祉的总体目标才能实现。

一般意义上的社会工作学科建设是为了增进人类福祉,社会工作学科建设的具体目标包括:实现增进人类幸福,消除贫困、压迫和其他形式的社会不公正的目标;促成个人、家庭、群体、组织和社区实现目标,开拓资源,预防和消除不幸,实现优化他们的社会功能和提升互动水平的目标;实现规划和执行社会政策、社会服务和社会项目,满足人类基本需要并发展人类潜能的目标;实现通过社会行动的方式,执行或利用政策、服务和资源,提高社会和经济公正性的目标;运用研究、知识和技能,促进社会工作实务发展的目标;实现在多元文化环境中开展社会工作实务的目标。无论知识体系建设还是人才培养,中国社会工作学科离上述六个目标的实现还有一定的距离。针对全体社会成员福祉提升的社会工作服务在我国现阶段还不具备普遍意义,在相当长的历史时期内,社会工作主要工作对象还是社会弱势群体。我们必须支持社会工作者提高分析人类行为与社会环境互动关系的能力,扩大助人专业水平和助人范围,实现社会工作多元化具体目标。

"人类行为与社会环境"教材和课程建设有助于完善我国社会工作教育与人才培养体系。国内社会工作大学教育与国际社会工作大学教育相比较,在课程设置和教材建设方面存在一定的差异性和滞后性。在社会工作教育体系成熟的国家与地区,人类行为与社会环境课程被安排到十分重要的位置,如美国南加州大学社会工作学院将人类行为与社会环境设为博士生课程。还有的大学为了更加突出"人在环境中"这一主题,将教材命名为"社会环境中的人类行为",如2018年出版的第六版《社会环境中的人类行为:多元的分析》等就采用了这个思路②。回顾改革开放后中国社会工作教育的发展过程,早期人类行为与社会环

---

① 学科(discipline)的含义包括两个方面:知识体系或学术分类;为培养人才而设立的科目。

② Jose B. Ashford & Craig Winston LeCroy(eds.), *Human Behavior in the Social Environment: A multidimensional Perspective* (6th edition), Boston: Cengage Learning, 2018.

境从教材编写到课程开设都没有得到足够的重视①。经过多年发展，人类行为与社会环境教材在数量和质量上有一定改善②，但还是难以满足大学社会工作专业教育快速发展的需要。

社会工作的关注点在于个人的全体性（wholeness）和完整性（totality），包括多元环境因素及个人行为。社会工作强调完整环境中的完整的人（total person in the total environment）③。达成这一宗旨必然要求社会工作者具备多方面的知识和技能，其基本板块可归为八个部分：(1) 社会工作价值观与伦理，帮助学生建立个人价值观，发展、展示、提升该职业的价值。(2) 社会文化多样性，提供促进理解、确定和尊重多种环境中的人的知识和方法。(3) 危机人群和社会及经济公正性，引导学生分析构成危机或促成危机的因素。(4) 人类行为与社会环境，重点在于分析人类与环境之间的相互影响。关注个体、群体、社会和经济各系统内部及系统之间相互联系的理论和知识，分析社会系统促进或妨碍人们达到和维持健康与幸福状态的方式。(5) 社会福利政策和社会福利服务，分析社会福利政策在服务分配、社会工作实务及实现个体和社会福祉方面的作用。(6) 社会工作实务，关注案主在社会环境中的优势、能力和资源，帮助案主解决问题。(7) 社会工作研究，定性和定量研究共同构成专业知识的基础。(8) 社会工作实习，根据有关社会工作目的、原理和方法的标准，对实习进行系统的设计、监督、指导和评价④。综上所述，可见人类行为与社会环境的知识在社会工作专业教育体系中的重要地位，人类行为与社会环境的教学研究工作还需要进一步加强。

二、对中国社会工作实务拓展的意义

改革开放以后，中国人口众多，地域辽阔，再加上体制转型等因素，社会环境复杂。改革开放后中国社会工作从马甸会议⑤到今天，已历经三十多

① 由全国高校社会学教学指导委员会组织编写并经教育部高教司审定颁布的《社会工作专业主干课程教学基本要求》，规定了大学社会工作专业十一门主干课程，包括社会学概论、社会工作导论、个案工作、小组工作、社区工作、社会福利思想、社会保障、社会行政、社会政策、社会调查研究方法、社会心理学。

② 例如：王瑞鸿（2002）、徐愫（2003）、库少雄（2005）、汪新建等（2008）、韩晓燕等（2009）、彭华民（2010；2014；2016）等。

③ ［美］O. 威廉·法利、拉里·L. 史密斯、斯科特·W. 博伊尔，2010，《社会工作概论（第十一版）》，隋玉杰等译，中国人民大学出版社2010年版，第399—409页。

④ Council on Social Work Education, *Educational Policy and Accreditation Standards*, 2001.

⑤ 1987年9月12—14日，民政部邀请原国家教育委员会、原人事部、原劳动部等政府部门以及社会学与社会工作的学者，在北京举办“中国社会工作教育发展论证会”，简称“马甸会议”。这次会议论证了专业社会工作对中国社会福利事业改革与发展的必要性，确认了社会工作专业的学科地位，为中国社会工作发展作了政策和组织准备，因而被视为社会工作专业重建的标志性事件之一。

年的发展过程。这个过程的特点是从计划经济体制下的实际社会工作与专业社会工作并存、两种社会工作人员队伍并存、两种社会工作实务途径并存、两种社会工作职业制度并存，发展到现在强化专业社会工作地位作用，建设社会工作专业人才制度体系，提升社会工作教育质量，为社会治理、社会建设、社会福利等领域提供研究支撑，培养优质人才，发展优质服务。在这三十多年的历程中，从重借鉴转型到现在重本土化创新，从技能学习到能力建设，从保底服务到全体社会成员福祉提升，社会工作教育与实务互构、互促，形成双快发展格局。在这样的背景下，开展“人类行为与社会环境”的教学研究工作，对提高社会工作者的专业水平和实务技能水平，都有很重要的意义，具体有以下几个方面：

第一，学习人类行为与社会环境知识可以帮助读者更好地开展个案工作。现在不少社会工作服务中心和社会工作站都建立了从接案到结案的全套个案工作程序。个案工作尤其注重为受社会问题困扰或无法有效适应社会环境的个体或者家庭提供服务。个案工作的目的是帮助在人与人、人与环境的适应过程中遭遇困难的个人和家庭，帮助他们恢复、加强或者改造其社会功能。个案工作的基本要素包括：服务对象必须是遇到困难的个人或者家庭，他们出现不适应社会环境的问题；社会工作者采用一对一的方法，分析对象和具体社会环境的不适应问题，提供各种帮助；社会工作者助人的目标是协调人与环境、人与人之间的关系，使之更加和谐。把人视为环境中的个人，注重人在环境中的发展，这是个案社会工作与其他咨询与治疗活动的重要区别，也是人类行为与社会环境知识体系的意义之一。

第二，学习人类行为与社会环境知识可以帮助读者更好地开展小组工作。小组工作是社会工作者通过小组成员之间的互动和影响，帮助组员利用小组过程来解决个人遇到的社会问题，解决与社会环境不适应的问题，促进个人成长的工作方法。对于小组成员来说，除了他原有的社会环境，小组内部形成了一个小的社会环境，成长小组、支持小组、任务小组等在小组活动时还可能面对新的社会环境。在小组活动中，人类行为和环境的关系更加复杂。通过人类行为与社会环境的学习，社会工作者能够更好地开展小组社会工作服务。

第三，学习人类行为与社会环境知识可以帮助读者更好地开展社区工作。社区工作是社会工作者通过介入组织社区成员界定社区需要，合力解决社区问题，改善社区环境及社区成员生活质量的工作方法。相对于个案工作和小组工作，社区工作者面对的人类行为和社会环境更复杂，分析社会问题的视角以结构取向为主，介入问题的层面更为宏观，社区工作者富有反思和整合精神。社区工作的地区发展、社会策划、社区照顾、社会倡导、社会治理工作模式无一不是社区工作者和社区居民一起改变环境、满足社区居民需要的活动过程。

第四，学习人类行为与社会环境知识可以帮助读者更好地推动中国社会福利制度、社会治理体系建设和完善。社会工作者不单单是服务者，也是社会工作政策的倡导者和制度的建设者。认识我们生活的多元环境，分析在社会变迁中建立的社会主义民主政治制度、社会主义市场经济制度、推动平等的多元化教育制度、从补缺型迈向共享型组合式普惠型的社会福利制度①、不断扩大覆盖面和提高保障水平的社会保障制度等，使社会工作者能在服务中整合不同资源开展服务；同时，社会工作者在服务中能发现制度建设中的问题，及时提出改革建议，推动中国多元环境向更和谐、更健康的方向发展。

第五，学习人类行为与社会环境知识还可以帮助社会工作者拓展社会工作新领域，化解多重宏观层面的重大风险。新冠疫情是人类面对的重大生态—社会—经济环境风险。中国社会工作者积极参与抗击新冠疫情的服务，不仅参与国内社区服务，还参加国际社区抗疫服务②。通过认识人类与环境关系及开展服务，我们重新界定中国宏观社会工作实务和知识体系，认识中国及国际社会变革中的宏观社会工作实务通用模式使用者、社会行政工作者、宏观项目规划者和社会行动者等群体特征；重新理解重大危机事件中我们面对的社会问题的实质，分析生物—社会混合危机中社会成员的需要，寻找解决社会问题的资源及寻找和获得这些资源的方法；将国际社区视为“人在情境中”的场域，设计在国际社区场域中开展的社会工作项目并推动实施，以达到解决社会问题、满足社会需要、提升人类社会福祉的目的；推动健康社会工作/公共卫生社会工作的发展，建设团结包容的健康社会，维护我们的健康地球环境。

基于此，我们编写第四版《人类行为与社会环境》，希望读者能够从中看到我们基于中国社会工作发展路径，优化高校人类行为与社会环境教材，推动人类行为与社会环境知识体系创新的努力，也希望读者能够从中学习和成长，为人类建设健康地球、美好生活贡献力量。

案例：知中国服务中国：南开大学知行合一服务学习模式

① 彭华民：《中国组合式普惠型社会福利制度构建》，《学术月刊》2011年第10期，第16—22页。

② 金英爱、彭华民：《国际社区抗疫社会工作-志愿行动：跨文化整合性介入模式研究》，《中国社会工作学刊》2021年第1期。

本章小结

人类行为是人类为满足其自身需要，采取某种方式去适应环境从而表现出的活动或方式。个人行为是一个过程，它起源于个人的需要，个人的需要引起行为动机，然后个人选择手段，确定要达到的目标，然后行动。人类行为的特征有：适应性；多样性；可变性；可控制性；整合性。我们运用了生物、心理和社会多元分析视角，提出了人类行为整合性是社会工作者提供正确服务的基础的观点。分析人类行为可以从不同角度进行，本书采用的是多元分析框架即生物维度、心理维度和社会维度框架。

人类行为与人生发展阶段密切相关。不同的人生发展阶段有不同的行为表现。按照人生的重要发展阶段及其行为特征，人的成长阶段可以分为胎儿阶段、婴儿阶段、幼儿阶段、儿童阶段、青少年阶段、青年阶段（成年早期）、中年阶段（成年中期）和老年阶段（成年晚期）。不同理论对人生发展阶段有不同的解释。

需要是社会工作和社会福利的重要概念。需要含义可以表述为：人类为了生存、福祉和自我实现而具有的生理、心理、经济、文化和社会要求。需要可以看作人类一切活动的出发点和归宿。需要是人脑对生理和社会需求的反应，是个体对内部环境和外部生活条件的稳定要求，是其赖以生存和发展的必要条件。需要和需求有区别。人类需要可根据不同标准分为不同类型，它的基本特征有：客观性；社会性；对象性；动力性；独特性。

以人或人类作为中心，其他生物和非生命物质被视为环境要素，构成人类的环境。人类的环境包括自然环境与社会环境两部分。人与社会环境关系的理论观点主要包括社会唯实论和社会唯名论。人类与社会环境互动的观点包括：人在社会环境中进行社会化；人在社会环境中扮演社会角色；社会环境对人的影响不能脱离人类遗传因素的限制；人类行为影响和改变着自然和社会环境。人与社会环境互动产生：生物角色和社会角色；生理年龄和社会年龄；生理性别和社会性别。

思考题

1. 如何理解人类行为的含义与类型？
2. 人类需要的含义是什么？
3. 人类需要的类型和特征是什么？

4. 如何理解人类生活的自然环境和社会环境？
5. 如何理解新冠疫情环境对人类行为的影响？
6. 举例说明人类行为如何受到自然环境和社会环境的影响。
7. 学习“人类行为与社会环境”课程对个人成长的意义有哪些？
8. 学习“人类行为与社会环境”课程对开展社会工作服务的意义是什么？

推荐阅读

翟学伟：《人情、面子与权力的再生产》，北京大学出版社 2023 年版。

周晓虹主编：《中国社会心理学文选（1919—2019）》，社会科学文献出版社 2022 年版。

王思斌主编：《社会工作导论》，北京大学出版社 2021 年版。

费孝通：《乡土中国》，人民出版社 2020 年版。

［美］玛丽·埃伦·里士满：《社会诊断》，刘振译，华东理工大学出版社 2019 年版。

彭华民主编：《中国社会福利理论与制度构建》，经济科学出版社 2019 年版。

彭华民主编：《能力为本的社会工作》，社会科学文献出版社 2018 年版。

刘树华：《人类环境生态学》，北京大学出版社 2009 年版。

［美］沃达斯基等：《社会工作与人类服务治疗指导计划》，侯静译，中国轻工业出版社 2005 年版。

［美］F. 普洛格、D. G. 贝茨：《文化演进与人类行为》，吴爱明译，辽宁人民出版社 1988 年版。

扩展推荐阅读

Jose B. Ashford & Craig Winston LeCroy (eds.), *Human Behavior in the Social Environment: A multidimensional Perspective.* (*6th edition*), Boston: Cengage Learning, 2018.

Irl Carter, *Human Behavior in the Social Environment: A Social Systems Approach* (*6th Edition*), New Brunswick: Aldine Transaction, 2011.

Katherine van Wormer & Fred H. Besthorn, *Human Behavior and the Social Environment, Macro Level: Groups, Communities and Organizations* (*2nd Edition*), New York: Oxford University Press, 2010.

Helena Z. Lopata & Judith A. Levy, *Social Problems Across the Life Course*, New York:

Rowman & Littlefield Publishers, 2003.

Ralph E. Anderson& Irl Carter (eds.), *Human Behavior in the Social Environment: A Social Systems Approach* (*5th edition*), New York: Aldine de Gruyter, 1999.

第二章　人类行为与社会环境互动的理论视角

学习目的

学习精神分析理论、心理与家庭发展阶段理论、认知发展理论、道德发展理论、学习理论、人本主义理论及符号互动理论。通过对多个人类成长理论的学习，认识人类成长的阶段和特征，了解家庭环境、群体环境、学校环境、社区环境和制度环境对于人类行为的塑造，认识人类行为与社会环境之间的互动关系。

在人类行为与社会环境的关系方面，有许多经典的理论构建。这些理论有些侧重于人类行为的个体因素（如精神分析理论），有些则强调社会环境的作用（如学习理论），还有一些将关注的重点放在人们如何通过互动来建构社会现实上（如符号互动理论）。这些理论对于我们认识和理解人类行为提供了多方位的视角。至今这些理论仍在不断地发展、完善，并被广泛运用于社会工作、临床治疗、教育和管理等领域。

第一节　精神分析理论

一、弗洛伊德的经典精神分析理论

精神分析理论是奥地利精神科医生弗洛伊德（S. Freud，1856—1939）于19世纪末20世纪初创立的。作为一名精神科医生，在治疗病人的过程中，弗洛伊德发现，很多症状并没有伴随着相应的生理上的病变。弗洛伊德将这种病症称为癔病，并努力探究癔病背后的心理原因，由此发展出一整套精神分析理论和以此理论为基础的治疗方法。精神分析理论是现代心理学的奠基石，这一理论对于整个心理科学乃至西方人文科学的各个领域均有深远的影响。

1. 关于意识的学说

弗洛伊德认为,意识只是人的精神的冰山一角,更多的心理活动在潜意识中进行,而潜意识又可分为前意识(preconsciousness)和无意识(unconsciousness)①。其中,前意识包含当时意识不到但随时可能意识到的那些心理要素。前意识的内容有两个来源。第一个来源是有意识的知觉,当注意的焦点转移到另一个观念时,之前有意识的知觉即转换为前意识。第二个来源则是通过了审查的无意识。无意识是指很难进入意识中的经验,它包含各种受到压抑或者被遗忘的情绪、欲望和动机,特别是性的欲望。这些欲望因为不符合社会规范而被长期压抑,但它们却能支配我们大多数的言语、情感和行为②。无意识过程要进入意识中,往往只能以伪装或歪曲的形式出现,从而混过意识的审查。

当个体清醒时,意识能够很好地驾驭潜意识,使这些为社会所禁忌的内容不至于浮出水面。但是,当意识的力量不够强大时,这些内容往往会不经意地跑出来。比如,弗洛伊德认为失言、笔误等均不是偶然的,而是无意识的一种泄漏③。意识失去控制的一个最极端的例子是梦。弗洛伊德将梦看作午夜的剧场,上演着各种原始愿望达成的情景。他在专著《梦的解析》④中,详细分析了梦与人的无意识欲望之间的关联。他对梦的分析,充满了对各种符号所表达的意义的诠释,其中大部分都与性和生殖有关。他认为,借助对梦的了解、分析和解释,往往能够发掘一个人内心长期压抑的欲望,探究其潜意识中的欲望和冲突,进而治疗神经症。

2. 关于人格的学说

弗洛伊德将人格结构分为本我(id)、自我(ego)、超我(superego)三部分。本我位于人格的核心,是个体完全意识不到的部分。它包含生存所需的基本欲望、冲动和生命力。本我按照"快乐原则"行事,追求快乐的满足。它不依赖逻辑,也缺乏道德观。它从本能接受能量,通过快乐原则释放能量。自我是自己可意识到的执行思考、感觉、判断或记忆的部分,运行着与外部世界交往的功能。自我遵循的是"现实原则",审视本我并在超我允许的范围内满足本我的需要。弗洛伊德认为,当婴儿学习把自己与外部世界区分开来的时候,自我便从本我中分化出来。超我是人格结构中代表理想的部分,它是个体在成长过程中通过内化社会及文化环境的价值观念和道德规范而形成的,其机能主要是监督、批判及管束个体的行为,它所遵循的是"道德原则"。儿童成长到五六岁,开始逐步发

---

① 有时也称无意识为潜意识。

② [奥]西格蒙德·弗洛伊德:《性欲三论》,赵蕾等译,国际文化出版公司2007年版。

③ [奥]西格蒙德·弗洛伊德:《日常生活的精神病理学》,彭丽新等译,国际文化出版公司2007年版。

④ [奥]西格蒙德·弗洛伊德:《梦的解析》,孙名之等译,国际文化出版公司2007年版。

展出是非观念，这就是超我的萌芽。

通常来讲，本我、自我和超我处于动态平衡中。但如果本我和超我的力量过于强大，自我就很难在中间取得平衡，这时便容易出现癔病症状。在清醒状态时，自我有意识地不断对所表达的内容进行检查，运用各种防御机制，在超我允许的范围内最大限度地满足本我的需要。但在睡梦中，自我的检查松懈，潜意识中的欲望绕过抵抗，并以伪装的方式，乘机闯入意识而形成梦。因此，弗洛伊德认为梦是对清醒时被压抑到潜意识中的欲望的一种委婉表达。

3. 关于本能的学说

弗洛伊德将本能视为人类的基本心理动力。本能是一种经常以动机力量的方式起作用的内部驱力或冲动。他认为人类有两种最基本的本能：生本能（life instinct）和死本能（death instinct）。生本能通常被称为性爱（Eros）或性，目的是通过消除性兴奋状态给机体带来愉快。在弗洛伊德看来，所有愉快的活动追本溯源，都起因于性本能。使生本能或性本能起作用的能量叫作力比多。力比多积聚到一定程度会造成机体的紧张，机体就要寻求途径释放能量。

弗洛伊德将人的性心理发展划分为5个阶段：(1) 口欲期；(2) 肛门期；(3) 生殖器期；(4) 潜伏期；(5) 生殖期。口是第一个给予婴儿快感的身体器官，除了通过口腔获得赖以维持生命的营养，婴儿还通过吮吸动作获得快感。在出生的第二年，肛门成为婴儿的性快感带，婴儿通过破坏和丢弃物体等攻击行为及排泄功能获得满足。大约在三四岁，儿童进入生殖器期。在这个时期男性和女性首次分开发展。此时，男孩出现恋母情结（Oedipus complex）和阉割焦虑（castration anxiety），女孩则出现阴茎妒忌（penis envy）。在随后的潜伏期，儿童将压抑性本能并将心理能量转向学业、友谊、爱好和其他非性活动。到了青春期，性目的又会复苏，此时，以繁衍后代为目的的生殖成为可能。弗洛伊德认为成人人格的基本组成部分在前三个发展阶段已基本形成，所以儿童的早期环境和经历对其成年后的人格形成起着重要的作用，许多成人的变态心理、心理冲突都可追溯到早年期创伤性经历和压抑的情结。

弗洛伊德在后期提出了死本能，有时也被称为破坏或攻击的本能。它的目的是使有机体回归到一种无机的即死亡的状态。和生本能一样，死本能也有多种表现方式。它所指向的对象可以是自我（表现为自我伤害甚至自杀），也可以从自我转向他人（表现为破坏性和攻击性）。死本能可以用来解释战争、暴行、宗教的迫害和谋杀等重大的伤害行为，也可以解释恶语中伤、侮辱、讽刺等日常生活中的伤害行为。

4. 关于防御机制的学说

超我与本我之间经常会产生矛盾和冲突，这时个体就会感到焦虑。焦虑（anxiety）是一种不愉快的情感状态。尽管这种不愉快产生的确切原因也许并不为当事人所知，但焦虑本身总是可以被感觉到的。一旦焦虑产生，自我便会运用心理能量，调和超我与本我之间的矛盾和冲突，以缓和焦虑，消除痛苦，这就是自我的心理防御机制。防御机制包括压抑、否认、投射、退化、隔离、抵消转化、合理化、补偿、升华、幽默、反向形成等各种形式。每个人都或多或少表现出一些防御行为。正常的防御机制对个人有益且对社会无害，但如果运用过度，便可能出现一些病理现象。以下是几种主要的防御机制。

压抑(repression)：压抑是最基本的防御机制。每当自我受到来自本我的无法忍受的冲动威胁时，就强迫这些观念或情感进入无意识。这些冲动进入无意识后，可能会一直保持在无意识中，也可能以一种没有伪装的形式强行进入意识，这会引起令人无法应对的焦虑。较为常见的结果，是它以一种转移的或伪装的形式，骗过自我而表现出来。

投射(projection)：指个体将自己不能容忍的冲动、欲望归于某一外部对象，在别人身上看到实际上存在于自己潜意识中的那些不能被接受的情感或倾向。投射的一种极端类型是妄想症，患者可能出现强烈的嫉妒妄想或被迫害妄想。

固着(fixation)：在正常情况下，心理以连续的方式经过各个不同阶段的发展。但当个体面临的下一步发展将会引起过分强烈的焦虑时，自我便可能采取一种停留在当前这种较为舒适的心理阶段的策略。比如，从吃、抽烟或讲话中寻求快乐的人可能具有口腔固着，而过分清洁的人则可能是一种肛门固着。

退化(regression)：当通过某个发展阶段后，如果遇到紧张和焦虑，个体还可能回退到早先的阶段。这种防御机制在儿童身上非常常见，在成年人身上亦有所表现。比如，有些成年人在遭遇挫折时，可能会采取胎儿的姿势，或者回家找他的母亲。退化和固着一样，表现为僵化和幼稚，但退化通常是短暂的，固着则会较长时间地消耗心理能量。

移置(displacement)：将对某一对象无法直接表现的情感或愿望等，转移到较为安全的对象上，以便减轻个人精神上的负担。

认同(identification)：指个体潜意识地模仿别人的过程。比如，在生殖器期，小男孩因为害怕对母亲的爱恋受到父亲的惩罚而模仿父亲的行为。

合理化(rationalization)：是个体遭受挫折时用利于自己的理由来为自己辩解，将面临的窘境加以文饰，以隐瞒自己的真实动机，从而获得解脱的一种心理防御机制，如吃不到葡萄就说葡萄是酸的。

升华(sublimation)：指将被压抑的不符合社会规范的原始冲动或欲望用符合社会要求的建设性方式表达出来的一种心理防御机制，如用舞蹈、绘画、文学等形式来替代性本能冲动的发泄。升华是一种适应性的防御机制。

反向形成(reaction formation)：自认为不符合社会道德规范的内心欲望或冲动会引起自我和超我的抵制，认为其表现出来会被社会惩罚或引起内心焦虑，故朝相反的途径释放导致反向形成,如“矫枉过正”“此地无银三百两”都可以视为反向形成的表现①。

通过上面的描述,我们可以看到,弗洛伊德的理论非常全面、复杂和多变。他的理论不仅对于心理学的发展产生了很大的影响,其产生的社会影响也相当广泛。今天的心理学家仍然在探索早期经历对于个体人格发展的影响,并在这方面累积了很多经验证据。而当前社会心理学中关于内隐社会认知(implicit social cognition)的研究。在一定程度上也得益于弗洛伊德有关潜意识的假说,并为其提供了验证和认可②。

尽管弗洛伊德本人一再重申自己是一名科学家,精神分析是一门科学,但是,他的许多理论被现代心理学界认为是相当不科学的。弗洛伊德所采用的术语,通常含义复杂多变,无法进行确切的定义。他在提出一个观点时,常常具有尝试的性质,但很快他就开始竭力为自己的观点辩护,使之看上去像是无法否认的真理。他的很多观点几乎不能证伪。比如,他认为童年早期的创伤经历造成以后的人格问题,但如果一个有人格问题的成年人讲自己没有早期的创伤经历,他便将之解释为这种经历被压抑了。因此,我们倾向于认为,弗洛伊德理论的科学性是有缺陷的,与其将他的理论当成科学,不如将之看作一种解释事件的看法。此外,有心理学家批评弗洛伊德的理论具有男性倾向,他的许多个人偏见影响了他的理论。比如,他认为女性存在所谓的“阴茎妒忌”,这个观点受到其他学者的质疑。

需要指出的是,弗洛伊德理论的形成有其特殊的社会背景。19 世纪末的奥地利,仍盛行着维多利亚时代的伪善道德观,性欲和享乐欲望为社会禁忌所束缚和压抑。因此,弗洛伊德的精神分析强调性本能基础上的神经症病因。后期的精神分析理论,不再坚持泛性论的观点,也不再将人看成被无意识的欲望所控制的无助的个体,而是更强调人们内心的成长力量和对自我生活的掌控,其代表人物有阿德勒、荣格等。

二、阿德勒与荣格的后期精神分析理论

1. 阿德勒的个体心理学

阿德勒(A. Adler 1870—1937)是弗洛伊德的同事和学生,但由于和弗洛伊德在理论上的分歧及个性差异,阿德勒离开了弗洛伊德的圈子并建立了自己的理论,也就是个体心理学。他的理论几乎在各个方面都与弗洛伊德的理论背道

---

① 黄希庭:《人格心理学》,浙江教育出版社 2002 年版,第 96—100 页。

② Anthony G. Greenwald & Calvin K. Lai, “Implicit Social Cognition,” *Annual Review of Psychology*, vol. 71(2020), pp. 419-445.

而驰。弗洛伊德将所有的动机都归因于性和攻击,而阿德勒则认为人主要受社会影响和追求优越所驱使。弗洛伊德重视无意识,对人性采取悲观态度,认为人很少有甚至没有选择权,而阿德勒则认为人可以决定自身的发展。弗洛伊德看重过去经历对行为的影响,阿德勒则强调未来期望对个人行为的影响。

在阿德勒看来,个体行为背后的动力是追求成功或优越。个体心理学提出每个人生来便具有自卑感。形成这种自卑感的因素有很多,比如,幼小个体必须依靠他人生活,身体某方面的缺陷,能力不足等。而个体亦具有追求卓越的本能,渴望对这种自卑感进行补偿,并努力追求完美。这种补偿作用,便是阿德勒理论的中心思想①。神经症患者追求超越他人的优越感,而健康的人则追求全人类的完善。

与弗洛伊德认为人类渺小无能,为本能所支配相比,阿德勒更强调人性自主,认为个体可以决定自己的未来,创造自己的生活。他认为每个人都有自己的生活风格。生活风格是足以彰显个人存在的所有课题,如个人生活的基本方向、个人人格等。克服自卑、追求卓越是每个人生长和发展的目标,但如何克服自卑及追求卓越,则视个人生活风格而定。生活风格是习得的,与个人幼时经验有关。阿德勒特别强调出生顺序和早期经验对于个体认识事物的模式的影响。但需要指出的是,出生顺序和人格、智商等变量之间的相关关系,并没有被当代科学研究所证实②。

阿德勒认为,只有以社会利益为目标的生活风格才是正确的生活风格。个体对于自身以外的人和事物的注意与关怀,所能与他人分享的程度及关怀他人的程度,就是心理健康程度的指标。这种社会兴趣的倾向是与生俱来的,但也需要适当的环境来培养。儿童是透过父母来认识他人和社会的,从对父母的信赖发展到对所有人和社会的信赖,这对正常的人格发展而言很重要。

可以看出,阿德勒的理论已经从由生物学定向的本我转向了由社会文化定向的自我。他的理论为后来人本主义心理学流派的产生奠定了基础。

2. 荣格的分析心理学

荣格(C. G. Jung 1875—1961)与弗洛伊德曾经关系密切,后因观点分歧而分道扬镳。他的分析心理学因对集体无意识和心理类型的讨论而声名远扬。

与弗洛伊德一样,荣格也假设心理或精神有意识和无意识两个层面,但荣格认为无意识的最重要部分不是源于个体的个人经历,而是源于人类遥远的过去,这便是集体无意识。荣格认为集体无意识反映了人类在以往历史进化过程中的

---

① [奥]阿德勒:《自卑与超越》,李心明译,光明日报出版社 2006 年版。

② Rodica Ioana Damian & Brent W. Roberts, “The Associations of Birth Order with Personality and Intelligence in a Representative Sample of U. S. High School Student,” *Journal of Research in Personality*, vol. 58 (2015), pp. 96-105.

集体经验，是超个体的、具有普遍性与集体性的心理倾向。集体无意识的内容影响着人的思维、情绪和行动，决定了人类先天的特定反应倾向。原型（archetype）指的是来自集体无意识的原始或古老的意象。他曾对人格面具、阴影、女性意象、男性意象、伟大母亲、智慧老人、英雄和自我等原型作过详尽的论述。比如，荣格所讲的人格面具（persona），指的是展示给外面世界的人格的那一面。人们通过人格面具与外界联系，但如果过分认同人格面具，个体会过分依赖社会对他们的期望，而失去与真实自我的联系；阴影（shadow）是黑暗而压抑的原始意象，代表那些人们不愿意承认，试图向自己和他人隐瞒的品质；女性意象（anima）是男性心理中女性的一面，而男性意象（animus）则是女性身上所保存的某种男性意象。

除集体无意识理论外，荣格还提出了人类心理类型说①。他区分了个性的两种态度类型，即外倾和内倾，并提出了个性的四种功能类型，即感觉和直觉，以及思维与情感。外倾—内倾指的是个体的注意较多地指向外部的客观环境还是内部的概念建构和思想观念。感觉—直觉维度是指个体收集信息时更重视感观经验还是重视去辨别和寻找事物的意义。思维—情感维度是指个体做决定时是更多依据客观的逻辑推理还是主观的情感和价值。将态度类型和功能类型结合起来，就产生了八种不同类型的人（表 2-1）。个体在出生时即带有先天性的气质和功能上的偏好，但来自家庭、社会等外在环境的影响对于形成这些心理类型也非常重要。研究表明，荣格的人格类型对亲密关系②及学业成就③均有一定的预测力。但是，尽管目前这一量表在社会上仍具有一定的流行度，严格的心理学研究却证明其欠缺科学性④。

表 2-1　荣格的八种类型的范例

功能	态度	
	内倾	外倾
思维	哲学家、理论科学家、某些发明家	研究型科学家、会计师、数学家
情感	主观电影评论家，艺术鉴赏家	不动产评估家、客观电影评论家

---

① ［瑞士］荣格：《心理类型》，吴康译，上海三联书店 2009 年版。

② Nancy S. Marioles & Strickert, "Attraction, Satisfaction, and Psychological Types of Couples," *Journal of Psychological Type*, vol. 36(1996).

③ K. T Schurr, V. Ruble, C. Palomba, B. Pickerill & D. Moore, "Relationships Between the MBTI and Selected Aspects of Tinto's Model for College Attrition," *Journal of Psychological Type*, vol. 40(1997), pp. 31-42.

④ Randy Stein & Alexander B. Swan, "Evaluating the Validity of Myers-Briggs Type Indicator Theory: A Teaching Tool and Window into Intuitive Psychology," *Social and Personality Psychology Compass*, vol. 13, no. 3(2019).

续表

功能	态度	
	内倾	外倾
感觉	艺术家、古典音乐家	品酒师、校对者、流行音乐家
直觉	预言家、神秘家、宗教狂热分子	某些发明家、宗教改革家

荣格是20世纪最有影响力的心理学家之一。其影响不仅仅存在于心理学界。他对于人类社会和人类精神意识的理解和思考,对20世纪的文学、艺术、历史、哲学、宗教等领域均产生了广泛而持久的影响。

第二节 心理与家庭发展阶段理论

一、埃里克森的心理发展阶段理论

心理发展阶段理论由埃里克森(E. H. Erikson,1902—1994)提出。他的理论中部分内容可以追溯到弗洛伊德的理论,因此也被称为后弗洛伊德理论(post-Freudian theory)。与弗洛伊德的理论不同的是,首先,埃里克森将弗洛伊德的婴儿发展阶段延伸到了青春期、成年期和老年期。其次,他的理论更强调自我、社会和历史的影响。埃里克森把发展看作是一个经过一系列阶段的过程,每一阶段都有其特殊的目标、任务和冲突。他认为每一阶段的发展中,个体均面临一个关键的任务,如果个体能够处理好这一任务,便会顺利地进入下一阶段,而如果处理不好,则会影响今后的生活①。

1. 婴儿期:信任对怀疑(0~1.5岁)

婴儿期相当于弗洛伊德所说的口欲期,但在埃里克森看来,婴儿期是一个整合期。婴儿不仅通过他们的口,也通过其他各种感觉器官来获得外部刺激。这是个体生命中的第一个阶段,个体的主要任务是发展出信任感。婴儿来到这个世界上,除了要满足基本的生理需要,还需要爱和关怀,而这些需要的满足,要借助成人来实现。如果此时婴儿得到了适当的照料,就会对他人产生基本的信任感。如果得不到他们所需要的关爱和照顾,便会产生一种基本的不信任感。此时的婴儿尚无用言语表达自己想法的能力,所以照料者需要特别用心留意婴儿所发出的信号。如果照料者对婴儿的需要很敏感,并总是能适时满足,婴儿便会在体验到身体的舒适感的同时,对他人和周围世界产生信任感。反之,如果照顾

① Erik H Erikson, *Identity And The Life Cycle*, New York: W. W. Norton, 1980.

者对婴儿的需要表现出拒绝，或者对婴儿时冷时热，婴儿便会感到不安，对他人能否在自己需要的时候出现产生怀疑和不信任。

2. 儿童早期：自主对羞怯（1.5~3岁）

儿童早期对应于弗洛伊德所说的肛门期。埃里克森认为儿童在这一阶段除了通过控制肛门获得快感，还会从控制其他身体功能中得到快感。这个阶段，儿童已经掌握了大量的技能，如交谈、爬、走等，他们也开始学习自己吃饭、穿衣、大小便等，对自身控制感的增强使得儿童自主感极大提升。此时的儿童，对外部事物感到好奇，并逐步尝试探索新世界。他们凡事都喜欢自己动手而不愿他人干预，用尽自己的能力来对环境施加影响。父母应鼓励和保护儿童的这种自主性。如果此时父母对儿童过度干预，则会阻碍儿童自主性的发展，儿童易变得依赖性强、羞怯，并对自己的能力感到怀疑。

3. 游戏期：主动对内疚（3~6或7岁）

游戏期相当于弗洛伊德的生殖器期。埃里克森认为，学龄前儿童除了能识别他们的父母，还发展出运动能力、语言技能、好奇心、想象力和树立目标的能力。这一阶段儿童身体活动更为灵巧，尤其语言有了很大发展。他们的活动范围也逐渐超过了家庭，而向外部社会发展。更重要的是，此时儿童的思维尤其是表象思维发展迅速，他们充满好奇心，且想象力极为生动丰富。他们喜欢童话故事，喜欢玩拟人化的游戏，并倾向于通过自己的想象解释周围的世界。他们开始表现出有目标、有计划的行为，并体验到成功的喜悦。如果父母肯定和鼓励儿童的主动行为和想象力，儿童就会获得积极的主动性。反之，如果父母经常限制儿童的主动行为，否定他们的想象力，儿童就会丧失主动性，变得无所适从，并且对自己的想法感到怀疑和内疚。

4. 学龄期：勤奋对自卑（6或7~12岁）

学龄期相当于弗洛伊德理论中的潜伏期。此阶段儿童进入学校学习，他们对新的学习环境很好奇，并希望通过自己的勤奋获得成功。此时儿童依赖的重心已由家庭转向外部世界。儿童面临着与同伴之间的竞争，他们如果能够在竞争中胜出，或获得相应的社会和学习技能，便会感到自信，更加积极进取。而不能获得特定技能的儿童往往会产生自卑感。比如，发展滞后或反应迟缓的儿童，在接受学校基本技能培养的过程中会产生强烈的自卑感。

5. 青年期：同一性对同一性混乱（12~18岁）

处于青年期的个体开始产生对成人角色的期望，但只有通过斗争获得自我同一性，才能满足角色的要求。此时，“同一性危机”便出现了。同一性危机大概是埃里克森理论中最著名的术语，这里“危机”并非指威胁或灾难，而是指一个转折点，一个极其脆弱而又极有潜力的关键期。这一阶段的青少年反复思考“我是谁”的问题，期望获得对自我身份的确定。如果个体把自己各个方面，比如在别人面前的形象和对自我的感受，所获得的技能与未来的职业选择，性别角色等很好地整合起来，个体就会获得较高的角色同一性,反之,则会出现同一性混乱。角色同一性建立的情况可以分为四种,第一种是获得角色同一性,用埃里克森的话说,是“一种知道自己往何处去的感觉”。第二种是拒斥,即个体将选择权利交给父母或其他人,而不愿意自己思考。第三种是同一性迷乱,无法对自己的社会角色和将来的人生目标形成定论。第四种是同一性延迟,即将建立同一性的任务延迟到下一阶段①。

6. 成年早期:亲密对孤独(18~30岁)

在上一阶段获得了确定的同一性之后,个体便可以寻求与他人建立亲密关系,包括亲密的友谊和恋爱关系。形成亲密关系是将自己的同一性与他人的同一性融合一体的过程,所以不可避免包含有自我牺牲。如果在这个阶段中,个人具有了建立亲密关系的能力,那他就会形成爱的品质。如果不能与他人建立亲密关系,则会体验到孤独感。

7. 成年中期:繁殖对停滞(31~60岁)

这一时期的个体开始在社会中确立自己的位置,并为社会生产承担责任。繁殖是成年期的精神和品质,所谓繁殖,指的是生育下一代及创造新产品和新观念。男女建立家庭,对产生的后代承担照料之责。除此之外,成熟的成年中期要求成年人肩负起将文化代代传承的任务。如果此时过分关注自我,沉溺于自我,则生产能力和创造力的发展就会出现停滞。

8. 老年期:完美无憾对悲观绝望(60岁以后)

此时,绝大部分的人生任务已经完成。个体回首往事时,如果感到自己的一生很充实,没有虚度,就会产生一种完善感,认为自己的生命周期与新一代的生命周期融合为一体。而如果觉得目标没有得以实现,对过往的作为有所后悔,人生有诸多遗憾却又无法弥补,便会产生悲观绝望感。

埃里克森的心理发展阶段理论更多建立在伦理原则基础上,而不是以科学的数据为依据的。但是,这一理论激发了大量的研究。例如,仅自我同一性这个题目就产生了难以计数的研究,而对于其他阶段及相关概念,如亲密与孤独②、繁殖力③、整个生命周期④等均有较为活跃的实证研究。埃里克森关于老年的

① James E. Marcia, “Development and Validation of Ego-Identity Status,” *Journal of Personality and Social Psychology*, vol. 3, no. 5(1966), pp. 551-558.

② Joshua M. Gold & Joan D. Rogers, “Intimacy and Isolation: A Validation Study of Erikson's Theory,” *Journal of Humanistic Psychology*, vol. 35, no. 1(1995), pp. 78-86.

③ M. W. Pratt, H. A. Danso, M. L. Arnold, J. E. Norris & R. Filyer, “Adult Generativity and the Socialization of Adolescents: Relations to Mothers' and Fathers' Parenting Beliefs, Styles, and Practices,” *Journal of Personality*, vol. 69, no. 1(2001), pp. 89-120.

④ S. K. Whitbourne, M. K. Zuschlag, L. B. Elliot & A. S. Waterman, “Psychosocial Development in Adulthood: A 22-Year Sequential Study,” *Journal of Personality and Social Psychology*, vol. 63, no. 2(1992), pp. 260-271.

观点对从事老年学研究的人来说很有帮助，而他关于自我同一性的观点总是被青年心理学教材所引用。他的理论也是今天的社会工作实践领域最流行的社会心理发展模型之一，是毕生心理学的经典范式。

尽管心理发展阶段理论有其积极的意义，但是，在实践中并不能将具体的阶段生搬硬套。首先，对于不同的个体，其发展到某一阶段的时间存在差异。其次，即使处于某一阶段中，也并不一定只处理这一阶段的中心任务，而可能整合前一阶段的任务或者练习后一阶段的任务，也就是说，阶段之间可能有所重叠。最后，随着社会环境的发展，每个年龄阶段所面临的任务也可能有所调整。要结合具体的社会文化背景及个体的成长环境对个体所处的心理阶段及所面临的中心任务作出诊断。

二、杜瓦尔等的家庭生命周期理论

家庭生命周期是 20 世纪 30 年代初期几位社会学家和经济学家提出来的概念，于 20 世纪 50 年代开始运用于家庭研究，主要代表人物有希尔（R. Hill）、杜瓦尔（E. Duvall）、埃多斯（J. Aldous）等人。与埃里克森对个体一生的发展阶段的分析相对应，家庭生命周期理论（或称家庭发展理论）将关注的重点由个体转到家庭，主张家庭也像个体一样，经历着从诞生、发展，直至消亡等一系列的阶段，在每一个具体的阶段，均有其特别的发展任务。每一阶段的重点任务，均需要家庭成员的相互配合和调整来得到完满的解决。各阶段之间的转折过渡时期是最容易导致家庭关系紧张及家庭成员焦虑的时期，也是需要家庭成员加倍投入精力，努力作出适应和调整的关键时期。若重点发展任务不能得到很好的执行，或者家庭不能因各阶段之间的转折而作出相应的调整，不仅会导致家庭关系的紧张和家庭矛盾，而且会影响到下一阶段的家庭生活。

传统的家庭生命周期理论以家庭中子女的年龄作为阶段划分的标准，其中最著名的是杜瓦尔提出的八阶段论①。在八个相互衔接的阶段中，家庭的结构、功能和家庭中个体的角色相继发生变化。这八个阶段分别是：

（1）新婚期（从结婚到第一个子女出生之前）。此时的中心任务是逐步适应将配偶作为主要的情感支持来源，发展相互满足的婚姻生活，适应彼此的亲戚网络，建立对怀孕生子的共同期望。

（2）育儿期（从第一个子女出生到该子女两岁半）。第一个孩子的出生标志着家庭从第一阶段过渡到第二阶段。此阶段的中心任务是适应子女的诞生和成长，成为合格的父母亲，并适时调整和维持配偶关系。

---

① Evelyn Millis Duvall & Brent C. Miller, *Marriage and Family Development*, New York: Harper & Row, 1985.

（3）学龄前期（从第一个子女两岁半到该子女六岁）。此阶段的中心任务是，适应学龄前儿童的需求和兴趣，促进其成长，培养儿童的自主和自控能力，应对身为父母所带来的能量消耗。

（4）学龄期（从第一个子女六岁到该子女十三岁）。该阶段的中心任务是建设性地融入学龄期儿童的家庭群体中，与校方合作，鼓励子女学业上的成就。

（5）青少年时期（从第一个子女十三岁到该子女二十岁）。在这一阶段，随着青少年子女的日渐成熟与独立，他们需要在自由及责任之间取得平衡。父母需要维持与青少年子女之间的良好关系，尊重他们，倾听他们的需求，并给出自己的意见。父母还需要发展自身的兴趣和工作。

（6）成年期（从青少年期结束到最后一个子女陆续离开家庭）。这一阶段的家庭被形象地称为“发射中心”。年轻的成年子女在适当的协助下开始离家就业、服兵役、上大学、另组新家庭等。此时家庭应作为一个有力的基地，支持子女的独立过程。

（7）空巢期（成年期后到退休之前）。在这一阶段，夫妻间重新建立起更紧密的联系，并维持与上一辈和下一辈之间的亲情纽带。

（8）老年期（退休到夫妻双方死亡）。此时年迈的夫妇需要应对身体机能的日益衰退，配偶或其他同辈人的亡故等问题。

杜瓦尔对家庭周期的划分清晰明确，但也有学者对这种划分方式提出了质疑。有学者认为这种划分方法只是针对核心家庭①，不能适应多子女家庭、同性恋家庭、丁克家庭、未婚单亲家庭等其他形式的家庭。杜瓦尔似乎提出了一个“典型”或“正常”的中产阶级家庭模式，但在当今社会，其他形式的家庭也不在少数。此外，他的理论也没有涉及家庭发展情况的文化差异。

除杜瓦尔的八阶段论之外，对家庭生命周期还有其他的划分方法，但大体上仍是以家庭中成员人数的增减所带来的家庭结构和功能的变化为依据。比如，将家庭生命周期分为形成阶段（夫妻双方组成家庭），扩充阶段（生儿育女），扩充完成阶段（结束生育），收缩阶段（子女相继离家），收缩完成阶段（子女全部离家），消亡阶段（夫妻双方相继亡故）等六个阶段；或者，将家庭生命周期分为已婚夫妇（无子女），年轻的家庭（养育子女），中年夫妇（子女离家，即空巢期），老年夫妇（退休后），丧偶（恢复到单身）等五个阶段。

此外，有学者主张将家庭生命周期与个人生命周期结合起来进行考察。比如，埃尔德（G. H. Elder）在家庭生命周期理论的基础上提出了生命过程理论，把理论视角从家庭主要成员（夫妻）转移到家庭成员个人的发展历程，研究个体

① 核心家庭，指的是由夫妻双方及其子女所组成的家庭。

从儿童经历成年、结婚、为人父母到晚年的生命过程中家庭的变化①。我国台湾学者彭怀真将成人的生涯分为探索期、建立期、维持期、衰退期、死亡期等，每期之间又各有过渡转型期②。这些理论的提出，有助于将个人、家庭与社会三个层次的分析结合起来。

家庭生命周期理论强调以发展的眼光看待在每个阶段中，家庭是否能够满足家庭成员在生理、文化和价值观等各个方面的需求，突出家庭成员的互动交流关系与个体和家庭需要随着家庭的发展在不同阶段呈现出的不同特征。对家庭生命周期理论的了解有助于家庭社会工作者进行家庭评估，以便确认个案家庭处于哪个发展阶段及这个发展阶段可能面临的压力。随着社会经济文化的发展，当今的家庭可能不再延续传统的模式，比如，出现成年的子女独自居住或仍与父母共同居住而非选择婚姻，或者在婚姻结束后又回到自己的原生家庭的现象，或因为父母在外工作而形成的祖父母与孙辈共同居住的模式。社会工作者需要关注和把握这些新的动向，并审视每一种独特的家庭形式所面临的任务和挑战。

第三节 认知发展理论

一、皮亚杰的认知发展理论

认知发展理论的创始人瑞士心理学家皮亚杰（J. Piaget, 1896—1980）是20世纪最有影响力的发展心理学家之一。他关于儿童认知发展的理论，对于心理学和教育学均具有重大的影响。

皮亚杰的关注重点在于有机体如何适应环境。他提出了图式（schema）这个概念。图式是个体头脑中的一种认知结构，是人类吸收和组织知识的基本框架。他认为，行为被个体用来表征世界和行为的图式所控制，而适应或认知发展，则是在个体已有图式和新环境中取得平衡。皮亚杰认为婴儿生来就具有一些图式，他称之为“反射”（reflex）。在其他物种中，这些反射终生控制行为。但是，人类婴儿的这些反射很快会被建构出的新图式代替。随着个体或者环境的发展变化，最初的平衡状态会被打破。此时，个体就需要调整头脑中原有图式，

① Glen H. Elder Jr. & Michael J. Shanahan, “The Life Course and Human Development,” in William Damon & Richard M. Lerner(eds.), *Handbook of Child Psychology: Theoretical Models of Human Development*, New York: Wiley and Stone, 2006, pp. 665-715.

② 彭怀真：《婚姻与家庭》，台北巨流图书公司2023年版。

来重新达到平衡①。正是在平衡与不平衡的交替中,认知结构得到不断的建构和完善。皮亚杰描述了适应的两个过程:同化(assimilation)和顺应(accommodation)。同化指个体根据已有图式来解释新经验,从而将新经验纳入已有图式。顺应则是在已有图式无法解释新经验时,个体对已有图式作出调整,使之能够符合新经验的要求。这两个过程在一生中被同时和交替使用。

皮亚杰的发展理论强调个体从出生便主动、积极地探索环境。知识是建构的而非被动接受的。每一种技能的获得既需要以生理上的成熟为基础,又需要靠外部环境的交互作用来帮助掌握。皮亚杰认为,在个体从出生到成熟的发展过程中,认知发展可以分为具有不同特质的四个主要阶段:感觉运动阶段、前运算阶段、具体运算阶段和形式运算阶段②。当个体发展到一个新阶段时,早期阶段所获得的能力并不会消失,而是被整合为一种思考和学习的全新方法。在皮亚杰看来,并不是所有儿童都在同一年龄经历相同的阶段。但是,儿童发展的各个阶段顺序是一致的,前一阶段总是达到后一阶段的前提。阶段的发展不是间断性的跳跃,而是逐渐、持续的变化。随着儿童从低级阶段向高级阶段的发展,他们由一个不能思维,仅依靠感觉和运动认识周围世界的有机体逐步发展成一个具有灵活思维和抽象推理能力的独立个体。

(1) 感觉运动阶段。从出生到大约第 18 个月。在这一阶段,婴儿发展出日益复杂的感觉和动作图式,从出生时的本能性反射动作逐渐发展到有目的性的活动。婴儿通过感觉和动作认识自身和外部物体。比如,通过触摸皮球来获得皮球在手中的感觉。此阶段物体恒存性的概念逐渐发展起来,即婴儿认识到离开自己视线的事物仍然存在。

(2) 前运算阶段:从儿童学习一种语言开始到大约 5 岁到 6 岁。此时儿童基本上掌握了母语。儿童能够通过语言表达概念,并通过模仿、想象、游戏和绘画等发展出符号化的表征图式。但这一阶段儿童的思维具有自我中心倾向,无法从他人的角度看问题,缺少逻辑,不能全面地把握事物。他们的知识仍然在很大程度上取决于自身的知觉。

(3) 具体运算阶段:从 6 岁或 7 岁到 11 岁或 12 岁。在这个阶段,儿童开始懂得因果关系的逻辑基础,能够理解可逆性和守恒原理。他们也能够领会类别,归类系统和团体中的等级结构。但与产生于纯哲学和抽象概念的假设相比,他们更善于解决与物理现实有明显关系的问题。此时元认知③开始出现,儿童开

---

① Jean Piaget, *The Equilibration of Cognitive Structures: The Central Problem of Intellectual Development*, Chicago: University of Chicago Press, 1985.

② Jean Piaget & Howard E Gruber, *The Essential Piaget*, New York: Basic Books, 1977.

③ 元认知,即对认知的认知。

始思考自己的思维，并能够更好地进行自我组织和准备，以便更清晰有效地进行思考。他们自我中心的倾向也在逐渐减少，能够接受他人意见并从他人角度看问题。

（4）形式运算阶段：从青少年期持续到成人期。此阶段个体的思维灵活性大大增强，掌握抽象思维能力，能按假设检验的科学法则解决问题，并可同时加工多个相互作用的变量。形式运算思维能力反映了智力的性质，这种智力正是建立科学和哲学的基础。

皮亚杰的理论至今仍广泛应用于儿童教育，但后继的研究对皮亚杰的理论体系和研究方法等提出诸多质疑和改进。比如，在研究方法上，皮亚杰主要采取观察法和个案研究，他的一些理论观点并不总能为设计更精巧的实验研究所证实。而且，皮亚杰研究中所用方法常常需要儿童具有较高的言语水平，言语能力的不足使得年幼儿童实际的认知能力被掩盖。而在研究范围上，皮亚杰所观察的现象主要包括空间排列、位置移动等方面，研究范围比较狭窄和片面。

后来出现的新皮亚杰学派对皮亚杰的研究方法和研究结果进行了修正。比如，有研究指出，儿童认知能力的发展并不是像皮亚杰所描述的那样经历质的演变，许多重要的认知能力在儿童十分年幼时已经存在，儿童与成年人在认知表现上的差异，只是由于儿童知识和经验的不足。通过设计难度适当的任务，年幼儿童能够表现出原本被认为缺乏的认知能力。近些年对儿童思维能力的研究，也完全突破了皮亚杰的研究方法和概念范围，而更深入探讨诸如目的—手段、计划行为等更复杂的思维过程。目前这部分理论建设和研究仍在进行中。

二、维果茨基的心理发展观

深入阐述儿童认知发展的另一个理论家是苏联心理学家维果茨基（L. Vygotsky，1896—1934）。人们常常将他的理论和皮亚杰的理论进行比较。皮亚杰的理论侧重个体与环境之间的相互作用，而维果茨基的理论则更强调社会文化的作用[①]。维果茨基认为，认知发展只能在文化情境中加以理解。他考察了文化和人际交流对于儿童发展的引导作用，例如：个体通过与重要他人，尤其是父母的社会互动发展出高级心理机能；儿童从与父母长辈的言谈举止中，了解自己文化中的习俗和策略，包括言语组织、书面语言和其他的符号化知识，而这些文化知识，影响了儿童自身的知识建构。

维果茨基认为高级心理功能始于外部活动的逐渐重构和内化。比如说，最

① Lev Vygotsky, *Thought and Language*, MA: MIT Press, 1962.

初婴儿想要某样离他较远的物体时，会朝向物体所在的方向伸手并作出手指抓握的动作。一旦照顾者领会了婴儿的意思，并且满足了他的要求，婴儿的动作便具有了社会意义，在婴儿与照顾者之间形成了某种心理上的默契。照顾者对手势的理解和照顾者与婴儿间的心理协调导致婴儿产生一种心理内部过程，即对自己的需求目标，作为中介的照顾者和作为一种意义符号的手势三者间特殊关系的理解。另外，内在的智力活动也可以外化为实际动作，使主观见之于客观，而内化和外化的桥梁便是人的活动。

维果茨基特别强调人类所发明的工具和符号对思维的塑造作用。维果茨基认为，通过使用工具，人类组织和思考世界的方式发生了变化。比如，儿童开始并不懂得如何使用铅笔，但在社会活动中，儿童逐渐掌握这一技能。而后，儿童可能会发展出使用铅笔的独特方法，如用铅笔画出新奇的图画。儿童游戏在维果茨基眼里也具有特别重要的意义。儿童通过游戏来掌握与具体物体相分离的抽象概念。他曾举过一个例子：如果一个儿童想骑马但是又不会，3 岁前，他可能会哭并且生气，但是到 3 岁左右，儿童与世界的关系发生了变化，他可以寻求替代物，比如板凳，骑上去假装在“骑马”。此时，儿童已经能够将实物和它的概念分离开来。等再大一些，他便可以想象在骑马而不需要真的骑着什么。同时，儿童也在游戏中学习自我控制和社会规范，如在玩过家家的游戏中，儿童认识、体验和掌握各种社会角色。

维果茨基在说明教育与发展的关系时，提出了最近发展区（the zone of proximal development）的重要概念。最近发展区是指“独立解决问题时所具备的现有发展水平与在成人帮助下或在与能力更高同伴的合作下实现问题解决所表现出的可能发展水平之间的距离”①。他认为教育必须考虑儿童已达到的水平并要走在儿童发展的前面。儿童通过与那些能够在最近发展区帮助他们提高功能水平的个体交互来促进自己的认知发展。比如，儿童经常在父母或者年长的同伴的指导下解决问题。最近发展区这一概念对正确理解教育与发展之间的关系，具有重要意义。

皮亚杰和维果茨基都关注认知领域，特别是知识获得和逻辑推理的过程。皮亚杰重视逻辑推理能力的成熟，将情感、社会关系和自我理解等均看成个体理解物体的逻辑时所建构的认知图式。而维果茨基则强调认知的人际关系特征，把推理和问题解决的本质看作由文化创造的。两者在理论出发点和侧重点上均有所不同。

① L. S. Vygotsky, *Mind in Society*: *The Development of Higher Psychological Processes*, Cambridge: Harvard University Press, 1978.

第四节 道德发展理论

一、皮亚杰的道德认知发展理论

除上节介绍的认知发展理论外，皮亚杰还对儿童的道德发展做了大量的研究。皮亚杰采用实验观察、谈话等方法对儿童的道德认知，也就是儿童对是非、善恶行为准则及其执行意义的认识，做了深入的研究。皮亚杰认为道德发展是认知发展的一部分，因此，他主要研究了儿童道德思维的发展，而不是从道德品质或道德情感上对儿童的发展状况加以判断。他的研究主要集中在儿童的规则意识和实践、儿童对行为责任的道德判断和儿童公正观念的发展等几个方面。皮亚杰在大量研究的基础上将儿童的道德发展进程概括为三个连续的发展阶段①：

1. 无律阶段(the stage of anomy)

此阶段包含感觉运动阶段和前运算阶段的儿童的道德判断。此阶段的儿童道德意识尚未萌发，也不了解道德规范的意义所在，因此也就没有所谓的道德价值的判断了。儿童的思维完全是自我中心的，行为上也完全表现出个人的自发行为。比如，皮亚杰观察儿童在打弹子游戏中的表现，发现这个年龄段的儿童总是按照自己的想法进行游戏，没有规则意识。从认知上来说，处于无律阶段的儿童尚未能在自身与外界之间建立起合适的联系和分界，他们无法理解在游戏中自己是团体的一员。尽管他们也会模仿年长玩伴的游戏规则，但是这些模仿并不具有认识上的意义。此时儿童的行为既不是道德的，也不是不道德的。

2. 他律阶段(the stage of heteronomy)

此阶段包含前运算阶段末期到具体运算中期的儿童的道德判断。此时儿童有一种遵守成人标准和服从成人规则的义务感。儿童渐渐意识到权威人物加诸其身的外在束缚，也意识到社会上存在一些强而有力、不可抗拒的风俗习惯及道德规范，因而产生依从反应。儿童表现出对父母、权威者和年长者的绝对服从，认为只有听话才是“好孩子”，而认为受惩罚的行为本身就是坏的。儿童也倾向于将人们所制定的规则，看作固定的、不可变更的。在进行道德判断时，儿童往往只从结果来判断，而不考虑主观动机。此阶段儿童的道德行为表现为盲目、被动的遵守规则，其道德意识也尚未完全成熟，无法独立作出道德判断。

---

① Jean Piaget, *The Moral Judgment of the Child*, New York: Free Press, 1956.

3. 自律阶段(the stage of autonomy)

皮亚杰认为大约自七八岁开始,儿童的道德理性会逐渐苏醒而臻于成熟。儿童已认识到规则是由人们根据相互之间的协作而创造的,因而它是可以依照人们的愿望加以改变的。以前被儿童视为不容置疑的规则或规范,此时都将被重新探问其原因及理由。儿童自七八岁之后就开始可以根据自我的个人价值结构,对事物作出独立的判断。在判断行为时,不只考虑行为的后果,还考虑行为的动机。并且能把自己置于别人的位置进行思考,因而判断不再绝对化。同时,儿童的道德行为不再完全受外力的刺激引发,他们开始根据自我内在信念行动。儿童也会以对社会团体有益的互惠方式来约束自我的行为。因此,此阶段儿童的道德形式由原本的“制约道德”转变成“合作的道德”。也就是说,儿童开始运用自我的意志作出自律的道德判断。

皮亚杰认为儿童道德发展的这些阶段的顺序是固定不变的,儿童的道德认识经历了一个从他律道德向自律道德转化的过程。他律道德阶段的儿童根据外在的道德法则进行判断,强调个体要服从权威和价值标准,他们只注意行动的外部结果,而不考虑行为的动机。而自律性道德判断已能从客观动机出发,用平等或不平等、公道或不公道等新的标准来判断是非,这是一种为儿童自身已具有的主观价值所支配的道德判断,属于自律水平的道德。皮亚杰认为只有达到了这个水平,儿童才算有了真正的道德。

二、科尔伯格的道德发展理论

科尔伯格(L. Kohlberg, 1927—1987)继承并发展了皮亚杰的道德认知发展理论,他的理论描述了个体在生命的不同阶段是如何进行道德问题推理的。科尔伯格借助道德两难的问题情境,让儿童作出对行为的是非道德判断,并对判断加以解释,来研究儿童的道德发展阶段。科尔伯格的研究目的不在于了解儿童对行为是非的认知行为表现,而在于探讨儿童道德判断中的内在认知心理历程。比如,一个经典的道德困境故事是“海因茨偷药救妻”:欧洲的某一妇女罹患严重的癌症,医师诊断只有一种新制镭锭药物可治。她的先生海因茨奔赴药店时,店主将成本仅 200 美元的药物,提价为 2000 美元。海因茨因为妻子久病已用尽所有积蓄,向亲友借贷只能凑得 1000 美元。他恳求店主允许其先付此数取药回去救他妻子一命,余款保证稍后补足。店主拒绝并称卖药目的只求赚钱,不考虑其他问题。妻子性命危在旦夕,海因茨走投无路,就在当天夜间撬开药店窗户偷得药物,救了妻子一命,但他也因此入狱。在讲完故事之后,科尔伯格要被测试者回答:“你认为海因茨偷药救妻的行为对不对? 如说他对,为什么? 如说他错,为什么?”

基于儿童和青少年对这类道德困境的反应,科尔伯格在道德判断的发展方面鉴别出三个水平(levels)六个阶段(stages)。也就是人们常说的三期六段论[①]。

第一个水平称为“前习俗道德水平”(pre-conventional morality)(包括第一和第二阶段)。此一层次的特征为个体遵守规则的原因是外在的而非内化的。同时个体的道德判断取决于自我需求的满足,即自己的行为带给自己的后果是愉快或不愉快。儿童会顺从权威人物(如父母、老师等)所强调的规则,通过顺从来避免受到惩罚或得到奖赏。

第一阶段:惩罚与服从阶段(punishment and obedience orientation)。这个时期的儿童的道德判断取向是服从与避免受罚。儿童在与权威人物如父母或其他长辈的交互中学到,若是自己服从权威人物的指示,会使权威人物感到高兴,甚至得到奖赏。若不遵照权威人物的指示,则会使权威人物感到不高兴,同时伴随而来的将会是惩罚的痛苦。因此为了达到自我中心的快乐和逃避受罚,在这个阶段的孩子多半会选择服从权威来避免受罚,而且是无理性的畏惧惩罚。处在这一阶段的儿童对海因茨偷药的故事可能作出两种不同的反应。或者赞成他可以偷药,因为他先提出请求,所偷的东西也不是很大,不该受罚。或者反对,因为偷药会受到惩罚。

第二阶段:工具性相对主义阶段(naively egoistic orientation)。在这一阶段,儿童虽然还无法站在对方或是他人的角度来思考事物(仍无同理心及角色扮演的能力),但是已经可以体会或是理解不同个体会有不同的想法和需求。尽管如此,儿童在此时仍然无法避免以满足自我需求为优先考虑的倾向。评价行为的标准主要是看其是否符合自己的利益。如他们对海因茨偷药的故事可能会有这样的说法:赞成者会说,他的妻子需要这种药,他需要同他的妻子一起生活;反对者会说,他的妻子在他出狱前可能会死,因此对他没有好处。

第二个水平称为“习俗道德水平”(conventional role conformity)(包括第三和第四阶段)。此时的道德取向由以往的利己角度,转变成什么是对社会整体的运作有帮助的。个体已经开始意识到社会规范和准则的意义,会尽量服从社会规范,来谋求社会的安定,维持社会秩序。对行为的评判也以行为是否符合社会规范为标准。

第三阶段:寻求认可阶段,也称好孩子阶段(“good boy” and “good girl” orientation)。处于这个阶段的儿童和青少年,道德价值以行为是否符合他人要求为导向。他们不再以自我为中心,而是考虑到他人和社会对“好孩子”的要求,

---

① Lawrence Kohlberg, “Moral Stages and Moralization: The Cognitive developmental Approach,” in T. Lickona, ed., *Moral Development and Behavior: Theory, Research, and Social Issues*, New York: Holt, Rinehart and Winston, 1976, pp. 31-35.

并总是尽量按这种要求去思考。他们对行为的评判,也是以行为是否使人喜欢或被人赞赏为标准。这一阶段的儿童或青少年,听了海因茨偷药的故事,赞成者会说,他做的是好丈夫应做的事。反对者则说,他这样做会给家庭带来苦恼和丧失名誉。

第四阶段:遵守法规和秩序阶段(authority and social order maintaining orientation)。处于此一阶段的个体以服从准则和法律,维护社会秩序为导向。他们服从社会规范、遵守公共秩序,尊重法律的权威,以法律来判断行为的道德性。这个阶段的个体顺从的动机并不是害怕受到惩罚,而是因为他们认为规则与法律是值得他们去遵守的,并且认为没有人可以高于法律,也没有群体可以胜于法律。该阶段的个体听了海因茨偷药的故事,赞成者会说,不这么做,他要为妻子的死负责;反对者会说,他要救妻子的命是应该的,但偷东西犯法。

第三个水平称为“后习俗道德水平”(post-conventional morality)(包括第五和第六阶段)。达到这一道德水平的人,道德判断已超出世俗的法律与权威的标准,他们以一种广义的正义原则来评断是非。在进行道德评价时,他们想到的是人类的正义、人权和个人的尊严。当法律和契约的规范侵犯基本的人权时,他们认为对基本人权的维护优先于法律和契约规范。

第五阶段:社会契约阶段(contractual legalistic orientation)。在这个阶段的个体已经了解到不同的人有不同的价值观念,对同一件事情的看法也会有所不同。法律和规范是大家商定的,用以保障社会中每个个体的权利。法律可以应大多数人的要求而改变,不合理的法律或契约规范都应该加以修正,个人在按契约和法律的规定享受权利的同时,也必须认识到个人应尽的义务和责任。就算一个人的行为并未违反法律或契约规范,但若危害到社会秩序,也是不道德的。对于海因茨偷药的故事,赞成者认为,法律没有考虑到这种情况;反对者认为,不论情况多么危险,总不能采用偷的手段。

第六阶段:良心或原则阶段(conscience or principles orientation)。这是道德判断的最高阶段,表现为能以公正、平等、尊严这些普遍的原则为标准进行思考。他们认为,生活于世界上的每一个人,不论种族、社会和文化,都有其生命存在的价值和尊严,人类普遍的道义高于一切。处于此一阶段的人所在意的是自己内心对公平正义的遵守,而不是他人对自己的看法或评价。对于海因茨偷药的故事,赞成者认为,尊重生命、保存生命的原则高于一切;反对者认为,别人说不定也像他妻子一样急需该药,要考虑所有人生命的价值。

科尔伯格认为,道德发展是连续的按照顺序由低到高逐步展开的过程。个体逐渐由一个阶段进入下一个阶段,要达到任何阶段都需要通过前面几个阶段,而且后续阶段高于前面的阶段。每达到一个新的阶段,个体在认知发展上都已经产生了质的不同。各阶段的时间长短不等,个体的道德发展水平也有较大差异。科尔伯格认为,大多数 9 岁以下的儿童和许多犯罪的青少年在道德认识上均处于前习俗水平,而大多数青少年和成人的道德认识处于习俗道德水平,只有极少数人能够完全达到第六阶段。

科尔伯格的理论和实践在全世界产生了广泛而深入的影响。皮亚杰开创了从认知发展角度探讨儿童道德发展的先河,而科尔伯格则是皮亚杰之后采用认知发展取向研究道德发展的最杰出代表。但是,与皮亚杰一样,科尔伯格主要从道德认知,而非道德情感或道德行为的角度探讨道德发展,而如何将道德认知转化为道德行为,是两者的理论均没有解决的问题。当代道德心理学领域的探讨,则相对更加强调与道德相关的情感,如愤怒、厌恶等在道德判断中的重要性,同时更为关注道德认知与道德行为之间的关系①。

第五节 学习理论

学习在心理学上被定义为经验引发的、相对持久的行为或行为潜能的变化。人类之所以能适应如此广泛的社会和自然环境,得益于其强大的学习能力。学习使得个体与外界环境的互动逐渐固化成个体头脑中的知识和程序,并指导个体将来的行为。对于学习这一现象,早先的行为主义及其衍生出的社会学习和认知学习理论做了深入的探讨。

一、华生与斯金纳的行为主义学习理论

20 世纪初,当弗洛伊德、荣格、阿德勒等一批精神分析理论家在临床实践的基础上创建各自的理论时,一种与之在理论取向和研究方法上大相径庭的新生力量——行为主义(behaviorism),从研究动物和人的实验室中诞生了。行为主义最早的两个先驱是华生(J. B. Watson,1878—1958)和桑代克(E. L. Thorndike,1874—1949),但其最有名的代表人物是斯金纳(B. F. Skinner,1904—1990)。

1. 华生的理论与实践

行为主义认为,学习是基于联结的。一旦在某一刺激与反应之间形成了某种联结,学习也就形成了。经典条件反射和操作条件反射是行为主义提出的两个学习机制。经典条件反射是巴甫洛夫在对狗的消化腺的研究中偶然发现的。在实验过程中,每次在给狗食物之前先摇铃,一开始,狗得到食物会分泌唾液,经

---

① Naomi Ellemers & Jojanneke van der Toorn, "The Psychology of Morality: A Review and Analysis of Empirical Studies Published from 1940 Through 2017," *Personality and Social Psychology Review*, vol. 23, no. 4(2019), pp. 332-366.

过若干次后，单独的摇铃声也会刺激狗产生唾液。这说明，在反射未建立时，铃声是一种中性刺激，并不具有促进唾液分泌的作用；而反射建立以后，铃声作为一种条件刺激，因为预示着无条件刺激，也就是食物的出现，获得了与无条件刺激相同的功能。

行为主义学派的创始人华生认为，学习就是以一种刺激替代另一种刺激建立条件反射的过程。在华生看来，人类出生的时候就像是一张白纸，所有的行为都是通过条件反射建立新刺激—反应之间的联结而形成的。华生曾经说过一段有名的话："给我一打健康而又没有缺陷的婴儿，把他们放在我所设计的特殊环境里培养，我可以担保，我能够把他们中间的任何一个人训练成我所选择的任何一类专家——医生、律师、艺术家、商界首领，甚至是乞丐或窃贼，而无论他的才能、爱好、倾向、能力，或他祖先的职业和种族是什么。"①

华生与雷纳在1920年对情绪的学习进行过一项实验。该实验的对象为一个11个月的婴儿"小艾伯特"。他们在小艾伯特面前放了一只小白鼠，小艾伯特感到很好奇，并开始伸手摸它。随后，每当小艾伯特想触摸小白鼠时，实验者就在小艾伯特身后用铁锤敲击悬挂的铁棒，制造巨大的声响。小艾伯特听到声响后就大哭起来，并且感到恐惧。经过几次这样的刺激配对后，小艾伯特对白鼠产生了恐惧，哭泣并想从白鼠出现的房间逃离。此外，小艾伯特对白鼠的恐惧还泛化到了其他一些类似的事物，比如，毛茸茸的狗和兔子、海豹皮大衣，甚至是白色棉花胡须的圣诞老人面具②。

2. 斯金纳的理论与实践

华生之后，行为主义学派的另一代表性人物斯金纳，提出了操作性条件反射的概念③。操作性条件反射是指在一定的刺激情境中，有机体的某种反应结果能满足其某种需要，以后在相同的情境中其反应概率就会提高的现象。与经典条件反射不同的是，在操作性条件反射的研究中，实验对象是主动对环境进行探索而不是被动地接受环境刺激。当这种探索带来积极的效果之后，实验对象就会重复之前的行为，学习也就发生了。

斯金纳用来研究操作性条件反射的装置叫作斯金纳箱。在斯金纳箱中，有一个杠杆装置，按压此杠杆即可获得一粒食丸。小白鼠被关在箱中时，一开始会无目的地乱跑，在这个过程中，偶尔会碰巧按压杠杆而得到食物。经过几次这样的情形之后，每当小白鼠饥饿的时候，它就会按压杠杆获得食物。此时，按压杠杆的行为和获得食物这个结果之间的联结就形成了。

---

① [美]约翰·布鲁德斯·华生：《行为主义》，李维等译，浙江教育出版社1998年版。

② 该研究受到研究伦理方面的质疑。

③ B. F. Skinner, *Science and Human Behavior*, New York: Macmillan, 1953.

在操作性条件反射中，任何能增加反应出现概率的事件，都可以称之为强化。强化物分为两种，一种是正强化物，呈现它们就会增加反应出现的概率。比如斯金纳研究中的食丸，就是一种正强化物。另一种是负强化物，撤销它们会增加反应出现的概率。比如母亲听到婴儿的啼哭就会查看婴儿的状态、喂食、换尿布或安抚婴儿等，而母亲的行为会让婴儿慢慢停止啼哭。这里，婴儿的啼哭就是一种负强化物。如果撤销强化物，将消除或减少行为发生的频率，这个过程称为消退（extinction）。另一减少行为发生概率的事件是惩罚，它是在令人不快的行为之后出现的负面刺激。

斯金纳考察了各种不同的强化方式对行为结果的影响。根据强化是以连续或间隔的方式出现在行为之后，强化方式主要可分为连续方式（continuous schedule）及四种间隔方式：固定比率（fixed-ratio schedule）、可变比率（variable-ratio schedule）、固定时距（fixed-interval schedule）和可变时距（variable-interval schedule）等。连续方式是对个体的每一反应都给予强化。固定比率方式是根据有机体作出反应的数量而对有机体实施有间隔的强化程序。在可变比率方式中，有机体是在平均第 n 次反应后得到强化，但强化在何次行为后出现却并不固定。固定时距方式是指有机体在经过一段指定的时间后作出第一次反应，就立即得到强化。可变时距方式则是在经过一段随机或可变的时间间隔后对有机体进行强化。消退在很大程度上取决于学习赖以发生的强化方式。与凭借连续方式获得的反应相比，间歇方式建立起来的反应往往更难消退。

在经典条件反射中，行动者学习到的是两个环境刺激之间的联系，而在操作性条件反射中，行动者学习到的则是自身行为和周围环境之间的联系。这两种不同类型的学习，均在社会生活中广泛存在。比如今天我们看到很多产品会找名人做广告，这就是利用了经典条件反射的原理。将产品与名人联系在一起，使消费者对名人的喜爱转移到产品上。我们也看到，有些家长和老师会对儿童的行为进行奖励和惩罚，这就是利用了操作性条件反射的原理。通常来讲，得到奖励的行为出现的概率将会增加，而受到处罚的行为出现的概率则会减少。

行为主义者的实证风格和对人的行为受环境控制的高度重视是其最重要的两个特征。在行为主义的理论中，所有术语和概念均定义明确，且具有可操作性。同时，这一理论对行为塑造具有较大的指导意义。比如，斯金纳的操作条件作用便是极具实用价值的程序，至今仍广泛应用于训练、教学和心理治疗领域。但是，在这一理论中，我们似乎看不到自由意志或个人选择之类的概念。人不是自由的，而是为环境力量所控制。同时，个体差异未获得应有尊重。此外，这一理论只关注可见的行为而忽视行为的内部过程，对认知、情感等并没有给予足够的重视，对人类的高级智能行为更是不置一词。这些明显的缺陷，局限了行为主义对人类多姿多彩的行为的解释。

二、班杜拉的社会学习理论

人类行为的学习，除了亲身体验，很大一部分来自对他人行为的观察。比如，儿童会模仿成年人的衣着打扮及行为举止。这种个体不必直接参与学习活动，只凭对他人行为及其后果的观察，学到类似的行为的过程，被称为社会学习。社会学习这一概念是20世纪60年代由美国社会认知学派的心理学家班杜拉(A. Bandura，1925—2021)提出的。班杜拉认同斯金纳的观点，认为人们能够通过直接经验学习，但他更注重替代学习，也就是通过观察他人而学习。此外，他还认为学习是以认知为中介的，而非环境刺激的必然结果。

班杜拉认为，观察学习需要经过四个过程，即：注意、保持、动作产生和动机过程。首先，学习者需要注意到被学习的对象(榜样)。人们最可能注意的是与他们接触密切的人及有魅力的人，人们也往往更注意那些他们认为重要的或对他们有价值的行为。其次，保持过程则是将观察获得的新的反应模式，在记忆里以符号的形式表现出来。这种符号表征可以是语言，也可以是表象。这样，在没有榜样出现的情况下，之前观察到的行为也可以被激活。再次是动作产生过程，即人们再现榜样行为的过程。最后是动机过程。人们并不总是将观察到的行为付诸行动，只有当学习者要完成所模仿的行为的动机被激发出来时，观察学习才最有效。

在班杜拉对社会学习的一项经典研究中，他首先通过真人示范、电影或卡通片等形式，让儿童观看成年人攻击一个塑料娃娃，如坐在塑料娃娃身上打它、用锤子砸它等，随后给儿童一个同样的塑料娃娃，结果许多孩子重复了成人的攻击行为，甚至加上了一些新的攻击行为。其中，真人示范的榜样作用最大，其次是电影。进一步研究发现，当榜样的暴力行为受到奖励时，儿童会更多地模仿暴力行为；而当榜样的暴力行为受到惩罚时，儿童会明显减少模仿。这说明，行动者不仅观察他人的行为，也观察他人行为产生的后果。行动者并不需要亲历行为结果，而可以通过观察榜样行为的结果获得替代性的强化。

此外，班杜拉强调学习过程中个体的内部动态，如意图、自我调控、自我效能及自我评价等①。其中，自我效能指的是个体对自己能够完成某项特定任务或应付某种情境的能力判断、信念，以及自信、自尊等方面的感受。关于自我效能对人类行为的影响的实证研究至今仍很活跃。研究结果表明，较高的自我效能感通常能够促进工作学习等各方面目标的达成。与上文中提到的替代性强化相对应，班杜拉还提出了自我强化的概念。也就是说，强化并不一定是外界给予的，在学习过程中，行动者会不断进行自我观察和自我判断，考察学习行为的方

① [美]A·班杜拉：《自我效能：控制的实施》，缪小春等译，华东师范大学出版社2003年版。

方面面以及学习效果和目标之间的距离。行动者可以对自己的行为设定一定的标准,如果达到或超过了这一标准,就进行自我奖励。

斯金纳认为行为是环境的函数,而班杜拉则主张用交互决定论(reciprocal determinism)解释人的行为,即人的行为由环境、行为和人三者的交互作用决定。班杜拉所谓的"人",指的是像记忆、预测、计划和判断这样的认知因素。因为人具有这些认知能力,所以他们能够影响环境和自己的行为。行为和环境影响认知,而认知又对行为和环境产生影响,所以称为交互作用。环境、行为和人这三个因素对个体后继行为的影响不必是同等强度的,而取决于特定情境的要求。

相对于经典条件反射和操作性条件反射,社会认知的观察学习理论更注重人的行为的内部原因,更强调行动者自身对行为的掌控,因而在解释人类学习现象上,更为灵活和全面。人不仅是环境的产物,人也在时刻随环境提供的强化或惩罚而调整自身行为,时刻在选择、创造、调整和改变环境,并根据自身的价值和判断,突破环境限制。班杜拉的理论对儿童教育产生了深远的影响。

第六节 人本主义理论

20 世纪 60 年代早期,一批心理学家开始批判精神分析和行为主义,认为这两种理论对人性的看法过于狭隘。他们提出了一种强调人的独特性,主张实现人的全部潜能的心理学,史称第三种势力心理学运动(第一种势力是精神分析和由此演变出来的派系,第二种势力是行为主义)。这一理论流派被称为人本主义,代表人物有马斯洛(A. H. Maslow,1908—1970)、罗杰斯(C. R. Rogers,1902—1987)等。

一、马斯洛的人本主义理论

马斯洛认为人类具有更高级的天性,而不只是精神分析或行为主义所描述的那样。马斯洛对人类的需要和动机做了非常深入的分析,他认为人类行为不断由不同的需要所激发。当一种需要得到满足之后,它通常便失去其动机力量而为另一种需要所替换。人们行为的动机常常很复杂,且可能是无意识或不为自己所知的。他同时认为,所有的人都由一些共同的基本需要或愿望而激发,这些需要按照层次排列。这就是著名的需要层次理论①。

马斯洛致力于研究健康的人。他提出了自我实现的概念。所谓的自我实现,指的是人的潜能的充分发挥,是人类发展的最高层次。通过分析他所确定达到了自我实现的人和一些历史名人,如托马斯·杰斐逊、亚伯拉罕·林肯、阿尔

① 因为在本书第一章第二节中已经讨论了关于需要的理论,这里不再赘述。

伯特·爱因斯坦等，他归纳出了一系列自我实现者的特征。比如，他认为，自我实现者具有更有效的现实知觉，能够分辨真伪，较少带有成见，不害怕未知或模糊的事物；接纳自我，也以同样的态度接纳他人；单纯自然，不装模作样；关心社会和身外的问题；行事具有自主性；等等。

马斯洛提出的与自我实现相联系的另一个重要概念是高峰体验。这是一种自发产生的超越感。有高峰体验的人视整个宇宙为一个统一体，他们很清楚自己在自然界的位置，感到自己很渺小同时又极具力量，他们接纳一切，同时对自己的行动和知觉有更多的责任感、主动性和自我决策力。最初，马斯洛认为在自我实现的人群中这些所谓的高峰体验远比非自我实现的人群中常见。但后来，马斯洛又认为，绝大多数人或几乎是所有人都有高峰体验或心醉神迷的经验。

马斯洛的需要层次理论和自我实现的概念引起了各界广泛的关注，不仅影响了心理学，也对教育、医疗和企业管理人员产生了影响。但是，因为马斯洛使用的很多概念缺乏操作性，所以对他的许多基本理论无法进行证实或证伪。

二、罗杰斯的人本主义理论

卡尔·罗杰斯以创建患者中心疗法（client-centered therapy）而闻名。他从心理治疗实践经验中发展出一套人本主义理论，这又为他的实践提供了理论基础。罗杰斯相信所有物质，无论是有机物还是无机物，演化的倾向都是从较简单的形式向较复杂的形式发展。罗杰斯称这种过程为形成倾向（formative tendency）。在此基础上，罗杰斯相信人类具有趋向完善或完美的潜能。每个人身上都有解决问题，改变他们的自我概念并指导自我日益提高的创造力，这便是实现倾向（actualizing tendency）。

当婴儿将部分经验表征为他们的私有经验并能有意识地区分主格“我”和宾格“我”的经验时，他们便开始产生模糊的自我概念。而一旦婴儿建立起自我概念的雏形，他们实现自我的倾向就开始发展起来。罗杰斯假定自我有两个子系统：自我概念（self-concept）和理想自我（ideal self）。自我概念包括个体知觉到的所有关于他的存在和经验方面的东西，而理想自我则是个体希望的那个自己。理想自我和自我概念之间的差距会带来人格的不协调。

伴随着自我觉知的出现，婴儿开始产生被人爱、喜欢和认可的需要。罗杰斯称这种需要为积极关注（positive regard）。积极关注的需要存在于所有人身上，并在人的一生中都是强烈而持久的动力源。当这种需要在没有任何条件或限定的情况下被满足时，无条件积极关注就出现了。当自我出现之后，人们就会产生自我关注（self-regard）的需要。如果人们积极关注的需要得到满足，就会发展出积极的自我关注。而一旦建立了积极的自我关注，那么个体就可以不再依赖被爱的需要。也就是说，一旦人们开始有了自信心并且感觉到自身的价值，就不再需要别人源源不断地给他们提供爱和认可。

作为一名心理治疗家,罗杰斯对心理健康的人有着同样的兴趣。他提出了全功能的人(fully functioning person)的概念①。这样的人具有如下特征:第一,他们对环境适应良好。第二,他们对经验持开放态度。所有的刺激物,无论是来自有机体内部还是来自外界环境,都能顺利地被自我接受。第三,他们生活在当下,即存在生活(existential living)。他们的经验是流动和变化的,他们总是用新的眼光看待每一种经验,并且完全沉浸在目前这一时刻。第四,他们相信自己有能力和别人建立和谐的关系。他们和别人的关系是真诚的,他们表里如一,并关心别人。第五,他们更加整合,也更加完整。他们不需要掩饰自己的真面目,所以,在他们的意识和无意识之间没有人为的界限。他们能够公开表达此刻经验到的任何情感。第六,他们具有对人性的基本信任。第七,他们享受着比别人更加丰富多彩的生活。可以看出,罗杰斯全功能的人的概念与马斯洛自我实现的人的概念,具有很多相似之处。

与马斯洛的理论一样,罗杰斯的理论除了应用于心理学和心理治疗领域,也广泛应用于教育、工商管理等很多其他领域。与行为主义理论相比,人本主义理论在科学性上逊色许多,但在对人的独特性的关注,以及对人性的积极思考上,人本主义理论则有着自己独特的贡献。

第七节 符号互动理论

符号互动理论产生于20世纪早期,是社会学的主要理论视角之一。该理论起源于美国实用主义哲学家詹姆斯(W. James,1842—1910)和米德(G. H. Mead,1863—1931)的著作,但最早使用符号互动这一术语的是美国社会学家布鲁默(H. G. Blumer,1900—1987)。符号互动理论认为,社会由互动着的个体构成,对各种社会现象的解释只能从这种互动中寻找。而个体互动的方式,则是通过制造和使用符号。这一理论的代表人物有米德、库利(C. H. Cooley,1864—1929)、布鲁默、戈夫曼(E. Goffman,1922—1982)等。

一、米德的符号互动理论

米德是符号互动理论的创始人。他的理论深受实用主义哲学和行为主义的影响。实用主义哲学对米德的启发体现在:(1)关注焦点是行动者与这个世界的互动;(2)主张行动者与这个世界均为动态的过程,而非静态的结构;(3)赋予行动者诠释社会的能力。行为主义的"刺激—反应"观点对米德的学说起了

① 在研究的后期,罗杰斯将这类人称为"明日的人"(person of tomorrow)。

重要作用，但米德认为，人们的活动并不是对外部“刺激因素”的简单反应，人的行动是有目的、有意义的。许多社会行为不仅包含了生物有机体间的互动，而且包含了有意识的自我间的互动。在“刺激—反应”过程中，人对自己的姿势（gesture）可能引起的反应有明确的意识。当一种姿势对其发出者和针对者有共同意义时，它就成了“有意义的姿势”，即符号。动物只能通过无意义的姿势进行互动，只有人类才能通过符号进行互动，正是符号互动将人和动物区别开来。

米德认为，人的心灵、自我及社会只有在人的互动中才能产生，它们都具有社会的意义①。心灵的本质是内在的、隐蔽性的意识活动，由生理性冲动和反应性理智互动而构成。人的心灵的独特之处在于具有理解和运用象征符号的能力。自我（self）是对社会客观现实的内化和主观解释，是人类与动物相互区别的另一标志。儿童并不是天生具有自我意识，而是在对语言等符号的学习过程中理解和掌握自己和他人扮演的角色，并获得社会反馈，从而学会把自身视为客体，产生自我意识。也就是说，基于人类心灵所具备的符号加工能力，个体在与他人的社会交互中形成自我。米德将自我区分为主我（I）和客我（me）。主我是作为意愿和行为的主体的我，具有自发性、冲动性及创造性，它具体体现在个体的行动和反应中，并通过行动和反应改变社会结构；客我是作为社会评价和期待的对象的我，是自我意识的社会关系性的体现。任何行为都是由主我的冲动引起，而后受到客我的调控。前者是行为的动力，后者是行为的方向。主我和客我相辅相成，共同构成社会个体完整的自我。

米德通过对儿童的玩耍和游戏的分析来探讨自我的产生机制。他将自我的发展分为三个阶段：

（1）玩耍阶段。婴幼儿期的儿童能够模仿他人的角色。通过模仿活动，儿童获得了某些角色规范的知识，并逐步发展出从他人的角度评价自身行为的能力。但此时儿童的自我概念中缺乏稳定的内部组织，因而根据他人对自己的个别态度的不同可能产生众多彼此相异的自我。

（2）游戏阶段。童年期儿童的游戏开始具有一定的组织，参加游戏的儿童分别承担相互关联的不同角色，通过遵守规则进行共同活动。这些活动使得儿童逐渐理解各种角色之间的关系和活动规则，对自我的认识更加深入。儿童开始从“群体”、规则和共同活动的角度来评价自己。

（3）概化他人阶段。青少年期的个体成为更为广阔的社会生活的参与者，参加各种有严密组织的复杂游戏成了个体活动的重要内容。复杂游戏由复杂的角色系统构成，具有明确的群体目标和活动规则，并且同更广阔的社会背景融合在一起，它是在真正的社会群体中进行的。青少年期的个体不是依据某一个具

---

① ［美］乔治·H.米德：《心灵、自我与社会》，赵月瑟译，上海译文出版社2008年版。

体他人的期待,而是依据群体的整体期待来评价自己。他们获得了一个抽象的共同体的概念,即“概化他人”的概念。由于站在“概化他人”的角度来评价自己,个体的自我形象便获得了同一性、连贯性和稳定性。到达这一阶段,个体的自我观念基本形成,但它仍然随个体的群体经验的变化而不断变化。

在米德看来,不仅心灵和自我是在社会互动中逐步形成的,社会本身也并非客观实体,而是社会成员互相作用的网络,个体通过使用符号赋予自己和他人的行动以意义。一切社会结构和社会组织都是在互动的过程中形成的。社会是共同活动所形成的模式,借助符号互动维持和改变其状态。社会制度,即共同体成员对某一特定情境的反应,代表了个体之间有组织或定型化的互动,是群体活动或社会活动的有组织的形式。社会结构在社会个体的社会互动过程中产生、发展和变迁。

二、布鲁默的符号互动理论

布鲁默是米德的学生,也是米德之后符号互动理论最重要的代表人物。他综合了米德等人的思想,建立了符号互动理论的基本框架。布鲁默认为:人类社会最典型的特征就是符号互动,符号是社会相互作用的中介;人们通过对符号的定义和理解进行互动;符号互动是能动的、可变的过程;符号互动创造、维持与变革社会组织、结构与制度。

布鲁默提出了“解释”的概念。他认为人际互动并不仅仅是单纯的“刺激—反应”,从“刺激—反应”的角度来研究社会互动是不可能阐明社会互动的性质的。他在“刺激”和“反应”之间加入了“解释”一项,将公式改为“刺激—解释—反应”。举例来讲,在 A、B 两人的互动过程中,A 采取行动,B 觉察到这一行动并解释其意义,根据这一意义来对 A 的行动作出反应;同样,A 也根据对 B 的反应所理解的意义作出反应。与“解释”相关的是“共同行动”的概念。共同行动指的是两个以上的人共同采取的行动,在共同行动中,每个人通过各自的解释而相互作用,形成一个持续不断的过程。当人们对某些事物的定义有共同认识时,就会出现固定模式的行动。

布鲁默总结了符号互动理论的三个基本前提:

(1) 人类对待事物的行为是以事物的意义性为基础的。人类是在符号的基础上进行解释和行动的,而不是像一般生物那样简单地对外界刺激作出反应,或出于机体驱动力而在内部刺激作用下采取行动。

(2) 意义是社会交往和社会互动的产物。人们对某一事物的看法不可能是自出生以来就有的,而是在社会互动过程中受到他人态度、观念等的影响而社会化地形成的。

(3) 在人与事物接触过程中,人通过对事物的解释驾驭并修正这些事物的意义。

他也对符号互动理论的基本观点做了如下总结：

（1）符号在人们的互动过程中起着重要的中介作用。人类特有的互动是传媒符号及其内涵的前提，刺激的意义来自人们之间的互动，并非刺激本身所固有。

（2）人的行为是有意义的行为。意义不是固定不变的，人们根据情境定义的不同赋予行为不同的意义。

（3）在互动过程中，人们往往通过自己所认识的他人对自己的态度和看法认识自己，形成和修正自我概念。

（4）符号互动是能动的、可变的过程，社会组织结构和制度随符号互动的变化而变化。

布鲁默在他的《符号互动：观点和方法》一书中，全面论述了他的方法论原则，他认为归纳法是符号互动理论用于解释人类行为的主要手段。他反对功能论从抽象的假设出发，演绎出一套命题，再从经验世界中去寻找验证的做法，认为要从经验世界中发掘实际的问题，再用经验世界中的研究来澄清这个问题——"尊重经验世界的本来面目"①。

布鲁默为符号互动理论设计了两种调查研究方式：探索（exploration）和检查（inspection）。进行探索工作的研究者接近并熟悉他所要研究的社会层面，然后在其中发展并集中所要研究的问题。探索采用的方式有直接观察、访问、收听收看广播电视、查阅报刊资料等。检查是指对所要研究事物进行认真分析，形成理论观点。从探索到检查就是从描述到分析的过程。布鲁默是符号互动理论的集大成者，他将符号互动理论发展成为比较全面的理论体系，并竭力主张从经验和被研究者的立场上来了解社会现象。

三、戈夫曼的拟剧论

美国社会学家戈夫曼是继布鲁默之后，符号互动理论的又一重要代表人物。早期的符号互动理论强调人们获得和使用符号的能力，而戈夫曼的理论则关注日常生活中人们如何运用符号预先设计或展示在他人面前的形象。在戈夫曼看来，社会是一座舞台，人生就是一场表演②。表演可能是自觉的，也可能是不自觉的。每个人既是表演者同时又是其他人的观众。由于戈夫曼把人们的活动比作剧院里的演出，从戏剧的角度研究社会互动，因而他的理论被

---

① Herbert Blumer, *Symbolic Interactionism*: *Perspective and Method*, Berkeley: University of California Press, 1986.

② ［美］欧文·戈夫曼：《日常生活中的自我呈现》，冯钢译，北京大学出版社 2022 年版。

称为"拟剧论"。

1. 印象管理

在与他人接触时,个体会试图通过操作情境、仪表和举止等,控制或引导他人对自己的印象。这种个体在他人心目中塑造一个自己所希望的形象的过程,就是印象管理。戈夫曼提出了多种印象管理的方式。比如,理想化表演、误解表演、神秘表演、补救表演等。理想化表演中,表演者努力表现出与社会公认的价值、规范和标准相一致的行动;误解表演是为了给人一种错觉;神秘表演是为了与别人保持一定的距离,使人产生崇敬的心理;补救表演是为了表演过程的协调而采取的预防性和保护性措施。这些表演使社会交互得以顺利进行,避免使自身或他人尴尬①。

2. 表演框架

戈夫曼并不关心客观世界的实际状况,而是关心这个世界在人们心目中的状况。这种主观的经验结构就是所谓表演框架。框架被戈夫曼定义为"一种情境定义,它是根据支配事件——至少是社会事件的组织原则以及我们在其中的主观投入做出的"②。首先,框架是一种主观的情境定义,交互情境完全取决于交互中的个体的主观定义;其次,框架又要遵循一定的组织原则,以确保互动的顺利进行;最后,框架并不完全是在互动过程中"当场产生的",就像玩国际象棋和打桥牌一样,虽然游戏的具体步骤千变万化,但存在一个更广泛的统一的规则。

戈夫曼阐述了表演框架中的几个环节:

首先,是剧本期望,也就是社会规范对各种社会角色的限定。社会体系是人们进行舞台表演的剧作家,人的行动受到社会体系预先写好的剧本的限定。表演是在人们内化了的社会规范和社会准则的引导下进行的。社会期待构成了人们在社会生活舞台上进行演出的依据。当然,社会期待并不规定好人的一举一动,所以,有的时候还需要个人随机应变,临时创作。

其次,是剧情,剧情就是人们所表演的具体内容。戈夫曼认为,表演者可能很真诚地相信他所表演的行为,也可能不相信自己所表演的行为,而是做给别人看的。

再次,是剧组,戈夫曼将"表演某种剧情时一起合作的人"称为剧组。当剧组进行表演时,每个成员都应该采取适宜的行为,每个成员的演出都依赖于同伴的合适行为。一个剧组的所有成员都了解他们正在上演的一幕剧,都是"知情

---

① 宋林飞:《西方社会学理论》,南京大学出版社 2008 年版。

② Erving Goffman, *Frame Analysis: An Bssay on the Organization of Experience*, Boston: Northeastern University Press, 1986.

人”，他们彼此熟悉，共同保守剧组的秘密。

接着，是表演区域，戈夫曼认为，人们的表演区域有前台和后台之分。前台是人们正在进行表演的地方，主要由布景、个人外表和举止等三个部分组成。布景是演出的装置、舞台装饰和其他道具等，个人外表反映表演者的社会地位，举止则是人们表现出来的各种行为。后台是为前台表演做准备的，限制观众和局外人进入的舞台部分。人们在前台的行为举止与后台是不一样的。如果有观众闯入后台，后台就变成了另一场不同演出的前台。

最后，是假面具，每个人都在表演自己，但不是表现真实的自己，而是伪装起来的自己。假面具是同社会公认的价值、规范和标准相一致的前台行为。戈夫曼认为，假面具并不等于欺骗工具。

在表演中，会有一种“表现出来的自我”，这是观众根据演员的表演而得出的印象，被称为“强加的自我”。这种强加的自我是舞台、表演等情境的产物，是所有参加表演人员的共同活动的产物。不管这个自我是否真实，它都是互动的关键。在演出中，如果这个表现出来的自我不能令观众信服或引起观众怀疑，那么互动过程就可能被破坏，社会机构中直接的、间接的系统就会出问题。同样，对于表演者本人来说，自我被别人怀疑，也会导致他个人的解组。但是，在日常生活中人们很少直接对表演者提出挑战。这是因为，在社会互动中，互动双方对于维持相互之间的身份共同承担着责任，一方的失败意味着另一方的活动也无法顺利进行。

3. 污名问题

戈夫曼还提出了一个“污名”问题。他这样定义“污名”：“看着眼前这位陌生人，他拥有某种特征的证据会油然而生，这种特征使他区别于他可能成为的其他类型的人，使他变成不太受人欢迎的一类……一个健全平凡者由此沾上污点、受到轻视。这种特征就是一种污名，若它能使人大大丢脸，则肯定是污名；有时，它还叫作弱点、缺点或缺陷。”①可见，污名涉及一个定义或评价的问题。一个人本身是否有缺陷或污点并不重要，重要的是这个人在一定的社会群体和交往关系中被其他人视为有缺陷、有污点的人。污名会使一个人在社会交往中处于十分不利的地位。因此在人际交往中，有污名的人会利用各种表演方法和技巧，把由于这种境遇所遭受到的伤害和损失减少到最低程度。比如，有污名的人可能选择与具有相同污名的人组成的群体进行交往。上文中提到的“误解表演”，也是一些有污名的人常用的表演技巧。

戈夫曼的研究是以符号互动理论关于主体我、客体我、镜中我和情境定义等

① ［美］欧文·戈夫曼：《污名——受损身份管理札记》，宋立宏译，商务印书馆 2022 年版，第 4—5 页。

思想为理论前提的,并从戏剧表演的角度进一步发挥了这些思想。他的理论对于人们成功地认识自己和他人所承担的社会角色,以及人们在社会活动过程中的互动有着积极的启示和借鉴。但他的理论也存在许多片面性和主观主义、形式主义的色彩。

符号互动理论认为,人不仅生活在自然环境、物理环境中,也生活在象征符号环境中。人际互动是通过人类共同理解的象征符号来进行的,这种互动不仅表现在个人与他人的交往中,而且也表现在个人的自我思维活动中,而个人的自我和个性也是在互动过程中形成的。因此,没有象征符号就没有人类的交往和人类社会。符号互动理论还主张,人并不是被动地受社会环境的摆布,而是能够主动地创造社会环境。但是,符号互动理论脱离了人际互动的历史背景和社会制度,单纯从抽象的心理角度研究人际关系,过分夸大象征符号的作用,把象征符号看成一切社会生活的基础,这在解释人类心理和行为时,具有一定的片面性。

人类行为的复杂性使得任何一种理论都无法全面地理解和解释人类行为的方方面面。上述这些理论,从不同的视角探讨了人类行为与社会环境的互动,有些偏重个体内部的需要和动机,如早期的精神分析理论;有些侧重外界环境对个体行为的影响,如学习理论;另外一些,则强调外界环境与个体的交互以及这种交互在个体头脑中的组织和发展,如认知发展理论和符号互动理论。这些理论所关注的现象和所适用的范围皆有所不同,但都对我们理解人类行为和社会环境的互动提供了帮助。我们在运用这些理论来解释、预测和改变自己或他人的行为时,不应该绝对化,而是应该根据具体的情况灵活应用。

案例:抗逆小童星服务项目

摘要:随着我国经济的发展,大批适龄儿童随其父母进入城市,成为流动儿童。流动给儿童的成长和发展带来了新的风险和问题,因此流动儿童问题是一个突出的社会问题。抗逆力是人们在面对生活中的困难时,能够理性地作出正确的选择和介入策略的能力;它可能是潜在的能力,是可被开发的能力。以抗逆力为社会工作介入的理论和价值,可以有效地避免问题取向带来的困境。本案例综合抗逆力理论与实务,以服务为取向将抗逆力操作化为乐观感、归属感和效能感,以儿童个体—环境系统以及风险因素—保护因素划分了4个象限的流动儿童状况,建立了整合型的儿童抗逆力社会工作实务模式,以小组工作为主,以社区工作和个案工作为辅,系统地阐述抗逆力视角下流动儿童社会工作服务项目设计、执行、评估、再实践的过程,以及在项目实施中的困境和反思。这有助于探索本土化的流动儿童抗逆力社会工作实务模式的建立。

本章小结

本章介绍了解释人类行为和社会环境互动的几种经典理论。

精神分析理论分为经典时期的代表人物弗洛伊德的理论和以阿德勒的个体心理学、荣格的分析心理学为代表的后期精神分析理论。弗洛伊德的精神分析强调性本能基础上的神经症病因。阿德勒的理论强调人们内心的成长力量和对自我生活的掌控。荣格的理论,将个体内部的无意识扩展到文化演化中的集体无意识,在人格分类上也有所发展。

发展阶段理论包括由埃里克森提出的心理发展阶段理论和杜瓦尔等的家庭生命周期理论。埃里克森的发展阶段理论强调了个体生命不同阶段所面临的不同的中心任务。家庭生命周期理论强调以发展的眼光看待在每个阶段中,家庭是否能够满足家庭成员在生理、文化和价值观等各个方面的需求,强调家庭成员的互动交流关系及家庭在不同发展阶段所呈现出的不同需要特征。

认知发展理论包括皮亚杰的认知发展理论和维果茨基的心理发展观。皮亚杰的关注重点在于有机体如何适应环境。他将其分为两个方面,即同化和适应。他认为,在个体从出生到成熟的发展过程中,认知发展可以分为具有不同的质的四个主要阶段:感觉运动阶段、前运算阶段、具体运算阶段和形式运算阶段。维果茨基的心理发展观认为认知发展只能在文化情境中加以理解,强调个体的自我和认知能力在人际互动过程中的发展。

道德发展理论包括皮亚杰的道德认知发展理论和科尔伯格的道德发展理论。皮亚杰在大量研究的基础上将儿童的道德发展进程概括为三个连续发展的阶段:无律、他律和自律阶段。科尔伯格继承并发展了皮亚杰的道德认知发展理论,他采用两难情境研究儿童的道德推理,由此提出了三期六段理论。

学习理论主要包括斯金纳的操作性学习理论和班杜拉的社会学习理论。斯金纳的操作性学习理论强调强化和惩罚对于行为的塑造作用。班杜拉认同斯金纳的观点,认为人们能够通过直接经验学习,但他更注重替代学习,也就是通过观察他人而学习。此外,他还认为学习是以认知为中介的,而非环境的必然结果。

人本主义理论的代表人物是马斯洛和罗杰斯。马斯洛认为人类行为不断由不同的需要所激发。当一种需要得到满足之后,它便失去动机的力量而为另一种需要所替换。同时,他提出“自我实现”和“高峰体验”两个概念。罗杰斯从心理治疗实践经验中发展出一套人本主义理论,从而为他的实践提供了理论基础。他倡导无条件关注,并提出了全功能的人的概念。

符号互动理论包括米德的早期符号互动理论、布鲁默的符号互动理论和戈夫曼的拟剧论。米德认为,心灵、自我及社会只有在人的互动中才能产生,它们都具有社会的意义。米德通过分析儿童的玩耍和游戏来探讨自我的产生机制。布鲁默认为,人类社会最典型的特征就是符号互动,符号是社会相互作用的中介。戈夫曼的理论则关注日常生活中人们如何运用符号预先设计或展示在他人面前的形象。他提出了"印象管理"和"表演框架"等概念。

思考题

1. 请简述精神分析理论的代表人物和主要观点。
2. 心理与家庭发展阶段理论说明人类在不同阶段的特点有什么不同?
3. 认知发展理论和道德发展理论之间的异同是什么?
4. 学习理论的主要观点有哪些?
5. 人本主义理论的主要观点有哪些?
6. 请用符号互动理论来分析社会成员的行为。
7. 在本章中选择三个你最感兴趣的理论进行分析和比较。
8. 结合本章中的理论,讨论你所理解的人类行为与社会环境之间的交互影响。

推荐阅读

林崇德,《发展心理学》,人民教育出版社 2018 年版。

叶浩生主编:《西方心理学的历史与体系》,人民教育出版社 2014 年版。

[瑞士]荣格:《心理类型》,吴康译,上海三联书店 2009 年版。

[美]乔治·H. 米德:《心灵、自我与社会》,赵月瑟译,上海译文出版社 2008 年版。

[奥]西格蒙德·弗洛伊德:《梦的解析》,孙名之等译,国际文化出版公司 2007 年版。

[奥]西格蒙德·弗洛伊德:《日常生活的精神病理学》,彭丽新等译,国际文化出版公司 2007 年版。

[美]B. F. 斯金纳:《超越自由与尊严》,陈维纲等译,贵州人民出版社 2006 年版。

[奥]阿德勒:《自卑与超越》,李心明译,光明日报出版社 2006 年版。

[苏]维果茨基:《维果茨基教育论著选》,余震球译,人民教育出版社 2005 年版。

[美]A. 班杜拉:《自我效能:控制的实施》,缪小春等译,华东师范大学出版社

2003年版。

[美]约翰·布鲁德斯·华生:《行为主义》,李维等译,浙江教育出版社1998年版。

扩展推荐阅读

[美]罗伯特费尔德曼,《发展心理学:探索人生发展的轨迹》,苏彦捷等译,机械工业出版社2023年版。

[美]杰弗瑞·简森·阿内特,《阿内特青少年心理学》,郭书彩等译,人民邮电出版社2021年版。

[美]劳拉·E.伯克,《伯克毕生发展心理学》(第7版),陈会昌等译,中国人民大学出版社2021年版。

[美]约翰W.桑特洛克,《发展心理学:桑特洛克带你游历人的一生》,倪萍萍等译,机械工业出版社2020年版。

[美]Gerald Corey & Marianne Schneider Corey,《心理学与个人成长》,王晓波译,中国轻工业出版社2015年版。

[美]托马斯·哈代·黎黑,《心理学史:心理学思想的主要流派》,蒋柯等译,上海人民出版社2013年版。

[美]詹姆斯·W.范德赞登、托马斯·L.克兰德尔、科琳·海恩斯·克兰德尔,《人类发展》(第八版),俞国良等译,中国人民大学出版社2011年版。

第三章　人类行为与社会环境互动的社会理论

学习目的

通过对社会互动理论、社会化理论、系统理论及全球化理论的学习，深入理解人类行为的多维度、社会环境的复杂性及二者之间的互动关系，掌握人类行为与社会环境互动的社会理论的主要理论观点、核心概念，能够将这些理论运用于社会工作实务中。

人类行为与社会环境互动的社会理论，侧重行为、环境及适应，有助于帮助我们理解人类行为的不同维度，如个人、环境与时间等，可以帮助我们透彻地理解人类行为的内、外影响因素，理解社会生活适应能力缺乏和社会功能失调的原因和行为表现，解释人们所处环境中发生的变化，以及这些变化如何影响个体的人类行为。

第一节　社会互动理论

社会互动是在一定社会条件下，人与人之间、人与群体之间或群体与群体之间在相互作用中表现出来的社会行动。在社会生活中，人们以相互的或交换的方式对他人采取行动，或者对他人的行动作出回应。交互作用是社会互动的基本特征。

社会互动理论是对人们的行为互动进行解释的微观理论。它研究人们在日常生活中是如何交往的，人们又是如何使这种交往产生实质性意义的。社会互动理论强调，人们总是处在创造、改变他们的生活世界的过程之中。社会互动理论不仅对人们的行为感兴趣，而且对人们的思想和感觉感兴趣，致力于探索人们的动机、目的、目标和理解世界的方式。

一、社会交换论

社会交换论将交换作为形成一定社会关系和结构的基础,认为人与人之间的互动从根本上说是某种交换关系决定的交换过程。当代西方社会交换论的代表人物有霍曼斯(G. C. Homans,1910—1989)和布劳(P. M. Blau,1918—2002)。

1. 霍曼斯的行为交换论

霍曼斯的著作《人类群体》重视行为分析,尤其是对小群体中的人的行为分析①。

霍曼斯的社会交换论着眼于人们在社会生活中的相互交往关系,认为社会互动的实质是人们交换酬赏和惩罚的过程。交换行为不仅仅存在于市场关系之中,而且存在于包括友谊、爱情在内的多种社会关系之中。个人的资源都是有限的,人们不可能完全自给自足,为了有所获取当然需要有所支出,人们正是通过"支付—回报—再支付—再回报"的连续行动,建立了一定的社会关系结构。

霍曼斯为了解释人类行为的基本形式,首先部分吸收了经济学的基本原理。经济学的第一原理是:人理性地计算自己在某一市场中行为的长期结果,并试图在交易中获得最大的物质利益。在将其运用于自己的理论中时,霍曼斯对其作出以下修改:人们并不总是追求最大利润,他们只是想在交换关系中得到某些利益;人在交换中并非常常从长远着想或进行理性计算;交换物不仅仅是金钱,还有赞同、尊重、依从、爱、情感,以及其他紧缺物质产品;所有的人类行为都是交换,而不是仅仅在市场中才有交换行为②。

霍曼斯使用了三个基本概念:活动、互动、情绪,认为这三种因素相互联系、相互影响,构成一个有机的整体。为了适应环境而发生的群体中的活动、互动与情绪,构成"外部系统"。不是由环境强加而发生的群体中的活动、互动与情绪,构成"内部系统"。霍曼斯更重视"内部系统",而把"外部系统"作为一种环境参数。霍曼斯强调个人之间直接的、面对面的互动与交换,他认为,人与人之间面对面的交往是人类行为的基本形式,互动是个人之间因报酬与代价而发生的相互行动。交换活动的代价和报酬,并不局限于物质报酬与惩罚,更为经常的是"精神利润"。行动者为了追求精神利润而与他人发生交换,通过互动、影响、一致、竞争、尊重的授予、公正、等级、创新等过程,形成了群体。

---

① George Caspar Homans, *The Human Group*, New York: Harcourt Brace, 1950.

② Jonathan H. Turner, *The Structure of Sociological Theory*, Belmont: The Dorsey Press, 1974, p. 234-235.

2. 布劳的结构交换论

布劳的社会交换论在方法论上不同于霍曼斯,更多倾向于集体主义方法论与整体结构论①。

布劳认为,社会交换是当别人作出报答性反应就发生、当别人不作出报答性反应就停止的行动②。社会交换是人的自愿行动,这些人的动力是他们期望从别人那里得到回报并且一般也确实从别人那里得到了回报。当个人或团体协助其他人或团体,而获得适度的回报时,他们便是在进行交换。这种社会交换基于互惠的原则,一方赠予或服务,另一方报以仁慈或感激,这是交换的最高理想。交换是社会互动最基本的形式,是一切社会关系的基础。邻居之间(交换友情与服务)、同事之间(交换服务)、雇主与雇员之间(交换经济利益)、友人之间(交换感情与利益)、政治家之间(交换政治利益)、学者之间(交换思想观点)、夫妇之间(交换家庭信息)都是在进行社会交换③。

社会交换的功能在于相互支援与协助。日常生活中的交换行为是一种最普遍的行为。交换的动机较为复杂,有情感性的,也有利益性的,有利己的,也有利他的。交换同时也是现代社会中的一种普遍规则,当一个人有某种需求要得到满足时,最简便的方式就是通过经济交换或社会交换来实现。

经济交换与社会交换的区别主要在于:第一,经济交换的内容与范围相对社会交换来说要窄一些,经济交换主要是以货币为媒介的物质交换,而社会交换的资源除物质以外,还有精神性的因素。社会交换的内容与形式要比经济交换丰富得多。第二,经济交换的原则是价值规律,其交换的资源有通行的市场价值,往往是明码标价,交换者比较清楚,而社会交换的价值与价格则较为模糊,要依靠交换者自己领会。第三,经济交换有明确的规则,有法律保护,而社会交换则没有明确的规则,也没有明确的法律保护措施,依靠互动者的意愿进行,违背交换规则就自行停止交换。第四,经济交换中,双方十分清楚交换的目的,社会交换中,一方目的是清晰的,而另一方获得的并不一定是自己所需要的资源。第五,经济交换的目的是功利性的,而社会交换的目的并不完全是功利性的。④

二、社会网络理论

社会互动是通过社会网络进行的。社会网络由个人之间复杂的联系网组

---

① 宋林飞:《西方社会学理论》,南京大学出版社 2008 年版,第 192 页。

② Peter Michael Blau, *Exchange and Power in Social Life*, New York: John Wiley & Sons, Inc, 1964, p. 6.

③ Peter Michael Blau, *Exchange and Power in Social Life*, New York: John Wiley & Sons, Inc, 1964, p. 88.

④ Peter Michael Blau, *Exchange and Power in Social Life*, New York: John Wiley & Sons, Inc, 1964, pp. 91-97.

成,而社会是由社会网络构成的,所以社会就是一个由各种不同性质的社会关系结成的网络,每一个人都处于这张网络的某一个网结之上,占据某种社会地位,表现某种社会身份;正是依靠这种关系,单独的个体才结成不同的群体,组成了社会的整体,使人表现出类属性;依靠这种关系人与人之间发生相互交往,推动了社会发展。社会网络是资源分配的一种重要途径,可以为人提供多方面的社会支持,有的学者直接称其为社会资源或社会资本。

一般认为,社会网络研究开始于20世纪二三十年代。英国人类学家拉德克利夫-布朗(A. R. Radcliffe-Brown)在1940年首次使用了"社会网"的概念①,他运用网络隐喻对社会结构做了部分的、暗喻性的描述。50年代,一些人类学家开始关注具体联系和网络的结构体系。1954年,巴恩斯(J. A. Barnes)通过对一个挪威渔村阶级体系的分析首次把"社会网"的隐喻转化为系统的研究②。从60年代开始,社会网络研究迅速发展。到了70年代,社会网络研究已经成为一个拥有自己学术刊物和一大批研究者的社会学分支领域,发展出不同的社会网络理论观点。在此我们主要介绍几种较具代表性的理论。

1. 网络结构观

网络结构观把人与人、组织与组织之间的纽带关系看成一种客观存在的社会结构,从而分析这种结构对人或组织的影响。网络结构观从个体与其他个体的关系的性质(诸如亲属、朋友或熟人等)、强度(强关系还是弱关系)、规模、密度等特征来认识个体在社会结构中的位置,将个体按照社会关系划分成性质迥异或特征相同的网络。该理论重在分析人们的社会关系、社会行为的"嵌入性",关心人们对社会资源的摄取能力,指出了人们在其社会网络中是处于中心位置(或战略性的结构洞位置)还是边缘位置,以及网络成员拥有的网络资源多寡、优劣对其行动后果所具有的意义。网络结构观认为,社会不平等是由人们在社会网络中的不同位置及其对社会资源的摄取能力决定的,后者取决于社会成员的社交能力和交往范围。③

2. 市场网络观

市场网络观的代表性学者之一怀特(H. White)认为市场是从社会网络发展而来。首先,生产经营者从一开始就处在同一社会网络之中,这种社会网络为他们提供了必要的经营信息。其次,处于同一网络中的生产经营者相互之间建立

---

① A. R. Radcliffe-Brown, "On Social Structure," *The Journal of the Royal Anthropological Institute of Great Britain and Ireland*, vol. 70, no. 1(1940), pp. 1-12.

② J. A. Barnes, "Class and Committees in a Norwegian Island Parish," *Human Relations*, vol. 7, no. 1 (1954), pp. 39-58.

③ 张文宏:《社会网络分析的范式特征——兼论网络结构观与地位结构观的联系和区别》,《江海学刊》2007年第5期,第100—106页。

起信任关系，从而共同遵守同一规则，一起维持共识，使商业往来得以延续。最后，市场秩序是生产经营者网络内部相互交往产生的暗示、信任和规则的反映①。

另一位对市场网络观有突出贡献的学者是贝克（W. E. Baker），他在自己的博士论文及其他论著中指出，把市场看成一个无异质性的整体的经济视角是一种误导，市场是通过各种不同的方式社会性地被建构起来的。他区分了两种市场网络结构，一是小而紧密的网络，二是大而关系松散、异质性强的网络。贝克认为市场的社会结构对市场运行有一定影响②③。

3. 弱关系力量假设与嵌入性理论

格兰诺维特（M. S. Granovetter）1973 年在《美国社会学期刊》发表了《弱关系的力量》一文④，将关系界定为人与人、组织与组织之间由于交流和接触而实际存在的一种纽带关系，他提出关系力量的概念，并将关系分为强和弱，认为强弱关系在人与人、组织与组织、个体和社会系统之间发挥着根本不同的作用。他从互动频率、情感强度、亲密程度和互惠交换四个维度界定了关系强弱，认为互动的次数多、感情较深、关系亲密、互惠交换多则为强关系（strong tie），反之则为弱关系（weak tie）。在他看来，强关系是在性别、年龄、教育程度、职业身份、收入水平等社会经济特征相似的个体之间发展起来的，强关系往往是在个人特质相似的群体内部形成的，因为群体内部相似性较高的个体所了解的事物、事件经常是相同的，所以通过强关系获得的信息往往重复性很高。而弱关系则是在社会经济特征不同的个体之间发展起来的，由于这些个体之间相似程度低，他们掌握的信息大不相同，弱关系的分布范围较广，它比强关系更能充当跨越社会界限去获得信息和其他资源的桥梁，它可以将其他群体的重要信息带给不属于这些群体的个体，从而起到“信息桥”的作用。在与其他人的联系中，弱关系可以创造例外的社会流动机会，如工作变动。格兰诺维特断言，虽然所有的弱关系不一定都能充当信息桥，但能够充当信息桥的必定是弱关系。

1985 年，格兰诺维特在《经济行动与社会结构：嵌入性问题》这篇文章中提

---

① Harrison C. White, “Where Do Markets Come From?,” *American Journal of Sociology*, vol. 83, no. 3 (1981), pp. 517–547.

② Wayne E. Baker, “The Social Structure of a National Securities Market,” *American Journal of Sociology*, vol. 89, no. 4(1984), pp. 775–811.

③ Wayne E. Baker, “Market Networks and Corporate Behavior,” *American Journal of Sociology*, vol. 96, no. 3(1990), pp. 589–625.

④ Mark S. Granovetter, “The Strength of Weak Ties,” *American Journal of Sociology*, vol. 78, no. 6 (1973), pp. 1360–1380.

出了“嵌入性”的概念①,认为经济行动不是孤立的、单纯的经济行为,而是嵌入社会结构之中的。格兰诺维特认为,我们应该从具体的社会关系入手来解释人们的经济行为,也就是说由于所处的社会关系网络不同,人们的行为存在着具体的差异,这一概念强调了社会网络结构对人们行为的制约作用。格兰诺维特的“嵌入性”理论的提出,强调人们对经济行动和社会行为的分析必须考虑到社会关系层面。“嵌入性”理论改变了人们对经济行动和社会行为的传统认识,启发人们经济、政治等行动都是嵌入社会关系之中的。

4. 社会资源理论和社会资本理论

沿着格兰诺维特“弱关系假设”和“嵌入性”观点的思路,社会学家林南提出了社会资源理论②。社会资源理论就是对“弱关系力量”假设的一种扩充和延伸。林南的“社会资源”概念与后来科尔曼所提出的“社会资本”概念已无太大的差异,在后来的研究中,林南有时也将“社会资源”称为“社会资本”。

根据林南的社会资源理论,社会资源就是那些嵌入个人社会网络中的资源,这种资源不为个人所直接占有,而是通过个人直接的或间接的社会关系而获取,拥有此种资源可以使个人更好地满足自身生存和发展的需要。人类社会是一个分层体系,地位高的人拥有的社会资源多,而地位低的人拥有的社会资源少。同一阶层的人们拥有的社会资源相近,相互关系往往是“强关系”;而不同阶层的人们拥有的社会资源差别很大,相互关系往往是“弱关系”。格兰诺维特认为,弱关系联系的是不同群体,而林南则认为弱关系联系的是地位不同的阶层。同时,林南认为,在一个分层社会结构中,当行动者的行动为工具性行动时,他拥有的弱关系将比强关系给他带来更多的社会资源,但前提是这种弱关系的对象处于比行动者本人更高而不是更低的社会地位。林南认为,无论是强关系还是弱关系,个体社会网络的异质性、网络成员的社会地位、个体与网络成员的关系力量决定着个体所拥有的社会资源的数量和质量。林南认为,资源不但可以被个人占有,而且也嵌入社会网络之中,可以通过关系网络摄取。

林南认为强关系与弱关系是社会网络分析的常用方法。强关系指来往频率大,投入时间多,亲密感强,可以分享资源,提供互惠性服务的关系。弱关系与强关系相反。人们在遇到困难时喜欢找强关系帮助,但强关系拥有的资源往往有局限性,有时与我们拥有的资源是相似的,即同质的。而弱关系虽然是个体卷入不多甚至没有卷入的关系,但它从数量上说要比强关系更多,弱关系拥有的社会

---

① Mark Granovetter, “Economic Action and Social Structure: The Problem of Embeddedness,” *The American Journal of Sociology*, vol. 91, no. 3(1985), pp. 481–510.

② Nan Lin, *Social Capital: A Theory of Social Structure and Action*, Cambridge: Cambridge University Press, 2001.

资源与强关系性质不同，是异质的。弱关系可以使我们跳出原有的社会圈子，可以找到不同的资源、不同的信息、影响度不同的点。因而，有时弱关系比强关系更有用。

一个人的社会网络的异质性越大，网络成员的地位越高，个体与成员的关系越弱，则其拥有的社会资源就越丰富。而后，社会资源理论把个体的能力引入了关系的效应分析，但显然，关系的作用最终是由个体的能力与意愿的合力所决定的。从这个角度出发，根据强、弱关系的定义，最弱的关系没有用，因为这种关系根本产生不了交换的动因，而最强的关系，由于意味着承诺、信任、义务，因而帮助的动机最强。

科尔曼（J. S. Coleman）1988 年在《美国社会学期刊》发表的《人力资本创造中的社会资本》一文，第一次明确提出了社会资本的概念①。科尔曼从理性选择的角度出发，认为行动者为了实现各自利益，相互进行各种交换，甚至单方转让对资源的控制，其结果是，随着时间的推移形成了持续存在的社会关系。这些社会关系不仅被视为社会结构的组成部分，而且是一种个人资源②。

科尔曼把这些社会结构资源设想为个人的资本财产，即社会资本。社会资本的定义由其功能而来③，这种功能表现为：行动者以这些社会结构资源实现自身利益④。社会资本不是某种单独的实体，而是具有各种形式的不同实体，它们具有两个共同特征：都包含社会结构的某些要素，都促进结构内个人的某些行动⑤。

科尔曼把社会资本、物质资本、人力资本视作资本的三种形式，当人与人之间的关系以促进行动的方式发生变化时，就会产生社会资本。物质资本是完全有形的，以可观察的物质形式体现；人力资本不那么有形，体现在个人获得的技能和知识中；社会资本更无形，因为它体现在人与人之间的关系中⑥。与其他形式的资本一样，社会资本也是生产性的，是否拥有社会资本，决定了人们能否实

---

① James S. Coleman, "Social Capital in the Creation of Human Capital," *American Journal of Sociology*, vol. 94(1988), pp. S95-S120.

② James S. Coleman, *Foundations of Social Theory*, Cambridge: The Belknap Press of Harvard University Press, 1990, p. 300.

③ James S. Coleman, *Foundations of Social Theory*, Cambridge: The Belknap Press of Harvard University Press, 1990, p. 302.

④ James S. Coleman, *Foundations of Social Theory*, Cambridge: The Belknap Press of Harvard University Press, 1990, p. 305.

⑤ James S. Coleman, *Foundations of Social Theory*, Cambridge: The Belknap Press of Harvard University Press, 1990, p. 302.

⑥ James S. Coleman, *Foundations of Social Theory*, Cambridge: The Belknap Press of Harvard University Press, 1990, p. 304.

现某些既定目标①。物质资本和人力资本促进生产活动,社会资本也促进生产活动。例如,与成员之间互不信任的群体相比,一个相互恪守承诺、彼此信任的群体更有利于生产活动的进行②。

科尔曼分析了什么样的社会关系可以构成对个人有用的社会资本,认为社会资本的形式包括:义务与期望(obligations and expectations)、存在于社会关系内部的信息网络(information potential)、规范和有效惩罚(norms and effective sanctions)、权威关系(authority relations)、多功能组织(appropriable social organization)和有意创建的社会组织(intentional organization)③。

帕特南(R. D. Putnam)在科尔曼的基础上,将社会资本从个人层面上升到集体层面,并将其引入政治学研究中,从自愿群体的参与程度角度来研究社会资本。帕特南在《使民主运转起来》一书④中提出公民参与网络。他认为,由于一个地区具有共同的历史渊源和独特的文化环境,人们容易相互熟知并成为一个关系密切的社区,组成紧密的公民参与网络。这一网络通过各种方式对破坏人们信任关系的人或行为进行惩罚,从而得到加强。这种公民精神及公民参与所体现的就是社会资本。帕特南强调,社会资本是一种团体的甚至国家的财产,而不是个人的财产。如果认识到社会资本是重要的,那么它的重心不应该放在增加个人的机会上,而应该放在社群发展上,为各种社会组织的存在留下空间。

5. 结构洞理论

结构洞理论是一种有代表性的社会关系网络分析。博特(R. S. Burt)发展了格兰诺维特的弱关系理论,1992 年在《结构洞:竞争的社会结构》⑤一书提出"结构洞"概念(structural hole),结构洞就是"非冗余联系之间的分割"。博特认为,无论主体是个人还是组织,其社会网络均表现为两种关系。一是社会网络中的任何主体与其他每一主体都发生联系,不存在关系间断现象,从整个网络来看就是"无洞"结构,这种形式只有在小群体中才会存在,这个时候个体毫无优势可言。二是社会网络中的某个或某些个体与有些个体发生直接联系,但与其他个体不发生直接联系。无直接联系或关系间断的现象,从网络整体来看好像网

① James S. Coleman, *Foundations of Social Theory*, Cambridge: The Belknap Press of Harvard University Press, 1990, p. 302.

② James S. Coleman, *Foundations of Social Theory*, Cambridge: The Belknap Press of Harvard University Press, 1990, p. 304.

③ James S. Coleman, *Foundations of Social Theory*, Cambridge: The Belknap Press of Harvard University Press, 1990, pp. 306-313.

④ Robert D. Putnam, *Making Democracy Work: Civic Traditions in Modern Italy*, Princeton University Press, 1994.

⑤ Ronald S. Burt, *Structural Holes: The Social Structure of Competition*, Cambridge: Harvard University Press, 1992.

络结构中出现了洞穴，因而称作“结构洞”，个人占据空洞越大（即拥有的网络越大），那么该成员获取的社会资本越多。博特在市场竞争行为分析中利用结构洞理论，认为资源优势和关系优势构成了总体竞争优势，结构空洞型社会网络的竞争者具有更多的关系优势，并可获得更大的利益回报。如果关系过于紧密，就陷入了密度浪费的封闭圈子，个体只有在低密度的网络内，才可拥有较多的结构洞，因为想要占取社会资源，不重复的网络越多越好。

第二节 社会化理论

社会化指的是个体学习社会文化，内化社会的价值观和行为规范，成为承担一定社会角色的社会人的过程。社会化的条件包括：人具有高级的大脑、较长的生活依赖期、较强的学习能力和语言能力。社会化的内容表现在：学习生活常识，掌握生活技能；内化价值观念，学习社会规范；形成个性，完善自我；培养社会角色。社会化的机构包括家庭、学校、大众传媒、同辈群体、社区、工作单位等。

社会化过程贯穿人的整个生命周期，从牙牙学语的婴儿到饱经沧桑的垂暮老者，人在不断地认识和学习中适应社会。社会化过程伴随着人生各个时期不同新角色的学习和扮演，是人不断与各种社会环境相互作用的过程。

社会化的相关理论非常丰富，大致可以分为从个性发展角度和从社会化机制角度出发的两大取向。本章着重介绍从社会化机制角度出发的社会化理论，主要包括社会角色理论、越轨行为理论和生命历程理论。

一、社会角色理论

“角色”原是戏剧中的名词，指演员扮演的剧中人物。20 世纪二三十年代，一些学者将它引入社会学，进而发展为社会学的基本概念之一。社会角色理论的主要理论来源有：米德对儿童角色意识的研究、林顿（R. Linton）对角色与地位的研究、完形主义心理学或称格式塔心理学、戈夫曼的拟剧论等。帕尔曼（H. H. Perlman）认为，“社会角色”对于理解社会工作者所关注的关系和人格而言，是一个有用的概念，因为角色理论提供了一种关于我们与他人的互动，以及他们的期望和反应如何使我们以特有的方式作出反应的社会解释①。

1. 社会角色的内涵

社会角色是指与人们的某种社会地位、身份相一致的一整套权利、义务的规范与行为模式，它是人们对具有特定身份的人的行为期望，它构成社会群体或组

---

① Helen Harris Perlman, *Persona: Social Role and Personality*, Chicago: University of Chicago Press, 1968.

织的基础。理解社会角色的概念,应把握以下五个方面①:

(1) 社会角色是社会地位的动态表现。社会角色和社会地位密不可分,二者是一个问题的两个方面。社会地位是个体在社会关系中所处的位置,社会角色则是个体在这个位置上的行为模式。社会地位是社会角色的基础,社会角色是社会地位的动态表现。

(2) 社会角色对应一系列角色期望。角色期望是社会对处于一定社会地位的个体提出的权利与义务的规定,也就是说,社会期望处于某个地位上的人有某种应有的行为模式。占据某一社会地位的人所表现的行为,不是由这一地位直接引发,而是由附在这一地位上的各类期望引发。

(3) 社会角色是一套权利、义务的规范和行为模式。任何一个社会角色总有一套行为模式,这套模式规定了角色的权利和义务。个人在长期的社会生活中逐渐形成与其权利义务相一致的行为模式,并且按照这套模式扮演一定的社会角色。

(4) 角色行为有赖于认知与实践能力。一个人遵循角色期望的程度与形式,取决于他的认知和实践能力,包括对期望的认知、对环境的认知及对自我的认知。

(5) 角色是社会关系的基础。如果把社会地位看作社会关系的"结点",那么角色行为就是"连线"。角色行为将各种社会地位连接起来,构成了复杂的社会关系网,社会角色因此成为社会关系的动态要素。

2. 角色扮演

角色扮演是指个人具备了充当某种角色的条件,承担和再现角色的过程与活动。角色扮演就是在社会生活中回答"我是谁"这个问题。在回答这一问题的过程中,确定自己的实际地位与别人的关系,从而充当起某种角色。角色扮演主要包含以下元素:

(1) 角色的确定。在社会舞台上,人不能随心所欲地扮演角色,而是要先确定角色,即需要经过"认同",来证明一个人的实际地位、身份等与其承担的角色相一致。角色确定是在长期社会互动中完成的。对于一个集体来说,角色确定也就是回答"我们是谁"的问题。特别是当人们来到一个新的社会环境中,面临新的社会关系时,就会遇到角色确定的难题。在社会生活中,角色确定不当的事情经常发生,例如:不能胜任角色;未能承担合适的角色;在某些场合选择了不适当的角色。角色的确定是否有效,最终是由社会决定的,但它也与个人的活动和努力密不可分。

(2) 角色距离。这是指个人与他所承担的角色之间存在差距。表现出"角

① 风笑天主编:《社会学导论》,华中科技大学出版社 2008 年版,第 98—102 页。

色距离"的人,包括那些行为、品质达不到角色规范的人,也包括那些素质远在角色规范之上的人,当一个人不承担某种角色时,其行为便不构成角色距离。角色距离表明自我与理想的角色模式是分离的,它妨碍一个人进入角色。

(3) 角色的再现。社会角色的表演需要一系列手段。角色扮演的条件包括:

布景与道具。与舞台上的表演需要装饰一样,社会表演也需要布景和道具,所不同的是社会舞台上需要的是真景实物。一方面,它们起着象征作用,既作为角色表演的标志,也是角色活动的场所;另一方面它们也具有实用性。

衣着、仪表与言谈举止。它们是角色的外部再现,是角色内在品质的反映。

前台、后台的表演与角色表演上的配合。角色表演有前台、后台之分。前台表演指人们正在扮演某种角色,后台表演指正式表演前的准备活动。将这两种表演区分开来具有实际意义。要使角色有出色的表演,还需要实现角色之间的配合,否则某一个角色的失误就可能导致整个演出的失败。

(4) 扮演过程。角色表演需要经过三个环节:一是对角色的期望。人们在承担某一角色时,首先面对的是社会或他人对这一角色的期望。二是对角色的领悟,社会或他人对角色的期望是一种外在的力量,它还不是角色承担者自己的想法。人们对角色认识、理解即是角色领悟的结果。角色扮演是否成功,最终要以社会评价为标准。三是角色的实践。这是期望与领悟的进一步发展,是角色在个人实际行动中的表现。

3. 角色失调

这是指在角色扮演中发生了矛盾,遇到了障碍甚至遭遇失败。常见的角色失调有:

(1) 角色不当。指角色扮演者在一个特定的场合错误地扮演了其他角色。

(2) 角色冲突。即在角色之间或内部发生矛盾、对立,妨碍角色扮演的顺利进行。事实上,我们每天都在扮演很多角色,这些角色可能会产生冲突。

角色冲突分为角色间的冲突与角色内的冲突。角色间的冲突是指不同承担者之间的冲突,如夫妻冲突、婆媳冲突等,它常是由角色利益上的对立、角色期望的差别及对角色规范的偏离等引起的。角色内的冲突是指角色承担者自身内部的冲突。这又分为几种不同情况:首先,当一个人所承担的同一社会角色受到来自不同方向的角色期望,这些角色期望有时是矛盾的,会引起角色冲突。其次,当一个人所承担的几种角色间出现了行为规范互不相容的情况时,也会发生角色冲突。角色冲突通常是很有压力的,会带来焦虑和心理上的疲惫。想要防止角色冲突,只能根据不同情况采取相应对策。

(3) 角色不清。即社会大众或角色的扮演者对于某一角色的行为标准不清楚,不知道这一角色应该做什么,不应该做什么和怎样去做。在社会与文化急剧变迁时期,很多社会角色的行为规范都超出了过去人们习以为常的范围。在变迁中,当一组新角色初次出现,社会还没来得及对其权利义务作出规定时,角色不清也会出现。

(4) 角色中断。指处在某一角色地位的人,由于主观或客观的原因不能将该角色扮演到底而出现的中途间断的现象。它的发生可能是由于人们在承担角色的前一阶段没有为后一阶段所要履行的角色义务做好充分准备;或者是因为角色前一阶段的行为规范与后一阶段的行为规范直接冲突。

(5) 角色失败。亦称角色崩溃。这是一种最严重的角色失调现象,是指角色承担者被证明已不可能继续承担或履行该角色的权利和义务,不得不中途退出舞台,放弃原来角色的现象。

二、越轨行为理论

一个社会人的一生,除要经历儿童和青少年时期的基本社会化过程之外,还可能经历基本社会化基础上的继续社会化,以及社会化的偏向和中断导致的再社会化。越轨行为理论从社会环境入手,强调社会环境对社会化过程中的偏差行为的影响。

1. 社会失范理论

有关失范的理论研究,最早可以追溯到法国社会学家迪尔凯姆的研究,他在1893年出版的《社会分工论》[①]中提出了"失范"的概念,用于描述因"有机团结"不完善而出现的一种反常现象。在1897年出版的《自杀论》[②]中,"失范"一词用来描述工业经济秩序导致的社会系统中社会规范的崩溃。"失范"源于规则和规范变得毫无意义。当社会经历工业化等剧烈变化时,人们失去了生活意义,感到活动没有方向,最终,如果失范现象不受控制,整个社会将失去目的感,无法控制个人行为。迪尔凯姆多次强调了当时经济生活中存在的法律和道德失范状态,是因为在这个特定的活动领域,职业道德还处于一个非常初级的状态。正是由于这种失范状态,经济世界不断出现令人遗憾的各种冲突和混乱场面。为了结束失范,必须存在或形成一个群体,在这个群体中可以制定当前缺乏的规则体系[③]。

美国社会学家默顿认为是失范是这样一种社会状态:社会所规定的目标与

---

① Emile Durkheim, *The Division of Labour in Society* (*2nd Edition*), trans. by W. D. Halls, Basingstoke: Palgrave Macmillan, 2013.

② Emile Durkheim, *Suicide*: *A Study in Sociology*, trans. by John A Spaulding; George Simpson, New York: Routledge, 1952.

③ Emile Durkheim, "Preface to The Second Edition (1902)," in E. Durkheim, (ed.), *The Division of Labour in Society* (*2nd Edition*), trans. by W. D. Halls, London: Palgrave Macmillan, 2013, pp. 8-32.

能够决定这些目标达成的规范不一致。默顿从价值上将社会结构划分为两大类:一类是目标;一类是达到目标的手段。他认为,人们在社会中分享共同的价值,文化价值为社会树立起发展的目标,同时社会也为人们提供制度化的合法手段。默顿所指的文化目标是社会依据它的规范体系制定值得存在的东西;制度化手段是社会认为是合法地获得文化目标的方式。默顿认为,所谓失范,就是在人们用社会认为合法的手段不能实现自己的文化目标时发生的,而对于这种情形的一个共同的反应,就是越轨行为(当触犯刑律时即为犯罪行为),即用不符合社会规范的手段来实现自己的文化目标。

社会文化为社会成员提供奋斗的目标和实现目标的正常途径,但人们获得成功的机会并不是均等的,尤其是处于社会底层的人,很难通过社会认同的途径获得成功,社会结构的压力有可能导致他们通过越轨行为追求成功。默顿强调越轨行为是一系列挫折之后的必然结果,他把越轨行为分为五种类型:遵从,认同文化目标,也遵从制度化手段;形式主义,接受社会规定的正常途径,但不承认社会文化提供的目标;退却,对社会文化规定的目标和途径都采取否定态度;反叛,用新的目标和手段取代社会认可的目标和手段;革新,接受社会文化给定的目标,但拒绝社会规定的正常途径。

2. 差异交往理论

社会学家萨瑟兰(E. H. Sutherland)于1924年出版了专著《犯罪学》,该著作在1934年第二版时更名为《犯罪学原理》,1939年该书第三版首次提出了差异交往理论①,之后的各个版本继续发展了这一理论。该理论提出了九个命题:犯罪行为是习得的;犯罪行为是在与他人交往过程中产生互动而习得的;犯罪行为的学习主要发生在个人的亲密群体中;犯罪行为的学习内容包括犯罪技巧(这些技巧有时非常复杂,有时非常简单),以及动机、驱动力、合理化和态度等的特定方向;动机和驱动力的特定方向,是从赞同或反对法典的定义中学习得来的;一个人之所以成为罪犯,是因为他所接触的赞成违法的"解释"超过了反对违法的"解释";差异交往在频率、持久性、优先性和强度上有所不同;通过与犯罪或非犯罪榜样的交往学习犯罪的过程,包含了其他任何类型的学习所拥有的所有机制;犯罪行为不能用一般需要和价值来解释,因为非犯罪行为也是同样需要和价值的表现。

对于萨瑟兰来说,犯罪是一个正常的学习过程,学习犯罪的方式与学习其他一切事物的方式大致相同,这与遗传或生物学无关,也与病理学或异常学习无关。学习任何社会模式——无论是传统的还是异常的——都是一个在群体中发

① Edwin H. Sutherland, *Principles of Criminology* (*3rd Edition*, *Revised and Reset*), Philadelphia: J. B. Lippincott Company, *1939*.

生的过程。任何人的顺从或越轨倾向取决于与鼓励传统行为或违反规范(视情况而定)的其他人交往的相对频率。人们的行为取决于周围人对他的期望,出现越轨行为是因为受与之交往的人的影响。儿童成为越轨者是因为与他交往的许多人都赞同越轨行为,这种越轨压力不仅来自其他越轨者的直接影响,也可以借助人际交往过程发生作用。越轨行为的学习一般需要经历两个阶段:首先是越轨技术的学习,其次是越轨价值观的学习。

3. 亚文化群体理论

亚文化,亦称次文化,是与主流文化相对应的一个概念。主流文化是指在一个社会中占主导地位的文化,主流文化被社会认可,受到社会力量的推行和维护。在阶级社会中,主流文化就是统治阶级的文化。与主流文化相比,亚文化生存的空间要小得多,它是由各种社会因素和自然因素的差异造成的一种区域性文化或群体性文化的统称。

亚文化群体理论认为,一个人可能生活在特定的集团或群体内,这个集团或群体遵循一套稳定的、但与主流文化价值体系不同的价值体系,这样的群体被称为亚文化群体。个体如果长期生活在亚文化群体里,受其价值体系的影响,就可能表现出犯罪行为。科恩(A. K. Cohen)是亚文化群体理论的主要代表人物,1955年他在《犯罪少年:帮派文化》①一书中,提出了亚文化群体犯罪理论。他以美国社会为背景,描述了越轨和犯罪是如何通过亚文化群体以集体性的方式发生的。科恩认为,犯罪亚文化群体产生和维护的价值观体系和行为倾向与主流文化的价值观和行为准则相抵触、相背离,这是犯罪和非法行为的真正根源,而亚文化的产生是社会化过程的不完善、不适当引起的。在20世纪50年代的美国,以物质成功和个人实现为目标的中产阶级价值观和评判标准已经在社会各个角落占据了主导性的地位。"一些孩子由于无法满足体面社会阶级地位体系的标准,他们的地位就被体面社会所否定。越轨亚文化通过向下层孩子提供他们可以适应的地位标准来应对以上这些被排斥的问题。"②为了应对无法满足中产阶级评判标准所带来的沮丧、焦虑、绝望,下层阶级青年放弃了对无法实现的中产阶级价值观和评判标准的追求,认定社会没有提供平等的实现目标的机会和手段,开始对自己的生活处境灰心丧气,对自己的前途不抱希望,转而相约一起加入小群体。根据他们的处境建立一套被他们认同和共享的价值体系与评判标准,逐步改变其自我观念和价值准则,新的文化形态也由此产生。这种新文化形态具有"亚"文化的特征,"是因为这些规范只为那些设法从中获益以及那

---

① Albert K. Cohen, *Delinquent Boys: The Culture of the Gang*, New York: The Free Press, 1955.

② Albert K. Cohen, *Delinquent Boys: The Culture of the Gang*, New York: The Free Press, 1955, p. 121.

些彼此形成引起共鸣的道德风气以使这些规范得以成熟和持续的人共享”①。这种亚文化和美国社会的主流价值观相左,用挑衅规范取代遵守规范,故意用过失行为或其他不遵从行为彰显本群体的亚文化。这种亚文化具有非功利性、邪恶性、反叛性、及时行乐、群体自治的特点②。

在科恩看来,青少年越轨亚文化要解决的“问题”是工人阶级青年面对资产阶级关于工作、成功和金钱的价值观产生的“地位挫折”(status frustration),受到这种挫折后,他们颠覆了学校的价值观——成就、努力工作和规划未来——并发展出一种相反的文化,在这种几乎是反常的文化中,不成就、游手好闲和不考虑未来的价值观成了他们的目标,青年的“解决办法”就是拒绝和反抗,包括越轨和犯罪③。犯罪青年通常缺乏按照传统路径获得社会地位的手段,因此他们组建了团体(帮派),颠覆了获得社会地位所依据的传统期望,通过建立一种越轨的亚文化来寻求自尊,这种亚文化“将他们确实拥有的特征以及他们能够胜任的行为定义为值得称道的”④,例如,传统社会赋予学术很高的地位,而帮派认为学术是无用的。

4. 标签理论

默顿的社会结构失范理论与萨瑟兰的差异交往理论都试图寻找越轨行为产生的原因,但标签理论研究的重点是越轨行为产生的过程,侧重社会对犯罪和越轨行为的反应。标签理论认为,犯罪控制远不能解决犯罪问题,控制实际上可能有助于塑造和构建犯罪。它强调越轨是相对的,需要社会和他人为越轨行为划出一个界限。

标签理论的研究可以追溯到坦南鲍姆(F. Tannenbaum)的经典研究《犯罪与社区》。坦南鲍姆关注的是青少年罪犯在被发现犯下反社会行为后的社会反应,以及这对被刑事司法系统正式处理的年轻人的后果。在一个社会中被认定是非法的东西,在另一个社会中却被认定为合法的。统治阶级往往根据自己集团的政治、经济利益选择把某些行为方式定义为邪恶或越轨,拥有这样的行为方式的人即被称为越轨者。“因此,制造罪犯的过程是一个标记、定义、识别、隔离、描述、强调、唤起被投诉的特征的过程,它变成了一种刺激、暗示、强调和发展被谴责的那些品质的方式。人变成了他被描述为的那种人。出路是拒绝‘邪恶

---

① Albert K. Cohen, “A General Theory of Subcultures [1955],” in K. Gelder & S. Thornton (eds.), *The Subcultures Reader*, New York: Routledge, 1997, pp. 44-54.

② Albert K. Cohen, “A General Theory of Subcultures [1955],” in K. Gelder & S. Thornton (eds.), *The Subcultures Reader*, New York: Routledge, 1997, pp. 44-54.

③ Albert K. Cohen, “A General Theory of Subcultures [1955],” in K. Gelder & S. Thornton (eds.), *The Subcultures Reader*, New York: Routledge, 1997, pp. 44-54.

④ Albert K. Cohen, *Delinquent Boys: The Culture of the Gang*, New York: The Free Press, 1955, p. 66.

的戏剧化'的过程。"①

莱默特(E. M. Lemert)在1951年出版的《社会病理学》②奠定了标签理论的雏形。在书中,他把越轨行为分为初级越轨行为和次级越轨行为。初级越轨行为是指偶尔违反社会规范而未被标定的越轨行为,越轨者并未确定自己的越轨身份;次级越轨行为就不同,这种行为不仅被他人标定为越轨行为,而且当事人也把自己视为越轨者。次级越轨者在接受自己的越轨身份后,就会为自己树立一个越轨者的形象,他们的行为、语言和衣着等都会带有越轨群体的某些特征,他们对自己的越轨身份越确定,与一般人的区别就越明显。次级越轨行为实际上是人们对越轨行为的社会反应所产生的问题作出的一类特殊的社会定义的行为反应。这些问题本质上是围绕着污名化、惩罚、隔离和社会控制的道德问题。

标签理论最重要的代表人物是贝克尔(H. S. Becker)。他指出,社会群体通过制定那些如果违反了就构成越轨的规则,将这些规则应用于特定的人,将他们标签为正常社会生活的"局外人",从而制造了越轨行为。越轨行为不是一个人所犯行为的性质,而是其他人对"罪犯"适用规则和制裁的结果。"越轨者就是那个被成功地贴上标签的人:越轨行为是人们如此贴上标签后的行为"。③

三、生命历程理论

生命历程(lifecourse)理论把生命历程理解为一种社会化机制,并且考察它如何受到社会变化过程的影响。生命历程理论将个体的生命历程看作社会力量和社会结构的产物,关注生命过程中发生的独特事件与角色转换,侧重于研究剧烈的社会变迁对个人生活与发展的显著影响。

1. 生命历程的内涵

生命历程理论的代表人物埃尔德(G. H. Elder)认为,个体在一生中会不断扮演社会规定的角色,经历社会规定的事件,这些角色或事件的顺序是按年龄层级排列的。生命历程是指一种由社会定义的、按年龄划分的角色和事件构成的模式,这种模式受文化和社会结构历史性变迁的影响④。生命历程理论基于语

---

① Frank Tannenbaum, *Crime and The Community*, New York: Columbia University Press, 1938, pp. 19-20.

② Edwin M. Lemert, *Social Pathology: A Systematic Approach to The Theory of Sociopathic Behavior*, Columbus: McGraw-Hill Book Company, Inc, 1951.

③ H. S. Becker, *Outsiders: Studies in The Sociology of Deviance*, New York: Free Press of Glencoe, 1963, p. 9.

④ Glen H. Elder, *Children of the Great Depression: Social Change in Life Experience (25th Anniversary Edition)*, New York: Routledge, 2018, p. 302.

境主义观点，强调历史时间和地点的社会路径对人类发展和老龄化的影响①。

与生命历程相近的概念有：生命周期（life cycle）、生命跨度（life span）和生活史（life history）。

生命周期的原义是指由自然人口的再生产机制所驱使的成熟和生育过程。生命周期被用来描述生命中的一系列事件，但在人口研究中，它指的是从一代到下一代的生殖过程。在社会学里主要有三个问题与生命周期概念相关：个体老化（aging）、家庭生命周期和组织生命周期。这一概念包含了再生产（reproduction）和世代（generations）的含义，所以它与群体而非个人更贴近。与生命周期相比，生命历程更为灵活，它不需要假设一套规划或统一的生命阶段，而是强调个体生命经历的多样性②。一般而言，尽管生命历程与家庭、经济、政治中的社会过程相联系，但它首先是个体层次的概念，与生命周期所包含的世代概念没有内在联系。生命跨度指的是个体从生到死的持续期。除了出生或死亡的事件，它认为生命过程是连续、无跳跃性差别的成熟过程。生命跨度的概念在发展心理学中得到了较为普遍的运用，用于描述和解释从出生到死亡的与年龄相关的生理、心理和行为的变化③。生活史通常表示整个生活过程中的活动或事件的时间顺序（例如，居住、家庭组成、家庭事件），通常以年龄事件矩阵或回顾性生活日历记录每个领域发生转变的年份和月份，非常适合事件历史分析④。

2. 生命历程理论的核心概念

生命历程理论将个体的生命历程理解为一个由多个生命事件构成的序列，极力寻找一种将生命的个体意义与社会意义联系起来的方式。人在一生中随着时间的变化会经历出生、入学、就业、婚恋、退休等生命事件，这些生命事件会按照一定的顺序排列而构成个体的生命历程。生命事件的发生时间、地点、内容等会受到社会结构、文化和社会变迁的影响，因此其排列顺序也会有所不同。生命历程理论特别关注事件与事件之间持续时间的长短、事件是否是依社会时间表而产生、主要生活事件发生的先后次序，以及它们对未来社会发展的影响⑤。

---

① Glen H. Elder Jr., Monica Kirkpatrick Johnson & Robert Crosnoe, "The Emergence and Development of Life Course Theory," in Jeylan T. Mortimer & Michael J. Shanahan (eds.), *Handbook of The Life course*, New York: Kluwer Academic/Plenum Publishers, 2003, pp. 3-19.

② Karl Ulrich Mayer & Nancy Brandon Tuma, *Event History Analysis in Life Course Research*, Madison: University of Wisconsin Press, 1990.

③ 李强、邓建伟、晓筝：《社会变迁与个人发展：生命历程研究的范式与方法》，《社会学研究》1999年第6期，第1—18页。

④ Karl Ulrich Mayer & Nancy Brandon Tuma, *Event History Analysis in Life Course Research*, Madison: University of Wisconsin Press, 1990.

⑤ 李强、邓建伟、晓筝：《社会变迁与个人发展：生命历程研究的范式与方法》，《社会学研究》1999年第6期，第1—18页。

轨迹(相互联系的状态和转变)、转变(状态的改变)和转折点(生命历程方向的改变),这些概念反映了生命的时间性质[①],也贯穿整个生命历程理论[②]。轨迹和变迁的相互作用形成了生命历程中的转折点,转折点有可能改变生命轨迹的方向。

(1) 轨迹(trajectory)

轨迹是指人在一生发展中形成的某一具有长期稳定性的心理或社会状态,它依据角色发生的先后次序建立,并反映了人在较长时期内的生命模式。这种具有跨时间性的倾向或行为模式可能转变,也可能持续。轨迹是一个长期概念,其序列本身由状态或角色的转变或变化组成,转变的例子包括离开父母的家、成为父母或退休。转变之间的时间称为持续时间(duration)。长时间的持续通过它获得的义务和既得利益来增强行为稳定性[③]。转变与持续时间都是轨迹的元素。

(2) 转变(transition)

转变通常涉及个人社会地位或身份的改变,这种改变为行为改变提供了机会[④]。转变总是在一定的社会轨迹内发生,并由某些特别的生活事件标明,如大学毕业、首次工作、首次结婚等,这些事件代表着一定角色的建立或丧失,描述了各种状态的变化。生命历程研究特别关注转变所发生的标准社会时间与个体角色变换的先后次序,关注事件是否依照社会时间表而发生。延误转变可能会产生冲突性的后果,并因此对未来的时间表产生压力。

(3) 转折点(turning point)

转折点涉及一个人人生方向的重大变化,变化可能是主观的,也可能是客观的[⑤]。转折点是指持久地,而不是暂时性地改变生命轨迹的生活事件,它带来的变化往往是突然而巨大的。值得注意的是,个体会对生活事件作出自己的主观

---

① Glen H. Elder Jr., Monica Kirkpatrick Johnson & Robert Crosnoe, "The Emergence and Development of Life Course Theory," in Jeylan T. Mortimer & Michael J. Shanahan(eds.), *Handbook of The Life course*, New York: Kluwer Academic/Plenum Publishers, 2003, pp. 3-19.

② Glen H Elder, *Children of the Great Depression: Social Change in Life Experience (25th Anniversary Edition)*, New York: Routledge, 2018, p. 313.

③ Glen H. Elder Jr., Monica Kirkpatrick Johnson & Robert Crosnoe, "The Emergence and Development of Life Course Theory," in Jeylan T. Mortimer & Michael J. Shanahan(eds.), *Handbook of The Life course*, New York: Kluwer Academic/Plenum Publishers, 2003, pp. 3-19.

④ Glen H. Elder Jr., Monica Kirkpatrick Johnson & Robert Crosnoe, "The Emergence and Development of Life Course Theory," in Jeylan T. Mortimer & Michael J. Shanahan(eds.), *Handbook of The Life course*, New York: Kluwer Academic/Plenum Publishers, 2003, pp. 3-19.

⑤ Glen H. Elder Jr., Monica Kirkpatrick Johnson & Robert Crosnoe, "The Emergence and Development of Life Course Theory," in Jeylan T. Mortimer & Michael J. Shanahan(eds.), *Handbook of The Life course*, New York: Kluwer Academic/Plenum Publishers, 2003, pp. 3-19.

判断，因此，同样的一个生活事件对某人而言可能是一个转折点，对另外一个同样经历此事的人则未必有多少影响。另外，在不同年龄发生的同一件事，对个体也有不同的影响。

3. 生命历程理论的范式原则

生命历程理论有五个范式原则①。其中第一个原则是生命历程理论的前提，在此基础上，埃尔德提出了其他四个原则②。

（1）生命跨度发展原则

人的发展和老龄化持续终生。人的发展不会在18岁时结束，成年人经历着生物、心理和社会方面的根本性变化，这些变化对发展是有意义的。

（2）能动性原则

个人在历史和社会环境的机遇和约束下，通过自己的选择和行动构建自己的生命历程。“个体能够通过自身的选择和行动，利用所拥有的机会，克服历史与社会环境的制约，从而建构他们自身的生命历程。”③个人不会被动地受到社会环境和结构性限制的影响。相反，他们根据所看到的替代方案作出选择和妥协。个人在历史和社会环境的特定限制范围内的规划和选择可能对未来的轨迹产生重要影响。

（3）时间和地点原则

“个体的生命历程嵌入了历史的时间和他们在生命岁月中所经历的事件之中，同时也被这些时间和事件所塑造着。”④对出生在不同年代、不同地域的人来说，呈现在他们面前的社会情境不同，他们所拥有的机会和受到的限制也不一样。同一历史事件或变迁可能在不同地区或国家具有不同的意义。

（4）时机原则

“一系列的生活转变或生命事件对于某个个体发展的影响，取决于它们什么时候发生于这个人的生活中。”⑤这强调了个体与外界环境的匹配情况，认为某一生命事件发生的时间甚至比事件本身更有意义。在这方面，纽加尔顿（B.

---

① Glen H. Elder Jr., Monica Kirkpatrick Johnson & Robert Crosnoe, “The Emergence and Development of Life Course Theory,” in Jeylan T. Mortimer & Michael J. Shanahan (eds.), *Handbook of The Life course*, New York: Kluwer Academic/Plenum Publishers, 2003, pp. 3-19.

② Glen H. Elder Jr., “Time, Human Agency, and Social Change: Perspectives on the Life Course,” *Social Psychology Quarterly*, vol. 57, no. 1 (1994), pp. 4-15.

③ Glen H Elder, *Children of the Great Depression: Social Change in Life Experience (25th Anniversary Edition)*, New York: Routledge, 2018, p. 308.

④ Glen H Elder, *Children of the Great Depression: Social Change in Life Experience (25th Anniversary Edition)*, New York: Routledge, 2018, p. 304.

⑤ Glen H Elder, *Children of the Great Depression: Social Change in Life Experience (25th Anniversary Edition)*, New York: Routledge, 2018, p. 307.

Neugarten)将社会年龄与生理年龄叠加,提出了“标准时间表”的概念①,用以标定个人主要生活事件和社会角色发生的恰当时间。生命中的某些事件会被认为应该在某一合适的年龄阶段发生,若偏离了这一标准时间表,则可能引起一系列严重的个人或社会后果。

(5) 生命的相互关联原则

生命存在于相互依赖之中,社会—历史的影响经由这一共享的关系网络表现出来。② 个体并非独立存在,而是嵌套于具体的社会关系之中,社会和历史对个人生命的影响会以具体的关系网络为载体。个人经常会受到更大范围的社会变迁的影响,而这种社会变迁则会在更微观的环境中影响个人的人际关系。一种新关系的建立,可以通过培养引起行为改变的“转折点”或培养行为的连续性来塑造生活。个体嵌套于社会关系中,一个人生活中的转变通常会引起其他人的转变。代际关系、亲属关系、工作关系等都与人们生活的社会环境有关。嵌入特定的关系网络对生命历程的发展具有重大影响③。

这五项原则促进了人们对更大的社会背景和历史及事件发生的时间和角色变化的认识,也使人们理解:如果脱离与重要他人的关系,人的生命就无法得到充分体现。

第三节 系统理论

系统理论是在一般系统理论和结构功能主义的基础上发展起来的。应用于社会工作的系统理论分为两种类型,即一般系统理论和生态系统理论,后者在前者的基础上发展而来。系统理论视角很好地体现了社会工作中“人在情境中”这一核心理念。尽管系统视角被批评为描述性的,但它是整合社会工作模式的重要基础。

一、一般系统理论

一般系统理论的创立者巴特兰菲(L. V. Bertalanffy)试图建立一个各学科共

① B. L. Neugarten & G. O. Hagestad, “Age and The Life Course,” in R. H. Binstock & E. Shanas (eds.), *Handbook of Aging and The Social Sciences*, Louisiana: Litton Educational Publishing, Inc, 1976, pp. 35-55.

② Glen H Elder, *Children of the Great Depression: Social Change in Life Experience (25th Anniversary Edition)*, New York: Routledge, 2018, p. 306.

③ Susan I. Stone, Stephanie Berzin, Sarah Taylor & Michael J. Austin, “Human Behavior and the Social Environment: Exploring Conceptual Foundations,” in Karen M. Sowers & Catherine N. Dulmus (eds.), *Comprehensive Handbook of Social Work and Social Welfare: Human Behavior in The Social Environment*, New York: John Wiley & Sons, Inc, 2008, pp. 1-38.

同使用的理论，推动不同学科之间（包括自然科学和社会科学）的整合趋势。至20世纪50年代，一般系统理论受到各种学科的关注和运用，开始被逐步推广，常常被应用于对团体、家庭和社会等社会系统及生物系统的研究中①。

1. 系统理论的基本概念

系统理论的概念很多，大致可以分成系统本身的主要概念、系统运作和改变方式的概念、系统状态方面的概念。

（1）系统本身的主要概念

系统本身的主要概念包括系统、界限、开放系统和封闭系统等。系统是一群客体间及这些客体所具有的特质之间存在着的关系。系统与环境之间存在互动和交流，但系统不会被环境融化，主要原因是系统有它的界限。界限的确定不仅取决于系统本身，有时也必须考虑环境的影响力。一个界限模糊的系统可能是开放的，而一个界线十分明确的系统可能是封闭的。开放系统是指系统内的能量可以越界地互动，容许内部能力、资料及资源与外部环境相互交流与交换，其界限是渗透性的。封闭系统是指系统内的能量不能越界地互动与交流，因为其界限是固定的，系统与环境是相互独立的。

（2）系统运作和改变方式的概念

系统运作和改变方式的概念包括输入、作用、输出和反馈等。输入是指能量透过界限进入系统的过程；输出是指能量透过界限释放到外部环境的过程。作用是指系统内的能量和资源被应用的过程。反馈是指开放系统输出能量影响外部环境并引起新的能量再次传输至系统的过程，反馈促使系统作出适当的改变以适应环境的要求。

（3）系统状态方面的概念

反映系统状态的概念包括稳定、平衡、分化、非等加性和成长等。一个系统的状态可由以下5个特征进行界定：

① 稳定。稳定状态是指系统本身依靠接受外界的输入和利用输出以维持系统正常运作。内在稳定性是指在接受外界的输入并因此产生变化的情形下，系统仍能维持其本质的能力。

② 平衡。封闭系统通常都有其既定的结构，系统内部各要素之间存在互动关系，这种系统能创造其内在的平衡。开放系统不断地与外部环境进行物质、能量和信息的交换，以维持自身处于一种稳定有序的状态，这种状态被称为动态平衡。

③ 分化。分化是指系统在经历一段输入输出、作用反馈的过程后，包含了

---

① Malcolm Payne, *Modern Social Work Theory: A critical Introduction*, London: Macmillan Education Ltd, 1991.

更多不同的组成部分,发展成为更加复杂的状态。

④ 非等加性。非等加性是指系统是一个完整的整体,这个整体并非部分的聚集,整体大于次系统各部分相加后的总和。

⑤ 成长。成长是指在开放系统与其环境互动的过程中,系统本身的结构作出改变以适应外在环境的变迁,从而达到自我改造和自我强化的过程。

2. 一般系统理论的思想

一般系统理论认为:所有的有机体都是系统,各个系统由不同的子系统组成,同时是更大系统的一部分;系统都是有边界的,在其边界之中而非边界之外,物质和精神能量可以进行交换;封闭的系统不存在跨边界的交换,当能量可以跨越边界时,开放的系统就出现了。

一般系统理论关注个人与环境的互动及系统的相互联结问题。在环境中,所有因素互相渗透、互相影响,系统的交互过程关注环境因素。人不能独立于环境而存在。

一般系统理论用系统概念隐喻人类生存于其间的环境,将人类发展置于一个特定的系统中进行考察。该理论认为,人们是相互依赖的,人们必须在社会环境中依靠他人、依靠社会系统以获得满意的生活。个人与他所处的环境处在多重互动中,并且共同构成了一个社会系统。该理论同时认为社会系统结构的平衡和稳定是系统运行和维持的基本条件,也是个体生存和发展的必要条件。此外,一般系统理论还强调系统为适应外部环境的变迁必须改变自身结构,从而达到自我改造和完善的目的。

二、结构功能主义

结构功能主义发轫于欧洲大陆,经历了一个复杂的发展过程,于 20 世纪 40—50 年代在美国达到了全盛阶段,成为当时西方社会学研究的主要理论和方法论基础。结构功能主义这一名称是由美国社会学家、哈佛大学教授塔尔科特·帕森斯(T. Parsons)于 1945 年首先提出来的[①]。在他的倡导下,结构功能主义在美国得到广泛的传播,逐渐为人们所接受。

结构功能主义有浓厚的系统理论色彩,有学者把帕森斯的结构功能主义中的社会体系分析看成一种系统理论。结构功能主义中的规范、角色、社会结构、社会制度、整合、社会系统等基本概念,对社会工作实践产生了深远影响[②]。

结构功能主义认为,社会一致性把社会联系在一起,使它的组成部分遵循一

① Talcott Parsons, *Structure of Social Action: A Study in Social Theory with Special Reference to a Group of Recent European Writers*, New York: The Free Press, 1966.

② 范明林:《社会工作理论与实务》,上海大学出版社 2007 年版,第 90 页。

定的社会秩序。帕森斯系统理论关心的是社会行动系统的稳定和均衡,子系统之间的功能调适,其最终目的不仅在于使社会继续生存下去,还在于维持系统的均衡状态。

结构功能主义最基本的研究对象是作为一个整体的社会,研究重点是构成社会的各种要素的功能和演变过程及他们的相互关系。结构功能主义者的研究目的有以下几点:一是要揭示社会生活的条件和社会生活的必要前提;二是力图解释某一社会行动所造成的效果或发挥的功能;三是探寻如何使各种要素协调起来并使之一体化。“结构”“功能”是这一理论的最基本概念,“结构”是指构成整体的各要素间相对稳定的模式和关系,“功能”概念最普遍的含义是指有关维持体系均衡的活动。

1. 行动系统

帕森斯理论研究的出发点是“行动者”,在他看来,每一项行动中的行动主体都不是靠自己的心理动机而单独行动的,相反,除了行动者的动机、能力和精力,更重要的是社会价值观与规范,它们是决定行动目的和方向的重要原因。另外,行动总是在情景中运行,情景本身及主体对情景的感受也会对行动发生影响。所以,每一项行动都可以分解为行动主体、情景、主观意义、规范准则和价值观四个要素,也就是说,任何人类行动都具有系统的特征。从这一基本观点出发,帕森斯运用结构功能方法,对社会系统和社会行动加以分析。

2. 行动系统的普遍功能要求:AGIL 模型

在帕森斯看来,任何系统要生存下去都必须解决两个方面的问题。一方面是处理系统内部状态和应对外部环境;另一方面是追求目标和选择手段。因此,帕森斯提出,系统为了生存下去必须满足 4 个功能先决条件:(1) 适应性功能(adaptation):系统能适应外部环境并获得系统所需的资源;(2) 目标实现功能(goal attainment):系统能调动资源以达到系统的目标;(3) 整合功能(integration):系统必须把各部分协调成一个功能整体;(4) 模式维持功能(latent pattern maintenance):系统应保持价值观的稳定使得行动按一定的规范和秩序进行。

帕森斯认为,AGIL 代表着行动系统的四个基本功能要求,即四个基本的生存条件。一个系统能否生存与稳定,就在于能否实现 AGIL 功能。帕森斯所提出的这四个基本概念具有高度的抽象性和概括性,为研究所有的行动系统提供了功能分析框架。

3. 对行动系统所作的功能分析

按照结构功能主义的观点,一定的功能总是通过一定的结构来执行。对行动系统进行功能分析,就是集中考察 AGIL 4 项功能需求是如何得到满足的。帕森斯认为,最一般的行动系统由 4 个子系统构成:有机体系统、人格系统、社会系统(狭义的社会系统专指人与人互动的层面)、文化系统。有机体系统执行适应性功能；人格系统执行目标实现功能；社会系统执行整合功能；文化系统执行模式维持功能。如图 3-1 所示。

A	G
有机体系统	人格系统
文化系统	社会系统
L	I

图 3-1 行动系统的 AGIL 分析示意图

依据控制论的原则，帕森斯进一步分析了子系统之间的控制等级关系。在系统中，信息资源强的部门必须对能量资源强的部门实施控制，因此，在行动系统中，有机体系统是最富能量而信息最少的，处在最底层，而人格系统、社会系统、文化系统的信息量逐渐增大，能量逐渐减弱。

4. 对社会所作的功能分析

帕森斯不仅把 AGIL 分析运用于一般行动系统，而且认为 AGIL 分析对于子系统也是适用的。当把子系统作为独立的系统加以分析时，它同样也具备 4 个子系统和 4 个必须满足的功能条件。

社会次系统就是通过经济、政治、社会化、社会共同体 4 个子系统来执行功能的。在社会次系统中，经济系统执行适应性功能；政治系统执行目标实现功能；社会化系统执行整合功能；社会共同体系统执行模式维持功能。子系统与子系统之间相互联系、相互依存，彼此之间存在着信息和能量的交换。如图 3-2 所示。

A	G
经济	政治
社会共同体	社会化
L	I

图 3-2 社会次系统的 AGIL 分析示意图

三、生态系统理论

生态系统理论来源于生态学和一般系统理论。生态学关注有机体在环境中的适应性，以及有机体在环境中获得的动力平衡与成熟的过程，看重人类生命有机体与其周遭环境之间的互动。

1. 社会生态学的基本概念

生态学（ecology）源自希腊文 oikos，是研究生物体和周围环境（包括非生物环境和生物环境）相互关系的科学。社会生态学被用来描述个人在社区中与他人日常的互动关系。社会生态学致力于改善服务对象的心理和环境状况，提出了一个整合的框架,其中包括众多因素和不同的概念。

社会环境(social environment)。社会环境包括各种外在条件和围绕着服务对象的各种相互作用。

互动与交流。这两个概念经常被认为是同义的,都被用来描述沟通的模式。具体来说,互动(interaction)是两者之间的行动,交流(transaction)是超出两者以上的行动。交流是系统间相互的协商,是人与人、人与系统之间的相互作用,互动则是两者之间行动或反映的连续结果。

能量(energy)。能量是人与环境之间能动作用的力量,有输入、输出两种形式。输入即能量进入个人的生活并增强之。输出即能量从个人的生活中外流。

界面(interface)。界面是个人与环境之间发生作用的确切点。要评价环境中的人,关键是要找准界面。每一个人都是另一个人社会环境的一部分,如果找错了界面,将在解决问题之前浪费许多时间和精力。

适应(adaptation)。适应是指根据环境的条件调整自己,以便继续有效地发挥功能,这意味着变化。适应具有抗拒、接纳、改变与交流的特性。抗拒,即个人忍受环境带给他的压力,是一种弹性的适应;接纳,即个人改变自己去符合环境的需要,是一种模塑性的适应;改变与交流,即个人改变环境来满足自我的需求,是一种控制性的适应。

应对(coping)。应对是适应的一种形式。适应强调对新环境的肯定或否定的反应,应对强调努力克服困难、处理问题。

互相依赖(interdependence)。互相依赖指人与人、人与系统之间的互相依赖。个人依赖环境中的其他人和群体,或与其他人和群体互相依赖。同样,其他人之间也是互相依赖的。

2. 社会生态学的观点

社会生态学的观点强调人的优点,强调人与人之间及人与周围物理的、社会的、文化的环境之间的相互作用。人们努力争取与环境相适应,而且存在一种自然的力量推动人们获得和掌握新的能力。由于社会环境、个人发展和生命事件的变化将会导致系统失去平衡,所以行为和情绪被看作应对、抵抗、改变或者适应压力,以及适应环境的一种方式。

社会生态学把焦点置于生活与环境的适应性平衡,注重了解评估事件与人们对适应、整合与分化的反应,引导人们将注意力集中在整体上,而不是一个单个部分、系统或是对象环境的某一方面。它不仅关注个人对环境的反应,也关注个人改变周围社会系统的能力,以及同时发生的子系统之间的关系、地理环境对社会进程的间接影响等。

3. 生态系统理论的主要思想

生态系统理论(ecosystems theory)也称为社会生态系统理论,是系统理论的分支，它注重把人放在环境系统中加以考察，注重描述生态系统如何同人相互作用并影响人的行为，从而考察人类行为与社会环境交互关系。该理论把人类成长生存于其中的社会环境（如家庭、机构、团体、社区等）看作一种社会性的生态系统，强调生态环境（人的生存系统）对于分析和理解人类行为的重要性，注重人与环境间各系统的相互作用及这些系统对人类行为的重大影响，是社会工作的重要基础理论之一。

（1）查尔斯·扎斯特罗（C. H. Zastrow）的社会生态系统理论

扎斯特罗指出，个人的生存环境是一个完整的生态系统，即由一系列相互联系的因素构成的一种功能性整体，包括家庭系统、朋友系统、工作职业系统、社会服务系统、政府系统、宗教系统、商品与服务系统、教育系统等①。人是在环境中与各种生态系统持续互动的主体。人在生存环境中，既受到各种不同社会系统的影响，也持续和具有活力地与其他系统相互作用。

扎斯特罗把人的社会生态系统区分为三种基本类型：微观系统（micro system）、中观系统（mezzo system）、宏观系统（macro system）②。微观系统是指处在社会生态环境中的看似独立的个人。个人是一种生物的社会系统类型，更是一种社会的、心理的社会系统类型。中观系统是指小规模的群体，包括家庭、职业群体等。有时很难明确区分涉及微观系统（个人）的问题和涉及个人的中观系统（小团体），这是因为个人总是完整地参与到与其他接近他们的人的互动中。宏观系统是指比小规模群体更大一些的社会系统。宏观取向聚焦那些从总体上影响人们的生活资源和生活质量的社会、政治、经济条件和政策。

人的生存环境的微观、中观、宏观系统总是处于相互影响和相互作用的情境中。三个系统的相互作用对人类行为具有重要影响。在社会生态系统中，微观系统与中观系统相互作用。微观系统也会受到社会环境中与之互动的宏观系统的重大影响。宏观系统的五种主要类型会对服务对象产生重要影响。它们是：文化（culture）、社区（community）、习俗（convention）、制度（institution）和组织（organization）。文化是人们在社会生活中共同的态度、价值观、目标、精神信念、社会期待、艺术、技术和行为的综合体，表现了人们生活于其中的社会的较为广泛的特征。社区是具有某种共性或共同特征的一组人群，其共同特征以某种方式将其联系在一起，并使之与其他人相区别，这些共同特征有可能来自人们居住的街区、人们参与的活动（如工作），或人们之间的其他联系。习俗是一种文化的基本风俗或行为模式，如婚姻、正义、福利和宗教，制度是为了某种公共目的建立的组织，以及开展工作的物质设施，如监狱。组织是为某

① Charles H. Zastrow & Karen K. Kirst-Ashman, *Understanding Human Behavior and The Social Environment (6th Edition)*, Belmont: Brooks/Cole, 2004, p. 4.

② Charles H. Zastrow & Karen K. Kirst-Ashman, *Understanding Human Behavior and The Social Environment (6th Edition)*, Belmont: Brooks/Cole, 2004, p. 12.

种共同的目标而共同工作，并完成各部门分工及确定的工作任务的人们组成的结构化团体①。

（2）尤里·布朗芬布伦纳（U. Bronfenbrenner）的生态系统理论

布朗芬布伦纳提出了生态系统理论（ecological systems theory），后来他将理论进行完善，发展出生物生态人类发展模式（the bioecological human development model），认为每个个体的生态系统由五个相对独立但相互作用的环境系统组成——微观系统（microsystem）、中观系统（mesosystem）、外观系统（exosystem）、宏观系统（macrosystem）和时间系统（chronosystem），这些系统依次层叠嵌套，彼此之间又相互影响。

布朗芬布伦纳于1979年提出人类发展的生态学框架，阐明了个体与环境之间的交叉影响②。首先，个体是不断发展的、动态的实体，在被环境影响的同时，个体逐渐进入并重组其所处的环境。第二，人与环境的相互作用是双向的、互惠的。第三，与个体发展过程相关的环境不限于单一的、直接的环境，而是扩展到结合这些环境之间的相互联系，以及来自更大环境的外部影响。

微观系统是指个人在面对特定环境所经历的一种关于活动、角色及人际关系的模式③。这种环境是和他有直接接触的环境，是人们可以轻松进行面对面互动的场所——家庭、日托中心、游乐场等。活动、角色和人际关系等因素构成了微观系统的要素或组成部分。

中观系统是个体所处的两个及以上的环境系统之间所发生的连结历程和互相影响，个体积极参与其中，例如：对于儿童来说，家庭、学校和邻里同伴群体之间的关系；对于成年人来说，家庭、工作和社会生活之间的关系④。中观系统可以间接影响个体的发展，它是微观系统的系统，是微观环境之间的互动。

外观系统指的是一个或多个个体不作为积极参与者的环境，但其中发生的事件会影响个体，或其中发生的事件会被个人所处的环境影响。外观系统是对个体发生间接影响的外部环境条件，是两个或更多环境的连结，其中至少有一个环境没有包含个体，但其中发生的事件间接影响个体在直接环境中生活的过程，外观系统的例子包括：对于儿童而言，家庭与父母工作场所之间的关系；对于父

---

① Charles H. Zastrow & Karen K. Kirst-Ashman, *Understanding Human Behavior and The Social Environment (6th Edition)*, Belmont: Brooks/Cole, 2004, pp. 12-13.

② Urie Bronfenbrenner, *The Ecology of Human Development: Experiments by Nature and Design*, Cambridge: Harvard University Press, 1979, pp. 21-22.

③ Urie Bronfenbrenner, *The Ecology of Human Development: Experiments by Nature and Design*, Cambridge: Harvard University Press, 1979, pp. 21-22.

④ Urie Bronfenbrenner, *The Ecology of Human Development: Experiments by Nature and Design*, Cambridge: Harvard University Press, 1979, pp. 21-22.

母而言,学校与邻里同伴群体之间的关系①。

宏观系统是指在亚文化或整个文化层面上存在的微观、中观和外观系统的一致性,以及这种一致性背后的任何信仰系统或意识形态②,例如:社会经济地位、较大的文化背景、经济危机等。宏观系统可以被认为是特定文化或亚文化的社会蓝图,特别涉及信仰系统、知识体系、物质资源、习俗、生活方式、机会结构、危险,以及嵌入在每个更广泛系统中的生命历程选择③。

布朗芬布伦纳指出,任何解释发展的尝试都需要我们关注时间的流逝。变化只能参考时间进行定义。布朗芬布伦纳的最初框架并没有将时间作为一个具体因素。20 世纪 80 年代,布朗芬布伦纳应美国国家儿童健康和人类发展研究所人类学习和行为处的要求,撰写了意见书《作为人类发展背景的家庭生态:一种研究视角》。在该意见书中,他添加了第五个系统"时间系统",用于考察人们生活环境中随时间发生的变化(和连续性)对个人发展的影响④。时间系统不仅包括个人特征的变化或一致性,还包括个人生活环境的变化或一致性(例如,家庭结构、社会经济地位、就业、居住地或日常生活中的忙碌程度和能力的变化)⑤。时间系统覆盖整个生命周期内发生的影响人的发展的所有环境变化,包括主要的生命过渡事件和历史事件。

第四节 全球化理论

一、世界体系理论

在今天的社会中,由于信息科技、经济与社会的发展,每一个人不是单独的个体,他的成长受到小环境乃至全球环境的影响,世界是人的环境。这种影响是社会变迁的影响。社会变迁的社会学研究发展很快,从传统的狭义社会变迁向广义的社会变迁领域发展,将社会、经济和政治变迁整合到一个研究中。波兰尼

---

① Urie Bronfenbrenner, "Ecological Models of Human Development," in Torsten Husen & T. Neville Postlethwaite(eds.), *International Encyclopedia of Education*, Oxford: Elsevier, 1994, pp. 1643-1647.

② Urie Bronfenbrenner, *The Ecology of Human Development*: *Experiments by Nature and Design*, Cambridge: Harvard University Press, 1979, p. 26.

③ Urie Bronfenbrenner, "Ecological Models of Human Development," in Torsten Husen & T. Neville Postlethwaite(eds.), *International Encyclopedia of Education*, Oxford: Elsevier, 1994, pp. 1643-1647.

④ Urie Bronfenbrenner, "Recent Advances in Research on The Ecology of Human Development," in R. K. Silbereisen & K. Eyferth(eds.), *Development as Action in Context*: *Problem Behavior and Normal Youth Development*, Berlin Heidelberg: Springer, 1986, pp. 287-309.

⑤ Urie Bronfenbrenner, "Ecological Models of Human Development," in Torsten Husen & T. Neville Postlethwaite(eds.), *International Encyclopedia of Education*, Oxford: Elsevier, 1994, pp. 1643-1647.

(K. Polanyi)的《大转型:我们时代的政治与经济起源》深刻分析了工业革命对人类历史中社会生活的巨大影响和改变,揭示了20世纪政治经济面貌形成的深层原因①,对宏大社会变迁议题研究产生了深远影响。目前社会变迁研究对全球化关注较多,注重作为社会变迁一种形式的全球化的动力及世界结构的变化②。社会学家提出的比较有代表性的理论主要有沃勒斯坦的世界体系理论。

沃勒斯坦(I. Wallerstein)在《现代世界体系》中沿着新马克思主义的思路提出:资本主义生产了一种全然不同的秩序,其快速的发展在人类历史上第一次展示了真正全球性的世界资本主义经济;世界体系理论以经济标准划分核心、半边远和边远地区。沃勒斯坦认为这种发展只能在一个较大的范围内去考察,他称这种范围或范畴为世界体系("世界"一词并不是"全球"一词的同义语)。之所以世界体系发展能够有巨大的全球影响,是因为经济秩序与社会制度混合,从发达国家蔓延到发展中国家,逐步渗透到世界边远地区。而当初产生这种经济秩序的国家,实践中不可能将其政治延伸到世界体系国家。在某些情况下,世界体系对边远地区影响可能有助于强化经济扩张,但这不是资本主义全球性扩张的主要基础③。

二、现代性后果理论

吉登斯(A. Giddens)在《现代性的后果》一书中提出的现代性(modernity)指涉社会生活或组织模式,现代性是现代社会或工业文明的代语。现代性有四个基本的制度性维度:资本主义、工业主义、监督机器、军事力量。现代性动力有三个来源:(1) 时间和空间的分离。(2) 脱域机制的发展。脱域指的是社会行动从彼此互动的地域性关联中脱离出来,并跨越广阔的时间—空间距离重新组织社会关系。(3) 知识的反思性运用。在所有的文化中,由于不断出现新知识新发现,社会实践日复一日地变化着,并且这些新发现新知识又不断地返还到社会实践之中。

《民族—国家与暴力》是吉登斯杰出的学术贡献之一。他提出了全球化的4个维度,它们之间相互关联,但每个维度都不能完全用另一个的影响来解释。这4个维度分别是:世界资本主义经济、民族国家(nation-states)体系、世界军事秩序及国际劳动分工。世界资本主义经济这个维度是指整个世界的经济组织都受到资本主义经济机制的支配,发达国家的一些跨国公司在世界上拥有巨大的经济影响力。民族国家体系这个维度是指全球化表现在民族国家上的相互"推—

---

① [英]卡尔·波兰尼:《大转型:我们时代的政治与经济起源》,冯钢、刘阳译,浙江人民出版社2007年版。

② [英]罗宾·科恩、保罗·肯尼迪:《全球社会学》,文军译,社会科学文献出版社2001年版。

③ [美]伊曼纽尔·沃勒斯坦:《现代世界体系》,郭方等译,社会科学文献出版社2013年版。

拉”的倾向：国家间的一致行动在某些方面会削弱这些国家的主权，但通过其他方式实现的权力联合又在国家体系中增强了它们的影响力。世界军事秩序是通过战争形成的稳定或非稳定的国际联盟阵营。国际劳动分工的扩张是指劳动分工中世界各国的相互依赖大大扩展，工业主义的影响不局限于生产的范围，而是影响到日常生活的方方面面，影响到人类与物质环境互动的一般方式①。

现代性的全球化（the globalization of modernity）构成了吉登斯世界主义思想的基本出发点和理论前提，上述四个主要维度构成了当下这个形态可能有待改善的全球世界主义社会。吉登斯提出，现代性具有严重后果即风险，包括经济增长机制的崩溃、极权的增长、核冲突和大规模战争及生态破坏和灾难。由此他提出对现代性风险的全球性治理，以及世界主义民主等观念。他的工作不仅深化了我们对社会结构和个体行为之间关系的理解，也为解决现代社会面临的挑战提供了新思路。

三、全球化逻辑理论

米什拉（R. Mishra）在概念化抽象化的“理想/典型”思路下，提出全球化逻辑理论。这个理论的背景是由世界政治、经济和意识形态驱动的全球化。一些经济发达国家在华盛顿共识（Washington Consensus）的支持下采取了新自由主义的形式②，认同市场可以实现最佳的资源配置，因此在社会政策发展方向上支持建立新自由主义的福利体制。全球化逻辑指在一系列既定的经济全球化的基本特征即开放的贸易和金融条件下，全球化对福利国家产生的冲击。它通过民族国家的经济、政治和社会机构而间接发挥作用，其中包括放松管制和市场导向，并由此产生各种各样的甚至相互对立的因素，引发冲突，如抵制福利水平下调的社会运动。全球化建立起来的全球市场介入主权国家的国民经济，国家对全球化的开放接纳破坏了社会福利的国家形式③。

全球化逻辑也包含全球化价值和实践的矛盾，在许多工业化国家中，劳动力流动、利益集团、政党竞选和社会运动等涉及社会价值和人文价值的领域，都出现了与全球化新自由主义针锋相对的思想和行动。一方面，全球化支持开放，强行推进私有化和市场力量发展，使得国家对市场的管制得以放松或解除，它还击退国家的干预行动，如在社会福利领域的干预政策和干预项目。另一方面，全球

---

① ［英］安东尼·吉登斯：《民族—国家与暴力》，胡宗泽、赵力涛译，生活·读书·新知三联书店1998年版。

② John Williamson, “Democracy and the ‘Washington Consensus’,” *World Development*, vol. 21, no. 8 (1993), pp. 1329-1336.

③ ［加］R·米什拉：《社会政策与福利政策：全球化的视角》，郑秉文译，中国劳动社会保障出版社2007年版。

化使得国民经济处于更大程度的变化和不稳定状态中，制造了新的不稳定和不安全因素，国家和社会更需要增加社会福利的保障。米什拉认为全球化逻辑分析适合四种类型的国家，即工业化国家、先进的半工业化国家、前社会主义国家和欠发达国家，这四种国家的划分属于该理论类型，实际上每个国家的全球化程度和范围都是独特的，其经济和政策发展受到全球化影响的路径也不同，在分析时需考虑各国的特点。每个国家应对全球化矛盾和满足社会福利需要的努力很大程度上取决于当时当地的内置和外在因素。

洪特和库恩勒（S. O. Hort & S. Kuhnle）认为全球化也意味着福利全球化，这是一个不可阻挡的时代趋势①。在全球范围内，社会政策的范围正在扩大，许多新兴经济体和发展中国家都在推行不同于传统西方福利国家的政策革新。在21世纪，随着全球劳动力、资本、商品和服务流动性的增加及全球气候变化的现实，全球化浪潮中的社会政策可以被视为一种全球公共产品，为了维持和发展世界不同地区的国家福利，可能越来越需要针对社会保障和福利政策进行更多的国际合作和协调决策。米什拉认为全球化改变了民族国家在制定社会政策方面的自主性，用全球化的社会标准取代民族国家的社会权利（replacing social rights by social standards），以社会标准为核心概念形成了支持社会福利制度的理论概念②。

案例：学习倦怠行为改变服务项目

摘要：近年来南京大学外语部国际教育HND（英国国家高等教育文凭）中心留学项目发展蒸蒸日上，然而学生数量持续增长，学生需求呈现多元化趋势，一部分学生学习倦怠问题突出。HND中心和南京大学社会工作与社会政策系共同发起“卓越计划”。本案例即是该计划的具体实施过程。该计划的理论基础来自优势视角，强调通过创造有利的环境（包括机会和资源），促使青年提升能力及信心，达到发掘他们正面潜能及优势的目标。案例针对HND中心的部分学生通过个案工作、小组工作、校园活动、调研与倡导、辅导员能力建设工作坊等工作手法，提高学生学习的积极性，改变学生的厌学情绪和学习行为问题。案例评估结果显示，干预效果显著，为服务对象提供了扩大社会交往的机会和条件，增加了普通学生对服务对象的了解，有助于消除偏见从而减少对服务对象的排斥。这为社会工作在学校领域的实施提供了有益的经验支持。

① Sven Olsson Hort & Stein Kuhnle, “The Coming of East and South-East Asian Welfare Sates,” *Journal of European Social Policy*, vol. 10, no. 2 (2000), pp. 162-184.

② Ramesh Mishra, “Beyond the Nation State: Social Policy in an Age of Globalization,” *Social Policy & Administration*, vol. 32, no. 5 (1998), pp. 481-500.

本章小结

本章介绍了人类行为与社会环境互动的社会理论中的经典理论。

社会互动理论是对人们的行为互动方面进行解释的微观理论。它研究人们在日常生活中是如何交往的,人们又是如何使这种交往产生实质性意义的。社会交换论的代表性理论有霍曼斯的行为交换论和布劳的结构交换论。社会网络理论集中探讨了网络结构观、市场网络观、弱关系力量假设与嵌入性理论、社会资源理论和社会资本理论、结构洞理论。

社会化理论聚焦社会化机制的形成,主要包括社会角色理论、越轨行为理论和生命历程理论。社会角色理论的主要内容包括社会角色的内涵、角色扮演及角色失调的表现。越轨行为理论主要有社会失范理论、差异交往理论、亚文化群理论以及标签理论。生命历程理论主要介绍了生命历程的内涵、生命历程理论的核心概念及范式原则。

系统理论主要介绍了一般系统理论、结构功能主义和生态系统理论。一般系统理论的主要概念和基本思想是系统理论的基础。帕森斯的结构功能主义可以被视为另一种系统理论类型。生态系统理论是在一般系统理论的基础上发展出来的。系统理论的视角很好地体现了社会工作中"人在情境中"这一核心理念。尽管系统视角被批评为描述性的,但它是整合社会工作模式的重要基础。

全球化理论体现了社会学视角下社会变迁理论的发展,有沃勒斯坦的世界体系理论、吉登斯的现代性后果理论,还有米什拉在社会福利视角下阐述的全球化逻辑理论。

思考题

1. 请简述社会交换论的代表人物和主要观点。
2. 请简述社会网络理论的理论发展。
3. 联系实际分析社会网络理论的适用性。
4. 社会角色理论的主要观点有哪些?
5. 越轨行为理论的主要观点有哪些?
6. 联系实际讨论生命历程理论在社会工作实务中的应用。
7. 请阐述系统理论中一般系统理论、结构功能主义及生态系统理论之间的联系。
8. 全球化理论的主要观点有哪些?

9. 结合本章中的理论，讨论你所理解的人类行为与社会环境之间的交互影响。

推荐阅读

[美]乔治·瑞泽尔:《当代社会学理论》(第3版),刘拥华译,上海文化出版社2021年版。

[法]皮埃尔·布尔迪厄:《实践理论大纲》,高振华、李思宇译,中国人民大学出版社2017年版。

[美]伊曼纽尔·沃勒斯坦:《现代世界体系》,郭方等译,社会科学文献出版社2013年版。

彭华民:《西方社会福利理论前沿》,中国社会出版社2009年版。

宋林飞:《西方社会学理论》,南京大学出版社2008年版。

[英]卡尔·波兰尼:《大转型:我们时代的政治与经济起源》,冯钢、刘阳译,浙江人民出版社2007年版。

[英]Malcolm Payne:《现代社会工作理论》,何雪松等译,华东理工大学出版社2005年版。

[英]安东尼·吉登斯:《现代性的后果》,田禾译,译林出版社2000年版。

扩展推荐阅读

Charles H. Zastrow & Karen K. Kirst-Ashman(eds.), *Understanding Human Behavior and the Social Environment (11th Edition)*, Boston: Cengage Learning, Inc, 2019.

Glen H Elder, *Children of the Great Depression: Social Change in Life Experience (25th Anniversary Edition)*, New York: Routledge, 2018.

Jeylan T. Mortimer & Michael J. Shanahan, *Handbook of the Life Course*, New York: Kluwer Academic Publishers/Plenum Publishers, 2003.

Malcolm Payne, *Modern Social Work Theory: A critical Introduction*, London: Macmillan Education Ltd, 1991.

James S. Coleman, *Foundations of Social Theory*, Cambridge: The Belknap Press of Harvard University Press, 1990.

Urie Bronfenbrenner, *The Ecology of Human Development: Experiments by Nature and Design*, Cambridge: Harvard University Press, 1979.

第四章　社会结构环境

学习目的

从横向系统的角度出发把握家庭、群体、学校、社区、工作单位、制度等系统对个体发展的影响，掌握人类行为与社会结构环境的互动关系。具体包括：了解家庭的类型、功能、家庭生命周期；把握群体组织的概念及对个人成长的影响；理解学校在个人成长中的功能；掌握社区的含义、类型及对个人成长的影响；了解工作环境在个体发展中的重要性；认识制度特别是提供社会福利的制度对个人的影响；了解当前社会工作重要议题——未成年人保护和失业中的福利需要。

第一节　个人成长中的家庭

一、家庭的含义与类型

1. 家庭的含义

社会工作者的服务对象几乎都生活在家庭之中，要么是自己出身于其中的家庭，要么是成年后自己组建的家庭。在回答“什么是家庭”这个问题时，我们侧重从社会关系的角度来界定家庭。家庭是由婚姻、血缘或收养的纽带联合起来的人的群体，个人以其作为父母、夫妻或兄弟姐妹的社会身份相互作用和交往，创造一个共同的文化。罗伯逊（I. Robertson）认为家庭是一个由家世、婚姻或收养关系联系在一起的人组成的比较持久的群体，这些人共同生活组成了一个经济单位①。

社会工作强调从人与社会系统的关系及发挥功能的角度出发来界定家庭。

① ［美］伊恩·罗伯逊：《社会学》（下册），黄育馥译，商务印书馆 1991 年版，第 455 页。

杜瓦尔给家庭下的定义是：通过婚姻、生育、领养等连接纽带形成的互动单元，其中心意图是创造和维护一种共同文化，以促进各个成员的生理发展、精神成长、情感培育和社会化①。瑞斯（I. R. Reiss）提出了一个更具普遍性的观点，该观点把家庭看作以亲属关系建构起来的小型群体，其关键功能是养育性社会化②。哈特曼和莱尔德（A. Hartman & J. Laird）认为，当两个或更多的人创造出一个亲密的、被他们自己视为家庭的环境，在这一环境中创造出大体上共享的生活空间、承诺，创造出各种各样的通常被认为是家庭生活组成部分的角色和功能时，家庭就诞生了③。贝尔斯基（J. Belsky）把家庭视为一个社会系统，其中家庭大于它各个部分之总和。父母会影响子女成长，子女也会影响父母亲属各方及婚姻关系④。

社会工作、社会学、心理学等领域对家庭的界定都包含一些共同的要素，如强调家庭以婚姻、血缘或收养关系为基础，家庭生活是一种群体生活。基于此，我们可以总结出一个一般定义，即家庭是以婚姻、血缘或收养关系为基础而建立起来的共同生活的社会群体。

2. 家庭的类型

家庭作为个体生活的基本单位，总是以婚姻关系、血缘关系或收养关系为基础。同时，千家万户之间，家庭内成员数量和状况又不尽相同。我们可以按照不同的需要，依据不同的标准，对家庭进行多样化的分类。

按照家庭规模划分，家庭可以分为小家庭（平均每户四口或四口以下的家庭）和大家庭（平均每户四口以上的家庭）；按照家庭成员的完整情况划分，家庭可以分为完全型家庭（一般由父、母、子女三种身份的人组成的家庭）和残缺型家庭（一般指丧偶、离偶、丧子或无子家庭）。社会工作实务和研究中较常用的分类方法是按照家庭结构来划分。家庭结构是指组成家庭的成员及他们之间的相互关系。这种划分方法既能体现家庭内部人数的多少，又可以清楚地看到家庭内部关系的复杂性。从家庭结构出发，可以把家庭分为以下几种类型：

（1）核心家庭（nuclear family）：又称为小家庭，指由一对夫妇及其未婚子女组成的家庭。这种家庭以夫妇关系为核心，因而称为核心家庭。家庭中只有一对夫妇，一代（无子女）或两代人（有子女），通常家庭规模较小，家庭关系也比较简单和稳定。因此，有人把核心家庭这种基本形态称之为“社会结构中的基本

---

① Evelyn Millis Duvall, *Family Development* (*4th ed.*), Philadelphia: Lippincott, 1971.

② Ira L. Reiss, *Family Systems in America* (*3rd ed.*), New York: Rinehart and Winston, 1980.

③ Ann Hartman & Joan Laird, *Family-centered Social Work Practice*, New York: Free Press, 1983.

④ J. Belsky, "Early human Experience: A family Perspective," *Developmental Psychology*, vol. 17, no. 1(1981), pp. 3-23.

三角”[①]。核心家庭是适应工业化社会发展要求的理想家庭模式，已经成为现代社会中最主要的家庭形式。

（2）主干家庭（stem family）：指由一对夫妇与其父母和未婚子女组成的家庭，它是核心家庭纵向扩大的结果。这是一种以直系亲属为主的三代同堂的家庭。由于代际层次增多，家庭关系较核心家庭复杂。在传统社会中，主干家庭是普遍存在的。现代社会中，随着家庭核心化，主干家庭数量减少，不再占主导地位，但在家庭总量中仍占有较大的比重。

（3）联合家庭（joint family）：指由两对或两对以上同代的夫妇与其父母和子女组成的家庭，一般是兄弟们结婚后不分家而形成的，其特点是家庭中至少有两对同代的夫妇关系。联合家庭通常是大家庭，人数多、结构和家庭关系比较复杂，除了直系亲属关系，还存在许多旁系亲属关系，因此容易产生各种家庭矛盾和问题。此外，家庭内部可能存在一个主要的权力中心和几个权力的次中心。现代社会中，这种家庭类型已越来越少。

（4）其他家庭：指除上述三种家庭类型以外的各种家庭，如因鳏寡孤独产生的单身家庭，由祖父母或外祖父母与孙子女或外孙子女组成的隔代家庭，因离婚、丧偶或未婚生育而形成的只有父母一方与未婚子女组成的单亲家庭，由一个或多个前次婚姻的子女及一对夫妇组成的再婚家庭，以及仅由夫妇两人组成的无子女的丁克家庭等。尽管家庭随着社会的发展正在发生明显的变化，以共同居住为标准的家户规模在缩小，但是以血缘关系为基础的家庭保障功能仍然显著，家庭内部的联系仍然比较紧密，呈现出“形式核心化”与“功能网络化”的特点[②]。家庭仍是把社会成员联系在一起的强有力纽带。

社会工作强调用系统论的观点来看待人的行为与社会环境的关系，因此，从这种观点出发，家庭就是一种影响人类行为的微观系统：一个由相互关联的部分所组成的整体，其中内部各个成员都是彼此影响的。从事家庭社会工作服务的人员在实务中界定案主问题和成因时，都需要把个体当作家庭中的成员来看待，清楚了解案主的家庭环境和家庭关系。

二、家庭在个人成长中的功能

人从出生到死亡，大部分时间都生活在家庭中，那么家庭能满足我们哪些需要呢？家庭的功能不是单一的，而是多方面的，一方面是对社会存在的功能，另一方面是对个体发展的功能。对于社会工作实务和研究来说，我们更关注家庭在个

---

① ［英］雷蒙德·弗思：《人文类型》，费孝通译，华夏出版社 2002 年版，第 78 页。

② 彭希哲、胡湛：《当代中国家庭变迁与家庭政策重构》，《中国社会科学》2015 年第 12 期，第 113—132 页。

人成长中的功能。临床社会工作者常采用系统论的观点理解家庭问题的社会背景。当一个家庭中的孩子出现问题时,要理解孩子的问题就不能脱离家庭系统,它或许源于家庭对个体功能的缺失,因此恢复和优化家庭的某种功能,对于解决案主的问题意义重大。家庭对个体成长的功能主要表现在以下几个方面:

1. 提供感情支持的功能

家庭是个人思想感情交流较为充分的场所。在家庭系统中,家庭成员首先将彼此看作特殊的人,如我的妻子、我的儿子等来对待,因此这种互动是富有感情的。由于处在共同的生活环境之下,家庭成员之间容易达成相互理解,通过相互关怀和支持,家庭可以帮助其成员处理来自家庭之外的各种问题,为其提供精神安慰与寄托,消除家庭系统外的社会生活带来的苦恼与挫折,从而缓和与协调个人与社会之间的紧张关系,对增进个人的身心健康有重要意义。家庭的这一功能是其他任何群体或组织都不能替代的。

2. 满足性爱需要的功能

性爱是家庭生活的重要内容。性爱不仅限于性关系,它同时还是对性结合及承担与此有关的全部义务的一种决定、一种承诺。个人通过结婚建立家庭来满足性爱的需要。性爱是生物性与社会性的统一,几乎所有的社会都有一系列社会规范来约束人们的性行为。在个人方面,它可以保障性爱的排他性,并通过夫妇之间频繁的、直接的面对面互动,实现情感的交融,使性爱的需要得到更充分、更普遍的满足,从而有利于人们的身心健康;在社会方面,它可以防止因满足性的需要而引起的社会混乱,起到稳定社会秩序的作用。

3. 生育和社会化的功能

家庭不仅仅承担繁衍后代的功能,更重要的是承担教育后代的功能。儿童在家庭中学习日常生活的知识和技能,受到行为方面的训练和指导,形成社会价值观念等,家庭是人的社会化的第一场所。家庭环境给孩子提供了角色模型,以便孩子模仿适当的角色,为将来适应社会打下基础。2022 年 1 月 1 日我国正式实施《中华人民共和国家庭教育促进法》,发扬中华民族重视家庭教育的优良传统,通过良好的家教和家风,培养德智体美劳全面发展的社会主义建设者和接班人,最终促进家庭与社会的和谐。不仅如此,家庭抚育还赋予了孩子在社会中的最初地位,使每一个人从出生起在社会结构中就有了明确的位置。

家庭教养模式(parenting style)是指家庭中不同个体间的互动影响个体行为和发展的方式,主要分为专制型家庭教养模式、民主型家庭教养模式、溺爱型家庭教养模式和放任型家庭教养模式①。研究发现,家庭中父母的生活经历对他

---

① Diana Baumrind, "The Discipline Controversy Revisited," *Family Relation*, vol. 45, no. 4(1996), pp. 405–414.

们抚养和教育孩子的方式有着极为关键的影响。例如,埃尔得(G. H. Elder)通过对美国大萧条时期长大的孩子多年跟踪研究发现,他们的父母由于承受着沉重的经济压力,所以存在更多情绪抑郁和婚姻失调的风险,这种情况会连累孩子,与其他孩子相比,这些孩子出现情绪抑郁、学业困难和问题行为的可能性更高①。从个人的成长过程来看,家庭的情感氛围对婴幼儿和青少年的心理健康和幸福有重大影响。家庭既可能提供儿童健康成长和发展积极社会功能的环境,也可能使儿童生活在少有(或没有)情感、生理支持的环境中或使他们无法以有正面成长意义的方式发展。

4. 家庭保障的功能

家庭成员在生活上是休戚与共的。他们分工协作,共同创造家庭财富,也共同分享家庭财富。这种共同生活、相互帮助、彼此为对方承担义务的特点,决定了家庭具有分担风险、保护弱者、共同应对生活中遇到的困难的功能。在传统社会中,家庭保障的内容十分广泛,包括了个人生、老、病、死等各个环节。此外,家庭还有保护其成员免受外来侵犯,维护正常生活环境的功能。家庭的这些保障功能对每一个人都是必不可少的。向老年人提供生活保障是家庭保障的一个重要方面。我国法律规定,赡养老人是子女应尽的义务,它包括物质上的供给、生活上的照顾和精神上的慰藉。

5. 经济功能

家庭的经济功能主要体现在家庭生产和家庭消费两个方面。在历史上,特别是在农村经济社会中,家庭曾经是主要的生产单位。随着生产社会化、现代化的发展,大多数生产活动转移到家庭之外进行,家庭生产功能大大减弱,但这一功能并没有,也不会完全丧失。事实上,即使在当今最发达的社会里,家庭从事的经营活动仍相当普遍。相对而言,家庭消费的功能更具有普遍性,它是家庭经济管理的重要内容之一。人们的生活消费基本上是在家庭中或以家庭为单位进行的。许多商品的消费量不是取决于人口数,而是取决于家庭户数,这是社会消费的一个基本特点。

三、家庭生命周期

家庭生命周期理论(family life cycle)于20世纪30年代被提出,它从发展的角度探究家庭的纵向生命轨迹。家庭的生活过程具有与个人生命过程相似的周而复始的特点。家庭生命周期的概念反映的就是家庭的不同阶段的变化过程。其代表人物有格利克(P. C. Glick)、希尔、杜瓦尔等。不同的学者选择家庭发展过程中的不同事件(如结婚、孩子出生、离开父母家庭、父母空巢家庭等)建立分

① [美]G. H. 埃尔德:《大萧条的孩子们》,田禾等译,译林出版社2002年版,第252页。

期指标，形成家庭生命周期的不同阶段。格利克在 20 世纪 40 年代提出家庭生命周期概念并不断完善，他根据标志着每一阶段的起始与结束的人口事件，将家庭生命周期划分为形成、扩展、稳定、收缩、空巢与解体六个阶段，一个家庭从建立到消失的过程便是一个家庭生命周期①。

杜瓦尔以孩子成长为指标，把家庭发展过程概括为 8 个阶段。②第一阶段新婚期（从结婚到第一个子女出生之前）；第二阶段育儿期（从第一个子女出生到该子女两岁半）；第三阶段学龄前期（从第一个子女两岁半到该子女六岁）；第四阶段学龄期（从第一个子女六岁到该子女十三岁）；第五阶段青少年期（从第一个子女十三岁到该子女二十岁）；第六阶段成年期（从青少年期结束到最后一个子女陆续离开家庭）；第七阶段空巢期（成年期后到退休之前）；第八阶段老年期（退休到夫妻双方死亡）。卡特和麦戈德里克（B. Carter & M. McGoldrick）提出了家庭发展的六阶段模式③。第一阶段是家庭中有未婚青年，第二阶段是通过婚姻使家庭联合起来，第三阶段是孩子较小时的家庭，第四阶段是孩子迈入青春期时的家庭，第五阶段是孩子离开家庭独立生存时的家庭，第六阶段是晚年时的家庭。

虽然对于家庭生命周期阶段的划分方式有很多种，但每个家庭在其生命周期中都要经历一些共同的事件，如结婚、生育、死亡等。家庭处在不同阶段时，其规模、结构、功能、面临的发展任务、个体的感受都会有所不同。今天家庭的结构在不断发生变化，虽然不能简单地用典型家庭的标准加以描述，但家庭生命周期所面临的任务还是大体相同的。了解家庭生命周期不同阶段的个体感受和应对任务对于实务工作者来说至关重要。它能帮助我们更好理解家庭中出现的问题和案主真实的需要，为制订服务方案提供全面的参考依据。（见表 4-1）

表 4-1　家庭生命周期阶段、个体感受和关键发展任务

家庭生命周期的阶段	个体的感受	关键的发展任务
个体离开家庭，开始独立生活	承担经济、情绪管理等方面的责任	自我从原有家庭中分离出来； 亲密同辈关系的形成； 在工作中建立自我，达到经济独立

① Paul C. Glick, "Updating the Life Cycle of the Family," in Nancy F. Cott(eds.), *Volume 2 Household Constitution and Family Relationships*, Munich: K. G. Saur, 1992, pp. 387-396.

② Evelyn Millis Duvall & Brent C. Miller, *Marriage and Family Development*, New York: Harper & Row, 1985.

③ Betty Carter & Monica McGoldrick, *The Changing Family Lifecycle: A Framework for Family Therapy* (*2nd ed.*), Boston: Allyn and Bacon, 1989.

续表

家庭生命周期的阶段	个体的感受	关键的发展任务
结婚,建立小家庭	兑现对新家庭的承诺	婚姻关系形成; 重整和扩展家庭及朋友关系,使配偶关系融入
有年幼子女时的家庭	接受新成员的加入	调整婚姻关系从而为孩子留出空间; 承担养育的角色; 重整和扩展家庭的关系,使之包括为人父母和为人祖父母的角色
孩子迈入青春期时的家庭	家庭界限的变动增加,适应孩子的独立及父母的衰弱	亲子关系发展成为独立人际关系,允许青少年子女有独立世界; 重新关注中年婚姻关系和事业,开始照顾老年父母
孩子离开家庭,独立生存	经历子女离开家庭	重新回到二人世界; 亲子关系转化为成人之间的关系; 开始接纳姻亲关系; 面对衰老和死亡
晚年时候的家庭	接受代际角色的转变	在面临生理衰老的时候,维持自己的生活,探索衰老情况下新的社会角色的选择; 开始接受他人的照顾; 应对配偶、兄弟姐妹和其他同辈个体的去世,准备自己的死亡;生命回顾与总结

第二节 个人成长中的群体与组织

在个人成长中,除了微观的家庭系统,个体为完成某一任务或满足某种需要还必须参与诸多的群体和组织,或者成为诸多群体或组织中的一员。群体和组织是理解人类行为的另一个关键背景,也是影响人类行为的一个重要的中观因素。

一、群体与组织的含义与类型

1. 群体的含义

不同理论家对群体的定义不同,这取决于他们的研究重点。有的群体定义强调群体内成员的互动,如把群体定义为一个社会系统,它涉及成员间的有规律的互动,并且有一个共同的群体认同。有的群体定义强调群体成员心理的重要性,把群体定义为成员在彼此的心中具有重要地位的人群集合,成员有意识地建立关系,进行社会比较,形成规则和价值,这些规则和价值限定了群体的准入资格,而这种成员资格又影响着他们的态度和行为。有的群体定义强调共享认同,认为当两个或更多的人把自己视为群体成员并且至少有一个局外人认可时,群体就形成了。①以上定义分别强调了群体的某一个要素。在社会工作实务中我们比较常用的定义既强调群体的心理重要性,也强调群体成员的互动和相互依赖。在此基础上,群体的一般性定义是:人数在二人以上,通过持续的社会互动或社会关系结合起来进行共同的活动,以获得某个目标的人所组成的小型集合。

一般而言,一个群体包含 4 个要素:(1) 群体成员的交往具有社会性。这种社会性主要表现在群体成员之间有明确的成员关系与角色,例如,在一个正常家庭中,父子关系、母子关系、夫妻关系等都是确定的,他们各自的角色和行为都具有一定的标准,不可混淆。(2) 群体成员的交往具有规范性和目标性。这一群人在交互作用的过程中,形成了与其他群体不同的交互作用方式。(3) 群体成员具有较强的归属感。群体归属感又称为群体意识。群体归属感一旦建立起来,成员就容易把“我群”与“他群”区别开来。(4) 群体成员的活动具有持续性。群体中的关系是以彼此了解并有共同感情或利益关系为基础的,这些关系的形成和发展需要持续的互动。

2. 群体的类型

从不同的研究角度出发、按照不同的标准,可以将群体划分为多种类型。群体分类标准有很多种,包括:群体功能的单一或多元;群体成员数量的多与少;群体存在时间的长与短;群体律动的快与慢;群体成员的分散程度;群体形成的基础;群体成员的接近方式;群体的组织化程度;群体功能的内容;群体定向;对群体外社会渗透所采取的态度;与其他群体的一致程度;群体成员的约束方式;群体进行控制的原则;群体与其他群体统一的程度;等等。总体而言,较为常见的群体分类如下:

(1) 内群体与外群体

萨姆纳(W. G. Sumner)是对群体研究影响最大的学者之一。他根据群体成员对群体的立场和态度来划分群体,提出了内群体和外群体的概念。他指出,社会成员归属和生活的群体是他们的内群体(in-group,或者译为“我群”),否则为外群体(out-group,或者译为“他群”)。②

---

① Leonard N. Brown, *Groups for Growth and Change*, New York: Longman, 1991. Jonathan H. Turner, *Patterns of Social Organization: A Survey of Social Institutions*, New York: McGraw-Hill, 1972.

② William Graham Sumner, *Folkways a Study of the Sociological Importance of Usages Manners Customs Mores and Morals*, Boston: Ginn and Company, 1906.

（2）初级群体与次级群体

按照群体内的亲密程度，群体可以分为初级群体（primary group，又称为首属群体）和次级群体（secondary group）。初级群体是由初级的社会关系联结起来的群体，而初级的社会关系是在直接的、人数不多的、亲密的交往过程中形成的。初级群体的例子有家庭、邻里、朋友群、兴趣小组等。初级群体具有规模较小、面对面交往、认同感强烈等特性。其中同辈群体（peer group）是初级群体中比较重要的一种，它对个体的认知发展、行为塑造、情绪表达、精神追求及社会支持都有影响。次级群体是人们为了达到一定的社会目的而建立起来的。如学校、职业群体、社团等。一般说来，次级群体规模比初级群体要大，成员较多，有些成员之间不一定有直接的个人接触。次级群体既是个人步入社会所必须加入的群体，也是个人社会活动领域拓展和活动能力增强的标志。

（3）正式群体与非正式群体

按照群体成立的手段和组织程度，我们可以将群体分为正式群体（formal group）和非正式群体（informal group），正式群体也就是通常所说的组织。正式群体的成员有加入群体的手续，有规定的权利和义务，有明确的职责分工。工厂的车间、科室，学校的班级，以及党团组织、行政组织等都是正式群体。非正式群体是在成员个人意愿的基础上建立的。因此，非正式群体是一种自发形成的、无正式结构、无正式规章的群体，如游戏伙伴等。非正式群体既可存在于正式群体之外，也可在正式群体内部形成。

（4）成员群体与参照群体

成员群体（membership group）是指个体为其正式成员的群体。参照群体（reference group）是指个人心中想要加入或理想中的群体，它的价值和规范体系常常是个人行为的目标和标准。参照群体通常有三种含义：第一是个人将其作为比较标准的群体。第二是个人希望加入的群体。第三是个人以其价值和观念为行为准则的群体。总之，参照群体是令其他群体成员向往或模仿的群体，当群体成员对其所属群体感到不满时，往往会寻找其他群体为参照，有时甚至在心目中树立起多个参照群体。

在社会工作实务中较为常用的群体分类依据是它们的取向，即它们是治疗取向的还是任务取向的。一般来说，这两类群体的功能是不同的。治疗群体（treatment group）的目的是满足群体成员的社会情感需要，治疗群体包括支持群体、教育群体、成长群体等。任务群体（task group）的首要目标是完成群体的召集工作①。任务群体并不专门与群体成员的需要联系在一起。治疗群体有多个

---

① Ronald W. Toseland & Robert F. Rivas, *An Introduction to Group Work Practice* (*2nd ed.*), Boston: Allyn and Bacon, 1995.

群体目标,如预防(帮助成员在发展与活动中发挥最佳水平,以及帮助他们未雨绸缪)、复原(将成员的功能恢复到原有水平)和社会化(帮助成员学习如何与他人相处,以及帮助他们做能被社会接受的事情)。任务群体的目标包括问题解决(帮助成员解决复杂的问题和顾虑)和社会行动(帮助成员改变其环境)。

3. 组织的含义

组织(organization)是构成更大的宏观系统的基础单位。个人通过组织参与正式社会互动并成为社会的成员。比如,大部分人的生活从医院起步,然后在正式的组织环境中上学,最后在政府、学校、银行、工厂等组织机构工作,依赖在组织中的就业满足自身许多需要。那什么是组织呢?

被西方社会学誉为现代化组织社会学创始人的韦伯认为,组织是一个法人团体,它是以规章制度限制外人进入的封闭团体。在社会工作实践中,组织较为常见的定义是:为了追求特定目标而建立起来的、有固定成员、有权力和利益结构的社会团体。由此可以看出,一个社会组织至少应包括以下几个要素:(1)组织由两个以上成员有机结合而成。有机结合意味着成员之间有职能分工,承担着不同的责任。(2)组织有特定的目标。目标是组织的灵魂。(3)组织有相对稳定的成员和边界。成员的进入和退出要履行相应的程序。没有固定成员的群体不能称为组织,如在街头看演出的一群人。(4)组织有一个权力中心。存在一个权力和地位分层体系来控制和领导组织活动。(5)组织成员间的关系具有"非感情性"的特点。与初级群体中内部成员间关系倾向于"感情性"相反,组织成员的关系倾向于"工具性",如组织内的上下级关系和同事关系。①

4. 组织的类型

依据不同的标准,可以将组织划分为多种类型,每种组织类型虽然具有一定的共性,但不同类型的组织在性质、结构、作用和活动方式上又有不同。比较常用的分类方法有:

(1)依据对成员控制方式的不同,组织可分为强制组织、功利组织和规范组织。这三种组织分别以强迫、报酬和组织规范为控制其成员的主要手段。如监狱、戒毒所、精神病院属于强制组织,一般的企业、公司属于功利组织,而各种宗教组织属于规范组织。

(2)依据目标和受益者关系的不同,组织可分为互利组织、商业组织、服务组织、公益组织。如俱乐部、工会、党派属于互利组织,工厂、企业、公司属于商业组织,医院、学校、律师事务所属于服务组织,而中国红十字会、中国宋庆龄基金会、中国青年志愿者协会属于公益组织。

(3)依据有无正式结构,组织可分为正式组织(formal organization)和非正

① [德]马克斯·韦伯:《经济行动与社会团体》,康乐、简惠美译,广西师范大学出版社2004年版。

式组织(informal organization)。正式组织有经过精心设计的机构,这种结构能协调成员间活动以达到获取最大可能效率的目的,如政府机关、跨国公司、正式教育系统。在现代社会中,人们的生活方式和活动更多地依赖于正式组织的存在,依赖于这种非个人化的结构达到特定的目标,科层制被认为在协调成员活动及达到特定目标方面富有成效。

二、群体与组织在个人成长中的功能

1. 群体在个人成长中的功能

人们为了各种各样的原因加入特定的社会群体。为什么要成为某个特定群体的一员呢?因为在个体和整个社会之间必须有一个联系的桥梁,群体正好满足了个体的这种需要。通过加入某个社会群体,个体可以实现以下五种需要:实现归属;提高认同感和自尊心;获得一种把自己与他人进行社会比较的途径;获得更强的安全感;完成某一个特定任务或者一系列任务[①]。

社会工作者比较关注的是同辈群体(朋辈群体)和参照群体。因为同辈群体伴随着人的一生,在人生的不同阶段发挥不同的作用。学前期的儿童在伙伴群体游戏中学习分享,学习处理和解决问题的方法,在群体游戏中学习规则、规范的概念。小学阶段,儿童在同辈群体中学习沟通和合作的技巧,学习与人相处,发展对他人不同之处的接受能力,培养友谊。青春期的同辈关系更注重双向沟通和交流,这个阶段,同辈的负面影响开始引起关注(如吸毒、集体犯罪)。在青年期,同辈群体更多地建立在共同的价值观、兴趣或专业发展上,这时同辈群体对个人的生活方式有重大影响。在中年期,同辈群体的友谊异常重要,这时友谊通常会扮演较强的互相提供实用信息和情绪支持的角色。老年人的同辈群体会起到老来伴的作用,特别是当配偶去世之后。总之,同辈群体是初级群体中重要的一种,伴随着人成长的整个过程。同辈影响对青少年的健康发展而言至关重要,被同辈群体拒绝或者孤立的孩子可能会面临调适困难的风险。

另一个在个人成长中较为重要的群体是参照群体。在社会生活中,青少年特别容易用自己心目中的参照群体来塑造自己的行为,而参照群体对青少年的影响是潜移默化的。这种影响既有可能是正面的积极的,也有可能是负面的消极的。因此,在社会工作实务中,从事小组和社区工作的社会工作者应为有特殊问题需要解决的个人确立参考群体,充分发挥它的正向引领价值,为他们提供新的人生经验。

2. 组织在个人成长中的功能

组织是个人成长和行为发生的另一重要场所,对个体发展影响较广泛的是

---

① Edgar H. Schein, *Organizational Psychology*, Englewood Cliffs, NJ: Prentice Hall, 1980.

正式组织。首先,组织影响人的目标或人生观。组织和人群的差异在于它有明确的目标和价值观,个体在其中会受到潜移默化的影响。其次,组织影响个体的身心健康。组织提供的物理和心理环境会影响个人的行为。物理环境包括工作条件、上下班时间规定、假期及对家庭福利的安排(如托儿所服务、产假规定)。除了物理环境,工作压力成为组织影响个体发展的重要心理环境。最后,正式组织对个体的影响来自雇佣关系中的歧视现象。虽然法律对性别、种族平等有明确规定,但是在操作层面仍存在灰色地带。

组织对个体发展的影响也是社会工作的重要议题,因为以组织为单位的服务是重要的社会服务内容,如把服务对象集中起来统一管理起居的院舍服务(institutional service)。服务组织存在的必要性和重要性很突出,它可以更加合理地整合资源,提供身体照顾、心理照应及紧急事故处理服务。

三、群体的角色结构

群体对人类行为有着强有力的影响。怎样解释这种影响呢?这就涉及群体内的角色问题。角色是一个人在群体内所表现出来的行为模式,它是一种对群体中个人作用的共同期待。角色保证了群体内的劳动分工及权力的合法运用。通过接受某个特定角色,人们认可了按照某种方式表现行为的做法。

几乎在任何一个群体中都可以看到三种典型的角色,即自我中心角色、任务中心角色和群体维护角色。自我中心角色是指成员处处为自己着想,只关心自己。这类角色包括:(1)阻碍者。这类人总是在群体通往目标的道路上设置障碍。(2)寻求认可者。这类人试图突出个人,出风头,而不顾自己的行为对群体是否有利。(3)支配者。这类人试图驾驭别人,操纵所有事务,不顾对群体有什么影响。(4)逃避者。这类人对群体漠不关心,似乎自己与群体毫无关系,不作贡献。研究表明,这些角色表现会对群体活动带来消极作用。

任务中心角色和群体维护角色对群体有积极作用。每一个群体不仅要完成任务,而且要保持群体中互动的正面性、友好性。成员通过扮演任务中心角色和群体维护角色达到这些目的。任务中心角色、群体维护角色和群体之间有相互促进的关系。任务中心角色包括:(1)建议者。指那些给群体提供建议,出谋划策的人。(2)信息加工者。指为群体搜集有用信息的人。(3)总结者。指为群体整理有关信息,为群体目标服务的人。(4)评价者。指帮助群体筛选最佳决策的人。

群体维护角色包括:(1)鼓励者。他们热心赞赏他人对群体的贡献。(2)协调者。他们能解决群体内冲突。(3)折中者。他们往往能综合不同意见,帮助群体成员制定大家都能接受的决策。(4)监督者,他们保证每人都有发表意见的机会,鼓动不太爱发表意见的人提出自己的看法,抵制支配者。

贝尔斯(R. F. Bales)将群体内的角色分为两类:一类是任务相关角色,一类是社会情感角色。任务相关角色推动群体实现目标。社会情感角色能够使群体中的互动保持正面、友好和支持性①。任务相关角色也就是任务中心角色,而社会情感角色也就是群体维护角色。在群体中,角色并不是一成不变的,而是在明确、模糊和非正式之间变动。

第三节 个人成长中的学校

一、学校的含义与类型

除家庭之外,学校是另一个对个人成长和发展有巨大影响的社会系统。按照中国目前的教育体制,如果从小学算起,历经中学,再到大学,正常情况下,一个人要在学校里度过至少十五年的时间。个人的成长和发展注定要与学校密切联系在一起。若是考虑到学习和教育终身化发展的趋势,一个人终生都离不开学校。一般意义而言,学校是有计划、有组织地进行系统教育的组织机构,是培养人才的社会组织。

按资金来源渠道划分,学校可以分为公立学校和私立学校。我国公立学校的数量和办学规模都远远超过私立学校,而且学习费用相对较低,教学设施较为完善。私立学校由私人或私立机构投资,当地政府和教育部门批准,有的实行全日制和寄宿制。私立大学依托市场生存,课程设置直面市场需要,不断创新,教学质量是其生存的保障。私立院校有其独特优势,也呈现出鱼龙混杂的现状。在中国优质教育资源分布不平衡的状况下,良好教育机会的获得存在不平等问题。

随着社会的不断变革,普惠教育的重点正在向终身学习转变,同时学校的界限变得越来越模糊。学校提供了越来越多的、供学生在课堂之外学习的机会。例如,服务学习(service-learning)已经成为美国、中国及其他亚洲国家和地区大学和中学的课程②,学生毕业的要求之一是参与社区志愿服务。除此之外,学习不仅对于一个训练有素、有目标的劳动力来说是重要的,也应当与人类价值观相联系。在社会成员自我发展方面,学习既是发展全面的、带有自主性自我教育的手段,也是其目的所在。这方面的例子如第三龄大学(university of the third age)即老年大学。第三龄大学给老年人提供了自我教育的机会,使他们可以按照自

---

① Bales, R. F., "Task Roles & Social Eoles in Problem-Solving Groups," in E. E. Maccoby & T. M. Newcomb(eds.), *Readings in Social Psychology*, New York: Holt, Rinehart & Winston, 1958.

② 彭华民:《服务学习:社工督导志愿服务新模式》,中国人民大学出版社 2012 年版。

己的喜好自由发展。

个体在发展过程中对学校的选择是主动的也是被动的。一方面，个体可以根据自己对教学水平、学校师资情况、学校环境的判断来选择就读的学校，这是个体主观意志能决定的。另一方面，个体对学校的选择还与地域、户籍制度、社会地位、社会声望等因素密切相关。在教育资源分布不平衡的情况下，社会成员的教育机会并不是完全平等的。教育机会不平等可能导向教育排斥，教育排斥与逃学、少年犯罪、贫穷、父母监护有限及对教育认同度低等问题相联系。教育排斥有可能会带来社会中更广泛存在的社会排斥问题。

二、学校在个人成长中的功能

学校是儿童和青少年社会化的最重要的场所，是专门为儿童和青少年社会化而设立的正规化的学习机构。由于21世纪全球知识的快速发展，个人在学校中学习的时间延长，学校的影响力大大增加。一个良好的学校氛围对个体成长发挥着以下重要的功能：

首先，学校对个人进行长期系统的和正规的教育，传授现代社会所需要的文化和复杂的科学技术知识。在教育体系开始普及的同时，越来越多的人开始需要习得抽象的知识（如数学、科学、哲学等科目），而不是职业技能的实际指导。在现代社会中，教育已经成为人们获得工作机会和进入职业生涯的前提。学校不仅开阔了人们的思想和视野，而且人们还期望它能够帮助新一代公民做好参与经济生活的准备。

其次，学校教育学生学习社会的价值规范，教育他们理解规范和制度，指导他们遵守行为规范，并按照行为规范的要求扮演各种社会角色，在不同的社会场合进行各种形式的社会互动并形成良好的适应能力。学校为个体提供了一个积累、练习社会交往技能的场所。社会交往技能很大程度上决定着人的社会关系的好坏、事业的成败、在社会上的吸引力和别人对他的满意度。

最后，学校还是培养学生自尊心、自信心和积极自我的场所。良好的自尊心、自信心的形成与教师、教育方式、学校氛围等诸多因素密切相关。民主型的师生关系有利于学生自信心的形成。教师应从优势视角看到学生的优点和潜力，提升他们的能力。

但有时学校的氛围可能不尽如人意，如学校规范不合理、设施不够完善、老师教学方法落后、学校集体活动较少，师生关系不融洽等。这种压抑的学校环境可能对个体产生诸多负面影响。比较明显的如厌学、自信心低落、多动焦虑、有攻击性倾向、不愿与人交流等。这些又进一步影响他们与同辈群体的相处，可能会使他们遭遇同辈群体的排斥和孤立，进而面临调适困难的风险。因为与同辈群体的互动提供了家庭无法提供的重要知识，从中获得的友谊也是个体社会能力发展的重要来源。从事学校社会工作的社会工作者在实践中要充分考虑到引起学生困扰和不适的外部环境，了解学校及学生的各种情况，协助学生、教师等相关人员解决紧张和冲突。

三、特殊教育

特殊教育是教育的一种形式，其概念有狭义、广义之分。对狭义特殊儿童的教育就是狭义的特殊教育，对广义特殊儿童的教育是广义的特殊教育。1994 年 6 月 10 日，联合国教科文组织召开世界特殊教育大会，大会通过的《萨拉曼卡宣言》提出：每个儿童都有其独特的特性、志趣、能力和学习需要；教育制度的设计和教育计划的实施应该考虑到这些特性和需要的广泛差异。这一宣言还明确提出了"全纳教育"(inclusive education)的思想。全纳教育是指教育应当满足所有儿童的需要，每一所普通学校必须接收服务区域内的所有儿童入学，并为这些儿童都能受到自身所需要的教育提供条件①。对不同种类特殊儿童的教育可分成盲童教育、聋童教育、智力落后儿童教育、超常儿童教育、言语障碍儿童教育、情绪和行为障碍儿童教育，多重残疾儿童教育等。

我国残疾儿童受教育形式一般有三种：就读于特殊教育学校、就读于普通学校等机构附设的特殊教育班、在普通学校的普通班中随班就读。目前，50%左右残疾儿童是在普通学校的普通班随班就读。随班就读有助于提高残疾儿童适应主流社会的能力，增强其生活的信心，有利于改变社会对残疾人的歧视观念。特殊教育和普通教育有许多共通的地方，普通教育的一般规律在特殊教育中也是适用的，但特殊教育也有它不同的一面。它除了像普通教育一样，在德、智、体、美、劳诸方面对学生进行教育，还特别强调进行补偿缺陷和发展优势的教育，例如，教盲童学习盲文和定向行走，对聋童进行听力、语言训练，对智障儿童进行感知觉和动作能力的教育训练等。特殊教育更重视早期教育，因为儿童年龄越小，可塑性越大，也可以及早保护残疾儿童的残余感官，开发儿童的智力和语言能力，错过了最佳期，往往事倍功半。如对聋童没有进行早期语训，今后语言的发展可能遭遇很大困难。特殊教育相对于普通教育来说更重视个别教育，更强调在教育中因材施教，满足不同学生的特殊需要。教育部门应该对特殊教育提出更高的目标和要求，即实行按需供教。特殊教育要取得好的效果，必须和社会教育、家庭教育有机结合。因此特殊教育也更强调大教育的观点，强调教育的整体性和系统性。

---

① 雷江华：《重读〈萨拉曼卡宣言〉——解析全纳教育的理念：教育机会均等》，《现代特殊教育》2001 年第 3 期，第 4—6 页。

第四节　个人成长中的社区

社区是社会工作干预的关键性背景环境，是理解人类行为、个人问题及社会安康的最主要的环境背景之一，它也是宏观社会工作实务发生的场域。

一、社区的含义与类型

1. 社区的含义

社区的概念是德国学者滕尼斯(F. Tönnies)1887 年在著作《共同体与社会》中首次明确提出的，这里的“共同体”(community)就是我们所说的“社区”。他把社区概念作为与带有契约性质的社会相区分的概念，认为社区或共同体主要存在于传统的乡村社会中，是一种亲密无间、相互信任、守望相助、富有人情味的社会团体。换言之，这样的社区具有一种内在的、自发的、依据面对面交往的认同共同体的性质。它的人际关系是一种古老的以自然意志为基础的关系，连接人们的纽带是血缘、感情、共同信仰和伦理①。

随着社会变迁和社会科学的发展，社区的内涵也不断丰富。社会学家希莱里(G. A. Hillery)对以往的社区定义进行了比较研究，发现其中大部分定义包括以下三个要素，即社会关联或社会互动(social interaction)、地域(area)和共同的纽带(common tie)，他称之为共同要素。因此，他认为社区是指包含着那些具有一个或多个共同要素，以及在同一地理区域保持社会互动的人群②。还有些学者认为社区是由一定数量居民组成的、具有内在互动关系与文化维系力的地域性生活共同体③。综合来看，一些研究者认为应把社区看作一个地域，一些研究者则侧重于社区关系，还有些研究者更关注社区认同、社区意识④。无论选择什么样的视角，“空间”“人群”“互动”和“认同感”等概念都出现在社区定义研究中。诸多关于社区的定义大致可以归成两类：一类是功能主义的，重视社区的结构与功能的研究，认为社区是由有共同目标和共同利害关系的人组成的社会团体。另一类是偏重区位学的，强调地域位置在社区界定中的重要性，认为社区是在一个地区内共同生活的有组织的人群⑤。本书采用了这样的定义：社区的主

---

① ［德］斐迪南·滕尼斯：《共同体与社会：纯粹社会学的基本概念》，林荣远译，商务印书馆 1999 年版，第 95 页。

② George A. Hillery, “A Critique of Selected Community Concepts,” *Social Forces*, vol. 37, no. 3 (1959), pp. 237–242.

③ 徐永祥：《社区发展论》，华东理工大学出版社 2022 年版，第 33 页。

④ George A. Hillery & David M. Hummon, “Commonplaces: Community Ideology and Identity in American Culture,” *Social Forces*, vol. 69, no. 3(1991), pp. 928–929.

⑤ 彭华民、杨心恒主编：《社会学概论》，高等教育出版社 2006 年版，第 180 页。

体是以一定社会关系为基础的人群，这些人具有特定的行为规范和认同感，他们和其生活的一定地域形成有机结合体，他们在一定的区域界限内形成的共同体称为社区。

由定义可以看出，构成一个社区必须具备几个要素：(1) 一定数量的人口。作为人们生活的一种共同体，社区的存在离不开人，一定数量、质量和结构的人群是社区存在的第一前提。(2) 一定的区域界限。社区总是存在于特定的自然地理和人文地理空间中，有一定的边界，这是社区与社会组织和群体相区别的根本点。(3) 一定的行为规范。一定数量的人只有在一定的行为规范的制约下，才能统一在一定的地域范围内共同生活，而这种行为规范产生于经常的互动。(4) 特定的文化、一定的认同感和归属感。社区中共同生活的人们由于某些共同的利益和共同的需要而结合起来进行活动，从而产生认同感和归属感。这种愿意与社区中他人发生互动、把自己看成社区中成员之一并承担义务的情感是社区得以延续和发展的关键。

2. 社区的类型

由于要素、内容及结合方式的差别，社区存在不同的形态。根据不同的标准和不同的目的可以对社区进行多种分类。

按生产力发展水平和时间要素划分，社区可以分为传统社区、发展中社区和现代社区。传统社区主要反映了前现代的生产和生活方式；发展中社区是传统社区向现代社区转型的过渡形式；而发达社区就是指现代社区，表现为城乡融为一体，乡村生活十分便利等。

按发挥的功能划分，社区可以分为经济社区、政治社区、文化社区、军事社区、旅游社区等。这种划分方法注重或强调在社区中居于主导地位的功能特征。

按规模大小划分，社区可以分为巨型社区、大型社区、中型社区、小型社区和微型社区。这种划分的依据是人口数量多少或者地域面积大小，分类标准没有严格的规定，带有一定的相对性。

按形成方式划分，社区可以分为自然社区、法定社区和专能社区。自然社区是在人们长期的共同生活中逐渐形成的聚落，如村庄。法定社区是出于生活管理的需要而设置的社区，如市、镇等。专能社区是由于人们从事某些专门活动而在一定地域空间上形成的聚集区，如一所大学、一座军营或一个矿区。

现代社会的社会关系极为复杂，各地区之间的联系也很广泛，因此，社区的边界有时是模糊的。但为了研究的方便，我们往往按照以下几个标准来划分社区：(1) 按照服务中心所能达到的范围来划分。某个或某群商业、金融和文化服务中心活动所能达到的地方便是社区的边界。(2) 按照商业种类和商业化程度来划分，即我们平常所说的经济区。凡在经济上联系紧密的就是一个社区。(3) 按照行政区划分，在我国如乡、镇、区、县等。一般情况下，研究者会综合使用以上三条标准来划定社区界限。

目前,最基本最常用的社区类型划分是根据社区的内部结构、外部特征及社区的经济结构、人口密度、人口聚集规模等综合标准,把社区分为农村社区、城镇社区和城市社区。以上不同标准的分类之间存在着一定的交叉。

社会工作者在社会工作实务中强调社区内部的互动模式和认同感,因为这是个体融入社区的重要表现。对社会工作者而言,重要的是以他们的生活经历为基础来认识和理解社区。这些理解和期望将会影响他们如何在新的社区开展工作。

二、社区在个人成长中的功能

从社会系统论的观点看,社区是一个大的社会系统,由其下分布的各种次级系统整合成一个小社会,它是一个个体的生活圈,也是一个生命共同体,社会工作者居住其间,社会工作机构位于其间,案主也有可能居住其间。社区是重要的,因为它履行人类生存所必需的功能。换句话说,建构社区的目的就是为其成员发挥一定的功能。沃伦(R. L. Warren)认为基于地域的社区一般有五个功能①:

(1)生产、分配和消费的功能。社区活动能满足个体的物质需要,包括食物、衣服、住所需要等。在早期,家庭生产其消费品的绝大部分,但是这种情况在当今社会已经很少了。今天,人们为住所、医疗照顾、就业、交通运输、娱乐和其他商品及服务等需要而相互依赖。

(2)社会化的功能。社会化指引态度的发展,而且这些态度和理解会影响人们如何看待自己、其他人及人际关系中的权利和责任。理解一个人或一个群体,重要的是理解其所处的社区,尤其是理解他所在社区具有的社会规范、传统和价值观。

(3)社会控制的功能。社区通过建立和实施规则、规定等,保证成员依从规范和价值观,这是一个社会控制的过程。社会控制是社区代表各种部门机构对个体所发挥的功能。

(4)社会参与的功能。在社区中,个人或群体与其他群体或组织互动。社区为人们表达他们的社会需要和利益,以及建立帮助和支持网络提供了渠道。一些人通过参与正式组织并获得信息,另一些人通过参与非正式的社会群体获得支持。要评估社区满足其成员需要的程度,就一定要理解社会参与的机会和模式。

---

① Roland L. Warren, *The Community in America* (*3rd ed.*), Lanham: University Press of America, 1978.

（5）相互支持的功能。相互支持功能体现为家庭、朋友、邻居、志愿者、专业人员在社区中照顾儿童、病人、老人、失业者、残疾人及其他需要帮助的人。社会工作者、社区工作者及社区成员的服务都是为了回应社区中家庭、个人的失能，以此来满足社区成员的需要。当社区因发展迅速而变得更复杂，传统机构的支持不能满足社区需要时，社区的专业社会工作机构就建立起来以便处理未满足的需要。

随着中国社会建设不断加快，社区除了发挥以上传统功能，还增加了新的功能，如教育功能。很多社区设置了社区活动中心、老人俱乐部等发挥教育及休闲娱乐功能的机构。此外，社区还向成员提供社区福利。社区福利既是国家社会福利体系的重要组成部分，又是社会福利在社区落地的“平台”。社区福利包括社区服务、社区内机构所提供的福利（如社区儿童服务中心、社区残疾人服务中心、社区日间照护中心等为特殊群体提供的服务）、政府委托社区实施的民生保障服务（如最低生活保障服务、优抚服务、社会救助、特困救济等方面的服务）。

三、重建社区资源运动

社区资源（community resources）是一种社会资源，但并非所有的社会资源都是社区资源，社区资源只是社会资源的一个组成部分，是一种特定的社会资源。社会资源能否成为社区资源，关键一点就是看其能否为该社区的居民提供服务与帮助。社区资源有广义与狭义之分，广义上的社区资源泛指所有与社区有关的社会资源，是社区赖以生存和发展的一切物质资源与非物质资源的统称。狭义上的社区资源指能够为一个特定的社区所掌握、支配和动员的各种物质资源和非物质资源。[①]社会资源只有经过整合才能成为社区资源，才能为社区建设和社区服务所用。

社区资源可以分为物质资源、精神资源、人才资源、文化资源、组织资源和综合资源等[②]。物质资源主要指社区建设过程中所需要的物质、资金，包括各种活动场所、设施、设备、物品等及社区建设、管理、活动、服务等方面所必需的资金；精神资源，主要指社区中各种公共组织和社区成员的社会态度、精神风貌、思想政治道德素质等，它们会直接或间接地影响社区对外部不同性质的事物或活动产生倾向性，如积极、拥护、认同或消极、不满、逆反等。精神资源会在一定程度上制约社区的办事能力和承担社会责任的能力；人力资源是社区最重要的资源，指社区成员中具有劳动能力，特别是经过专业训练而养成特殊技能的人才总量，

---

① 李立纲：《社区资源的获得》，《学术探索》2001 年第 6 期，第 49—52 页。

② 杨贵华：《社区共同体的资源整合及其能力建设——社区自组织能力建设路径研究》，《社会科学》2010 年第 1 期，第 78—84 页。

这些人才资源既可以直接服务本社区，又可以为其他社区服务。人力资源不仅是一种个体力，更是一种集合力（集体力），这种力量的发挥，很大程度上又与精神资源的状况联系在一起。更重要的是，集合力通常表现为对相关人员的组织，表现为人们之间的一种有序的协作联系，这种协作联系也可以看作一种组织资源，但这种组织资源不是传统意义上的行政组织或政治组织，而是指社区中新型的民间组织或非政府组织。社区内的每个个体都可以被看作社区的人力资源，目前我国的社区人力资源主要指社区工作者和社区志愿者；综合资源，主要指社区原有的传统、文化资源甚至政治资源等潜在资源积淀的统一，如上海市虹口区的多伦路文化名人一条街就是一个社区，这个社区因拥有鲁迅故居、“左联”会所等而具有丰富的文化资源，中共一大会址所具有的政治资源和文化资源等。

社区资源建设运动是将社区相关的社会资源相互协调为一个整体并挖掘潜在社区资源使之为社区所掌握、支配和动员的运动。社区资源建设运动实际上就是社区发展运动。推行社区发展运动应着重三种建设：（1）社区基础工程建设，主要是改善社区环境。（2）社区生产福利建设，主要包括提供儿童、青少年、妇女、老人等福利服务，举办各种技能培训，辅导失业人员就业等。（3）社区精神伦理建设，主要有硬件和软件两方面，硬件方面包括兴建社区活动中心、社区阅览室、儿童乐园等，软件方面包括推行礼仪规范、表扬好人好事、敬老尊贤、崇尚孝道、培养社区意识、倡导良好生活习惯等。

社区资源建设运动的推行不是依靠自上而下的工作方式，而是依靠以社区居民参与为主的自下而上的工作方式。居民自己制订计划，社区工作者只是给予辅导，居民在参与的过程中培养对社区的归属感，形成对社区的认同。社区归属感、社区认同本身就是一种社区资源。对于从事社区工作的人员来说，在工作中如何调动社区居民的积极性，参与社区资源的开发和建设至关重要。

第五节　个人成长中的工作单位

在个人成长的社会系统中，工作单位也是其中一个重要的子系统。个体投入职业场所的时间平均三十年左右，它对个人生活及行为的影响极大。

一、工作单位在个人成长中的功能

工作单位是指个体在社会中从事一定的职业时所归属的社会组织，是表现自我能力与获得成就感的一个重要场所。在我国，工作单位可以分为党政机关、事业单位、企业、社会组织、军队及武警部队和国际组织等。

在现代社会，工作单位大多是有正式结构的组织。除极少数自营事业外，多数工作场所都具有科层制的特点，包括：组织中的职位有等级划分；用非个人化的方式制约成员间的关系；每个职位由具有专门能力的人担任；在程序化的规则下作出理性的合作行为；职位反映出基于专业训练的很高的专业化程度；区分私人生活和公共生活及成员在组织中的不同位置。

科层制的组织方式是很多工作单位运行的保障，这也使工作单位与家庭、社区在个人成长中的功能有所区分。工作单位对个体的影响主要表现在以下几个方面：

（1）工作单位促使个人学习专门的职业知识和职业技能。由于工作单位具有科层制的特点，所以每个职位上的人都要具有经过专业训练而获得的专业知识，否则无法胜任。因此，个体在接受学校教育时已经有意识地为未来职业选择做了准备。随着现代社会知识结构更新加速和竞争日益加剧，个体在工作过程中面临着被淘汰的风险，也会不断地充电学习，以适应新的工作要求。

（2）工作单位影响个体的行为。从学校毕业后初入职场，个人会发现工作单位的环境与家庭或学校是不同的，个人在其中必须遵守一套正式的规范和行为方式，不管其性格、喜好是怎样的。所以，初入职场的人必须经过职场社会化，改变自己的部分行为及人格特质以适应新的环境。

（3）个人在工作单位所担当的角色及所获得的报酬决定了他的社会经济地位，也就是所谓的职业地位。工作是个人身份的重要表现，因为它具有客观性，在某一特定社会中它与相应的经济收入、权力地位和社会声望相对应。现实生活中，判断一个人的重要依据就是他所从事的工作。各个社会都有一套自己的职业地位体系。

（4）工作单位为个体结交他人，形成小群体提供了机会。在工作单位，同一部门的同事、兴趣相同的人们、因为职务关系接触较多的人之间会形成各种各样的小群体。个体从这种非正式结构中可以获得友谊、认同和情感支持，增加心理安全感，缓解在正式结构中工作的压力和紧张氛围，增强工作的兴趣。

二、职业发展与社会流动

职业发展就是从动态的角度研究个体在职业领域中实现自己期望的职业角色并获得社会认可的职业地位和职业声望的过程。它是一个动态的过程。在不同的发展阶段，个体有不同的职业需要和人生追求。它与个体的成长和发展密切结合在一起，这主要表现在两个方面：其一，职业本身就是个体生理、心理和社会等多方面成熟发展的结果，是青年人或成年人的自主选择；其二，个体对工作的选择和认识本身也是一个不断深入、不断更新的过程。舒伯（D. Super）在他的职业发展理论中指出，人的职业生活是一个不断发展的过程，整个职业发展过程可分为五个基本阶段①。

第一个阶段是作为职业萌芽期的成长阶段(从出生开始至14岁左右)。个体主要对家庭和学校中的重要他人进行观察、模仿和认同,由此产生朴素的职业想象和期望;第二个阶段是职业探索阶段(15至24岁),这是对职业进行一般性探索的阶段。在学校或业余生活中,青年可以确立自我概念,发现自己的兴趣,评估自己的能力,并找到自己的职业方向;第三个阶段是职业建树阶段(25至44岁),在这个阶段,个人获得了特定的工作,进入持久的职业,开始了职业角色的转换,并力图发展自己的职业,获得职业上的成功;第四个阶段是职业维持阶段(45至65岁),此时人们已经在自己的职业领域里取得了一定的成就,人们致力于巩固已有的成就,不愿轻易转行,这是职业发展的一个相对稳定或停滞的时期;第五个阶段是衰退阶段(65岁至生命的最后时光)。在这个阶段,因为生理的衰老和社会的退休制度,人们渐渐地退出了职场,减少或者中止了职业活动。

同职业选择一样,个体的职业发展除了受到自身性格特点、学历、能力等因素的影响,也受到宏观社会环境的影响,如户籍制度、就业政策、社会保障制度等。宏观社会环境中与个体的职业发展紧密相关的就是社会流动环境,即各种用工制度、就业政策是否为个体职业发展创造了较为宽松的选择环境。在我国,从20世纪50年代到改革开放之始,由于严格的户籍制度、劳动力计划安排制度和干部人事制度的作用,个体的社会流动受到较大程度的限制。

社会流动(social mobility)指社会中的个人或群体在其社会地位上的变动,即他们从已有的地位向新的地位转化的过程。社会流动有着各种各样的形式和类型。

(1)从流动方向来看,社会流动可分为水平流动和垂直流动,水平流动是指人们在同层次的地域和群体之间流动,如个体从一个职业转到另一个职业。在这些迁移的过程中并不必然伴随着个人或群体在收入、权力和声望等方面的升降。垂直流动则是指个人或群体在社会地位方面的升高或降低,可以分为向上流动和向下流动。

(2)从流动的原因来看,社会流动可分为个人性流动和结构性流动。个人性流动是指社会中的个人因其需要、勤奋或机遇等因素而发生的各种流动。结构性流动是指由社会的政治、经济和其他方面的变化所带来的个人或群体的各种流动,如生产技术的变化使一些职业群体变得更为重要,因而地位上升。比较而言,结构性流动对个体职业发展的影响更大一些。

(3)从流动发生的时期来看,社会流动可分为个人一生中的流动和代际流动。前者又称为代内流动,例如,一个人在刚就业时可能只是一个小职员,而到

① 赵北平、雷五明:《大学生涯规划与职业发展》,武汉大学出版社2006年版,第35页。

退休时已升到经理;后者即一个人相对其父辈的地位变动情况。如果一个人的父亲一直从事着低地位的职业,而他自己却从事某种高地位职业,那这两代人之间在职业上就发生了代际向上流动。

对一个社会来说,良好有序的社会流动环境是必不可少的。它有助于社会选拔人才,同时,它也是评价社会良性程度的一个重要指标。一个社会越开放,人口流动频率也越高。从社会流动的角度来看,个体职业发展就是一种垂直流动、代内流动,它虽然与个人的勤奋、机遇有关,但更重要的是与社会结构、社会环境密切相关。因此,在评价一个人的职业发展时,要关注社会系统的诸多层面。

第六节 个人生活中的制度

每个社会都需要建立制度(institution)以维护社会秩序保障人类生存。个人生活中的制度内容极其丰富,对制度的认识能够帮助我们理解社会环境对人类行为的影响。

一、制度的含义与类型

美国经济学家诺斯(D. C. North)认为制度是一个社会中的博弈规则,它被用来约束人类的行为。它对人类在什么情况下可以做什么和不能做什么作出限制①。制度的基本元素有规范、规则、惯例、价值、习惯和它们的实践。规则是制度的内容,规则构成社会对于个人的社会角色的期望。制度也可以说是一组制度化了的角色或者地位关系,它们整合在一个社会体系中;社会体系针对问题而设立;人们的社会角色、社会地位、社会群体和社会组织是规范和规则的集合和表现②。总而言之,制度应该理解为一个社会中人们从事社会活动的规范、规则、惯例、价值、习惯以及它们的实践。制度是一切社会活动和各种社会关系的框架。

社会中的人几乎每时每刻都在和各种制度打交道。但在社会生活和学术研究中,制度经常在以下三个层次上使用:(1) 社会形态,如社会主义制度,这是广义的社会制度,它以整个社会作为研究背景,研究者常在区别人类社会不同的性质和发展阶段上时使用它。(2) 具体的制度,如经济制度、政治制度、家庭制度、福利制度等。这一层次的社会制度常常在探讨不同社会生活领域里的问题和研

---

① Douglass C. North, *Institutions, Institutional Change and Economic Performance*, Cambridge: Cambridge University Press, 1990, pp. 1-10.

② Talcott Parsons, *Social System*, England: Routledge & Kegan Paul Ltd, 1951.

究不同社会关系时使用。(3) 社会组织的规章制度,如考勤制度、奖惩制度等。这是狭义的制度,代表某种规定的行为模式和办事的规则程序。在考察人类行为时,我们比较倾向于在第二个层次上使用制度概念,因为各种具体的制度规定了整个社会生活的主要方面,它们是直接构成社会整体的功能单位。

制度在维持人们交往方面起到重要的作用。它与习俗、风俗有所不同,习俗、风俗一般控制着初级群体关系中的人类行为,当个体离开初级群体进入次级群体时,制度便开始发挥作用。制度一般具有三个特点:(1) 强制性和权威性。强制性主要表现为对组织内部成员的奖惩,而权威性一方面来自强制性,另一方面是因为制度的执行需要通过专门的机构与设施。(2) 独立性和普遍性。独立性指制度一旦形成就脱离了情感,执行者不能将个人情感带入制度,同时它对社会成员具有普遍约束的作用。(3) 持续稳定性,这是制度发挥其功能的前提条件,制度一旦建立要持续存在相当长的时间,具有一定的生命周期。

二、制度在个人成长中的功能

人类社会之所以需要制度,是因为人类社会的生存和发展离不开制度的帮助。总的来说,制度在人类行为过程中一般发挥如下作用:

1. 满足人类生活需要的功能

任何制度都是为了满足人类生活的某种或某几种需要而产生的。例如,家庭制度能满足人们物质生活、情感生活、儿童社会化等方面的需要;教育制度能满足人们提高素质、传递文化等方面的需要;社会福利制度能满足社会中的弱势群体维持基本生活的需要。马斯洛将人的需要分为五个层次,即生理需要、安全需要、归属与爱的需要、尊重的需要和自我实现的需要,每个层次需要的满足都应有相应的制度规范作保证。制度是通过制度化和制度改革过程来满足人类不断增长的需要的。

2. 实现社会整合的功能

对社会生活的整合作用是制度的一个重要功能。制度把人们的社会关系固定下来,规定人们的行为准则和方式,由此使各种社会因素、社会力量整合为一个统一的整体。制度为人们的社会关系和社会行为提供了一套现成的规范体系和行为模式,人们按照这些规范行事,就会使整个社会关系表现得结构完整、活动有序。否则,一种重要的制度运转失灵,就会造成整个社会秩序的混乱。制度的社会整合功能以它对社会成员的行为导向为前提。制度通过权利和义务系统为每个社会成员确定了特定的地位和角色,社会成员只有按照社会制度规定的思想和行为模式行事,才能减少与社会的冲突,较快地适应社会生活。

3. 传递社会文化,促进社会发展的功能

文化是历史的积淀,它通过不断继承、总结、改造、创新和积累而形成。文化不能通过遗传让后代直接继承，后人必须通过后天学习掌握文化。制度为文化传统的继承和发扬提供了根本保证，它通过为人们保存和提供现成的文化知识和相应的设施，使后人能在较短时间内继承人类几千年的文明成果，从而保证了文化的延续性。从本质意义上讲，社会制度就是社会文化。文化是在制度中保存的，也是在人们实践制度的过程中传播的。

此外，帕森斯从系统论角度出发分析制度对人类行为的影响。在帕森斯看来，社会系统乃至整个行动系统都面临着一些基本功能要求，即适应、目标实现、整合和潜在模式维持，满足这些要求是系统生存的先决条件，而这些要求正是通过各种基本结构即制度来满足的。如适应这一功能要求通过经济制度实现，目标实现这一功能需要通过政治制度实现，整合这一功能要求主要通过法律制度实现，此外宗教制度的某些部分也与整合功能有关，潜在模式维持这一功能要求通过家庭、教育及宗教制度的某些部分实现。①帕森斯的分类框架能够帮助社会工作者理解社会中主要的制度及它们各自的功能。在社会工作实务中，研究个体行为如果忽视了制度，则很难全面理解和把握案主的需要和问题。

三、提供社会福利的制度

社会福利(social welfare)是一个具有丰富内涵的概念：(1) 社会福利是一种人类生活幸福的状态，社会福利是价值取向的，充满关怀、付出、责任等价值内容，是实现人类福祉的手段。(2) 社会福利是一种体制，它包含的内容是多维度的，如支持社会福利制度建立的意识形态、文化、劳动力市场、去商品化倾向、社会分层等。社会福利体制一般可分为自由主义福利体制、保守主义福利体制、社会民主主义福利体制、东亚福利体制等。(3) 社会福利是一种具体的社会制度。社会福利制度的本质是用一种社会认可的制度安排方式去满足社会成员的需要。社会福利具体化为国家与社会中的制度安排，包括正式的社会福利制度和非正式的社会福利制度。②

社会福利制度有广义和狭义两种理解。广义的社会福利制度是国际上通用的概念，它是指国家和社会为实现社会福利状态所做的各种制度安排。狭义的社会福利制度指为帮助特殊的社会群体、疗愈社会病态而提供的社会服务，又称福利服务(welfare services)。狭义的社会福利以弱势群体或社会边缘群体为对象，以传统社会工作(照顾老弱病残等)为主要内容。与狭义社会福利相比，广义社会福利具有以下几个特征：(1) 福利对象的扩大：从弱势群体到全体公民，强调促进实现人类的共同福利；(2) 福利项目的丰富：从面向弱势群体的社会救

---

① [美]塔尔科特·帕森斯：《社会行动的结构》，张明德等译，译林出版社 2012 年版，第 132 页。

② 彭华民：《社会福利与需要满足》，社会科学文献出版社 2008 年版，第 6 页。

助和社会福利服务扩大到面向全体市民的社会保障、就业、住房、医疗和教育等项目;(3) 福利提供者的多元化:由单纯的政府提供扩大为全社会提供,包括志愿部门(第三部门)、非正式部门、互助团体和公共部门。我国民政部门采用狭义社会福利概念,将社会福利视为社会保障制度的一部分,这与国际社会福利概念体系不一致,在进行比较研究时应予注意①。

社会福利制度因存在不同的特点而有不同的类型。维伦斯基和利比克斯(H. L. Wilensky & C. N. Lebeaux)提出了补缺型社会福利与制度型社会福利的概念。补缺型社会福利制度认为社会福利只在正常制度失效时发挥作用。而制度型社会福利制度认为社会福利是现代工业社会必需的、具有福利提供功能的部分,它不带有任何施舍或慈善性质的污名,它是个人、家庭和社区满足其社会需求的主要方式。维伦斯基和利比克斯还认为政府的介入是工业化的结果,因为工业化破坏了传统的社会福利机制,如家庭、亲属支持网等。同时,工业化使得工人生活风险加大,如失业、工伤、疾病都会导致收入中断而引起贫困。这些问题单靠个人或家庭是难以解决的,于是政府通过社会福利制度来承担解决社会问题的责任。②维伦斯基和利比克斯的两种制度成为社会福利领域的经典分类。

制度主义也对社会福利制度类型进行了划分,分为普遍性社会福利制度和选择性社会福利制度。普遍性社会福利制度是需要满足原则实现的体现,它对社会福利接受者没有限制,即福利项目面对所有公民(或居民)。制度主义者坚持普遍主义,他们坚持社会福利是公民的权利,认为具有普遍性的福利项目可以有效消除福利污名化给接受者带来的侮辱和伤害。从这一视角出发,各国实施的家计审查式的福利项目将大笔资金用于管理、筛选福利接受对象,被一些社会政策研究者认为是不经济的行为。英国的国民健康服务和儿童津贴就是普遍性社会福利项目的范例:国民健康服务的提供不受公民收入、身份、职业、信仰、阶层等因素的影响;儿童津贴方面,尽管社会成员分属不同阶层,但儿童津贴无差别地支付给他们,因为这是他们的社会权利。

马歇尔(T. H. Marshall)提出的公民权利理论支持了社会福利制度的建立。他认为国家福利不是慈善机构的扩大而是基于公民权利而建立的。国家必须保证公民获得足够的收入、住房和教育。国家应立法并承诺实现公民的权利。并通过立法和制定社会政策而使社会福利制度化③。蒂特姆斯(R. M. Titmuss)提

---

① 彭华民:《论需要为本的中国社会福利转型的目标定位》,《南开学报》2010 第 4 期,第 52—60 页。

② Harold L. Wilensky & Charles N. Lebeaux, *Industrial Society and Social Welfare*, New York: The Free Press, 1965.

③ T. H. Marshall, *Class, Citizenship and Social Development*, New York: Anchor Books, 1965.

出了社会福利是利他主义实现的一种方式的观点，引入了社会福利应是公民集体道德责任的讨论，即认为国家代表公民，应该承担集体责任。国家将利他主义制度化为社会福利制度。社会福利制度体现了公民权利和利他主义精神。①

需要注意的是能够提供福利的制度与社会福利制度是不同的。社会中不少制度都能够提供福利。家庭制度、宗教制度、经济制度和政治制度都能以不同的组织形式、以不同角度提供福利。例如：家庭有照顾家庭成员、支持家庭内部经济的功能。教会在福利方面的功能是提供宗教福利、健康、教育、社会服务、咨询。政府在反贫困、经济保障、公民健康、教育、住房等方面发挥福利功能。

在讨论广义社会福利时，蒂特姆斯对社会福利的分类也值得一提。他认为所有为满足某些个人需要或为了服务广泛社会利益的集体干预大致可以分为三类：社会福利、财政福利和职业福利②。社会福利指国家福利和社会服务，以直接公共服务（如教育和健康照料）和直接现金给付（如退休金和养老金）体现；财政福利是指具有明确社会目标的特别减税和退税措施，如在一些发达国家，市民凡是参加慈善募捐、社会保险或者承担抚养子女责任的都能享受减税；职业福利（附带福利）是指与就业或缴费记录有关的企业提供的各种内部福利，以现金或实物形式支付，常常由政府依法强制实施，如企业医疗养老保险、子女教育补贴、住房补贴、带薪假期等。这里所说的财政福利和职业福利在广义社会福利中占主导，社会福利只是其中极小的一部分。

总之，社会福利制度的建立是为了提升个人和社会的福祉，如果不能通过制度化或非制度化的渠道提供足够的物质、健康、教育等方面的福利来满足社会成员的需要，那么他们的生存和发展必定会受到威胁。

第七节 社会工作的重要议题

一、未成年人保护

改革开放以来，伴随着城市化、社会流动及社会风险的增加，未成年人的生存和发展呈现出多种样态，他们面临不平等、脆弱性及流动性所带来的各种困境。与此同时，社会结构及家庭结构的变化，使得留守儿童、流动儿童、贫困儿童等各类困境儿童问题成为社会福利中的重要议题，传统的补缺型福利在保障主体、保障范围、保障内容上的局限，使它无法满足新时代儿童福利多元化、专业化

---

① Richard M. Titmuss, *Social Policy: An Introduction*, London: Allen & Unwin, 1974.

② Richard M. Titmuss, *Essays on "The Welfare State" (2nd ed.)*, London: Allen & Unwin, 1963, pp. 34-55.

及精细化的需要，迫切需要进行改革。

2012 年到 2021 年，未成年人保护方面的政策持续推进。2012 年，第十三次全国民政会议提出发展适度普惠型社会福利，探索困境儿童分类保障机制，健全儿童福利制度①。2013 年中共中央在十八届三中全会报告中提出健全困境儿童分类保障制度。为了持续推动困境儿童分类保障制度的落实及困境儿童的福利供给，民政部于 2013 年开展适度普惠型儿童福利制度建设试点工作，把江苏省昆山市、浙江省海宁市、河南省洛宁县、广东省深圳市 4 个县市作为试点地，进一步提高儿童福利水平；2014 年设立了适度普惠型儿童福利制度第二批试点，包括北京市房山区、天津市东丽区等 46 个市（县、区），进一步细化了困境儿童“分层次、分类型”的身份确定标准和福利提供方式。2016 年，国务院印发了《关于加强困境儿童保障工作的意见》，各地开始将之前条块分割的困境儿童保障政策进行优化组合，建立起社会力量广泛参与，覆盖城乡、上下联动、协同配合的工作体系。除了关注困境儿童等特殊群体，还要建立覆盖所有未成年人的保护体系，促进未成年人健康发展成为国家社会关注的重点。2021 年新的《中华人民共和国未成年人保护法》正式实施。新的《未成年人保护法》立足于未成年人生存权、发展权、受保护权、参与权，在原有家庭、学校、社会、司法四大保护基础上增加了网络保护和政府保护，并且对每一类保护主体提出了更多可操作的措施。同时，新的《未成年人保护法》将社会关注的校园欺凌、困境儿童保护、预防矫治未成年人犯罪等热点问题纳入服务和评估范围。综合来看，新的《未成年人保护法》具有鲜明的实践和时代特点，构建了以家庭监护为主，以监护支持、监督和干预为保障，以国家监护为兜底的未成年人监护制度体系，为新时代更好保护未成年人身心健康，保障未成年人合法权益提供了法律依据。

未成年人保护工作是一项系统工程，涉及众多部门。实践层面，需要做好以下几方面工作：

（1）未成年人保护不仅是法律上的保护，更多还有福利服务的提供，操作层面需要相关法律部门和福利服务部门合作，协调机制必不可少。未成年人服务分散在民政、妇联、教育、财政、司法等众多职能部门，各种儿童福利政策的有效落地有赖众多部门的沟通协调和支持，因此，横向上需要建立协调不同部门的工作领导小组和联席会议制度，促进资源的整合和服务的联动。新的《未成年人保护法》将未成年人保护工作的纵向协调工作交由民政部门负责。2019 年，民政部设立了儿童福利司这一专门负责儿童福利服务的管理部门。2019 年 4 月，民政部联合司法部、公安部、财政部、人力资源社会保障部等 10 部门联合制定出

---

① 窦玉沛：《深入学习领会第十三次全国民政会议精神》，《中国民政》2012 年第 4 期，第 46—52 页。

台了《关于进一步健全农村留守儿童和困境儿童关爱服务体系的意见》，明确指出在全国范围内的村（居）民委员会设立“儿童主任”，由村（居）民委员会委员、大学生村官或者专业社会工作者等担任，在乡镇（街道）一级设立“儿童督导员”，由乡镇（街道）人民政府明确一名工作人员担任，在县（市、区、旗）设立“未成年人救助保护机构”。该政策的出台为提升未成年人救助保护机构和儿童福利机构服务能力，加强基层儿童工作队伍建设指明了方向。截至 2020 年 5 月底，全国范围内已建立了包括 4.8 万名乡镇（街道）儿童督导员、66.3 万名村（居）儿童主任在内的基层儿童工作者队伍[①]。县（市、区、旗）、乡镇（街道）、村（居）儿童纵向保护的三级工作网络已经初步形成。横纵结合的工作机制和协调机制为未成年人保护法的落实提供了强有力的支撑。

（2）未成年人保护需要在发现报告、风险评估、服务提供、家庭支持及家外安置等环节建立顺畅的保障机制。面对不同类型的未成年人的服务需要，资金支持是必要条件，政策具体落实也需要专门的人员和组织。分散在基层的儿童福利工作者是各种福利服务能否落地的关键，他们解决的是福利服务提供的“最后一公里”问题。例如，按照《关于进一步健全农村留守儿童和困境儿童关爱服务体系的意见》的规定，儿童主任主要承担对留守儿童和困境儿童家庭走访、信息更新、强制报告、政策链接、强化家庭监护主体责任及家庭教育等多项工作，但是这些工作的完成均需要专业的知识和服务技巧，因此，提升基层儿童工作者的能力，加强对他们的督导是保证儿童福利政策高效落实的关键。此外，未成年人保护有赖公检法等各部门的支持，乡镇（街道）儿童督导员需要有适当的资源介入才能完成工作。因此，一方面要明确儿童督导员的资源协调职责，另一方面要促进儿童督导员的专业化，充分发挥儿童督导员协调资源、支持儿童主任、解决处理疑难个案的职能。同时，加强未成年人保护机构如未成年人保护中心等的建设，做好未成年人保护中监护缺失和监护不当等状况的防范工作，保障未成年人保护法中家外安置这一环节的实现。

（3）未成年人保护工作的落实需要鼓励和引导社会力量广泛参与，发挥专业社会组织的优势。未成年人保护工作的出发点是精准识别未成年人的风险类型和等级，以此为基础提供精细化和专业化的服务，从而满足未成年人的需要，保障他们的权利。但是不同类型的未成年人在需要内容、需要层次上存在差异，精准识别他们的风险、需要并非易事，需要专业力量的介入和参与。例如，张家港市在 2016 年成立了困境儿童关爱中心，以此为枢纽，发动基层 2000 多名持证社工的力量，把社会组织孵化培育和服务提供整合起来。政府以社会组织获得市场准入资格为最高限度，鼓励村、社区持社会工作资格证的基层人员成立社会

① 《我国现有村（居）儿童主任 66.3 万名》，新华社 2020 年 5 月 30 日。

工作室，参与承接政府购买的各类儿童服务项目，并根据专业需求的强弱和服务对象的风险等级匹配不同的服务个案。与此同时，为保证服务质量和服务成效，完善儿童服务领域的督导工作，该市在持证社工中招募有意愿长期从事儿童服务的督导员，引入第三方专业组织对他们进行培训，再依托本土儿童服务督导员去支持一线社会组织的服务，充分发挥了本土社会组织就近、便利、服务成本低的优势。这为政府常态化、竞争性购买服务项目创造了条件。同时，困境儿童关爱中心除按照大类对困境儿童进行分类外，在前期细致走访的基础上，按照风险等级把困境儿童分成5类，并针对不同类型、不同年龄段的儿童开发了身体和心理健康管理、家庭生活管理、学业和兴趣学习管理、直接和间接的家庭服务等8大类48项常规服务，不同风险等级的服务内容和频次均有差别，创新了基层儿童保护工作模式，实现了儿童保护服务的专业化、个性化、系统化和持续化。

二、失业者的福利需要

作为人表现其类本质的活动，就业对个体来说意义重大。它是个体生存发展的必要条件，也是个体获得更多社会福利的前提；同时，通过就业个体自身的社会地位也得到了肯定。但个人的职业发展历程并非都是一帆风顺的，也面临着诸多风险，例如：劳动力供大于求、经济结构调整、市场就业机制不完善等客观因素；科技的发展导致个体的职业技能无法满足社会中某一行业的要求；个体就业观念的变化，等等。无论何种原因导致的失业都会对个体产生诸多消极影响。

首先，失业剥夺了一些人就业和参与社会生活的机会，使他们失去了收入的来源，间接也会影响到个体的福利。它有可能把失业者及其家庭抛入被救济者人群，将他们置于社会的底层或使之陷入贫困。

其次，失业导致人们的自我价值无法在社会中得以实现，这往往会引发个体的情绪焦虑。刚失业的个人往往表现出震惊、焦虑、情绪低落等特点，由此可能陷入抑郁或者消沉状态，对自己今后的就业前景极为悲观，更严重的可能陷入社会危机感和焦虑感。

失业会造成收入的降低，也是个人陷入贫困的重要原因。市场并不能提供足够的保护措施来预防失业的风险，因此，世界各国普遍建立了保护失业者的失业福利制度。综合来看，各国面向劳动年龄人口短期失业或者长期失业提供福利主要包括失业保险、失业救助和社会救助三类①。

中国的社会政策框架中并没有直接的失业救助制度，可起到相同作用的是

---

① Michaela Pfeifer, "Comparing Unemployment Protection and Social Assistance in 14 European Countries. Four Worlds of Protection for People of Working Age," *International Journal of Social Welfare*, vol. 21, no. 1(2012), pp. 13-25.

就业援助制度及救助体系中的就业救助。2007 年 8 月 30 日通过的《中华人民共和国就业促进法》明确规定：各级人民政府建立健全就业援助制度，采取税费减免、贷款贴息、社会保险补贴、岗位补贴等办法，通过公益性岗位安置等途径，对就业困难人员实行优先扶持和重点帮助。就业困难人员是指因身体状况、技能水平、家庭因素、失去土地等原因难以实现就业，以及连续失业一定时间仍未能实现就业的人员。就业困难人群一般包括低保对象、下岗工人、残疾人、失地农民等群体，各地因其具体情况在这一基础上有所不同。除此之外，2014 年国务院通过的《社会救助暂行办法》对就业救助进行了规定，指出国家对最低生活保障家庭中有劳动能力并处于失业状态的成员，通过贷款贴息、社会保险补贴、岗位补贴、培训补贴、费用减免、公益性岗位安置等办法，给予就业救助。整体来看，我国的就业援助制度和就业救助制度主要以减税、补贴、贴息等方式为主，辅助一定的公益性岗位安置等服务。不可否认，随着我国城乡低保及其他专项救助制度的不断发展和完善，很多贫困人口受益，但是也有一些有劳动能力的失业者长期享受低保救助，造成这部分群体在低保中占比较高，出现“福利依赖”的现象。失业救助制度设计上的缺陷可能会导致有能力就业的贫困人口缺乏主动就业的意愿和动力。

此外，新型冠状病毒的暴发使得全球劳动力市场遭遇重创，也给中国劳动力市场特别是低收入群体带来了巨大冲击，失业保险制度的不足愈发明显。数据显示，2018 年年末失业保险参保人数达到 19643 万人，城镇就业人口中参加失业保险的只占 25.3%，近 2.9 亿进城务工人员的失业保险参保率只有 17%①。为了应对突发失业情况，政府出台了阶段性发放失业补助金的政策，规定 2020 年对领取失业保险金期满仍旧没有实现就业以及按规定不符合领取失业保险金条件的参保失业人员发放 6 个月的失业补助金，但是这种临时性、应急式的措施无法从长远解决低收入群体失业保障不足的问题。党的二十大对“健全分层分类的社会救助体系”提出要求，明确了新征程上社会救助事业发展的总体布局、目标任务和发展路径，着力补齐民生短板，持续加强困难群众救助保障②。

阿特金森(T. Atkinson)曾经针对福利国家的困境提出从福利到工作的思路，即把纯粹的福利救济转化为帮扶就业，这样不但可以减轻政府的财政压力，还可以培育城市低收入者的自我发展能力。以就业的形式参与社会，不但可以提高失业人群的收入水平，而且可以增加其与主流社会接触的机会，减少社会排

① 张盈华、张占力、郑秉文：《新中国失业保险 70 年：历史变迁、问题分析与完善建议》，《社会保障研究》2019 年第 6 期，第 3—15 页。

② 刘喜唐：《以党的二十大精神为指引 加快健全分层分类社会救助体系》，《中国社会报》2022 年 12 月 12 日。

斥。就业参与社会的基础是能力的提升，而不是国家强制性分配。① 因此，未来中国失业救助制度的建设既要考虑收入维持又要实现就业促进的功能，应以此为原则构建符合中国国情的新时代失业救助制度。

案例：从爱心纽带到治理参与：社区基金的福利治理机制研究

摘要：在基层治理现代化转型中，社区社会工作急需破解社区资源缺乏、公众参与不足的困境，以社会创新的思路帮助社区可持续发展。本案例以成都市近年来社区基金的发展和运行为主题，借助福利治理的视角从福利融资、规制和提供三个方面梳理了社区基金的运作过程，阐释其福利治理的机制和效果。案例表明，社区基金从邻里互助的爱心起源，以动员本地资源、调动本地人、服务本地需求为宗旨，通过专项基金运营促进居民参与、推动利益相关方联动、营造社区公益慈善生态，实现了自身属性从慈善向公益的进阶，打通了社会工作参与促进基层治理共同体建设的实务路径。社会工作助推社区基金融入社区发展治理对于探索落实“五社联动”工作机制意义重大。

本章小结

社会结构环境包括家庭、群体与组织、学校、社区、工作单位和制度。

家庭是以婚姻、血缘或收养关系为基础而建立起来的共同生活的社会群体。家庭结构类型可以分为核心家庭、主干家庭、联合家庭和其他家庭。家庭在个人成长中为个体提供情感和精神支持、抚育、教育和社会化的功能。一个家庭从建立到消失的过程便是一个家庭生命周期。家庭处在生命周期的不同阶段，其规模、结构、功能、面临的发展任务、个体的感受都会有所不同。

群体和组织是影响人类行为的中观系统。群体是二人以上，通过持续的社会互动或社会关系结合起来进行共同的活动，以达成某个目标的人所组成的小型集合。群体可以分为内群体和外群体、初级群体和次级群体、正式群体和非正式群体、成员群体和参照群体。群体在个人成长中有实现归属需要、提高认同感和自尊、使人们获得一种把自己与他人进行社会比较的途径、提供更强的安全感以及完成特定任务

① ［英］托尼·阿特金森撰，丁开杰编译：《社会排斥、贫困和失业》，《经济社会体制比较》2005 年第 3 期，第 8—15 页。

的功能。实务工作者比较关注同辈群体(朋辈群体)和参照群体在个人成长中的功能。

组织是为了追求特定目标而建立起来的,有固定的成员、权力和利益结构的社会团体。组织可以分为强制组织、功利组织和规范组织;互利组织、商业组织、服务组织、公益组织;正式组织和非正式组织。组织影响人的目标或人生观,也影响个体的身心健康。正式组织对个体的影响有可能来自雇佣关系中的歧视现象。

学校是有计划、有组织地进行系统教育,培养人才的社会组织。它的作用包括:对个人进行长期的、系统的和正规的教育,传授社会文化和科学技术知识;使个体养成特定的价值规范,在不同的社会场合进行各种形式的社会互动并形成良好的适应能力等。对不同特殊儿童所进行的教育就是特殊教育。它不仅注重普通教育的德、智、体、美、劳各方面,还特别强调进行补偿缺陷和发展优势的教育,以满足不同学生的特殊需要。

社区是宏观社会工作实务发生的场域。它是指以一定社会关系为基础,具有特定的行为规范和认同感的人群,在一定的区域界限内形成的有机共同体。它的作用包括:生产、分配和消费的功能、社会化的功能、社会控制的功能、社会参与的功能以及相互支持的功能。按照不同的标准,社区可以分为传统社区、发展中社区和现代社区;经济社区、政治社区、文化社区、军事社区、旅游社区;自然社区、法定社区和专能社区。社会工作者在社会工作实务中强调社区内部的互动模式和认同感。将社区相关的社会资源相互协调成为一个整体,并挖掘潜在社区资源使之为社区所掌握、支配和动员的运动称为社区资源建设运动,也就是社区发展运动。它使居民在参与的过程中达到对社区的认同。

工作单位是指个体在社会中从事一定的职业时所归属的社会组织,是表现自我能力与获得成就感的一个重要场所。工作单位在个人成长中发挥重要的作用。它的功能包括:促使个人学习专门的职业知识和职业技能;影响个体的行为;个人在工作单位所担当的角色及所获得的报酬决定了他的社会经济地位;为个体结交他人形成小群体提供了机会。个体的职业不是一成不变的,一个人的职业发展既受到宏观社会环境的影响,也与个体职业选择有关。

制度是影响人类行为的宏观系统,指人类为了调节行为和相互关系,维持集体生活而建立或形成的行为准则和行为规范,在与具体的社会实践活动领域相结合的过程中所产生的社会关系模式和社会活动体系。它具有满足人类生活需要的功能、实现社会整合的功能以及传递文化的功能。在社会生活中,提供社会福利的制度很多,包括家庭制度、宗教制度、经济制度、互助制度,还有福利制度。他们通过制度化或非制度化的渠道提供足够的物质、健康、教育等福利来满足社会成员的需要。

随着中国社会工作本土化的推进,发现需要并满足需要是本土化的核心。未成年人保护和失业群体的福利需要日益成为中国社会工作的重要议题。

思考题

1. 如何理解家庭在个人成长中的功能？
2. 家庭生命周期的不同阶段任务有何不同？
3. 群体的类型和功能有哪些？
4. 如何理解学校在个人成长中的功能？
5. 什么是重建社区资源运动？
6. 举例说明社会环境对职业选择和职业发展的影响。
7. 举例说明人类行为如何受到社会制度影响。

推荐阅读

高和荣主编:《社会福利》,中国人民大学出版社 2022 年版。

徐永祥:《社区发展论》,华东理工大学出版社 2022 年版。

[美]威廉·富特·怀特:《街角社会:一个意大利人贫民区的社会结构》,黄育馥译,商务印书馆 2021 年版。

彭华民:《中国社会福利理论与制度构建》,经济科学出版社 2019 年版。

周雪光:《组织社会学十讲》,社会科学文献出版社 2003 年版。

[德]菲迪南·滕尼斯:《共同体与社会:纯粹社会学的基本概念》,林荣远译,商务印书馆 1999 年版。

[法]安德烈·比尔基埃等主编:《家庭史》(共 3 卷),袁树仁等译,生活·读书·新知三联书店 1998 年版。

扩展推荐阅读

[法]埃哈尔·费埃德伯格:《权力与规则:组织行动的动力》,张月译,上海人民出版社 2017 年版。

[英]皮特·阿尔科克主编:《解析社会政策(上):重要概念与主要理论》彭华民主译,华东理工大学出版社 2017 年版。

[英]皮特·阿尔科克主编:《解析社会政策(下):福利提供与福利治理》彭华民主译,华东理工大学出版社 2017 年版。

[美]詹姆斯·W. 范德赞登、托马斯·L. 克兰德尔、科琳·海恩斯·克兰德尔:《成长不困惑》,俞国良等译,中国人民大学出版社 2014 年版。

[美]贝蒂·卡特、莫妮卡·麦戈德里克:《成长中的家庭:家庭治疗师眼中的个人、家庭与社会》,高隽等译,世界图书出版公司 2007 年版。

中国青少年发展基金会:《成长的希望:50名希望工程受助生追踪纪实》,中国青年出版社1999年版。

Ann Hartman & Joan Laird, *Family-centered Social Work Practice*, New York: Free Press, 1983.

Richard M. Titmuss, *Social Policy: An Introduction*, London: Allen & Unwin, 1974.

T. H. Marshall, *Class, Citizenship and Social Development*, New York: Anchor Books, 1965.

Harold L. Wilensky & Charles N. Lebeaux, *Industrial Society and Social Welfare*, New York: The Free Press, 1965.

Richard M. Titmuss, *Essays on "The Welfare State" (2nd ed.)*, London: Allen & Unwin, 1963.

第五章　文 化 环 境

学习目的

理解文化环境的一般概念；认识文化的含义、特征、元素、结构和功能；认识社会价值观的含义、类型和功能；了解文化变迁，认识其含义、类型和功能；了解与文化环境有关的社会工作重要议题：代沟、中国佛教文化和慈善服务、重建生命意义、社会工作服务的文化嵌入。

人类行为与社会环境研究主要考察人类行为与社会环境的相互影响。人类行为的影响因素包括：个人的遗传及生理、心理状态；物质环境和社会环境，其中社会环境是指个人一生中所属的社会系统的状况，学校、家庭、就业机构、社区、社会、文化等是其重要组成部分。①在上一章，我们讨论了社会结构因素对人类行为的影响，本章将专门考察文化环境对人类行为的影响，重点关注文化的含义、元素和功能，社会价值观和文化变迁的相关内容。

第一节　文 化 概 述

在社会科学领域，文化是众多学科共同关注的研究议题。文化是一个大概念，是一个复杂的整体，要了解文化环境对人类行为的影响，需要厘清文化的含义与特征、元素、结构与功能。

一、文化的含义与特征

1. 文化的含义

人类与动物的区别就在于，动物的行为都不是由共同的价值观、知识或者其

① 沙依仁：《人类行为与社会环境》（修订版），五南图书出版有限公司 2014 年版，第 9 页。

他鲜明的文化特征塑造的。动物所依赖的不是文化而是本能——他们所固有的、与生俱来的一种复杂的行为模式[①]。关于文化的定义,学界争论不休。克鲁伯和克拉克洪(A. L. Kroeber & C. Kluckhohn)合著的《文化:概念与定义的批判性回顾》一书收集了160多种有关文化的概念定义。他们把文化的定义分为描述性的、历史的、规范的、心理的、结构的、遗传的、其他的八大类[②]。纵观国内外学者对文化的定义和文化的历史演进过程,可以发现在中国古代和欧洲的文献中,文化最初具备教化、栽培的意思。这与当今的文化一词所代表的意思是不一样的。在中国古代,"文化"一词,原意为对人实行文治教化,用一定的道理和规矩来教育和感化人,使之安分守己,服从统治。汉朝刘向在《说苑·指武》中写道:"凡武之兴,为不服也,文化不改,然后加诛"。刘向认为有智慧的人治理天下,会先用文德教化天下再用武力征服天下。在欧洲,"文化"一词来源于拉丁文 cultura,原意是人类对土地的耕作和对农作物的栽培。文艺复兴以后,逐渐把对人的培养也称为文化。

泰勒(E. B. Tylor)的著作《原始文化》于1989年出版。他在其中写道:文化或文明,从人种志学的观点看,是一个复杂的整体,它包括知识、信仰、艺术、伦理道德、法律、风俗习惯,以及作为一个社会成员的人通过后天学习获得的任何其他能力和习性[③]。马林诺夫斯基认为文化是包括一套工具及一套风俗——人体的或心灵的习惯,它们都直接地或间接地满足了人类的需要[④]。在这一时期,文化概念的内涵包括习俗、信仰等,偏向于非物质。

一般而言,文化是指个体所归属的群体、种族、阶层、社区或国家的与众不同的生活方式,文化组成了个体对其所生活的世界的理解。也有学者提出,文化包含习得的行为、信仰、态度、价值及特定社会或群体特有的观念等,特别指某个特定社会群体由学习积累的生活经验、行为特质及其社会传递模式。现在文化的含义越来越多元和广泛。从文化形态视角来看,我们认为文化是指所有社会成员都共享的非物质文化和物质文化。其中,人类创造出来的一切物质产品,以及为满足人的需要而创造或加工改造过的产品,属于物质文化[⑤]。而非物质文化是指一切精神文明,即语言、符号、生活方式等。

社会工作也关注文化的含义,这主要是因为文化一方面会影响服务对象的

---

① [美]戴维·波普诺:《社会学》,李强等译,中国人民大学出版社2007年版,第75页.

② A. L. Kroeber & Clyde Kluckhohn, *Culture: A Critical Review of Concepts and Definitions*, Cambridge: Peabody Museum Press, 1952.

③ E. B. Tylor, *Primitive Culture: Researches into the Development of Mythology, Philosophy, Religion, Art, and Custom*, Cambridge: Cambridge university Press, 2012.

④ [英]马林诺夫斯基:《文化论》,费孝通译,中国民间文艺出版社1987年版,第15页。

⑤ Daniel E. Hebding, Leonard Glick, *Introduction to Sociology*, New York: McGraw-Hill, 1992, p. 45.

需要,另一方面也是社会工作实务可以借用的资源。本书所指的文化是社会工作者和服务对象所生活的社会共享的文化。具体包括人类群体或社会所共同分享的一切人类创造。基于此,本书所说的文化包括物质文化、社群文化和精神文化三个方面。

物质文化又称技术文化,反映的是人与自然的关系,是人在改造自然环境时所依托的物质对象的主体,是社会普遍存在的物质形态,其实质是技术水平、可开发资源和人类需求的集合体,包括工具、资金、衣服及艺术品等。社会工作者无论开展何种服务,都需要一定的物质资源的支持,如某社会服务机构期望在社区开展活动,就需要财政和社区硬件设施的辅助。

社群文化,反映的是人与社会的关系,是社会为了规范成员的行为而形成的道德伦理规范、法律制度等行为标准或者指南,如社会工作伦理守则就是对社会工作者伦理抉择的规范手册。社群文化往往依托具体的社会组织,如家庭、学校、工作单位等,产生相应的家庭文化、学校文化、工作单位文化,实现对成员的约束。

精神文化又称非物质文化,是指抽象和无形的人类创造,如语言、艺术、生活方式等。社会工作服务过程中需要关注服务对象的各类精神文化。例如,社会工作者调查得知,家庭暴力和酗酒成为某社区的居民生活的重要部分,社区工作者如果想开展介入服务,必须先了解这一文化,然后从改善其价值观开始,设立服务的目标。也就是说可以从教育性项目着手,逐步推行防治家庭暴力和酒精滥用的方案。社会工作者要谨记,社区的精神文化是会限制机构行动的。

2. 文化的特征

文化的特性与其含义有紧密的关系,因此不同类型的文化含义指向不同的文化特性。一般意义上的文化本质属性包括:创造性、传递性、共享性、象征性、特殊性与普同性①。本书结合学者的观点和本书所采纳的文化的含义,认为文化具有独特性、包容性、相对性、规范性和指导性等特征。

文化的独特性,是指基于不同的社会环境会形成不同的语言、习俗、信仰和价值体系等。文化独特性的维持主要依靠传统文化等。

文化的包容性,是指文化在保持自身最主要特质的同时,也在不断吸纳其他文化元素,形成更加多元的文化类型。这在现代社会体现得尤其明显,“地球村”其实就体现了文化的包容性。

文化的相对性,是指文化的特性和功能需要具体考察文化所属的物质环境,例如,握手在多种文化里表达与人沟通的礼貌,但是在某些原始部落里却表示敌对。对于社会工作者而言,了解文化的相对性至关重要,特别是在跨文化社会服

---

① 彭华民、杨心恒主编:《社会学概论》,高等教育出版社 2006 年版,第 120 页。

务中,要想提供符合案主需要的服务,必须全面了解案主的文化背景,具备良好的文化敏感性。

文化的规范性,是指文化对处于该文化环境的个人或者组织的行为具有限制性,表现为个人或组织必须遵守相应的文化规范,否则往往被视为异常,例如,一些青少年所表现出的染发、吸烟行为,往往被社会标签化为问题行为,因为大多数文化都认为青少年应该表现出积极向上的、健康的行为模式。

文化的指导性,是指文化对人应该表现出什么行为进行具体的指导,例如,社会工作专业伦理守则,就是对社会工作者在面临伦理困境时应该怎样做的详细说明。

二、文化的元素

文化的元素与文化的定义有关。一般而言,学者都认为文化要素包括物质与精神、语言与符号、行为规范与文化模式、社会关系和组织等类型,只是不同的学者所强调的元素是不一样的。本书所使用的文化包括物质文化、社群文化和精神文化三个方面,因此,我们认为文化的元素包括物质产品、价值观、规范体系、符号和语言、精神产品五种类型。

物质产品是指人类在适应自然和改造自然的过程中所创造出来的物品,如各种工具、服饰、建筑物等。这是人类在社会生活中可依仗的实体,也是社会工作者可依赖的硬件设施和物质基础。

价值观是指人们所共同持有的关于如何区分对与错、好与坏、合适与否的观念。价值观通常具有一定的价值取向,具备一定的情感色彩。价值观会影响人们的行为选择。因此,社会科学研究特别强调价值中立,社会工作干预强调尊重案主选择,案主优先。在社会工作实务中,除了关注案主的价值观对案主行为的影响,还要特别关注社会工作者所持有的价值观对社会工作者行为的影响。这一点后文将做专门论述。

规范体系是指社会中引导其成员作出符合社会期望的行为的共同标准体系。规范体系包括正式的和非正式的规范体系。正式的规范体系往往指社会的法律体系,它对违反者作出特定的惩罚。非正式的规范体系是指不成文的,但是被社会成员普遍理解、共同遵守的一些习俗等。社会工作者在分析案主的文化系统时,也要关注相应的正式和非正式规范,例如,对于一个失学儿童而言,影响他的正式规范包括《中华人民共和国义务教育法》等,非正式规范包括家庭对儿童的照顾、教育责任等。

符号和语言都是表达性的,其中符号是指人们所认可的任何能表达意义的事物。符号不仅代表了某种实体事物,同时也暗示了对象征事物的态度①。比如:在中国京剧文化里,红色代表忠义,白色代表奸诈。语言是一种符号系统,指人们所使用的口头或者书面的言语方式。语言包括语义、语调、语境等,不同的组合往往表现出不一样的意义。比如:“你吃饭了吗?”在不同的情景下,辅以不同的语调,所代表的意义就截然不同。作为社会工作者能够清晰地理解语言所表达的意思,对于了解案主的情况和案主生活的环境具有十分重要的意义。

精神产品主要包括哲学、科学、宗教、艺术、道德等各种学科所创造的思想观念,以及人们后天习得的各种知识技能等,其中尤以价值观念最为重要,它是精神文化的核心。社会工作特别关注案主的价值观。案主的价值观是其生活的社会环境的产物,价值观与案主行为密不可分的关系是不能被忽视的。如果社会工作者在对案主的实务介入中只考虑法律,而不考虑该案主的价值观,就会遇到很多困难,从而妨碍服务方案的实施。

三、文化的结构与功能

1. 文化的结构

文化是一个复杂的整体。要想全面认识其对人类行为的影响,必须充分了解其内部结构。文化结构是指许多文化特质的聚合,它通常以某一特质为中心,这一特质在功能上与其他特质发生连带关系或者构成一系列活动,进而形成结构。研究文化结构的重点在于考察文化各个元素之间相对固定的模式。每一个社会都有自己独特的文化结构。从文化的内部构造来考量,按照从狭窄到宽泛的范围,文化结构分为文化特质、文化丛、文化模式。

(1) 文化特质(cultural trait)也称文化元素,是组成文化的最小单位。文化的最小单位是指能独立发挥一定文化功能的单位。无论多么复杂的文化体系都是由一些最小单位组成的。文化特质的确定性是相对的,因此对文化进行分析时,要确定文化特质的标准,以便确认一种文化包含了多少文化特质。

(2) 文化丛(cultural complexes)又称文化集丛,是指一组互相整合的文化元素,它是一个更大的功能单元。一个文化丛包含多种元素,是一个相对独立的功能单位,能满足人们某方面的需要。比如:企业体系文化丛包括企业文化、技术文化、工会文化、员工文化等特质,是一个相对复杂的文化丛。

(3) 文化模式(cultural pattern)。社会学家和人类学家往往在不同意义上使用文化模式这个概念。本书所指的文化模式是指各种文化元素和文化丛集组合形成的一种系统的文化结构,特别是指不同民族的文化。例如:中华民族文化是一种文化模式;日本文化又是一种文化模式;美国文化则是另一种文化模式。

---

① Erving Goffman, *Gender Advertisements*, London: The Macmillan Press LTD, 1976.

一种特殊的文化模式内部必须具有自身的一致性，如共同的文化价值、共同的行为方式、共同的语言等，否则便不可能形成一种独具特色的文化模式。在跨文化的社会工作服务中必须特别关注不同的文化模式下案主的行为表现。

社会工作服务在近年来强调服务模式从传统的问题取向到优势取向的转变，但是问题取向仍然是社会工作的主要介入视角。社会成员往往由于某种亚文化或者反文化的影响，产生一些不被主流文化接受的偏差行为，这正是社会工作者要关注的。基于此，按照文化的形态，可以将其分为主流文化、亚文化和反文化三种类型。

(1) 主流文化(mainstream culture)是指一个社会的主要文化取向。它具有一定的指引作用，对人们的思维方式、价值观念、行为表现、生活习俗等具有很强的约束力。主流文化是一个社会绝大多数人共同遵守的，共同维护的文化类型。

(2) 亚文化(subculture)也称为次文化，是指一个社会的次一级群体的文化。它既具有其所属文化的基本价值观念，也具有其本身独特的风俗习惯、道德规范和世界观①。郑杭生认为亚文化包括民族亚文化、职业亚文化、越轨亚文化(一些反社会集体所特有的文化)三种类型②。根据社会学家的研究，共同的年龄、社会阶层、地域、民族性、信仰和职业等都有可能产生亚文化。一般而言，偏差行为都与特殊的亚文化有关。偏差行为是指个人违反社会主流文化所要求或者倡导的行为标准而表现出的行为。偏差行为往往会被主流社会惩罚或者排斥。当然，偏差行为也是相对的，并没有固定的评估模式。

(3) 反文化(counter culture)是一种特殊的亚文化，是对现存秩序的背离，是对现存主流文化的抵制和对抗。对反文化的评价根据时代和行为性质发生变化。

2. 文化的功能

文化在不同的层面表现出不同的功能。在个人层面，文化起着塑造个人人格，实现个人社会化的功能；在团体层面，文化起着整合目标、规范、意见和行动的功能；在社会层面，文化起着社会整合、社会引导的作用③。基于此，本书认为文化具有以下四个方面的影响：

(1) 文化对个人的影响。个人对文化的了解主要通过社会化的过程实现。社会化是指个体在与社会互动的过程中，逐渐养成独特的个性和人格，通过文化的内化，逐步从生物人转变成社会人的过程。文化对个人的影响

---

① 吴泽霖编：《人类学词典》，上海辞书出版社 1991 年版，第 658 页。

② 郑杭生主编：《社会学概论新修》，中国人民大学出版社 2020 年版，第 69 页。

③ 彭华民，杨心恒主编：《社会学概论》，高等教育出版社 2006 年版。

主要通过确立行为标准、规范人的成长、控制越轨行为来实现。文化通过规范体系,对社会成员的行为进行了相应的规定,通过对个人的教化,使规范内化为个人行为,将个人的行为纳入一定的轨道和模式,从而影响个人的成长。

(2) 文化对社会团结的影响。社会学家迪尔凯姆将社会团结分为机械团结和有机团结两种类型。现代社会主要是基于有机团结而联结起来的。有机团结是指在社会分工和个人之间异质性的基础上建立起来的社会联系。文化鼓励爱国、助人及忠诚等,为社会团结提供了最重要的思想基础。文化对社会团结的影响表现为社会整合功能,例如,一个社会中人们的价值观会有差异,但是通过价值整合,也就是经由统一文化的熏陶,人们会在社会生活的基本方面形成大体一致的观念。

(3) 文化对社会结构的影响。社会结构是指社会关系的各个组成部分或社会体系中的要素之间比较稳定的相互联系模式。文化对社会结构的影响是通过相应的文化规范和标识完成的。文化使得社会行为系统化。每个人在参与社会时,不必时常重新学习和发明做事的方法,而是可以在文化中寻找到相应的参考。

(4) 文化对社会人格的影响。人格指的是某一特殊文化群体的成员所共有的欲求与情感的动态组织,它使人们能对所在群体的主要社会价值作出适应性的反应①。文化能够模塑及建立社会人格,社会中的个人虽然有差异,但是其人格都带有该社会的文化标记。

案例:社会服务机构的文化环境

某社会服务中心准备设置在虹新小区,这是一个人口稀少的乡村地区,人口大约一万人,因为人口很少,所以这个中心是唯一的精神健康服务提供者,以及控制药物滥用服务的机构。这个社区最严重的社会问题是酗酒,漫长而寒冷的冬天,社会的疏离,加上此地酒类生产丰富,造成此地各年龄段喝酒人口不断增加。酒精的滥用使得这个地方的家庭暴力情况急剧恶化。此社会服务中心为了配合国家颁布的防治家庭暴力和酒精滥用的法令,准备在该小区开展防治家庭暴力和酒精滥用的方案。

文化环境分析:

1. 社会服务机构的外在环境

---

① 芮逸夫主编:《云五社会科学大辞典 · 人类学》,台湾商务印书馆 1971 年版,第 5 页。

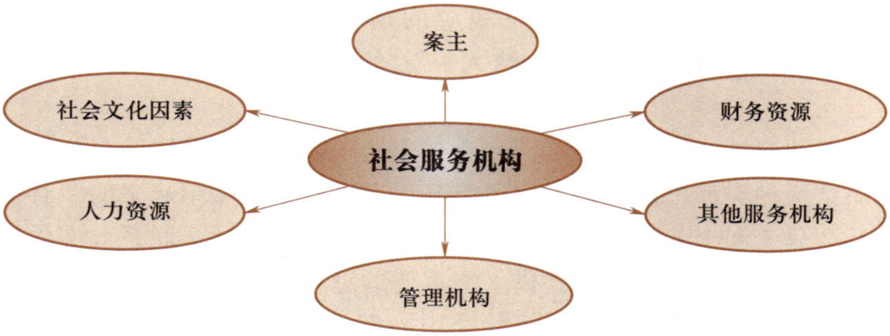

2. 文化环境分析及其对社会工作的启示

机构所在社区的伦理、经济、社会和文化特质构成文化环境。机构的生存受到机构了解环境的能力，以及充分运用环境所提供的机会的能力的影响。对文化环境的分析也是社会工作的“人在环境中”观点所关注的议题之一，人是他周围世界的产物，同时也会积极参与其所在的世界。文化的三个面向会影响机构如何在社区中生存。（社区价值与机构目标、案主价值、资源依赖）

第一，社区价值与机构目标。社会工作者调查得知，此社区的居民非常独立，酗酒、家庭暴力已成为其生活的一部分，加之他们认为自己并没有接受社会救助，所以专业人士不能介入他们的生活。这已经成为这个社区的文化和价值的一部分，所以社会工作者必须了解这些，然后从改善其价值观开始，从教育性项目开始着手。因为社区价值观是会限制机构行动的。

第二，案主价值。如果社会工作者在介入该社区居民的生活时，只考虑法律，而不考虑该社区居民的价值观，就会遇到很多麻烦。案主是其周围环境下的产物，他们与社区密不可分的关系不能被忽视。自我满足和独立的价值观是该社区的特质，也是前来接受服务的案主的个人特质。

第三，资源依赖。财务支出和案主参与式社会服务是机构最主要的生存因素。机构是在社区的意愿下存在的。

——Kathleen Mclnnis-Dittrich:《整合社会福利政策与社会工作实务》，胡慧嫈等译，扬智文化事业股份有限公司 1977 年版，第 69—100 页。

第二节 社会价值观

一、社会价值观的含义

价值观概念容易和伦理、道德、美德等概念相互混用。大多数社会科学家都沿用杜威的定义，指出价值观是选择好的和想要有的行为的指南或者标准①。我们认为社会价值观是一个社会对于所属的个体或者群体值得做什么事，应该做什么事的一种构想，这种构想影响了个体或群体的行动方式、途径选择。也就是说，社会价值观是一套行动准则。社会价值观是文化的一个元素。根据社会价值观的应用范围，它有广义和狭义两个层面上的含义。广义的社会价值观是指社会成员生活的社会所共享的人类社会普适的价值观，比如：公平、正义等思想是所有社会共同遵守的价值观。狭义的社会价值观特指社会工作价值观，包括理念和实务两个层面。社会工作作为一个专业，包含了相应的价值体系、知识体系和专业技巧。社会工作者的专业价值观来源于其所在社会持有的价值观。这些专业价值观在大多数时候与社会价值观并行不悖。但是在开展服务时，专业价值观的实现在优先次序上会有一些差异。

基于此，社会工作专业伦理是指社会工作者在实际社会服务中必须遵守的道德要求。社会工作专业伦理守则包括六大范畴：社会工作者对案主的伦理责任、对同僚的伦理责任、对实务机构的伦理责任、作为专业人员的伦理责任、对专业的伦理责任，及对社会全体的伦理责任②。

在理念层面上，列维（C. S. Levy）认为社会工作的价值并不是一套随机的或者容易变更的规范，也不是外在社会价值观的反映，而是一种对集体责任的思考，隐含了社会工作在社会中的角色③。所以，社会工作价值观是社会工作专业所秉持的一套持久的信念体系，是在本专业的实践基础上形成的、被全体社会工作者认同的，对其行为起指导和规范作用的，并在实务工作中被普遍遵守的标准和原则。

在实务操作层面上，社会工作价值观具体指社会工作专业伦理原则。当这些社会工作价值观操作化为专业伦理守则时，就能使社会工作者在实践中遇到难以决断的事时，得到具体的指导，也有伦理上所依据的准绳。社会工作专业伦理和社会工作价值观之间存在紧密联系。前者是从后者中衍生出来的。两者的不同在于价值观关注的是好的和人想要拥有的东西，而伦理关注的是对的和正确的东西④。

专业伦理是个人自愿选择成为一个专业人员而具有的特殊义务，社会工作

① ［美］拉尔夫·多戈夫等：《社会工作伦理：实务工作指南》（第七版），隋玉杰译，中国人民大学出版社 2021 年版。

② ［美］Frederic G. Reamer：《社会工作价值与伦理》，包承恩、王永慈主译，台北洪叶文化事业有限公司 2009 年版，第 78 页。

③ Charles S. Levy, "The Value Base of Social Work," *Journal of Education for Social Work*, vol. 9, no. 1(1973), pp. 34-42.

④ ［美］拉尔夫·多戈夫等：《社会工作伦理实务工作指南》（第七版），隋玉杰译，中国人民大学出版社 2021 年版，第 18 页。

者、医生、护士、教师等都有相应的专业伦理。专业伦理是一般伦理与专业特殊性紧密结合的产物，比如医生专业伦理、社会工作专业伦理均是从一般社会伦理中发源的，但是由于医学和社会工作专业的不同，二者专业伦理也具有差异性。专业伦理澄清了专业实践中与伦理有关的问题的处理方式。社会工作专业伦理是要帮助社会工作者认识到如何在实际工作中做到道德无误，学会在任何服务情形下行为皆符合专业规范。专业伦理来源于一般伦理，但是并不等同于一般伦理。例如，无论社会伦理还是专业伦理都强调尊重原则，但是专业伦理优先考虑案主的利益。

二、社会价值观的类型

社会价值观是在社会成员与环境互动的基础上发展起来的，所以不同的社会有其独特的价值观。但是人类社会是一个共同体，必定有全人类共同遵守的普适价值观。

1. 普适的社会价值观

（1）平等

平等是一个值得探讨的价值观。平等包括数量平等、比例平等和机会平等三种类型①。一般而言，平等更多地指数量平等，而比例平等属于公平探讨的范畴。

第一，数量平等，又称目标平等、平均主义，是指用同样方式对待每一个人——所有人平均分配。平均主义是最纯粹的、乌托邦的平等思想。这种观点强调每个人应该享有完全相同的权利：同样的收入、同样的寿命等。

第二，比例平等，又称公平，是以同样的方式对待类似的人——根据他或者她的优点和价值进行分配。公平是一个非常有用的概念，它拓展了平等的含义。平等倾向于关注相似性或者同质性。为了达到这样的结果，公平就很重要。公平意味着你所得的与你所做的紧密相连，人们获得的多少主要基于其对社会的贡献。当然公平并不是绝对地按照统一的标准进行分配，社会往往会对由于不是自己原因而导致获得减少的情况进行适当补贴，以增强公平的弹性。公平也就是按照贡献进行分配，因为在社会财富等资源的形成过程中，每个人所投入的精力和相应的产出是不同的，只有按照个人的贡献进行合理分配，社会才有发展的动力。

第三，机会平等，是平等的另一种表达，指社会成员在生存和发展机会方面，起点是平等的。也就是说：凡是具有同样潜能和相同意愿的社会成员应当拥有

---

① ［美］Neil Gilbert，Paul Terrell：《社会福利政策导论》，黄晨熹等译，华东理工大学出版社 2003 年版，第 102 页。

同样的起点,以便争取同样的前景;机会实现过程本身应当是平等的,机会的实现过程必须排除一切非正常因素的干扰。

（2）公正

公正是指给予社会成员其应该获得的权利。社会公正也有广义和狭义之分,广义的社会公正,其范围覆盖了整个社会机体,也就是政治、经济、社会和文化四个领域;狭义的社会公正,其范围只覆盖了社会领域。一般而言,社会公正都是指广义的社会公正。

社会公正与公平是有差别的。社会公正包括两个方面的意思:第一,让所有社会成员都能够共同分享社会发展成果,不断提高社会成员的最低保障水平,从而消除社会成员之间的不平等;第二,社会公正要求公平,也就是按照个人的贡献来进行分配。也就是说公平是包含于公正的,公正除了要保证公平,还必须兼顾所有成员的生存和发展需要。

社会公正的基本立足点有两点①:第一,社会公正应当以维护每一个社会成员或者社会群体的合理利益为目的,但是这并不意味着要刻意站在哪一个群体的立场制定相应的社会和经济政策。第二,维护每一个社会成员和社会群体的合理利益,既要确保每一个社会成员、社会群体基本的生存底线,又要为每一个具有发展潜力的社会成员和社会群体提供充分的自由发展空间,以求得每一个社会成员和社会群体"各尽所能,各得其所"。

（3）正义

正义是人类社会普遍追求的另一个社会价值观。正义概念是一个宽泛的概念,不同的思想家对其作出了不同的界定,如柏拉图在《理想国》中提出,正义就是社会中各个等级的人各司其职,各守其序,各得其所②。罗尔斯(J. Rawls)在《正义论》中所阐述的社会正义观为学界所认可。一般而言,正义是指具有公正性、合理性的观点、行为、活动、思想和制度等。罗尔斯认为正义是指所有社会价值——自由与机会、收入与财富及自尊的基础——都应平等地分配,除非任何价值的不平等分配对每一个人都是有利的③。罗尔斯认为要实现社会正义,需要以下两个原则的保证:第一,每个人都应有平等的权利享有与人人享有的类似的自由权体系相一致的最广泛的、平等的基本自由权总体系。第二,社会和经济不平等的安排应能使它们符合地位最不利的人的最大利益,符合正义的储蓄原则,以及在公平的机会均等的条件下与向所有人开放的官职和职务联系起来。

这两条原则的实施有两条优先规则:自由权优先和正义优先于效率和福利。

---

① 吴忠民:《社会公正的基本价值取向及立足点》,《中国党政干部论坛》2006年第11期,第13—15页。

② [古希腊]柏拉图:《理想国》,郭斌和、张竹明译,商务印书馆2024年版。

③ [美]约翰·罗尔斯:《正义论》,何怀宏等译,中国社会科学出版社2015年版。

正义是一个相对的概念,不同的社会、不同的阶级有不同的正义观。衡量正义的客观标准是这种正义的观点是否促进社会进步,是否符合社会发展的规律,是否满足社会中绝大多数人最大利益的需要。根据正义涉及领域的不同,可以把正义分为制度正义,形式正义和程序正义,其中制度正义指社会制度的正义,具体指社会财富、资源、责任、义务分配是否公平和正当;形式正义是对法律制度的公正一致的执行,它不管法律制度本身是否符合正义,它强调法律制度始终如一地得以实现;程序正义是指保证实现制度正义和形式正义的具体步骤和方法。制定正义的法律,应有公正的立法程序,同样,保证司法公正,也要有公正的司法程序。

(4) 自由和权利

自由是指公民在法律规定的范围内,其意志活动有不受限制的权利,如言论自由,集会结社自由等。自由与权利是两个紧密联系的概念。自由是一种基本的权利,但是这种权利又受到相应法律的约束。所以要认识自由,对权利的概念也要有所认识。关于权利,影响比较大的还是马歇尔的著作《公民权与社会阶级》中对公民所拥有的民权、政治权和社会权的论述,其中:民权指人身权利、财产权利、言论自由、信仰自由等基本人权;政治权指参与政治的权利,普遍选举权是其核心;社会权则认为公民享有教育、健康和养老等权利①。

社会工作从诞生之初就立足于促进社会的平等、公正、正义、自由和权利。这些人类社会普适的价值观推动着人类为寻求美好生活而做各种努力,比如各种社会福利制度的制定、社会服务的开展,都是基于平等、公正、正义和自由的价值观而进行的。

2. 中国人的主要社会价值观

关于中国人主要社会价值观的研究不少。何友晖认为中国文化价值体系的特点是:指导行动的原则是集体主义、群体利益优先于个体利益;完成外界的社会义务优先于满足个体的需要;在现有的社会秩序中安身立命优先于表达自我;回报的规范是使互动中的每个个体无法跳出错综复杂的义务与亏欠系统;社会行为具有高度的他人导向性;社会互动的规范是用来维持和谐和睦、避免公开冲突的;个体对社群的导向在于从众,不敢于自表②。成中英认为影响中国人的价值观的主导思想具有以下四个特性:内在的人文主义、具体的理性主义、生机的

---

① T. H. Marshall & Tom Bottomore, *Citizenship and Social Class*, London: Pluto Press, 1978.

② David Y. F. Ho, "Relational Orientation and Methodological Relationalism," *Bulletin of the Hong Kong Psychological Society*. Nos. 26-27, 1991, pp. 81-95. David Y. F. Ho, "Selfhood and Identity in Confucianism, Taoism, Buddhism, and Hinduism: Constructs with the West," *Journal for the Theory of Social Behavior*, vol. 25, no. 2(1992), pp. 115-139.

自然主义、自我修养的实效主义①。杨中芳从世界观、社会观和个人观三个方面归纳了中国人的价值体系，认为中国人讲求“合和”，以妥协的态度来达到人与人、人与大自然和谐共存②。

综合以上学者的观点，我们认为中国崇尚集体主义、平均、和谐、秩序、稳定的价值观，这塑造了中国人克制、妥协的中庸的个性。林语堂也曾经描述说，中国人的特性最主要是圆熟，圆熟的表现是忍耐、模棱两可、老滑俏皮、和平、知足、幽默及保守性③。我国的社会工作理念和实务技巧都是从西方引入的，如何发展符合中国社会的本土化社会工作价值观一直是社会工作者讨论的议题。充分了解中国人的价值观，才能更好地反思目前社会工作实务中所倡导的案主的自我披露、案主自决、保密等实务原则。

三、社会价值观的功能

1. 广义社会价值观的功能

社会价值观是文化系统的一部分，其对人类行为的影响，主要体现在对个体行为的强化、限制和规范、能动性、个体内化四个方面④。

第一，社会价值观强化人类的行为模式。有学者指出文化中有些价值是具有主导地位的，所以常常要求其成员必须顺从，社会通过奖惩来增加符合文化价值行为出现的频率⑤。社会价值观通过特定的奖惩制度，强化人类符合价值观的行为，从而达到社会的整体统一。

第二，社会价值观规范人类行为逻辑。个体的外显行为受到文化理念体系、社会结构体系及个体有机体系的综合影响⑥。在社会价值观的影响下，人类的行为才表现出一致性。

第三，人类对于社会价值观的影响有能动性。文化中有些价值是具有主导地位的，它们同时具有较高的抽象性，所以社会成员可以依自己的解释来表达这一价值。虽然社会价值观对人类行为具有很大的约束力，但是价值观本身的抽象性反而使得人类能够根据所处的社会环境、社会结构和自身具有的个体技能等具体情况，能动地解释社会价值观，从而调适自我的行为。

---

① 成中英：《中国文化的现代化与世界化》，中国和平出版社 1988 年版，第 75—104 页。

② 杨中芳：《如何理解中国人：文化与个人论文集》，重庆大学出版社 2009 年版，第 285 页。

③ 林语堂：《吾国吾民》，江苏文艺出版社 2010 年版，第 40 页。

④ 杨中芳：《如何理解中国人：文化与个人论文集》，重庆大学出版社 2009 年版，第 114 页。

⑤ Florence Rockwood Kluckhohn & Fred L. Strodtbeck, *Variations in Value Orientations*, Evanston: Row, Peterson and Company, 1961, pp. 1-48.

⑥ Talcott Parsons & Edward A. Shils, *Toward a General Theory of Action*, Cambridge: Harvard University Press, 1951.

第四,社会价值观通过个体的内化实现对人类行为的影响。社会化是个体对文化的内化过程,是个体逐步内化社会价值观的过程,也是个体逐步规范自我行为的过程。

2. 狭义社会价值观的功能

社会工作价值观和专业伦理对社会工作者行为的影响集中表现在规范行为和实务指导两方面。

第一,规范行为。社会工作者的价值观会影响其专业实践。在社会工作专业课程中要教授价值观和伦理原则的内容,也是为了让学生学习专业伦理,这样在未来成为专业社会工作者的时候,能够提供符合伦理要求的服务。

第二,实务指导。社会工作者在实际工作中做决定的时候很少会直接使用理论知识或者哲学原理,取而代之的是把知识和价值观整合成一套实践原则。也就是说专业伦理对社会工作者的影响主要是通过伦理守则来实现的。如多戈夫等归纳出的社会工作伦理优先次序、保密问题、当事人自决问题、专业关系问题、私人开设服务机构问题等①,就可以用于指导社会工作者的实际行动。

第三节 文化变迁

一、文化变迁的含义

文化并不是固定不变的。随着社会环境的变迁,文化也会发生相应的变化。文化变迁,一般是指任何文化内容或者结构的变化。文化变迁也指由于族群(或者民族)社会内部的发展,或由于不同族群之间的接触而引起的一个族群文化的改变。我们认为文化的元素、结构等发生了增加或者减少,或者是不同的文化之间的冲突和融合,都可称为文化变迁。文化变迁可能是社会内部多种紧张关系、冲突及新发展的结果。文化变迁会促使新的文化特征产生,或者引发文化扩散。图 5-1 展示了文化变迁的模式。

社会工作者也关注文化变迁。这是因为社会工作的主要目的就是满足社会或者案主的需要,而文化变迁会引起社会内部系统和人文/自然环境的变迁,造成文化系统的创新和改变,产生新的社会和个人需要,从而需要更新的社会工作介入模式(如图 5-2)。

二、文化变迁的类型

文化变迁主要是通过文化传播、发明和发现新的文化元素等途径实现的。

① [美]拉尔夫·多戈夫、弗兰克·M. 洛温伯格、唐纳·哈林顿:《社会工作伦理:实务工作指南》(第九版),隋玉杰译,中国人民大学出版社 2021 年版。

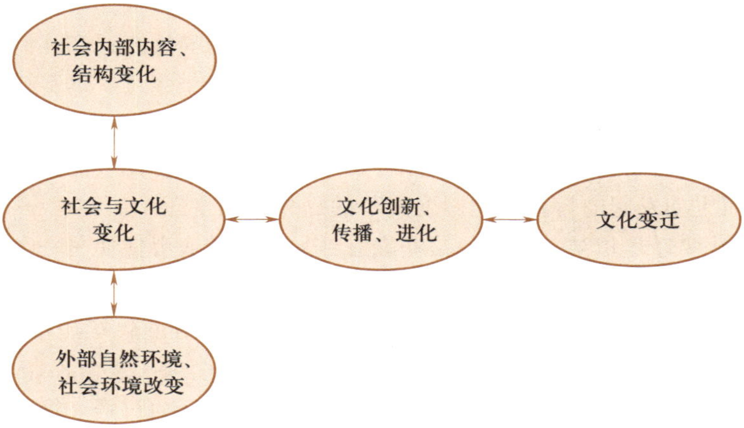

图 5-1 文化变迁模式示意图

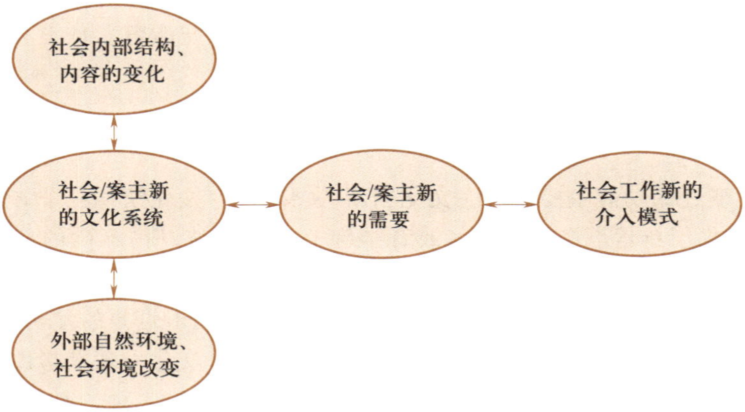

图 5-2 文化变迁与社会工作示意图

根据参与者是否主动参与文化变迁过程,我们可以将文化变迁分为无意识变迁和有意识变迁两种类型①。

(1) 无意识变迁是指变迁的过程是不自觉进行的,这种变迁也称为自然变迁,强调的是变迁主体的不自觉性和无计划性。随着科技的进步,越来越多的产品改变着人们的生活和行为方式,这些都属于无意识变迁。比如,汽车的发明使得人们的出行方式有了极大的改变,而这些变化都是在不自觉的情况下发生的。

(2) 有意识的文化变迁,指的是发动者和参与者按照事先制定的设想和计

① 孙秋云主编:《文化人类学教程》,民族出版社 2004 年版,第 50 页。

划来改变某些不适应社会需要的文化要素的状况和过程。根据参与者参与的程度和意愿,有意识的文化变迁还可以分为主动变迁、指导性变迁和强制性变迁。

主动变迁有时也称为计划变迁,是变迁主体自觉、自愿、主动发起的。我国历史上的变法与维新就属于主动变迁的范畴。目前我国的经济体制改革也是一种主动变迁。这是当我国政府发现原有的经济体制已经不能适应社会和人们的需要,从而主动发起的旨在推动制度变革的一种文化变迁。

指导性变迁是指某一文化的某些人有计划地帮助或者促使另一文化的人们实现社会或者文化变迁。如社会工作在一些少数民族地区所推动的发展或者扶贫项目,就是由专业社会工作者协助和指导,使当地原有的传统生活习俗、行为习惯发生变化,从而有利于与现代社会有机整合。

强制性变迁是指用强迫手段迫使他者文化发生变迁的过程。这种变迁常常发生于一个民族对另一个民族的征服过程中,这种变迁的推动者是有意识的,使用的手段是高压式的或者暴力的。澳大利亚政府为了同化土著,在 1910 年通过一项政策,以改善土著儿童生活为借口,规定当局可以随意从土著家庭中带走混血土著儿童,把他们集中在保育所等地方,接受白人文化教育。从土著居民的角度来讲,这种“白澳政策”就是一种强制性变迁。

三、文化变迁的功能

文化变迁的功能主要体现在文化创新、文化传播、文化演化三个方面。

1. 文化创新是指文化在内容或者结构上出现了与以往不同的新形式。文化创新表现为两种形式:文化发明和文化发现。文化发明是指由于科学技术的进步,人们创造出来的新的文化元素,比如:汽车、电话、电灯等的发明,都改变着我们原有的生活方式,相应地,新的文化也随之出现。文化发现是指由于某些原因,原本不被人类所觉知到的文化形式重新呈现,比如:各种古代文化遗迹的发掘。

2. 文化传播是指一种文化元素或者结构扩散、传递或者转移到另一种文化,引起其他文化变迁的过程。文化传播的过程并不是一帆风顺的,有时会造成文化融合,有时也会引起文化冲突。文化融合,是指两种不同文化之间的交融。根据文化变迁理论,文化之间的融合有文化革新、文化扩展、文化整合等形式。文化革新是指在两种文化相互影响的过程中,产生了新的观念、规范等文化形式。文化扩展是指在两种文化传播过程中,一种文化的模式和特征扩散到另一种文化中,被另一种文化完全吸纳。当各个文化特征相互之间具有逻辑上的一致性时,我们说这个文化体现了很高程度的文化整合①。

① [美]戴维·波普诺:《社会学》,李强等译,中国人民大学出版社 2007 年版,第 80 页。

文化融合与文化冲突是相对的概念。文化冲突是指文化在交流或者传播过程中，面临不适应的情形，从而呈现紧张状态。文化发展的动力就是不同文化模式之间的交流。但是文化融合从来都不是一帆风顺的，这主要与文化中心主义和文化震惊有关。

文化中心主义是指各个国家、民族都常有一种倾向，易于将自己的生活方式、信仰、价值观、行为规范看成最好的，优于其他人的①。另一个与其相关的概念是文化相对主义，是指各种不同的文化模式是不能评价和比较的，因为从各种不同的文化模式所赖以生存的环境看，每一种文化模式都有其存在的合理性。持文化中心主义的国家或者民族往往会主观地将自己的文化强势植入其他国家或者民族，从而造成文化冲突，对一些处于相对弱势的民族或者国家造成恶劣的影响。

两种或者多种文化之间的碰撞不仅仅会导致文化本身的变化，还会对个人产生各种影响。当个人在面对新的文化模式时所发生的内心的紧张状况，就是文化震惊。文化震惊（culture shock，又称为文化冲击）是指生活在某一种文化中的人，当他初次接触到另一种文化模式时所产生的思想混乱与心理压力。

3. 文化演化是指由文化内部发展引起的变迁。演化的概念来源于生物学，主要体现为生物由简单到复杂的发展过程。文化演化则主要指物质文化的变迁，如生产工具由低级到高级的演化，传播技术从电报到电话，从电话到网络的演化等。而精神文化和社群文化并没有高低之分。

无论是文化创新、文化传播还是文化演化都会导致文化环境的改变，促使人类行为的变迁。个人在与文化环境互动的过程中，一方面会适应文化的要求，表现出合适的行为，另一方面会不适应，从而出现行为或者情绪困扰。无论是出现哪一种情况，社会工作都需要重新评估个人的需要，制订新的服务方案。

第四节 社会工作的重要议题

一、代沟

1. 代沟的含义

代沟（generation gap）研究始于玛格丽特·米德（M. Mead）1970 年出版的《文化与承诺：一项有关代沟问题的研究》。她指出代沟是现代社会的必然伴随物，还肯定了年轻一代在新时代中的历史作用。她提出了前喻文化、并喻文化和

① ［美］戴维·波普诺：《社会学》，李强等译，中国人民大学出版社 2007 年版，第 73 页。

后喻文化，其中后喻文化是指长辈反过来向晚辈学习的文化①。由此开启了关于代际关系的跨学科研究。社会工作者开展家庭服务时，对代沟问题多有关注。

随着中国社会的急剧转型，在现代化和全球化浪潮的冲击之下，传统的自上而下的社会化方式受到了挑战，代沟现象也日益突出。代沟是代际关系的一种形式。代际关系是指不同代人之间的关系，而不同代人在价值观、社会态度、行为模式等方面的明显差异，通常被称为"代沟"。本书认为代沟是指代与代之间的某种距离，而这种距离是指由于时代和社会环境的急剧变迁，人们的社会化模式、行动内容等发生了变化，从而导致不同代之间在价值观、社会态度、行为模式等方面所表现出差异或者冲突，从而造成代际关系不和谐的社会现象。

代沟研究与"代"的界定有紧密联系，所谓"代"，是指一定社会中具有大致相同的年龄和类似社会特质的人群。可见，"代"具有自然和社会两重属性，自然属性指其年龄特征，社会属性指其社会特质。代际的划分和更替是一个客观现象。由于每一代人所生活的社会环境的差异，不同代的人具有不同的文化经验和价值观。

代沟之所以会产生，文化和社会环境的变化至关重要。综合以往学者的研究，我们认为代沟的产生有宏观和微观两个层面的原因。首先，在宏观方面，由于传播方式、大众文化等的发展，整体社会环境有别于传统社会，这种差异反映在不同代的人们身上即表现为代沟；其次，在微观层面，由于不同个体之间本来就存在差异，所以不同代人之间会产生代沟。

2. 代沟和社会工作

代沟的存在往往对代际沟通产生影响，比如造成代际之间互不理解、相互回避等情况。费孝通在描述亲子两代人之间的隔膜和冲突时说："子女可以时常觉得父母的过分干涉，没有道理，甚至感到压迫，父母是代表着吃人的礼教。在父母看来，子女不能体恤他们，倔强，不肯顺服，进而觉得是悖逆，不孝，大逆不道的孽障。"②中国文化中存在年龄尊卑秩序，所以年轻人在与年长者的观念有相当大差异的情况下，常采取"表面顺从，暗里我行我素"策略，并不会发生直接的代际冲突。但是随着社会的快速变迁，年轻人和年长者之间的观念差距越来越大，而且伴随着传统价值观念的逐渐淡化，原本可以维持代际平衡的文化因素的影响力逐渐减弱，造成代际关系的紧张。

代沟常常表现为代际沟通不畅，如果处理不恰当，会造成家庭关系的紧张。家庭关系重建是家庭社会工作研究的领域。所谓家庭社会工作，是指以家庭为

---

① ［美］玛格丽特·米德：《文化与承诺：一项有关代沟问题的研究》，周晓虹、周怡译，河北人民出版社 1987 年版。

② 费孝通：《乡土中国 生育制度》，北京大学出版社 1998 年版，第 208 页。

中心而进行的社会工作介入及所提供的家庭服务，其目的在于强化家庭生活，协助解决家庭问题，促进家庭关系的和谐及家庭社会功能的正常发挥。[①]家庭社会工作涉及的服务类型主要有三种：支持性服务——个案、家庭治疗、家庭倡导、社区心理卫生、儿童保护性服务、情绪治疗等；补充性服务——居家服务、日托等；替代性服务——寄养照顾、中途之家、教养机构、领养等。[②]

二、中国佛教文化与慈善服务

1. 中国佛教慈善思想

中国佛教文化中很重要的一部分是佛教慈善思想。一直以来，慈悲精神和慈善活动贯穿整个佛教教义。佛教徒基于“功德信仰模式”，构筑了独特的行动逻辑，即“自利利他，利益众生”。所以从古至今，佛教一直热衷于社会慈善活动。[③]魏晋南北朝时期，佛教慈善活动有所扩展。到唐代，佛教慈善事业进一步发展，寺院开始建立固定的慈善机构——悲田养病坊，由专门的僧人主持，收养社会上的贫病孤残老人，救济贫困、施药义诊。宋代以前，民间慈善事业主要由佛寺出家僧人和信徒从事和承担，其内容包括济贫、赈灾、医疗、修路造桥等多个方面，寺院遂成为中国最早的民间慈善组织模式之一。它集宗教团体与慈善团体于一身，为社会民生贡献力量。在明清，各地善会、善堂常设于寺院，由僧众管理。到民国，佛教更是以兴办慈善为己任，佛教慈善也因此一度发展。这些都反映出佛教与慈善事业的密切关系。中国佛教慈善思想主要包括四个方面，即慈悲心、布施之心、报恩思想、大乘经典中的慈善观念。这些思想一直是佛教投身社会福利事业的价值指导。

2. 中国佛教慈善组织现状及特点

佛教慈善组织，指具有佛教背景的，志愿从事慈善公益活动的民间非营利组织。它的母体可能依托于某个寺庙或居士团体，但一般具有独立自主的财务核算权和慈善开展权。通常，它的会员以佛教信徒居多，但其服务是面向教外的，它的信念价值带有显著的佛教特征，但是慈善服务是无关宗教的。

中国的佛教慈善组织发展迅速。据不完全统计，自 1994 年 12 月，中国第一家在民政部门注册成立的具有法人资格的佛教慈善机构——厦门南普陀寺慈善事业基金会成立以来，截至 2014 年，中国有佛教背景的专项基金 49 项，功德会、慈善会 35 家[④]。此外，因各种原因未进行注册的各类佛教慈善机构的数目更

---

① 马伊里、吴铎主编：《社会工作案例精选》，华东理工大学出版社 2007 年版，第 82 页。

② 周月清：《家庭社会工作：理论与方法》，台北五南图书出版公司 2001 年版，第 47—48 页。

③ 高虹：《佛教慈善事业与社会福利问题研究——以上海佛教信仰实践为例》，《甘肃社会科学》2010 年第 3 期，第 156—158 页。

④ 王会贤：《佛教基金会的现代思考》，《公益时报》2014 年 12 月 23 日。

多。随着我国慈善公益事业蓬勃发展,各地佛教组织和团体也纷纷成立慈善团体、功德会。目前中国佛教慈善组织基本可分为三种类型:救济型慈善、服务型慈善和弘法型慈善(表 5-1)。这些慈善组织为社会发展积极贡献力量。在汶川大地震的捐款中,全国佛教界为地震灾区捐款捐物折合金额达 4 亿元。

表 5-1 中国佛教慈善组织的三个基本类型及其特点

基本类型	组织目的	主要特点	典型范例
救济型慈善	慈善	财物救助为主,充当慈善中介机构,承担物资调配发放。	厦门南普陀寺慈善会 庐山东林慈善功德会 成都文殊院福慧慈善功德会 无锡灵山慈善基金会
服务型慈善	慈善	除了提供经济帮助,还提供多种慈善服务,尤其是直接运行慈善实体,并能与帮助对象建立持续关系,进行后续追踪。	厦门同心慈善会 上海玉佛寺觉群慈爱功德会 泉州开元寺佛慈安养院 苏州寒山寺慈善超市
弘法型慈善	弘法	主要目的是弘传佛教文化,社会慈善是附带工作。活动内容集中于佛教色彩比较浓厚的项目,社会性慈善比重相对较少。	福建省佛教教育基金委员会 苏州弘化社 四川乐至报国寺离欲念佛苑

【延伸阅读】: 中国佛教慈善组织案例

福建是佛教大省。据福建省民族与宗教事务厅报道,全省现有 6 所弘法慈善类基金会(委员会),其中以福建省佛教协会佛教教育基金委员会、厦门南普陀寺慈善事业基金会规模为最大。本书选取厦门南普陀寺慈善会向大家介绍依托寺院而创立的佛教慈善组织的基本情况。

厦门南普陀寺慈善事业基金会成立于 1994 年 12 月 14 日,由妙湛法师倡导并创立,它是中国第一家民政部门批准设立的具有法人资格的佛教慈善机构,也是中华慈善总会的创始会员和特邀理事。成立以来,南普陀寺慈善事业基金会秉承"勿忘世上苦人多""无缘大慈,同体大悲""慈悲济世,造福人群"的理念,面向全国开展慈善活动,进行布施救助。

南普陀寺慈善事业基金会现已成立"慈善处""佛经赠送处""义诊院"三个机构。截至 2008 年年底,先后发放各类善款超过 4500 万元。主要服务内容有慈善、医疗、教育、文化四大类,包括希望工程、资助病残、扶贫济困、安老慰孤、义诊施药、放生护生、赈灾救急与祈福消灾等具体方面。

社会慈善和教育资助是其慈善事业最核心的部分。在具体实践中，南普陀寺慈善主要以现金和实物帮助困难群体和个人，充当慈善资源调剂的中介机构。在内容上，有明显的救助特点。正是由于中国佛教慈善组织无论从理念、行为、服务对象方面都和社会工作具有相似性，它成为社会工作可以借助的重要社会资源。

资料来源：王佳：《当代福建佛教慈善组织运行模式剖析》，《世界宗教研究》2010 年第 5 期，第 43—52 页。

三、重建生命意义

1. 生命意义的含义

在心理学领域，很多心理学家都对生命意义进行过探讨，到目前，关于生命意义的含义，通常从动机、认知、情感维度进行界定。

（1）生命意义（meaning in life）是一种对人生目标和目的的认识和追求。克劳伯（J. C. Crumbaugh）将生命的意义界定为一种能给予个体方向感与价值感的目标①。还有学者认为，生命意义是指人们对自己生命中的目的、目标的认识和追求，即每个人的生命中都有一些独特的目的或者核心的目标，人们必须要有一个清晰的认识，知道自己将要做什么，并为实现自己的价值努力去做一些事情②。

（2）生命意义是指生命的含义。贝恩（J. M. Bering）认为人类具有信息处理能力，这种能力使人们能够认识自己的社会行为的含义，也使得人们努力去理解生命意味着什么，人们正是通过解释自己的经历来创造生命意义③。

（3）生命意义是一种有价值的生命体验。保罗·王（P. T. P. Wong）等提出包含动机、认知和情感三个要素的生命意义的含义，认为生命意义是个体基于文化所构建的个人认知系统，这个认知系统赋予个人生活是否有目的、有价值的情感体验，并以此影响个人对活动和目标的选择④。

综合以往学者的研究，我们认为生命意义是指人们对自己生命的目的、含义的认识及对生命价值的体验。生命意义可以帮助人们确定人生的方向和价值，

---

① James C. Crumbaugh, *Everything to Gain: A Guide to Self-Fulfillment Through Logo Analysis*, Chicago: Nelson-hall Company, 1973.

② ［奥］维克多·E. 弗兰克尔：《追寻生命的意义》，何忠强、杨凤池译，新华出版社 2003 年版。

③ Jesse M. Bering, "The Existential Theory of Mind," *Review of General Psychology*, vol. 6, no. 1 (2002), pp. 3-24.

④ Paul T. P. Wong & Prem S. Fry, *The Human Quest for Meaning: A Handbook of Psychological Research and Clinical Application*. Mahwah: Lawrence Erlbaum Associates, 1998, pp. 395-435.

所以生命意义的重建至关重要。

2. 重建生命意义

关于如何才能够发现生命意义，弗兰克尔认为：由创造性价值获得工作的意义、由体验性价值获得爱的意义、由态度性价值获得受难的意义①。也有学者认为生命意义的来源有工作/成就、亲密/关系、精神、自我超越/传承。② 社会工作关注案主生命意义的重建。综合学者的研究和社会工作实务理论的观点，我们认为社会工作者协助案主获得生命意义的关键是要让案主有目标感、价值感、亲密感、效能感。

（1）目标感，是指人确定了生活目标之后充实的感觉。人生有了目标感，生活才有动力，才有意义，才有价值，人才能更好地体会生命的意义。

（2）价值感，是指对自我价值的肯定。重建生命意义，关键是让服务对象感觉到自身的价值，增强自信心，从而发挥自身动力，改变不利的现状。

（3）亲密感，是指感觉到自己和周围的人和谐、亲密的关系，从而对家庭、群体或者社会有强烈的归属感。重建生命意义，其实也是协助服务对象重新获得家人、朋友支持的过程。

（4）效能感，是指人对自己能否成功地完成某一成就的主观判断，它与自我能力感是同义的。重建生命意义，也是协助服务对象重新认识自我的能力，体会自己作出改变的过程。

四、社会工作服务的文化嵌入

社会工作对文化问题的关注与批判理论或社会建构论范式引入社会工作实务领域有关。这一实务传统延伸出两类重要的社会工作实务领域：反歧视实务和敏感实务。反歧视实务的特点主要是将焦点集中在分化上；敏感实务的特点主要是将焦点放在种族和文化上③。

20 世纪 90 年代，多元文化主义的兴起引起了社会实践的巨大变化，它特别强调所有群体应该共存并维持其文化传统，鼓励发展并推崇多元文化主义模式，普及对不同文化的认识、经历和理解。在社会工作实务领域，多元文化主义要求研究多元文化，保持文化的多样性④。在这一理论影响下，社会工作服务如何嵌

---

① ［奥］维克多·E. 弗兰克尔：《追寻生命的意义》，何忠强、杨凤池译，新华出版社 2003 年版。

② 张姝玥、许燕、杨浩铿：《生命意义的内涵、测量及功能》，《心理科学进展》2010 年第 11 期，第 1756—1761 页。

③ ［英］马尔科姆·派恩：《现代社会工作理论》，冯亚丽、叶鹏飞译，中国人民大学出版社 2008 年版，第 287 页。

④ ［英］马尔科姆·派恩：《现代社会工作理论》，冯亚丽、叶鹏飞译，中国人民大学出版社 2008 年版，第 287 页。

入案主文化系统这一问题引起社会工作实务界越来越多的关注。嵌入指的是某一事物进入另一事物之中的过程和状态①。我国社会工作学术界对嵌入的研究主要集中在专业社会工作的发展和服务介入方面,这些研究主要讨论社会工作对现有体制或机制的嵌入,对社会工作服务对文化系统的嵌入讨论得还不够深入。

嵌入文化的社会工作服务,指社会工作者在服务过程中了解、尊重案主文化,并根据其文化差异而提供不同的服务,以此来应对不同文化群体中案主的独特需要。社会工作嵌入的主体是案主的文化系统,包括原生(亚)文化和主流文化。学术界对嵌入文化的社会工作服务的讨论集中在嵌入模式、嵌入策略和嵌入条件三方面。

首先,在嵌入模式方面。嵌入文化的社会工作服务期望通过社会工作服务的介入,增强案主的文化适应能力,其服务模式包括文化亏空模式(cultural deficit model)和双重文化模式(bicultural model)。其中,文化亏空模式被倡导用来"调整"或者帮助一些亚文化群体"适应"流行的社会规范②。这一模式主要关注社会适应,强调亚文化对象在社会工作者的协助下,习得主流文化的语言、规范和行为模式等,从而与主流文化相一致;与文化亏空模式不同,双重文化模式强调要同时关注影响亚文化群体的主流文化和原生文化,不能单纯地强调对亚文化群体的同化③。在这种模式下,社会工作者往往鼓励亚文化群体服务对象及其家庭在适应主流文化的同时保留其原生文化。两种嵌入模式的差异如表5-2 所示。

表 5-2 文化亏空模式和双重文化模式的比较

	文化亏空模式	双重文化模式
理论基础	文化一元论	多元文化主义
最终目标	案主适应主流文化	案主既能保持自己的独特文化,又能适应主流文化
服务对象角色	适应者	跨文化者
社会工作者角色	改造者	协助者、文化学习者
文化的关注特点	关注主流文化,忽视案主原生文化	关注案主原生文化和主流文化

① 王思斌:《中国社会工作的嵌入性发展》,《社会科学战线》2011 年第 2 期,第 206—222 页。

② [美]Paula Allen-Meares:《儿童青少年社会工作》,李建英等译,华东理工大学出版社 2006 年版,第 87 页。

③ Diane de Anda, "Bicultural Socialization: Factors Affecting the Minority Experience," *Social work*, vol. 29, no. 2(1994), pp. 101-107.

其次，在嵌入策略方面。嵌入策略是指社会工作者通过某种干预步骤，有效整合案主文化系统和社会工作服务。针对迁移儿童和家庭，有学者认为应采用两种嵌入策略：一是对文化差异敏感，营造相互理解和相互尊重的文化氛围。具体包括：尊重儿童的文化遗产；关注儿童的家庭和生活社区；根据儿童及其家庭的文化和需要确定服务内容；充分利用语言或者文化翻译者；引导和鼓励儿童保持其文化遗产。二是保存儿童独特的文化身份，鼓励儿童原生社区或原生文化群体的参与。

最后，在嵌入条件方面。社会工作服务嵌入文化，对社会工作者提出了新的要求：具备敏感实务的能力和反思能力。在敏感实务方面，社会工作者需要具备文化能力（cultural competence，又翻译为文化胜任力），具体指社会工作者在面对跨文化的社会服务时表现出合适的行为的能力①；社会工作者应形成对与自己的生活经验、世界观、语言、族群和社会地位不同的他人的理解，认识到自己的文化和文化偏见，并将此意识付诸实践②。在反思能力方面，社会工作的训练皆强调要自我反思（self-reflection），具体指在服务于不同文化群体的案主时，社会工作者需要对自己所接受的价值、知识、信念等持怀疑态度，要反思所接受的知识、反思主流位置、反思拥有的权力。

关于社会工作的文化嵌入，也有研究者在对我国社会工作本土化的研究中提出，本土化是一个过程，由众多不同文化视野的行动者尝试选择与商议西方社会工作的理念，并与本土社会照顾实务整合，甚至以后者替代之。在当代中国，我们至少可以识别出四种文化过滤器——传统精英的学识、普通人的实践智慧、政府的意识形态和消费主义，它们相互作用、相互竞争、相互冲突③。因此，在我国社会工作实践领域，社会工作者应该关注不同文化的影响，方能形成具有文化适应性的干预方案。

五、文化胜任力：精神健康实践的文化议题

精神健康与文化胜任力关系密切。在精神健康领域，来自不同文化群体的案主接受主流文化下的精神健康治疗时，由于文化差异，容易导致错误、不足或者不当的治疗或者服务方式。在精神健康服务方面，大量研究者认为文化胜任力是解决这一问题的有利方式。因此，从文化角度理解精神健康并构建具备文

---

① 林津如、黄薇静：《失窃的世代？汉人家庭意识形态符码与原住民族儿童保护》，《台湾社会研究季刊》2010 年第 3 期，第 59—96 页。

② ［美］Roberta G. Sands：《精神健康社会工作》，余潇、许俊杰 译，华东理工大学出版社 2015 年版，第 147 页。

③ Miu Chung Yan, "Towards a Pragmatic Approach: A Critical Examination of Two Assumptions of Indigenization Discourse," *China Journal of Social Work*, vol. 6, no. 1(2013), pp. 14-24.

化胜任力的精神健康实践服务框架是开展精神健康服务的关键。

1. 不同文化处境下的精神健康

文化对个体精神健康的影响存在双面性。不同的文化背景下，人们对精神健康的界定、对精神健康问题的归因、对精神健康问题治疗方式的选择等均存在差异。文化对个体精神健康的积极影响表现在两方面。一方面是为个体提供心理支持。积极的文化氛围能够为个体提供支持，提升个体心理幸福感。例如，很多社区在元宵节、端午节、重阳节等传统节日举办各种传统文化活动，既丰富了社区居民文化生活，又增强了个体对社区的归属感和认同感，进而影响其精神健康水平。另一方面是塑造个体正向价值观。文化中积极向上的价值观，如乐观、坚韧、宽容等，能够增强个体的心理韧性，从而协助个体更好地应对生活中的挫折和困难，减少焦虑、抑郁等负面情绪的产生。

文化对个体精神健康的消极影响也表现在两方面。一方面表现为文化规范的压迫性。当个体文化与主流文化不一致时，这种文化冲突会增加个体的精神负担。例如：传统的儒家文化强调家庭主义或集体主义，当个体文化与家庭或集体不一致时，个体需要压抑情绪以维持家庭或社会和谐，这可能会加剧个体精神压力，引起精神健康问题。另一方面表现为文化偏见与歧视。在某些文化背景下，精神疾病患者容易被贴上负面的标签，导致患者的污名化与羞耻感，从而阻碍其采取求助行为，进而恶化其精神健康水平。

对社会工作者而言，理解和关注文化与精神健康之间的关系，还需要意识到社会工作者与服务对象之间的文化差异，以及服务对象的能动性两方面。其一，社会工作者与服务对象的文化差异方面。在精神健康领域，社会工作者和服务对象可能会对同一行为具有不同的认知，社会工作者将某种行为视为精神健康问题的表现时，服务对象可能仅仅将其视为对生活事件的正常反应。文化差异所导致的对精神健康的理解差异，会影响二者对后续干预方式的选择。其二，服务对象的能动性方面。在与文化的互动中，个体并不是被动的，而是积极的建构者。这要求社会工作者挖掘服务对象的内在动力，激发服务对象积极参与意义建构过程，重构文化对个体的影响①。

随着中国关于精神健康的临床实务与研究的发展，有研究者提出应该建立中国文化处境下的精神健康概念和分析框架：第一种是以西方精神健康的内涵为主导，引入中国文化中受启发的思想和观点；第二种是直接把中国文化与西方文化进行比较，寻找中国文化自身的特征，并以此为基础理解精神健康的内涵；第三种是以中国文化自身不同的解释框架为起点，理解精神健康概念的内涵。

---

① 刘玉兰：《民族社会工作的文化实践与少数民族流动人口社会融合》，《华东理工大学学报（社会科学版）》2019 年第 3 期，第 25—34 页。

中国文化倾向于把人放在特定的社会生活场景中去理解，人的精神健康是个人与他人或环境相互交流的过程，包含相关的两个方面的能力：包容限制和积极进取，这与西方文化下相对更强调积极进取能力不同①。因此，在精神健康的研究中，必须考虑研究对象所处的文化环境，方能更深刻地认识精神健康议题。

2. 文化胜任力视角下的精神健康社会工作实践框架

根据关注精神健康服务的视角的不同，文化胜任力的理论和实践可以分为两种取向，即内容（content）取向和过程（process）取向。它们分别从文化胜任力本身的内容与实践文化胜任力的过程入手，探索如何提升多元文化精神健康服务的质量，以及平衡其中的文化特异性（cultural specificity）与文化普遍性（cultural generality）因素②。因此，文化胜任力视角下的精神健康社会工作实践框架需要在评估和实践阶段充分考虑到案主文化的独特性，具体内容如下：

（1）建立具备文化胜任力的评估框架。社会工作者在服务初期通过需要评估充分了解案主的需要，以利于后期的服务介入。文化胜任力视角下的干预服务在评估阶段就要充分了解案主文化所涉及的各个方面，重视案主所属的社会文化背景。研究者提出了9个方面的文化评估维度，包括：社会文化描述符号、发展阶段、家庭/支持系统、文化和社区资源、性别角色、文化适应、文化信仰—价值和行为、过去和当前的社会政治因素、文化认同③。通过对这些方面的评估，我们可以看到，核心是评估案主所处的宏观、中观和微观环境及个体内在的文化特质。而在这一评估过程中，社会工作者要充分尊重案主的不同文化价值体系。

（2）建立具备文化胜任力的实践框架。由于不同文化背景下，以及同一文化内部均有较大差异，为案主所设计的干预服务需要在全过程中考虑到这一因素。实践中的文化策略包括：花点时间培育信任的治疗联盟；注意倾听并展现尊重；探索解释模型、文化信仰和文化相关的治疗方法；理解文化相关的情绪痛苦（诸如躯体化）表现；评估读写能力、语言能力、为沟通准备首选语言；决定是否需要一名翻译；评估提供服务的外部障碍（例如：没有保险，没有交通工具、无人照顾儿童等）并尽可能解决它；了解案主态度、其家庭及其所在文化对精神疾病的态度；探索案主存在文化相关综合征的可能性；询问文化认可的治疗者；开展综合文化评估；学习案主特定的文化及其规范④。从这一实践建议可以看到，在

---

① 童敏：《文化处境下的精神健康概念及其对中国本土社会工作的启示》，《马克思主义与现实》2010年第5期，第126—129页。

② 陈子晨、姜鹤：《心理健康服务的文化胜任力：理论取向与实践策略》，《心理科学进展》2020年第4期，第661—672页。

③ ［美］Roberta G. Sands：《精神健康社会工作》，余潇、许俊杰译，华东理工大学出版社2015年版，第158—160页。

④ ［美］Roberta G. Sands：《精神健康社会工作》，余潇、许俊杰译，华东理工大学出版社2015年版，第158—160页。

对案主的干预过程中，无论服务安排，还是社会工作的态度都要具有文化敏感性，如此方能有效地实施精神健康服务。

3. 民族社会工作的文化融合服务实践框架

社会工作在回应文化多样性与民族敏感议题中扮演着重要的角色。跨文化社会工作强调从多元文化适应与平等公民权益争取两个角度展开研究和实务工作，将其应用到少数民族流动人口社会融合服务中具有十分重要的学术与现实意义。社会工作者必须关注由于文化不同而导致的少数民族流动人口排斥现象，构建嵌入文化的社会工作实践模式，重构少数民族流动人口社会融合服务。

（1）以“文化融合”为融合服务目标，建立整合服务框架。

对我国少数民族流动人口而言，嵌入文化的整合服务框架是指将社会工作服务嵌入少数民族流动人口的多重文化系统，发展出融合服务对象系统、多元性敏感、多层次实践的整合框架。首先，整合服务框架需要突出少数民族流动人口文化多样性的价值，发掘其多重文化的资源和潜能，从个体—文化—社会结构层面审视个人及其系统，形成整体的服务对象系统。其次，整合服务框架需要敏感于少数民族流动人口的多元性，除了敏感于其所接受的多重文化，还应该将不同性别、社会阶层、年龄等文化经验纳入理解系统，全面感知性别差异、社会阶层差异、年龄差异、多重文化差异对少数民族流动人口的影响。最后，整合服务框架需要形成多层次的社会工作实践，建立多样化和系统化的跨文化服务项目，包括：文化多样性培训、情感互动支持、社会资源链接等。多层次的实践可以回应少数民族流动人口在个人与社会各层面的问题，一方面关注少数民族流动人口个体面临的生活、就业、教育、语言等困境，另一方面关注少数民族流动人口面临的系统困境，如资源链接，群体关系建立，社区参与等。

（2）以“关系建立”为融合服务起点，搭建社区为本的支持系统。

少数民族流动人口的“文化融合”需要增强族际接触。融合服务的核心落在“社会关系”强化和重建上，搭建社区为本的支持系统，强化城市少数民族流动人口强纽带关系的正向引导作用，特别是社区共同体的凝聚作用。具体而言，集中强化以下两类关系发展。

强化少数民族流动人口族群内部的支持关系，主要分为两种情况：一是强化少数民族流动人口的家庭和亲属支持。社会工作者可以通过家庭干预计划，进一步强化少数民族流动人口非正式支持力量和资源，增强促其融合的内部支持。二是强化少数民族流动人口群体内部的支持关系。社会工作者可以通过建立族群互助小组等，强化少数民族流动人口族群内部的支持关系，促进其社会融合。

重构少数民族流动人口与外部族群的关系，主要是从宏观层面营造有利于社区关系建立的外部环境、调适少数民族流动人口、社区成员与外部环境的关系。社会工作者还需要协助少数民族流动人口重建外部关系，可使用社区外部资源链接、少数民族流动人口与其他群体的关系网络建立、少数民族流动人口的社区参与等策略。在社区外部资源链接方面，可引入相关的正式部门和非政府组织的服务和支持资源，提供相应的资金、就业机会等；与其他群体的关系网络建立和社区参与方面，则可通过社区活动增强联系和交流，提升少数民族流动人口的社区参与水平，增强外部关系支持作用。

(3) 以“赋权”和“反思性对话”为融合服务方法，突破方法的外部性。

赋权既是一种理论，也是一种方法，社会工作通过它增强民众的力量。赋权方法应用于少数民族流动人口社会融合服务，即以增强能力取代传统的救助模式，协助少数民族流动人口提升个体能力，并强化其改善自我生活境遇的权利感。权利感的形成需要整合反思性对话的实践方法。反思性对话是指通过一种对话性关系，刺激少数民族流动人口反思压迫性结构，进而确立真正的自我意识，建立一个增能的个体，通过行动改造具体的压迫性环境。通过这一方法，少数民族流动人口能够意识到多重文化对自我困境的压迫性作用，然后反思自我在文化困境中的行为和认知，并在此基础上形成突破现有文化困境的有意义的行为和关系。赋权和反思性对话方法在少数民族流动人口社会融合服务中的应用，能够直接回应少数民族流动人口面临的结构性困境，发挥少数民族流动人口个体能动性，促进服务的可持续性。①

案例：中韩跨文化整合性介入社区抗疫模式研究

摘要：在 2020 年 3 月由中国社会工作教育协会和中国社会学社会福利研究专委会联合发起的国际社区抗疫社会工作与志愿服务行动中，我们组建韩国大邱国际社区抗疫项目组，在面向韩国大邱地区 3600 余名在韩华侨开展跨国界志愿服务干预初期、中期、后期的不同时序中，基于行动研究视角，依据整体性治理理论，构建“公助+互助+自助”系统干预机制，通过对组织结构、功能以及系统进行一体化整合，将来自不同地区、专业、类别、层次的志愿者进行分类筛选和有机融合，实现了有限的“人力+物资”资源和无形的“线上+线下”服务的最优配置，其较强的系统性、适用性和可操作性，为开展国际社会工作的教学、研究和服务积累了宝贵的经验。

① 刘玉兰：《民族社会工作的文化实践与少数民族流动人口社会融合》，《华东理工大学学报》2019 年第 3 期，第 25—34 页。

本章小结

文化是人类群体或社会所共同分享的一切人类创造，具体包括物质文化、社群文化和精神文化三种类型。物质文化反映的是人与自然的关系，是人在改造自然环境时所依托的物质对象的主体，是社会普遍存在的物质形态。社群文化反映的是人与社会的关系，是社会为了规范成员的行为而形成的道德伦理规范、法律制度等行为标准或者指南。精神文化是指抽象和无形的人类创造，如语言、艺术、生活方式等。文化具有独特性、包容性、相对性、规范性和指导性的特征。

文化的元素包括物质产品、价值观、规范体系、符号和语言、精神产品五种类型。文化结构分为文化特质、文化丛、文化模式。社会工作者更多是从文化的形态来理解文化结构，将其分为主流文化、亚文化和反文化三种类型。

社会工作关注文化对个人行为及其生活环境的影响，认为文化具有四个方面的功能：文化对个人的影响，是通过个体社会化实现的，文化通过确立行为标准规范人的成长、控制越轨行为；文化对社会团结的影响，表现在它提供了一个最重要的思想基础，为社会整合提供了可能；文化对社会结构的影响，是通过相应的文化规范和标识，使得社会行为系统化；文化对社会人格的影响，体现在模塑及建立社会人格。

社会价值观是一个社会对于所属的个体或者群体值得做什么事，应该做什么事的一种构想，这种构想影响了个体或群体的行动方式、途径选择。根据社会价值观的应用范围，它有广义和狭义两个层面上的含义。人类社会作为一个共同体，其普适的价值观包含：平等、公正、自由和权利，需要注意的是，中国人的主要价值观与此有所不同；社会价值观的功能也有广义和狭义之分。

文化变迁是指文化的元素、结构等发生了改变，或者不同的文化之间冲突或融合过程。文化变迁的类型包括无意识变迁和有意识变迁。文化变迁具有文化创新、文化传播和文化演化的功能。文化创新，是指文化在内容或者结构上出现了与以往不同的新形式；文化传播，是指一种文化元素或者结构扩散、传递或者转移到另一种文化，引起其他文化变迁的过程；文化演化，是指由文化内部发展引起的变迁。

在文化环境方面，社会工作的重要议题包含代沟、中国佛教文化与慈善服务、重建生命意义、社会工作服务的文化嵌入、文化胜任力等相关内容。

思考题

1. 如何理解文化的含义和特征？
2. 举例说明人类行为是如何受到文化环境影响的。
3. 如何理解社会价值观的含义和类型？
4. 如何理解文化变迁的含义和类型？

5. 举例说明人类行为如何受到社会价值观和文化变迁的影响。
6. 举例说明我们如何在实务过程中理解主流文化、亚文化和反文化。
7. 根据你的实务经验，反思在社会工作实务过程中你所遇到的文化议题。
8. 试论如何运用文化胜任力视角进行社区工作实践。

推荐阅读

费孝通:《乡土中国》,三联书店 2021 年版。

梁漱溟:《中国文化要义》,上海人民出版社 2018 年版。

郭长刚主编:《全球化、价值观与多元主义:全球化时代宗教、信仰与文化变迁研究》,上海三联书店 2010 年版。

[美]露丝·本尼迪克特:《文化模式》,王炜等译,社会科学文献出版社 2009 年版。

杨中芳:《如何理解中国人:文化与个人论文集》,重庆大学出版社 2009 年版。

[英]马林诺夫斯基:《文化论》,费孝通译,中国民间文艺出版社 1987 年版。

[美]玛格丽特·米德:《文化与承诺:一项有关代沟问题的研究》,周晓虹等译,河北人民出版社 1987 年版。

扩展推荐阅读

刘玉兰:《民族社会工作的文化实践与少数民族流动人口社会融合》,《华东理工大学学报》2019 年第 3 期,第 25—34 页。

[英]Robert Adams:《赋权、参与和社会工作》,汪冬冬译,华东理工大学出版社 2019 年版。

[德]马克斯·韦伯:《新教伦理与资本主义精神》,苏国勋等译,社会科学文献出版社 2010 年版。

王铭铭:《文化格局与人的表述》,天津人民出版社 1997 年版。

[美]Kathleen Mclnnis-Dittrich:《整合社会福利政策与社会工作实务》,胡慧嫈等译,台北扬智文化事业股份有限公司 1997 年版,第 69—100 页。

[英]雷蒙德·威廉斯:《文化与社会》,吴松江、张文定译,北京大学出版社 1991 年版。

A. L. Kroeber & Clyde Kluckhohn, *Culture: A Critical Review of Concepts and Definitions*, Cambridge: Peabody Museum Press, 1952.

第六章 人类健康与公共卫生环境

学习目的

理解人类健康和健康公平的概念；认识人类健康定义的理论模型；了解人类健康的测量方法；了解人类健康的社会影响因素，进一步认识健康的决定模型；了解健康不平等的定义、发展脉络；认识健康不平等的理论解释模式；了解突发公共卫生事件/危机的定义、特点、分类；认识突发公共卫生危机与人类健康的关系；了解突发公共卫生危机治理的定义，整体性治理的机制，以及人类卫生健康共同体的建构；了解与人类健康和公共卫生环境有关的社会工作重要议题：社会工作与突发公共卫生危机、社会工作与国际社区抗疫。

健康是人类发展的重要目标之一。21世纪以来，我国政府高度重视人民健康水平的提升、公共卫生条件、健康与环境的和谐发展。2016年10月，中共中央、国务院印发并实施《“健康中国2030”规划纲要》，提出了健康中国建设的目标和任务。2019年，国家卫生健康委制定《健康中国行动（2019—2030年）》，将居民环境与健康素养提升工作列入“健康环境促进行动”。在国际层面，2015年联合国193个成员国在联合国可持续发展峰会上正式通过了《联合国可持续发展目标（Sustainable Development Goals，SDGs）》，包括17个可持续发展目标，旨在通过15年的时间以综合方式彻底解决社会、经济和环境三个维度的发展问题，转向可持续发展道路。这17个可持续发展目标的第三项为：确保健康的生活方式，促进各年龄段人群的福祉。然而，自21世纪以来，重大的公共卫生事件频发，特别是2020年年初暴发的新冠疫情引发了全球性公共卫生危机，严重威胁着全球人类健康，也将政府和社会的关注点引致人类健康与公共卫生环境之间的关系。本章将集中讨论人类健康与公共卫生环境之间的关系，重点关注公共卫生危机的应对和管理策略，社会工作在面对公共卫生危机时的作用等相关内容。

第一节 人类健康

人类健康是促进个体全面发展的基础,也是衡量国家和地区经济社会发展水平的重要指标之一。人类健康是一个复杂的概念,想要深入认识公共卫生环境对人类健康的影响,需要系统了解人类健康的定义、健康的测量方式,以及人类健康的社会决定因素模型。

一、人类健康的定义

健康是医学、心理学、社会学等众多学科关注的重点议题。基于不同的范畴、不同的学科,健康的定义有所不同。目前健康的定义通常根据健康范畴的大小分为狭义和广义两种。

狭义的健康又称消极的健康,主要以身体状况是否正常来界定。这种健康定义仅指不生病或远离疾患的状态,符合传统生物医学的解释模型,即把健康看作一种身体的正常状态,这种状态会随着疾病的侵扰而中断。

广义的健康又称积极的健康,主要以人的整体状态来界定。影响比较大的广义健康的定义来自世界卫生组织(WHO),认为健康是指身体、心理和社会适应(social well-being)的良好状况。后来,世界卫生组织进一步拓展了这一定义,提出健康是指一个人在身体健康、精神健康、社会健康(social health)和道德健康四个方面皆健全。本书采用世界卫生组织对健康的"四维"界定方式,认为人类健康是一个综合的概念,包括身体健康、精神健康、社会健康和道德健康四个方面。

1. 身体健康

狭义健康的定义即身体健康,包括身体在生物学意义上和医学意义上的健康。一般而言,生病、发育异常或者身体功能消退等状态,即被视为不健康。在儿童健康、老年人健康方面,研究者时常采用的衡量身体健康的指标有:死亡率、身体发育指标(身高、体重)、老年人生物医学指标(失能状况)等。身体健康主要是生物学、医学等学科的研究和实践领域。

2. 精神健康

精神健康、心理健康、心理问题、心理疾病等概念在描述人类精神/心理健康状况时经常被混用。本章统一采用精神健康概念。精神健康是指一种持续的精神/心理状态。在这种状态下,个人具有生命的活力、积极的内心体验、良好的社会适应,能够有效地发挥个人的身心潜力和积极的社会功能①。国际组织和政

① 刘华山:《心理健康概念与标准的再认识》,《心理科学》2001年第4期,第480—481页。

府部门往往通过将精神健康的状态指标具体化来界定精神健康的内涵。加拿大国家健康和福利部在 1988 年对精神健康的内涵进行了明确的规定，认为精神健康包含三部分重要内容：个人或者群体的成长、内在精神能力的运用及目标的实现；个人、群体及环境之间的互动，通过互动实现个人或者群体的成长；社会正义和公平的实现①。2007 年世界卫生组织界定的精神健康不仅仅意味着没有精神障碍，还意味着个人拥有实现自我的能力，能应对正常的生活压力，积极且富有成效地工作并为共同体作出贡献的幸福状态。② 总的来说，精神健康是指人在精神/心理层面所呈现出的状态，良好的精神健康可以表现为：积极的、具有抗逆力的个人；个体与群体、个人与环境关系和谐。而良好的精神健康和较差的精神健康之间并不是非此即彼的，而是处于一个连续统当中。值得注意的是，判定精神健康状况还需要考虑到具体的文化情境。就中国的情境来看，由于中国文化与西方文化的差异，需要考虑到中国本土的文化情境，如中国的儒家文化、道教文化、家族文化、社群文化、家国文化等，以确定中国文化视角下的精神健康概念。

3. 社会健康

社会健康作为人类健康的一个维度，指的是个体在与他人相处或交往中的状态及个体与社会环境相互作用的情况③。有研究者从社会适应与社会支持两方面概念化社会健康④。但是在社会学研究方面，社会健康更多被界定为社会适应，反映的是个体在社会层面的状态。社会适应指个体逐渐接受现有社会的道德规范与行为准则，能在规范允许的范围内对特定环境中的社会刺激作出反应，即人们为与外部生存环境达成和谐关系而进行一系列心理态度、行为模式和文化观念的调适，是个体与环境因素不断相互作用和彼此博弈的过程与结果，涉及主体、情境和变化三类要素，可以细分为心理适应、行为适应、文化适应等⑤。无论直接从社会健康角度还是从社会适应角度来界定，社会健康的核心是在人与社会建立和谐关系的过程中，人类是否表现出良好的适应状况。

---

① 童敏：《文化处境下的精神健康概念及其对中国本土社会工作的启示》，《马克思主义与现实》2010 年第 5 期，第 126—129 页。

② World Health Organization, *WHO Fact Sheets*: *Mental Health*: *Strengthening Mental Health Promotion*, Geneva: World Health Organization, 2007.

③ 汪雪莲、许能锋：《大学生社会健康测量及其应用的现状与展望》，《现代预防医学》2007 年第 22 期，第 4272—4273 页。

④ James S. Larson, "The Measurement of Social Well-Being," *Social Indicators Research*, vol. 29, no. 3(1993), pp. 285-296.

⑤ 杨菊华：《空间理论视角下老年流动人口的社会适应》，《社会学研究》2021 年第 3 期，第 180—203 页。

4. 道德健康

道德健康是世界卫生组织最新增加的人类健康维度。道德健康是将道德修养纳入健康范畴，其内容包括：健康者不通过损害他人的利益来满足自己的需要，具有辨别真与伪、善与恶、美与丑、荣与辱等是非观念，能按社会行为的规范准则来约束自己及支配自己的思想行为①。道德健康作为个体健康的最高境界，是对身心健康的升华，应当成为个体健康范畴的重要领域。道德健康有三个基本要求，指向三个社会行为准则：一是有最基本的道德准则，互助自助，服务社会，不能损人利己；二是主动地适应道德准则，在道德准则的指导下，内化规范，并在行为中体现，不能越轨犯罪；三是具有辨别真伪善恶的人格和能力，存善去恶，化解社会风险。总的来看，道德健康表现的是对道德的内化，以及符合道德规范的行为。和精神健康类似，除了人类共通的道德要求，道德健康中所依据的道德规范在不同的国家地区、不同种族民族、不同职业群体、不同社区和组织内有不同的标准，道德健康也需要考虑到具体的社会文化情境。

二、健康公平的定义

健康公平（health equity）是人类健康促进的最终目标之一。在当前，倡导健康公平的意义更加明显，它意味着无论个体社会经济地位如何，所有人类都公平地享有健康保障和防疫服务的权利。健康公平是与健康不平等相对应的概念。我国颁布的《“健康中国 2030”规划纲要》和《健康中国行动（2019—2030）》均将提升国民健康水平、促进社会公平正义作为战略目标之一。因此，健康公平是理解人类健康的重要切口。各国各地区旨在通过各种社会政策和福利服务来提升人类的健康公平水平。

1996 年世界卫生组织将健康公平定义为：不论以社会、经济、人口、地理等何种方式界定组群，组群之间都不存在可避免的健康差别，我们致力于通过服务消除差别，使社会成员拥有权利平等享受健康资源和健康②。研究者提出健康公平是社会公平的重要内容，包括健康状态公平和卫生保健公平两个方面③，健康状态公平是指在生物学范围内，每个人都有同等的机会达到他们所能达到的最好的身体、精神和社会生活状态。卫生保健公平是指每个人都能公正和平等地获得可利用的卫生服务资源，它涉及卫生服务提供、卫生服务筹资和卫

---

① 曾承志：《健康概念的历史演进及其解读》，《北京体育大学学报》2007 年第 5 期，第 618—619 页；李小龙、方会玲：《从“道德健康”谈儿童的道德发展》，《中国医学伦理学》2002 年第 2 期，第 32—33 页。

② World Health Organization: *Equity in Health and Health Care: a WHO/SIDA initiative*, Geneva: World Health Organization, 1996.

③ 梁多：《健康公平：世界性的焦点与难题》，《求索》2006 年第 6 期，第 106—107 页。

生服务利用三个方面的公平。健康公平还可定义为:在不同的社会群体(这些群体处在不同社会等级,拥有不同的优势/劣势地位)之间不存在系统性的差异,所谓系统性的差异是指社会经济制度等人为的社会因素造成的健康差别①。

健康公平是联合国2015年可持续发展议程中的优先事项。世界卫生组织促进实现健康公平的行动历史较长,具体措施如鼓励各个国家地区实施健康不平等监测等。健康不平等监测系统使用分类数据来确定人口中的弱势群体,并为公平导向的健康政策、计划和服务实践提供信息。世界卫生组织组织建设了全球国家一级健康不平等监测体系。健康公平监测的要点包括:①不平等状况:生殖、产妇、新生儿和儿童健康报告;②健康不平等监测手册:重点关注中低收入国家;③健康不平等监测电子学习模块;④监测健康不平等:实现健康公平的重要一步;等等②。世界卫生组织在2008—2009年与10个国家的17个城市合作,开发并试行了城市健康公平评估和应对工具(Urban HEART)。城市健康公平评估分类型指标通过收集资料和有效的标准化程序,指导当地决策者和社区改善健康不公平环境,提升健康公平水准③。基于这些研究和实践探索,我们认为健康公平是指每个人都有相同的权利和机会获得健康资源和个人最佳健康状态,是指不论以何种方式(社会、经济、人口、地理)界定人群,都要消除人群之间那些可避免和可补救的健康资源分配差别,解决健康问题。健康公平基于不同的分类方式可分为:健康结果公平和健康手段公平;健康横向公平和健康纵向公平等。

三、人类健康的测量

促进人类健康首先需要解决的问题是测量健康状况。与前述健康的定义一样,目前健康测量并没有统一的方式,研究者往往基于不同的研究目的从不同侧面对健康进行测量。本章仅选取应用比较广泛的健康测量指标进行介绍。

1. 身体健康测量指标

研究者常采用与身体和死亡相关的指标,来衡量一个国家、一个地区、一类人群的健康水平。由于这些指标和身体健康紧密相关,本章将其统称为身体健康测量指标。这类测量指标通常包括出生率、死亡率、平均预期寿命、婴儿死亡率、孕妇死亡率等。我国《"健康中国2030"规划纲要》中列出的衡量健康水平的指标包括:人均预期寿命(岁)、婴儿死亡率(‰)、5岁以下儿童死亡率(‰)、

① 李红文、毛新志:《论健康公平》,《伦理学研究》2015年第2期,第90—94页。

② Ahmad Reza Hosseinpoor & Nicole Bergen(eds.), "Promoting Health Equity: WHO Health Inequality Monitoring at Global and National Levels," *Global Health Action*, vol. 8, no. 1(2015).

③ World Health Organization, *Urban Heart: Urban Health Equity Assessment and Response Tool*, Geneva: World Health Organization, 2010.

孕产妇死亡率(1/10万)、城乡居民达到《国民体质测定标准》合格以上的人数比例(%)。除此以外,《"健康中国2030"规划纲要》还提出了健康生活领域,健康服务与保障领域,健康环境领域和健康产业领域的测量指标。但是,随着人群健康状况的逐步改善和提高,这类指标在反映人群健康状况时的敏感性已有所降低。因此,一些新的指标如健康期望寿命、伤残调整寿命年等开始被广泛应用以弥补传统指标的不足①。以儿童身体健康测量指标为例,2021年发布的《中国儿童发展纲要(2021—2030)》提出,儿童健康测量指标包括:新生儿、婴儿和五岁以下儿童死亡率,儿童常见疾病和恶性肿瘤等严重危害儿童健康的疾病患病人数,疫苗接种率,5岁以下儿童贫血患病率,5岁以下儿童生长迟缓率,儿童新发近视率,中小学生国家学生体质健康标准达标优良率等。

2. 人类健康需要满足测量指标

多亚尔(L. Doyal)和高夫(I. Gough)提出了健康需要的测量指标②。从表6-1可知,首先,在身体健康方面,有生存机会和身体非健康状况两个二级指标。其中生存机会通过死亡率和预期寿命来测量;身体非健康状况通过衡量功能性和结构性能力的丧失来测量。其次,在自主方面,有神经错乱、认知剥夺、经济活动机会三个二级指标。其中神经错乱通过严重精神病、抑郁症和其他精神病患者的比例来测量;认知剥夺通过缺乏相关文化知识、文盲等四个指标来测量;经济活动机会通过失业和其他衡量排除在重要社会职责以外的测度两个指标来测量。

表6-1 人类基本需要指标

一级	二级	具体指标
身体健康	生存机会	死亡率、预期寿命 ·按年龄段划分的死亡率,特别是婴儿和5岁以内儿童死亡率 ·各年龄段的预期寿命
	身体非健康状况	移动、四肢伸展、灵活性、视、听、个人照顾、克制、交际、行为举止、智能 ·残疾者的比例(按照严重程度) ·儿童患有发展性残损的比例(按照严重程度) ·身体感到严重疼痛者的比例 ·各种疾病类型的发病率

① 李鲁、吴群红、郭清等:《社会医学》(第五版),人民卫生出版社2017年版,第140页。

② [英]莱恩·多亚尔、伊恩·高夫:《人的需要理论》,汪淳波、张宝莹译,商务印书馆2008年版,第241页。

续表

一级	二级	具体指标
自主	神经错乱	· 严重精神病、抑郁症和其他精神病患者的比例
	认知剥夺	· 缺乏相关文化知识 · 文盲 · 缺乏获得数学、科学知识和其他普遍性基本技术的机会 · 没有世界性语言技能
	经济活动机会	· 失业和其他衡量排除在重要社会职责以外的测度 · 完成生产和生殖活动之后,缺乏自由时间

资料来源:[英]莱恩·多亚尔、伊恩·高夫:《人的需要理论》,汪淳波、张宝莹译,商务印书馆,2008年版,第241页。

3. 人类健康发展性测量指标

人类健康发展性测量指标被用来动态地衡量人类的健康状况,它将人的生命分为:快速发展的生命早期、成年期的健康鼎盛时期、中年期和老年期的衰退时期。首先,在测量生命早期(儿童期)的健康方面,研究者认为使用"发展性健康(developmental health)"一词来表示,能够较好地贴合儿童期健康的特点①,即:发展性的、正在发展的(underdevelopment),这种发展的特点覆盖儿童从出生到婴儿期、儿童早期、儿童后期(青少年期)的成长和成熟过程。发展性健康是多维度的,包括:儿童生理和情绪的发展及认知和社会技能的发展。发展性健康的测量指标包括:出生前后生理发育指标(如出生体重、儿童期体重发育等),认知能力指标(如语言发育能力、计算能力等),精神健康指标(如自尊等),等等②。

其次,在测量成年期至老年期的健康方面,对自评健康(self-assessed health status; self-reported health status)和限制性长期疾病(limiting long-standing illness)的测量应用较为广泛。自评健康测量在很多发达国家和发展中国家被认为是除死亡率和其他功能性限制指标外的有效预测指标③。自评健康测量往往通过提供五分类的测量问题,来评估主观的健康状态。一般是询问被调查者,

---

① Daniel P. Keating and Clyde Hertzman, *Developmental Health and the Wealth of Nations*, New York: The Guilford Press, 1999, p. 29.

② Daniel P. Keating & Clyde Hertzman, *Developmental Health and the Wealth of Nations*, New York: The Guilford Press, 1999, p. 29.

③ 王甫勤:《社会经济地位、生活方式与健康不平等》,《社会》2012年第2期,第125—143页。

“您认为您的健康状况怎样?”答案有“很好”“比较好”“一般”“比较不好”“很不好”五个选项,这五个选项往往被分别赋值,如按照健康好坏赋值为1—5分,从而确定被调查者的健康水平。限制性长期疾病的测量基于研究者所设计的有关限制被调查者日常活动的健康条件的问题的回答①。这一方式在老年人的健康测量中经常使用。例如:Katz量表(Katz Index of Independence in Activities of Daily Living)的测量内容就包含6个方面的活动:洗澡、穿衣、如厕、床椅间移动、大小便和进食,每项分为3个等级:完全自理、部分自理和完全不能自理②,用以测量老年人和慢性病患者的身体健康状况。

四、人类健康的社会决定因素模型

2011年,世界卫生组织与巴西卫生部共同举办“健康问题社会决定因素世界大会”,目的是分享不同国家和组织的经验,实施政策和战略,减少健康不公平,确定了“健康的社会决定因素”(Social Determinants of Health, SDH)的框架,通过了《健康问题社会决定因素:里约政治宣言》③。该宣言呼吁采取健康社会决定因素方针来减少健康不平等现象,认为健康社会决定因素是指除那些直接导致疾病的因素之外,由人们的社会地位和所拥有的资源决定的生活和工作环境及其他对健康产生影响的因素④。健康社会决定因素被认为是决定人们健康水平的根本原因,它包括人一生中各个阶段的全部社会环境特征,如收入、教育、饮水条件和卫生设施等,它反映了人们在阶层、权力和财富各方面的差异。

1. 健康社会决定因素的理论模型

从健康社会决定因素的理论模型来看,社会决定因素包含人们日常生活的环境因素(如住房、交通、教育、食品、环境等)和社会结构因素(如社会分层、社会政治、经济和文化背景等)。达尔格伦(G. Dahlgren)和怀特黑德(M. Whitehead)建立的健康社会决定因素的分层模型(The Dahlgren-Whitehead Rainbow Model)被认为是一个经典模型⑤。该模型呈现出一个环形的框架,由内向外分别代表影响个体健康的主要因素,以及这些因素背后的诱因(见图6-1)。第一

---

① Hilary Graham, *Unequal Lives: Health and Socioeconomic Inequalities*, New York: McGraw Hill Education, 2007, p. 24.

② S. Katz, T. D. Downs, H. R. Cash & R. C. Grotz, “Progress in Development of the Index of ADL,” *The Gerontologist*, vol. 10, no. 1(1970), pp. 20-30.

③ 李鲁、吴群红、郭清等:《社会医学》(第五版),人民卫生出版社2017年版,第150—170页。

④ 张树辉、周华珍、耿浩东:《健康的社会决定因素对青少年成瘾行为的影响》,《中国青年社会科学》2018年第5期,第83—91页。

⑤ Göran Dahlgren & Margaret Whitehead, “A Framework for Assessing Health Systems from the Public's Perspective: The ALPS Approach,” *International Journal of Health Services*, vol. 37, no. 2(2007), pp. 363-378.

层代表不同基因的个体，包括年龄、性别和遗传因素等；第二层代表个体行为和生活方式如抽烟、酗酒等；第三层代表社会和社区网络因素，它们可能对个体健康带来有利或者不利的影响；第四层代表社会结构性因素，如教育、住房、工作环境、水和卫生设施、生活和工作条件等；第五层代表宏观社会经济、文化和环境。这一经典模型认为，处于内环的因素都受到外层因素的影响。

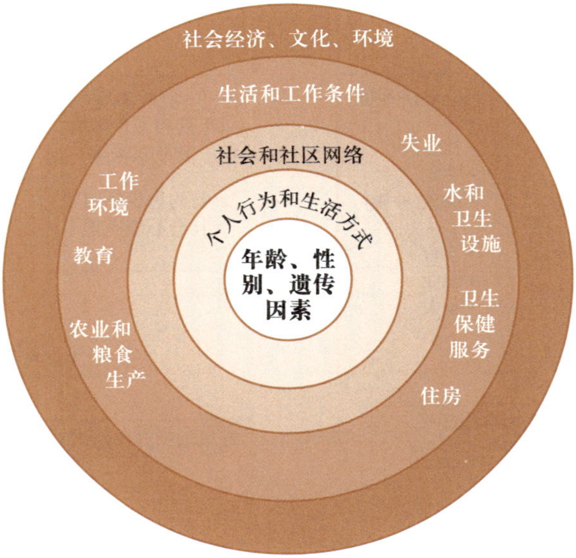

图 6-1　健康社会决定因素的理论模型示意图

2. 健康社会决定因素的概念框架

世界卫生组织成立的健康社会决定因素委员会出版了《用一代人时间弥合差距》一书，提出健康社会决定因素的概念框架（见图 6-2），对各种健康社会决定因素进行整合，并讨论如何利用健康社会决定因素理论解决全球健康问题①。这一概念框架将影响健康的社会决定因素分为健康平等的结构性决定因素和健康的中介决定因素。其中，健康平等的结构性决定因素包括两个层面，一是宏观社会经济政治背景因素，如政府治理、宏观经济政策、社会政策、公共政策、文化和社会价值等；二是个体的社会经济地位，指决定日常生活环境的社会结构性因素，如社会阶层、性别、民族（种族）、教育、职业、收入等，它们体现了权力、财富和资源的不同分配方式。健康的中介决定因素主要指人们在生命各个阶段所处的环境，包括物质环境、行为和生物因素、社会心理因素等。除此以外，社会团结

① Orielle Solar & Alec Irwin, *A Conceptual Framework for Action on the Social Determinants of Health*, Geneva: World Health Organization, 2010.

和社会资本对个体健康具有保护作用，其影响在于能够有效调节社会经济地位和社会环境因素对健康的结构性影响。而卫生系统也是健康的关键社会决定因素之一，它可以通过卫生及社会福利资源分配调节个体层面的社会结构性因素及宏观层面的社会结构性因素，从而促进健康公平。探究健康的社会决定因素，并据此制定相应的健康促进政策一直是国家、社会和学术界的追求。

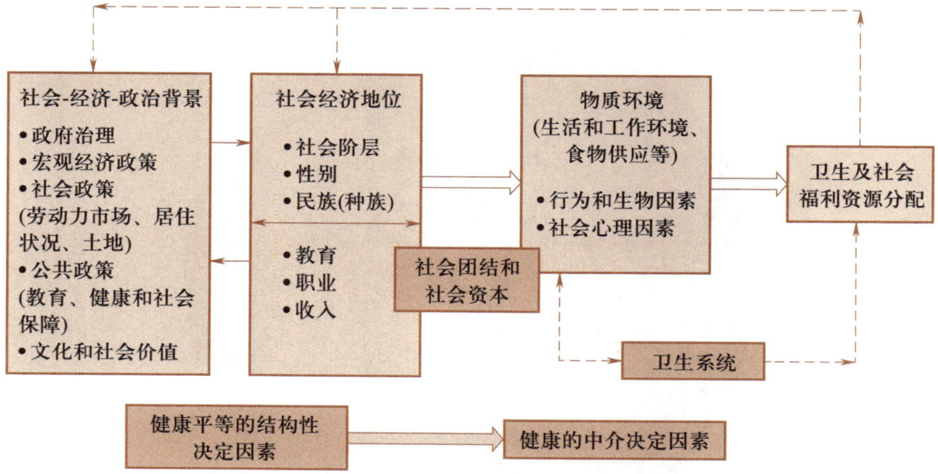

图 6-2 健康社会决定因素的概念框架示意图

资料来源：O. Solar & A. Irwin, *A Conceptual Framework for Action on the Social Determinants of Health*, Geneva: World Health Organization, 2010.

第二节 人类健康不平等

人类健康不平等（Health Inequalities, Health Disparities）是社会不平等的重要组成部分，从 20 世纪 80 年代起逐渐成为社会科学研究的热点领域之一，得到包括流行病学、公共卫生、社会政策、社会学等在内的多学科研究者的关注。本节将从健康不平等的定义与测量、健康不平等的理论解释模式等方面入手，系统总结当代健康不平等研究的发展和争论要点，全面介绍健康不平等研究议题。

一、健康不平等的定义

自 20 世纪 80 年代英国《布莱克报告》（*The Black Report*）发布以来，健康不平等问题受到来自社会学、心理学、经济学、流行病学、生物学和医学等学科的研究者愈来愈多的关注。与健康不平等相互关联又有所区别的论述包括健康不公正(health injustice)、在健康方面的不平等(inequalities in health)。怀特黑德和达尔格伦提出,健康不平等是指在社会经济地位、地理位置、年龄、性别或民族等方面不同的人群之间在健康经验和健康结果上存在可测量的差异①。研究者主要通过对死亡率和患病率的测量,来判断不同群体和个人之间的健康水平的差异。健康不公正指不同的人群在机会方面的不同,不同人群在生活机会、健康服务、营养食物和合适的居住条件的可及性等方面可能存在差异,这些差异被认为是不公平和不公正的。

目前在健康不平等的研究领域中,不平等的内涵越来越丰富,很多研究将健康不公正的相关内容也涵盖其中,形成广义的健康不平等概念。但是一般来说,健康不公正包括道德维度,指涉那些不公正、不正义的健康差异。大多数健康不平等是不公正的,反映了健康的社会决定因素的不平等的分布(如教育机会、安全工作、健康照顾等的可及性)。综合来看,健康不平等的内涵有三个层面:个体之间的健康差异;群体之间的健康差异,如不同年龄、性别和社会经济地位的群体之间的健康差异;在社会中占据不同位置的群体间的健康差异,这一层面的健康不平等与社会不平等联系紧密②。健康不平等三层内涵的区别在于焦点不同,分别是个人、不同社会群体和不同社会结构的群体。本章使用的健康不平等的定义的核心是社会群体间健康的系统性差异,这种差异体现在社会结构分层上,还体现在其他社会关系、生活方式等方面,如处于社会底层的群体就比其他群体面临更多的健康问题。

二、健康不平等的测量

学术界主要通过社会经济指标来测量健康不平等。社会经济指标包括职业地位和收入等。绝对差异和相对差异是测量健康不平等的两种方式。绝对差异(absolute differences)是指不健康比例的差异,例如:优势群体和弱势群体之间非正常死亡的比例差异;相对差异(relative differences)是指相较于优势群体而言,弱势群体的健康表现的可能性如何,例如:贫困地区儿童体重偏低的概率是富裕地区儿童的三倍。

绝对差异和相对差异为健康不平等提供了综合的测量方式,在描述特定时点的健康不平等状况时,二者都是合适的。但是相对差异测量更多用于纵向展示健康不平等的变化,特别是在整体健康水平不断提升的状况下。无论是绝对差异测量还是相对差异测量,其焦点均是比较最优势群体和最弱势群体之间的

---

① Margaret Whitehead & Göran Dahlgren, *Concepts and Principles for Tackling Social Inequities in Health: Levelling Up Part 1*, Conpenhagen: WHO Regional Office for Europe, 2006, p. 5.

② Hilary Graham, *Unequal Lives: Health and Socioeconomic Inequalities*, New York: McGraw Hill Education, 2007, p. 5.

健康差异。

近年来,健康经济学家借助经济学的测量方法如基尼系数和集中度来测量健康不平等。同时,部分学者借鉴收入不平等的度量方法来测量健康水平,设计了对数标准差法等其他一些健康测量指标。但是,这些方法对数据多元化的要求很高,除经济学领域学者使用这些指标外,其他研究健康问题的学科较少采取这些方式。

三、健康不平等的理论解释模式

20 世纪 80 年代,英国《布莱克报告》系统阐释了健康的社会影响因素,认为社会经济地位与死亡率和发病率有紧密联系,社会上层的人健康状况好于社会下层的人①。该报告引起了学界的广泛关注,此后逐渐形成了四种主要的健康不平等的理论解释模式,包括:社会解释模式;社会心理解释模式;健康行为解释模式;生命历程视角解释模式。

1. 社会解释模式

从《布莱克报告》发布以来,不少研究者从重视健康不平等的物质资源的解释模式转向社会解释模式,即认为社会因素通过工作环境、社会支持、居住环境、心理机制或其他因素最终造成低社会经济地位的人群的健康水平比高社会经济地位的人群更差。社会解释模式有四种解释路径,分别是:虚假相关论、自然或社会选择论、结构主义的解释、文化主义(行为主义)的解释②。

第一,虚假相关论认为统计上所测量到的社会经济地位与健康之间的关系是测量误差导致的,二者并不存在实质的相关关系。

第二,自然或社会选择论指出了健康对个人发展的重要作用,包括两种主要的机制:代内选择(intra-generational selection),即健康状况不好的人的社会地位会向下流动,健康状况好的人会向上流动,代际选择(inter-generational selection)强调上一代对下一代健康的影响,即健康状况不好的父代可能通过遗传、不良的生活方式、暴露于不良环境等方式,影响子代的发育和健康。

第三,结构主义的解释强调了社会位置或结构在健康表现方面的重要作用。英国的《布莱克报告》和《艾奇逊关于健康不平等的报告》(The Acheson Report on Inequalities in Health)就集中探讨了社会结构和收入分布与健康不平等之间的关系。

第四,文化主义(行为主义)的解释重点关注各种类型的健康行为在社会结构中的分布差异,以及其对健康的决定作用。

---

① Sir Douglas Black & Peter Townsend (eds.), *Inequalities in Health: Report of a Research Working Group*, London: Department of Health and Social Security, 1980, p. 19.

② Sir Douglas Black & Peter Townsend (eds.), *Inequalities in Health: Report of a Research Working Group*, London: Department of Health and Social Security, 1980, p. 19.

2. 社会心理解释模式

20世纪90年代初期，研究者开始关注健康不平等的社会心理解释模式，即不同社会位置个体的健康水平如何受急性或慢性的压力、自我控制力、期望等因素的影响①。这一解释模式的集大成者为威尔金森(R. Wilkinson)，他提出社会心理机制是相对社会位置影响健康的主要途径，收入不平等对健康的影响主要通过其对个体社会心理的影响而实现②。这并不是说社会心理路径是独立于物质财富而存在的，而是说后者是通过焦虑、压力、不安全和脆弱性等间接的社会心理的方式来影响健康。这一观点除了应用于解释在个人健康方面相对剥夺的主观经验的消极影响，还能应用于解释人群健康和预期寿命的社会心理影响机制。在人群健康的解释方面，威尔金森认为不是最富裕的社会，而是最公平的社会拥有最好的健康状况。健康不平等的社会心理解释模式提供了整合个人/生物和社会的评估方式，将人类健康和更广泛的社会问题联系起来③。

3. 健康行为解释模式

健康行为解释模式也部分受到前述社会解释模式的影响，即不同社会经济地位的个体的健康风险行为也存在显著差异，从而导致不同的健康状况。《布莱克报告》中提到"文化/行为"因素，承认许多个体行为的文化/行为背景④。有研究显示，死亡率和患病率的社会经济地位差异中有1/3的差异能够被这些具有文化意涵的行为所解释⑤。在影响健康的社会因素中，与健康相关的生活方式及行为，如吸烟、饮酒、饮食和运动等被归为最近的因素(proximal factors)，社会支持网络等被归为中等距离的因素(mid-range factors)，而社会结构与社会分层等则属于最远端的因素(distal factors)⑥。而与健康相关的行为解释模式还关注吸烟、酗酒、食物消费的社会经济模式，以及其他显著的与健康相关的行为，例如：保健性医疗服务的使用、疫苗、避孕和产前保健。总的来说，健康行为解释模式支持人们的行为不仅仅反映其文化，而且更多地受到社会和经济环境的影

---

① Michael Marmot, "Epidemiology of Socioeconomic Status and Health: are Determinants Within Countries the Same as Between Countries?," *Annals of the New York Academy of Sciences*, vol. 896, no. 1(1999), pp. 16-29.

② Richard Wilkinson, *The Impact of Inequality: How to Make Sick Societies Healthier*, London: Routledge, 2005.

③ Richard Wilkinson, *The Impact of Inequality: How to Make Sick Societies Healthier*, London: Routledge, 2005, p. 5.

④ Sir Douglas Black & Peter Townsend (eds.), *Inequalities in Health: Report of a Research Working Group*, London: Department of Health and Social Security, 1980, p. 19.

⑤ Mel Bartley, *Health Inequality: An Introduction to Theories, Concepts and Methods*, Cambridge: Polity Press, 2003, p. 5.

⑥ 王甫勤：《社会经济地位、生活方式与健康不平等》，《社会》2012年第2期，第125—143页。

响的结论。

4. 生命历程视角解释模式

20 世纪 90 年代后期，生命历程理论的发展为健康不平等的研究拓展了时间维度。生命历程视角从动态角度诠释了社会经济因素如何形塑健康轨迹，以及怎样决定在未来的生命历程中健康不平等的模式①。这一视角下的健康不平等研究提出累积优势/劣势理论、年龄作为平衡因素的假设和地位保持三种解释路径，均聚焦健康的社会经济不平等机制和模式，包括不平等是否扩大，是否收敛或保持②。累积优势/劣势理论描述了一个过程，即与结构位置和资源相关的最初的相对优势或劣势随着生命历程而不断扩大的过程。年龄作为平衡因素的假设也描述了一个过程，即随着人步入老年，早期的健康的社会经济不平等逐渐缩小的过程③。推动这种“缩小”的机制主要是：在特定年龄，生物因素在健康中扮演了重要角色；与退休相关的福利国家的支持也调节了经济不平等及其对健康的影响；随着老年人退出主要分层体系（劳动力市场），不平等的可能性降低④。地位保持解释则认为不平等是较稳定的，与年龄的变化无关。

整体来说，健康不平等受到多元社会机制的影响。不同的物质资源、与健康相关的资源的可及性、与社会地位相关的社会心理机制、生活方式和行为因素及社会压力的不同程度的暴露均对健康的社会梯度产生影响⑤。可以看出，对健康不平等问题研究的视角越来越多地聚焦于分析其社会根源，建立社会结构因素与健康不平等之间的因果关系，并探索内在的物质、行为和社会心理机制，同时逐步加入生命历程理论的分析视角，试图建立一种动态的分析健康不平等的完整体系。

第三节 突发公共卫生危机与应对

近几十年来，公共卫生危机的发生概率快速上升，非典、禽流感、非洲猪瘟、

① Rasmus Hoffmann, “Illness, Not Age, Is the Leveler of Social Mortality Differences in Old Age,” *The Journals of Gerontology Series B: Psychological Sciences and Social Sciences*, vol. 66B, no. 3(2011), pp. 374-379.

② Angela M. O'rand & John C. Henretta, *Age and Inequality*, Boulder, Colo: Westview Press, 1999, p. 25.

③ Angela M. O'rand & John C. Henretta, *Age and Inequality*, Boulder, Colo: Westview Press, 1999, p. 30.

④ Rasmus Hoffmann, “Illness, Not Age, Is the Leveler of Social Mortality Differences in Old Age,” *The Journals of Gerontology Series B: Psychological Sciences and Social Sciences*, vol. 66B, no. 3(2011), pp. 374-379.

⑤ Irma T. Elo, “Social Class Differentials in Health and Mortality: Patterns and Explanations in Comparative Perspective,” *Annual Review of Sociology*, vol. 35(2009), pp. 553-572.

新冠等大规模传染病不断侵袭人类社会，对人类健康、社会经济发展和生活秩序维持造成了严重威胁。

一、突发公共卫生事件与危机的定义

1. 突发公共卫生事件的定义

2002年，非典型肺炎（SARS）蔓延，成为全球重大的突发公共卫生事件。进入21世纪以来，世界卫生组织公开宣布的七次国际关注的突发公共卫生事件分别是：2009年甲型H1N1流行性感冒疫情、2014年南亚和非洲的脊髓灰质炎疫情、2016年巴西等国的寨卡疫情、2014年至2016年在西非多国致上万人死亡的埃博拉疫情、2018年至2019年的刚果（金）埃博拉疫情、2020年的新冠疫情、2022年的猴痘疫情。新冠疫情的迅速传播再一次给人类健康带来了极大的风险。由于新冠等传染病引发的大规模人类健康危机事件就可以被称为“公共卫生事件”“突发公共卫生事件”“国家关注的突发公共卫生事件”“国际公共卫生紧急事件”等。不同的定义展示了危机事件类型、影响范围、影响时速的不同，本节统一采用“突发公共卫生事件”概念。

关于突发公共卫生事件（public health emergencies），研究者和政策制定者均根据各自的关注点对其内涵作出了界定。2003年5月，国务院第7次常务会议通过了《突发公共卫生事件应急条例》，该条例指出，突发公共卫生事件是指突然发生，造成或者可能造成社会公众健康严重损害的重大传染病疫情、群体性不明原因疾病、重大食物和职业中毒以及其他严重影响公众健康的事件。2005年世界卫生大会通过了《国际卫生条例（2005）》，条例中提到，国际公共卫生紧急事件（Public Health Emergency of International Concern，PHEIC）是指通过疾病的国际传播构成对其他国家公共卫生风险，并有可能需要采取协调一致的国际应对措施的不同寻常的事件。构成国际公共卫生紧急事件要满足三个条件：此类事件应是严重、突然、不寻常、意外的；对公共卫生的影响很可能超出受影响国国界；可能需要立即采取国际行动。① 整体来看，突发公共卫生事件的定义无论如何表述，其核心要素均包含：毫无预警的、公共卫生相关的、消极影响广泛三个方面。因此，本书认为突发公共卫生事件是指发生突然的，与公共卫生相关的，对人类健康、社会经济环境造成极大消极影响的事件。

2. 突发公共卫生危机的定义

突发公共卫生危机源于突发公共卫生事件。新冠疫情是进入21世纪以来一次较为严重的全球突发公共卫生事件，给人类健康、世界经济社会的安全造成了前所未有的威胁。公共危机与“风险社会”的概念有相通之处，危机的概念与

---

① 世界卫生组织：《国际卫生条例（2005）》，2005年5月23日。

现代性联系在一起,危机是风险的实践性后果,公共危机则是风险社会的实践性后果①。有研究提出,突发公共卫生危机是对一个社会系统的基本价值、行为准则、社会秩序等产生严重威胁,并且在时间压力和不确定性极高的情景下,需要由以政府为核心的公共管理系统作出决策来加以解决的事情,且公共性是公共危机的首要特征②。综合来看,突发公共卫生危机是指突发公共卫生事件所引发的,危及国家和地区,甚至全球的经济、社会发展秩序的危机状态。由此可知,突发公共卫生事件是指具体的事件,而突发公共卫生危机则是由突发公共卫生事件所引起的一系列消极影响所造成的灾难状态。二者是前因后果的关系。

二、突发公共卫生事件的特点与分类

1. 突发公共卫生事件的特点

20 世纪以来,全球持续经历了各种突发公共卫生事件。这些突发公共卫生事件主要与各类传染性疾病有关,且这些事件对人类健康的影响范围广,影响程度深。以新冠疫情为例,截至 2020 年 6 月 1 日,中国累计报告确诊病例 83022 例,死亡 4634 例。而 2022 年初,新冠疫情仍然持续影响着人类社会,国内外疫情还在持续暴发。关于突发公共卫生事件的特点,研究者展开了相关研究③。综合几次大规模公共卫生事件的表现,我们认为突发公共卫生事件大多具有多个特征,表现为大流行和传染性、突发性和不可预测性、危及生命和社会秩序的破坏性和多因素影响的复杂性和危机次生性。

(1) 大流行性和传染性。突发公共卫生事件的大流行性和传染性是指该事件的影响,以及涉及的人群的广泛性。其影响的人数大多都以万为单位,所涉及的人群非常广泛。联合国世界卫生组织所宣布的“国际关注的突发公共卫生事件”所影响的人数甚至以亿为单位。截至北京时间 2022 年 12 月 21 日,全球累计新冠确诊病例约 6.5 亿例,累计死亡病例约 665 万例④。

(2) 突发性和不可预测性。公共卫生事件的突发性和不可预测性是指该事件发生的时间不明确,没有任何预警。例如, 2019 年 12 月,湖北省武汉市发现多起病毒性肺炎病例,新冠疫情毫无征兆地发生,各国各地区的公共卫生系统并未及时有效地监测到这一病例的状况。公共卫生事件给人类社会造成巨大风险的原因之一就在于其突发性,它通常在公众毫无准备和防范时骤然发生。新冠

---

① 张海波:《风险社会与公共危机》,《江海学刊》2006 年第 2 期,第 112—117 页。

② 张国庆:《公共政策分析》,复旦大学出版社 2004 年版,第 259 页。

③ 王博、白俊芳:《农村公共卫生危机协同治理研究——以新冠肺炎疫情应对实践为例》,《北京航空航天大学学报(社会科学版)》2022 年第 3 期,第 128—133 页;范慧:《公共卫生危机下社区治理的风险透视及规避逻辑》,《社会科学辑刊》2021 年第 4 期,第 56—62 页。

④ 《世卫组织:全球累计新冠确诊病例达 650332899 例》,新华社 2022 年 12 月 21 日。

疫情被发现之初，由于无法确定发病原因、治疗方式、传播方式等信息，疫情很难被有效应对。

（3）危及生命和社会秩序的破坏性。公共卫生事件危及生命源于其传染性，其快速传播会影响到所有人的健康，同时导致经济和社会运行的停滞，进而对个人就业、生活、工作带来破坏性的影响。以新冠疫情为例，每一轮疫情的暴发，各国各地区会采取核酸检测、居家隔离、限制地区间/国家间流动等措施，在地区间交流密切的今天，这样的措施对外贸、经济和社会交流均带来不可挽回的损失。所以，公共卫生事件具有公共性，其影响具有综合性，它对人类社会带来的是全球性的全方位的影响。

（4）多因素影响的复杂性和危机次生性。公共卫生事件的复杂性和次生性是指事件产生和波及的因素多且交错影响，并形成复杂的次生危机。公共卫生事件一般持续时间较长，多以年为单位。以新冠疫情为例，2022 年年末，防控政策调整后，政府提醒居民新冠病毒变异和逃逸性强。变异病毒短期内快速传播，造成医院资源、防控药品紧张，感染人数众多，经济活动受阻等次生危机。

2. 突发公共卫生事件的分类

突发公共卫生事件的分类方式有多种。首先，按照引发原因，突发公共卫生事件可以分为：由自然灾害引发的；由人为因素引发的；由社会因素引发的。其中由自然灾害引发的突发公共卫生事件是指对人类健康带来严重影响的自然灾害事件，如洪涝灾害，森林草原火灾和重大生物灾害。由人为因素引发的突发公共卫生事件是指对人类健康带来严重影响的人为灾害事件，包括重大工伤事故、火灾、环境污染等。对国家或地区的经济社会稳定造成重大威胁或损害的事件，如战争、政治动荡、经济大萧条等。与人为灾害事件相比，社会灾害事件无论从事件发起原因还是事件导致的结果来看，都更侧重于社会结构的解释框架。

其次，按照危害程度和涉及范围分类。如，我国突发公共卫生事件可以分为特别重大（Ⅰ级）、重大（Ⅱ级）、较大（Ⅲ级）和一般（Ⅳ级）四级。其中，特别重大突发公共卫生事件主要包括：（1）肺鼠疫、肺炭疽在大、中城市发生并有扩散趋势，或肺鼠疫、肺炭疽疫情波及 2 个以上的省份，并有进一步扩散趋势。（2）发生传染性非典型肺炎、人感染高致病性禽流感病例，并有扩散趋势。（3）涉及多个省份的群体性不明原因疾病，并有扩散趋势。（4）发生新传染病或我国尚未发现的传染病发生或传入，并有扩散趋势，或发现我国已消灭的传染病重新流行。（5）发生烈性病菌株、毒株、致病因子等丢失事件。（6）周边以及与我国通航的国家和地区发生特大传染病疫情，并出现输入性病例，严重危及我国公共卫生安全的事件。（7）国务院卫生行政部门认定的其他特别重大突发公共卫生事件。新冠疫情即为特别重大突发公共卫生事件。

再次，根据事件的表现形式及是否有病例，突发公共卫生事件可以分为两类:(1) 在一定时间、一定范围、一定人群中,当病例数累计达到规定预警值时形成的事件。例如:传染病、不明原因疾病;(2) 在一定时间、一定范围中,当环境危害因素达到规定预警值时形成的事件,病例为事后发生,也可能无病例。例如:生物、化学和辐射事件等。

最后,根据事件的成因和性质,突发公共卫生事件可以分为:重大传染病疫情,群体性不明原因疾病,重大食物中毒和职业中毒,新发传染性疾病,群体性预防接种反应和群体性药物反应,重大环境污染事故,核事故和放射事故,生物、化学、核辐射恐怖事件,自然灾害导致的人员伤亡核疾病流行,以及其他影响公众健康的事件。其中,重大传染病疫情,是指某种传染病在短时间内发生,波及范围广泛,出现大量病人或死亡病例,其发病率远远超过常年的发病率水平。新冠疫情即为重大传染病疫情。

三、突发公共卫生事件对人类健康的影响

1. 对身体健康的影响

突发公共卫生事件给人类生命健康带来巨大威胁。除造成对人体的伤害或者对生命安全的威胁以外,突发公共卫生事件对一些弱势人群的身体健康还会带来持续的影响。联合国儿童基金会在纪念其成立 75 周年之际也表示,2019 冠状病毒病疫情已成为“儿童面临的最大全球危机”,认为 2019 冠状病毒病疫情正在逆转儿童工作所取得的几乎一切进展,导致全球陷入贫困的儿童人口增加高达一亿。

救助儿童会深入探究了新冠疫情等突发公共卫生事件对女童的影响,特别提到对女童的生育健康和性健康、身体健康及疫苗接种的影响。突发公共卫生事件使得女童性健康和生殖健康的权利面临巨大的威胁。首先,增加青少年怀孕风险。救助儿童会报告显示,在突发公共卫生事件暴发之时,如果平均封锁期达到六个月,4 700 万名妇女和女孩将由于性和生殖健康服务机会的减少而失去用现代化手段避孕的机会,导致大量女童意外怀孕。这将加重女童的生存困境。其次,增加童婚风险。由于突发公共卫生事件对经济的消极影响,预计在五年内会有 250 万名女孩面临童婚风险。另外,救助儿童会报告显示,女童最容易陷入因突发公共卫生事件所导致的健康和营养困境。例如,在撒哈拉以南非洲,药物供应中断六个月可能会导致新增 50 万例与艾滋病有关的死亡,其中四分之一的新艾滋病毒感染者是少女和年轻女性(15—24 岁),青少年(15—19 岁)中 80%的感染者是少女。①

① Save the Children, *Global Girlhood Report 2021: Girls' Rights in Crisis*, London: Save the Children International, 2021.

2. 对精神健康的影响

突发公共卫生事件对人们的精神健康也会带来消极的影响。突发公共卫生事件具有很强的突发性和不确定性，在事件初期，人们往往出现紧张、焦虑、慌乱的情绪和过激的行为。这些心理和行为会延续到事件结束后，甚至引起急性应激障碍、创伤后应激障碍、抑郁症等心理障碍或导致自杀①。突发公共卫生事件对于患者及疑似患者、医护人员，以及社会公众的影响都是巨大的。研究显示，新冠疫情防控环境下感染科工作人员出现不良情绪的可能性较高②。在疫情期间，大多数检验工作者存在心理障碍，包括焦虑、抑郁和失眠，其总体幸福感得分显著低于全国普通人群③。对学生群体的研究也显示，大学生人群对于突发公共卫生事件比较敏感，负性情绪发生率明显高于疫情发生前，这一现象尤其多见于女性④。突发公共卫生事件对儿童精神健康的消极影响突出⑤。总的来说，研究者对不同类型人群的调查研究显示，类似新冠疫情的突发公共卫生事件会对人群的精神健康带来各种消极影响，政府应针对这一情况制定相应的应对措施。

四、突发公共卫生危机治理与人类健康共同体

突发公共卫生危机的应对涉及多学科的整合。就我国来看，政府高度重视突发公共卫生危机的应对，从法律和政策层面提出了宏观的应对措施。2003年，国务院颁发了《突发公共卫生事件应急条例》，对如何开展突发公共卫生危机应对工作提出了明确要求；2007年《中华人民共和国突发事件应对法》颁布，对防控和消除突发公共卫生事件造成的危害，有效保障人民群众健康及生命财产安全从立法上进行了强化；2019年中国共产党第十九届中央委员会第四次全体会议报告中提出要强化提高人民健康水平的制度保障。这更充分体现了中央政府应对突发公共卫生事件的决心，也为各级政府科学建立突发公共卫生事件应急机制，提高公共卫生危机治理水平明确了方向。加强公共卫生安全管理，减少突发公共卫生事件的影响，已逐渐成为政府部门进行公共安全管理的重要

---

① 席居哲、王云汐、鞠康：《积极心理学视角的重大突发公共卫生事件的心理干预》，《首都师范大学学报：社会科学版》2022年第1期，第181—187页。

② 付宁、刘婧、罗丽伟、施洋：《新型冠状病毒肺炎疫情防控环境下感染科工作人员的心理健康调查及应对措施》，《中国健康心理学杂志》2022年第7期，第985—989页。

③ 杨幸、林宇琦、雍挺俊、李美华：《新冠肺炎疫情对武汉市检验人员心理健康的影响研究》，《心理月刊》2022年第4期，第222—225页。

④ 王浩、司明玉、苏小游等：《新型冠状病毒肺炎疫情初期中国大学生心理健康调查及相关因素分析：基于多中心的横断面调查》，《中国医学科学院学报》2022年第1期，第30—39页。

⑤ 刘玉娟：《新冠疫情背景下儿童青少年心理健康研究综述》，《中国特殊教育》2020年第12期，第89—96页。

内容。

1. 突发公共卫生危机的治理

如前文所述,突发公共卫生事件具有大流行性和传染性,突发性和不可预测性,危及生命和社会秩序的破坏性,多因素影响的复杂性和危机次生性,使得对其危机的治理并不是单纯的医疗卫生管理问题,更是社会治理问题。突发公共卫生危机治理是当代人类共同面临的重大挑战,也是各国各地区亟待解决的重大问题。公共卫生学科将突发公共卫生危机治理纳入卫生应急管理的范畴,但是从卫生应急的角度来讨论突发公共卫生危机的治理,其内涵相对狭窄。由此,社会政策、社会工作、社会福利等学科扩大危机治理研究的范畴,在应对危机主体方面特别突出政府的责任和多元社会参与,意义非凡。

就我国而言,2020 年习近平总书记在疫情防控会议中提出全面提高依法防控依法治理能力,健全国家公共卫生应急管理体系的要求。从国际突发公共卫生危机的治理经验来看,各国基于本国国情,形成了不同的治理模式,其典型有上下贯通的日本模式、社会一体的英国模式和扁平化的美国模式①。通过对国际和国内突发公共卫生危机治理模式的研究发现,突发公共卫生治理的关键点包括:从国家层面着力实现法律、政策保障和高效危机应对体系建设;政府各级各部门层面开展部门协同应对,资源筹备和资源统筹运用机制;基层医院、社区、社会组织层面实现精准服务的措施、组织优秀的服务队伍、及时跟进的科学研究及不断更新的危机应对理念和手段。从社会政策、社会工作的学科视角来看,突发公共卫生危机治理核心要素包括多主体协同治理、全过程治理、系统性治理等方面。

(1) 多主体协同治理,是指不同的社会主体基于不同的角色共同参与到突发公共卫生危机治理过程中的治理机制。突发公共卫生危机具有跨区域、跨行业,跨人群等特点,危机管理要从政府单一管理转向政府多个部门、政府与社会联动的协同管理,五社联动,从单线局部管控转向多方联动,还要运用社会工作者等专业人员力量,联合社区和社会组织,引导志愿者等社会力量参与服务,形成危机治理的多主体联动机制。突发公共卫生危机的治理主体是政府、社会、市场、社区、社会组织等不同主体的多元组合,要形成多元主体协同治理的局面。不同的主体在突发公共卫生危机治理过程中的作用也有所不同,主要表现为政府主导、社会协同、其他主体共同参与。

(2) 全过程治理,是指治理内容涉及预防、危机初期、危机中期、危机后期等不同阶段的状况,并据此制定针对性的应对措施。《北京市突发公共卫生事件

① 张伟静、周密:《突发公共卫生事件的应急管理研究——基于中央和地方政策的比较分析》,《经济社会体制比较》2022 年第 1 期,第 127—138 页。

应急条例》规定，针对突发事件的应急管理包括：突发公共卫生事件的监测与预警；突发公共卫生事件信息的收集、分析、报告、通报制度；突发公共卫生事件的预防、现场控制，应急设施的建设与维护等。通过对我国应对新冠疫情的经验分析，突发公共卫生危机治理需要重视预防阶段，做好预防是治理的首要环节。但预防并不等于我们能够解决具有突发性的危机问题。当我们面对不确定性的危机要素，多元治理主体要主动接受危机和环境的变化，在变化中不断寻找适合的对策，建立研究团队，主动对具有突发性的大规模传染的未知危机信息进行研判，建立持续性应对危机的观念，开发和优化治理政策和服务措施。借鉴这一思路，突发公共卫生危机治理应该实行全过程治理，也就是说要关注不同时期危机的表现形态并据此选择恰当的管理方式。

（3）系统性治理。中国应对多次公共卫生危机的经验说明防控是一项综合性、复杂性、动态多变的系统工程，需要社会资源和管理体系的全面支撑和应对，需要充分发挥共同体作用实现协同治理。在非典疫情之后，我国逐步形成了包含应急预案、应急体制、应急机制和应急法制四大组成部分的综合公共卫生事件应急管理体系。该管理体系并不是对传统的传染病控制管理体系的简单整合，而是采取了增量改革的方式，在体制层面成立了应急管理办公室，机制层面发展了综合协调机制，法制层面进行了综合应急管理立法，预案层面构建了新的应急预案体系。具有突发性和未知性的新冠疫情暴发后，中国和世界其他国家和地区都面对着人类认知的有限性及人与环境关系方面的新挑战，由此引发传统思维和新危机治理的碰撞。不仅仅是中国，世界其他国家和地区公共卫生事件应急管理体系在处理新冠这类重大疫情时，都存在应急能力欠缺、应急物资供给迟滞、有效社会动员不足和公众传染病防控意识弱等方面的问题。因此，突发公共卫生危机治理应该不断创新，形成具有全球意识中国特色的系统性的治理体系，除了宏观层面的顶层设计，还需要中观层面的主体协同，以及微观层面的治理配合。

2. 构建人类卫生健康共同体

（1）人类卫生健康共同体的国际性

在当前全球化背景下，突发性公共卫生危机也会辐射到全球。面对日益增长的公共卫生风险，如何有效应对全球性公共卫生危机？构建人类卫生健康共同体成为世界多个国家和地区积极倡导和推行的重要治理措施之一。人类卫生健康共同体具有突出意义：人类卫生健康共同体为卫生健康议题赋予了全球视野，从而突破了国家和地区的限制，提升了卫生健康的重要性。人道主义、团结合作、科学技术是构建人类卫生健康共同体的基本原则。总的来说，构建全球人类卫生健康促进治理体系，是解决全球性突发公共卫生危机的重要举措之一。

联合国下设的世界卫生组织，是积极推动构建人类卫生健康共同体的组织。

世界卫生组织有100多个会员国，分成6个区域，每个区域设立一个区域办事处：非洲区域办事处、美洲区域办事处、东南亚区域办事处、欧洲区域办事处、东地中海区域办事处、西太平洋区域办事处。1946年6月19日至7月22日在纽约召开的国际卫生大会通过《世界卫生组织宪章》，61个国家代表签署，该文件于1948年4月7日生效，会议决定每年4月7日为世界卫生日。世界卫生日也是全球性关注人类健康日，每年的主题都号召全球国家和地区的人民关注影响国际社会的主要公共卫生问题。2022年世界卫生日主题是“我们的地球，我们的健康”，旨在使全球注重保持人类和地球健康，并通过积极行动，创建以福祉为重点的共同体社会。2022年也是中国爱国卫生运动70周年，国家卫生健康委将世界卫生日中国主题定为“健康家园，健康中国”。

构建人类卫生健康共同体是实现联合国可持续发展目标的重要措施。2015年，联合国可持续发展峰会提出了“健康福祉”目标：确保健康的生活方式、促进各年龄段所有人的福祉。在该目标的指引下，各国在增加预期寿命和减少导致死亡的常见病方面取得长足的进步。在加强提供卫生设施、消除疾病的传播方面已取得重大进展，但是，联合国和世界卫生组织还需要加倍努力，以解决多种顽固和新出现的健康问题。新冠疫情所导致的突发公共卫生危机是影响人类健康福祉的重要危机之一，其传播特点使得治理方式必须是全球性的，而在这一背景下更能反映出联合国在推动人类卫生健康共同体构建上的重要作用。

（2）中国构建人类卫生健康共同体的努力

中国一直在积极推动全球人类卫生健康共同体的构建，支持国际组织发挥作用。2021年1月10日，国务院新闻办公室发布《新时代的中国国际发展合作》白皮书，指出中国将助力构建人类卫生健康共同体，继续支持世界卫生组织等机构发挥重要作用。白皮书还提到：世界卫生组织为领导和推进国际抗疫合作作出重大贡献，支持世界卫生组织就是支持国际抗疫合作，支持挽救生命。中国将继续支持世界卫生组织的工作，并呼吁国际社会加大对世界卫生组织的政治支持和资金投入，调动全球资源，打赢疫情阻击战。继续支持二十国集团、亚太经合组织、金砖国家、上海合作组织等多边机制加强协调沟通，开展联防联控国际合作。同时，中国将同世界卫生组织合作，并通过建立30个中非对口医院合作机制、加快建设非洲疾控中心总部等举措，帮助广大发展中国家筑牢公共卫生防线，提高突发公共卫生事件应急响应速度和疾病防控能力。

第四节　社会工作的重要议题

社会工作在促进人类健康和社会福祉方面一直发挥着重要作用。突发公共卫生事件对人类健康、生活、工作等带来了灾难性的影响。社会工作作为一门专业的助人学科，旨在协助个体、群体及社区恢复能力、发挥社会功能，并创造有利于其达成目标的社会条件。在突发公共卫生危机中，社会工作者可以发挥专业优势，为受到疫情影响的群众提供心理干预、家庭支持、社会关系修复等方面的服务，协助其回归正常生活[①]。理解社会工作与突发公共卫生危机的关系，了解社会工作在突发公共卫生危机中的角色等议题对于深入探析社会工作的当代作为有重要意义。

一、社会工作与突发公共卫生危机

1. 公共卫生社会工作的定义

健康社会工作（health social work）是试图通过干预健康的社会决定因素来实现健康平等和社会正义的社会工作类型。健康社会工作包括（临床）医务社会工作、公共卫生社会工作、康复社会工作和缓和医疗社会工作等[②]。其中公共卫生社会工作（public health social work）是在公共卫生专业和社会工作专业之间形成的跨专业的社会工作分支[③]。公共卫生社会工作的工作方法基于预防和解决社会卫生问题的医学中的流行病学方法，同时借鉴了社会工作和公共卫生的理论框架、研究和实践。公共卫生社会工作的特点是强调预防和促进健康。现在该领域已经发展为多方法和跨学科的整合研究和服务，在全球化、移民、自然灾害和人为灾害、持续的慢性病，以及由此产生的健康不平等问题中常常有公共卫生社会工作者的参与，他们与其他专业人士一起面对挑战[④]。2022 年 12 月，民政部会同财政部、国家卫生健康委、中国残联印发《关于开展“精康融合行动”的通知》，提出综合运用精神医学、康复治疗、社会心理、社会工作、社区支持、志愿服务等专业技术和方法，开展全生命周期关怀帮助、健康教育、功能训练、社会支持，以提高患者健康水平的专业社会服务。公共卫生社会工作者在突发公共卫生危机中发挥专业力量，其直接服务内容包括个案管理、心理咨询、家庭治疗、临终关怀、健康知识宣教、医疗团队服务协调、医护人员压力管理、病人权益倡导提升、志愿者培训与督导等。在新冠疫情期间，大量的感染者、无症状

---

① 方琦、范斌：《突发公共卫生事件中社会工作的实践机制：结构性组织与阶段性服务》，《华东理工大学学报》2020 年第 1 期，第 33—43 页。

② Betty J. Ruth & Jamie Wyatt Marshall, “A History of Social Work in Public Health,” *American Journal of Public Health*, vol. 107, no. S3(2017), pp. S236-S242.

③ K. Siefert, S. Jayaratne & L. D. Martin, “Implementing the Public Health Social Work Forward Plan: A Research-Based Prevention Curriculum for Schools of Social Work,” *Health & Social Work*, vol. 17, no. 1(1992), pp. 17-27.

④ Betty J. Ruth & Sarah Sisco, “Public Health Social Work,” in Terry Mizrahi & Larry E. Davis (eds.), *National Association of Social Workers Encyclopedia of Social Work* (*20th ed.*), New York: Oxford University Press, 2008.

感染者、患者家属入住医疗机构,针对这些人群,社会工作者在相应的医疗机构开展(临床)社会工作服务。同时,社会工作者在社区开展抗疫服务。

2. 社会工作与公共卫生体系的关系演进

公共卫生是一门以预防疾病、延长寿命、提升身体健康状况和身体效能为目标的科学和艺术,其主要内容包括:利用组织完善的社区力量改善卫生环境;控制社区疾病传播;发展个人卫生教育;组织早期诊断和预防性治疗的医疗和护理服务;发展社会机制,确保每一位社区成员拥有足以保持健康的良好生活水平①。2014 年 7 月召开的国际社会工作教育联盟(IASSW)和国际社会工作者联合会(IFSW)联合大会通过发布了社会工作专业的全球性定义:社会工作是促进社会变革和发展,提高社会凝聚力,赋权和推动人类进步的一门实践性职业和学科。维护社会公正、保障人权和集体责任,尊重多元化是社会工作的核心原则。基于社会工作、社会科学、人文科学的诸多理论与本土化知识,社会工作致力于广泛接触民众与社会组织,以应对生活中的挑战,增进人类福祉。社会工作在公共卫生领域有着深厚的根基和持续的务实表现,可以说,社会工作与公共卫生的发展是密切相关的。

一百多年来,公共卫生与社会工作共同秉持着社会公平正义的价值与使命,一直致力于促进个人、家庭、团体和社区的健康,改善、捍卫和提升人类健康福祉,以及共同努力改善社会健康问题,消除负面的健康后果。在服务实践过程中,公共卫生与社会工作在理论基础和工作方法等方面不断相互借鉴和跨专业整合,越来越依赖于彼此的技能,具体表现在:(1) 理论基础上,公共卫生借鉴社会工作中的社区组织、赋权和生态系统等方法,尤其是"人在环境中"理论,公共卫生工作者由此更加了解健康的社会决定因素,并采取相对应的行动;(2) 工作方法上,社会工作者利用流行病学方法,在后天免疫系统综合征、药物滥用、暴力、母婴健康等领域进行干预,并不断认识到预防和流行病学方法对于社会工作的成功干预是至关重要的;(3) 原本为社会工作者所特有的工作方法,如以家庭为中心的方法、以社区为本的方法、培养文化能力的方法等都已被吸取到公共卫生实践中,并为其他公共卫生服务提供者所采用②。

以美国为例,从早期社会工作在公共卫生服务领域的实践开始,公共卫生社会工作的发展,大致经历了四个阶段:(1) 以预防工作与社区服务为本的实践与发展阶段。这一时期的公共卫生社会工作者将预防工作的重点放在导致疾病的

---

① [美]Sarah Gehlert, Teri Arthur Browne:《健康社会工作手册》,季庆英译,北京大学医学出版社 2012 年版,第 59 页。

② 李青、谭卫华、郑立羽:《大健康背景下公共卫生社会工作的发展》,《华东理工大学学报》2020 年第 1 期,第 57—69 页。[美]Sarah Gehlert, Teri Arthur Browne:《健康社会工作手册》,季庆英译,北京大学医学出版社 2012 年,第 60 页。

社会性影响因素上，并将社区视为服务对象，重视对健康的社会决定因素进行分析了解，以促进早期干预。(2) 以个体化院内服务为主的发展阶段。这一阶段的公共卫生社会工作被正式纳入公共卫生服务体系，在心脏病、性病、结核病和精神疾病的院内服务方面发挥着重要作用。(3) 呼吁与重拾公共卫生社会工作的发展阶段。这一阶段一些教育工作者倡议，将预防和流行病学方法引入社会工作教育，开展有关公共卫生的社会工作实践与健康服务研究。(4) 公共卫生社会工作寻求系统发展的阶段。这一阶段社会工作逐渐被看作公共卫生服务队伍中一个急需得到充分重视的重要力量，其在预防、健康促进、社区参与和跨专业教育与实践等方面的发展被不断加强，系统性、整合性的健康社会工作在公共卫生服务体系中得到实现。

3. 社会工作在突发公共卫生危机中的作用

社会工作应在突发公共卫生危机中积极参与，这已经成为共识。研究者针对社会工作的介入方式、模式、服务路径等展开了一系列研究，从理论和实践层面论述了社会工作在突发公共卫生危机中的作用。

第一，在理论层面介入突发公共卫生危机。公共卫生社会工作者的作用之一是开展公共卫生社会工作的理论和干预研究，与其他公共卫生工作人员一起进行政策的倡议与制定工作。我国研究者也从宏观层面论述了社会工作如何介入突发公共卫生危机，提出社会工作要发挥自己的专业优势：一是脚踏实地提供更细致的服务，二是“超前半步”思考下一步可能要处理的问题。有研究者认为社会工作不仅在常态社会服务中优势明显，也能在应对突发公共卫生危机时发挥所长。从专业配置来看，医护专业、公共卫生专业是应对疫情的主体，但疫情引起的次生灾害及全局性影响需要社会工作等专业合力应对。

第二，在实践层面介入突发公共卫生危机。习近平总书记 2020 年 2 月 23 日《在统筹推进新冠肺炎疫情防控和经济社会发展工作部署会议上的讲话》系统地阐明了中央的战略部署和要求，在“打赢疫情防控人民战争”方面，提出“要发挥社会工作的专业优势，支持广大社工、义工和志愿者开展心理疏导、情绪支持、保障支持等服务”①。全美社会工作者协会(NASW)指出，社会工作者在开展公共卫生服务实践过程中的主要职责有：(1) 参与项目的策划与实施，保护社区居民远离健康危害，鼓励人们参加卫生保健活动，识别与防范有害于健康的因素，倡导有益于健康的行为方式；(2) 在制定促进健康的干预措施时，使用流行病学方法确定社会因素与健康问题发生率之间的联系，预防疾病，提供早期干预服务，防止可避免的残疾发生，最大限度地提高残疾者的生活质量并发挥他们的

---

① 习近平：《在统筹推进新冠肺炎疫情防控和经济社会发展工作部署会议上的讲话》，人民出版社 2020 年版，第 27 页。

潜能;(3) 缓解引起健康问题的社会压力,并利用社会支持提升幸福感、保护健康;(4) 组织外展活动,确保有风险者能够得到卫生保健及其他社会服务;(5) 在提供卫生保健及相关社会服务时,提高服务对象的参与度,增强他们的领导能力①。根据我国的实践经验,新冠疫情下社会工作的介入要注重以下要素:医院为主的直接治疗、社区为主的间接预防、单位为主的生产支持。而在具体的介入实践中要注意:价值观的重要性、新科技的有效性、社会服务的精美化。

2022 年世界社会工作联合会大会通过了一项新倡议:《社会工作者在推进新的生态社会世界中的作用》。该《倡议》指出,社会工作行业是全球行动、区域和全球发展战略的重要利益共同体和合作伙伴。世界正面临着前所未有的社会和环境危机,如气候变化、大流行病、持续的不平等、国际上在地缘政治层面缺乏共识等,特别是新冠疫情给人类造成了巨大痛苦,尤其对于贫困人口和弱势群体来说,它暴露了社会、健康和经济层面上根深蒂固的不平等现象。随着共建一个新的生态社会世界的迫切需要,以及全球群众运动的发展,全球社会工作者的参与也在不断增加,这使得社会工作者在解决诸多问题中发挥了关键作用②。在新的生态社会世界的建设过程中,社会工作的作用值得期待。

4. 中国社会工作在突发公共卫生危机中的实践

中国社会工作发展的历程一直不缺少公共卫生领域的本土探索。从 20 世纪 20 年代北京协和医院社会服务部的社会工作实践,到近些年来社会工作在老年服务、儿童保护、残障福利服务、精神健康服务等领域的教育和实务探索,再到新冠疫情中中国社会工作界在一线实务工作、志愿者组织培训、资源筹集对接,社会倡导与公众教育、公共卫生体系与治理建议、专业教育推动等方面的全面参与,都是对中国社会发展需要的积极回应③。在疫情发生时,全国社会工作者纷纷加入了抗疫行动,国家层面也持续推出一系列相关政策,主要体现在以下两个方面。

第一,制定与社会工作相关的抗疫政策。新冠疫情暴发后,国家各部委持续发布相关抗疫政策,从顶层设计上强调了社会工作的专业地位。例如:2020 年 1 月 26 日,民政部出台《关于动员慈善力量依法有序参与新型冠状病毒感染的肺炎疫情防控工作的公告》;2020 年 1 月 29 日,民政部与国家卫生健康委联合印发的《关于进一步动员城乡社区组织开展新型冠状病毒感染的肺炎疫情防控工

---

① 李青、谭卫华、郑立羽:《大健康背景下公共卫生社会工作的发展》,《华东理工大学学报:社会科学版》2020 年第 1 期,第 57—69 页。

② 屈思源:《 2022 世界社会工作者大会:社会工作者在推进新的生态社会世界中的作用》,《社会与公益》2022 年第 6 期,第 51—54 页。

③ 何欣等:《美国公共卫生社会工作专业教育与课程体系:能力为本的分析框架》,《华东理工大学学报:社会科学版》2020 年第 5 期,第 50—63 页。

作的紧急通知》[1]。特别是2020年3月5日，国家卫生健康委和民政部联合印发《关于加强应对新冠肺炎疫情工作中心理援助与社会工作服务的通知》，进一步指出要将心理援助和社会工作服务纳入疫情防控的整体部署，提出加强新冠肺炎感染者心理援助与社会工作服务、开展被隔离人员心理援助与社会工作服务、强化一线工作人员心理支持与社会工作服务，并且制定了新冠肺炎治疗定点医院心理援助与医务社会工作服务工作方案、方舱医院心理援助与社会工作服务工作方案、新冠肺炎防控集中隔离点心理援助与社会工作服务工作方案。这些政策强化了社会工作在突发公共卫生危机中的专业地位，也明确了社会工作在突发公共卫生危机中的实务框架。

第二，制定与社会工作相关的防疫指南。在新冠疫情暴发之后，社会工作行业协会和民政部门持续推出各类社会工作实务指南，以规范和指导一线社会工作者开展实务活动。2020年1月，中国社会工作教育协会发布了《关于社会工作参与新型冠状病毒感染肺炎防控工作实务指引（第一版）》，包括工作总则四项、服务伦理四项、一二三级服务指引等；中国社会工作联合会发布了《新型冠状病毒感染的肺炎防控社工支持手册》，提出了疫情防控期间社会工作者应遵循的七条基本工作原则；明确了医务社会工作、身在社区及农村的社会工作、青少年儿童社会工作、学校社会工作、老年社会工作分别可以做什么；指明了社会工作进行心理援助的具体路径、方法。与此同时，2020年2月，民政部基层政权建设和社区治理司、慈善事业促进和社会工作司、社会组织管理局联合指导中国社会工作联合会编写了《社区"三社联动"线上抗疫模式工作导引（第一版）》，该导引致力于指导社会工作者运用社区微信群等信息化手段，通过"三社联动"，做好疫情的社区防控和心理疏导、危机干预、情绪疏解和心理支持等专业服务工作，营造全社会关心、支持、参与社区防控工作的良好氛围，有效动员社会力量、共同抗击疫情。同年，上海市民政局发布《防控新冠肺炎疫情上海社工专业服务行动方案》，广东省民政厅发布《社会工作者、志愿者参与新型冠状病毒感染的肺炎疫情防控工作指引（第一版）》，从服务目标与内容、服务原则、服务对象、服务流程等方面规范了一线社会工作服务的相关细则。

第三，与抗疫相关的社会工作课程持续推出。中国社会工作教育协会组织的"社工抗疫之声"推出了指导性的专业工具包和课程资源，如："危机干预""哀伤辅导"等课程。与此，部分专业微信公众号开始推送相关文献，有的尝试借鉴世界卫生组织和国外公共卫生社会工作经验，意图对当前工作进行指导，诸如："北京大学中国社会工作研究中心"公众号、"社会工作智库"公众号、"社论前

---

① 王晔安、马铭子：《社会工作专业地位提升的机制——以健康社会工作为例》，《青年研究》2021年第5期，第1—13页。

沿”等都推出过相关文献的译介①。“南大社会工作”公众号也推荐了一系列国外高校与抗疫相关的公开课程。

二、社会工作与国际社区抗疫

1. 国际社区的定义

国际社区简单来说是有外国人生活居住的社区②。目前我国建设的“国际社区”实际上类似于一个国际移民聚居地或移民聚集地(immigrant gathering places)的社区,带有族裔聚集(包括单个或多个族裔)和不同程度的居住隔离的特征③。我国国际社区可分为两种类型:一是通过地方政府主导、基于招商引资和房地产开发建立起来的,辅之以外籍人士较高的收入和消费水平为特征的所谓“高品质”的国际社区,二是由国际移民自发形成的聚居区④。

在疫情暴发之后,与普通社区相比,国际社区的疫情防控更加特殊,也更加复杂。从服务对象来看,防控对象由普通社区的本地居民转为可能语言不通、信息传达困难、文化差异较大的外籍人员;从疫情防控工作程序来看,在本地病例基本得到控制的前提下,如何管理和控制外部输入特别是境外输入病例,是国际社区疫情防控的重点和难点;从服务目的来看,国际社区的疫情防控不仅要控制病毒的传播,同时要维护国际社区的族群融合⑤。在国际社区展开抗疫行动,社会工作者需要综合应用国际社会工作、国际社区工作、公共卫生社会工作等知识和技能。

2. 国际社区抗疫的中国社会工作实践

国际社区抗疫社会工作与志愿服务行动是在新冠重大突发公共卫生危机背景下,由南京大学社会学院彭华民教授发起,包括高校(社会工作教育者和社会工作学生)、社会组织(社会工作机构、基金会)、社区(社区工作者、志愿者、社区的中国和国际居民)等各类15个团队协同开展的社会工作+志愿服务行动。服务内容包括线上线下结合的国际社区服务,中韩、中日、中英抗疫政策翻译与倡导,“社工有画说”抗疫社会工作宣传等,为深圳、重庆、上海和韩国大邱的国际社区居民提供抗疫服务,为一线服务者提供支持。该项服务行动得到中国社会

---

① 任敏、陈政军:《专业与情境:社会工作在参与公共卫生危机救助中的发展》,《社会工作》2020年第1期,第70—78页。

② 林丹:《国际社区建设与移民治理研究》,《社会建设》2021年第6期,第85—95页。

③ 赵聚军、齐媛:《我国国际社区治理中的外籍居民参与——基于京津三个国际社区的观察》,《南开学报》2020年第3期,第27—36页。

④ 林丹:《国际社区建设与移民治理研究》,《社会建设》2021年第6期,第85—95页。

⑤ 何雪松、孙翔:《防范境外疫情输入的国际社区行动网络——社会组织的社会工作干预》,《河北学刊》2020年第6期,第164—169页。

工作教育协会、中国社会学会社会福利研究专业委员会的支持，获得国际社会工作教育联盟的支持与肯定。国际社会工作教育联盟向团队提供了《国际社工抗疫指南》并在其官方网站报道南京大学国际社区抗疫服务。

南京大学联合青岛科技大学、深圳南风社会工作服务社、四川外国语大学组建国际社区抗疫团队，并得到上海大学、长春工业大学、西南财经大学、华东师范大学、上海师范大学、武汉大学、上海陆家嘴社区公益基金会、爱德基金会、香港无国界社工机构、韩国庆北大学、韩国全北大学、日本铃鹿大学、日本四国大学等高校、机构的大力支持。服务行动与研究结合，国际社区抗疫行动团队完成的四个文字案例和四个视频案例入选教育部学位与研究生教育发展中心所建设的中国专业学位案例中心案例库。项目团队提出了基于抗逆力框架的国际社区抗疫行动框架。国际社区抗疫的行动干预和研究主要包括以下几个方面的内容。

第一，团队框架。国际社区抗疫社会工作与志愿行动服务项目在中国社会工作教育协会和中国社会学会社会福利研究专委会的组织下分成若干团队：中国国际社区社工+志愿者倡导团队、韩国大邱社区社工+志愿者团队、深圳南风社会工作中心+志愿服务团队、重庆国际社区社工+志愿服务团队、社会政策中韩文翻译团队、社会政策中日文翻译团队、国际社区服务督导团队等。

第二，服务内容。

（1）翻译国际社会工作抗疫指导资料。国际社会工作教育联盟灾害干预、气候变化和可持续发展委员会主席，英国斯特灵大学社会工作学系教授多米妮莉（L. Dominelli）向团队分享了《国际社工抗疫指南》。国际抗疫社区团队翻译推出了该《指南》中文版，从而有利于规范疫情时期的自我防护。

（2）编写多语种抗疫指导资料并开展服务。深圳南风社会工作服务社基于蛇口国际社区有 9000 多名外籍居民的特点，开展多语种多类型的抗疫服务，形成具有中国特色的社区抗疫服务模式；重庆国际社区抗疫团队基于某国际社区 1000 多名外籍居民的需要，编写出《新型冠状病毒国际社区防控行动指南》《新冠肺炎国际社会工作服务指南》口袋书，开展多语种服务，效果良好。

（3）开启对韩华侨心理支持服务。服务针对在韩的中国留学生、居住国内的在韩留学生家长、跨国婚姻家庭的中国女性及其韩籍配偶等群体提供疫情认知、健康指导、情绪辅导、家庭支援、关系修复、政策咨询和资源链接等社会工作服务。团队构建了“N+0123”的志愿服务模式。其中“N”代表着整合各方资源、多元立体式介入、惠及服务对象及其周围环境的服务目的，“0”代表“抗疫无国界 · 助人无边界 · 无条件关爱 · 无缝隙对接”的服务理念，“1”代表以疫情期间在韩中国籍人士为主的一类服务对象，“2”代表“网络—属地双线”“双跨（跨国 · 跨文化）”“中韩双语言文字”的联动型服务方式，“3”代表旨在满足服务对象在社会工作、心理和医务三个方面的服务需要。

（4）翻译推出一系列名校社会工作公开课程集锦。南京大学国际抗疫公开课团队响应中国社会工作教育协会和全国社会工作硕士专业学位教育指导委员会号召，在人类行为与社会环境课程建设的基础上推出国际名校社会工作公开课程集锦，为抗疫中的大学师生、社会政策与社会服务界的相关人士提供在线学习资源，旨在帮助大家拓宽社会工作学科的国际视野，深刻了解社会工作服务的重要意义。国际社会工作教育联盟报道南京大学社会学院推出的抗疫公开课系列，对这一抗疫工作给予肯定。

第三，服务行动—实务研究框架。根据国际社区抗疫实践，彭华民教授提出了增强国际社区抗逆力，建设抗逆的国际社区等理念和操作维度，即国际社区抗疫行动可以从联系与关怀、拥有的资源、变革的潜力、灾难管理、信息与沟通等社区抗逆力维度开展抗疫行动。同时她指出国际社区抗疫工作过程中应该立足于“高站位、远视眼、比较中”寻找发力点，重新界定宏观社会工作实务和知识体系，重新理解重大危机事件中我们面对的社会问题实质，将国际社区或更大的地域社区纳入社会工作服务关注的场域。

【延伸阅读】：国际社会工作教育联盟（IASSW）社工抗疫指南

社会工作者、护理工作者以及社会福利助理将继续在新冠病毒流行期间为公众服务以抗击疫情。为确保新冠病毒不被广泛传播，社会工作者们应在指南的指导下保证个人与他人的健康安全。其中，社会工作在工作中所使用的大部分专业技能与下列内容相关，主要包括：

尊重他人。

不伤害他人的同时注重保护自己。

善待他人并保有同理心。

通过清晰简单的问题解释来缓减服务对象的恐慌心理。

根据服务对象的情况，为其提供合适的咨询。在服务对象面临巨大的悲痛时，如死亡发生、失去自由、无法正常生活时，需将其转介给专业机构。

认真倾听服务对象的倾述以了解当时情况（但要与其保持距离）。

尽可能的保持合适的社交距离。

按照卫生部门的建议采取安全预防措施。

当你身穿全副防疫装备出现在服务对象的门前时，应当进行预警告知（如通过电子方式或者邮寄方式）。

在此，我想向您强调其他值得思考的问题。这些问题要求您时刻保持警惕，特别是在发现漏洞的同时做到挖掘优势资源以及建立个体能力；批判性地反思自己的实践；关注贫困、歧视性做法和药物滥用等社会问题的影响；了解个人、家庭和社区之间可用的资源（尽可能的在离开办公室之前获取将前往的社区的大体概况，并确定可用的资源和相关劣势）；知道如何获取替代资源；及时将服务对象转介至其他合适的专业机构；对志愿者进行良好的照顾和培训；请在获得严格的培训和督导后尽己所能地做好个人的工作。

资料来源：中国社会工作联合会官网

案例：宁江夜话聚民意：城市社区基金案例分析

摘要：单位社区是城市中常见的一种社区类型，普遍存在基础设施老旧、调动资源乏力和重建居民社区认同的问题。成都市龙泉驿区宁江社区以邻里慈善入手破题，建立社区慈善微基金，将社区协商议事品牌项目“宁江夜话”与基金运行管理有机结合，既推动了基金常态化健康运行，又有效地将居民和驻区单位吸纳到基金相关的公共事务中，实现了凝聚民意、赋能公共参与、构造多元主体共治的良好局面。宁江社区基金的案例为社会工作借助既有治理机制开展社区资源动员提供了范例，也为单位社区社会化转型、城市老旧社区焕新指出了一条可资借鉴、切实可行的办法思路。

本章小结

人类健康是医学、心理学、社会学等众多学科关注的重点研究议题。健康包括狭义和广义两种定义。狭义的健康又称消极的健康，主要以身体状况是否正常来界定健康，仅指不生病或远离疾患的状态。广义的健康又称积极的健康，主要以人的整体状态来界定健康，包括身体健康、精神健康、社会健康和道德健康四个方面。健康公平是保障人类健康的核心理念。健康公平是指每个人都有相同的权利和机会获得健康资源和个人最佳健康状态，是指无论以何种方式（社会、经济、人口、地理）界定人群，都要消除人群之间那些可避免和可补救的健康资源分配差别。解决健康问题。认识人类健康还需要了解其测量方法，常用的指标包括身体健康测量指标、人类健康需要满足测量指标、人类健康发展性指标。社会科学围绕人类健康的决定因素发展出了一系列研究模型，包括人类健康的社会决定因素模型（健康社会决定因素的理论模型、健康社会决定因素的概念框架）等。

健康不平等是社会不平等的重要组成部分，得到了包括流行病学、社会学等在内的多学科研究者的关注。健康不平等，是指依据不同的指标来探索健康的不平等表现，维度包括社会经济地位、性别、民族、年龄、居住地等。健康不平等的内涵有三个层面：个体之间的健康差异；群体之间的健康差异；在社会中占据不同位置的群体间的健康差异。健康不平等的理论解释模式包括：社会解释模式、社会心理解释模式、健康行为解释模式、生命历程视角解释模式。健康不平等有两种测量方式，包括绝对差异和相对差异。

突发公共卫生事件是指发生突然的，与公共卫生相关的，对人类健康、社会经济环境造成极大的消极性影响的事件。而突发公共卫生危机则是指突发公共卫生事件所引发的，危及国家和地区，甚至全球的经济、社会发展秩序的危机状态。突发公共卫生事件的特点包括：大流行性和传染性、突发性和不可预测性、危及生命和社会秩序的破坏性、多因素影响的复杂性和危机次生性。突发公共卫生事件根据不同的分类标准，有不同的分类方式，例如：按照引发原因来看，可以分为由自然灾害引发的、由人为因素引发的、由社会因素引发的。突发公共卫生事件对人类身体健康、精神健康都会造成消极影响。

突发公共卫生危机治理主要是通过政府、企业、非政府组织以及其他组织和个人对危机事件的发生、演化与终止过程进行有效协调和控制，以减少或消除危机带来的影响。突发公共卫生危机的整体性治理，主要是指治理主体、治理过程、治理体系等方面的综合性，也就是形成多元主体协同的、全周期的、系统性的治理体系。

思考题

1. 如何理解人类健康的含义？
2. 如何理解人类健康测量的四种指标？
3. 如何理解人类健康的社会决定因素？
4. 如何理解健康不平等的四种理论解释模式？
5. 举例说明人类健康是如何受到突发公共卫生危机影响的。
6. 举例说明社会工作如何更好地介入突发公共卫生危机。
7. 根据你的实务经验，反思社会工作介入社区抗疫行动可能存在的问题。

推荐阅读

[美]凯瑟琳·雅各布森：《全球健康概论》(第二版)，黎浩译，人民出版社 2021 年版。

贾振邦：《环境与健康》，北京大学出版社 2020 年版。

王亮：《大都市涉外社区治理》，中国社会科学出版社 2018 年版。

[美]Sarah Gehlert,Teri Arthur Browne:《健康社会工作手册》,季庆英译,北京大学医学出版社2012年版。

[美]威廉·科克汉姆:《医学社会学》,杨辉等译,华夏出版社2000年版。

H. Keefe Robert & Theresa Jurkowski Elaine, *Handbook of Public Health Social Work*, *New York*: *Springer Publishing Company*, 2020.

Orielle Solar & Alec Irwin, *A Conceptual Framework for Action on the Social Determinants of Health*, Geneva: World Health Organization, 2010.

扩展推荐阅读

[德]乌尔里希·贝克:《风险社会》,何博闻译,译林出版社2018年版。

[美]Roberta, G. S. :《精神健康社会工作》,余潇、许俊杰译,华东理工大学出版社2015年版。

[美]内森·沃尔夫:《病毒来袭:如何应对下一场流行病的暴发》,沈捷译,浙江人民出版社2014年版。

[美]洛伊斯·A.考尔斯:《医疗社会工作:保健的视角》(第二版),刘梦,王献蜜译,中国人民大学出版社2011年版。

[美]凯博文:《苦痛和疾病的社会根源:现代中国的抑郁、神经衰弱和病痛》,郭金华译,上海三联书店2008年版。

Hilary Graham, *Unequal Lives*: *Health and Socioeconomic Inequalities. McGraw-Hill International*, New York: McGraw-Hill Education, 2007.

Martijntje Bakker & Johan Mackenbach(eds.), *Reducing Inequalities in Health*: *A European Perspective*, London: Routledge, 2002.

第七章　妊娠、胎儿与社会环境

学习目的

了解胎儿的发育与出生过程，认识影响胎儿发育的生理、心理和社会因素，了解社会对胎儿的影响，以及胎儿出生对社会的影响。同时了解与胎儿孕育和出生相关的社会工作议题：医疗技术发展与人类道德、出生性别比失衡和人工流产。

从成为受精卵的一瞬间，人便开始了成长和发育，人自胎儿时期起就受到社会环境的影响，因此，对于人类行为的研究，应该始于妊娠及胎儿出生之前的发育阶段。

第一节　妊娠过程

从妇女怀孕到胎儿出生的这一段时间，个体从微小的受精卵逐渐成长为长约 50 厘米、重约 3000~3500 克的新生儿。

一、胎儿的发育过程

受精卵要经过 280 天左右才能发育为成熟的婴儿，胎儿的发育过程对其一生都有着重要的影响。一般情况下，胎儿的发育过程可分为以下三个阶段。

1. 胚芽期：受精后 0~2 周

受精以后，卵子开始分裂。受精后的 36 小时内，单细胞的受精卵进入了第一次快速分裂阶段；到了 72 小时，已分裂为 32 个细胞；再经过 24 个小时，进一步分裂为 64 个细胞。在这种分裂不断进行之际，受精卵也由输卵管进入子宫，到第 4~5 天时便形成一个充满液体的球状物，称为胚泡；到第 7 天左右，受精卵与子宫内壁相接触并附着于其上，称为着床。但有时受精卵并不着床于子宫壁，而是附着在输卵管或体内其他器官上生长(即形成异位妊娠),直至该器官无法负担为止。

与此同时,环绕在胚泡外围的一些细胞会在一侧形成胚囊,即形成一个细胞群。这个细胞群逐渐分化为三个层次:外胚层、内胚层和中胚层。外胚层将分化为表皮、指甲、毛发、牙齿、感觉器官和神经系统;内胚层将分化为肝、胰脏、唾液腺、消化系统和呼吸系统的内层细胞;中胚层将分化为肌肉、骨骼、血液、排泄和循环系统。

在胎芽期,胚泡的其他部分还会分化为脐带、胎盘和羊膜囊。脐带将胎盘和胎芽联结起来,其作用是输送氧气和养分给胎儿并排出胎儿体内的废物。胎盘是每一次怀孕都能重新生成并在分娩时随即排出的器官,其作用是帮助胎儿提高免疫力以抵抗内在感染,并制造激素,一方面为母亲产后哺乳做准备,另一方面在分娩过程中帮助子宫收缩。羊膜囊内则充满了液体,包裹着发展中的胎儿,它起到软垫的作用,能减轻对胎儿发生的震动并为其提供活动的空间。

当受精卵完成着床时,胚泡已经分裂出 150 个细胞,当此群细胞完全着床时,便成为胚胎。

2. 胚胎期:2~9 周

在这个阶段,胚胎的细胞迅速分化并形成特定的结构,以使它们能在体内执行特定的职能。相似的细胞组合在一起形成组织,这些组织又逐渐联合,发展出主要的身体系统(如呼吸、消化和神经系统等)和器官(如心脏、眼睛、耳朵等)、肢体(如手、脚等)。因此,胚胎期是胎儿发展的关键阶段。

在胚胎期,第一个重大变化就是形成一个柱状的体型,此外还形成了一个小的神经系统和消化系统以及心脏的先驱构造。到第 4 周末,肢体开始形成,并可观察到前脑、中脑、后脑、眼睛和耳朵的雏形,胎儿的身高和体重均有了明显的增加。到第 8 周末,胚胎已具人形,心脏可跳动,几乎所有的内部器官已经形成,并对温和的刺激有所反应,这是个体反应能力的开始。

3. 胎儿期:9 周至出生

胎儿期有广义和狭义之分,广义的胎儿期泛指新生儿出生前在母体内度过的时间,即从受精卵形成到胎儿出生的大约 40 周的时间;狭义的胎儿期则是指怀孕后第 9 周至出生的这一段时间,即广义胎儿期的第三阶段。此处的胎儿期,是指狭义的胎儿期。

在这一阶段,胎儿完成了身体各部分的最后发展。如果将这一阶段进行具体的划分,胎儿在各个阶段的发育情况大致如下①:

第 9~12 周:胎儿呈现出特定的姿势,即眼睛闭合,双臂向脸部弯曲,双膝向

① 林崇德:《发展心理学》,台北东华书局 1998 年版,第 134—135 页。

胸前弯曲。同时，由于肌肉系统和神经系统的逐渐发育，胎儿能做握拳头和踢腿的动作。在经过一个雌雄同体的阶段之后，性器官也开始发育。

13~16 周：胎儿开始出现一些无条件反射，但仅仅是整体的反射，很少有局部的独立活动。随着胎儿结构的进一步发展，胎儿的躯体比例逐渐发生变化，机能也在不断完善。

17~20 周：胎儿开始出现眉毛和眼睫毛，头皮上开始出现软发；汗腺开始形成；生活开始分为睡眠和清醒两部分；细胞开始新陈代谢，已失去活性的细胞被排到羊水中。

21~24 周：胎儿的皮肤仍然是皱巴巴的，充满油脂；胎儿的眼睛开始睁开并能活动；开始有规律的呼吸。

25~28 周：胎儿的脑在形态上已开始具有沟回和皮质的六层结构，使皮层区域具有了特殊的功能，大脑开始指挥视、嗅觉等器官的活动，大脑、脊髓中的各路神经的联结已经相当复杂。如果胎儿在这个时期早产，其存活率约为 50%。

29~32 周：胎儿的皮下脂肪开始生长，这不仅使其皮肤不再皱巴巴，还可以调节出生后的体温变化；胎儿开始对外界声音敏感，外界的音乐声、泼水声等都能引起胎儿的活动，母亲的心跳声及走路的节奏律动能使胎儿变得安静。如果胎儿在这个时期早产，其存活率约为 85%。

33 周至出生：胎儿继续从母体的血液中接受抗体，这些抗体将保护他们在生命的最初几个月里免于多种疾病。胎儿的消化系统和呼吸系统不断完善，为出生后的生存奠定了基础。

二、胎儿的出生过程

经过 10 个月的生长发育后，成熟的胎儿会从母体子宫向外排出，这时胎儿就出生了。胎儿脱离母体作为独自存在的个体的这段时期或过程，称为分娩。分娩的方式有两种：自然生产和剖宫产。

1. 自然生产

自然生产是指产妇经由产道娩出胎儿的方式。胎儿的自然生产过程，在临床上可分为三个产程。

第一产程（宫颈扩张期）：指从宫缩 30 秒左右、间歇 5~6 分钟开始，到子宫颈口开全。产程开始时，子宫收缩力弱，持续时间较短（约 30 秒），间隔时间较长（约 5~6 分钟）。随着产程的进展，子宫收缩强度不断增加，持续时间不断延长（约 40~50 秒），间隔时间逐渐缩短（约 2~3 分钟），当宫口接近开全时，宫缩持续时间可长达 60 秒，间歇时间仅 2 分钟左右。这个阶段初产妇约需 11~12 小时，经产妇约需 6~8 小时，这是整个过程中时间最长的产程。

第二产程（胎儿娩出期）：指从子宫口开全到胎儿娩出。为达到自然分娩的目的，胎头在下降过程中必须不断适应产道径线的变化，胎头位置按以下顺序产生一系列的变化：俯曲、内旋转（胎头旋转 90°，枕骨朝前）、仰伸、复位及外旋转。初产妇约需 1～2 小时，经产妇较快，但也有长达 1 小时者。

第三产程（胎盘娩出期）：指从胎儿娩出到胎盘娩出。这时孩子已经出生了，但是胎盘还在子宫内，没有娩出。一般在几分钟后，子宫又开始收缩，将胎盘从子宫壁上剥离下来，并且排出体外。第三产程一般需要十几分钟。

自然生产作为人类繁衍的最普遍的方式，对母婴两方面都具有很多优势。对母亲来说，其优势表现在：产后恢复快；产后可立即进食，可喂母乳；仅在会阴部位有伤口；并发症少；等等。对于孩子来说，其优势表现在：从产道出来肺功能得到锻炼，皮肤神经末梢经刺激得到按摩，其神经、感觉系统发育较好；神经不会因为麻醉剂而受到伤害；等等。但事情总有其相对的两个方面，自然生产也存在一定的风险：如果出现胎位不正或胎儿过大等情况可能导致难产，如果产道有感染可能会传染新生儿，等等。

因此，在倡导自然生产的同时，也必须意识到，并不是所有的产妇都适合自然生产，为了保全产妇和胎儿的生命，为了解决难产等问题，有时必须采取剖宫产的方式。

2. 剖宫产

剖宫产是指以手术的方式切开腹壁和子宫壁，将胎儿娩出的方式。剖宫产是人类医学技术和生育安全的重大进步，它对降低围生期死亡率具有十分重要的意义。

在临床上，对于具有剖宫产手术指征的产妇和胎儿，如有严重的心脏疾病、肝脏疾病、肿瘤、胎位不正和前置胎盘等的产妇，以及有宫内缺氧或有其他特殊情况的胎儿，必须采取剖宫产的方式。

剖宫产作为一种手术，在临床上具有一定的风险，如麻醉可能会出现意外，产后出血的概率会上升，发生羊水栓塞的比例是自然生产的 2～3 倍，产妇可能会出现盆腔粘连等。

但值得注意的是，自 20 世纪 80 年代以来，全世界的剖宫产率均在上升。不仅是因为随着医疗技术、医疗器械等的发展，剖宫产的安全系数越来越高，还由于一些社会因素的影响。我国是剖宫产率较高的国家之一，为什么选择剖宫产，应该从产妇和医生两方面来考察。

从产妇的角度来看，可以自然生产的孕妇选择剖宫产主要有两方面原因，一方面是因为恐惧生产，如怕疼、怕生不下来、怕有危险、怕产道裂伤、怕体型变差、怕有产后并发症等；另一方面是人为选择时间生产的意愿，如希望生“金猪宝宝”“金牛宝宝”，希望孩子能早一年上学便选择在 9 月 1 日以前生产，等等。

从医生的角度来看，他们为产妇选择剖宫产则主要基于两方面原因：一是产妇具有剖宫产的手术指征,如已存在难产因素或临产后出现意外等。二是有些产妇主动要求剖宫产,不少医生便顺势为产妇选择剖宫产。

因此,降低出生风险,应依赖于社会经济水平的发展和医疗保健的整体水平提高。剖宫产作为一种非自然的出生方式,应在严谨科学的评估考量后采用。

第二节 影响胎儿发育的因素

自成为受精卵开始,人就不断受到社会环境的影响,因而出生前的社会环境对胎儿的发展有着至关重要的影响。

一、遗传

遗传是自然界各类生物世代繁衍的基本现象,人类也不例外。在人类个体成长发育的过程中,遗传信息的来源有两类。一是获得人类所共有的全部遗传信息,如行为活动的方式(如直立行走等)、脑的大小、身体结构(如头、四肢和躯干的比例等),以及学习和参与社会交往等的潜在能力等。二是获得通过特定基因库(gene pool)所传递的特征,如肤色、发色、身高等都是由上一代传给下一代的。我们下面要讨论的,主要是第二类遗传信息。

1. 基因与染色体

遗传的基本单位是基因(gene),由 DNA(deoxyribonucleic acid,脱氧核糖核酸)分子组成。DNA 分子呈双螺旋结构,即看上去很像两根扭成螺旋状的链条。链条的两侧由脱氧核糖和磷酸盐单元交替组成,中间的横档由成对的氨基构成。氨基有四种类型:腺嘌呤、鸟嘌呤、胞嘧啶和胸腺嘧啶,分别用 A、G、C、T 来表示。腺嘌呤和鸟嘌呤的结合是嘌呤基。胞嘧啶和胸腺嘧啶的结合是嘧啶二氮三烯六环基。嘌呤基小于嘧啶二氮三烯六环基,因此,只有在 A 与 T 或 G 与 C 结合的情况下,其大小才与遗传链条中间横档的距离相适应。氨基对及链条两侧脱氧核糖和磷酸盐的顺序,决定了遗传信息的内容。

位于细胞核中由 DNA 分子所构成的长链,称为染色体。染色体都是成对存在的,每一对染色体中的一半来自父亲,另一半来自母亲。在通常情况下,染色体是由 X 和 Y 来命名的,X 染色体和 Y 染色体在大小和形状上是有差异的,X 染色体比 Y 染色体要长一些。人的生命开始于受精卵,每一个受精卵包含 23 对染色体。在人类所具有的这 23 对染色体中,有 22 对染色体每对中的两条染色体在大小和形状上都是相似的,因为它们都具有同种基因,因此这 22 对染色体被称为常染色体;而第 23 对染色体则表现出与众不同的组成,这对染色体被称为性染色体,因为它对于人类性别的确定具有决定性的意义,男性拥有一条 X 染色体和一条 Y 染色体,女性则拥有两条 X 染色体。

受精卵在生长过程中，23 对染色体拉长并在中间分裂，每对染色体都变成两对，于是每一个细胞也分裂成两个细胞，每一个细胞都包含着已经分裂出来的一半染色体。这个过程不断重复，细胞的数目便由一变为二，由二变为四，由四变为八……如此分裂下去，一个新的生命就诞生了。在此过程中，除性细胞以外，每一个细胞都会拥有和原受精卵完全相同的 23 对染色体，因此，每一个细胞都具有相同的基因信息并在一生中保持不变。至于成熟的性细胞，经过减数分裂，即通过染色体数目减去一半而只剩下 23 条染色体的细胞分裂方式，来自父亲和母亲染色体链上的部分物质就交叉换位到对方的染色体链上，由此产生的染色体上特定遗传信息的序列，不同于父亲或母亲任何一方原来的编号，于是遗传信息的新排列就会传递给子孙后代。这种遗传信息模式上的变异，说明了任何一个个体作为后代所可能具有的多样性，换句话说，来自父亲的 23 条染色体和来自母亲的 23 条染色体如何一一配对，是由机遇决定的，因而会形成很多组合，这也就是同父母的兄弟姐妹会互有差别的原因。

2. 基因传递的基本规律

人的身材有高有矮、肤色有白有黄、发色有黑有棕等，之所以出现这些遗传性状，其原因在于基因传递的规律不同。本章主要讨论独立分群规律和性连锁遗传规律。

(1) 独立分群规律

奥地利遗传学家孟德尔(G. Mendel)从 1860 年起，对植物尤其是豌豆的遗传特征进行了研究，最先发现了独立分群规律，从而奠定了现代遗传理论的基础①。

在研究过程中，他共选用了七对相对性状的豌豆进行实验观察，相对性状包括：植株的高与矮、种皮的圆滑与皱缩、子叶呈黄色与绿色、花的腋生与顶生、开红花与开白花、未成熟豆荚呈绿色与黄色等。每对性状都是相互对立的，如不开红花就开白花，没有中间花色。孟德尔首先对一对性状进行杂交实验，再将下一代的杂种进行自交，观察它们第二代的性状，结果出现的两相对性状之比是 3∶1。以圆滑种子与皱缩种子为例，纯种圆滑种子的豌豆与皱缩种子的豌豆进行杂交，结果子 1 代的种子都是圆滑的；子一代自花授粉，结果子 2 代中既有圆滑的种子也有皱缩的种子。孟德尔在 253 株子二代中，共收获了 7324 粒种子，其中圆滑的为 5474 粒，皱缩的为 1850 粒，二者之比为 3∶1。孟德尔用显性遗传和隐性遗传的原理解释了这个现象，即当有机体遗传某些相互竞争的性状(如

---

① 格雷戈尔·孟德尔(1822—1884)，奥地利生物学家。出生于奥地利帝国西里西亚海因岑多夫(今捷克海恩塞斯)，在布隆(Brunn，今捷克的布尔诺)的修道院担任神父，是遗传学的奠基人，被誉为现代遗传学之父。他通过豌豆实验，发现了遗传学三大基本规律中的两个，分别为分群规律及自由组合规律。

圆滑与皱缩）时，所呈现出的其中一种性状就是显性性状，而未呈现出的性状则是隐性性状。与此同时，孟德尔还对两对性状进行了杂交实验。他将产生黄色、平滑的豌豆种子和产生绿色、皱缩的豌豆种子进行交配，结果子一代中的种子都是黄色平滑的，而在子二代中，绝大多数种子是黄色平滑的，但有一部分（不到一半）种子是黄色皱缩的或是绿色平滑的，而绿色皱缩的种子只是极少数。孟德尔由此发现，生物在形成生殖细胞时，成对的性状基因彼此分离，分别进入不同的生殖细胞，他将此规律称作独立分群规律。

通常，我们将呈现一种性状的不同表现形式（如种子的颜色或人眼睛的颜色）的基因，称作等位基因。由于基因以配对的方式出现，因而一粒豌豆可能具有两个黄色等位基因，或两个绿色等位基因，或一个黄色等位基因和一个绿色等位基因。如果两个等位基因相同，则豌豆在这个性状上表现为同质；如果两个等位基因有差异，则豌豆在这个性状上表现为异质。只有在异质的情况下，显性的等位基因才会呈现。在人类遗传中，等位基因的差异会通过三种方式影响显性等位基因的呈现。

首先，等位基因的差异会产生累积的相互关系，即不是由一对基因而是由多对基因共同决定某一性状的遗传。如遗传对身高的影响作用便是如此：一个人如果接受了来自父母的大部分“高”基因，一般情况下，他就会长得高；如果他接受了来自父母的大部分“矮”基因，一般情况下，他就会长得矮。通常情况下，大多数人接受的是“高”基因和“矮”基因的混合配置，由此这些人便会具有中等身材。

其次，等位基因的差异会产生共同支配的现象，即不同的基因通过一个新的细胞表现出来。如 AB 血型的形成便是如此：AB 血型的形成并非由 A 血型和 B 血型的混合而成，二者之间也不是一种附属的关系（A 血型附属于 B 血型或 B 血型附属于 A 血型），而是由于 A 血型和 B 血型的结合形成了一种新的血型，即 AB 血型。

最后，等位基因的差异会产生一种显性关系，即如果某一性状存在，不论与其配对的另一个等位基因的性状如何，这一性状的特征都能表现出来。因此，具有这种显性作用性状的等位基因被称为显性基因（dominant allele），而那种尽管存在但其特征却被显性基因掩盖的等位基因则被称为隐性基因（recessive allele）。如眼睛的颜色便是由显性关系决定的，棕色眼睛（A）的基因是显性的，蓝色眼睛（a）的基因是隐性的，这两种颜色眼睛的基因组合虽然有三种（AA、Aa 和 aa），但只有在父母双方都带有隐性基因（a）时，其子女的眼睛才可能是蓝色，否则便是棕色。

（2）性连锁遗传规律

所谓性连锁遗传，是指定位在性染色体的基因随着性染色体的行动而行动。

如前所述，在正常人体的细胞中，有 23 对染色体，其中一对是性染色体，而在性染色体中，男性拥有一条 X 染色体和一条 Y 染色体，女性则拥有两条 X 染色体。由于 Y 染色体较小，没有与 X 染色体相对应的等位基因，因此，定位在 X 染色体上的任何基因突变都会在男性身上表现出来，Y 染色体上的基因在一般情况下均由父亲遗传给儿子而不会遗传给女儿，这就是性连锁遗传的规律。

具体来说，由于控制遗传性状的基因在染色体上，而人类在形成生殖细胞的时候，同源染色体彼此分离，位于染色体上的等位基因也彼此分离，分别进入两个子细胞，因而定位于 X 染色体且由基因控制的遗传性状便与 X 染色体的分配有关。如母亲的一对 XX 染色体上分别带有基因 A 和 a，父亲的一对 XY 染色体上只有 X 染色体带有基因 A，则母亲 X 染色体上的基因 A 和 a 既能遗传给女儿也能遗传给儿子，且遗传的机会均等，而父亲 X 染色体上的基因 A 只能遗传给女儿，Y 染色体上的基因只能遗传给儿子。

由于男性的性染色体中只有一条 X 染色体，因而在 X 染色体上的基因无论是显性的还是隐性的，基因所控制的性状都能表现出来。但女性则不同，如果致病基因是隐性的，只有在两条 X 染色体上都含有这种基因才会发病，否则，就成为致病基因携带者，女性携带者会导致儿子发病。如血友病就是一种与性别有关的遗传性疾病。血友病患者缺乏一种特殊的血蛋白，致使患者血液在身体受伤后不能迅速凝结，这种引起血友病的等位基因是由 X 染色体所携带的。无论等位基因是同质的还是异质的，如果含显性基因（血液能正常凝结），则女性会具有正常的血液凝聚能力，只有当她携带一对同质的隐性基因时（出现的可能性极小），她才会成为血友病患者。而对男性来说，由于男性只能从其母亲那里继承一个能使血液凝结的等位基因，因此，如果这个等位基因是显性的，他的血液就能正常凝结；如果这个等位基因是隐性的，他就会患血友病。

但在这里必须指出的是，有一些基因虽然只能由单一性别表现出来且不存在于性染色体上，但这些基因归根到底是由性染色体控制的。如与男性的胡须和女性的乳房发育有关的基因都不在性染色体上，这些性状只是在适宜的激素环境中才会出现，而这种激素环境正是由性染色体控制的。

当然，连锁遗传规律不仅发生在性染色体上，也发生在常染色体上。在人体细胞中的 23 对染色体上，每对染色体都有等位基因，因而位于同一染色体上的基因都是连锁遗传的，但与性别有关的只是性染色体连锁遗传。

3. 染色体畸变

在正常情况下，人体内的每个细胞都带有染色体，这些染色体一旦确定之后，一般会终生保持不变，因而每个细胞都反映出人类与生俱来的基因组成。尽管在大多数情况下染色体都会正常发展，但在某些特殊的情况下，染色体会出现严重的异常，即畸变。

染色体畸变,可以有不同的分类方法。对个体来说,畸变可以是常染色体畸变或性染色体畸变,也可以是染色体数目畸变或结构畸变。如果某一类型染色体畸变在所有的体细胞中均出现,就称为纯合体;如果患者体细胞中有两个或多个细胞系,而其中一个或多个细胞系出现染色体异常,就称为嵌合体。下面主要分析染色体数目畸变和染色体结构畸变。

从染色体数目畸变来看,它分为多倍体和非整倍体两种情况。专家在研究过程中,通常将 23 条染色体称为单倍体,用 n 来表示;而人类正常的染色体数目是 46 条,称为两倍体,用 2n 来表示。如果染色体数目的变化是单倍体的整倍数,称为整倍体;超过两倍体的整倍体,则称为多倍体,如 3n、4n 等。引起多倍体的原因往往是细胞某次成熟分裂失败,以及双雄受精(两个精子同时进入一个卵子)等。在一般情况下,多倍体个体是很难存活的,在人群中只见到极少数成活的 3n 个体,其他的多倍体中的大部分在胚胎期就夭折了。

非整倍体是指染色体数目的改变不是单倍体的整数,即多出一条染色体(X 或 Y)或缺少一条染色体(O)。例如:XXY 症候群(Klinefelter 症候群)多出一条染色体,XO(Turner 症候群)缺少另一条性染色体。非整倍体出现的原因,主要是细胞分裂后期配对的染色体没有分离。在所有的染色体畸变中,由于染色体未分离而造成的畸变对人类的影响最为严重。

谈及染色体数目畸变对人类的影响,唐氏综合征(Down syndrome)是最常见的例子。唐氏综合征是由染色体异常(多出 1 条 21 号染色体)而导致的疾病,其特征有小头、眼距宽、扁鼻、舌胖、中度到重度的智能低下,多发先天性心脏病等生长发育障碍和畸形。据统计,每 700 名存活新生儿中,大约有 1 名唐氏综合征患儿①。唐氏综合征的发病率与母亲的年龄增长呈正相关关系:统计表明母亲 20~24 岁时生育,患儿患病率约为 1/1250,35 岁为 1/400,40 岁为 1/106,45 岁为 1/25,49 岁则高达 1/11②。同样,父亲年龄的增长,也会提高子女唐氏综合征发病的可能性。就唐氏综合征的发病原因来看,大多是由于精子、卵子或受精卵发展中出现了染色体分配方面的错误。

从染色体结构畸变来看,有关人类染色体结构畸变的研究,是从对生物尤其是果蝇和植物的研究开始的。由于某些原因,染色体发生断裂,在以不正常的组合方式重接后,就会产生各种异常的染色体,这就是染色体结构畸变。染色体结构畸变可分为稳定畸变与不稳定畸变,前者在细胞分裂时能继续不变一直保留下去,后者在细胞分裂时会丢失。稳定畸变包括缺失、重复、臂肩倒位、平衡易

---

① Diane E Papalia & Sally Wendkos Olds, *Human Development* (*6th Edition*), New York: McGraw-Hill, 1995, p. 65.

② 汪颖、焦雨铃:《聚焦基因》,人民教育出版社 2017 年版,第 73 页。

位、插入等，其中有些畸变如倒位、易位等会通过生殖细胞遗传下去从而出现家族性的染色体畸变。不稳定畸变则包括断片、环状染色体等，这类染色体畸变的携带者一般不会出现表型效应，但可生育不正常的子代。

在正常情况下，染色体自发断裂的可能性是极小的，但病毒、电离辐射及某些化学物质会显著提高染色体断裂的可能性，这些因素统称为诱变剂。其中，辐射和有毒的化学药物对染色体的影响最大，如烷化剂、核酸类似物、嘌呤、抗生素以及叠氮化合物等。但是，由于这些诱变剂中的大部分只影响接触这些诱变剂的个人本身，且在一定程度上可以预防，因而染色体结构畸变对子代的影响比染色体数目畸变对子代的影响要小。如臂肩倒位和平衡易位的携带者，虽然也可能生育出染色体异常的子代，但患儿只占染色体畸变儿童的一小部分，发病率远远低于唐氏综合征。

二、母亲的身体状况

发展中的胎儿深受母亲自身状况的影响，如母亲的身体健康状况、年龄及营养状况等，都会对胎儿的发展产生深远的影响。

1. 年龄

按照国际上通行的认识，妇女的生育年龄为 15～49 岁，一个妇女在其一生中可能的生育时间大约有 35 年。但育龄期不等于生育的最佳时期，从医学的角度并结合我国的人口政策来看，24～29 岁是生育的最佳年龄。在这个年龄阶段中，夫妻双方不仅在身体各方面已完全发育成熟，而且在事业方面也有了一定的基础，这就为孩子的健康出生和成长创造了条件。

如果妇女生育时年龄过小，如在 16 岁以下，出现早产、低体重、死胎或分娩困难的可能性均高于正常年龄的孕妇。这是因为，16 岁以下的母亲不仅在生理上不成熟，而且在孕期往往很少得到家庭护理、社会支持和医疗照顾，容易出现并发症，从而危及胎儿及其自身的安全。由于这些因素的相互作用，十几岁的母亲的早产儿比较大年龄母亲的早产儿更容易患神经功能缺损，从而影响他们将来的适应能力①。

如果母亲年龄过大，如在 35 岁以上，生育孩子的危险会愈来愈大。这种危险主要表现在以下两个方面②：一是发生唐氏综合征的机会增多；二是 35 岁后生第一胎，可能会使分娩时间过长，难产可能增加，死胎增多。孕妇的年龄往往可以帮助预测胎儿是否能够生存。

---

① Barbara M. Newman & Philip R. Newman, *Development Through Life: A Psychosocial Approach* (*12th Edition*), Stamford: Cengage Learning, 2015, p. 118.

② 林崇德：《发展心理学》（第二版），浙江教育出版社 2019 年版，第 139 页。

2. 身高和体重

母亲身高对胎儿的影响,主要表现为孕妇身高过矮(低于 140 厘米)会影响胎儿的发育和成长。在一般情况下,身高过矮的孕妇的骨架和骨盆也往往过小,前者会使胎儿出生困难,这时常常需要采取手术的方法帮助胎儿出生,而手术对新生儿及其母亲的安全来说都存在风险;后者则会限制子宫的发育,使孕妇不能为胎儿提供一个较好的子宫环境,从而影响胎儿的正常发育,且分娩时还有可能出现并发症。

孕妇的体重过轻或过重,也会影响胎儿的正常发育①。如果孕妇的体重超过其正常体重的 25%,则其患高血压的可能性要比正常体重的孕妇大得多,而且她们的血压还会随着怀孕时间的增加而逐渐升高,最终导致孕妇无法负担胎儿,胎儿不得不早产。如果孕妇的体重低于其正常体重的 25%,则表明其本身缺乏营养,在怀孕过程中很容易出现贫血、肌痉挛和甲状腺肿等疾病,这必然会影响胎儿的体格和智力的发育。

3. 营养状况

孕妇的营养状况和胎儿的生长发育有着极为密切的关系。一般而言,营养状况良好的母亲能够生育出健康的孩子,而严重营养不良的母亲由于不能为胎儿的正常发育提供足够的营养,因而很难生育出健康的孩子。

关于孕妇营养不良对胎儿发育影响的实验研究,最初是在白鼠身上进行的。与营养正常的母鼠相比,低蛋白质饮食的母鼠生下的幼鼠体重和脑重都较轻,皮层细胞较少,皮层蛋白也较少。在绝大多数这类实验中,很少有鼠胎能活着生下来或是长成成鼠,即使能够活下来,其生殖能力也大大降低。这些实验证据表明,孕妇严重缺乏营养会妨碍胎儿的正常发育②。

但是来自动物实验的研究结果,不一定能够准确无误地在人类身上反映出来。因此,关于孕妇营养不良对其胎儿的影响的大部分研究资料,是通过具体的调查得来的,主要有以下几方面③。

一是时代的例证。有人调查过两次世界大战中战区诞生的婴儿,他们比正常婴儿小,同时有许多死胎,这些孩子的家庭一般都经历了战争中的严重饥荒及其他压力。这些孕妇在战争环境中不但食物营养得不到保证,而且她们的情绪也极不稳定。

二是个体的例证。上述情境中的过瘦母亲更易经历出生并发症,在她们的孩子中,早产儿和低体重儿偏多。

---

① 林崇德:《发展心理学》(第二版),浙江教育出版社 2019 年版,第 140 页。

② Barbara M. Newman & Philip R. Newman, *Development Through Life: A Psychosocial Approach (6th Edition)*, Pacific Grove: Brooks/Cole Pub. Co., 1995, p. 170.

③ 林崇德:《发展心理学》(第二版),浙江教育出版社 2019 年版,第 141—142 页。

三是死婴的例证。对死于子宫内的胎儿和出生后不久即死亡的婴儿所做的研究显示，他们缺乏正常数量的脂肪组织，而正常数量的脂肪组织的获得与母亲的营养状况直接相关。当然，这里指的是母亲的严重营养不良，一般的营养缺乏不会造成太严重的后果。

四是低体重儿的例证。母亲严重的营养不良会影响胎儿出生时的体重，形成低体重儿，而低体重儿的死亡率明显高于正常体重儿。

五是智力测验的例证。针对三个月至三岁的婴儿所进行的智力测验显示，在怀孕期间，如果母亲严重营养不良，其婴儿的智商明显低于其他儿童。

实验证据表明，当母亲营养不良时，穿过胎盘的营养物质较少，胎儿大脑比其他器官接受相对更多的有限营养资源，然而中枢神经系统被破坏。对存活的胎儿而言，后果包括骨骼发育延迟、反射受损和认知缺陷①。

有学者通过研究发现，婴儿出生后如果能得到及时的营养补偿，可以部分抵消孕期不良的营养环境所造成的缺陷②。例如：有营养不良风险的婴儿可能会经历更多的疾病、昏睡，以及身体发育迟缓，因此智力增长被延迟。如果这些婴儿出生后能获得充分营养，那么一些负面影响可以得到部分抵消。

在这里必须说明的是，为胎儿的发展提供充足的营养，既要求孕妇有均衡的饮食结构，同时也要求孕妇具备将营养素供给胎儿吸收的能力，否则，不能为胎儿吸收的营养素在孕妇身上积淀下来，会使孕妇体重过度增加，这也会对胎儿与孕妇自身造成威胁。

那么，在孕期，什么样的饮食结构才能保证孕妇得到充足的营养并且能为胎儿所吸收呢？众多的研究都表明，均衡的孕妇每日进食应包括：蛋白质（肉类和肉代替品），乳制品，面包和谷物，含丰富维生素 A 和维生素 C 的水果，蔬菜，以及脂肪和油③。此外，有些孕妇还需要额外的营养补充，如年龄过小者、生病者、营养严重不良者及精神压力大者等。

4. 所用药物

在孕期，母亲所摄入的任何物质都可能通过胎盘影响胎儿的生长和发育，药物也不例外。但药物对胎儿的影响往往是不良的，甚至会产生致畸作用。药物对胎儿生长和发育的影响大小，主要取决于药物本身的性质、剂量、用药持续时

---

① J. R. Galler & J. Tonkiss, "The Effects of Prenatal Protein Malnutrition and Cocaine on the Development of the Rat," in J. A. Harvey & B. E. Kosofsky (eds.), *Cocaine: Effects On The Developing Brain*, New York: New York Academy of Sciences, 1998, pp. 29-39.

② Barbara M. Newman & Philip R. Newman, *Development Through Life: A Psychosocial Approach (6th Edition)*, Pacific Grove: Brooks/Cole Pub. Co., 1995, p. 171.

③ Diane E Papalia & Sally Wendkos Olds, *Human Development (6th Edition)*, New York: McGraw-Hill, 1995, p. 75.

间、用药时的胎龄,以及胎儿对药物的敏感性。

药物本身的性质对胎儿产生的不良影响,主要表现在药物的药理作用和毒性方面。由于胎盘对药物的吸收及药物的理化特性,有些药物通过代谢既可能降低活性也可能增加活性,甚至毒性。

药物对胎儿的作用效应与剂量及用药的持续时间密切相关。在一般情况下,小剂量地使用药物对胎儿所造成的不良影响较小,有时只会造成暂时的机体损伤,但大剂量地使用药物有可能会造成胎儿死亡。与此同时,也应严格控制用药时间,及时停药。如果持续地长时间用药,还会加重对胎儿的损伤。

不同的胎龄与不同的器官对药物的敏感性是不同的。器官在迅速分化的时期,容易受到致畸因子的干扰。例如,神经组织在胚胎发育 15~25 天时、心脏在胚胎发育 20~40 天时、肢体在胚胎发育 24~46 天时,对致畸因子最为敏感。此外,胎儿对药物的亲和性不同,药物对胎儿不良影响的程度也不同。由于每个母亲的遗传因子不同,其胎儿对药物反应的敏感性也不同,这种对药物敏感性的个体差异,会严重影响对药物极为敏感的胎儿的生长和发育。

根据对大量畸形儿母亲妊娠期用药的调查,以及动物致畸实验研究,许多药物如止痛剂、抗肿瘤药、抗凝血药、抗惊厥药、抗组胺类药、抗疟药、抗甲状腺药、抗菌素类药、激素类药、磺胺类药、镇静安眠药和心血管系统药等,都可能引起胎儿畸形或出生缺陷。

由于滥用药物会引起胎儿畸形或出生缺陷,因而很多孕妇患病之后不愿用药,这也会引起胎儿发育异常,甚至危害母亲及胎儿的生命。因为不可滥用并不意味着绝对不用,此时的药物作为孕期的一种医疗手段是必需的,孕妇应该在医生的指导下,选用安全、有效、适量和必用的药物,以保证胎儿的生长和发育。

5. 烟、酒和毒品接触史

在一般情况下,孕妇如果随意吸烟、酗酒和服用毒品,会严重影响胎儿的生长和发育。

烟草中含有大量的有害成分会通过胎盘传递给胎儿,使胎儿的染色体和基因发生变化,从而影响胎儿的生长和发育,甚至造成流产、早产和胎儿死亡。研究表明,吸烟妇女的孩子的体重要比不吸烟妇女的孩子平均轻 200 克①,吸烟的妇女流产、死产、早产,生产低出生体重婴儿及其婴儿死亡的风险更大②。此外,丈夫吸烟对胎儿和孕妇也有极大的影响:一方面,烟草中的有害成分可以通过吸烟男性的血液进入生殖系统影响受精卵和胚胎的质量,有资料显示,每天吸烟

---

① U.S. Department of Health, *Education*, *and Welfare*, *Smoking and Health*: *A Report of The Surgeon General*, Washington (DC): U.S. Government Publishing Office, 1979.

② Barbara M. Newman & Philip R. Newman, *Development Through Life*: *A Psychosocial Approach* (*12th Edition*), Stamford, CT: Cengage Learning, 2015, p. 119.

30支以上者，畸形精子的比例超过20%，吸烟时间越长且量越大，则精子量越少、畸形率越高；另一方面，如果孕妇被动地吸入过多的烟雾也同样会影响受精卵和胚胎的质量，同样也有资料显示，丈夫不吸烟，孩子的畸形率为0.5%，每日吸1～10支烟者，孩子的畸形率为1.4%，10支以上者为2.1%①。

酒精也是一种致畸因素，它会影响胎儿的大脑发育，引起中枢神经系统的失调，从而形成“胎儿酒精综合征”（fetal alcohol syndrome），即小头、特殊面容、小眼裂、面部发育不全、生长迟缓和智力低下等。对那些饮酒过度的妇女来说，其生下的婴儿患胎儿酒精综合征的可能性为30%～50%，而在伴随着营养不良的情况下，孕妇每天中度饮酒也会使胎儿产生酒精综合征的某些症状②。有研究显示，妇女在怀孕期间和哺乳期间少量饮酒也会伤及孩子③。因此，建议妇女在怀孕期间和哺乳期间应该滴酒不沾。

有例证表明，孕妇服用毒品如大麻、吗啡、海洛因和可卡因等，也会给胎儿带来严重的不良影响，包括早产、体重过轻、出生缺陷及死亡等。经常服用毒品的孕妇所生育的婴儿，往往会表现出极度的焦躁不安，预示着神经错乱的高频哭叫、发烧、睡眠不宁、进食困难、肌肉痉挛和震颤，这些婴儿中的相当一部分有患婴儿猝死综合征（sudden infant death syndrome）的危险④。有研究发现，有毒瘾的新生儿出生后很快死亡的可能性是无毒瘾婴儿的两倍⑤。因此，服用毒品的妇女应该立即戒毒。

6. 疾病

许多疾病如妊娠高血压综合征、原发性高血压、慢性肾脏疾病、糖尿病及一些感染性疾病，都会影响胎儿的生长和发育。当然，这些疾病所造成的影响也取决于母亲患病的时间。

有些孕妇在妊娠后半期（一般在24周以后）发生浮肿，血压增高，可引起围生期死亡率的上升。有些原发性高血压孕妇会并发先兆子痫，可引起死亡、早产及胎盘早剥，从而导致围生期死亡率的上升。有些孕妇在妊娠前患有肾小球肾炎、原因不明肾炎等，如肾脏疾病伴有血压升高者，会导致胎儿宫内发育迟缓，这也会提高围生期的死亡率。糖尿病妇女妊娠后，由于糖代谢异常，胎儿先天畸形

---

① 林崇德：《发展心理学》，浙江教育出版社2002年版，第140页。

② Barbara M. Newman & Philip R. Newman, *Development Through Life: A Psychosocial Approach (6th Edition)*, Pacific Grove: Brooks/Cole Pub. Co., 1995, p. 167.

③ Diane E. Papalia & Sally Wendkos Olds, *Human Development (6th Edition)*, New York: McGraw-Hill, 1995, p. 76.

④ Barbara M. Newman & Philip R. Newman, *Development Through Life: A Psychosocial Approach (12th Edition)*, Stamford: Cengage Learning, 2015, p. 120.

⑤ Diane E. Papalia & Sally Wendkos Olds, *Human Development (6th Edition)*, New York: McGraw-Hill, 1995, p. 77.

的发生率会大大提高，且多为多发畸形，最常见的有脊椎、四肢骨骼畸形，伴心血管及中枢神经系统畸形，还有泌尿生殖器官畸形及胃肠道畸形，以及巨大儿、智力低下等。

孕妇患感染性疾病，既有可能引起胎儿发育异常（包括各种先天畸形和智力发育障碍），也有可能引起妊娠终止。有些病原体会直接侵犯胎儿，引起胎儿发育异常或死亡，还有些病原体会引起孕妇高热、毒血症、感染中毒性休克、缺氧、脱水、酸中毒及血管内弥漫性凝血，使孕妇身体受到损害，从而间接影响胎儿，引起流产、早产、死产、死胎或先天异常。目前，已经肯定对胎儿发育有影响的病原体和寄生虫有风疹病毒、巨细胞病毒、单纯疱疹病毒（Ⅱ）、水痘-带状疱疹病毒、梅毒螺旋体及弓形体等。孕妇如果感染这些病毒，会引起流产、早产、先天性白内障、先天性心脏病、耳聋、智力低下、小脑缺陷、脉络膜视网膜炎、脑积水、小头畸形和生殖器官畸形等。但其中有些病毒如风疹病毒，孕妇只有在怀孕早期感染才会对胎儿产生不利影响，如果在怀孕后期感染则影响不大。

此外，值得引起特别注意的是，艾滋病（AIDS）对胎儿的影响重大。如果母亲患有艾滋病或血液中携有人类免疫缺陷病毒（HIV），就可能传染给胎儿。受到感染后，胎儿的免疫系统会出现缺陷或失去功能，使他们对疾病的抵抗能力极差，死亡率极高，对此目前还没有根本性的治疗办法。

7. 其他因素

除上述因素之外，母亲自身的其他一些状况，如血型不合以及产科麻醉剂等，都会影响胎儿的生长和发育。

如果胎儿血液中含有 Rh 因子，而母体血液中缺乏这种因子，就会使母亲与胎儿的血型不合。当胎儿的血液中含有母体所缺乏的此种蛋白质成分时，母体血液中产生的抗体可能会造成胎儿自发性流产、死产、黄疸、贫血、心脏缺陷、心智迟缓或死亡，通常第一个孩子不会受到影响，但随着怀孕次数的增加，其危险性将会逐步增加，因而为防止抗体的产生，患此症的母亲应在分娩或流产后注射疫苗，而患此症的婴儿则应采取重复换血的治疗方式①。

在孕妇自然分娩有困难的情况下，常常需要采用手术的方式，手术中使用的麻醉剂对新生儿是有一定影响的。关于这一问题的严重性，有两种看法②：一方面，有研究者认为镇静剂、局部麻醉及透过呼吸施予的全身麻醉，都会干扰新生儿的行为。已有研究显示，在分娩中使用麻醉剂会影响新生儿对刺激的习惯化能力、减少新生儿的微笑、减少新生儿对新刺激的警觉反应。另一方面，也有研

① Diane E. Papalia & Sally Wendkos Olds, *Human Development* (*6th Edition*), New York: McGraw-Hill, 1995, p. 79.

② Barbara M. Newman & Philip R. Newman, *Development Through Life: A Psychosocial Approach* (*6th Edition*), Pacific Grove: Brooks/Cole Pub. Co., 1995, p. 170.

究者认为分娩中药物的使用对新生儿行为的影响是微不足道的，也许不是药物本身对新生儿有持续的影响，倒有可能是药物对行为的效应影响了父母对新生儿的观察，从而影响了父母对新生儿的照顾并由此影响了新生儿的行为。

此外，父亲本身的因素也会影响胎儿的生长和发育。例如，父亲年龄过大和经常处于香烟、酒精、放射线或杀虫剂的环境中，便会增加精子异常的可能性，从而在一定程度上导致胚胎发育不良。

三、母亲的情绪状况

当一个妇女怀孕后，不仅会有身体上的反应，如呕吐、疲倦、头痛、身体活动不便等，还会有情绪上的反应，如高兴、快乐或忧虑、焦躁等。其中，情绪方面的反应对胎儿的生长和发育有着重要的影响。在一般情况下，孕妇的情绪状况取决于其对待怀孕的态度。由于母亲与胎儿的相互依赖，怀孕事件本身对母亲的自身状况产生了不可忽视的影响，如对她的生活方式、情绪、可能得到的资源等的影响，会使母亲对待怀孕抱有不同的态度，这将会影响胎儿的生长和发育，以及孩子出生后她对孩子的关怀和教育，从而影响到孩子行为的发展。

有学者对 43 项生活事件进行了测定，怀孕被列为第 12 个最令人情绪紧张的生活变化①。在通常情况下，妇女对待怀孕的态度有三种：接受、矛盾或拒绝。其中，持有拒绝态度的妇女一般会采用手术的方式解决其怀孕的问题；持有接受态度的妇女，一般会有幸福、愉快和乐观的情绪体验，这将有助于胎儿的生长和发育；而持有矛盾态度的孕妇的情绪波动是最大的，她们常常会有抑郁和焦虑的情绪反应，这会影响胎儿的生长和发育。大量的样本调查结果发现，由夫妇感情不和而导致的孕妇情绪的变化，会使他们所生的孩子出现身心障碍的概率远远高于关系正常的夫妇所生的孩子，这些身心障碍主要包括矮小、瘦弱、抵抗力差、自卑、多疑和神经质等②。

孕妇的情绪变化对胎儿既有直接的影响，也有间接的影响③。就直接的影响来说，当孕妇情绪急剧变化的时候，其体内会产生一种称为儿茶酚胺（catecholamine）的激素，这种激素能够穿透胎盘屏障直接影响胎儿的生存环境。如孕期遭遇丈夫亡故或遗弃时，孕妇会出现极度的情绪反应，这种情绪反应使她们

---

① Thomas H. Holmes & Richard H. Rahe, "The Social Readjustment Rating Scale," *Journal of Psychosomatic Research*, vol. 11, no. 2(1967), pp. 213-218.

② T. J. Dishion, G. R. Patterson & J. R. Reid, *Parent and Peer Factors Associated with Drug Sampling in Early Adolescence: Implications for Treatment*, Rockville: US National Institute on Drug Abuse Research Monograph Series, 1988.

③ 崔运河、夏敏等：《孕妇情绪异常对胎儿发育的影响》，《中国优生与遗传杂志》1998 年第 1 期，第 57—58 页。

体内不断产生大量的儿茶酚胺，而胎儿长期受此激素的影响就会出现精神方面的症状①。就间接的影响来说，在孕期有极度情绪变化的妇女可能会经历高血压、肾衰竭和痉挛，严重时可危及孕妇的生命，此时胎儿也就必然会早产。

尽管母亲与胎儿各自有着自己的大脑和神经系统结构，且各自有着自己的血液循环系统，但母亲的情绪状况仍能影响胎儿的生长和发育，其原因主要有以下两个方面②。

一是代谢作用的影响。孕妇的情绪和精神生活影响着母体的代谢作用，而母体的代谢作用又可以影响胎儿的生长和发育。因为胚胎寄生在母体的子宫，并借由母体的循环作用吸取其所需的营养物质，所以胎儿的循环系统及神经系统也必然与母体的循环系统及神经系统相连。如果母亲能够在心理上和生活上保持一种正常的、健康的状态，那么母亲的代谢功能正常发挥，就能够保证胎儿的正常生长和发育；反之，如果母亲有极度的情绪变化，往往会导致其生活上的失常，从而影响胎儿的正常生长和发育。

二是血液中化学物质的沟通作用。孕妇在受到突然的精神刺激时，这些刺激首先会作用于大脑皮质，然后立刻传递到与大脑皮质直接相联的下丘脑（hypothalamus），在下丘脑内转化为情绪，同时下丘脑立刻将这个信号传递给内分泌系统和自主神经系统，使孕妇出现脉搏加快、瞳孔放大、手心出汗、血压升高及神经激素分泌加剧等症状。神经激素是一种化学物质，它会首先进入母亲血液，不仅使母亲血液中的神经激素量骤然升高，而且也使胎儿血液中的神经激素量骤然升高，从而带来母亲体内和胎儿体内的化学变化。就胎儿来看，这些化学变化的刺激会作用于胎儿的下丘脑，导致下丘脑再发出指令，当指令传递到胎儿的内分泌系统和自主神经系统时，胎儿便会产生与母亲类似的情绪反应。

四、环境污染

随着社会化大生产的发展和人口的增长，生产和生活中的废弃物大量被投入环境，使环境的各种构成因素，如空气、水、土壤和生物等的性质和状态发生了变化。当这种变化超过了自然力的恢复能力（即自然净化能力），使环境质量严重恶化并破坏生态系统的平衡时，就形成了环境污染，并对胎儿产生影响③。一般认为，对胎儿生长和发育有严重不良影响的环境污染因素主要有放射线和某些化学因素。

放射线包括 X 线，α、β、γ 射线以及电子、中子等粒子放射线。工业上放射

① 王婷雪、徐秀：《孕妇情绪对胎儿及婴幼儿影响的研究进展》，《中国妇幼卫生杂志》2015 年第 5 期，第 71—74 页。

② 林崇德：《发展心理学》，浙江教育出版社 2002 年版，第 133—134 页。

③ 一帆：《环境污染对胎儿有不良影响》，《人口与计划生育》1999 年第 5 期，第 50—51 页。

性矿物的开采、冶炼、γ扫描、发光材料的使用,原子能的研究和利用,医疗中应用X线检查,放射治疗,以及放射性同位素的生产和应用等方面都是人们接触放射线的机会。由于放射线对生殖腺的直接照射会引起遗传性损伤的危险,因此放射线的照射对胎儿生长和发育的影响是直接的。一般情况下,放射线对胎儿的影响程度取决于照射剂量、受照射时胚胎的发育阶段,以及胚胎对辐射的敏感程度。小剂量照射可引起生殖细胞基因的突变,而大剂量的照射则可引起染色体畸变,这两种情况都会带来遗传效应。就受照射时胚胎发育的阶段来说,怀孕初期(前3个月)受到的损害最大。就胚胎对辐射的敏感程度来说,特别敏感的可出现胎儿周身发育迟缓、小头畸形、智力低下、小眼球症、视网膜色素变性、泌尿生殖系统畸形、骨骼畸形等状况。

环境中的某些化学因素对胎儿的生长和发育有不良影响,严重的可导致流产、早产、胎儿畸形和低体重儿等。这些化学因素主要是:碘缺少或含量过高、有害有机化合物、有害金属、农药等。

碘是地壳中含量较少的化学元素,其含量约为0.00001%~0.00003%,大部分分布在土壤、水及植物中,它是合成甲状腺素不可缺少的微量元素。甲状腺素是甲状腺分泌的激素,它能增强人体能量代谢和气体代谢,是胎儿生长和发育不可缺少的物质。如果环境中碘缺少或含量过高,就会使孕妇出现地方性甲状腺肿,从而导致胎儿生长和发育迟缓,并出现神经系统发育障碍。

在化工生产中,人可能接触的有害有机化合物有:汽油、二氯乙烷、苯、三硝基甲苯、二硫化碳、氯乙烯以及三氯乙烯等,这些有机化合物对男女生殖系统和胎儿均有损害作用。接触过汽油和二氯乙烷的孕妇,会有较高的自然流产率和妊娠中毒症发病率;苯与三硝基甲苯是常用的有机溶剂,这些有机溶剂会引起流产、早产以及胎儿骶骨发育不全;二硫化碳是人造丝及玻璃纸原料,也可引起流产和妊娠中毒症;氯乙烯与三氯乙烯不仅会引起流产、早产和妊娠高血压综合征,还会导致胎儿畸形,以中枢神经系统缺陷、唇裂、腭裂甚至器官畸形居多。

目前,已发现的对人体有害的金属有铅、镉、汞、砷、镍等多种。其中,铅对人的神经系统、造血系统、泌尿系统、心血管系统均有损害作用,如果孕妇体中含有过多的铅,这些铅会通过胎盘引起胎儿死亡、畸形、流产或智力低下;镉可引起胎儿骨骼发育不良或造成低体重儿;汞进入胚胎后会干扰胚胎的发育,使胎儿出现畸形;砷进入胚胎后,可引起胎儿神经系统缺陷、唇裂以及腭裂等。

农药是造成环境污染的重要化学因素,有些农药进入孕妇体内后会有明显的蓄积效应,可通过胎盘屏障对胎儿产生遗传性和非遗传性的损害,有些农药对胎儿生长和发育的影响是从第二代或第三代才开始出现的。目前,在农业上比较广泛使用的农药是有机磷农药,尽管它具有高效低毒的优点,但如果孕妇体内蓄积过多,仍然会导致胎儿畸形。

第三节 胎儿与社会

胎儿的孕育和出生，既是一种自然现象，也是一种社会现象，它从准父母角色的扮演、家庭秩序的调整及生育配套政策的实施等方面影响社会的发展。

一、准父母角色的扮演

如前所述，个体生命的成长起源于成为受精卵的那一刻，而准父母的角色则决定于确认怀孕的那一刻。面对怀孕，尤其是第一次怀孕，大多数夫妻都会感到既惊喜又焦虑，惊喜的是自己的身体中竟然孕育了一个小小的生命，焦虑的则是孩子的健康、自身未来的发展及家庭经济负担等问题带来的挑战。对于准父母来说，孩子的到来，意味着他们扮演的角色必将有所转变，这对绝大多数家庭来说是一件重要的人生大事。因此，夫妻必须调控自己的行为，学会扮演准父母的角色。

准父母角色成功扮演的过程，是人生成长的过程。这是因为，胎儿的孕育不仅能使夫妻更好地认识自我和发展自我，而且也增强了夫妻的家庭责任感和社会责任感。生儿育女是需要夫妻双方共同承担的家庭责任，从怀孕初期到分娩，夫妻双方都要认真考虑自己如何成为好父亲和好母亲。

对于准母亲来说，面对生育，她们在生理上和心理上都承受着很大的压力。一方面，女性是生育行为的主要承担者，从怀孕初期到分娩，准母亲们时刻都能感受到自身的生理变化，孕育期满之际她们还要承受生产的痛楚。尽管这一切都是正常的生理现象，但对初次做准母亲的女性来说，在沉浸于喜悦与期待的同时，她们也会焦虑不安。另一方面，女性在孕期的情绪变化较为明显，她们会缺乏安全感，敏感且多疑。准母亲在职场上经常会处于弱势地位，这使得她们往往缺乏职场安全感，一些准母亲因此毅然选择辞职，然而这些决定在孕期内安心在家休养的准母亲，又会担心自己的这段职业空白期是否会成为将来复出求职时的一大阻碍。同时，出于女性特有的母性本能及心理架构，准母亲们还会考虑一些准父亲难以体验到的问题，如胎儿究竟是否健康，未来“妻子+母亲”双重角色如何定位，孩子出生以后的抚养和教育问题等。这些大小不一、程度不等的身心压力，会使准母亲与怀孕前相比“判若两人”。对此，准母亲应该知道，怀孕所衍生出的紧张和压力，是一种正常现象，应当合理调整自己的行为，以从容、愉悦的心情，与准父亲一起迎接家庭新成员的到来。

对于准父亲来说，妻子成为准母亲以后，家庭重担自然就落在了准父亲的身上。“我能负担得了这个家吗？能让妻子和孩子过上好日子吗？”这确实需要有责任感的准父亲尽早开始考虑。虽然生儿育女是需要夫妻双方共同承担的家庭责任,但在生活考验面前,准父亲必须表现得更坚强一些。准父亲不仅要分担家务劳动,而且还要理解准母亲在孕期表现出的戏剧性的情感变化。显然,如何顺利度过孕期也是每个准父亲的必修课,由于准母亲需要准父亲的帮助和精神支持,因此准父亲不仅要在经济方面给家庭提供保障,在情感方面也要有较大的付出,一个镇定、乐观的准父亲能使孕期更为平稳地度过。

二、家庭秩序的调整

对于准父母来说,胎儿的孕育还意味着家庭秩序的调整。为了营造一个良好舒适的生育环境,家务劳动、家庭经济支出,以及与老年父母的沟通等方面都需要及时调整。

有一部分准父亲以前依靠妻子的照顾,过着衣来伸手、饭来张口的生活。自妻子怀孕以后,家庭生活发生了极大的变化,准母亲成了重点保护对象,准父亲开始学习打理家务。虽说适当的运动有助于准母亲及胎儿的健康,但过度繁重的家务对准母亲们来说有百害而无一利,过去"女性在生孩子之前还在下地干活"的标准已不再适用于现代社会。从准母亲的角度来看,分担家务劳动正是准父亲关心妻子、增进夫妻情感交流的表现。但准父亲经常会因为"业务"不熟练,把家务搞得乱七八糟,准母亲有时也会责怪准父亲,由此造成新的家庭矛盾。准母亲千万不要认为自己怀孕非常辛苦,就可以肆意发泄情绪,一味指责对方的"不是",而应该理解准父亲的辛劳,准父亲则应该主动承担家务,并谅解和承受准母亲的负面情绪。

即将诞生的孩子会打乱家庭经济支出的原有计划。孩子一出生,需要增加的经济支出包括奶粉、纸尿裤、辅食和不定期的健康保障费用等,有些家庭还需支出请月嫂或保姆的费用。显然,家庭需要积累相当的财力,以确保即将诞生的孩子的健康成长。因此,对于大多数工薪家庭来说,妻子怀孕还意味着经济负担的加重。虽有"穷有穷养,富有富养"的说法,但给下一代一个相对优越的生活环境是大多数父母的心愿。因此,准父母应该意识到,未来孩子的生活费用、教育费用、医疗费用及交通费用等往往是刚性的,需要提早准备。准父母要对现有收入和未来预计收入进行合理预算,减少不必要的开支,以尽可能低的经济压力迎接孩子的到来。

准父母通常很重视孕期生活的规划及育儿方式的选择,然而长辈的观念可能与准父母的意见不合,此时如果缺乏良好的沟通,很容易出现手忙脚乱、无所适从的情形,甚至发生冲突,影响准母亲的情绪。有些长辈还存有生男孩"传宗接代"的传统观念,这无形中也给了准母亲很大的心理压力。其实,长辈的一些关心和要求并无恶意,准父母应尽可能地与双方父母进行良好的沟通,化解矛盾,使家庭秩序得以合理调整。

三、生育配套政策的实施

胎儿的孕育和出生，是在一定社会环境下实现的，它和人口与生育、劳动保护、妇女权益和婴幼儿照顾等生育配套政策的实施密切相关。

第七次全国人口普查结果显示，2020 年中国育龄妇女总和生育率为 1.3。国际上通常认为 1.5 左右是总和生育率的一条“高度敏感警戒线”，如持续低于该水平，就有跌入“低生育率陷阱”的可能。根据《国家人口发展规划（2016—2030 年）》，2030 年中国总和生育率预期目标为 1.8，当前水平与此相比仍有一定差距①。我国调整生育政策，从“双独二孩”“单独二孩”到全面二孩，再到现在三孩生育政策的转变，是政府在人口结构转变的关键时期，科学把握发展规律，积极回应社会期待，适时作出的重大决策。实施一对夫妻可以生育三个子女政策及配套支持措施，能最大限度发挥人口对经济社会发展的能动作用，积极应对生育水平持续走低的风险，为全面建成社会主义现代化强国创造良好的人口环境②。然而面对持续走低的总和生育率和不断加快的老龄化进程，“放开三孩”是否真能成为缓解形势的“解药”，尚需观察。2021 年，《中华人民共和国人口与计划生育法》修订通过，从法律上保障了人们的生育权利。除此之外的一系列配套支持措施是提高人们生育意愿的关键，只有这些配套措施及时跟上，才能更好地促进人口长期高质量发展。

2021 年 7 月 20 日，《中共中央、国务院关于优化生育政策促进人口长期均衡发展的决定》发布，作出实施三孩生育政策及配套支持措施重大决策，开启我国人口发展新阶段。该决定提出一揽子生育配套政策，如要将婚嫁、生育、养育、教育一体考虑，加强适婚青年婚恋观、家庭观教育引导，对婚嫁陋习、天价彩礼等不良社会风气进行治理，提高优生优育服务水平，发展普惠托育服务体系，推进教育公平与优质教育资源供给，降低家庭教育开支。要完善生育休假与生育保险制度，加强税收、住房等支持政策，保障女性就业合法权益。

2022 年 8 月 16 日，国家卫生健康委、国家发展改革委等 17 部门联合印发《关于进一步完善和落实积极生育支持措施的指导意见》，推出 20 项具体措施落实生育支持政策。该《指导意见》把政策重点放在与三孩生育政策配套的一揽子促进积极生育的支持路径的设计及有效落地上，指明了各级党委政府及广大民众落实三孩生育政策的努力方向和工作目标。例如，要求通过改善优生优育全程服务、提高儿童健康服务质量、加强生殖健康服务和提高家庭婴幼儿照护能力，来提高优生优育服务水平。

---

① 李铁楠：《调整生育政策 适应时代发展》，《光明日报》2021 年 6 月 20 日。

② 贾亮：《配套支持给力 三孩政策才能见成效》，《北京观察》2021 年第 6 期，第 30 页。

我国具有生育保障职能的社会保障制度可归为两类：一是生育保险制度，面向工薪劳动者，包括国家机关、企事业单位及其他各类经济社会组织，提供生育医疗费用和劳动中断收入补偿；二是新型农村合作医疗制度和城镇居民基本医疗保险制度，面向农民和城镇非工薪居民，提供生育医疗费用的部分报销，但不提供劳动中断收入补偿①。2019 年 3 月，国务院办公厅发布《关于全面推进生育保险和职工基本医疗保险合并实施的意见》，要求各地的医疗保险和生育保险在 2019 年底前合并实施，遵循保留险种、保障待遇、统一管理、降低成本的总体思路，实现参保同步登记、基金合并运行、征缴管理一致、监督管理统一、经办服务一体化。

生育保险制度是生育保障制度的最主要体现形式，是在生育事件发生期间对生育责任承担者给予收入补偿、医疗服务和生育休假的社会保障制度。其具体内容一般包括：生育津贴、医疗护理、生育补助、生育休假②。其中生育休假又叫生育假期，是基于生育而赋予父母离开工作岗位的时间，包括产假、陪产假和育儿假。关于产假，《女职工劳动保护特别规定》第七条规定，女职工生育享受 98 天产假。在国家规定的一般标准上，各省又出台了具体的产假规定，再加上生育奖励假和其他福利待遇，我国女性劳动者实际享有的产假时间往往会高于这个标准。关于陪产假（部分地区称为护理假），我国在全国性的立法中并没有明确的规定，但是在一些地方性条例中，规定了男性劳动者的陪产假少则 7 天，最多可达 30 天，多数地区陪产假为 15 天，这种尚未在全国形成统一规定标准的情况，不利于男性劳动者（父亲）对这一假期的平等享有。2019 年 5 月 9 日，国务院发布了《关于促进 3 岁以下婴幼儿照护服务发展的指导意见》，其中提出鼓励地方政府探索试行与婴幼儿照护服务配套衔接的育儿假、产休假。2021 年 6 月 8 日，《国务院未成年人保护工作领导小组关于加强未成年人保护工作的意见》发布，该《意见》鼓励有条件的地区探索开展育儿假试点。2022 年 8 月 16 日，国家卫生健康委、国家发展改革委等 17 部门联合印发的《关于进一步完善和落实积极生育支持措施的指导意见》，要求通过优化生育休假制度和完善生育保险等相关社会保险制度，来完善生育休假和待遇保障机制。

《中国妇女发展纲要（2021—2030 年）》也明确要求为女性生育后的职业发展创造有利条件。例如，禁止用人单位因女职工怀孕、生育、哺乳而降低工资、恶意调岗、予以辞退、解除劳动（聘用）合同，推动落实生育奖励假期间的工资待遇，定期开展女职工生育权益保障专项督查；为女性生育后回归岗位或再就业提

---

① 何文炯、杨一心、王璐莎、徐琳：《中国生育保障制度改革研究》，《浙江大学学报》2014 年第 4 期，第 5—18 页。

② 潘锦棠：《中国生育保险制度的历史与现状》，《人口研究》2003 年第 2 期，第 29—35 页。

供培训等支持；高校、研究机构等用人单位探索设立女性科研人员生育后科研回归基金；推动用人单位根据女职工需要建立女职工哺乳室、孕妇休息室等设施；支持有条件的用人单位为职工提供福利性托育托管服务。

第四节 社会工作的重要议题

关于胎儿孕育和出生的社会工作议题，主要有医疗技术发展与人类道德、出生性别比失衡、人工流产三个方面。

一、医疗技术发展与人类道德

随着医疗技术的发展，许多不孕夫妇开始不依靠传统怀孕的方法如人工受孕、代孕等来生儿育女。这些医疗技术的发展虽然给不孕夫妇带来了生育的希望，却给人类道德的发展带来了一定的冲击①。

人工授精，又称人工受孕，是指将男性精液用人工方法注入女性子宫颈或宫腔内，以协助受孕的方法。人工受孕主要适用于男性不育症。人工受孕的方法包括配偶间人工授精和非配偶间人工授精两种。为了避免医疗、伦理纠纷，人工受孕的受试者应在手术前向医生了解人工受孕的方法、成功率、并发症及其他伦理问题。

代孕是指女性接受他人委托，用人工辅助生育方式为他人生育子女的行为。代为他人生育的女性，通常称为代理孕母，委托他人生育子女的人被称为委托父母。代理孕母将孩子怀至足月，生产后，交给该父亲及其妻子。代孕有四种方式：一是精子、卵子均来自委托父母，借用代理孕母的子宫；二是精子来自委托父亲，卵子由代理孕母提供，经体外人工授精（试管婴儿）后，由代理孕母怀孕生育；三是卵子由委托母亲提供，经体外人工授精后将胚胎移植到代理孕母的子宫中，由代理孕母怀孕生育；四是精子来自捐献者（根据委托父母要求提供），卵子由代理孕母提供，经人工授精后，由代理孕母怀孕生育。

上述医疗技术的发展在给不孕不育夫妇带来了生育希望的同时，也给人类道德的发展带来了一定的冲击，一些医疗、伦理道德和法律方面的问题不可避免。例如：试管授精一次移植多个胚胎，使双胞胎或多胞胎、早产成为常见现象，婴儿死亡和患疾病的风险也有所增加；父亲因孩子“不是自己的”心结难解；愿意对其后代承担养育责任的精子提供者能否探视其后代；等等。再如：代孕虽然不涉及婚外性关系，但它作为一种人工生育方式，存在着一些伦理和法律问题，

---

① Diane E. Papalia & Sally Wendkos Olds (eds.), *Human Development* (*11th Edition*). New York: McGraw-Hill, 2009, p. 434.

包括:可能会侵害妇女生育自由和人身自由权,可能会侵害代孕子女的利益,极易引起社会纠纷和伦理问题,等等。因此代孕关系不能保证和维护当事人和孩子的基本权利和利益。此外,代孕母亲接受酬劳和医疗费用,被认为是买卖孩子和女性身体的一种方式。目前,我国政府禁止任何形式的代孕。

二、出生性别比失衡

出生性别比,是指某一时期内(通常为一年)出生的男婴数与女婴数之比,它表示每100名女婴对应的男婴数。在正常情况下,出生性别比是比较稳定的,基本上保持在103~107。

自20世纪80年代以来,我国出生性别比持续上升。2005年1%人口抽样调查数据显示,2005年我国出生性别比失衡最为严重的三个省份,江西省137.31,安徽省132.20,陕西省132.11,都高出正常值20多个百分点①。根据历次人口普查数据显示,我国出生性别比先升后降,尚未回到正常范围。三普时,我国出生人口性别比超过正常范围103~107,为108.5。人口四普、五普时不断增加,分别增至111.3和116.9,六普时为人口普查中最高值,达到117.9,七普时降至111.3②。我国出生性别比失衡的原因是多方面的,传统的男孩偏好、较为严格的生育政策、欠完善的社会保障制度及性别选择性的人工流产是形成出生性别比失衡的主要原因。出生性别比对总人口性别比和年龄别人口性别比具有决定性的作用,出生性别比的严重失衡,将会影响人口安全和社会稳定。

首先,出生性别比失衡是一部分女婴的出生权和生存权被剥夺的结果。过高的性别比,不仅意味着相当一部分女婴的生命在其未出生时就被扼杀了,也意味着有相当一部分准母亲在重男轻女思想的压迫下接受产前性别鉴定和性别选择性流产。众多女婴的出生权和生存权被剥夺,是对女性生命权利的侵害,是与"以人为本"的价值观相悖的。树立"以人为本"的价值观,重视人的价值首先应该尊重人的再生产价值,维护女性的生存权利,给予女性应有的社会价值和地位。

其次,出生性别比失衡会形成男性过剩的婚姻挤压。所谓婚姻挤压,是指由于婚龄男女人口数相差过大,大批一种性别的人找不到配偶的现象。如果出生性别比持续攀升的话,一定时间后,男女性别比差距较大的这代人进入婚嫁期,同一年龄组的男女中将有一部分男青年找不到结婚对象,于是这部分男青年就可能到下一年龄组的女青年中找结婚对象,如此循环下去,将形成男性初婚年龄

---

① 陈胜利、顾法明、蔡菲:《2005年1%人口抽样调查对综合治理出生性别比工作的启示》,《人口研究》2008年第1期,第22—33页。

② 侯佳伟:《从七次全国人口普查看我国人口发展新特点及新趋势》,《学术论坛》2021年第5期,第1—14页。

推迟、女性初婚年龄提前、夫妻年龄差异扩大的局面。部分男青年被迫单身，成为边缘人群，婚外恋、非婚生育、卖淫嫖娼和性犯罪等问题不可避免，这必然会威胁社会安全和稳定。

最后，出生性别比失衡会造成人口再生产潜力的下降。人口再生产是通过男女双方组织家庭，进而生育子女来实现的。偏高的出生性别比，不仅意味着女性人口的减少、家庭数目的减少，还意味着人口再生产潜力的下降。从长远来看，只有保持人口性别结构的平衡，人口再生产才能正常进行，过与不及都将引发问题。因此，出生性别比失衡是一个影响社会可持续发展的重要问题，人口再生产潜力下降的后果不容轻视。

遵循人口发展的惯性规律，出生人口性别比偏高的出生队列所携带的信息将伴随年龄的推移不断传递，贯穿生命周期全程。长达 40 多年的出生人口性别持续失衡，必然导致相应年龄段的男性人口数量过剩现象。虽然我国“盈余”男性数量（男性与女性人口数量之差）随着年龄的上升呈现逐步下降趋势，但是在 50 岁之前明显偏离正常值，50~64 岁年龄段的男女人口数量趋于平衡，在 65 岁及以上年龄变为负值，呈现女多男少现象（图 7-1）[①]。

近年来，出生性别比的增速开始下降。学者基于 125 项调查的分析表明，近 40 年来男孩偏好一直呈弱化趋势，社会整体文化氛围正向无性别偏好转变，随着男孩偏好与女孩偏好的弱化趋于同步，出生性别比也将逐渐恢复正常[②]。目前，我国政府将出生性别比正常化这一目标纳入《“健康中国 2030”规划纲要》与《国家人口发展规划（2016—2030 年）》，并依托“关爱女孩行动”等构建了多层次性别失衡治理框架，在社会发展制度、公共政策制定等相关方面均取得长足进展[③]。

三、人工流产

流产，是指妊娠于 28 周前终止，胎儿体重小于 1000 克。流产可分为自然流产和人工流产。

自然流产是指在胎儿能够存活以前（妊娠不足 28 周、胎儿体重不足 1000 克），流出母体之外。自然流产根据发生时间不同，可分为早期自然流产、中期流产和早产几种。在妊娠前 12 周流产，称为早期自然流产；在妊娠 12 周到 20

---

① 原新、吴京燕：《中国人口性别比失衡态势、问题与治理》，《人口与健康》2022 年第 4 期，第 36—40 页。

② 侯佳伟、顾宝昌、张银锋：《子女偏好与出生性别比的动态关系：1979—2017》，《中国社会科学》2018 年第 10 期，第 86—101 页。

③ 李树茁、孟阳：《改革开放 40 年：中国人口性别失衡治理的成就与挑战》，《西安交通大学学报》2018 年第 6 期，第 57—67 页。

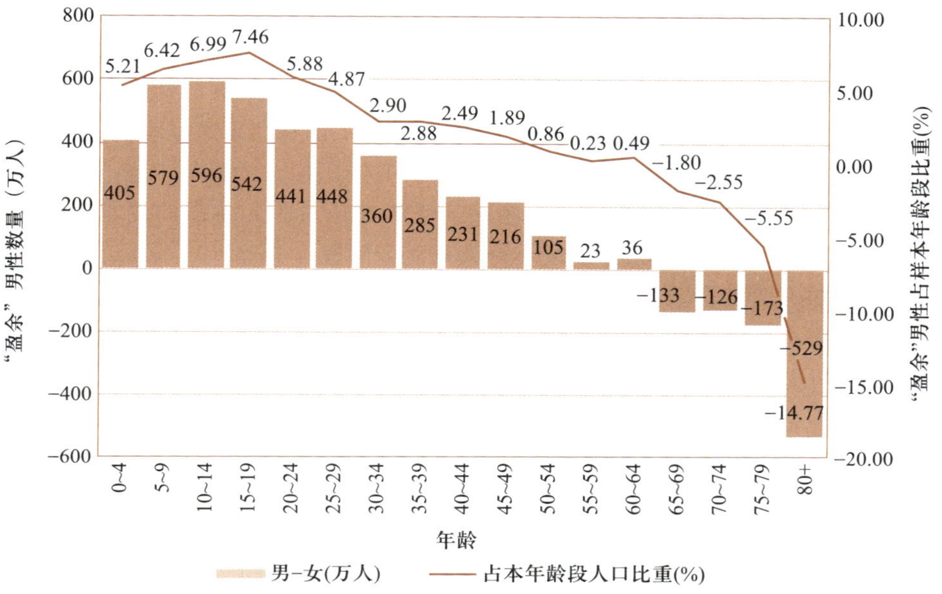

图 7-1　2020 年中国各年龄段“盈余”男性数量及占比

资料来源：国家统计局编：《中国统计年鉴 2021》，中国统计出版社 2021 年版。

周期间流产，称为中期流产；在妊娠 20 周以后流产，称为早产，胎儿有可能存活，但需有非常先进的护理条件。在通常情况下，在所有妊娠中，自然流产的发生率约为 15%。

引起孕妇自然流产的原因很多，包括遗传因素（如染色体畸变）、生理解剖因素（如子宫畸形）、内分泌因素（如多囊卵巢综合征）、免疫因素（如抗精子抗体）、感染因素（如病毒）、疾病因素（如高血压）、药物因素（如服用有损胎儿的药物）及环境污染因素（如放射线照射）等。从优生学的角度看，胎儿的自行夭折，是遵循自然界优胜劣汰法则而产生的一种自然筛选，这种自然筛选有利于人类的生存和发展。因此，当自然流产发生的时候，不必感到痛苦和遗憾。

人工流产是指故意结束妊娠，取出胚胎或者导致胎儿死亡的行为。一般情况下，人工流产是育龄妇女避孕失败后，在怀孕早期所采取的一种用人工方法终止妊娠的手术。常用的早期人工流产手术有吸宫术（负压吸引术）和钳刮术两种。前者适用于妊娠 10 周以内的妇女，后者适用于妊娠 10～14 周的妇女。妊娠超过 14 周则不能做上述两种人工流产手术，而需要住院做引产手术。

人工流产涉及胎儿的生命权利，考虑到生命的社会伦理价值，人工流产的合法性与合理性一直颇具争议。从合法性和与合理性角度看，对于胎儿患严重遗传性疾病或胎儿有严重缺陷的情况，对于继续妊娠可能危及孕妇生命安全或者严重危害孕妇健康的情况，对于被迫性关系和非婚姻关系妊娠的情况，采用人工流产终止妊娠，既合法也合理，因为它既有利于优生也有利于家庭幸福。但若滥用人工流产，就意味着侵犯胎儿的生命，如性别选择性人工流产、未婚先孕强迫性人工流产和婚后推迟生育的自愿性人工流产都是对胎儿生命的侵犯。因此，鉴于胎儿生命存在的意义，需谨慎对待人工流产问题。

我国的人工流产数量自 20 世纪 90 年代中期以来呈现明显的下降趋势，这种下降趋势是个体因素、社会经济变迁与国家计划生育政策调整等合力作用的结果。计划生育政策由严苛向温和的调整对人工流产的减少起到了重要的积极作用①。基于 1997—2017 年 4 次全国生育状况抽样调查数据分析发现，我国已婚育龄妇女的人工流产发生率呈现阶段性下降趋势，而与之相反的是，婚前人工流产的比例显现出不断上升的趋势②。国家卫健委发布的《2020 中国卫生健康统计年鉴》显示，2019 年工流产数达 976.2 万，且近 5 年来，我国每年人工流产的总数均超 950 万③。

【延伸阅读】：中国低生育率与三孩新政策

2021 年 5 月中国发生了两件人口大事。一是国家统计局发布了第七次全国人口普查主要数据结果；二是中央政治局召开会议，提出进一步优化生育政策，实施一对夫妻可以生育三个子女的政策及配套支持措施。2020 年人口普查揭示中国生育率进一步下降到 1.3 的极低水平，老龄化进程明显加快。中国人口正在经历重大转折。作为政策响应，生育政策又进行了重大调整，由全面两孩政策转变为三孩政策。在此背景下，利用第七次人口普查数据估计近期中国生育率水平及变化趋势，结果表明过去 10 年来总和生育率在 1.5~1.8 波动。通过人口学分解表明，近期中国生育率变化受到女性婚姻推迟的持续压低作用，而两孩政策使二孩生育率得到明显提升。随着两孩政策效应的消退，中国生育率下降迅速。实施三孩政策为追求和实现适度生育率、调整区域人口发展和满足不同人群多样化的生育需求提供了空间。

---

① 王存同：《中国人工流产的社会学实证研究：1979—2012》，《中国社会科学》2014 年第 10 期，第 62—78 页。

② 蔚志新、于典、刘鸿雁：《中国已婚育龄妇女人工流产趋势与特征——基于 1997~2017 年 4 次全国生育状况抽样调查数据的分析》，《人口研究》2020 年第 6 期，第 79—95 页。

③ 国家卫生健康委员会编：《2020 中国卫生健康统计年鉴》，中国协和医科大学出版社 2020 年版，第 226 页。

资料来源：陈卫：《中国的低生育率与三孩政策——基于第七次全国人口普查数据的分析》，《人口与经济》2021 年第 5 期，第 25—35 页。

案例：唇腭裂患者及家属社会心理支持服务

摘要：本案例的服务对象为唇腭裂患者及家属。评估发现患儿及其母亲面临多重困境：经济压力大、家庭社会支持系统缺乏、患儿母亲心理负担重、手术前后照顾的知识缺乏、后续手术治疗过程中面临的压力。本案例采取小组活动的方式，对服务对象及其母亲开展社会心理支持服务。评估结果显示，整个社会工作的服务取得很好的效果，协助服务对象形成相互支持的关系网络、服务对象母亲习得术后护理知识等。本案例为患病儿童及其家庭干预服务提供了有益的参考。

本章小结

从受孕的那一瞬间起，人的成长和发育便开始了，人自胎儿时期起就受到社会环境的影响，因此，人类行为研究的视野，应该涵盖人在出生之前的发育阶段。本章首先讨论了怀孕与分娩。胎儿的发育过程可分为胚芽期、胚胎期和胎儿期三个阶段。分娩的方式有自然生产和剖宫产两种。

人自受精开始就不断受到社会环境的影响，因而出生前的社会环境对胎儿的发展有着至关重要的影响。影响胎儿发育的因素有很多，包括遗传、母亲的身体状况、母亲的情绪状况和环境污染四个方面。

胎儿的孕育和出生，既是一种自然现象，也是一种社会现象，它从准父母角色的扮演，家庭秩序的调整，以及生育配套政策的实施等方面影响社会的发展。

目前，与胎儿孕育和出生相关的社会工作议题主要有医疗技术发展与人类道德、出生性别比失衡以及人工流产三个方面。

思考题

1. 试述胎儿发育的过程。
2. 简述孕妇自然生产的过程。
3. 试述选择剖宫产的原因。

4. 试述影响胎儿发育的因素。
5. 简述准父母角色扮演的意义。
6. 简述胎儿期家庭秩序调整的内容。

推荐阅读

欧妙贤、许秀定、叶敏仪:《孕妇焦虑、抑郁情绪的成因分析及社会工作介入》,《中国社会工作》2018 年第 30 期,第 19—24 页。

[英]莱斯莉·瑞根:《怀孕圣典:从受孕到分娩全程指南》,张能维等译,中国妇女出版社 2013 年版。

徐愫编著:《人类行为与社会环境》,社会科学文献出版社 2003 年版。

林崇德:《发展心理学》,浙江教育出版社 2002 年版。

扩展推荐阅读

Jose B. Ashford & Craig Winston LeCroy, *Human Behavior in the Social Environment: A Multidimensional Perspective (6th edition)*, Boston: Cengage Learning, 2018.

Irl Carter, *Human Behavior in the Social Environment: A Social Systems Approach (6th Edition)*, New Brunswick: Aldine Transaction, 2011.

Diane Papalia & Sally Olds(eds.), *Human Development (11th Edition)*, New York: McGraw-Hill, 2009.

Ralph E Anderson & Irl E Carter(eds.), *Human Behavior in the Social Environment: A Social Systems Approach (5th edition)*, New York: Aldine de Gruyter, 1999.

Peter Cooper, "The Impact of Psychological Treatment of Postpartum Depression on Maternal Mood, the Mother-Infant Relationship, and Infant Outcome in a Low Risk Sample," *Infant Behavior and Development*, vol. 19, no. S1(1996), p. 240.

第八章　婴儿行为与社会环境

学习目的

了解婴儿的生理、心理和社会发展的过程和各阶段的特点；理解婴儿与家庭和同伴的关系及家庭、同伴对婴儿的影响，认识婴儿依恋的形成及其变化阶段；了解关于婴儿期三个比较重要的社会工作议题，即婴儿照顾与家庭服务的提供、产后抑郁症与精神健康、弃婴与收养。

婴儿指的是 0~2 岁的孩子。婴儿在生理和心理上发展迅速，并在与社会环境的互动中出现自我意识的萌芽。在这一阶段，婴儿与主要照顾者之间所形成的强烈的情感纽带（即依恋），对于婴儿的身心健康发展有着重要的意义。

第一节　婴儿生理发展

一、婴儿脑的发展

绝大多数新生儿（出生后未满 4 周的婴儿）在出生时已经具有完整的感觉器官和发育良好的大脑。婴儿大脑由大约 1000 亿个神经元或神经细胞组成，这些神经细胞按照特定的路径连接以执行各项功能。刚出生时，婴儿的脑容量是成年时的 1/4。满 1 周岁时，婴儿的脑容量超过成年时的 1/2 左右。脑容量增加的原因有很多，但通常认为，它并不是由神经元数量的增加引起的。因为虽然婴儿出生后海马和其他脑区可能仍有神经元的增加，但人脑神经元的形成和迁移基本上都发生在出生前①。出生之后，新的神经元很少出现，但突触、树突和

① 有关神经元的迁移，最新的神经研究支持大脑中某些区域的神经元迁移即使在成年期仍会发生。

纤维束的数量却急剧增长。神经元的树突在急剧增长的同时,也在逐渐变得更加特殊和特异化。

髓鞘化是造成婴儿脑容量在出生后进一步增加的重要原因。髓鞘化是指包围神经纤维的磷脂鞘的增加,磷脂鞘的增加使得神经脉冲的传递更快速、更精确。髓鞘化始于孕期,持续到出生以后。在中枢神经系统,感觉区的髓鞘化出现的时间比运动区更早。皮层联合区的髓鞘化最晚,并且一直持续到十几岁。髓鞘化的发生方向是从大脑向下和从脊髓向外直到末端。动作的发展与髓磷脂鞘的增长同步进行。因此,婴儿的发展被称作从头到脚和从躯干到四肢的发展。婴儿获得对其身体的控制的过程,也是由上而下和由内而外的。

主管视觉和听觉的皮质,是大脑中发育最早的区域之一。视觉皮层的突触在婴儿 3~4 个月时形成一个高速增长期,在 4~12 个月时达到高峰,密度可达成人的 150%。相似的进程可以在初级听觉皮层(颞横回)中观察到。背外侧的额叶前部皮质在婴儿出生第 8 个月时迎来大幅度增长。这一区域的功能是构筑心灵图像,能帮助婴儿记住眼下不在身边的人或事物,使之具备客体永存的能力。这个区域一旦发育成熟,婴儿就会在见不到依恋对象时产生分离焦虑。参与情绪控制和高层次推理的额叶前部皮质发育较为迟缓,它的发育高峰出现在 1 岁左右,但直到 15 岁后仍处于发育之中。人脑中负责记忆的海马在婴儿出生 8~9 个月时,开始发挥出更大功能,使婴儿逐渐形成清晰的记忆。梭状回在婴儿出生第 4 个月时开始发育,它能使婴儿从陌生人中辨认出自己的照顾者,为建立人际关系奠定基础。位于大脑皮层左半球顶叶的韦尼克区后部(角回区)的语言阅读中枢的发育,在婴儿出生第 8 个月时达到峰值。婴儿出生 6 个月前后,能分辨从低音到高音全部音域内的声音。但如果一直受母语的浸染,由于语言阅读中枢的发育成熟,到 1 岁左右婴儿便不能再分辨没有在母语中出现的语音。

大脑左右半球的功能分化被称为大脑单侧化(lateralization)。大脑单侧化在孕期就已出现,在婴儿出生后持续发展。两半球在早期仅存在着量的差异,随着婴儿的大脑逐步发育成熟,单侧化逐渐发展,使得两半球表现出质的差异。对于多数右利手婴儿来说,大脑左半球主要负责语言与抽象逻辑思维,右半球则处理形象思维。但是,两半球之间有一定的代偿功能。研究表明,5 岁以前大脑任何一侧半球的损伤都不会导致永久性的语言功能的丧失,因为语言中枢可以很快地移向另一侧半球,以克服语言障碍。

出生后的头 3 年,尤其是从出生到 1 岁,是婴儿大脑发育的黄金时期,早期经历对婴儿大脑发展有重要意义。婴儿大脑发展在很大程度上受后天环境的影响和制约。婴儿的大脑具有高度的可塑性,这种可塑性随着年龄的增长而减退。一方面,婴儿大脑的高度可塑性使婴儿具有适应环境的能力;另一方面,可塑性也使得婴儿的大脑比较容易受到损伤,此时环境中出现的有害刺激,如恐惧、不安的氛围，会严重影响大脑发育，甚至改变大脑的结构。

二、婴儿的无条件反射

刚出生时，婴儿肌肉的随意反应还得不到很好的协调，大多数早期动作反应是无条件反射行为。无条件反射是一种固定的反应活动，是个体对环境中特定刺激物的特定反应，这些反应由遗传得来，不需要靠学习来掌握。婴儿的无条件反射保护婴儿免受不良刺激的伤害，帮助其适应新的环境，对于婴儿潜在病患的诊断，也具有重要的意义。

新生儿阶段的无条件反射有数十种，有些是永远保持的，如角膜反射、眨眼反射、瞳孔反射、吞咽反射、打嗝、喷嚏反射等，有些则在出生后立即或短期内出现并随着婴儿长大逐渐消失，如吸吮反射、觅食反射、抓握反射、强直性颈部反射、踏步反射、游泳反射等。以下介绍几种主要的无条件反射。

当用乳头或手指碰新生儿的口唇时，会相应出现口唇及舌的吸吮蠕动，这种反应被称为吸吮反射。吸吮反射在出生 3 个月后慢慢消失，逐渐被主动的进食动作所代替。但在睡眠和其他一些情况下，婴儿仍会在一段时期内表现出自发的吸吮动作。若新生儿期吸吮反射消失或明显减弱，可能提示脑内病变；若亢进，则为饥饿表现。1 岁后仍存在吸吮反射提示大脑皮层功能障碍。婴儿逐渐学会控制吸吮的强度和敏感度，他们用吸吮和吻作为探索世界的一种方法。研究表明，婴儿首先用嘴来识别物体，之后用视觉来识别物体，即通过触觉获得信息转为通过视觉获得信息①。

觅食反射又名寻乳反射，表现为婴儿转头至受刺激侧，并张口寻找乳头。比如，婴儿左侧面颊受到刺激，则会将头部转向左侧并张嘴，上唇受刺激时头部会后仰，下唇受刺激时下巴会垂下。这种动作有助于婴儿找到和含住乳头。吸吮反射与寻乳反射为配套的反射反应。

将一物体放入婴儿手掌后而激发的抓握物体的反射性动作被称为抓握反射（达尔文反射）。这种反射自婴儿出生后开始出现，3~4 个月后消失，代之以随意自如的抓握动作。这种反射通常被用来测定婴儿神经系统的发育状况。新生儿期反射缺失或者两侧不对称均为病态，6 个月后仍存在提示大脑神经的损伤。当用较尖细的物品由脚后跟向前划过新生儿足底外侧边缘时，新生儿大脚趾会缓缓上翘，其余各趾则呈扇形张开。这一反射被称为巴宾斯基反射。这一反射能延续到 10 个月。

用双手支撑住婴儿的腋下，让婴儿保持站立姿势，将他的脚放在平面上时，

---

① Andrew N. Meltzoff & Richard W. Borton, "Intermodal Matching by Human Neonates," *Nature*, vol. 282(1979), pp. 403-404.

婴儿便会做出迈步的动作。这一反应被称为踏步反射。踏步反射在新生儿出生后不久即出现，6~10 周时消失。如果 8 个月后仍有这种反射，则提示大脑可能有疾患。

将婴儿的双脚固定在台子上，朝自己的方向慢慢拉婴儿的前臂，婴儿的腰部和脖子会直起来，能够保持几分钟的抬头姿势。这一反应被称为抬头反射。在 3 个月的时候，这种抬头反射会消失，代之以随意的抬头反应。

惊跳反射，又称莫罗反射。当婴儿受到惊吓时，如身体姿势突然被改变，或者听到较大的声响，婴儿会大幅度伸展四肢，同时躯干及手指伸直。数秒钟之后缩回，胳膊紧紧抱在胸前，腿也蜷缩起来。正常情况下，婴儿 3 个月之后就不再出现这种惊跳反射，而代之以成年人受惊时的反应。

将婴儿俯卧放入水中，便会看到婴儿做出类似游泳的动作，这一反射被称为游泳反射。和惊跳反射一样，游泳反射也是一种保护性反射，是神经系统发育正常的指标。游泳反射约在 4~6 个月后消失。

这些先天性反射对于检测婴儿的发育状态有着重要的意义。在婴儿出生后，医院通常会对婴儿的先天性反射进行测量。如果婴儿没有表现出正常的先天性反射，或者到一定的月龄先天反射没有消失，则标志着大脑发育的不完善或病变。

三、婴儿动作发展

1. 婴儿动作发展的规律与顺序

婴儿的动作发展受其大脑发展的制约，并与大脑发展的顺序相对应，表现为：从上到下，即从头部开始向脚部发展；从近到远，即从身体的中心向周边部位发展；从粗到细，即从整体的、粗的动作转向分化的、精细的活动，从对大肌肉的控制转向小肌肉的动作发展；从无到有，即由无意识的活动发展出有意义的探索行为。全世界各民族儿童，不论其经济条件、文化水平、社会地位如何，动作发展基本上都按同样的顺序达到成熟。婴儿的主要动作可分为手部的精细动作和躯干与四肢的大运动动作①。

一方面，从精细动作的发展来看：

婴儿手的抓握动作逐渐发展出灵活性和随意性，发展的重点是五指分化和手眼协调。最初，婴儿以全掌握住物体不掉。对于 6 个月大的婴儿来说，手指头仍是浑然一家，往往整体运动。到了 7 个月时，拇指和食指渐渐分离出来，婴儿逐渐学会用拇指、食指和中指一起抓握东西，如拿起瓶盖、积木等。随后，婴儿学

---

① 苏建文、钟志从：《出生至一岁婴儿动作发展的纵贯研究》，《教育心理学报》1984 年第 17 期，第 73—98 页。耿志涛、胡晓蓉：《论婴儿动作学习的主动性》，《现代教育科学》2010 年第 4 期，第 21—22 页。

会用拇指和食指的指尖抓起细小的物体,如米粒、头发丝。到3岁之前,儿童学会用三指握笔,而笔不接触掌心。五指分化使得婴儿的动作向灵活、复杂、精细化发展。

手眼协调,指眼和手的动作能够配合,手的动作能够与视线相一致,按照视线去抓住看见的东西。在出生后头半个月,婴儿已经能够做到视觉集中,但到3个月时,手的动作仍然无目的、不协调。2~3个月的婴儿,处于无意抚摸阶段,当手偶尔碰到物体,会没有任何目标或方向性地抚摸物体。3~4个月时,婴儿会抓握放在手掌上的物体,但此时的抓握和新生儿抓握反射已经不同,婴儿不会像以前一样紧紧握住物体。4~5个月以后,手眼协调动作发生了,婴儿能够按照视线抓住所看见的东西,动作具有了简单的目的和方向。但此时婴儿的有目的动作还伴随着许多不相干的动作,比如去拿皮球的时候,不但动手,还会动脚。婴儿如果手里正拿着一样东西,又发现另一样东西,则会把手中东西丢掉,去拿别的东西。6~7个月之后,婴儿逐渐能够准确地实施自主的手部动作。

五指分化抓取物体与手眼协调动作对婴儿心理发展具有重要意义。通过五指分化和手眼协调,婴儿主动探索和认识周围事物,并开始操作工具,动作开始具有间接性。五指分化和手眼协调还使得动觉、触觉、视觉等多种感觉协调活动,为知觉发展奠定基础。

另一方面,从大运动动作的发展来看:

婴儿期获得的最显著的运动成就莫过于独立行走。独立行走使儿童能够主动移动躯体,这是婴儿发展的一个里程碑。学会了独立行走,婴儿的躯体移动从被动转为主动,活动的主动性大大加强。主动行走极大地扩大了婴儿的认知范围,并增加了其与周围人的交往机会。

行走发展依照的顺序是:抬头、翻身、坐起、从仰卧或者俯卧状态到翻身坐起、爬行或腹部触地式爬行、从坐到爬和从爬到坐、扶物站立、单独站立、扶着家具边缘移步、行走、上楼梯、原地跳跃等。对于所有婴儿而言,这些动作发展的先后顺序是一致的。下表中给出了行走发展的年龄常模(见表8-1):

表8-1 中美婴儿行走发展的年龄常模

动作技能	中国(月)	美国(月)	
	70%的婴儿已掌握	50%的婴儿已掌握	90%的婴儿已掌握
仰卧时抬头90°	2.9	2.2	3.2
翻身	4.5	2.8	4.7
支撑坐	–	2.9	4.2
独立坐	6.4	5.5	7.8

续表

动作技能	中国（月）	美国（月）	
	70%的婴儿已掌握	50%的婴儿已掌握	90%的婴儿已掌握
支撑着站立	7.0	5.8	10.0
扶家具走	9.4	9.2	12.7
独自站一会	-	9.8	13.0
独自能站好	11.5	11.5	13.9
走得好	13.7	12.1	14.3
上楼梯	17.5	17.0	22.0
向前踢球	-	20.0	24.0

资料来源：范存仁、周志芳：《从初生到六岁儿童智能发展规律的探讨》，《心理学报》1983年第4期，第429—444页。William K. Frankenburg & Josiah B. Dodds, "The Denver Developmental Screening Test," *The Journal of Pediatrics*, vol. 71, no. 2(1967), pp. 181-191.

应该指出的是，婴儿动作的发展速度、发展的优势领域和发展的最终水平，具有一定的个体差异。每个婴儿的发展都表现出自身的特点。造成个体差异的原因很多，既有先天的因素，也有环境和教育的影响。在日常实践中，不可以对婴儿进行盲目比较。

2. 婴儿动作的训练与动作发展

婴儿动作发展的快慢，既与遗传有关，也与环境因素有关。良好的营养、丰富的刺激、适时的训练，可以促进婴儿动作的发展。而在环境条件比较匮乏的情况下，婴儿的发展也相对较慢。泽勒佐等发现，利用新生儿行走反射进行行走动作的训练，可使得婴儿单独行走的年龄更早①。对婴儿进行精细动作的训练，也能够使得婴儿掌握这些动作的时间提前。在某些文化中，婴儿较小时就常常会被单独留下自由活动，这些婴儿的动作发展就会较快。而另一些文化中，婴儿一直被襁褓紧紧包裹着，动作发展就相对较慢。一些孤儿院的儿童因严重的早期经验剥夺，动作发展更为迟缓。

婴儿的早期动作发展，对其思维发展具有重要的意义。目前市面上有很多婴儿动作训练的书籍，但我们认为，对婴儿进行动作训练不可盲目。首先，训练要适龄。在婴儿生理上尚未成熟时，对其进行动作训练可能收效甚微，甚至可能

① Philip R. Zelazo & Nancy Ann Zelazo, "'Walking' in the Newborn," *Science*, vol. 176, no. 4032 (1972), pp. 314-315.

对婴儿的身心健康造成消极影响。其次，早期动作发展上的优势的长远意义仍不明确。即使早期处于不良环境中的婴儿，一旦环境得到改善，也可以逐渐恢复到正常的动作发展①。最初的优势能否长期保持，或这种优势能带来怎样的长期效果，都是很难确定的。我们应该尊重动作发展的个体差异。

3. 婴儿动作发展的意义

根据苏联发展心理学家维果茨基的观点，婴儿的思维是行动的内化。婴儿通过各种动作逐渐认识外部世界和自身②。动作发展不仅是婴儿身心素质全面发展的重要方面，也对婴儿的心理发展具有多方面的影响。

首先，婴儿的动作发展促进其感知觉的协调发展。通过动作，婴儿能够获得大量感知觉刺激，并在各种感知觉之间建立起联系。

其次，婴儿的动作发展促进其思维的发展。随着形象表征和抽象思维能力的增强，婴儿的外部动作逐渐内化为思维。

再次，婴儿通过动作掌握外部环境，认识自身与环境的关系，并逐渐形成自我意识。动作是婴儿探索外部环境的首要工具。在探索过程中，婴儿逐渐认识到自身与环境之间的分别和界限，以及自身与环境之间的相互影响。

最后，婴儿的动作发展也是其社会化发展的重要条件。动作是婴儿社会化的工具，婴儿通过动作与成人及同辈交流和建立情感联系。

早期动作的发展对于婴儿的成长具有重要意义。通过对婴儿动作的观察，可以检测婴儿的身心发展状态。在没有掌握语言之前，动作是婴儿认识事物和与人交往的最重要的手段。在 3 岁之前，即使儿童已经掌握了简单的语言，动作仍然是婴儿重要的认知和交往手段。婴儿期是许多基本动作产生和发展的关键期，婴儿期动作的发展不仅关乎其今后动作发展的水平，更与儿童身心素质的全面发展密切相关。

第二节　婴儿心理发展

一、婴儿认知的发展

1. 各种感觉的迅速发展和精细化

从出生开始，婴儿的各种感知觉，比如视觉、听觉、嗅觉、触觉及对本体的感觉等，都会迅速发展并日趋精细化。

---

① ［美］莎莉·欧茨、黛安娜·巴巴利亚：《儿童发展》，黄惠真译，台北桂冠图书公司 1994 年版。

② ［苏联］列·谢·维果茨基：《维果茨基全集第 5 卷：年龄心理学问题》，郑发祥等译，安徽教育出版社 2016 年版。

(1) 视觉发展

首先,在视觉发展上,新生儿即有瞬目反射。当听到大的声响或者被触摸的时候,新生儿会产生瞬目(眨眼)的动作。新生儿在出生后的最初几日就有视力,初期只能感觉到光线,能看到物体但视线模糊,常伴有生理性斜视或复视。但有证据表明,新生儿即具有对大小和形状的认知恒常性。出生仅几周的婴儿,理想的注视点是大约 20 厘米远的物体,这一距离与怀抱中的婴儿和母亲的面孔之间的距离相当。出生后的头 5 个月,婴儿视敏度快速发展,婴儿的模式知觉和运动知觉也开始成熟。5 个月时,婴儿对自己熟悉的事物有了视觉分辨能力,看到熟悉的事物时会表示高兴。6~9 个月的婴儿,对物体的大小、形状和距离有了进一步的认识,并产生了实体觉、空间觉。比如,著名的"视崖实验"①发现,6 个月的婴儿对"视崖"感到恐惧,表明此时婴儿已经具有深度视觉。新生儿对颜色的知觉是有限的,到 3 个月大的时候,婴儿能够感知蓝、绿、黄、红等不同色调的光。

人类面孔对婴儿来讲是一种特殊的刺激。刚出生不久的婴儿就表现出相对于其他形状更偏爱人类面孔的倾向。一些 2 天大的婴儿便可以区分母亲的脸和陌生人的脸。3 个月大的婴儿都具有分辨自己父母与陌生人脸的能力。有趣的是,出生仅几天的婴儿注视有吸引力的面孔的时长会超过没有吸引力的面孔②。婴儿还能在面孔和声音之间建立联系。几乎所有 3 个月大的婴儿,在熟悉的人脸伴随着不熟悉的声音出现时,均会感到吃惊。婴儿也会建立对面孔的整体知觉,向 6~7 个月的婴儿呈现五官被打乱或颠倒的面孔,婴儿会感到意外。

表情对婴儿也有特别的意义。刚出生 1~2 天的新生儿即能够区分和模仿快乐、悲伤、吃惊等表情。这种模仿能力会随着婴儿成长逐渐减弱。在 1~2 个月时,婴儿能在没有榜样示范时自发地模仿一些表情。4~7 个月时,婴儿能够识别并能区分快乐、生气等表情。7~10 个月时,婴儿开始观察父母对于不确定情境的情绪反应,并据此调整自己的行为。婴儿对成人的表情动作有预期,若成人的脸缺少其所期待的变化,婴儿会停止观看,并表现出某种程度的痛苦与不安。

(2) 听觉发展

在新生儿和母亲之间建立最早联系的是听觉而不是视觉。其实,胎儿在子宫内对听觉刺激就很敏感。在子宫内,胎儿已经熟悉母亲的心跳,出生后的几天

---

① Richard D. Walk & Eleanor J. Gibson, "The 'Visual Cliff'," *Scientific American*, vol. 202, no. 4 (1960), p. 64.

② A. Slater, C. Schulenburg, E. Brown, M. Badenoch, G. Butterworth, S. Parsons & C. Samuels, "Newborn Infants Prefer Attractive Faces," *Infant Behavior and Development*, vol. 21, no. 2 (1998), pp. 345-354.

或几周里，这种心跳的声音可以使婴儿继续得到安慰。婴儿对母亲在怀孕期间所唱的歌曲和朗读过的散文表现出偏好，当这些声音再次出现时，婴儿会表现出更多的大脑活动①。

幼小的婴儿即能识别声音的响度、音调、持续时间及声音发出位置的变化。在1个月末，婴儿可以集中精力听声音。2~3个月时，婴儿听到声音时会转动头或眼睛寻找发声源，并逐渐能分辨不同的声音和音调。4~6个月的婴儿能够利用听觉信息推测物体的速度和距离，从而作出相应的反应②。将6~8个月的婴儿放在黑暗的房间里，并把一些可以发声的物体放在他们可以触及或不可触及的地方，婴儿可以正确地将自己的身体移动到发出声音的方向，同时会对那些听起来可以抓到的物体作出更努力的反应。9个月时，婴儿逐渐学会根据声音来调节、控制自己的行动。

与偏爱人类面孔的视觉刺激一样，婴儿对人声也表现出特殊的敏感性。人声是引起婴儿微笑的最早刺激之一。与不熟悉的女声相比，婴儿更偏爱自己母亲的声音。与外语相比，6个月大的婴儿更喜欢听连续的母语说话声③。非常小的婴儿能够区分出全世界人类语言的基本差别。例如，日本婴儿能够区分“r”和“l”这两个音，但是日本成人却不能。但在6个月后，由于生活在母语环境中，婴儿逐渐无法区分母语中没有出现的语音结构。

(3) 味觉、嗅觉、触觉及其他感觉的发展

在子宫中，胎儿的味觉已部分发挥作用。新生儿能够区分甜、酸、苦和咸的味道。对于新生儿来说，蔗糖具有特殊的镇静作用，能够减轻痛苦，这可能是因为正常的人奶有甜味。从出生起，婴儿便对气味有强烈的感觉。母乳喂养的孩子对母亲的体味尤为敏感，出生几周的婴儿能够凭借乳房和腋下的气味辨认出自己的母亲。母亲的体味可能在早期的母婴交流之中起着重要的作用。到婴儿7~8个月时，嗅觉发育更加灵敏。婴儿在第二年内即可识别各种气味。

皮肤是人体中面积最大的感觉器官。新生儿就有触觉，以口唇部分最为灵敏。用物体触碰婴儿的口唇，会引起吸吮反射。当婴儿的面颊触及母亲乳房或其他部位时，会产生觅食反射。抚摸除了可以安慰婴儿，还能促进婴儿的健康发展。婴儿最早使自己镇静下来的反应是吸吮。婴儿用嘴识别物体是有棱角的还

---

① E. Partanen, T. Kujala, M. Terbaniemi & M. Huotilainen, “Prenatal Music Exposure Induces Long-Term Neural Effects,” *PLOS ONE*, vol. 8, no. 10(2013).

② Kate Freiberg, Kim Tually & Boris Crassini, “Use of an Auditory Looming Task to Test Infants’ Sensitivity to Sound Pressure Level as an Auditory Distance Cue,” *British Journal of Developmental Psychology*, vol. 19, no. 1(2001), pp. 1-10.

③ A. Sansavini, J. Bertoncini & G. Giovanelli, “Newborns Discriminate the Rhythm of Multisyllabic Stressed Words,” *Developmental Psychology*, vol. 33, no. 1(1997), pp. 3-11.

是光滑的，是绵软的、有弹性的或坚硬的。新生儿对温度的感觉比较灵敏，如果出生后被放在较冷的环境中，婴儿会啼哭、战栗，如果被放在温暖的地方则表现平静。新生儿即能够体验到疼痛，而且疼痛带来的影响会在他们身上持续较长时间。

2. 注意的发生与发展

婴儿随着成长逐渐获得对眼动的控制。从出生到大约 2 个月，婴儿表现出强制注意，或称为“黏着性注意”。这一时期，婴儿经常会注视一个事物，但这个注视过程并不是自主控制的，婴儿也无法自主地转移开对某个事物的注视。

2 个月大的婴儿已经表现出对视觉序列的预期，他们会期待视觉序列中下一个刺激的发生。3 个月左右时，婴儿能够表现出平稳的追踪周期。4 个月大的婴儿就可以抑制对外周刺激的眼跳，还能识别物体形状的不同及像人类行走这样的复杂运动模式。6 个月大的婴儿能成功地执行眼跳延迟，最长可达 5 秒。婴儿扫描物体所花的时间和注视新物体的时间长短可用来预测其认知能力。较短的注视时间说明婴儿大脑神经加工的速度更快且更有效。研究发现，凝视可见的刺激物时间短和迅速形成习惯化①的婴儿，当他们 2 岁和 4 岁的时候，认知能力相比其他婴儿更高。

3. 语言的发生与发展

语言是人类特有的活动，掌握语言是健全的人类婴儿的基本能力。尽管如此，对语言的掌握，仍需要经历较长的时间和付出一定的努力。

（1）语言发展的阶段

婴儿的口语发展，经历从牙牙学语，到单字复义语、到电报式语言，最后领悟正确的语法及语言表达方式等一系列阶段。

新生儿是用哭泣的方式进行交流的。到第一个月，婴儿开始咕咕地叫或者发出元音的声音。在 3~6 个月之间，婴儿开始“牙牙学语”。婴儿会将元音与辅音组合起来并不断地重复发音，比如“mamama”“dadada”。这种发声具有跨文化的相似性。研究表明，这种重复的咿呀语没有任何符号意义。但是对成人来讲，婴儿最初发出的声音却是无比令人兴奋的。婴儿逐渐学习与人交流的模式。到 6 个月时，他们会在成人跟他们讲话的时候发出声音，以此对成年人的话作出反应。到 7~8 月时，他们表现出听成年人讲话，并用牙牙学语的方式应答。听觉丧失的婴儿也遵循着与听力正常儿童同样的时间表，在 6 个月左右时牙牙学语。然而由于没有听觉的反馈，这种现象在 8 个月左右便会停止。

---

① 习惯化，指的是反复给婴儿呈现某种刺激物，婴儿将因为对其越来越熟悉，对其的反应逐渐减少直至消失的现象。而此时如果给婴儿呈现一个新的刺激，婴儿则重新作出较强的反应，这个过程叫作去习惯化。

大约在9~12个月,婴儿会说出第一个词。婴儿此时的语言的重要特点是其含义的丰富性,即一个词可以用来称呼一大类别的事物,所以这种语言被称为单字复义语,如看到毛茸茸的动物都叫“狗狗”。婴儿在说话时常常辅以姿势、动作和面部表情,目的是让照顾者懂得自己的意思。母语为汉语的儿童说出的第一批词主要有:奶、蛋、鞋、娃娃、积木、狗、猫和汽车等具体名词,这与母语为英语的儿童之间存在共性①。

在18~24个月,婴儿能够将单词放在一起形成简单的词组或者句子。这种通常由两个词构成的句子通常被称为电报式语言。它像拍电报一样,只包括两个对交流起最重要作用的名词、动词或形容词,而像冠词、介词、代词、连词等都被省略掉了。学步儿童(学习走路的孩子)的口语不受语法规范的指导,在同一文化中,每个儿童说话所用的句式都不尽相同。学步儿童还会用同样的句子表达不同的意思,通过语调或是对词的强调来表达其话语的含义。

2岁后,婴儿说出的句子明显加长,并出现了更多的复合句。婴儿积极地听成年人对自己讲的话,并常常进行重复。到3岁左右,儿童已能够使用断断续续的语言说明一件简单的事情。可以说,这个时候儿童已经掌握了最基本的语言。

(2)婴儿的词汇量

在12~16个月之间,婴儿的词汇量从0个迅速增加到约26个。大约在18个月时,学步儿童习得大量新词,几乎每周都可以学习10~20个新词。这一趋势从学步期开始,一直持续到学前期。2岁的婴儿已经能说约200个单词。学者研究发现,2.5~3岁婴儿的词汇量为800~1065个②。婴儿首先掌握的是事物的名称,然后逐渐掌握形容词、副词和代词等较抽象的词。婴儿最早的话题是他们知道和感兴趣的事。因此,婴儿在每天生活中所遇到的主要物体及其关系会影响他们早期语言的内容和复杂程度。

(3)接受型语言能力

理解单词的能力被称为接受型语言能力,婴儿获得接受型语言能力先于其获得表达能力。婴儿在理解声音的意义之前就能够对声音进行辨认,他们也能辨认出声音组合之间的差异,很小的婴儿就能够区别日常语言中所有常用的语音。当婴儿4个半月大时,他们能够辨认叫自己名字的声音。到7~8个月时,婴儿已能感知语音组合的规则和口语表达中的特定方式。8个月的时候,婴儿可以理解某些单词和短语的意思。12个月以后,婴儿能理解的词汇在数量上快速增长。据分析,16个月大的婴儿,接受型词汇量在92~321个单词。

---

① 陈萍、许政援:《儿童最初词汇的获得及其过程》,《心理学报》1993年第25期,第85—92页。

② 吴天敏、许政援:《初生到三岁儿童言语发展记录的初步分析》,《心理学报》1979年第11期,第13—25页。

为了学习语言，婴儿需要听到语言。照顾者在家中与儿童相互作用的刺激和经验反应越多，到3岁时，儿童的语言能力发展得越好。成人常常用一种特定的针对婴儿的方式与婴儿讲话，表现为唱歌、提高音调、重复说话等。研究表明，相对于一般的讲话方式，婴儿对这种讲话方式更为敏感。

4. 思维的发生与发展

思维活动是一个复杂的认知过程，包括概念形成、概念理解和问题解决等各种形式。根据皮亚杰的观点，婴儿处在发展的感觉运动阶段。婴儿在这一阶段最重要的成就是获得客体恒常性，也就是将人物或物体的图像驻留在头脑中的能力。这一阶段可分为6个子阶段。

第一阶段：反射活动阶段（出生~第1个月）

这一阶段，婴儿表现出非随意性的反射活动，如吸吮反射等。这些反射是婴儿与世界互动的最初形式。通过练习，婴儿可以将新刺激同化到已有的反射图式中去，并为顺应新的刺激逐渐调整已有的图式。比如，婴儿可能像吸吮乳头一样吸吮其他物体。这些活动是婴儿认知发展的开端。

第二阶段：初级循环反应阶段（第1~4个月）

这一阶段，如果婴儿偶尔表现出某些行为，产生了令其愉快的后果时，他们就开始学会重复这一行为，如吸吮手指等。因为这类行为的反复循环完全是出自内部动机，与外界无关，故被称为初级反应循环。此时，婴儿关注的是自己的身体，通过摆弄自己的身体获得乐趣。皮亚杰认为此时婴儿已经能够协调不同的感觉，但仍不具备模仿能力。这一观点遭到了后人的质疑。比如，有研究发现，一些新生儿就具有模仿表情的能力[①]。

第三阶段：次级循环反应阶段（第4~8个月）

这一阶段，婴儿关注的焦点从自己的身体转移到外部物体。此时，婴儿条件反射的形成得到极大加强，大脑皮层的分析技能和综合技能也获得同步发展。婴儿逐渐意识到自我与外界的区别和联系，当偶尔对外界物体的操作产生了令自己感到愉快的后果时，如用脚碰到铃铛使其发出悦耳铃声时，婴儿会一直重复这个动作，并且从中得到极大的乐趣。

第四阶段：次级图式协调阶段（第8~12个月）

这一阶段，婴儿产生了初步的客体恒常的概念，并可以组合好几个随意行为以达到其目的。此时，如果婴儿看到成人将玩具藏在毯子下面，他们能够将毯子掀开找到玩具。但是，此时婴儿仍无法理解物体的转移，如果接着将玩具藏到其他地方，婴儿仍然会在毯子下寻找，哪怕他们看到了藏玩具的过程。皮亚杰认

---

① 尽管如此，目前对这一发现的稳定性及其背后的可能机制仍存在争议，参见：Virginia Slaughter, "Do Newborns Have the Ability to Imitate?," *Trends in Cognitive Sciences*, vol. 25, no. 5 (2021), pp. 377-387.

为，此时婴儿才开始出现自发的模仿行为①。

第五阶段：三级循环反应阶段（第12~18个月）

这一阶段，婴儿喜欢反复试验不同的动作模式并探索结果。此时如果将玩具转移，婴儿会正确地找到玩具。这表明，婴儿对客体恒常的认识进一步提高。

第六阶段：符号问题解决阶段（第18~24个月）

这一阶段，婴儿开始使用符号，出现把客体内在化的现象。婴儿开始应用非词语性符号，也开始使用简单的语言。婴儿具备了完全的客体恒常性概念，能够通过心理推论寻找物体。婴儿能够在头脑中保存经验并在适当时候提取经验。皮亚杰认为，在该阶段婴儿产生延时模仿行为，即能够在模仿对象不在场时再现其行为。

最近的研究指出，皮亚杰所采用的观察实验方法存在局限，使得他对婴儿的能力有所低估。比如，藏起物品让婴儿寻找的实验，对于婴儿的运动技能有较高的要求。这些运动技能对于许多婴儿来讲过于困难。当采用更新的实验技术时，研究者发现大约4个半月的婴儿便已经能够认识到物体的恒常性。此外，如前所述，研究者对于皮亚杰关于婴儿模仿能力的发展的观点也有所质疑。新的研究发现，9个月大的婴儿已经能够执行简单动作的延时模仿②。种种迹象表明，婴儿似乎天生具有获得这个世界是如何运转的知识的能力。人在婴儿时期的学习速度、反应时间和记忆力是预测之后儿童时期智商的重要因素。

5. 自我意识的发生与发展

自我意识是主体对自己及自己与周围事物关系的认识，包括对自己的身体、言行、思想、内部状态、人际关系等方面的认识。幼小的婴儿认识不到自己的存在，无法区分自我与外部世界。他们玩弄自己的手和脚，就像在玩其他的物体。1岁左右的时候，婴儿产生了自我觉知，这是自我意识最原始、最初级的状态。通过与外界事物的不断接触，婴儿逐渐能将自己和自己的动作区别开来，将自己的动作和动作对象区别开来。比如，婴儿发现咬自己的手和脚，与咬别的东西（玩具、饼干等）感觉不一样；推皮球，皮球就滚动了等。个体认识到自身是一个独立实体，是动作的主体，体验到了自我的存在和力量，产生了最初的自豪感和自信心。一个测量婴儿自我意识的有趣实验是“点红实验”③。实验者在婴儿的鼻子上悄悄抹上一点胭脂，然后让婴儿照镜子。8~9个月的婴儿看到镜子中的自己，会伸手到镜子后面摸索。1岁多的婴儿看到镜子中的自己，通常能明白镜

① Jean Piaget, *The Construction of Reality in the Child*, New York: Basic Books, 1954.

② Andrew N. Meltzoff, "Infant Imitation and Memory: Nine-Month-Olds in Immediate and Deferred Tests," *Child Development*, vol. 59, no. 1 (1988), pp. 217-225.

③ M. Lewis and J. Brooks-Gunn, *Social Cognition and the Acquisition of Self*, New York: Plenum Press, 1979.

中的人像好像跟自己有点关系，但是感觉并不真切。一般到 18～24 个月左右，婴儿才能意识到镜子照出了自己的模样，并伸手摸自己的鼻子。这是儿童自我发展的第一个里程碑。2 岁的婴儿开始知道自己的名字，认识自己身体的各个部位及自己身体的感觉。但是，此时婴儿只是把名字理解为一种信号。到 3 岁左右，幼儿学会用人称代词"我"来代表自己，这是自我意识形成过程中的重要进展。掌握代名词比掌握名词困难很多，因为它具有明显的相对性。比如，如果别人问幼儿：你饿不饿？幼儿不应该回答"你饿"或"你不饿"，而应该回答"我饿"或"我不饿"。要做到这一点，就必须进行复杂的抽象概括。此阶段幼儿的独立性得到很大发展，表现出主动、任性，力图摆脱父母的约束。而随着幼儿将自己当成一个主体来认识，他们也逐步学会了对自己进行评价。

二、婴儿情绪的发展

情绪对婴儿的生存和发展具有重要的意义。人类的基本情绪是先天性的，新生儿即有痛苦、厌恶等初步分化的情绪反应，这些反应与其生理需求是否得到满足密切相关。随后在 2～7 个月间，愤怒、悲伤、快乐、恐惧等基本情绪相继出现。在 6～7 月时，对主要照顾者的强烈依恋出现，婴儿逐渐表现出陌生人恐惧和分离焦虑。在 1 岁半左右时，婴儿发展出自我意识，开始表现出一些复杂的，与自我认识及自我评价相关的情感，如羞愧、自豪、内疚、骄傲等。婴儿期的情感表现对预测其以后的情感特征有一定作用。

1. 婴儿情绪的表现

我们首先探讨婴儿的微笑。虽然婴儿生来就有笑的反应，但最初的笑是自发性的，反映出婴儿的生理舒适程度。它与脑干和边缘系统的兴奋直接联系。在第 5 周到 3 个月，人的语音和面孔是引发婴儿微笑的有效刺激。但此时，婴儿的微笑反应与不同面孔的关联度较低，因而不具备足够的社会性。3 个月以后，随着处理刺激能力的增强，婴儿对熟悉和不熟悉的刺激开始作出区分，对不同刺激表现出有选择性的微笑反应。婴儿对主要照顾者笑得最多，其次是对其他家庭成员和熟人，对陌生人笑得最少。这种区分才是一种真正意义上的社会性的微笑。

婴儿对周围世界有着强烈的兴趣，兴趣是婴儿好奇心、求知欲的内在来源。兴趣指引婴儿对外界环境刺激的反应倾向、探索行为和身体运动。婴儿兴趣的早期发展可分为三个阶段。第一个阶段是先天反射性反应阶段。在 0～3 个月时，婴儿表现出对视觉、听觉、触觉等刺激的先天性反射反应。第二个阶段是相似性事物再认知觉阶段。在 4～9 个月时，适宜的光、声刺激的重复出现引起婴儿的兴趣。这时婴儿开始有意识地活动，使引起他兴趣的情境得以保持，产生快乐感；兴趣与快乐的相互作用，使得某些活动重复出现，婴儿可能对其进行进一步的探索与学习。第三个阶段是新异性事物探索阶段。9 个月以后，婴儿开始对新异刺激产生兴趣,客体恒常性的产生使得婴儿对某些重复性行为发生习惯化,只有新的刺激出现,才可能引起他们的注意。随着年龄的增长,婴儿开始学习模仿,并从模仿中得到快乐。这种活动延长了儿童兴趣活动的时间,而他们在探索过程中得到的快乐和自我满足感,又进一步支持兴趣的发展。

痛苦、恐惧和焦虑是婴儿期常见的负面情绪。痛苦是最普遍的负面情绪,在婴儿出生后1~2天便可能发生。各种负面刺激,如疼痛、饥饿、冷、热等,都能引起痛苦。到2岁左右,在与亲近的人分离时,婴儿会产生巨大的痛苦。此外,在游戏中失败也会造成婴儿的痛苦。

恐惧是有害的情绪,但一定程度的恐惧实际上体现出婴儿的适应性。在出生后的0~4个月,婴儿的恐惧是先天性的、本能的、反射性的反应。4~6个月时,婴儿会因为知觉和经验产生恐惧情绪。随着婴儿辨认熟悉和陌生的人的能力增强,在6~8个月时,婴儿逐渐开始对陌生人感到恐惧和焦虑。同时,随着婴儿与主要照顾者之间依恋关系的进一步建立,婴儿开始表现出分离焦虑,他们在照顾者离开时表现出伤心、痛苦。1.5~2岁婴儿的想象、推理能力得到发展,开始对黑暗、独处、陌生动物、奇异景物等产生恐惧。

由于神经系统的不成熟,婴儿的情绪表现出以下几个特点:(1)情境性、外部性。情绪随外部情境、条件的变化而变化。婴儿的兴趣很容易因为外部刺激的变化而发生转移。(2)激动性、冲动性。婴儿对情绪的自主调节能力较差,高兴时马上会手舞足蹈,悲伤时马上号啕大哭,情绪起伏很大。(3)暂时性。婴儿的关注范围有限,某种情绪的持续时间不会太长,很快就会发生变化。

2. 婴儿对他人情绪的理解

当婴儿处于陌生或模糊的情景中时,他们往往观察成人的面部表情,并以此作为行为的依据,这一现象被称为情绪的社会性参照(social referencing)。婴儿的社会性参照能力是个体早期发展中重要的心理能力之一,是个体经验习得的重要方式。目前关于婴儿社会性参照能力的界定有两类:一类强调母婴之间以情绪信号为社会性信息进行参照,一类强调婴儿通过情绪、动作等外界信号进行信息参照。研究者对婴儿社会性参照能力的发展与表现进行研究,从不同角度考察了婴儿参照行为中对情绪信号的感知、辨识和理解及其情感交往中的行为特点,探讨了婴儿社会性参照的可能机制与过程。婴儿社会性参照能力的研究主要有视崖、陌生人情境和新异玩具三种范式①。

婴儿社会参照能力的发展需要经历四个阶段②:

---

① 池瑾、王耘:《婴儿社会性参照能力发展研究的进展》,《心理发展与教育》1999年第2期,第53—57页。

② 姜媛、林崇德:《从心理生物学视角看自我调节发展》,《心理科学》2010年第5期,第1166—1170页。林崇德主编:《发展心理学》,人民教育出版社2018年版。

第一阶段:0~2 个月,为无面部知觉阶段。此时婴儿尚无法知觉成人的面部表情,他们自发的表情与成人表情之间没有联系。

第二阶段:3~5 个月,为不具备情绪理解的面部知觉阶段。此时婴儿能够知觉到成人的面部表情,但是不能理解其意义。

第三阶段:6~7 个月,为对表情意义的情绪反应阶段。婴儿能够对成人的不同面部表情作出不同反应,对面部表情有一致性的理解和反应。

第四阶段:8~10 个月,为在因果关系参照中运用表情信号阶段。此时,婴儿不仅能辨别不同的面部表情,且能以其为依据调整自己的行为。在这一阶段,婴儿的情绪社会性参照能力才真正形成。

如前所述,尽管婴儿对表情的识别能力可能比最初研究中发现的要更强,但完备的情绪社会性参照能力的形成仍需要经历一年左右的时间。社会性参照能力对婴儿的发展具有极其重要的意义,通过对成人表情的观察和理解,婴儿进一步认识和掌握环境。成人的支持和鼓励,也使得婴儿的探索范围有所扩大,探索能力得到增强。同时,这样的亲子互动增进了成人与婴儿之间的情感联系。

3. 婴儿个性特征的表现

上文所描述的情绪发展过程在每个婴儿身上均有所体现,但是,不同个体在情绪表达上仍然存在较大的差异。气质指的是具有生物或神经生理模式基础的情绪及行为表现,是个体情绪发展的重要基础。从出生开始,婴儿就表现出自己独特的气质。在出生后的第 1 个月中,人们便可观察到婴儿对环境刺激具有相对稳定的反应倾向。这种稳定的反应倾向具有一定的遗传基础。研究表明,异卵双生子的基因相似性越高,双生子在气质上的相似性也越高,而同卵双生子的气质相似性明显高于异卵双生子。随着婴儿的成长,其气质也会受到环境和教养等因素的影响。

托马斯和切斯(A. Thomas & S. Chess)的"纽约纵向追踪研究"(NYLS)以九个维度,即活动水平、生理活动的节奏性、易接近性或退缩性、适应性、反应的阈值、反应的强度、情绪质量、分散注意力的能力以及注意的广度和持久性为基础,将婴儿分为三种类型:容易型、逐渐热情型和困难型①。容易型的婴儿有积极的心境,生理活动有规律,反应强度较低或适中,对新情境积极接近而不是退缩。这类婴儿往往对照顾者的哺育有积极的反应,容易得到照顾者的关爱。逐渐热情型的婴儿具有较低的活动水平,情绪总是不大愉快,首次面对新刺激时会倾向于退缩,适应较慢,对情境的反应强度较低。困难型的婴儿人数较少,他们的生理活动无规律,常常出现异常强烈的反应,如大声哭闹、烦躁不安或爱发脾气,常常需要花很长的时间来适应新的环境和活动。这类婴儿往往需要照顾者有极大

---

① Alexander Thomas & Stella Chess, *Temperament and Development*, New York: Brunner/Mazel, 1977.

的耐心和宽容。还有大约35%的婴儿不能归到这三类中。

气质受遗传因素的影响主要表现在活动水平、社会性和情绪性三个方面，特别是活动水平和情绪性这两个维度在孩子从婴儿期向学步期转变的过程中表现出相当的稳定性。但在其他维度上，婴儿期测量出的气质与儿童早期和中期测量出的气质相关性并不高。这表明，环境对气质的发展也具有调节作用。父母可以根据婴儿的不同气质类型进行适当的教育和引导，使婴儿表现出更愉快的、亲社会性的情绪和行为。

第三节　婴儿与社会

一、婴儿与家庭

1. 婴儿依恋的形成和发展

依恋是婴儿与照顾者之间形成的一种特殊的、强烈的情感纽带。依恋的发展需要经历一系列过程。从出生到2~3个月，婴儿表现出无选择性的微笑，对所有人都作出反应，因此这一阶段被称为无区别的依恋阶段。在2~3个月到6~7个月，婴儿开始出现选择性互动，对喜爱的照顾者表现出真实的社会性微笑。婴儿将陌生人的面孔与照顾者进行比较，能从周围的人中区分出最亲近的人，并对她表现出特殊的喜爱，但此时的婴儿并不怯生。在6~7个月到1岁，婴儿明显地依赖其首要照顾者，当照顾者离开的时候会表现出分离焦虑，往往情绪激动并哭泣，甚至爬着跟在照顾者的后面。相应地，婴儿表现出陌生人焦虑，警惕陌生人和陌生的情境，对陌生人采取谨慎和回避的态度。婴儿对陌生人的反抗表现和反应强度存在个体差异，婴儿对陌生人的反应也取决于特定情境中特定的维度，包括母亲离自己有多远、陌生人离自己有多远及母亲对陌生人的反应等。如果母亲在孩子面前用积极的口吻与陌生人交谈，那么孩子对陌生人的反应很可能是积极的。在2岁时，由于具有完全的客体恒常性，婴儿知道照顾者在看不见的时候仍然存在，因此婴儿对照顾者的短暂离开更加安心，与其他人的社会交往增多。此时，儿童能用母亲的照片帮助自己在母亲不在时适应新环境。儿童能够建构父母的心理表征，并用父母对自己的爱来安慰自己。

根据波尔比（J. Bowlby）的理论，依恋具有生物学基础①。婴儿和一个照顾者形成一种亲密关系，从而婴儿更容易存活。通过这种紧密的、特定的联系，婴儿的各项需要能得到及时满足，并在出现危险时不至被遗忘。一开始人们认为，婴儿喜爱母亲是因为她提供食物和照顾。但是，哈洛（H. F. Harlow）对恒河婴

---

① John Bowlby, *Attachment and loss*, New York: Basic Books, 1965.

猴所做的经典研究不支持这一观点①。这些猴子一出生就和它们的母亲分离，而由没有生命的，金属线或者绒布制成的代理母亲"抚养"。他发现，婴猴表现出对绒布母亲高度偏好。绒布温暖柔软的质感，就像母亲的怀抱一样，给了婴猴极大的安慰。它们几乎整天搂抱着绒布母亲，即使它们从金属线母亲而非绒布母亲那里获得食物时也是如此。相反，它们不会对金属线母亲表现出任何依恋。这表明从出生开始，婴儿需要的就不仅仅是食物和照顾，还包括一个安全、温暖的环境②，后者几乎跟前者一样重要。

波尔比认为，依恋具有三大功能。一是寻求亲近（proximity seeking）。婴儿渴望与依恋对象待在一起，这样能使婴儿感到愉快和满足。二是避风港（safe haven）。在遇到挫折或威胁时，婴儿寻求与依恋对象接触，寻求他们的安慰，并根据他们的反应来调整自己的行为。三是安全基地（secure base）。安全基地是依恋最高级的功能。依恋关系给婴儿以安全感，婴儿以依恋对象作为安全基地，探索外部世界③。此时，由于心理表征的形成，即使依恋对象不在身边，婴儿依然可以因为其存在而得到安慰。安全基地的形成，标志着依恋关系的成熟。这三大功能按照先后顺序发展，到 2 岁左右，成熟的依恋便建立起来了。

婴儿在依恋行为上表现出较大的个体差异。爱因斯沃斯（M. Ainsworth）等设计了"陌生情境测试法"来考察婴儿的依恋类型（表 8-2）④。根据婴儿对母亲和陌生人的反应，她将母婴依恋分为三种类型：安全型、矛盾型和回避型。约有 70%的婴儿属于安全型。最初和母亲在一起时，这个类型的婴儿把母亲当成他们探索游戏室的安全基地。他们很愉快地玩乐，但同时认识到母亲的存在，不断查看以保证如果需要的话就能得到她的帮助。当陌生人进入时，他们有点警惕，但继续玩乐，无烦躁不安等表现。当母亲离开他们的时候，这类婴儿会停止玩乐，而开始哭泣或者抗议，并试图寻找母亲。当母亲返回的时候，这类婴儿在她们身上寻找抚慰和身体接触。他们对母亲表现出热情，并且很快因为得到安慰再次变得愉快。矛盾型的婴儿对母亲表现出非常强烈的依赖，甚至当他们的母亲在场时也不愿意去探索游戏室。当他们的母亲离开时，这些婴儿变得极端心烦意乱而且长时间地哭闹。当他们的母亲返回时，这些婴儿寻求身体的接触，但同时撞击或者推开他们的母亲，似乎在表达对母亲先前离去的不满。他们极不

---

① Harry F. Harlow, "The nature of love," *American Psychologist*, vol. 13, no. 12 (1958).

② 虽然哈洛所做的动物实验对揭示母婴依恋有着较大的意义，但其中大量实验极其残忍，受到动物保护者的强烈谴责。此外，这些由代理母亲抚养长大的婴猴，成年后仍然会出现各方面的行为障碍。这表明，早期亲子互动对个体的健康发展有着至关重要的作用。

③ John Bowlby, *Attachment and loss*, New York: Basic Books, 1965.

④ Mary D. Ainsworth & Mary C. Blehar (eds.), *Patterns of Attachment: A Psychological Study of the Strange Situation*, Hillsdale: Erlbaum, 1979.

易被安慰，通常需要很久才能平静下来。回避型的婴儿对他们的母亲表现出一种明显的漠然，他们不把母亲当作安全基地，实际上，他们表现出的行为就好像母亲不在场一样。在母亲离开时，他们不会表示难过，对母亲的返回他们亦漠不关心。相反，他们比较容易跟陌生人相处，对陌生人表现出较大的热情。后续研究发现，有极少数（大约5%～10%）婴儿的行为无法确切地归到这三类中。这部分婴儿被称为无组织紊乱型。他们最没有安全感，在母亲离开和返回时，表现出一系列矛盾和混乱的行为①。

表 8-2 陌生情境测试法

步骤	环节
1. 母亲与婴儿进入游戏室	
2. 母亲坐在一旁看着婴儿玩玩具	
3. 陌生人进入，加入母亲和婴儿的交互	
4. 母亲离开，留下陌生人与婴儿在一起	第一次分离
5. 母亲返回，陌生人离开	第一次团聚
6. 母亲离开，婴儿独自活动	第二次分离
7. 陌生人返回	
8. 母亲返回，陌生人离开	第二次团聚

依恋类型具有一定的遗传性，但也会受到教养环境的影响。根据埃里克森的观点，婴儿处在信任和不信任的心理—社会阶段②，与照顾者依恋关系的质量影响到信任感的建立。如果照顾者（通常是母亲）对婴儿的要求表现出一致性的关注，总是能够满足婴儿的要求，婴儿就比较容易获得安全感，而发展出安全型依恋关系。如果母亲长期忽视婴儿的要求，或者对婴儿的要求作出负面的回应，婴儿就容易发展出回避型依恋关系。如果母亲的行为前后不一致，时而热情，时而冷漠，婴儿便容易发展出矛盾型依恋关系③。

波尔比认为，婴儿和母亲之间温暖的、亲密的和持续的关系对于其日后的人格发展至关重要。在依恋形成的过程中，婴儿不但发展出对这个世界是否安全

---

① M. Main & J. Solomon, "Discovery of An Insecure Disoriented Attachment Patter: Procedures, Findings and Implications for The Classification of Behavior," in Michael W Yogman & T. Berry Brazelton (eds.), *Affective Development in Infancy*, Nonwood: Ablex.

② Erik H. Erikson & Joan M. Erikson, *The Life Cycle Completed*, New York: W. W. Norton & Company, 1982.

③ 尽管如此，应将婴儿看成亲子关系中一个积极的参与者，而非完全被动地接受照顾者的影响。婴儿所表现出来的气质特点也会在照顾者身上引发不同的行为模式。

可靠的认知,也发展出对自身的评价。如果母亲一直对婴儿的要求积极回应,婴儿便会觉得这个世界是安全的,自身也是值得被关注的。而如果母亲不回应婴儿的要求,或者常常行为不一致,婴儿就会缺乏安全感,并且对自身产生比较消极的评价。这种在早期亲子关系中形成的心理模式(internal working model)具有一定的稳定性,使得婴儿在日后的人际交互中有着特定的期待和倾向①。但依恋类型并不是绝对的,即使在婴儿期呈现出其他类型的依恋,成年后也可能因为与同辈(尤其是恋人)之间的亲密交往而发展出安全依恋。同时,个体也可能与不同的社会对象发展出不同类型的依恋。

2. 其他家庭成员对婴儿的影响

其他家庭成员对婴儿的影响,主要是指父亲、(外)祖父母、兄弟姐妹对婴儿的影响。

(1) 父亲

家庭是个体社会化的第一个场所,除了主要照顾者(通常是母亲),大多数婴儿会与多个照顾者形成依恋关系。比如,婴儿可能同时与父亲和母亲形成依恋关系。但是,婴儿与父亲的共同活动与和与母亲的共同活动之间存在较大差异。母亲与婴儿之间的互动比较温和,伴有较多语言交流,父亲则会与婴儿进行较激烈、较刺激的游戏。父亲和婴儿互动得越多,他们对婴儿的暗示就越敏感,对婴儿发展的影响也就越大。尽管由于中国传统文化和社会习俗的影响,父亲通常较少参与到对婴儿的养育中来。但有证据表明,与母亲一样,父亲能够成为合格的首要照顾者,婴儿能够与父亲形成与母亲完全一样的依恋关系。

(2) (外)祖父母

一方面,由于现代生活压力较大,母亲通常在生完小孩后不久就继续工作;另一方面,中国传统文化和社会习俗也使得祖父母辈将照管孙辈看成自己分内的职责,所以,由祖父母照料或协助照料婴儿的情况并不罕见。祖父母辈对婴儿的影响受到其年龄、文化、观念和生活经验的制约。祖父母辈在生活、知识和情感上可以为孙辈提供支持,但由于他们的观念通常比较传统,不够现代和科学,对孙辈较为宠爱甚至溺爱,常常会给孩子带来一些负面影响。有研究表明,由祖父母带大的孩子比由父母带大的孩子更以自我为中心,心理承受能力更差。

(3) 兄弟姐妹

有兄弟姐妹的婴儿,大部分时间都处于同胞的陪伴之中。婴儿倾向于模仿年长的同胞,从他们那里获得情感支持,学习他们的经验和技巧。如果与同胞的

---

① I. Bretherton & K. A. Munholland, "Internal Working Model in Attachment Relationships: A Construct Revisited," in Judy Cassidy & Phillip R. Shaver(eds.), *Handbook of Attachment: Theory, Research, and Clinical Applications*, The Guilford Press, 2008.

互动是积极的,婴儿便能够在与他们的相处中学会分享和合作。然而,同胞之间的关系并不总是和谐的。有研究表明,18 个月大的婴儿与同胞的互动中,有25%包含了冲突和攻击①。父母在调和子女关系方面,具有重大的作用。有兄弟姐妹的儿童通常对父母如何分配他们的爱和关注很敏感。如果父母公正对待每一个孩子,根据他们的年龄提出合理的要求和建议,兄弟姐妹之间的关系就会比较容易和谐。

此外,家庭的经济文化背景和家庭氛围,对婴儿的智力和情感发展也都有着深远的影响。婴儿会学习父母对待自己的方式,以及父母对待彼此的方式。而家庭的经济文化背景常常影响可支配资源的多少和父母的教养方式,这些因素均会对婴儿的人格形成和价值取向等造成长久的影响。

3. 婴儿对家庭的影响

婴儿出生常常是家庭中一件令人开心的大事,同时给个人和婚姻带来了压力。勒马斯特斯(E. E. LeMasters)的经典研究认为,向父母过渡对个人来说是一场危机②。从家庭生命周期理论的视角来看,第一个婴儿的诞生意味着家庭进入了一个新的阶段,家庭生活的重心及所面对的核心问题均发生了转移。新父母,尤其是父亲,常常对婴儿的到来未做好充分的准备,在适应自己的新角色时感到手忙脚乱、无所适从。刚出生的婴儿吸引了新母亲大量的注意力,有时会让新父亲感觉受到了冷落。而在照顾婴儿的任务分配和主张上,新母亲和新父亲也可能产生很大分歧。研究表明,新父母的主观幸福感在婴儿 6~7 个月时开始下降。但是,婴儿的到来并不一定会对夫妻关系带来负面的影响。婚姻关系中的一些在婴儿出生前业已存在的因素,如夫妻双方的教育背景和人格等,能够显著预测婴儿出生后的婚姻质量,而婴儿本身的气质,也会对婚姻质量产生影响③。

2021 年公布的第七次全国人口普查结果表明,我国出生人口性别比为111.3,尽管与前两次普查的结果相比,性别比下降明显,但仍高于国际标准105。也就是说,我国新生婴儿男多于女,存在比例失调现象。由于传统观念的影响,很多家庭,尤其是其中年长的祖父母,对婴儿的性别有特定的期待。女婴的出生可能引发家庭矛盾甚至造成家庭关系的破裂。女婴在获得照顾和教育的机会方面也明显落后于男婴。随着人口素质的提高和城市化的进程,这一现象

① Judy Dunn & Penny Munn, "Development of Justification in Disputes with Mother and Sibling," *Developmental Psychology*, vol. 23, no. 6(1987), pp. 791-798.

② E. E. LeMasters, "Parenthood as Crisis," *Marriage and Family Living*, vol. 19, no. 4(1957), pp. 352-355.

③ Jay Belsky & Michael Rovine, "Patterns of Marital Change Across the Transition to Parenthood: Pregnancy to Three Years Postpartum," *Journal of Marriage and the Family*, vol. 52, no. 1(1990), pp. 5-19.

可望得到进一步改善。在对婴儿的教养上,母亲对男婴和女婴的教养方式通常较为一致,而父亲则会比较关注对传统性别角色的培养。

养育婴儿对普通家庭来讲,需要较大的开销,因此经济方面的压力也是造成婴儿出生后家庭矛盾的一个原因。在如何分配育儿角色,如何进行家庭经济管理等问题上,新父母应该有较周全的考虑和计划。

二、婴儿与同伴

虽然婴儿最初的社交活动通常发生在家庭内,而且主要是与养育者互动,但与同伴的交往在婴儿期也很重要。婴儿似乎天生就对其他婴儿感兴趣。同伴的面孔对幼小的婴儿来说是很有趣的刺激,4 个月大的婴儿碰到一起就会好奇地打量彼此的脸,尤其是眼睛。在 10 个月的时候,陌生的婴儿彼此之间便会相互看、微笑、触摸、做手势和互相模仿①。此后,随着婴儿活动能力和认知能力的增长,以及活动范围的扩大,尤其在进入幼托班或幼儿园之后,婴儿与同伴交往的时间越来越多,频率越来越高。同伴交往在其生活中所占的地位越来越大,并对他们的个性和社会性发展起着日益重要的作用。

按照婴儿与同伴之间相互作用的深入程度和性质,可以将婴儿与同伴的社交行为分为三个阶段:

第一个阶段是以客体为中心阶段。6~8 个月的婴儿将其他婴儿看作物体而不是同伴,会拨弄他们、捏他们、打他们或坐在他们身上。他们刚刚开始学习物体和人的区别,并不是非常了解自己的行为会在行为对象身上引起什么反应。对于他们行为的后果,他们自己常常觉得很惊讶。他们会彼此微笑、触摸或模仿对方的反应,但是没有真正意义上的社交行为,常常一个婴儿的主动社交行为无法引发另一个婴儿的反应。

第二个阶段是简单相互作用阶段。婴儿之间开始关注彼此,并寻求相互交往。他们积极寻找自己的同伴,并对同伴的行为作出反应。他们也试图用声音和动作引起同伴的注意,与同伴取得联系。

第三个阶段是互补的相互作用阶段。这一阶段出现了更复杂的社会性互动行为,出现了互动的或互补的角色关系,比如“追赶者”和“逃跑者”、“躲藏者”和“寻找者”等。他们也能进行合作,如两人在一起共同搭建一个物体。这个时期婴儿交往最主要的特征是同伴之间的社会性游戏的数量有了明显的增长,2 岁左右的婴儿之间的社会性游戏已经显著多于单人游戏。随着年龄的增长,婴

① Carol O. Eckerman & Judith L. Whatley, “Toys and Social Interaction Between Infant Peers,” *Child Development*, vol. 48, no. 4(1977), pp. 1645-1656.

儿更喜欢与同伴玩，而与母亲的交往愿望呈现出明显的下降趋势①。

此外，从社会技能发展的角度，心理学家范德和缪勒（D. L. Vandell, E. C. Mueller）综合他人及自己对婴儿同伴交往的观察和实验研究，把婴儿早期同伴交往划分为简单社交行为、社会性相互影响、同伴游戏及早期友谊四个阶段②。在第一个阶段，尽管某些社交行为已经出现，但是这些行为的表现通常是单方面的，婴儿尚不能有效引起彼此的反应，也缺乏对同伴作出回应的技能。当一个婴儿的行为能够引起另一个婴儿的反应时，便出现了社会性的相互影响，即进入第二阶段。随着这种相互影响的持续时间和有效性的增长，逐渐发展出同伴间的社会性游戏，即进入第三阶段。他们总结出此时的婴儿游戏的四个显著特征，即主动加入、轮流替换、重复和灵活性。同伴间的社会性游戏极大提高了婴儿的社会技能。经由社会性游戏，婴儿的社交能力发展到第四阶段，形成了最初的友谊。早期友谊的出现是婴儿社会技能发展的顶点，它表现为同伴之间相互亲近、共享、积极情感交流和共同游戏、玩耍等。婴儿开始对特定同伴表现出偏爱，两个朋友在交往中具有明显的互选性。

第四节 社会工作的重要议题

在讨论了婴儿期的生理、心理和社会发展后，这一节将讨论三个与婴儿期有关的社会工作重要议题：婴儿照顾与家庭服务的提供、产后抑郁症与精神健康、弃婴与收养。

一、婴儿照顾与家庭服务的提供

一般而言，婴儿照顾由其父母（尤其是母亲）来承担。母亲和孩子之间有着天然的纽带，孩子在婴儿期由母亲来照看符合婴儿身心发展的需要。如前所述，婴儿期的成长，除了生理需要，还有“爱和安全的需要”“新体验的需要”“赞扬和承认的需要”“责任的需要”等方面③。母亲在照顾婴儿的过程中，接纳、欣赏婴儿，并适当地增加与婴儿的躯体接触，给予温暖的怀抱、细心的照料，都会让亲子之间的感情更深更浓。这些爱的举动使婴儿对周围世界和人类社会产生安全感、信任感，让他们从小学会爱，感受安全，这是儿童构筑健康人格的开始。

---

① Carol O. Eckerman, Judith L. Whatley & Stuart L. Kutz, “Growth of Social Play with Peers During the Second Year of Life,” *Developmental Psychology*, vol. 11, no. 1(1975), pp. 42-49.

② D. L. Vandell & E. C. Muelle, “Peer Play and Friendships During the First Two Years,” in H. C. Foot & A. J. Chapman(eds.), *Friendship and Social Relations in Children*, Somerset: Transaction Publishers, 1980.

③ M. L. Kellmer Pringle, *The Needs of Children*, London: Hutchinson, 1974.

婴儿依恋的主要对象是母亲，但也有可能是其他照顾者。近来的研究显示，父亲和其他固定的照顾者也可能成为婴儿依恋的对象。这些研究给那些没有时间和精力照顾婴儿的母亲提供了其他选项①。

在社会竞争和自身发展的双重压力之下，现代职业女性作为母亲的角色和功能已然在发生变化。为了自身职业的发展，她们很有可能提前结束哺乳期，有的母亲会考虑请奶妈代替自己为孩子哺乳。女性忙于工作，自然就减少了和婴儿交流的机会，这就给婴儿的成长造成不少缺憾。(外)祖父母在照料孩子的过程中，由于精力有限，知识老化，容易溺爱孩子，很可能对孩子的健康成长造成一定困扰。

双职工父母往往由于工作繁忙而无法完全承担起照顾婴儿的责任，这已经成为当前婴儿照顾中一个非常实际的困难。这就对整个社会服务体系提出了更高的要求和更大的挑战，要求在"托儿所""幼儿园"等常规儿童服务机构之外，整合各种社会资源，从家庭和社区两个层面为婴儿照顾提供更多、更专业的社会服务。

家庭层面的婴儿照顾服务主要包括四个方面：一是住家保姆，即家政服务公司以"派出制"的管理模式提供的一种家庭服务方式，住家保姆与雇主同吃同住在一个房子里，并照顾婴儿(有时包括产妇等)，一般时间为一年，价格相对昂贵，住家保姆服务方式需要雇主家有相对宽裕的住宿条件，因此一般家庭比较难以承受；二是非住家保姆，这是家政服务公司提供的另一种家庭服务方式，非住家保姆不住在客户家庭，类似于一种长时间固定的钟点工。服务时间根据雇主的需要，规定为从早上 7∶00 到晚上 9∶00 间的任意时间段(一般为 8 小时，其中可以间断)。如果家政公司离雇主近，非住家保姆可住在家政公司，如果距离远，家政公司或保姆个人会在雇主家附近专门租房以方便工作；三是当地妇幼保健医院的医护人员定期回访，上门为婴儿检查身体，并针对婴儿的发育情况提供养育指导；四是儿童服务机构的服务人员上门提供婴儿理发、洗澡等比较专业的护理服务。

社区层面的婴儿照顾服务主要包括两个方面：一是托婴中心，即社区内的一种婴儿照顾服务机构，由育婴师提供专业的护理服务。婴儿进入托婴中心前，必须由其父母陪同工作人员一起为婴儿做全身检查，确定其健康状况。托管时，婴儿必须由监护人送过来，接走时也必须是监护人接走。双方需要签订一份协议，明确各自的责任。由于托婴中心具有一定的风险，所以目前国内提供托婴中心服务的城市不多。二是社区互助，即由社区内的母亲自行成立互助小组，开展相

① Inge Bretherton, "Fathers in Attachment Theory and Research: A Review," *Early Child Development and Care*, vol. 180, no. 1-2(2010), pp. 9-23.

互支持的婴儿照顾，若一人临时有事外出，可由其他人代为照顾婴儿。

二、产后抑郁症与精神健康

产后抑郁症是一种发生在刚经历生产的母亲身上的常见反应。超过半数的母亲在产后几天有情绪低落和“想放手不管”的经历。在多数情况下，这些症状都是短时间的，可能与疲劳有关。但是，有约 10%~15%的母亲的产后抑郁持续时间更长，也较为严重。这些女性表现出抑郁症的所有症状：无助和绝望感，莫名的焦虑，持续的情绪低落、易怒，注意力不集中和睡眠不安等。多数时候，这些症状在婴儿出生后 8~10 周逐渐消失；大约 1%~2%的案例中，症状会持续一年以上，而且可能表现为精神紊乱。

对于引起产后抑郁症的原因，学界还没有确切的定论，但是下列因素可以确定与产后抑郁的发生有着密切关系：一是产妇在产前产后内分泌的变化，如产妇体内的雌激素、孕激素、催乳素等激素，在产前和产后的分泌情况会有巨大的波动，从而导致产妇情绪变动；二是产妇本身的身心素质和人格特点，有些孕妇比较敏感，容易焦虑，这种人格特点和心理状态的人容易发生产后抑郁；三是产妇及其家人的抑郁症史，如果产妇本人或者其家人有过抑郁症史，则她患产后抑郁的概率也更大；四是其他心理和社会因素，如夫妻关系紧张，婆媳关系不融洽，经济拮据，或者在孕期有重大事件发生等。

产后抑郁症患者的情绪非常低落，注意力不能集中，记忆力下降，暴躁易怒，甚至会产生自杀的念头，症状严重的不但会伤害自己，也会伤害别人。不仅如此，患产后抑郁症的母亲可能对孩子的成长也有十分不利的影响。研究表明，产后抑郁的母亲可能会心不在焉，沉默寡言，对婴儿的状态反应冷淡，对婴儿的信号缺乏回应，有时甚至会表现出敌意。这会导致婴儿频繁哭泣，孤僻而缺乏活力，并对环境和游戏缺乏兴趣。他们常常表现出消极的情绪（如愤怒和哀伤）而非积极的情绪（如喜悦和兴趣）。这些情况说明他们可能面临发展出扭曲的社会关系的危险。因此，受产后抑郁症影响的母亲和孩子都需要帮助。

精神健康社会工作介入产后抑郁症，首先要在精神科医生的帮助下，对产妇进行精神状况鉴定，确认是产后抑郁症，而不是一般的情绪低落状况，或者由其他精神疾病引起的抑郁症状。然后要通过收集案主的资料，对案主进行社会、心理等方面的评估，制订出得到案主和其家人认可的服务方案。方案实施过程中，需要进行过程评估并及时修正方案。结案时要对服务实施效果评估和反思，并对患者进行定期追踪，了解其康复情况。

国外社会工作者在介入产后抑郁的个案时，通常遵循两种模式：人际治疗和认知治疗。人际治疗认为抑郁是在人际关系和社会情境中形成的①,它致力于解决个人当前人际关系与社会情境中的问题。认知治疗又称认知行为治疗,认为抑郁是案主因习得的对自己、他人和世界的负面观点而烦躁,它致力于通过修正错误的认知来缓解抑郁症状。此外,国内亦有学者从社会支持的视角,提出构建由患者、家庭、亲戚朋友、工作单位和医院、社区、社会文化氛围六个层次组成的社会支持系统,对产后抑郁症进行预防和干预②。

三、弃婴与收养

伴随着社会发展和女性地位的提升,近年来中国弃婴现象大幅度减少,但其仍然是一个不可回避的社会问题。弃婴是一个全球性的社会问题,如何有效救助"病残"弃婴,让其回归"家庭"、融入社会是其中最需要解决的难题。各国各地区需要基于弃婴源头治理和公共救助能力等方面的困境分析,寻求实现弃婴救助关口前置和弃婴救助机制优化的可操作性途径,提出完善弃婴救助服务体系,促进弃婴救助机制长效化,培育"类家庭"寄养服务模式等治理对策,以期健全弃婴社会救助制度,提升救助服务效果③。我国民政部公布的资料显示,2021年全国共有约 815 个儿童福利和救助保护机构,各类民政服务机构集中养育孤儿 5.3 万人。

导致弃婴现象发生的原因,大致有如下几个方面:一是强制婚检取消,导致新生儿先天畸形现象增加。二是父母无能力负担残疾儿童的高额医疗费用。三是非婚生育后难于承受社会压力,由于性教育的薄弱乃至缺席,城市流动人群和青少年正在成为非婚生育及弃婴问题的两大高发群体。四是重男轻女传统思想作祟,以致一些人作出"是男孩生下来,是女孩不要"的选择。五是法治宣传不到位,一部分人法律和道德观念淡薄,不知道弃婴行为属于犯罪。六是社会存在对残疾人及其家庭成员的世俗偏见和歧视。

弃婴现象发生的原因很复杂,因此要改变这种现象也要系统考虑。从如何杜绝人们的弃婴行为的视角看,有如下几个方面需要我们采取积极对策。第一,完善医疗卫生制度,加强对妊娠妇女的产前检查和保健,从源头降低新生缺陷儿出生率,防止弃婴产生。第二,建立健全儿童福利制度,完善针对残疾儿童及其家庭的社会保障和社会政策体系,包括残疾儿童医疗康复的社会救援扶助机制,

---

① Myrna M Weissman & Gerald L Klerman(eds.), *Interpersonal Psychotherapy of Depression*, New York: Basic Books, 1984.

② 郇建立、孙静:《产后抑郁症患者的社会支持研究——基于内蒙古 D 县 X 医院妇产科患者的个案访谈》,《妇女研究论丛》2010 年第 1 期,第 23—31 页。

③ 王晓东、李芳萍:《弃婴问题治理困境与救助机制创新》,《社会福利》2017 年第 5 期,第 15—20 页。

以及残疾人生活、教育和就业相关政策。第三，整合社会资源，培育民间组织机构，为残疾儿童家庭建立长效保障机制。国家有必要通过制定相关政策，开辟多种渠道，吸纳社会上一切可以利用的资源并对其进行整合、开发，扶持一些有意愿和实力的民间组织机构，提供形式多样的符合残疾人及其家庭需要的社会服务，更好地实现社会福利社会化的目标。第四，加强对流动人口的管理，定期开展形式多样的社区教育活动，增进人们对性与生殖健康知识及相关法律法规的了解。

除此之外，对已经成为弃婴的孩子，需要考虑他们的收养问题。在我国，弃婴原则上应归民政机关主管的社会福利机构养育，但单靠社会福利机构包揽这一责任是困难的，应该发挥社会的力量。为此法律规定，经当地公安或民政部门出具证明，可以由符合收养条件的人收养弃婴。可见，弃婴的收养有两个途径：国家收养和个人收养。

社会工作介入弃婴及其收养问题时，可以考虑如下几个方面：第一，政策倡导，即推动相关部门进一步完善相关立法。通过借鉴国外先进经验，出台某些具体的法律法规，以加强法律执行的一致性、严谨性。第二，整合资源，促进建立婴儿保护社会工作专业体系和服务网络。从医务社会工作、儿童社会工作、社区社会工作、司法社会工作等相关实务领域打通界限，建立信息共享平台，为婴儿保护提供无缝对接服务。第三，社区教育，在社区内进行婴儿遗弃和弃婴收养相关法律法规的普及性宣传，让更多父母了解作为父母的责任和义务，推动社会民众关心弃婴问题，并尽可能给予这些孩子最大可能的帮助。

案例：复元摆渡人：一体化的精神健康社会工作服务

摘要：我国各类精神障碍人士人数在1亿人以上，总发生率为13.4‰，在疾病总负担中占据首位。如何有效地协助精神障碍人士实现从走出医院向回归社会的过渡，是精神健康社会工作领域的重要议题。本案例将复元理论与医院—社区一体化实践进行结合，为精神障碍人士及其照顾者提供整合性的支持服务。调查发现，精神障碍人士及照顾者具有多元的需要，通过个案管理、艺术疗愈小组、志愿服务、爱心义展等各类方式的整合性介入，干预取得了较好的效果。作为西方精神健康服务模式的主导理论，复元理论有多大程度充分引进国内，又是否能适应本土发展，这在本案例中得到了较好的讨论。

本章小结

本章首先介绍了婴儿的生理、心理和社会性发展。在动作发展上，从出生到1岁，婴儿不断学习对身体的控制和掌握，精细动作和大运动动作得到发展。1~2岁，精细动作和大运动动作日臻完善，平衡、协调和稳定性进一步增强，操控物体的能力获得提高。2~3岁，幼儿的力量增强，能够掌握一些运动技能，如骑车、爬楼梯、玩球等。

在认知发展上，从出生到1岁，婴儿认知能力的提高起始于对视觉、听觉和触觉刺激的关注和兴趣。因为运动能力的发展，婴儿开始探索和操作物体并发展出对它们的性质的最初认识，逐渐发展出客体恒常的观念。符号思维是1~2岁的中心发展任务。符号思维的发展使得婴儿获得理解和发展语言的能力。2~3岁的主要认知任务是语言技巧的完善和语言交流的发展。

在情绪发展上，从出生到1岁，通过与主要照顾者建立良性的依恋关系，婴儿发展出基本的信任感，这是情绪发展的基石。1~3岁的主要发展任务为自主性，包含对自身和环境的掌握和控制。此时婴儿发展出最初的自我概念，当自己表现好时感到骄傲和愉快，表现不好时表现出尴尬、羞愧和沮丧。

在社会发展上，从出生到1岁，最重要的社会化任务是与主要照顾者（通常是母亲）建立起依恋关系。1~2岁，婴儿发展出对其他家庭成员及家庭外的成年人的爱和信任，婴儿还可以进行简单的游戏。2~3岁，幼儿与同伴之间建立起初步的关系，这一阶段他们开始模仿社会角色。

本章最后还讨论了三个有关婴儿的社会工作重要议题：婴儿照顾与家庭服务的提供、产后抑郁症与精神健康、弃婴与收养。

需要强调的是，尽管出于条理性的考虑，我们分别列出了婴儿在各方面的发展，但是，婴儿在各个方面的发展是相互制约、协调进行的。比如，没有生理上的成熟和动作上的探索，婴儿的情绪和认知也不会获得相应的发展。同学们在学习时，应注意融会贯通，不能割裂和片面地认识。

思考题

1. 婴儿的动作发展有怎样的规律？
2. 婴儿的思维发展经过哪些阶段？
3. 婴儿的语言发展经过哪些阶段？
4. 依恋的含义、作用和产生原因分别是什么？
5. 婴儿有哪些基本依恋类型？
6. 婴儿的气质类型有哪些？

7. 父亲或其他家庭成员是否可以成为和母亲一样合格的婴儿照顾者？
8. 一般认为婴儿与同伴的交往分为哪三个阶段，每个阶段有什么样的特征？

推荐阅读

林崇德主编:《发展心理学》,人民教育出版社 2018 年版。

[美]查尔斯·H. 扎斯特罗、卡伦·K. 柯斯特-阿什曼:《人类行为与社会环境》,师海玲等译,中国人民大学出版社 2006 年版。

史柏年、罗观翠主编:《儿童社会工作》,社会科学文献出版社 2003 年版。

[美]莎莉·欧茨、黛安娜·巴巴利亚:《儿童发展》,黄惠真译,台北桂冠图书公司 1994 年版。

John Bowlby, *Attachment and Loss*, New York: Basic Books, 1965.

扩展推荐阅读

[英]泰萨·巴拉顿主编:《母婴关系创伤疗愈》,高旭滨译,世界图书出版公司 2014 年版。

第九章　幼儿行为与社会环境

学习目的

了解幼儿生理发展的表现和各阶段的特点；掌握幼儿动作、语言发展的特点及培养方法；了解幼儿心理与行为发展的特点；理解幼儿成长中重要的社会环境——家庭与同伴，提升对幼儿与同伴、幼儿与家庭关系的认识；了解独生子女教育、幼儿心理自闭问题、幼儿照顾与社会服务发展三个社会工作的重要议题。

幼儿是指3~6岁的孩子，他们处于学龄前阶段。与婴儿相比，幼儿的生理机能不断发展，身体各部分的比例逐渐接近成人，神经系统尤其是大脑皮层的结构和机能不断成熟和完善，动作和语言能力发展迅速，认知和社会性也不断由低级向高级发展。

第一节　幼儿生理发展和健康

一、幼儿生理的发展

在幼儿期，儿童的身体变化不如婴儿明显，但在身高、体重、肌肉、骨骼和神经系统等方面仍然有明显的发展。

1. 身高和体重

在此阶段，幼儿的身高约增加15厘米，体重约增加5千克。随着年龄的增长，活动量的加大，活动范围的扩大，幼儿的体力消耗增加了，这使幼儿的体型由原来的“头重脚轻、腹部突出、短手短腿、圆圆胖胖”的婴幼儿体型，变成了皮下脂肪较少，肌肉结实的儿童体型①。这时，幼儿头部的比例仍然稍大，但身体各

① 毛晓光主编：《人的成长与发展》，社会科学文献出版社1997年版，第33页。

部分的比例开始逐渐接近成人。

2. 肌肉和骨骼

幼儿的肌肉和骨骼发育迅速。一方面，神经系统的发育提高了大小肌肉的活动能力；另一方面，骨骼的发育使幼儿逐渐形成了强壮的体型，而这种强壮的体型能有效地保护其内部器官。此外，幼儿的乳牙已全部长出，这不仅使他们的咀嚼能力得到进一步提高，而且也为今后恒牙的生长提供了有利的条件。

3. 神经系统

从 3 岁起，幼儿的神经系统开始进一步发展，突出表现在大脑结构的不断完善和机能的进一步成熟等方面①。

首先，大脑结构的发展。幼儿大脑结构的发展主要表现在以下三个方面。

一是基本接近成人脑重的水平。在 20 岁以前，人脑的重量是随着年龄的增长而增长的。人出生时的脑重平均为 390 克，约为成人脑重的 25%；在 1 岁左右增加到 660 克，约为成人脑重的 47%；到 3 岁左右达到 990~1011 克，约占成人脑重的 75%；到 6~7 岁时约为 1280 克，基本接近成人脑重水平；之后，脑重的增长速度相当缓慢，到 12 岁时达到 1400 克，此为成人脑重的平均数，到 20 岁左右停止增长。幼儿期脑重的不断增加是由神经细胞结构的复杂化和神经纤维的不断增长所造成的。

二是逐渐完成了神经纤维的增长及其髓鞘化。在此阶段，幼儿的脑神经纤维继续增长，并在以前多呈水平方向的基础上出现了向竖直或斜线方向延伸的分支。之后神经纤维分支进一步增多、加长，开始形成更为复杂的神经联系。与此同时，儿童神经纤维的髓鞘化也逐渐完成，使得神经兴奋沿着一定道路迅速传导，并且更加精确。在新生儿期，脊髓、脑干等结构中的神经纤维已经开始髓鞘化，此后，与感觉运动有关和与运动系统有关的部位，与智力活动相关的额叶、顶叶区都开始相继髓鞘化。随着神经纤维的增长及其髓鞘化的逐渐完成，大脑皮质结构日益复杂化。

三是整个大脑皮质基本成熟。到此阶段末，幼儿大脑皮质各区都接近成人水平，到 7 岁时，连发育最晚的额叶也基本成熟，这就为幼儿智力活动的迅速发展和接受教育提供了可能。

其次，大脑机能的成熟。随着幼儿大脑结构的发展，大脑的机能也随之迅速发展起来，主要表现在以下两个方面。

一方面，兴奋和抑制的神经过程不断增强，且两者日趋平衡。兴奋过程的加强，主要表现在幼儿每日睡眠时间相对减少，由新生儿的每日 18 小时减少到 3 岁时的 13 小时左右，再减少到 6~7 岁时的 11 小时左右。抑制过程在婴幼儿期

① 林崇德：《发展心理学》，台北东华书局 1998 年版，第 227—331 页。

就开始发展，但在 3 岁以前发展速度很慢。大约从 4 岁起，由于神经系统结构的完善、对语言的掌握和周围环境的作用，幼儿的内抑制有了较快的发展，突出表现在幼儿逐渐学会控制、调节自己的行为，冲动性减少。然而，从总体上说，这一时期的兴奋过程与抑制过程是不平衡的，前者要强于后者。

另一方面，条件反射容易建立，而且较巩固。在此阶段初期，幼儿还具有婴幼儿期条件反射形成慢、缺乏强化且容易消退等特点。但是，随着幼儿神经系统结构的发展，到此阶段末期，条件反射的形成和巩固相比以前明显加快，这主要体现为幼儿学习新知识的速度比较快，且学会后也不容易遗忘。例如，与 3 岁左右的孩子相比，5~6 岁的孩子学一首新儿歌速度要快得多，而且不容易遗忘。

最后，大脑单侧化现象的形成。虽然人的大脑左右两个半球在结构上几乎完全一样，但在功能上有所不同。一般来说，左半球是处理语言，进行抽象逻辑思维的中枢，右半球则是处理表象，进行形象思维的中枢，这形成了两个半球在功能上的高度专门化。

研究表明，大脑单侧化现象从婴幼儿期就开始显现，大约在幼儿 5 岁时明显形成①。优势手（人使用较多的手）的形成是大脑优势半球出现的标志。在一般情况下，1 岁婴儿使用左右手的次数接近 1∶1，但随着年龄的增长，幼儿使用右手的次数逐渐增加，到 5 岁时基本定型。

二、幼儿健康

幼儿健康包括幼儿的生理健康、心理健康和行为健康三个方面，是关系到幼儿生理、心理及社会性发展的重要因素。幼儿生理健康的标准是：体格发育正常，无先天性缺陷，体重增长适度，发育符合规律，疾病抵抗能力强。幼儿心理健康的标准是：智力发育正常，情绪健康稳定，性格特征良好。幼儿行为健康的标准是：在盥洗、进餐、清洁、睡眠、运动、游戏等方面有良好的行为习惯。

影响幼儿健康的因素众多，主要包括营养、睡眠、人际环境和自然环境等。

1. 营养

幼儿的正常成长取决于营养的摄入。随着幼儿年龄的增长，每单位体重对热卡的需要逐渐降低（婴儿约 110 kcal/kg，15 岁少年约 50 kcal/kg），但对蛋白质、糖、维生素、矿物质的需要相比成人较多。

幼儿摄入的蛋白质要保证含有足够量、足够种类的必需氨基酸，最好有 50%来自动物蛋白质。各种动植物蛋白质混合，可提高蛋白质的利用效率进而提升其生理价值，弥补幼儿本身必需氨基酸的不足。蛋白质供应不足，会导致幼儿生长发育迟缓、营养不良等。

---

① Stephen Krashen & Richard Harshman, "Lateralization and Critical Period," *Journal of The Acoustical Society of America*, vol. 52, no. 1A (1972), p. 174.

脂肪营养价值的标准包括类脂质的多少、所含脂肪酸的种类、消化率的高低、所含脂溶性维生素的多少。植物油多含不饱和脂肪酸，易消化，而维生素含量低。类脂质在神经和肌肉中分布很广，适量补充有利于幼儿的健康。脂肪还能改善食品滋味，提高幼儿食欲。如果长期缺乏脂肪，则会导致幼儿营养障碍。

幼儿对糖类的需要量随年龄而增加。日常饮食中粮食、蔬果等都富含葡萄糖、麦芽糖、果糖等成分。谷类含糖量约在70%以上，其中大米和小麦的含糖量在90%以上，且容易被机体吸收利用。糖类是幼儿进行活动的直接动力来源，所以适量补充糖类十分必要，但如果摄入过多，糖类则有可能转化为脂肪，引起幼儿肥胖等问题，影响幼儿健康。

此外，幼儿还必须从蔬菜、水果、粮食中摄取各种维生素和矿物质。

2. 睡眠

良好的睡眠，是促进幼儿健康的有利因素。只有良好的睡眠，才会使幼儿精力充沛，食欲良好，健康成长。对于幼儿的睡眠，要注意以下三个方面。

首先，睡眠时间是否合适。影响幼儿身高的因素除了遗传、营养摄入、体育锻炼等，还有生长激素的分泌情况。生长激素能促进骨骼、肌肉、结缔组织和内脏的生长发育，其分泌有特定的节律，即人在睡着后才能产生生长激素，深睡一小时以后逐渐进入分泌高峰，一般情况下，22时至凌晨1时为分泌高峰期。正在长身体的幼儿，如果睡得太晚，身高就会受到影响。因此，幼儿睡觉最迟不能超过晚上9点，一般以晚8点前最为适宜。

其次，睡眠时间是否睡足。儿童出生0~3个月一天要睡13~18个小时，出生4~11个月要睡12~16个小时，1~2岁要睡11~14个小时，3~5岁的幼儿应当每天保证10~13小时的睡眠。睡眠时间是否充足与睡觉的时间是紧密相连的。一些幼儿在晚上不能按时就寝，存在一定的睡眠障碍，如果在10点之前不能入睡，假设第二天需要7点钟起床去幼儿园，那么睡眠时间显然是远远不够的。

最后，睡后熄灯。通常情况下，熄灯睡眠有利于人体的生理机能协调和代谢平衡。如果睡眠时还是长时间处于人工光源照射下，由于微妙的“光压力”，人的视网膜生理调节会受到干扰，眼球和睫状肌得不到充分的休息，久而久之，势必影响视力健康。

3. 人际环境

幼儿的人际环境主要包括家庭环境和幼儿园环境。无论是家庭环境还是幼儿园环境，从形式到内容，都应该努力营造一个轻松自然的教育氛围，促进幼儿的健康发展。

家庭环境对幼儿的发展极为重要，家庭经济条件、家庭结构及父母教养方式等都会对幼儿健康产生影响。家庭要稳定,家人之间要和睦,要建立适当的亲子依恋关系,父母的教养方式要民主、一致,才能有利于幼儿的健康。

在幼儿园创造有利于幼儿健康发展的环境,教师起着关键性的作用。教师要加强幼儿园的综合管理,用爱心、科学的教养态度和民主的教养方法,对幼儿进行公正的评价,理解和容忍幼儿的行为,同时运用表扬的方法,鼓励幼儿学会生活自理,并帮助他们建立起友好的同伴关系,使幼儿园真正成为幼儿的乐园。

4. 自然环境

幼儿对自然环境具有明显的选择性。一方面,幼儿喜欢熟悉的环境,这有利于帮助他们克服怯生的心理。另一方面,幼儿喜欢能满足他们好奇心的环境。在这种环境中,幼儿常常赋予自然界的物体以生命力,从而满足自己和周围环境互动的需要,获得成功的体验。父母和教师应尽量为幼儿提供他们喜欢的自然环境,逐步培养他们适应环境和改造环境的能力。

幼儿健康是全民健康的重要基石。国家卫生健康委于 2018 年 4 月启动实施了《健康儿童行动计划(2018—2020 年)》,指导各地健全儿童健康服务网络,提高儿童健康服务能力,努力为儿童提供连续、全面的儿童健康服务。在此基础上,国家卫生健康委制定了《健康儿童行动提升计划(2021—2025 年)》,它提出了基本原则和主要目标:坚持儿童优先,共建共享;坚持预防为主,防治结合;坚持公平可及,促进均衡;坚持守正创新,持续发展。该文件提出目标:到 2025 年,覆盖城乡的儿童健康服务体系更加完善,基层儿童健康服务网络进一步加强,儿童医疗保健服务能力明显增强,儿童健康水平进一步提高。

第二节 幼儿动作与语言发展

随着幼儿生理发展的逐渐成熟、实践活动(如游戏等)的日益复杂化及社会交往范围的进一步扩大,他们的动作与语言发展也有了重大进展。

一、幼儿动作技能发展的特点

在幼儿期,儿童的骨骼与肌肉发展迅速,肺活量逐步增大,感官、四肢和神经系统也日益协调,这就使他们的动作技能发展出现了新的特点①。

1. 肌肉发展逐渐成熟

在幼儿期,随着大肌肉发展逐渐成熟,幼儿能够控制自己的身体以达到某种目的。例如:3 岁的幼儿能沿着一条直线走路,并能以单脚站立约 1 秒钟;4 岁的

---

① Diane E. Papalia & Sally Wendkos Olds, *Human Development* (*6th Edition*), New York: McGraw-Hill, 1995, pp. 209-210.

幼儿开始能用单脚跳跃，并能接住成人扔过来的皮球；5 岁的幼儿能逐步掌握溜冰的技巧。可见，大肌肉的发展增进了幼儿的跑跳能力，为他们今后发展运动和舞蹈等技能提供了基本条件。

2. 小肌肉与手眼逐渐协调

由于小肌肉与手眼的逐渐协调，幼儿进一步提高了控制自己身体的能力，能在多方面满足自己的需要。例如：3 岁的幼儿能够画出看上去还不错的直线和可辨识的圆形，会用汤匙吃饭，并会自己上厕所；4 岁的幼儿能够用剪刀剪一条直线，会画人，会用筷子吃饭，并会自己穿脱衣服而无需成人太多帮助；5 岁的幼儿会画正方形，有的还会串珠子。显然，小肌肉与手眼的逐渐协调，使幼儿开始获得了胜任感和独立感。

二、幼儿语言发展的特点及能力培养

幼儿语言的迅速发展促进了其思维发展，而思维的发展反过来又进一步促进了语言的发展。

1. 语言发展的特点

幼儿语言的发展，主要体现在从以表达机能为中心向以思维机能为中心的转变。3 岁幼儿的语言以表达机能为中心，4 岁幼儿的语言具有表达与思维双重机能，5 岁幼儿的语言则以思维机能为中心。语言发展机能的这种转变，使幼儿语言的发展呈现以下特点①。

（1）能正确掌握全部本土语音。到 4 岁时，幼儿的发音器官已逐渐完善，听觉也日益灵敏，这为正确发音奠定了生理基础。在一般情况下，4 岁的幼儿发音基本准确、清楚，且不再带有“娃娃腔”；5 岁的幼儿不但能正确发音，而且能准确地使用声调；6 岁的幼儿则能正确、清晰地发出全部语音，与成人交谈已无障碍。

（2）词汇发展迅速。幼儿词汇的迅速发展可从词汇量、词类和词义三个方面来进行分析。从词汇量看，3~6 岁幼儿的词汇量增加迅速，到这个阶段末期可达到 3000 个左右，远远超过了一般口语的需要；从词类来看，这个阶段幼儿的词类范围在日益扩大，以名词和动词占多数，但随着年龄的增长，名词和动词在各类词汇中所占的比例逐渐呈现出递减的趋势；从词义来看，幼儿逐渐掌握对积极词汇的运用，既能理解也能使用概括性较高的词。积极词汇的掌握有赖于两个条件②。一是能正确理解词义。幼儿是否能正确理解词义，与他们是否具有有关词汇的直接或间接经验有关。对于一个很抽象的、与幼儿经验没有任何关系的词汇来说，即使幼儿能够“鹦鹉学舌”地说出来，它仍然是一个消极词汇，因

---

① 毛晓光主编：《人的成长与发展》，社会科学文献出版社 1997 年版，第 39—41 页。

② 林崇德：《发展心理学》，浙江教育出版社 2002 年版，第 253 页。

为幼儿不能正确理解它的意义。二是能根据不同的场合正确地使用词汇。有许多词汇,幼儿虽然能听懂或是能理解,但不会使用或是不能正确使用,那么这些词汇仍然属于消极词汇。为了将消极词汇转变成积极词汇,必须为幼儿创造适当的应用场合。由此可见,对作为思维细胞即概念的物质外壳的词汇的理解和应用,本身就体现了思维发展和语言发展的水平,因而发展幼儿的积极词汇对他们的思维发展有促进作用。

(3) 初步掌握语法结构。在通常情况下,5~6 岁的幼儿都能较熟练地使用简单句说话,但对复合句的掌握则较为缓慢。幼儿使用复合句说话大约是从 3 岁开始的,到 5~6 岁,幼儿对复合句的使用量迅速增加,但还不太自如,还不会使用有些较复杂的复合句。与此同时,幼儿的语法基本上合乎语法规则(当然,有时也会出现一些语法错误)。这并不是因为幼儿从理论上真正弄懂了语法规律,而是因为幼儿经过对成人的模仿,并与之交谈,在实际运用语言的过程中逐渐形成了一种“语感”,对符合语法结构的话更熟悉,由此初步掌握语法结构。

(4) 口语表达能力日益增强。在成人的教育和训练下,幼儿的口语表达能力日益增强,能够比较连贯地、完整地叙述一件事的经过或能讲述一个较长的故事。4~5 岁的幼儿能够讲述一件事或一个故事,但有时连贯性较差,边想边说,将感兴趣的枝节说得很多,而遗漏或省略了主要情节。随着年龄的增长,幼儿的口语表达能力继续提高,到 6 岁左右,幼儿开始能不借助交谈对象的提醒独立地进行表述,其过程较完整、较系统也较有条理,他们还能用较准确的语言表达自己的感受和想法。

(5) 开始形成内部语言。内部语言是指以调整行为的形式面向自己的语言。幼儿的内部语言是从 2 岁左右时的自言自语发展起来的,到 5~6 岁时,自言自语逐渐变成了边思考边行动的内部形式,指导行动的语言不再被说出声来,而是被放在心里默念,只有当情绪激动或想问题遇到困难时,幼儿才会自言自语,这与他们这一时期思维的发展是分不开的。

(6) 开始掌握书面语言。从 4 岁左右起,幼儿便不断地模仿成人常用的书面语言。由于幼儿特别爱说爱问,在不断增强的口头语言能力和理解能力的基础上,他们开始了对书面语言的学习。从成人所讲的故事和道理中,从有趣的动画片和儿童读物中,幼儿自觉不自觉地学习书面语言,同时将它们储存在自己的语言库中,并在适当的时候运用这些书面语言。

2. 语言能力的培养

对幼儿来说,语言能力的发展过程是一个学习过程,因而照顾者和老师对幼儿语言能力的培养十分重要。在这方面,必须特别注意以下几个问题[①]。

（1）照顾者(通常是父母)应该规范自己的语言。照顾者是幼儿的第一任老师,幼儿对照顾者语言的模仿能力极强,不正确的发音和错误的语法会严重影响幼儿语言能力的发展。

（2）努力扩大幼儿的词汇量。词汇量是幼儿语言能力发展的基础,而词汇量的增加有赖于幼儿生活范围的扩大、生活内容的丰富及照顾者对幼儿的关心。因此,为幼儿创造充分的社会交往机会,丰富幼儿的生活实践,能使幼儿在与成人和同伴的交往中,不断提高语言表达能力。

（3）加强对幼儿语言训练。无论是照顾者还是幼儿园的老师,都应该经常给他们讲故事、看儿童读物和动画片,经常将幼儿周围环境中的事物教给幼儿等,并通过这些方法加深其对所用词汇的理解,扩大幼儿的词汇量。此外,还应该多与幼儿进行语言游戏,如练习同义词和反义词、背顺口溜和绕口令、猜谜语及看图说话等。总之,照顾者和老师要有意识地训练幼儿的语言能力。

第三节　幼儿心理与行为的发展

一、幼儿心理的发展

1. 幼儿心理发展的一般特征

幼儿期是一个充满创造力和想象力的时期,幼儿能以一种新的和重要的方式来思考自己和别人。这里主要从认知和情绪两个方面来探讨幼儿的心理发展特征。

（1）幼儿认知的发展

幼儿认知发展的阶段,属于皮亚杰所说的前运算阶段。随着幼儿生理机能的不断发展,尤其是大脑发育的逐渐完善,幼儿的认知也迅速发展,日趋深刻而复杂,幼儿在感觉、知觉、记忆、注意、学习、观察和思维等方面体现出如下特点。

在这个阶段,幼儿各种感觉的发展逐渐得到完善。其中,视觉、听觉、运动觉和触摸觉的发展最为明显,主要表现为:第一,幼儿已具有精确辨别细微物体或远距离物体的能力;第二,幼儿视觉的随意性随着年龄的增长而发展;第三,幼儿的听觉、运动觉、触摸觉的发展也极为迅速。

幼儿知觉的发展,主要表现为空间知觉、时间知觉和观察力的发展。在空间知觉方面,幼儿能够进一步感知物体的空间特性,辨别形状的能力和区分方位能力逐渐提高,这一时期,幼儿已能正确辨别正方形和三角形,且能区分熟悉的物

---

① 毛晓光主编:《人的成长与发展》,社会科学文献出版社 1997 年版,第 42 页。

体或场所的相对远近。在时间知觉方面,幼儿的发展水平很低,既不准确,也不稳定,它常常与具体的生活活动相联系。在观察力方面,幼儿有意识的观察日益增多,观察时间逐渐持久,观察的系统性、逻辑性和概括性也在增长。

随着神经系统的逐渐成熟和语言的发展,幼儿的记忆能力也开始全面发展,其显著特点是:以不随意的形象记忆为主,有意识记忆初步发展;以机械性记忆为主,意识记忆初步发展;易记易忘,记忆不精确。

注意是感觉、知觉、记忆和思维等认知发展过程的一种共同特性,是对一定对象的指向和集中。幼儿的一切知识、经验、技能和技巧的获得,都与注意有关。注意可分为无意注意和有意注意,前者是指先天的、没有一定目的的、在不知不觉中产生的注意,而后者则是指 3 岁以后才开始发展的、有一定目的的、在努力中产生的注意。

学习是幼儿成长的必经之路。在这个阶段,语言、记忆、注意等的发展,为幼儿学习各种知识和技能奠定了基础。但在不同的年龄阶段,幼儿学习活动的内容是有所区别的:4 岁幼儿的学习活动主要以游戏的形式展开;5 岁以上幼儿的学习活动则主要以正规学习形式展开,其中当然也会穿插游戏的形式。必须指出的是,幼儿的学习效果与其注意力、记忆力和语言能力的水平呈现密切的正向关系。

幼儿的观察能力是在 3 岁以后发展起来的,到 5~6 岁时,由于观察的目的性、自觉性和概括性的增强,幼儿的观察力有了明显提高。但是,幼儿还不能正确掌握观察的方法,因而他们的观察比较片面,且很难抓住事物的主要特征。

幼儿的思维能力已开始具有独立性,即他们可以离开感知和动作进行思维。但由于抽象的逻辑思维刚刚开始发展,幼儿此时的思维仍然以具体的形象思维为主。随着幼儿语言能力的发展,他们的思维能力会得到进一步发展。

随着幼儿游戏活动的发展及生活经验的丰富,他们的想象能力开始被激发出来。在这个阶段,无意识的想象占主要地位,有意识的想象和创造性的想象则处于初步发展的阶段。

(2) 幼儿情绪的发展

幼儿期是个性形成的奠基时期,情绪对其心理发展具有非常重要的影响。幼儿的心理活动和行为受情绪影响较大,情绪是幼儿认知和行为的唤起者与组织者,直接指导、调控幼儿的行为。在愉快情绪下,幼儿愿意学习,做什么事都积极;情绪不好时,则不愿意学习,活动也不积极。幼儿在与不同的人、事物的接触中,逐渐形成了对不同人、不同事物的不同情绪和态度。如果幼儿经常、反复受到特定环境刺激的影响,反复体验同一情绪状态,这种状态就会逐渐稳固下来,形成稳定的情绪特征,而情绪特征正是性格结构的重要组成部分。

情绪与认知之间关系密切,一方面,情绪随着幼儿认知的发展而分化和发展;另一方面,情绪对幼儿的认知活动及其发展起着激发、促进作用或抑制、阻碍作用。由于不同性质和不同强度的情绪对认知活动起着不同程度的促进或阻碍作用,因而情绪对幼儿智力活动的效果也有重要影响。

幼儿的情绪随着年龄的增长而变化。3 岁之前,在影响孩子情绪变化的因素中,生理需要是否得到满足是主要因素。随着年龄的增长,影响情绪变化的主要因素渐渐变为社会性需要是否得到满足,幼儿非常希望被人注意,为人重视、关爱,要求与别人交往。成年人对幼儿的关爱、表扬,可以使幼儿信心百倍、情绪活跃愉快。此外,幼儿的情绪还会受到其与同伴交往状态的影响。

随着年龄的增长,幼儿的情绪过程越来越分化,许多高级的社会性情感出现,如尊敬、怜悯、公正、友谊、同情、羡慕和骄傲等,而幼儿对情绪过程的自我调节能力越来越强,主要表现在以下三个方面。

一是情绪的冲动性逐渐减弱。在幼儿早期,幼儿常常处于激动的情绪状态,这与他们大脑皮质的兴奋容易扩散及皮质对皮下中枢的控制能力发展不足有关,因而他们常常大哭大闹或大喊大叫,短时间不能安静下来。随着幼儿脑的发育和语言的发展,到了幼儿晚期,他们从能在成人的要求下被动地控制自己的情绪,发展到有意识地自我控制情绪,情绪的冲动性逐渐减弱。

二是情绪的稳定性有所增强。在幼儿早期,幼儿的喜与怒、哀与乐往往会在很短时间内相互转换。但到了幼儿晚期,幼儿对情绪的自我调节逐渐加强,情绪表现出一定的稳定性。

三是情绪从外露到内隐。在幼儿早期,幼儿基本不会调节自己的情绪。但随着年龄的增长,幼儿逐渐开始产生要控制情绪表现的意识。到了幼儿晚期,幼儿已能在一定程度上调节自己的情绪,遇到不愉快的事情能努力试图控制自己的情绪,这表明幼儿的情绪已开始具有一定的内隐性。

2. 幼儿自我意识的发展

随着生理、心理的发展,幼儿已逐渐从以自我为中心,变得学会区分他人与自我。通过在环境中与他人进行互动,幼儿的自我意识得到发展。对于幼儿来说,自我意识主要由自我评价、自我体验和自我控制三方面因素构成。

(1) 幼儿自我评价的发展

自我评价是指人对自我各方面所作出的价值评估。幼儿的自我评价是从 3 岁左右才开始的,其形成和发展的基础来自以下三个方面①:一是他人的爱、支持或赞成;二是具有特别的才能,如在游戏或体育活动中取得成功等;三是能够与他人或理想自我进行比较。通常,被爱、被支持、被赞成或取得成功,会使幼儿

---

① Barbara M. Newman & Philip R. Newman, *Development Through Life: A Psychosocial Approach* (*12th Edition*), Stamford: Cengage Learning, 2015, p. 262.

产生积极的、乐观的自我评价；而被忽视、被拒绝、被否定或失败，则会使幼儿产生消极的、悲观的自我评价。显然，幼儿的自我评价仍然停留在对自己外部行为的评价上。但这种自我评价对幼儿自尊的发展具有重要影响：如果一个幼儿具有积极的、乐观的自我评价，那么他会尽量改变那些与自我评价不协调的行为，这有利于其自尊的发展；如果一个幼儿具有消极的、悲观的自我评价，他的自尊发展将受到无价值感的负面影响。

（2）幼儿自我体验的发展

自我体验是人对自我所作出的情绪体验，包括生理性体验和社会性体验两个方面，前者如高兴、生气和愤怒等，后者如委屈、羞愧和羞怯等。随着年龄的增长，幼儿的自我体验由低级向高级发展，逐渐由生理性体验向社会性体验过渡。此外，幼儿自我体验的发展具有波动性，如他们可能刚体验到兴奋，又很快体验到沮丧。但幼儿自我体验的这种波动性发展是暂时的，如果他们经常得到成人的称赞和支持，并且经常得到发展才能的机会，他们的自我体验的发展就会逐渐成熟起来。

（3）幼儿自我控制的发展

自我控制是人控制自我的能力，自制性、独立性、坚持性和果断性是自我控制能力强的表现，而冲动性、易受暗示性、动摇性和优柔寡断性则是自我控制能力弱的表现。自我控制发展的前提是自我评价的发展，因为一个人如果不能对自己作出价值评估，那么就不存在自我控制发展的环境条件。尽管幼儿的自我评价有了一定的发展，但它仍然停留在对自己外部行为的评价上，因此总体来看，幼儿自我控制的发展仍然很缓慢。在幼儿早期，幼儿的自我控制能力很弱，只有到了幼儿晚期，幼儿才初步具备一定的自我控制能力。

二、幼儿游戏

游戏是幼儿在现实生活中，为解决满足自身各种需要和身心发展的局限性之间矛盾的一种活动。幼儿非常渴望参与社会生活，但因能力受限无法参与社会生活。游戏的虚构性、具体性、趣味性和愉悦性等特点，使幼儿渴望参与社会活动的愿望在游戏中得到满足，游戏从而成为幼儿参与社会活动的主要形式。

1. 幼儿游戏的理论视角

游戏对于人的一生来说是必不可少的活动，特别是对于幼儿来说，游戏更有其特殊的意义。如果把生活视为一个活动系统，那么在幼儿期，游戏在活动系统中起着主导作用。1989 年第 44 届联合国大会第 25 号决议通过的《儿童权利公约》(Convention on the Rights of the Child) 明确规定：缔约国确认儿童有权享有休息和闲暇，从事与儿童年龄相宜的游戏和娱乐活动，以及自由参加文化生活和艺术活动。

“幼儿为什么要进行游戏?”这是一个十分复杂且难以回答的问题。因为对这一问题的解答,同时也是对“人是什么?”“人类活动的本质是什么?”等基本问题的解答。幼儿的游戏曾经以它特有的风格吸引过许多儿童社会工作者、教育学家、美学家、心理学家等的关注。今天,仍然有许多人试图通过对游戏的研究来帮助人们了解意识、艺术的起源和本质,揭开人类自身的奥秘①。

关于幼儿游戏的理论研究主要以四个视角出发:生物学视角、心理学视角、文化学视角和哲学视角②。

(1) 生物学视角

从生物学视角研究幼儿游戏的意义,有助于人们从人类发展进化的纵向坐标来考察人类(主要是幼儿)游戏与动物游戏二者之间的联系与区别,有助于人们更客观、全面地认识“人性”。正确理解生物基础对人的生命活动的意义,就是要强调人这种社会存在物的质的规定性问题的紧迫性。人具有作为他的行为的主要决定因素的社会本质,同时在整个一生中都受生物学规律的支配。人的游戏与动物的游戏具有种系演化上的连续性与共同性。如果说动物的游戏是一种维系“生存”的活动,具有生命功能的话,那么幼儿的游戏则不仅具有生命功能,还具有心理功能和文化功能,而动物的游戏则不受意识、理性、自由选择等的支配。正是这种“有意识的生命活动”,把幼儿游戏与动物游戏直接区别开来。

(2) 心理学视角

一直以来,不断有研究者从心理学视角研究幼儿游戏的意义。20 世纪 50 年代,受精神分析学派的影响,研究者比较重视游戏的情感发展价值;70 年代,受皮亚杰等认知学派学者的影响,研究者比较注重游戏的认知发展价值;80 年代以来,研究者则开始注意游戏对于幼儿身心各个方面的发展价值③。显然,游戏在儿童心理发展的各方面起着重要作用。幼儿在游戏中编织了假想的世界,却在心理方面获得了真实的成长。当然,幼儿游戏与幼儿发展之间的关系是错综复杂的,幼儿游戏的内容与类型,对于幼儿心理发展的各个侧面具有不同的意义和作用。总的来说,幼儿通过游戏能够获得情感、认知、社会性、意志、人格等各方面的发展,游戏可以说是幼儿精神成长的沃土。值得注意的是,游戏对于幼儿心理发展的价值,并不局限在幼儿时期,它还表现在幼儿成人以后的生活中。也就是说,游戏对于幼儿心理的发展,不仅具有重要的近期效果,而且具有深远的后效。“游戏性”在幼儿时期是与游戏相联系的一种精神态度,它在日后会转化为青年乃至成年时期的“人格特性”。

---

① 王小英:《儿童游戏的意义》,东北师范大学出版社 2006 年版,第 18 页。

② 华爱华:《幼儿游戏理论》,上海教育出版社 2015 年版。

③ 刘晓燕:《游戏与儿童——关于游戏的思考》,《学前教育研究》2001 年第 5 期,第 30 页。王瑜元:《试用“认知心理学”观点分析儿童游戏的心理机制》,《教育科学研究》1991 年第 5 期,第 1—5 页。

（3）文化学视角

从文化学视角来研究幼儿游戏的意义，可以发现游戏不仅是人类的生理现象和心理反应，而且还具有一定的社会功能，是生活中的一种文化因素。长期以来，人们习惯于在生理学和心理学的范围内研究幼儿游戏的意义和价值，这显然难以把握幼儿游戏的深层意义。事实上，研究游戏对幼儿的意义还应该兼顾文化学的视角。文化学家胡伊青加（J. Huizinga）沿着文化—史学的研究路径，深入地探讨了游戏与文化之间的关系①。在他看来，游戏不仅是人类的生理现象和心理反应，是自在的、本能的和非理性的，而且它与严肃性相对，具有一定的社会功能，是生活中的一种文化因素。在整个人类文化进程中，都活跃着某种游戏因素，这种游戏因素产生了社会生活的很多重要形式。他提出，处于最初阶段的文明乃是通过游戏表现出来的。游戏不仅是文化生成的重要途径，而且是文化适应（濡化）的重要途径。幼儿游戏既受社会文化的影响与制约，同时在生成新的文化（儿童文化），是一种超越了生存领域的文化活动。幼儿在游戏中倾注了全部的力量与智慧，他们的游戏总是充满创意，他们也常常为自己的“创造”而欣喜，并感到精神上的满足。

（4）哲学视角

从哲学视角来研究幼儿游戏的意义，是对幼儿游戏意义认识的升华。游戏是“假想”与“现实”的统一，是“自由”与“约束”的统一，是“主体性”与“反主体性”的统一，是“我在”与“无我”的统一。游戏具有双重性格，是多样性、矛盾性的辩证统一。游戏是一种主体性活动，它不受任何外部指令的强迫与制约，与利害得失无关，是根源于“纯粹的人的本性”的活动。幼儿在游戏中获得的解放感、自由感，并不仅仅止于逃避现实或从现实束缚中挣脱出来的解放与自由，还是进一步朝向自身的“人性”的解放与自由。也就是说，游戏不仅是一种超越了“约束”的解放，而且是“全人格”的解放。

2. 幼儿游戏的种类

游戏的种类繁多，既可以根据幼儿的行为表现、认知特点、社会性特点和创造性特点来分类，也可以根据幼儿教育方法来分类②。

（1）根据幼儿的行为表现，可将游戏分为语言游戏、运动游戏、想象游戏、交往游戏和表演游戏。

语言游戏是指以语言为主要内容和目的的游戏。在语言游戏中，幼儿的目的不是以语言作为信息交流的中介，而是试图从对语言符号的探索和操纵中得到乐趣。随着幼儿年龄的增长，语言游戏的内容有不断加深的趋势。例如：1 岁

① 王小英：《儿童游戏的意义》，东北师范大学出版社 2006 年版，第 92 页。

② 林崇德：《发展心理学》，浙江教育出版社 2002 年版，第 240—247 页。

以前的语言游戏内容以照顾者与婴儿之间的语音游戏为主;到5岁时,幼儿语言游戏内容已扩展到语音、语调、词语和句型等多种形式;5岁以后,随着对语言规则和意义的更深理解,幼儿开始有意识地运用多义、谐音等技巧进行娱乐。不言而喻,语言游戏能够提高幼儿学习语言的兴趣,从而有利于他们更好地掌握语言。

运动游戏是指通过手脚和身体其他部位的运动而获得乐趣的游戏。运动游戏在婴幼儿期就已经出现(如踢腿、爬行和学步等),在幼儿前期得到继续发展。在这个阶段,运动游戏的内容日益复杂,包括相互追逐、滑滑梯、骑小自行车和荡秋千等。在运动游戏中,幼儿的运动技能得到不断发展。

想象游戏是指幼儿在假想情境中按照自己的意愿扮演各种角色,并从中体验各种思想情感的游戏。想象游戏大约在1岁半时出现,通常表现为单独的想象性游戏,如用玩具餐具做饭、哄布娃娃睡觉等;3岁时,开始出现合作的想象性游戏,它常常以怪诞、夸张的形式出现;6岁时,想象游戏达到了高峰期,此时幼儿具有极为丰富的想象力,具体表现为能很协调地迅速完成角色转换,如幼儿在没有真的小汽车玩的时候,会将小椅子想象成汽车,并推着椅子"嘀嘀嘀"地叫,在没有真的玩具娃娃玩时,会将枕头当作娃娃,给它穿衣、喂它喝奶,将自己的感情寄托在它身上。在想象游戏中,幼儿的想象力被激发出来。

交往游戏是指两个以上的幼儿遵循一定规则而展开的社会性游戏。交往游戏的特点是:参与者你来我往、互相呼应。交往游戏大约在6个月时出现,此时的婴儿已可参与经常性的表情、声音的对答式交往游戏;8个月后,婴儿可参与客体(如玩具)介入的交往游戏;2岁时,游戏的象征性成分增加,但尚未形成一定的规则;3岁以后,幼儿才初步建立起交往游戏的规则,如轮换等;5~6岁以后,交往游戏逐步成熟,幼儿明确了特定交往游戏的规则、要求及自己应有的行为。例如,幼儿从交往游戏中会得知,自己对别人好,别人才会对自己好,并意识到只有接纳别人和自己一起玩,自己才能玩得愉快,可见交往游戏对幼儿学会如何与他人相处具有极大的价值。另外,在游戏中,幼儿会遇到大量自己与他人的需要或情感相冲突的局面,他们由此可以学会处理人际关系的语言及非语言技能,还可以养成负责、耐心、分享与合作等品质。

表演游戏是指以故事或童话为表演内容的一种游戏。在表演过程中,幼儿扮演故事或童话中的各种人物,并以故事或童话中人物的语言、动作和表情进行活动。由于表演游戏需要以动作和情感发展作为基础,因而这类游戏通常只适合5岁以上的幼儿。随着幼儿年龄的增长及他们语言、动作和情感的不断发展,他们的表演水平会有进一步的提高。幼儿通过表演游戏,不仅可以增长知识,而且还可以提高表演才能和语言表达能力。

(2)根据幼儿的认知特点,可将游戏分为练习性游戏、象征性游戏、结构游戏和规则游戏。

练习性游戏又称感知运动游戏，是指从感官中获得快感的一种游戏。这类游戏是幼儿发展过程中最早出现的一种游戏形式，由简单的重复运动组成，包括徒手游戏和操作物体的游戏，如摇晃铃铛等。练习性游戏往往以独自游戏和平行游戏的形式发生。随着年龄的增长，这类游戏会逐渐减少。

象征性游戏是指将知觉到的事物用其他替代物来象征的一种游戏。这是皮亚杰提出的一种游戏形式，幼儿经常进行这类游戏①。当幼儿开始将自身和环境区别开来的时候，就有了进行象征性游戏的可能性。换句话说，当幼儿能够将一物体作为一种符号来代替现实的客体时，象征性游戏就开始了。随着幼儿年龄的增长和知识经验的不断丰富，他们的象征功能不断发展，能在自己的世界中再现并反映种种社会事件和人物，使象征性游戏的内容和形式越来越丰富。例如：当幼儿有不愉快的心情时，他可能会骑着小自行车转上几圈，拿起笔在纸上乱写乱画，或责骂玩具娃娃，将不愉快的情绪发泄出来。象征性游戏是幼儿适应现实、按照自己的愿望和需要来塑造现实的游戏形式，它发挥着必要的感情外泄作用，对稳定幼儿的情绪具有重要意义。

结构游戏又称工作性游戏，是指幼儿运用各种材料，如积木、积塑、金属材料、泥、沙和雪等进行建筑或构造，从而创造性地反映现实生活的游戏。这类游戏有三方面的特点：一是以造型（如搭、拼、捏等）为基本活动；二是活动成果是具体造型物（如高楼、汽车等）；三是与角色游戏存在相互转化的关系。一般情况下，结构游戏的发展呈现如下顺序：1 岁半左右，幼儿开始简单堆叠物体；2～3 岁时，幼儿的活动具有先动手后思考、主体不明、成果简单、粗略、轮廓化等特点；3～4 岁时，幼儿逐渐能预设主题，成果的结构相对复杂，细节相对精细；5 岁以后，幼儿在活动中的计划性进一步增强，并可与多人合作建造大型物体。结构游戏要求幼儿手脑并用，不断调控注意力和动作，并且积极回忆、重新组合加工头脑中已有的表象，因此它可以促进幼儿手部动作和对物体数、形、空间特征的精细观察与理解，以及想象力和创造力等方面的发展。

规则游戏是指幼儿按照一定的规则从事的游戏。游戏中的规则既可以由成人事先制定，也可以根据故事情节的要求来制定，还可以由幼儿根据他们假设的情节自己来制定。例如：进入娃娃的家时，必须先敲门；进入超市购物，必须先存包；等等。在通常情况下，3～4 岁的幼儿能按一定的规则进行游戏，但他们常常会出现因为外部刺激或自己的兴趣而忘记规则以致破坏规则的行为；5～6 岁的幼儿则不仅能较好地进行这类游戏，而且能较好地理解并坚持游戏的规则，同时懂得用规则来约束参加游戏的所有成员。规则游戏可以发展幼儿的思维能力，

① ［瑞士］J. 皮亚杰、B. 英海尔德：《儿童心理学》，吴福元译，商务印书馆 1980 年版。

培养幼儿遵守集体和社会道德规范的良好习惯。

(3) 根据幼儿的社会性特点,可将游戏分为独自游戏、平行游戏、分享游戏和合作游戏。

独自游戏是指幼儿个人独自进行的游戏,如幼儿独自进行开汽车、做饭或照顾娃娃等活动。独自游戏也是与幼儿的认知发展过程相联系的。随着幼儿年龄的增长,独自游戏的内容和形式将越来越复杂。幼儿在独自游戏中,既发展了动作的灵巧性与精确性,又逐渐区分出客体和自我,这使幼儿意识到自身的力量,并由此产生好奇心和探究行为。

平行游戏是指幼儿独自进行相似的游戏,而不和其他幼儿一起游戏。在这类游戏中,每个幼儿的玩具都与周围幼儿的玩具相仿,但无意影响或改变其他幼儿的活动,各按各的方式玩,既没有合作的行为,也没有共同的目的。如几个幼儿各自进行拍皮球的游戏等。随着幼儿年龄的增长,平行游戏通常会越来越少。

分享游戏是指多个幼儿一起进行同样的或类似的游戏。在这类游戏中,没有分工,也没有按照任何具体目标或结果组织起来的活动。换句话说,幼儿并不使自己个人的兴趣服从小组的兴趣,而是根据自己的愿望进行游戏。在分享游戏中,幼儿们相互作用,但他们的兴趣并不在于游戏的内容,而在于体会合作行为的含义。

合作游戏是指幼儿们共同进行的具有一定规则、任务和竞争性的游戏。这是在幼儿末期出现的一种较高级的游戏形式,如跳绳、玩球、玩跷跷板等。由于幼儿在合作游戏中常常模仿成人在社会生活中的行为,因而合作游戏成为幼儿社会化的手段之一。

(4) 根据幼儿创造性特点,可将游戏分为累积型游戏、幻想游戏和假定游戏。

累积型游戏是指一种将不同内容的片断性游戏活动连接起来的游戏。如将看连环画、涂画、吃点心和看电视等活动连接起来,每种活动都持续 10 分钟左右,但前面一个活动与后面一个活动之间并没有必然联系。这类游戏一般在 3 岁左右的幼儿身上比较多见,但在 6 岁的幼儿中也为数不少。

幻想游戏是指幼儿独立进行探索,以想象反映社会生活,解决各种实际生活中无法解决的问题的游戏。幼儿在幻想游戏中表现出渴望交际的心情,假装成人并模仿他们的举止行为。如幼儿会拿着椅子当汽车,拿着竹竿当马骑,拿着玩具器皿做饭吃等。对于幼儿初期的孩子来说,他们在幻想游戏中主要进行简单的模仿活动。随着年龄的增长,幼儿幻想游戏的内容不仅日益复杂,而且表现出一定的性别差异,即男孩的幻想游戏主要反映各类活动及攻击行为,女孩的幻想游戏则较为细致和被动,且多与人际关系有关。幻想游戏有助于幼儿认识社会生活,激发他们的创造力。

假定游戏是指幼儿以玩具代替现实物体进行的一种模仿现实生活的游戏。幼儿的假定游戏也是随着认知的发展而发展的。3 岁以前，幼儿的假定游戏主要依赖于客观实体，采用玩具作为现实物体的替代物；到 4 岁左右，幼儿的假定游戏可以不再依赖于客观实体，替代物也越来越简单。假定游戏既与现实有关又有些夸张，它不仅可以促进幼儿的自信和自控力，使其保持适当的兴奋水平，进而获得控制环境的感觉，而且可以帮助幼儿区分出幻想和现实，有利于幼儿思维的创造性和流畅性的发展。

（5）根据幼儿教育的方法，可将游戏分为自发游戏和教学游戏。

自发游戏是指幼儿自己想出来的，能充分发挥他们自主性的游戏。这类游戏的种类可以被划分为认知性游戏和社会性游戏。自发游戏反映了幼儿的发展水平和兴趣爱好，有助于幼儿思维创造性的发挥。

教学游戏，是指通过有计划地对幼儿进行教育，从而丰富其知识、发展其智力的一种游戏。如一种由简单到复杂的教学游戏，就是让幼儿用众多的三角形硬纸板拼出方形、大三角形、较为复杂的几何图形和独特的图形等，这可以使幼儿在游戏中接受图形的概念，并通过思考和比较，初步掌握一些有关几何图形的知识，从而对想象和创造发生兴趣。有时候可以让幼儿自己当学生，让比他大的同伴当老师，稍大的幼儿就模仿老师上课的情境教另一个幼儿识字、数数。显然，教学游戏不仅能有计划地增长幼儿的知识，而且能发展他们的语言表达能力，提高他们的观察、记忆、注意和独立思考的能力，从而更好地发展他们的学习潜力。

总之，在幼儿各方面能力发展的过程中，上述既有联系又有区别的游戏活动，都发挥着各自的作用。

3. 幼儿游戏的特点

在游戏活动中，幼儿不仅体验着成人的社会活动，而且也感受着人们之间的相互关系。随着年龄的增长，幼儿的游戏呈现出如下特点①。

第一，游戏内容由简单到复杂。在幼儿初期，游戏的内容比较简单，仅仅是在重复动作的基础上，力图赋予这些动作以一定的意义。如在“过家家”的游戏中，幼儿在用汤匙喂玩具娃娃吃饭的时候，扮成妈妈的样子，力图反映母子关系。到幼儿中期，游戏的内容就变得较为复杂，不仅能反映成人生产劳动和社会工作的实际情况，而且还能反映人们之间的一般社会关系。如“过家家”的游戏，已经从喂玩具娃娃吃饭发展到包括买菜、烧煮、吃饭、洗碗和睡觉等反映父母劳动和家庭生活的系列活动。在幼儿末期，游戏的内容更为复杂，他们试图通过游戏来揭示和反映成人活动的社会意义。如在“过家家”的游戏中，出现了正面人物和反面人物，以及以关怀、爱护和帮助等为特点的人际关系。

---

① 林崇德：《发展心理学》，浙江教育出版社 2002 年版，第 247—249 页。

第二，游戏的步骤由无计划到有计划。在幼儿初期，游戏虽然已经有了明确的主题和角色，但还处于对成人社会生活活动的无计划模仿阶段。到幼儿中期，游戏已经有了初步的计划性，幼儿力图进一步理解和表现自己扮演的角色的意义和任务。在幼儿末期，幼儿不但能事先计划游戏的步骤，商量分配游戏的角色，而且能更好地理解和坚持游戏的规则，即对于游戏中的争执，他们能用游戏规则来解决问题。

第三，游戏的形式由简单模仿到创造。在幼儿初期，游戏几乎完全体现为模仿或再现成人的动作，幼儿的独立性很差，往往要求助于成人，所以很愿意与父母或老师一起玩。到幼儿中期，幼儿逐渐能够创造性地开展游戏，即能够构思和组织游戏，但还要依靠成人来处理争执。在幼儿末期，幼儿在具有创造性的游戏（如结构游戏、幻想游戏等）中，更愿意和同龄伙伴一起玩，出现争执能自己商量着解决，只有在万不得已时，才让成人来决断。

第四，游戏的种类由少到多。随着幼儿年龄的增长，游戏的种类不断增加，这是因为幼儿游戏种类的发展与幼儿自身各方面能力的发展是同步的，两者相辅相成、相互促进。一方面，幼儿自身各方面能力的发展促进了游戏的发展；另一方面，游戏种类的增加和水平的提高又反过来促进了幼儿自身各方面能力的发展。当然，游戏种类的增加并不意味着各种游戏都是独立的或是不相关的。因为幼儿游戏的发展是一个具有不同阶段的过程，当游戏从一个阶段向另一个阶段演化时，先前的游戏形式不是被抛弃而是被包括了，即前一阶段孕育、准备了后一阶段，而后一阶段则包含了前一阶段。

第五，游戏持续的时间由短到长。在幼儿初期，幼儿的注意力容易受到外部因素的干扰，兴趣也不很稳定，因而对同一游戏往往只能坚持较短的时间。到幼儿中期，幼儿对同一游戏坚持的时间有所延长，往往能达到 1 个小时或更长时间。在幼儿末期，幼儿对同一游戏坚持的时间更长，其表现是到了吃饭时间也不愿意终止游戏。

第六，游戏的成员由少到多。在幼儿初期，幼儿往往喜欢独自进行游戏，如独自摆弄玩具等，即使有别的幼儿参与进来，人数也不会多，一般是 2~3 人。到幼儿中期，幼儿已经比较喜欢与别人一起进行游戏。在幼儿末期，幼儿喜欢进行有更多人参与的游戏，即群体性的游戏。

三、幼儿劳动

在幼儿期，适时开展一些幼儿劳动，不仅可以锻炼幼儿的自我管理能力，培养其责任感和良好的生活习惯，而且可以促进幼儿肌肉、骨骼等的发育和肢体动作的灵活性，进而还能将幼儿在动手、动脑的反复实践中所获得的知识与成功体验等“迁移”到其他教育领域，从而使幼儿变得更加聪明、能干、懂事。

1. 幼儿劳动的内容

幼儿劳动的内容主要包括两个方面:一是自我服务劳动,培养幼儿独立生活的能力;二是集体服务劳动,在自我服务的基础上,进一步服务他人,服务集体。

幼儿劳动能力的培养应遵循由易到难、循序渐进的原则。在家中,父母对幼儿不能事事包办和代替,应逐步培养孩子自己洗手、穿脱衣服、整理玩具和吃饭等方面的能力。在幼儿园里,小班教师应安排幼儿自己洗手、穿脱衣服、整理玩具、整理图书、自己吃饭等;到了中班,随着幼儿生活自理能力的增强,教师可安排幼儿学习自己洗脸、刷牙、叠被子、系鞋带、扣纽扣、洗手帕、洗玩具、分发碗筷等;大班教师则可让幼儿学习穿针引线、扫地、倒垃圾,整理床铺,收拾碗筷和简单的种植、养殖活动等。在劳动活动中,父母和教师均要注意引导幼儿体验劳动创造的乐趣,同时也要让幼儿知道劳动的艰辛,珍惜、欣赏他人的劳动成果,逐步培养幼儿良好的劳动习惯和热爱劳动的思想品德。

2. 幼儿劳动的环境

幼儿劳动的环境主要包括家庭、社区和同辈群体。在家庭中,幼儿主要配合父母完成一些简单的劳动,在劳动中学习。在社区中,幼儿主要学习如何在群体中扮演自己的劳动角色,如主动寻找自己的群体位置等。在同辈群体中,幼儿劳动具有角色扮演类游戏的性质,幼儿可以尝试扮演一些分工的角色。

第四节 幼儿与社会

随着幼儿各方面能力的发展,他们的社会性交往范围已经从以家庭为主扩大到整个社会生活。

一、幼儿与家庭

父母不同的教养方式对于幼儿的行为方式乃至人格发展有着深远影响①,家庭中的性别教育则和幼儿进一步获得性别认同,逐渐完成性别社会化关系密切。

1. 家庭教养与幼儿行为

幼儿的社会化是从家庭开始的,幼儿与父母的交往对其社会性交往的发展具有重要作用。通常情况下,幼儿与父母的交往主要表现在父母对他们的教养。

从教养内容来看,父母一方面以其自身的行为和语言为幼儿提供观察和模仿的对象,另一方面通过对幼儿行为的肯定或否定,向幼儿传递有关的社会知

---

① 罗世兰、张大均、刘云艳:《家庭社会经济地位对幼儿良好行为习惯的影响:父母教养方式与幼儿心理素质的中介作用》,《心理发展与教育》2021年第1期,第26—33页。

识，以此促进他们社会性交往的发展。

从教养方式来看，父母对待幼儿的行为方式大体上有以下四种①。

权威型。父母常常肯定幼儿的行为，同时向幼儿提出明确的要求，并经常与他们讨论、解释有关行为规则的含义和意义。在这种教养方式下成长起来的幼儿，多数具有较强的独立性，且对人友好，善于与人交往，有较强的自尊和自信。

专断型。父母常常否定幼儿的行为，一方面要求幼儿无条件地遵守有关行为规则，另一方面却很少听取幼儿的意见和要求。在这种教养方式下成长起来的幼儿，往往缺乏主动性和积极性，容易形成抑郁、胆怯和自卑的心理。

放纵型。父母对幼儿的行为缺乏控制，对幼儿行为过分接纳和肯定。在这种教养方式下成长起来的幼儿，往往比较专横，容易冲动，缺乏责任心，攻击性较强。

忽视型。父母与幼儿之间的交流很少，对幼儿的行为缺乏要求和控制。在这种教养方式下成长起来的幼儿，往往具有较强的攻击性，易冲动，易发怒，自尊心水平较低，且很少考虑别人。

2. 家庭中的性别教育

幼儿期是儿童进一步形成性别认同的重要时期，家庭在幼儿的性别角色认同、性别化的发展及幼儿的性教育方面都扮演着重要角色。

(1) 性别角色认同

性别认同(gender identity)是指一个人内心深切感受到的基于个人体验到的性别②。随着年龄的增长，幼儿已能根据人的外表来认识性别，开始了性别认同的发展过程。尽管性别认同的发展并非在幼儿期全部完成，但幼儿期却是性别认同发展的重要阶段。因为在这一时期，幼儿建立了性别角色判断的标准，取得了对同性父母的认同，并形成了对性别角色的偏爱。

性别角色(gender role)是指根据性别而确定的社会分工、权利和义务，即男性或女性在社会关系中的地位或定位。对幼儿来说，性别角色的判断标准就是成人对他们的性别行为期望，即成人通过对幼儿行为的鼓励或限制，使幼儿掌握相应的性别角色行为。例如，一些父母认为：男孩应该是果断的，并能为他们的权利而竞争；另一些父母认为：男孩应该仔细思考什么是对的，什么是错的，并且用理智而不是冲动来引导他们的行动。这两类父母各有各的关于男性属性的概念，这种概念在很长的时间内透过各种方法传给了他们的儿子。父母给孩子的玩具，他们让孩子接受的经验，他们鼓励孩子所参与的活动，都反映了父母的性

---

① 林磊：《幼儿家长教育方式的类型及其行为特点》，《心理发展与教育》1995年第4期，第43—47页。林崇德：《发展心理学》，浙江教育出版社2002年版，第280—281页。

② 联合国教科文组织：《国际性教育技术指导纲要(修订版)》，联合国教科文组织2018年版，第112页。

别角色标准的某些向度①。

在幼儿期,当儿童根据性别角色的判断标准来指导自己和同伴的行为时,通常会产生性别刻板印象(gender stereotypes),即他们不仅规定自己严格按照性别角色的判断标准去行动,而且严格按照性别角色的判断标准去要求和评价同伴的行为②。在实际中的情况是,幼儿往往拒绝或取笑同伴不符合性别角色判断标准的行为。这种性别刻板印象会限制幼儿对自己和未来的看法,它不仅影响幼儿的日常行为,也影响幼儿未来的人生决定。吸收了这种刻板印象的幼儿,将来可能成为不会给婴儿喂奶的男性,或是不会钉木板的女性③。

(2)性别化的发展

1岁左右时,婴儿就开始注意到性别的差异,如他们已能正确使用“爸爸”和“妈妈”、“哥哥”和“姐姐”等称呼。从2岁起,他们的性别化行为具体表现在两个方面。一是对活动方式和玩具的选择。研究发现,父母对待不同性别子女的教养方式是不同的:父母更多地鼓励男孩子玩一些要求大肌肉运动的活动,如踢皮球、抓坏蛋等游戏,为其选择的玩具通常是汽车、冲锋枪、机器人等便于操作和摆弄的工具和器械;父母常常鼓励女孩子玩“过家家”游戏,为其选择的玩具大多是洋娃娃、厨房用具、化妆品等。幼儿活动方式和玩具的选择是其性别化行为形成的重要因素。二是对交往同伴的选择。幼儿(无论男女)都倾向于与同性伙伴交往。

显然,性别认同在一定程度上是随着年龄的增长而发展的。具体来说,幼儿性别认同的发展使他们认识到以下三点:性别具有差异性。当被问到“你是男孩还是女孩”时,幼儿能够正确回答自己的性别。性别具有稳定性。当被问到“你现在是男(女)孩,长大后你是男孩还是女孩”时,幼儿能够正确回答“我现在是男(女)孩,我长大以后还是男(女)孩”。性别具有恒定性。幼儿知道“即使我扎辫子、玩玩具娃娃,我还是一个男孩”或“即使我玩汽车、坦克,我还是一个女孩”。

值得注意的是,影响性别认同的因素包括遗传因素和社会性因素两个方面。遗传因素提供了性别认同的生物基础,而社会性因素(如父母、同伴、老师、家庭、学校、大众传媒等)则提供了性别认同的社会基础。虽然幼儿的性别取决于遗传因素,但其性别化行为的形成和加强则有赖于社会性因素的作用。

---

① Barbara M. Newman & Philip R. Newman, *Development Through Life: A Psychosocial Approach* (*12th Edition*), Stamford: Cengage Learning, 2015, p. 242.

② Tanja Hentschel, Madeline E. Heilman & Claudia V. Peus, "The Multiple Dimensions of Gender Stereotypes: A Current Look at Men's and Women's Characterizations of Others and Themselves," *Frontiers in Psychology*, vol. 10(2019).

③ Diane E. Papalia & Sally Wendkos Olds, *Human Development* (*6th Edition*), New York: McGraw-Hill, 1995, pp. 246-247.

(3) 幼儿的性教育

男孩和女孩花费了大量的时间形成性别分离,同时他们需要了解必要的性行为和性生殖的知识。事实上,幼儿通过把外界的信息同化和顺应到他们现有的认知结构中,构建了他们对性的认识。

幼儿对自己的身体和进行同性或者异性的游戏特别好奇,在6岁以前,大约有一半的幼儿会进行与性别有关的游戏(过家家或扮医生)。家长应该在这些活动中起到正确的引导作用。幼儿对性的认识也受到幼儿成长的社会文化环境的影响,父母、家庭乃至社会环境的性观念对于幼儿所受到的性教育有重要的影响。

二、幼儿与同伴

同伴关系对幼儿的发展具有相当重要的作用。同伴关系不仅有益于幼儿情绪发展和社会性发展,而且可以促进其认知的发展和社会技能的发展。

1. 同伴关系发展的基本类型

幼儿与同伴的交往,可分为有组织的交往和自发的交往两种形式。前者是指幼儿在幼儿园等机构中和同伴的交往,其特点是集体性,这对于幼儿语言能力的发展及处理与同伴之间关系能力的发展有极大的促进作用;后者则是指幼儿在幼儿园等机构以外与同伴之间自发形成的社会交往,其特点是随意性,主要交往形式是游戏,这有利于培养幼儿与同伴之间的人际交往能力,培养他们形成符合社会需要的行为习惯。值得注意的是,每个幼儿在与同伴交往过程中的行为方式不完全相同,且同伴对其行为的反应也不完全相同,从而形成以下四种同伴交往类型。

受欢迎型。幼儿在与同伴交往中,行为积极友好,能普遍受到同伴的喜爱和接纳,在同伴中的影响较大,且有较高的地位。

被拒绝型。幼儿在与同伴的交往中,行为积极,但不友好,且多攻击性行为,因而遭到多数同伴的拒绝。

被忽视型。幼儿在与同伴的交往中,既没有积极主动的行为,也极少有攻击性行为,容易被大多数同伴所忽视或冷落。

中间型。幼儿在与同伴的交往中,行为既非特别积极友好,亦非特别消极不友好,因而既有同伴接受他们,亦有同伴拒绝他们。

同伴群体对幼儿建立自我观念、发展自我评价具有重要意义。随着年龄的增长、认知的发展和学习的需要,幼儿与同伴的交往将会逐渐增多。

2. 幼儿的侵犯/攻击行为

幼儿的侵犯/攻击行为通常是他们实现某种愿望的一种工具,并无伤害他人的意图,但有时具有一定的危险性和破坏性。攻击行为包括工具式攻击行为和语言式攻击行为两种形式。前者主要表现为打人、争抢玩具、用物品砸人等，后者主要表现为用语言进行挑衅如训斥他人、吵架等。工具式攻击行为一般出现在幼儿初期，幼儿在游戏活动中为了获得自己所喜爱的玩具，会采取攻击行为。逐渐地，由于幼儿语言表达能力的提高，他们开始出现语言式攻击行为。

人们常常认为，幼儿的攻击行为是由男性激素引起的，这也是男孩的攻击行为较女孩更多的原因。但仅仅从生理方面寻找攻击行为的形成原因是远远不够的，事实上，幼儿的攻击行为从本质上看是由一些社会性原因引起的，主要包括以下几个方面。

受惩罚。当幼儿为了获得自己想要的东西而采取攻击行为时，往往会受到父母的惩罚，如打骂、恐吓等，但这种惩罚常常会加强幼儿的攻击行为。因为对于某些经常受到父母忽视的幼儿来说，他们宁愿由于攻击行为而受惩罚，也不愿总是处于无人理会的状态中。

对父母行为的模仿。由于幼儿经常会模仿父母的行为，因而那些经常有攻击行为的父母的孩子，出现攻击行为的可能性相对较大。

电视中的暴力镜头。电视中的暴力镜头会引起幼儿的注意，虽然这些暴力镜头不一定会引起幼儿的攻击行为，但大多数幼儿都认为这些镜头是现实生活的反映，他们中的一部分有可能模仿其中的攻击行为。

到了幼儿末期，随着幼儿自我意识、道德和社会性交往的发展，他们的攻击行为开始逐渐减少。但是，这并不意味所有幼儿都能够控制自己的攻击行为，这就需要父母联系相关机构及时对那些无法控制自己攻击行为的幼儿进行矫治。矫治时切不可采取惩罚的方式，因为这种试图以成人的攻击行为来减少幼儿的攻击行为的方式是行不通的，应该在采取否定态度的基础上，通过讲道理的方式，让幼儿对已发生的攻击行为产生内疚感，以便使他们今后减少攻击行为。此外，还必须帮助幼儿选择合适的电视节目，尽量避免暴力镜头。

3. 亲社会行为

亲社会行为是指符合社会主流文化期待的，具有利他性质的行为。对于幼儿来说，主要包括温和、合作、慷慨、理解别人的情感和需要，以及个人的行为应对群体负责。

在幼儿期，幼儿对待别人的态度很大程度上受制于他们体验到爱的程度。父母的榜样作用及同伴关系的好坏都会诱导幼儿产生亲社会行为并强化这种行为。幼儿的亲社会行为与其父母的同情、热情和照顾有关，如幼儿在分享方面的慷慨行为，在很大程度上受到其父母待人接物时态度的影响。同伴关系对于幼儿的亲社会行为也有重要影响。父母之所以劝告他们的孩子不要去交“坏”朋友，并且鼓励他们的孩子与那些品行良好的伙伴建立友谊，是因为父母知道他们的孩子会模仿同伴的行为、态度和价值观念。像父母一样，同伴也能在助人、关心、慷慨等方面起示范作用。幼儿看到同伴分享东西、表示同情或者帮助别人，自己也会学着做。当然，同伴的自私行为也会被模仿，尤其是在这种自私行为没有受到惩罚的情况下。由于幼儿在与同伴的互动中感觉平等，因此他们对同伴的亲社会行为的学习意愿更强烈。

三、幼儿与社区

社区作为一种社会系统，各个部分相互联系，相互影响，为社区成员履行着生产—分配—交换—消费功能、社会化功能、社会控制功能、社会参与功能与相互支持功能。幼儿作为社区中的一员自然也会受到社区功能的影响。从社区的生产—分配—交换—消费功能来看，幼儿主要属于消费者。由于幼儿处于特殊的生理发展阶段，维持幼儿生活的日常消费对于社区经济的发展具有一定的推动力。

从社区的社会化功能来看，社区在幼儿社会化方面起着重要的作用，如社区里的家庭、邻里和学校等正式或非正式的组织，对于幼儿的价值观、角色和行为规范的形成具有相当大的影响。人们从幼年开始，在社区内与邻里、同伴群体及学校老师、同学的交往过程中，逐步学习群体和社会的文化，学习如何承担社会角色。

从社区的社会控制功能来看，社区一方面通过社会化过程发展出内在控制，另一方面则通过制度化形成外在控制，即对社区提倡和允许的行为进行奖励或对社区禁止的行为进行惩罚。当然，由于幼儿的生理年龄尚小，社区对幼儿的社会控制更多通过社会化的过程实现。

从社区的社会参与功能来看，由于这是社区的根本功能，如果社区成员和社区本身处于健康的社会中，那么就应该允许和要求其成员参与社区的生活和治理。但对幼儿来说，这一功能更多强调社区应为幼儿提供良好的服务和环境资源，以便让幼儿更好地参与到社区生活中来。针对幼儿的社区服务，一般包括生活服务和教育服务两方面，前者有幼儿托管、上学接送服务和餐点服务等内容，后者主要为幼儿提供不同程度的学前教育。

从社区的相互支持功能来看，社区一般在其成员或家庭遇到困难时发挥这一功能。由于处在特殊的年龄段，幼儿很有可能需要社区支持，如父母不在家，需要有人帮助照看幼儿等。

第五节　社会工作的重要议题

一、幼儿沉迷电子产品

幼儿沉迷的电子产品主要有电脑、手机和电视等，这些电子产品能够开拓视野，对幼儿起到益智作用。但是随着媒介环境成为儿童娱乐活动的重要载体，幼儿开始将这些电子产品视为日常生活的一部分,沉迷其中。

研究发现,虽然幼儿使用电子产品受到一部分家长的监控和合理引导,但电子产品的强大吸引力,正在使幼儿成为电子产品消费终端的低龄“玩工”,童年生活成为市场竞争资源最有利的抓手,垄断资本与新技术的“圈地运动”已经深入家庭与年幼的孩童,“技术异化的低龄化”趋势不容忽视①。

幼儿在电子产品上花费过多时间,对其生理、心理和社会性发展有很多不利之处。在生理方面,幼儿被电子产品“绑架”,长时间过度视物和过近视物,造成的首要后果便是危害视力。由于电子产品的图像、光线变化快,长时间注视易对孩子的视力造成影响,使幼儿眼肌疲劳,眼睛干涩、灼热,严重的将造成幼儿视力降低、近视、远视、斜视等。此外,过多接触电子产品的危害还包括引发眼睛黄斑病变、使幼儿注意力不集中、影响脑细胞的发育、潜在威胁思维技能和记忆力,增加肥胖风险等。在心理和社会性发展方面,沉迷电子产品会使幼儿对外界环境刺激的敏感度下降,与外界社会脱节,错过语言发展关键期,以及不利于想象力与创造力的发展等。

以沉迷电脑为例,在现代社会中,电脑在幼儿的社会生活中占据了越来越重要的地位,并成为他们的重要的社会化代理人。幼儿从电脑上的众多节目中,尤其是专门为儿童制作的节目中,接受了许多有积极意义的信息,这有助于他们各方面能力的发展。但与此同时,有不少幼儿过分沉迷电脑,这影响了他们的行为发展。例如:幼儿减少社会互动,即减少与他人的交流及游戏活动;电脑中的暴力画面加强了幼儿的攻击行为;广告左右了幼儿的消费态度和消费倾向,这往往会使他们与他们父母产生冲突;等等。

媒体,从传统电视到“新媒体”(包括手机、平板电脑和各种新型社交软件),慢慢成为儿童生活中的主导力量。2013 年美国儿科学会发布的一份关于观看电视的政策声明中,给父母提出了以下建议:将娱乐屏幕使用总时间限制在每天 1 到 2 小时以下;不鼓励 2 岁以下儿童接触屏幕媒体;将电视机和互联网连接的电子设备放在孩子卧室之外;监控孩子正在使用和访问的媒体,包括他们正在访问的任何网站和他们可能正在使用的社交媒体网站;儿童和青少年一起观看电视、电影和视频,并以此作为讨论重要家庭价值观的方式;制定所有媒体的家庭使用计划,为积极育儿树立榜样,制定关于手机、短信、互联网和社交媒体合理使用但严格的规则②。

总之,矫正幼儿沉迷电子产品,需要优化幼儿成长的环境。首先,父母应为

---

① 曹晋、庄乾伟:《指尖上的世界——都市学龄前儿童与电子智能产品侵袭的玩乐》,《开放时代》2013 年第 1 期,第 179—198 页。

② Victor C. Strasburger and Amy B. Jordan, et al., “Children, Adolescents, and the Media,” *Pediatrics*, vol. 132, no. 5(2013), pp. 958-961.

幼儿创造接触自然、社会的机会，鼓励幼儿走向户外，与同伴游戏玩耍，并注重互动内容和形式。其次，幼儿园应为幼儿开展健康积极的活动，注意避免娱乐方式的单一性，以丰富幼儿的游戏生活。再次，社区应营造邻里友好环境，增设幼儿游戏的场所。最后，社会应积极创新儿童文化，为幼儿成长提供良好的人文环境。通过家庭、幼儿园、社区和社会的共同努力，可以有效降低幼儿对电子产品的沉迷和依赖，促进幼儿健康成长。

二、幼儿孤独症

幼儿孤独症（autism）是一种普遍性的发展性障碍类疾病，也称自闭症。美国精神医学会（American Psychiatic Association）认为孤独症对儿童的功能发挥有着深远的影响①。由于患者群体数量呈现不断增长的趋势，孤独症引起了全世界的广泛关注。联合国大会于 2007 年 12 月通过决议，从 2008 年起每年的 4 月 2 日被确定为“世界孤独症日”（World Autism Awareness Day，WAAD），以进一步提高全球对孤独症的认识和关注。

1. 主要症状

幼儿孤独症的主要症状包括如下六个方面②。

（1）社会交流障碍，一般表现为孤独自闭，缺少正常的与他人之间的交流行为，同时与父母产生相对距离感、缺乏安全依恋关系等。

（2）语言交流障碍，语言能力发育落后，或者在正常语言发育后出现语言倒退，或仅出现片段词语，缺乏言语交流。

（3）重复刻板行为，兴趣狭窄，强烈要求环境维持不变。

（4）智力异常，70%左右的孤独症幼儿智力落后，但这些幼儿可能在某些方面具有较强能力，约 20%智力在正常范围内，约 10%智力超常，多数患儿记忆力较好，尤其是在机械记忆方面。

（5）感觉异常，表现为痛觉迟钝、对某些声音或图像特别恐惧或喜好等。

（6）其他常见行为，包括多动、注意力分散、发脾气、攻击、自伤等，这可能与父母教育中较多打骂或惩罚有一定关系。

2. 产生原因

迄今为止，关于幼儿孤独症的产生原因尚无定论。相对统一的观点认为，幼儿孤独症的发生与遗传、脑器质性病变及一些环境因素有关③。

（1）遗传因素。有研究认为，遗传因素异常显著存在于孤独症患者之中。

---

① American Psychiatric Association, *Diagnostic and Statistical Manual of Mental Disorders* (*4th edition.*), Washington, DC: American Psychiatric Association, 1994.

② 张明顺编著：《专家答疑儿童常见病》，中医古籍出版社 2007 年版，第 174 页。

③ 宋为、宋耕、宋冬梅编著：《自闭症诊疗现状及展望》，科学技术文献出版社 2019 年版，第 4—9 页。

孤独症在单卵双生子中的共患病率高达64%~91%,而异卵双生子则未见明显的共患病情况。该病在兄弟姐妹之间也存在4.5%左右的再患病率。这说明孤独症存在遗传倾向性。

(2)脑器质性病变。脑器质性病变因素主要是指脑损伤,大多数由母亲孕期感染病毒所致,也有可能是儿童出生后患脑膜炎或脑炎所致。目前的研究倾向于认为,孕期各种病原微生物感染及由此引发的免疫系统之异常,是孤独症的主要"埋伏"致病因素。目前已知的相关病原体有:风疹病毒、巨细胞病毒、水痘-带状疱疹病毒、单纯疱疹病毒、梅毒螺旋体和弓形虫等。这些病原体作为抗原,可激活母体的免疫系统产生抗体和淋巴因子,后者可经胎盘进入胎儿体内,与胎儿正在发育的神经系统发生交叉免疫反应,干扰神经系统的正常发育,从而导致孤独症的发生。

(3)环境因素。环境因素包括影响胎儿发育的环境因素和影响儿童发展的环境因素。若孕期母体处于异常环境,如身处战乱时期、自然灾害时期等,或吸食毒品、服用抗癫痫类药物及酗酒等,都有可能导致子代患孤独症的概率增加。若缺乏与照顾者的亲近,尤其是身体间的接触——皮肤接触,儿童容易产生自闭行为。其原因在于如果儿童缺乏与照顾者接触的机会,其身体运动必然会大大减少,情绪中心与小脑之间的神经冲动也必然会减弱,影响小脑的正常生长和发育,从而形成自闭行为。例如,有些照顾者忙于工作而疏于与儿童接触,导致亲子关系冷淡;有些照顾者之间常闹矛盾,家庭气氛紧张,儿童很难在家中体验到愉快的情感;有些照顾者过分教条,拘泥于书本知识来照顾儿童;等等。这些都可能会使儿童产生自闭行为。此外,没有年龄相仿的玩伴,也可能会使儿童产生自闭行为①。

3. 矫正方法

幼儿孤独症矫正的关键在于早期发现、早期干预,尽可能帮助孤独症幼儿缩小与正常幼儿的差距,提高他们在日常生活中的自理能力、认知能力和社会交往能力,让他们早日适应社会。

幼儿孤独症矫正的最有效方法是行为训练,主要包括以下四种形式②。

(1)自理能力训练。对孤独症幼儿进行自理能力训练,要制订详细的训练计划,训练方式要尽量符合幼儿的接受能力。训练者要有足够的耐心,不要因幼儿一时做不好而感到失望,不要代替他完成任务,要减少幼儿依赖性和被动性。

(2)行为干预疗法。主要是通过正强化、负强化及模仿,克服孤独症幼儿严重的行为缺陷。具体方法是:训练者告知孤独症幼儿正确的行为模式,让幼儿进

---

① 毛晓光主编:《人的成长与发展》,社会科学文献出版社1997年版,第31—32页。

② 王小英主编:《学前儿童心理学》,东北师范大学出版社2015年版,第236—237页。

行模仿;如果模仿正确,就对幼儿进行物质奖励和精神奖励,以巩固幼儿正确的行为模式;如果反应错误或仍然重复某种习惯动作,就给予适当的批评或取消某种奖励,以消除不良习惯。

(3)语言训练。训练者应在日常生活中坚持训练孤独症幼儿的语言。例如,幼儿想要什么物品,训练者应先出示此物品,让幼儿用手势明确表示此物品是其想要的东西,然后说出物品的名称。孤独症幼儿有可能因为没有及时得到想要的物品而哭闹或大发脾气,训练者不能因此妥协退让,要始终坚持训练。此外,训练者平时要多与孤独症幼儿交谈,并有意让幼儿练习朗诵歌谣,以此训练幼儿的语音、语调、速度、节奏和记忆力。

(4)社会化交往训练。训练者应努力使孤独症幼儿处于一种被尊重和爱护的温馨环境中。一方面,训练者应尽量避免让孤独症幼儿独处,要经常与他们一起游戏和沟通,鼓励他们和大人一起做些力所能及的事情,分散他们对一种单调行为的注意程度;另一方面,要尽量给他们创造与小朋友交往的机会,让他们和小朋友们一起做游戏、听故事,在集体中慢慢学会与同伴交往,从而学会与人正常相处的方式。在此过程中,训练者要特别注意保护孤独症幼儿免受其他小朋友的嘲笑,要鼓励其他小朋友多帮助和接纳孤独症幼儿,为孤独症幼儿提供良好的交往氛围。

三、幼儿照顾与社会服务发展

具有基础性、发展性和未来性的幼儿,是社会的基础和未来发展的希望。我国幼儿社会工作起步较晚,且发展相对缓慢,近年来,幼儿照顾与社会服务发展逐渐成为社会工作的重要议题。

1. 幼儿发展的特征

(1)兼具质和量的变化,是质变和量变的统一。幼儿的发展是在量变的基础上,实现机体功能及思维方式上的质变。关于机体功能上的改变,前文已有详细介绍;就思维方式而言,幼儿阶段主要实现两大转变:一方面,从直觉行动思维向具体形象思维的转变;另一方面,从具体形象思维向抽象思维的转变。

(2)兼具连续性与阶段性,是连续性与阶段性的统一。幼儿的发展具有明显的阶段性特征,这是因为幼儿的发展不是匀速进行的。在不同的发展阶段,幼儿的感觉、知觉、表象、记忆、注意等和动机、态度、兴趣、能力等都会呈现出不同的阶段性特征。

(3)兼具稳定和不稳定的状态。一方面,幼儿发展的统一动力是相同的生物因素,而幼儿发展的一致目标则是走向成熟,因而幼儿发展的稳定性表现是循序渐进。另一方面,与其他年龄段相比,幼儿的发展又具有不稳定性,这主要表现为因迅速发展而产生的不稳定性。社会工作的关键,就是帮助幼儿实现稳定的发展。

（4）兼具共通性和变异性的特质。幼儿发展的共通性，是指幼儿的发展具有相似性、接近性和共同性的特点。幼儿发展的变异性，则是指幼儿在共通性发展的前提下，具有极大的个体差异，这些差异是遗传、环境和个体等因素交互作用的结果。因而，幼儿社会工作要把握共通性和变异性两个方面的因素，使幼儿的发展达到共性和个性的统一。

（5）兼具分化和统合的功能。幼儿发展的分化功能，是指幼儿自身的机能从简单、粗疏不断向复杂、精密发展，分化既是幼儿发展的过程，也是幼儿发展的标志。幼儿发展的统合功能，是指幼儿身心的各个系统在独立发展的同时，又会综合为一体，全面发展。

（6）兼有正常发展和畸形发展的可能。幼儿的正常发展和潜能的积极发挥对整个社会具有重要的作用，绝大多数幼儿都会走上一条正常发展的道路，因而正常发展是幼儿发展的本质。但幼儿不具备独立生活的能力，他们是社会中易受伤害的人群之一，需要成年人的抚育和扶持。由于种种不可控因素，幼儿在发展过程中可能会产生种种偏差，并因此造成畸形发展。幼儿社会工作的根本宗旨和最终目标，就是运用科学的方法促使幼儿向正常的方向发展，避免畸形发展的发生。

2. 幼儿发展的障碍

幼儿的发展既是幼儿自身的问题，也是重要的社会问题，幼儿社会工作者服务幼儿，需要了解幼儿自身发展的规律，也需要了解幼儿发展的障碍。

我们的幼儿园中经常会出现这些现象：原本活蹦乱跳的孩子到了幼儿园变得沉默寡言；原本对幼儿园充满好奇和兴趣的孩子，在进入幼儿园一段时间后再也不想上幼儿园了；原本天真活泼的孩子进入幼儿园后变得畏缩沮丧；等等。

年轻的父母们担心自己的孩子在竞争激烈的今天发展落后于他人，便往幼儿本就脆弱的双肩上不停增加重量，“读经”、珠心算、英语、钢琴、舞蹈、绘画、武术……只要是关系孩子今后“发展”的东西，一样也不落下，全然不顾幼儿自己喜不喜欢，有没有兴趣，甚至连本该休息娱乐的节假日都牺牲了。其结果是对幼儿天性的摧残、对幼儿创造力和想象力的无情扼杀。

此外，我们的幼儿教育对于幼儿发展存在片面化的认识，即过于注重幼儿智力的开发和幼儿认知的发展，以知识代替智力。在学前教育中，多进行单一的知识灌输，以让幼儿尽可能多地掌握知识为终极目标。这样的教育，远离生活意义和生命价值，以致幼儿的情感、体验、感悟和价值观等在知识面前显得苍白无力。

幼儿是通过生活及游戏活动来学习的，这些活动往往都是综合性的，加之幼儿身心发展的不成熟，这就使幼儿教育一方面要考虑到幼儿的特点和需要，另一方面则要尽可能强调教育的整体性。因此，改变幼儿教育标准的、统一的模式，对解决幼儿发展的障碍问题具有十分重要的意义。

3. 幼儿照顾服务

(1) 家庭监护服务和家庭教育服务

最高人民检察院决定自2021年6月1日起在涉未成年人案件办理中全面推行"督促监护令",在案件办理过程中,检察机关如果发现监护人存在管教不严、监护缺位等问题导致未成年人违法犯罪或受到侵害的,将向监护人发出"督促监护令"。2020年新修订的《中华人民共和国未成年人保护法》①,明确提出加强对未成年人的家庭保护,细化家庭监护责任,列举了未成年人的父母或者其他监护人应当履行的监护职责和不得实施的行为。同时,法律规定指导村(居)民委员会等相关组织对未成年人的父母或者其他监护人履行监护情况开展监督,村(居)民委员会等相关组织发现未成年人的父母或其他监护人拒绝或者怠于履行监护责任时,要予以劝阻、制止或者批评教育,督促其履行监护职责,情节严重导致未成年人处于危困状态或造成严重后果的,要及时采取保护措施并向相关部门报告。在三孩政策下,这些法律和意见的提出对父母监护行为提出了新的要求,从法律上强调了家庭监护的重要性,加强了对未成年人父母监护行为的监督,这将有利于未成年人的成长与健康发展。

2021年第十三届全国人民代表大会常务委员会第三十一次会议通过《中华人民共和国家庭教育促进法》,第二十五条提出建设"家庭教育信息化共享服务平台",提供线上家庭教育指导服务。家庭是孩子接受教育的重要阵地,帮助家长创设良好的家庭教育环境,及时向家长宣传科学育儿知识是很有必要的。应通过各种形式,使家长了解各种教育信息,积极引导家庭教育观念,增加优质、普惠教育供给,提高家庭科学育儿能力。同时推动构建家庭教育指导服务体系,加强社区家长学校、学校家长学校及其他家庭教育指导服务站点建设。通过服务站点,为未成年人的父母或其他监护人、被委托人提供公益性家庭教育指导服务,组织家长学习教育理念与方法,努力提高家长的育儿水平。

(2) 公共托育服务

托育作为一种公共服务,是社会公益性事业。托育能够帮助妇女保护、教育幼儿,另一方面能使妇女在就业市场无后顾之忧,进而通过就业促进社会经济发展。

《2013年全国教育事业发展统计公报》显示,我国学前教育毛入园率为67.5%,与国家提出的"普及学前教育"的目标仍存在较大差距。《中华人民共和国国民经济和社会发展第十四个五年规划和2035年远景目标纲要》中明确提

---

① 《中华人民共和国未成年人保护法》由第十三届全国人民代表大会常务委员会第二十二次会议于2020年10月17日修订通过,自2021年6月1日起施行。《未成年人保护法》共9章132条,包括总则、家庭保护、学校保护、社会保护、网络保护、政府保护、司法保护、法律责任和附则。

出"完善普惠性学前教育和特殊教育、专门教育保障机制,学前教育毛入园率提高到90%以上"。而《中国儿童发展纲要(2011—2020年)》统计监测报告指出,2022年我国学前教育毛入学率为88.1%,虽然较之前已有明显的提高,但是和目标要求之间仍存在着一定差距。

我国现阶段托育服务发展不足的原因主要包括两个方面。一方面,经费投入不足。托育服务本质上应是一种公益化服务,由国家或地方财政支持运行,由社会公共部门负责运行,然而在现实情况中,随着市场经济的发展,国营企事业单位原有的托育机构相继或全部或部分地脱离其所属单位。由于公共化(公益化)托育服务资源的急剧缩减和目前仍不完善的配置方式,不同家庭之间使用托育服务的差异被不断拉大,社会弱势群体、非国有单位人员的子女很难享受到公共托育资源①。再加上政府经费投入不足,公立幼儿园所数量少,入园名额有限,适龄儿童入公立幼儿园难的问题非常普遍②。另一方面,市场化配置不协调。目前托育机构的高收费已经成为社会热点问题。托育事业受市场化改革的冲击,家庭所负担的学前教育费用大幅增长,入园难、入园贵现象突出③。一些大城市幼教机构的开班时间多是休息日或节假日,且收费昂贵(一般50~70课时的收费高达万元),既不能缓解家庭对照料需要的燃眉之急,减轻双职工家庭—工作的冲突,也无法缓解普通家庭的经济负担和照料压力④。托育服务总量不足,优质学前教育资源供给紧缺,供需严重不平衡,使高收费问题随之产生。

为更好地完善生育政策调整背景下我国托育公共服务体系,提高托育公共服务水平,要坚持以市场需要为导向,以破解供需错位问题为重点,从托育供给侧发力,提供有效供给来推动供给侧与需要侧的匹配结合,具体包括:把握有效需要,进行合理规划,扩大总量覆盖;明确服务什么和怎么服务,改善供给结构;明确典章规制,加强内外监管,提升供给质量⑤。同时,进一步在全社会树立托育服务是公共服务的理念,政府继续承担发展托育公共服务的主体责任,并在注重公益性和普惠性的同时,加强托育公共服务机制建设,统筹规划与合理布局托育公共服务资源⑥。

2021年《政府工作报告》提出,发展社区养老、托幼、用餐、保洁等多样化服务,加强配套设施和无障碍设施建设,实施更优惠政策,让社区生活更加便利。

---

① 刘中一:《我国托育服务的历史、现状与未来》,《经济与社会发展》2018年第4期,第70—74页。

② 高丽:《公共托幼服务 政府不应缺席》,《中国妇女报》2015年3月9日。

③ 和建花:《生育新政呼唤托幼公共服务水平持续提升》,《中国妇女报》2015年11月3日。

④ 杨菊华:《论政府在托育服务体系供给侧改革中的职能定位》,《国家行政学院学报》2018年第3期,第89—96页。

⑤ 杨菊华:《理论基础、现实依据与改革思路:中国3岁以下婴幼儿托育服务发展研究》,《社会科学》2018年第9期,第89—100页。

⑥ 和建花:《生育新政呼唤托幼公共服务水平持续提升》,《中国妇女报》2015年11月3日。

社区是家庭的落脚场域，有调查表明，79.87%的受访者希望托育机构在居住社区内或邻近社区，这就要求我们在完善托育服务体系时，鼓励依托社区建立托育机构，最好是居住社区，其次才是功能社区①。社区在此方面可拓展服务，建立以社区为基础的幼儿看护体系，以平衡女性就业与幼儿照料之间的冲突和矛盾。与此同时，还可发挥专业社会服务组织的服务优势②。

2022年，国家卫生健康委、国家发展改革委等17部门联合印发的《关于进一步完善和落实积极生育支持措施的指导意见》中，要求通过增加普惠托育供给、降低托育机构运营成本和提升托育服务质量，来发展普惠托育服务体系。

【延伸阅读】：农村留守儿童社会工作服务发展与主要问题

2016年2月，国务院颁布了《关于加强农村留守儿童关爱保护工作的意见》（简称《意见》），指出做好农村留守儿童关爱保护工作，关系到未成年人健康成长，关系到家庭幸福与社会和谐，关系到全面建成小康社会大局。

《意见》提出，要完善农村留守儿童关爱服务体系。一是强化家庭监护主体责任。二是落实县、乡镇人民政府和村（居）民委员会职责。三是加大教育部门和学校关爱保护力度。四是要求各级工会、共青团、妇联、残联、关工委等群团组织发挥优势，积极为农村留守儿童及其家庭提供关爱服务。五是通过政府购买服务等方式，支持社会工作服务机构、公益慈善类社会组织、志愿服务组织等社会力量为农村留守儿童提供专业服务；支持社会组织、爱心企业举办农村留守儿童托管服务机构。《意见》指出，要依据相关法律规定，建立健全包括强制报告、应急处置、评估帮扶、监护干预等环节在内的儿童救助保护机制，规定了强制报告情形，确定了强制报告主体和受理主体，细化了应急处置措施，明确了评估帮扶主体，强化了监护干预措施。

目前，我国已经形成包括政府和社会力量在内的留守儿童社会工作服务多元化主体。一方面，中央和各级地方政府越来越重视留守儿童问题，不仅制定了相应的政策，也通过各种途径（如政策支持、政府购买等）积极鼓励社会力量参与关爱保护留守儿童的事业；另一方面，包括学校、企业、社区和其他社会组织（如妇联、基金会等），社会工作专业人员、教师、志愿者等在内的社会力量已经

---

① 杨菊华：《理论基础、现实依据与改革思路：中国3岁以下婴幼儿托育服务发展研究》，《社会科学》2018年第9期，第89—100页。

② 孙艳艳：《0—3岁儿童早期发展家庭政策与公共服务探索》，《社会科学》2015年第10期，第65—72页。

成为直接为留守儿童提供社会工作服务的主体①。

案例：快乐出发：心智障碍者技能学习小组

摘要：本案例来源于无锡市2019年助残服务公益创投项目。案例将8位中轻度成年心智障碍者作为服务对象，通过问卷调查法、个案访谈法和社区观察法进行前期服务对象需要评估和资源分析。为了增强服务对象团体融入的社交技能、提高服务对象相关技能学习的兴趣和能力，案例在服务对象层面选择了正常化理论，在介入层面选择了增能理论，在开展小组实务中选择了发展性模式，一共开展13期小组活动。经评估，服务对象近半年生活满意度显著升高。遇到困难时服务对象学会向他人寻求帮助，也更愿意融入团体，社会化能力增强，人际交往范围小幅度扩大，对就业意愿也有小幅度提升，尽管服务对象依然认为存在就业难的现象，但他们对生活的热情明显提高，对小组活动内容的满意度较高。本案例为心智障碍者的社会工作干预提供了有益的参考。

本章小结

第一，本章讨论了幼儿生理的发展。幼儿的身体变化不如婴儿明显，但在身高、体重、肌肉、骨骼和神经系统等方面仍然有明显的发展，影响幼儿健康的因素主要包括营养、睡眠、人际环境以及自然环境等。

第二，本章讨论了幼儿动作与语言发展。幼儿动作的发展，主要体现为大肌肉发展逐渐成熟，小肌肉与手眼逐渐协调。幼儿语言的发展，主要体现在从以表达机能为中心向以思维机能为中心的转变，语言能力的培养对幼儿语言的发展至关重要。

第三，本章讨论了幼儿心理与行为的发展。一是幼儿心理发展的一般特征：幼儿认知发展的阶段，属于皮亚杰所说的前运算阶段；幼儿心理活动和行为受情绪影响较大，情绪直接指导、调控幼儿的行为；幼儿的自我意识，主要由自我评价、自我体验和自我控制三个方面因素构成。二是幼儿游戏：幼儿游戏是幼儿参与社会活动的

---

① 蒋国河：《中国特色农村社会工作：本土化探索与实践模式》，社会科学文献出版社2017年版，第175—203页。

主要形式;幼儿游戏理论研究的视角主要有生物学视角、心理学视角、文化学视角和哲学视角;游戏的种类繁多,既可以根据幼儿的行为表现、认知特点、社会性特点和创造性特点来分类,也可以根据幼儿教育的方法来分类;幼儿游戏有其独有的特点。三是幼儿劳动:幼儿劳动的内容主要包括自我服务劳动和集体服务劳动;幼儿劳动的环境主要有家庭、社区和同辈群体。

第四,本章讨论了幼儿与社会的关系。一是幼儿与家庭的关系:父母不同的教养方式对于幼儿的行为方式乃至人格发展有着深远的影响;家庭中的性别教育和幼儿进一步获得性别认同,逐渐完成性别社会化关系密切。二是幼儿与同伴的关系:幼儿与同伴的交往,可分为有组织的交往和自发的交往两种形式;幼儿的侵犯/攻击行为是他们实现某种愿望的一种工具,无伤害他人的意图,但有时具有一定的危险性和破坏性;父母的榜样作用、同伴关系的影响及媒体的作用都会诱导幼儿产生亲社会行为。三是幼儿与社区的关系:幼儿作为社区中的一员会受到社区生产—分配—交换—消费功能、社会化功能、社会控制功能、社会参与功能与相互支持功能的影响。

第五,本章讨论了幼儿社会工作的重要议题,包括幼儿沉迷电子产品、幼儿孤独症和幼儿照顾与社会服务发展。

思考题

1. 简述影响幼儿健康的因素。
2. 试述幼儿动作发展和语言发展的特点。
3. 试述幼儿心理发展的一般特征。
4. 简述幼儿自我意识发展的主要内容。
5. 试述幼儿游戏的特点。
6. 简述幼儿劳动的内容及其环境。
7. 试述父母对待幼儿的教养方式。
8. 试述幼儿同伴关系发展的基本类型。

推荐阅读

华爱华:《幼儿游戏理论》,上海教育出版社 2015 年版。
徐愫编著:《人类行为与社会环境》,社会科学文献出版社 2003 年版。
陆士桢、任伟、常晶晶编著:《儿童社会工作》,社会科学文献出版社 2003 年版。
毛晓光主编:《人的成长与发展》,社会科学文献出版社 1997 年版。

扩展推荐阅读

王小英:《儿童游戏的意义》,东北师范大学出版社 2006 年版。

I. Carter, *Human Behavior in the Social Environment: A Social Systems Approach (6th Edition)*, New York: Aldine Transaction, 2011.

R. E. Anderson & I. Carter, *Human Behavior in the Social Environment: A Social Systems Approach (5th edition)*, New York: Aldine de Gruyter, 2009.

D. E. Papalia, S. W. Olds & R. D. Feldman, *Human Development (11th Edition)*, New York: McGraw-Hill, 2009.

J. E. Johnson, J. F Christie & T. D. Yawkey, *Play and Early Childhood Development (2nd Edition)*, New York: Addison Wesley Longman, Inc, 1999.

第十章　儿童行为与社会环境

学习目的

了解儿童生理与心理发展的特征;理解与儿童发展密切相关的社会环境如家庭、同伴、学校和社区,并掌握儿童与它们之间的互动关系;识别儿童在成长过程中遇到的各种问题,包括儿童的成就压力、对父母离婚的适应、被虐待的问题及情绪上的困扰等,在此基础上帮助儿童应对压力和解决问题。

从学习视角来看,儿童期是贯穿整个小学阶段的时期。在这几年中,儿童会暂缓自己在婴幼儿期飞速发展的身体发育进程,并为青春期的到来做准备。与此同时,儿童在这一时期的智力发展非常迅猛,并掌握了更丰富的社会能力,这有助于儿童应对和处理那些令他们感到压力和恐惧的事件。在这期间,儿童更深地了解到自己与众不同的地方。他们更多地获得自我感,为青少年期和成年期形成稳定的认同打下基础。这一章我们还将分析儿童面对的压力,如成就压力、父母离婚、被虐待和其他情感问题。在理解儿童压力的基础上,我们才能更好地帮助他们应对压力,面对成长中的其他风险。

第一节　儿童生理和心理发展

一、儿童的生理发展

谈到儿童期,成年人经常表现出深深的怀恋之情,讲述自己小时候和同伴一起玩耍的经历。虽然童年回忆对于不同代的成年人有不同的意义,但是客观上儿童都会经历相似的成长和身体变化过程。在这个阶段,儿童的生长发育速度减缓,能够更熟练地掌控自己的身体,身体健康状况普遍较好,大脑和神经系统进一步成熟,学习能力进一步提升。与此同时,儿童也需要面对一些问题,如社会问题、家庭事故、传染病、肥胖、饮食障碍等。本节将从生长发育、营养与健康、动作发展三个方面来介绍儿童的生理发展。

1. 生长发育

比较幼儿和儿童的生理发展速度，我们会发现除了在童年后期的勃发，儿童的生理发展总体上放慢了。虽然儿童每天的成长并不显著，但他们在 7~12 岁积累的成长差异还是很惊人。如果在放学时间路过一所小学，我们会看到高、矮、胖、瘦的小学生排队涌向校门，低年级和高年级的孩子清晰可辨。一般来说，童年期的学龄儿童在其发育期间平均每年体重增加 3.5 千克，身高增加 6 厘米。虽然儿童的脂肪组织成长渐缓、肌肉组织成长加速，但前者的发展仍然比后者快。相比来说，女孩的脂肪组织维持较久，男孩的肌肉组织发展较快，因此女孩的外观比较圆润丰满。童年后期的快速发展过程始于女孩 10 岁，男孩 12~13 岁。在 10~12 岁的很短的时间内，女孩身高一般比男孩高，且体重比男孩重，这种现象一直保持到男孩青春期发育开始时，之后男孩超过女孩。当然，我们应该注意到在成长速度方面，总是有因种族、民族和社会经济发展水平等多种因素导致的个体差异。

在儿童期，大脑和神经系统发育经历髓鞘化和无用神经枝节削减的过程。如果儿童有足够的营养、合理的保健和充足的睡眠，其心理加工能力、加工速度和效率都会得到普遍提升①。反之，如果儿童在这一阶段经历忽视、虐待、创伤或者营养不良等问题，其大脑发育和成年后的潜能会受到长期性的负面影响。在童年期，儿童的记忆广度呈现出稳步增长的趋势，其表现之一是简单反应时间变短，即反应速度加快。这一方面得益于儿童的大脑发育，另一方面也源于儿童能够使用更多的策略来完成复杂的任务。同时，健康的男孩和女孩在大脑成熟度方面可能存在性别差异。6~7 岁时，男孩在神经轴突区域的成长发育要明显快于女孩。

2. 营养与健康

营养合理对人很重要，对处于重要成长和发展阶段的儿童来讲尤其重要。儿童一般胃口很好，也需要吃得好，因为他们的体重相比幼儿要增加一到两倍。儿童的许多问题都是由饮食不当所致。城市快餐店很便捷，也很吸引人，许多孩子都喜欢汉堡和油炸食品，但这些含糖和脂肪较多的高热量食品中有益的营养物质含量很低，建议尽量减少食用这些快餐。同时，成人应该保证儿童饮食平衡，避免营养不良和营养过剩。营养不良会导致儿童发育迟缓，如果营养不良持续时间不长，程度也较轻，是可以通过充足饮食带来的快速生长进行弥补的，但

---

① ［美］詹姆斯·W. 范德赞登、托马斯·L. 克兰德尔、科琳·海恩斯·克兰德尔：《人类发展》，俞国良等译，中国人民大学出版社 2011 年版。

如果营养不良持续时间过长，将会带来严重的后果。例如，长期缺铁会导致注意力不集中和精力不济，影响儿童动作技能和智力发展，进而限制儿童的社会性发展。营养过剩（肥胖）可能会影响身体健康并产生长期性的不良后果。与同伴相比，学龄期和青春期肥胖的个体在青少年后期和成年期更有可能肥胖，容易形成负面的自我形象①。同时，肥胖的儿童普遍运动量不足，消耗的热量少，这会进一步加剧肥胖，并增加糖尿病、高血压等慢性病的患病风险。

那么，什么是合理的营养食品呢？必需的营养食品包括蛋白质、脂肪、碳水化合物、维生素和矿物质。蛋白质对身体发育、维持及身体各部分的恢复是必需的。脂肪有利于体内能量的储存和避免身体热量损耗。碳水化合物提供燃料满足身体的能量需要。维生素和矿物质为身体特殊结构和组成部分的合成所需要，如维生素 D 为儿童骨骼生长所必需。

3. 动作发展

童年期的孩子肌动技巧发展快，男孩和女孩都可以参加各种体育活动（见表 10-1）。以前，人们认为男孩要比女孩跑得快、跳得高、掷得远和更加强壮，而如今的研究表明，男孩和女孩之间肌动技巧的差异并没有想象中那样大。青春期以前，男孩和女孩参加同样的活动表现出差不多的能力②，只是男孩在大动作（如立定跳、单腿站、投掷）的发展上超过女孩，女孩在精细动作（如剪纸、描红、系鞋带）的发展上则超过男孩。这种差异一方面是生理原因导致的，青春期的男孩比女孩有更多的肌肉、更少的脂肪。另一方面，社会期待的因素也不可忽视，社会希望女孩是端庄矜持的而非蹦蹦跳跳的，这也是青春期女孩的大肌肉运动能力与之前持平或有所下降的原因之一③。

童年期的孩子虽然越来越有成人的架势，但他们不是“小成人”，因为身体的发展未臻完善，骨骼、肌肉和视神经的发展都远不如成人，有些行为和动作的目标不能太高，有些学习也不能太早开始，否则会使他们产生强烈的挫折感。因此，“时机成熟”这个观念对了解儿童的发展格外重要，对认知或行为的要求必须配合儿童自身的发展，时机尚未成熟之前强加给儿童的任务只会事倍功半。

---

① 史攀等:《消极身体意象对青少年的负面影响》,《心理科学进展》2020 年第 2 期，第 294—304 页。

② Evelyn G. Hall & Amelia M. Lee, “Sex Differences in Motor Performance of Young Children: Fact or Fiction?,” *Sex Roles*, vol. 10, no. 3-4(1984), pp. 217-230.

③ Toivo Jürimäe & Meeli Saar, “Self-Perceived and Actual Indicators of Motor Abilities in Children and Adolescents,” *Perception and Motor Skills*, vol. 97, no. 3(2003), pp. 862-866.

表 10-1 儿童期的动作发展

年龄	行为
6 岁	女孩在动作的精确性上占优势;男孩在力量性强和复杂程度低的活动上占优势 能够跳跃 能够投掷适当重量的物品
7 岁	能够闭眼保持单脚平衡 能够在 5 厘米宽的平衡木上行走 能够精确地单脚跳入小方格 能够精确地完成开合跳活动
8 岁	儿童的握力达到 5.5 千克 男女同时参加的游戏数量达到顶峰 能够完成以 2-2 人、2-3 人或 3-3 人模式交替的节拍跳跃 女孩可以将小球扔至 12 米以外
9 岁	男孩每秒可以跑 5 米 男孩可以将小球扔至 21 米以外
10 岁	能够判断远方小球的行进路线,并进行拦截 女孩每秒可以跑 5.2 米
11 岁	男孩立定跳远能够跳到 1.5 米,比女孩多 15 厘米

资料来源:[美]黛安娜·帕帕拉、萨莉·奥尔兹、露丝·费尔德曼:《发展心理学:从生命早期到青春期》,李西营等译,人民邮电出版社 2013 年版。

二、儿童的心理发展

在儿童期,个体心理发生了很大的变化。儿童越来越脱离自我中心,思维更具有逻辑性,洞察自我和环境的能力得到了显著的提升。随着社会化的进程,儿童感受到自己与他人生活在同一个世界中,这个世界有一定的秩序和规范。在认知发展的基础上,儿童在道德层面也不断发展,他们会采用一些原则来评价行为的对错,并通过这些原则来管理自己的行为。

1. 认知发展

儿童上小学后,学习生活越来越有规律。学龄期儿童的学习能力在小学 6 年中提高很快,他们的概念思维和解决问题的能力、记忆和语言能力都得到发展。根据皮亚杰的认知发展理论,儿童期是具体形象思维向抽象思维过渡的重要时期。学龄期儿童处于皮亚杰所说的具体运算阶段,即他们可以使用符号来进行运算(心理活动),能够更好地对事物进行分类,与许多人交往,理解时空概念，解决生活问题①。

儿童在具体运算阶段的思维有两个特征：守恒和关系推理。

皮亚杰认为，具体运算阶段的儿童自我中心意识没有以前那样强，更加专注于需要逻辑推理的任务，能够解决守恒问题②。守恒是指当物体外观的某些表面特征发生变化时，儿童仍能认识到物体或其本质并没有改变。例如，在物质守恒方面，一个具有具体运算能力的7岁儿童能够理解掰开的橡皮泥虽然大小不同但都是橡皮泥，他们能在头脑中记忆并思考同一块橡皮泥被分割和塑造的过程，体现出思维的去中心化。相应地，在重量守恒方面和体积守恒方面，儿童能够理解两块一样大的橡皮泥被捏成不同的形状后，重量是相等的，也能理解如果这两块橡皮泥放在水杯里排开的水一样多，则它们的体积相同。皮亚杰观察到各种类型的守恒会在不同的时间被儿童领悟到。7~8岁，儿童能够理解物质守恒；9~10岁，能够理解重量守恒；11~12岁能够理解体积守恒。虽然这几种守恒的基本原理是一致的，但是儿童不能把所学到的守恒从一种转换到另一种。因此我们看到，儿童的推理仍然是具体的，即仅仅局限于某一特殊情境，不容易把同一基本心理运算运用到另一个不同的情境中。表10-2列出了守恒技能的获得顺序。

表10-2 守恒技能的获得顺序

守恒技能	基本原理	任务举例
数字（5~7岁）	即便以不同的方式在空间中排列，物体的个数依然保持不变	10个硬币排成两行，5个一行，还是10个
物质（7~8岁）	不论形状如何改变，物质的属性始终保持不变	两团橡皮泥被捏成同样大小的球
长度（7~8岁）	不论在空间中如何摆放和排列，基本长度保持不变	两条同长度的绳子拉直和盘曲，长度一样
面积（8~9岁）	不管一套平面形状如何摆放，这些形状所覆盖的面积大小保持不变	4个正方形可以摆放成面积一样的大正方形或者长方形
重量（9~10岁）	不论外形如何改变，物体的沉重感保持不变	两个物体上下叠放和平铺摆放，总重量不变
体积（10~12岁）	无论形状如何改变，物体所占的空间大小保持不变	容器中液体多少和容器排开水的多少一样

资料来源：［美］詹姆斯·W.范德赞登、托马斯·L.克兰德尔、科琳·海恩斯·克兰德尔：《人类发展》，俞国良等译，中国人民大学出版社2011年版，第290页。

① 姚伟：《美国以皮亚杰认知发展理论为基础的早期教育方案》，《学前教育研究》1996年第5期，第60—62页。

② 卢濬：《皮亚杰的认知发展阶段学说》，《心理科学》1985年第3期，第7—13页。

关系推理是具体运算阶段思维的另一个显著特征,儿童通过关系推理理解数量关系和逻辑关系。在前运算阶段,幼儿只能对物体的一个性质进行归类(如颜色、大小或形状),因为他们看不到一个问题的两个方面。当儿童能够依照某个维度对物体进行排列时,如重量从轻到重、体积从小到大,就表明他们掌握了心理排序。7~8 岁的儿童可以把物体置于两个重叠的等级,并证明其选择是正确的,例如,儿童可以做到这样的分类:按照颜色将物体归入蓝色组,按照形状将物体归入正方形组。同时,儿童还能够理解某种物质转变将不会改变一组单元数。例如,他们能够理解,10 块糖果排成一行,不管它们分开、放在一起还是捆在一起,都是 10 块。当儿童学会计算并且使用计算来回答问题,他们就学会了加减乘除。例如,他们可以在四张扑克牌上都标上数字,然后告诉别人总共有四张扑克牌。但是,年龄小的孩子不太容易在许多扑克牌中挑出四个一组的牌或选出两组数量相等的牌。当没有具体的物体时,他们口算(心算)也有困难①。

值得注意的是,儿童运用与具体运算阶段思维相关的逻辑思维进行思考,采用新手法解决问题,并把这些原理类推到朋辈友谊、小组游戏和其他有规则的游戏及自我评价中。在这个过程中,他们开始理解和建构物质世界、社会和个人的规律和秩序。例如,他们能理解妈妈不仅仅是妈妈还是一个老师;若 A>B,B>C,则 A>C。虽然对秩序的探索可能因世界的不可预测性而遭受挫折,但在大多数时间,儿童能够使用推理能力去解决人际问题和安排日常生活,从而更好地满足他们自己的兴趣和需要。

2. 道德发展

皮亚杰的道德发展理论描述了当儿童发展时道德推理是如何变化的②。他讲述了两个小男孩的故事,并让孩子解释哪个小男孩更调皮。

有两位小男孩,翔翔和乐乐。一天翔翔注意到他爸爸的墨水瓶空了,他决定帮助父亲灌满它,但在开瓶盖时,他把墨水弄洒了,并且把桌布弄脏了一大块。另一个男孩乐乐知道自己不应该玩父母的墨水瓶,但他在玩父母的墨水瓶时把少量墨汁洒在桌子上,并把桌布弄脏了一小块。

结果,年龄小的孩子通常会回答说翔翔更调皮,因为他把桌布弄脏了一大块。较大的孩子则认为翔翔虽然弄脏了桌布但是意图是好的,而乐乐做了他不应该做的事。可见,不成熟的道德判断只关注犯错行为的结果,较成熟的道德判断则会考虑到行为的意图。根据皮亚杰的研究,道德发展与认知发展息息相关,

---

① N. C. Jordan, J. Huttenlocher & S. C. Levine, "Differential Calculation Abilities in Young Children from Middle- and Low-Income Families," *Developmental Psychology*, vol. 28, no. 4(1992), pp. 644-653.

② [瑞士]让·皮亚杰:《儿童的道德判断》,傅统先、陆有铨译,山东教育出版社 1984 年版。

当儿童能够从多个视角看待问题时,他们就可以作出较成熟的道德判断。他认为,儿童的道德概念主要在两个阶段获得发展,即道德制约阶段和道德合作阶段,前者差不多与前运算阶段同步,后者则与具体运算阶段同步。

4~7 岁的儿童通常处于道德制约阶段,这一阶段的儿童对道德概念的思考是僵化的。在此阶段,儿童认为规则是绝对的和不容怀疑的,行为或全错或全对,犯错应该受到惩罚,并且认为其他人也是同样的看法。例如,一个儿童可能会相信他头疼是因为跟老师说谎。10 岁以上的儿童通常处于道德合作阶段,这一阶段儿童对道德概念的思考以道德弹性为特征。随着儿童日益成熟,他们与更多的人互动,接触更广阔的世界,开始抛弃权威和武断的对错观,逐渐认识到某些规则是可以怀疑的,某些共识是可以改变的。由于已经能够考虑一个情境的几个方面,儿童能够从意图和结果等方面形成道德判断。这表明该阶段的儿童能够设身处地考虑到他人,并开始形成自己的道德规则。皮亚杰相信儿童的认知发展和道德发展都会经历从一个阶段向另一个阶段的转变,通过与同辈的互动,儿童离自我中心越来越远,并学习到新的观察角度——互惠和合作①。

科尔伯格也对道德发展进行了研究。他通过分析两难处境故事的方法,提出了陌生人的假想道德问题并且对反应者反应背后的推理过程进行讨论,并提出了道德发展的三水平六阶段理论(Lawrence Kohlberg's stages of moral development)②。科尔伯格认为,道德发展包含三个道德水平,每个道德水平又包含两个不同的道德阶段。

一位妇女身患癌症濒临死亡,医生发现某种药可以挽救这位妇女的生命。但是这种药非常贵,丈夫到处借钱还是不够,丈夫请求药店老板降低价格出售药品以后慢慢偿还,药店老板以靠药挣钱为由拒绝了。无奈,丈夫砸了药店,偷走了药……丈夫应该这样做吗?为什么?

第一水平:前习俗道德水平

个体由行为产生的后果所驱动,个体考虑"我是如何受影响的?"在第一阶段即惩罚与服从阶段,人们的道德取向为免受惩罚。在第二阶段即工具性相对主义阶段,人们的道德取向为希望获得赞同。

第二水平:习俗道德水平

个体不仅能够看到行为的后果,并且从其他角度包括从法律角度去考虑:"别人将如何看待我?"在第三阶段即寻求认可阶段,人们的道德取向是符合他人或机会的要求。在第四阶段即遵守法规和秩序阶段,人们的道德取向是相信

---

① T. L. Spinrad, N. Eisenberg, F. Bernt (eds), "Introduction to the Special Issues on Moral Development: Part II," *Journal of Genetic Psychology*, vol. 168, no. 3 (2007), pp. 229-230.

② [美]L·科尔伯格:《道德发展心理学:道德阶段的本质与确证》,郭本禹等译,华东师范大学出版社 2004 年版。

规则和义务对于稳定的社会秩序来说是必需的。

第三水平:后习俗道德水平

个体的考虑和权衡来自各种观点和后果背后的价值观:“如果我这样做,我将如何看待我自己?”在第五阶段即社会契约阶段,人们的道德取向是考虑多数人的意愿,这种意愿表现在维护每个人的福利和合法权益的法律中。在第六阶段即良心或原则阶段,人们的道德取向是遵守内心相信的公平正义。他们意识到法律和契约的重要性,但是一旦法律和价值观之间发生冲突,他们选择追求更高的价值。

科尔伯格的道德发展理论提示我们,在检验道德发展水平时,必须考虑儿童的社会认知发展水平。除此之外,我们还应该注意到同辈之间的互动加速了道德发展,因为互动增加了“给予和获得”的频率,而这类行为要求一个人站在他人的角度考虑问题。游戏也给从自由中产生规则提供了机会,这意味着如果我们想进一步了解道德相关问题,如偷东西和说谎等,那么我们可以设计各种剧情,让儿童扮演其中的角色并讨论问题。通过角色扮演,儿童可以学会从各种角度看问题。此外,我们还应该注意到讨论道德问题可以加速认知发展,从而进一步推动孩子在更高层面上进行道德推理。

儿童的道德发展包括帮助、共情、合作、利他、抑制反社会行为和促进社会接受行为等元素。对社会来说,鼓励儿童的正面行为很重要,家长和老师可以做以下尝试:(1)展现帮助、合作和共情行为。(2)提倡社会接受的行为。(3)积极接受新思想、新观点和新选择。(4)确立固定的标准和行动,并解释规则的理由。(5)为儿童提供角色扮演机会,并讨论某种行为是如何影响他人的。(6)组织需要合作的活动。(7)让儿童和其他成人合作,并请成人引导和帮助他们。(8)一旦看到社会接受的行为就予以赞扬。(9)让孩子知道攻击性行为会受到制裁,并尝试让儿童自己找到解决问题的方法。

3. 智力和智商

智力通常与理性思考和有目的的行为联系起来,被认为是有效适应环境的综合能力。智力到底是一种能力还是多种能力呢?心理学家认为智力虽然包含多种元素但具有一定的结构。斯皮尔曼将智力看成一般性智力和其他特殊领域智力的组合。瑟斯顿将智力看成七种不同能力的集合。吉尔福特将智力划分为百余种不同的能力。卡特尔又回归单一能力说,提出流体智力和晶体智力的概念。关于智力,经常被问到的问题是:为什么一些数学家在语言能力上表现一般?为什么一些人智力测验分数高但社会适应不良?加德纳(H. Gardner)和斯滕伯格(R. Sternberg)的研究对我们理解这些问题及儿童智力的发展具有广泛的启发意义①。

---

① Robert J. Sternberg & Elena L. Grigorenko, *The General Factor of Intelligence: How General is it?*, Mahwah: Lawrence Erlbaum Associates, 2002.

加德纳的多元智能理论指出，人类至少拥有 7 种（后扩展为 9 种）不同的智力，包括言语智力、空间智力、数学逻辑智力、音乐智力、运动智力、人际智力和自我感知智力，以及自然感知智力和精神感知智力。每种智力都是独立存在的，并与相应的脑区相联系（见表 10-3）①。一个人可能在音乐智力和自我感知能力方面很有天分，但是没有较高的数学逻辑能力。每种智力都遵循着不同的发展历程，如言语智力可能在生命早期获得发展，而人际智力则发展较晚。加德纳采用观察和提问的方式来测评每一种智力，既有利于发现儿童的优势和弱点，也有助于儿童挖掘自己的潜能。

表 10-3　加德纳的多元智力

智力分类	对应脑区	适合职业
言语智力： 例如说话、读书、写故事	左半球，颞叶和额叶	小说家、记者、教师
空间智力： 例如画地图、认路	右半球，后顶叶-枕叶	工程师、建筑师、飞行员
数学逻辑智力： 例如解决数学问题、逻辑证明	左顶叶和颞枕联合区	数学家、科学家
音乐智力： 例如唱歌、演奏	右前颞叶，额叶	歌手、音乐家、作曲家
运动智力： 例如跑步、跳舞	大脑运动带，丘脑，基底神经节，小脑	运动员、舞者、滑雪教练
人际智力： 例如沟通、管理团队	额叶整合内外部状态	销售员、治疗师
自我感知智力： 例如自我认识、自我调整	额叶整合内外部状态	在几乎所有职业中都增加成功可能性
自然感知智力： 例如理解生物	左顶叶	生物学家、博学者
精神感知智力： 例如禅修	假设位于右额叶	哲学家、神职人员

资料来源：Howard Gardner, *Intelligence Reframed: Multiple Intelligences for the 21st Century*, New York: Basic Books, 2000.

① Howard Gardner, "Three distinct meanings of intelligence," in R. J. Sternberg, J. Lautrey & T. Lubart (eds.), *Models of Intelligence: International Perspectives*, Washington, DC: American Psychological Association, 2003.

斯滕伯格将智力定义为一组心理能力，这些心理能力是个体适应环境所必需的，也是个体选择和改变环境所必备的。他的智力三元理论包括智力的三个方面——情境、经验和信息加工（见图 10-1），每个方面的能力都需要通过学习而获得，因此也是可以提高和加强的①。情境成分是实践性的，决定人们如何与环境互动，评估环境并选择应对方法，如适应、选择或塑造。经验成分是洞察性的，决定人们如何认识和处理新环境，收集信息并定义现实，它是基于个人经历的原创性思考。信息加工成分是智力性的，决定人们处理信息的方法和效率，包括如何解决问题、评价结果、调整认知等。智力三元理论促使我们在社会服务中更加关注智力与环境的相互影响而非智力测验的表现。

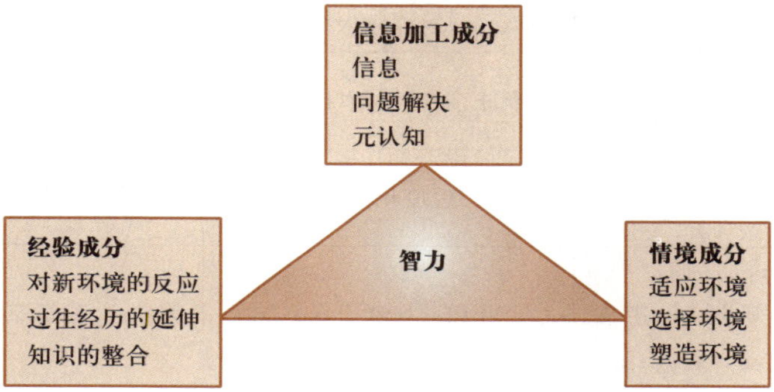

图 10-1 斯滕伯格的智力三元理论示意图

我们怎样测量智力？智力测验的方法有很多种，不同年龄的儿童适用的测验方法也不同，其中，斯坦福-比奈测试（Stanford-Binet Test）和韦氏测试（The Wechsler Adult Intelligence Scale）是广泛被应用的两种测验；它们的衡量标准都是智商（IQ）。智商测验采用智力年龄除以实际年龄再乘 100 得到的数值来表示儿童的聪明程度和智力发展水平。如果智力年龄低于实际年龄，智商就会低于 100，如果智力水平高于实际年龄，智商则会高于 100，智商为 100 意味着儿童的智力为该年龄段孩子的平均水平。智商测验是标准化测验，有常模和统一的测验程序，具有较好的信度和效度。但是，智商测验的结果能够完全反映智力水平吗？一方面，处于智力极端的人群，即 IQ 等于或小于 70 的人（被认为是心理迟滞）和那些 IQ 在 140 以上的人（被认为是天才）确实在智力能力上存在显著差异。另一方面，在成年后，天才儿童中的很多人与他们同岁但智商只处于平均水平的人没有表现出什么不同②。因此，高智商并不是成功的保障，只是提供了

① Robert J Sternberg, "Our Research Program Validating the Triarchic Theory of Successful Intelligence: Reply to Gottfredson," *Intelligence*, vol. 31, no. 4(2003), pp. 399-413.

② ［美］罗伯特·费尔德曼：《发展心理学——人的毕生发展（第 6 版）》，苏彦捷、邹丹等译，世界图书出版公司北京公司 2013 年版。

一个拥有更高能力水平的机会。

智力是由先天和后天因素共同决定的。著名的双生子研究[①]指出，人群中没有血缘关系的两人 IQ 测验分数的相关系数为 0，一起长大的同卵双胞胎为 0.86，分开抚养的同卵双胞胎是 0.75，没有血缘关系的养父母和养子女是 0.32 而不是 0，这些研究结论支持智力受遗传因素的影响，同时也证明了环境的作用。遗传和环境在智力发展中是重要的、密不可分的因素，遗传赋予我们天生的能力，而环境决定一个人多大程度上能够发挥潜能。

从童年期到青少年期，智商具有一定的稳定性[②]。研究表明，8 岁时的智商与 18 岁时的智商存在显著的相关性。同时，从个体来看，不同时期内儿童的智商可能持续上升或者持续降低。观察那些智商分数增高的儿童，会发现他们的家长大多注重孩子的智力发展，鼓励他们学习，倾向于采用权威型的家庭教养方式，而智商分数降低的儿童一般生存在长期贫困的环境里。智商与儿童的学业成绩紧密相关，智商测验最初的目的就在于评价儿童的在校学习能力。值得注意的是，学校相关人员对学生的态度和行为也会影响学生的学业表现。同时，学生的态度、兴趣、动机等因素都显著影响其学业成就。智商与成年后的职业成就紧密相关，一般情况下，职业声望高的人群平均智商也高，但是职业声望并不是我们评价职业成就的唯一指标，其与人际交往、以前的工作绩效等因素之间的关系可能更加重要。一般来说，智商高的人群社会适应性更好，生活满意度也较高，虽然智商迟滞的人群很难获得职业声望高的工作，但是并没有数据表明他们的生活满意度更低。

三、儿童的社会性发展

在儿童期，孩子的生活空间从家庭扩展到学校，能够参与更多的活动，如学习音乐、艺术、体育、科学或者劳动。在多元化的活动中，儿童表现出的能力差异更显著。有一些孩子变得更出色，另一些可能会遇到学习困难。在与他人和同伴的互动中，孩子能够了解他人对自己的评价和期望，从而确定自己的价值和地位等。通过回答“我是谁？”“我受欢迎吗？”等问题，儿童获得自我概念，并发展自尊和自我效能感。

1. 人格发展

弗洛伊德的精神分析理论（性心理理论）将童年期称为潜伏期，即与骚动的幼儿期和躁动的青春期相比，童年期处于性的相对稳定时期。弗洛伊德认为童年期的儿童不能继续模糊地希望与其异性的父（母）保持亲密，并与其同性父

① Thomas J. Bouchard, “Genetic Influence on Human Psychological Traits: A Survey,” *Current Directions in Psychological Science*, vol. 13, no. 4(2004), pp. 148-151.

② T. G. R. Bower, *A Primer of Infant Development*, San Francisco: W. H. Freeman and company, 1977.

(母)进行竞争,这种恋父/恋母情结如果持续太长时间会影响生活。结果,儿童的这种模糊的感情会被压制下去,因此弗洛伊德称这一时期为潜伏期。在这期间,在校的儿童注重竞争的技巧并将其作为一种防御机制(无意识的、自我保护的行为)去面对他/她们早期对父/母的浪漫感情。根据弗洛伊德的说法,发展才能,如体育、艺术等有助于排除无意识中驱除不掉的早期失落感①。

埃里克森同意弗洛伊德的解释,但是他发展了弗洛伊德的理论。他不仅强调儿童发展才能的防御性功能,还强调它的正面功能。按照埃里克森的观点,儿童通过有意识地模仿行为力图变得更像成人,他们在各项任务中积极参与而不愿意只当一个旁观者。埃里克森还把童年期看作儿童参加学校活动的时期,强调社会要帮助儿童发展阅读、写作、骑车和同辈相处等能力和技巧。儿童通过与他人进行比较评估自己,同时也接受成人的评判。埃里克森认为,这一阶段的儿童面临着勤奋对自卑的冲突,而解决这一冲突的关键是努力。如果儿童勤奋学习,他就发展了能力感,即认为自己能够把握和完成任务;如果儿童不能获得其所期望的技巧,他就形成了自卑感。

2. 自我概念

"我是谁?"许多人花了一生的时间去寻找这个问题的答案。简单来说,自我概念就是人对于"我是谁"的感觉。自我概念的内容是知道"我已经是什么"和"我已经做了什么",它的作用是指导人们决定将来有什么,判断将来会是什么。自我概念帮助人们了解自己、规范自己的行为。童年期形成的自我概念对于人格发展和社会性发展至关重要②。

一般来说,自我概念的发展始于婴儿期,这一阶段个体逐渐学会反省并意识到自己的行动。大约成长到 18~24 个月,幼儿能够在镜子中认识自己,然后通过识别内部和外部的特征力图描述自己。大约 3 岁时,儿童大多数依据外部因素(外表、居住的地方、所做的事情)认识自己。大约 6~7 岁,儿童开始从心理上识别自己,如"我数学好""我以后要成为一名宇航员"。儿童期的后期,儿童开始调整他们的行为,这不仅是为了获得自己的需要,而且还是为了满足他人的需要。下列方法有助于帮助儿童发展自我概念:(1) 帮助孩子反省他人的感知、需要和期待,拓宽他们的自我了解;(2) 帮助孩子了解社会是如何运转的,包括复杂的人际关系、角色和规则等;(3) 帮助孩子发展行为标准,这些标准一方面使个人得到满足,而另一方面为社会所接受;(4) 鼓励孩子规范自己的行为,要让

---

① W. W. Hartup, "Peer Relations," in P. H. Mussen & E. M. Hetherington (eds.), *Handbook of Child Psychology: Vol. 4. Socialization, personality, and social development*, New York: Wiley, 1983, pp. 103-196.

② Hazel J. Markus & Paula S. Nurius, "Self-Understanding and Self-Regulation in Middle Childhood," in W. Andrew Collins (eds.), *Development During Middle Childhood: The Years from Six to Twelve*, Washington, DC: National Academies Press, 1984.

孩子为自己的行为后果负责，使他们相信自己会按照个人的和社会的标准行事，并发展某些行事的技巧和策略。

3. 自尊

儿童期是发展自尊的重要时期。他们大约在 8 岁以前都无法清楚说出有关自我价值的概念，但行为却表现出一种自我价值感。自尊指个体通过对构成自我概念的特征进行评价，而作出的对自己存在价值的认定。当儿童持续被表扬或被轻视的时候，他们往往会内化这些评价并认为自己是“聪明的”或“没有价值的”。自尊感的形成有赖于和其他人的社会交往，它又反过来引导和影响人的社会交往活动。那些被尊重、被支持的孩子通常能够获得高自尊，这使他们积极迎接新挑战，不畏惧困难。那些在生活中受到轻视和忽略的孩子，可能发展出低自尊。自尊对于儿童的成就获得非常重要，研究发现，高自尊的孩子比低自尊的孩子在学校表现更好并且更容易获得成功。同时，积极的、健康的自尊是成年后个人幸福感的来源之一①。

一般来说在儿童期，孩子的自尊总体上不断提升，到 12 岁时又略有所下降。这种下降的主要原因是小学升初中的考试通常发生在这个年龄段，当然也有其他的解释，如青春期发育较早的女孩子可能有低自尊的表现等。另外，由于陷入一种无法摆脱失败的恶性循环中，一些儿童长期表现出低自尊。例如，学生小明面临期末考试，他认为自己一定会不及格，于是很焦虑，过分的焦虑导致他不能集中精力复习，然后他觉得既然一定考不好又何必要努力学，最后在行为上放弃了学习。父母可以通过提高孩子的自尊来打破这种失败的循环，表 10-4 列举了一些帮助儿童提高自尊的方法。

表 10-4 帮助儿童提高自尊的方法

方法	内容
使儿童能够感觉到爱	了解和注意到他们的需要 亲情和热情 接受他们的个性 跟他们交谈和倾听他们说话
使儿童能够自主	为他们提供自己动手的机会 让他们有选择的机会 鼓励他们的好奇心 鼓励他们获得成就时有一种自豪感(给予挑战)

① Richard M. Lerner, Francine Jacobs & Donald Wertlieb (eds.), *Applied Developmental Science: An Advanced Textbook*, Thousand Oaks: Sage Publications, 2005.

续表

方法	内容
使儿童能够成功	成为一个合适的榜样 确定明确的限制 称赞成功 解释结果以及了解如何吃一堑长一智
使儿童能够与他人互动	提供机会让儿童体验给予和获得 帮助他们了解他人的看法 使他们能够有个性 帮助他们应付感情
让儿童负责任	提供机会让他们关心自己的东西 帮忙做家务 帮助他人 使他们能够改正错误 鼓励他们深化负责任的心态或行为

资料来源：Roberta M. Berns, *Topical Child Development*, Albany, New York: Delmar, 1994.

4. 自我效能感

自我效能感，即对自己能够成功的一种信念。面临困难或失败时，高自我效能感的儿童会努力把握挑战，他们把失败归因于努力不够，因而加倍地努力；低自我效能感的儿童在面对困难时则倾向于退缩，因为他们把失败归因于缺乏基本的能力。当儿童学习新任务时，一个重要的方法就是把该任务分割成更容易完成的几部分，以使儿童至少能够掌握其中的一部分来增加成功的经历。以下方法有助于帮助孩子提升自我效能感①：(1) 关注过去的表现，孩子能够通过回顾以往的成功经验以增加自我效能感；(2) 观察他人，孩子看到一个与自己差不多的人成功地完成了任务，这能提高他的自信；(3) 口头劝说，即鼓励儿童相信自己并试着去完成一个新的任务；(4) 判断身体状态，当儿童焦虑或受惊吓时，他们可能预估自己会失败，当儿童兴奋、感兴趣、不过分紧张时，他们更可能认为自己能够获得成功。

① Albert Bandura, "The Psychology of Chance Encounters and Life Paths," *American Psychologist*, vol. 37, no. 7 (1982), pp. 747-755.

第二节 儿童发展与社会环境

一、儿童与家庭

家庭中包含着人最初的社会关系，并且是儿童最主要的社会化场所。良好的家庭具有始终如一的家规，能够给孩子提供温暖并接纳他们，能够鼓励孩子提高社会和情感适应能力，对孩子的成长需要做出反应。相反，如果家庭成员忽视或虐待孩子，孩子会缺乏自信，也不相信他人。作为社会工作者，我们需要了解父母教养方式和家庭结构对儿童成长的影响。

1. 父母教养方式

进入学龄期，儿童和父母相处的时间有减少的趋势，相对地，他们和同伴相处的时间日益增加。对于7~12岁的儿童，父母陪伴他们的时间只有7岁前的一半。虽然陪伴孩子的时间减少了许多，家庭对儿童的影响和对其发展的重要性并没有因此减少，父母必须提供一个有安全架构的环境，儿童才能够稳健地成长。虽然儿童对父母的爱和尊重在表面上有所减少，他们仍然必须依靠父母无条件的爱，他们需要父母提供信息、提供指引，并对他们进行必要的管教，这些条件可以被称为正常的家庭过程，是儿童健康成长不可或缺的。研究者讨论了不同教养方式对儿童的行为、发展和心理健康产生的不同影响。

霍夫曼(M. Hoffman)将父母的教养方式(策略)归纳为三种：权威施压、爱的撤回和循循善诱①。权威施压包括体罚、惩罚性威胁或使用肢体方式控制儿童行为。研究显示使用这种方式可能增加儿童的侵犯行为，因为父母的管教为儿童提供了模仿的对象，儿童会认为这是解决问题与争端的最佳手段(吵、闹和威胁)。另外，权威施压方式会造成儿童的尴尬与羞怯，甚至导致其自我价值感的降低。爱的撤回是指儿童有不当的行为时，父母将爱撤回。撤回的方式可以是口头上的，如贬抑、威胁将儿童送走或指出儿童不当的行为是造成他不再被爱的原因；也可以是行动上的，如故意不理睬儿童。这种教养方式对儿童不太公平，并且容易造成负面后果，包括引起焦虑、过度恐惧，减少儿童对情感的表达。循循善诱是指通过理性的解释和说明来影响儿童的想法和行为。其特点是不使用强制或权威管教儿童，而着重向儿童说明其应听从父母指示的理由，为儿童提供决定是否行动和思考如何行动的空间，考虑儿童认知发展和道德发展的阶段和层次，不将成人的标准强加给儿童。这种教养方式有助于儿童发展内在的道德

---

① M. L. Hoffman, "Moral development," in P. H. Mussen & E. M. Hetherington (eds.), *Carmichael's Handbook of Child Psychology* (*vol. 2*), New York: Wiley, 1970.

标准,取得自我控制的经验,学习考虑和体贴他人的立场,这些都是权威施压下的儿童难以习得的。

鲍姆林德(D. Baumrind)发现儿童的社会能力和教养方式之间存在着某种关系。依据不同的社会能力,鲍姆林德把儿童分为三组:有能力的儿童(幸福、自信、自控)、畏惧的儿童(易感到悲伤,不太与其他儿童接触,喜欢独自活动)和不成熟的儿童(通常缺乏自信,不能自控)①。鲍姆林德发现有能力的儿童的父母能够控制孩子并对其严格要求,但同时与孩子交往时又是热情的、理性的和平和的。她把这种既严格控制孩子,又正向鼓励他们的方式称之为"权威型"教养方式。其特点包括:(1) 确立明确的标准,期待成熟行为;(2) 采用强有力的规则和标准,必要时使用命令和禁止而无须晓之以理;(3) 鼓励孩子自主和个性化;(4) 亲子之间公开沟通;(5) 承认亲子双方的权利。

畏惧的儿童的父母比其他的父母更超然,他们有一定控制力,有时不太温和。他们采用"专制型"教养方式,其特点包括:(1) 试图通过绝对的标准控制和评估孩子的行为和态度;(2) 重视权威、传统、服从、尊重,希望保持良好秩序;(3) 发生冲突时采用惩戒性的、强有力的措施控制孩子的想法;(4) 子女不可以和父母讨价还价。

不成熟的儿童的父母对孩子不控制、无要求,相对比较热情。他们采用一种"放任型"教养方式,其特点包括:(1) 认可孩子的驱动、欲望和行动;(2) 决策时与孩子商量;(3) 对义务和理性行为要求不高;(4) 很少对孩子的行为施加严格的控制。这种"溺爱式"教养方式下的儿童常常不能学会尊重他人,倾向于冲动,难以控制自己。

虽然鲍姆林德并没有证据来证明这些教养方式能使儿童表现出父母所期望的行为,但显然每一种教养方式和儿童特殊的行为之间存在着某种关系。对于使用权威型教养方式的父母来说,合理期待和实际标准很重要,它们使孩子知道自己什么时候满足需要,使孩子能够意识到在追求某些目标时值得冒风险。另外,权威型教养方式与青少年的学校表现呈正相关,而专制型和放任型教养方式则呈负相关。

2. 家庭结构

家庭是一个社会系统,由相互关联的部分组成。每个家庭成员都会受到其他家庭成员的影响,也会影响其他家庭成员。家庭成员的改变促成家庭的持续发展。以核心家庭为例,父母对第一个出生的孩子可能寄予很多希望,要求也很高,因此最大的孩子可能会有很强的责任感,对家庭很忠诚。中间出生的孩子受

① Diana Baumrind, "New Directions in Socialization Research," *American Psychologist*, vol. 35, no. 7 (1980), pp. 639-652.

照顾的程度稍差，或父母的要求没有那么多，因此独立性较好，社交能力强，好交友，性格外向，兴趣广泛。最小的孩子一般受到宠爱，与最大的孩子相比，他们成功取向低，创造力低，不成熟，不容易满足。但最小的孩子有更多的机会与兄长姐姐们相处、学习，因此更有可能成为外向和乐观的人。

家庭的规模对于家庭成员分担家务、分享父母爱护和形成同理心都有重要影响。在独生子女家庭中，孩子可能被宠坏，以自我为中心，敏感甚至反社会。同时，他们可能会有很多机会接触成人世界，因此会表现出成熟的行为。小家庭中成员间的互动可能比大家庭更为强烈和频繁。在大家庭中，孩子们可能会缺少父母的关怀，然而家庭的其他成员如祖父母、叔舅和姑姨等会给予他们关怀和爱，孩子们有更多的机会遵循大人的指引，因此他们可能会缺少表现自己的机会。

从家庭模式的角度看，在其他条件相同的情况下，父母—孩子式双亲家庭中的儿童比同居家庭、离婚家庭、再婚家庭、单亲家庭的儿童发展得更好。单亲家庭是指缺少父亲或母亲的家庭，在这种家庭中成长的孩子缺少父爱或母爱。在离婚家庭中，孩子们可能会刻上分离烙印，并将他们的忠诚分给父母双方，这会使他们的安全感降低。离婚的父母亲如果处理好两人和孩子的关系，孩子的安全感就不会降低。在寡居家庭中，家庭成员可能会面临自我调整及自尊问题。另外，我们也应该关注一些特殊家庭模式对孩子成长的影响，如同性恋家庭、领养家庭、同居家庭等。

二、儿童与同伴

同伴是指年龄和地位相当的一群人，儿童时期的同伴影响着人的社会和人格发展，这种影响尤其体现在与他人的互动中、社会控制的发展中、社会价值和角色的获得过程中①。当儿童与同伴互动时，他们会更加意识到他人的需要、社会规范和社交技巧。因而，同伴交往是儿童社会生活的重要组成部分，尽管同伴的重要性不及父母和其他家庭成员，但与同父母的互动相比，同伴交往更平等，更需要理解、妥协和合作，这有助于儿童社交能力的发展。

1. 儿童与同伴的交往

儿童与同伴的交往方式会随年龄的增长而变化，两岁儿童与自己年龄相当的孩子一起玩时，不进行物质上的互相交换，似乎也未意识到轮流交谈的社会规范。此外，他们的语言和认知发展不够成熟，不能很好地表达自己的思想。四岁的儿童能够相互合作，轮流交谈和扮演角色。有研究者分析了童年期的同伴关

① Willard W. Hartup, "The Peer Context in Middle Childhood," in W. Andrew Collins(eds.), *Development During Middle Childhood: The Years from Six to Twelve*, Washington, DC: National Academies Press, 1984.

系，认为这个时候孩子与同伴的互动加强了，特别是与性别角色有关的新问题开始影响儿童之间的互动①。需要强调的是，儿童应从一开始就与他人建立起平等的互动关系，并在各种环境和任何时候保持这些互动，儿童还应学会给同伴提供各种热诚的帮助。事实上，学会如何与同伴打交道本身就是 7~12 岁儿童面对的一项重要挑战。在学校期间，儿童的一项主要任务就是发展正向的同伴关系，这会对儿童的社会化历程产生重要影响。

儿童在不同阶段对同伴关系有不同的看法（见表 10-5）。情绪也对同伴关系有重要影响，儿童如果经历人际关系的波折、中断和困难，那么他们对社会的思考和认知发展的进程会比较不稳定，甚至停留在初级状态，从而进一步影响同伴关系的发展。例如，一个 12 岁的孩子如果将朋友定义为"予取予求"的对象，他同其他青少年建立友谊的过程必定会遭遇许多阻碍，因为这个年龄阶段的孩子应将同伴视为愉快合作的对象。

表 10-5 儿童在不同阶段对同伴关系的看法

阶段 1（4~7 岁）	基于他人行为的同伴关系	把和自己相似的人当朋友
阶段 2（8~10 岁）	基于信任的同伴关系	会考虑他人的个人品质
阶段 3（11~15 岁）	基于心理亲密的同伴关系	亲密和忠诚成为主要标准

资料来源：[美]罗伯特·费尔德曼：《发展心理学——人的毕生发展（第 6 版）》，苏彦捷、邹阳等译，世界图书出版公司北京公司 2013 年版，第 387 页。

儿童的同伴交往具有性别差异。小学阶段儿童对异性的回避非常明显，大多数儿童的社交圈子几乎都是同性别的②。由于跨性别社会交往的缺乏，儿童的友谊关系几乎只存在于同性伙伴之间，而且在男孩和女孩群体中，友谊的性质极不相同。男孩通常比女孩拥有更大的交友圈，他们喜欢很多人一起玩；男孩群体的地位等级比较明显，通常有公认的领导者。女孩往往有一两个地位差不多的"好朋友"，她们更喜欢在同等地位水平上维持友谊。总的来说，在整个小学阶段，儿童的同伴交往变得越来越复杂，他们参与更加复杂的游戏，并建立自己的同伴群体。同伴群体作为儿童发展的重要情境因素，为儿童提供定期互动的机会、归属感、群体规范等。

2. 发展同伴友谊

与幼儿相似，儿童在校期间的同伴群体是经过挑选的，年龄相仿、性别相同、

① Thomas J. Berndt, "Friendship Quality and Social Development," *Current Directions in Psychological Science*, vol. 11, no. 1, (2002), pp. 7-10.

② Clare M. Mehta & JoNell Strough, "Sex Segregation in Friendships and Normative Contexts Across the Life Span," *Developmental Review*, vol. 29, no. 3 (2009), pp. 201-220.

社会地位相当、种族相同和外貌出众经常被视为接纳同伴的标准。同伴群体满足了儿童的某些需要,如不愿与成人在一起,或想与自己志趣相投的人在一起等。值得注意的是,学龄儿童的同伴活动具有许多积极功能,如能够为儿童提供社交情境、有助于发展人际关系和为儿童提供归属感等,同时,这些活动还为教和学提供机会,能够促进儿童的自我整合,这就是为什么社会工作推崇要为儿童设计适合的同伴活动。学龄儿童的同伴群体还会形成领袖和追随者。在合作性的学龄儿童群体中,领导地位是与任务促进行为相联系的,如组织活动、发表意见、促进群体成员参与等①。

从儿童被同伴接纳的角度看,同伴关系中的儿童分受欢迎的和不受欢迎的两种。儿童的行为模式与他们在同伴中的地位紧密相关。受欢迎的儿童聪明、自信,善于与人合作,他们倾向于表现出亲社会行为,能有效发起互动,并积极回应其他儿童的邀请。而且,受欢迎的儿童具有良好解决社会问题的能力,他们会采用把对社会关系的损害减到最低的方法来处理冲突②;相应地,不受欢迎的儿童则缺乏维持和谐的社会互动所必需的认知技巧。他们可能爱出风头、自私自利,并经常挑剔和破坏群体活动。儿童的受欢迎程度受许多因素的影响,如气质、学业能力、体型外貌、衣着谈吐等,不过更重要的还是社会认知技能和社交技巧。当然,良好社交行为的定义会因文化的不同而有差异,也会随时间而变化③。

同伴关系有助于发展儿童的社交技巧和情感支持,孤独的儿童比被接纳的儿童更可能退学,更可能存在情感问题或成为失足青少年。那么我们如何帮助儿童去寻找玩伴和朋友呢?下面是专家提出的一些建议④:(1) 使用正面的训练技巧,如给予奖励、制定规则和鼓励非惩罚的合作方法;(2) 建立积极热情和符合社会规范的行为模式,提高儿童的自尊;(3) 表现出亲社会行为,并对儿童的共情感受和反应给予赞扬;(4) 如果儿童经常没有机会与其他儿童在一起的话,应努力为儿童创造游戏群体,增加儿童的社交经历;(5) 鼓励“孤独者”最初和两三个儿童组成的小群体玩,进入群体之前给予足够的时间去结识同伴;(6) 利用玩具娃娃等方式进行角色扮演,包括动物扮演等,引导儿童阅读有关

---

① D. C. French & A. L String, “Emergent Leadership in Children's Small Groups,” *Small Group Research*, vol. 22(1991).

② R. S. Feldman, J. C. Tomasion & E. J. Coats, “Adolescents' Social Competence and Nonverable Deception Abilities: Adolescents with Higher Social Skills are Better Liars,” *Journal of Nonverbal Behavior*, vol. 23 (1999), pp. 237-249.

③ R. Larson & M. Ham, “Stress and ‘Storm and Stress’ in Early Adolescence: The Relationship of Negative Events with Dysphoric Affect,” *Developmental Psychology*, vol. 29(1993), pp. 130-140.

④ M. E. P. Seligman, “Coaching and Positive Psychology,” *Australian Psychologist*, vol. 42(2014), pp. 266-267.

交友的书籍,间接地教导儿童交友技巧。

三、儿童与学校

学校是儿童期最重要的社交场合,从6岁起,儿童大部分时间都在学校中度过,和老师或同学互动,可以说,学校是儿童学习技巧、知识,形成人生态度和个性的地方,学校担负着儿童社会化的重大责任。社会化的过程可能是正面的,也可能是负面的,正面的过程包括:儿童学习遵守规范,学习和同伴交往,完成日常生活中大大小小的任务;负面的过程包括:学校可能成为儿童接触不良团伙、不良行为的场所。因此,如何妥善塑造良好的学校环境是社会工作最为关心的问题之一。下面简单介绍学校的教学环境、教育计划和老师对儿童发展的影响。

1. 教学环境

教学环境是影响学校教育有效性的重要因素。国外某些学者认为,当提供给每个儿童的可用空间达不到一定标准时,儿童的攻击性就会增加;另外,当校园整体规模增大而娱乐设施不变时,儿童的攻击性也会增加①。同时,资金投入虽然不是有效学校教育的必然要求,但是增加直接用于课堂教学的资源可以提高低年级小学生的成绩。对于高年级的小学生,则需要增加结构化的课外活动,以培养学生健康的竞争态度。因此,有能力组织各种活动的学校更有可能促使学生学业成绩良好、学校认同感高、具有责任感、善于自我控制,从而降低学生出现问题的可能性。

2. 教育计划

由于为儿童的基本学习技巧、创造力、社会和情感发展等方面设定的目标不同,不同学校的教育计划也有差异。一些计划通过正强化和负强化推动儿童学习;一些计划根据儿童的个人兴趣来安排;一些计划鼓励竞争,要求儿童个人勤奋学习成为最优秀的学生;有些计划鼓励合作,要求儿童一起完成一项任务。传统的计划也称为以教师为中心的计划,这种计划认为学校的功能就是灌输知识。而以学生为中心的计划相信:学校的功能就是促进儿童全面发展——不仅包括认知和语言技巧的发展,而且包括身体、社会、情感等方面。在这方面,开放课堂比传统课堂能提供更多的发展机会。

3. 老师

学龄期的儿童仍然依赖大人,大部分非常听老师的话,这是因为老师在许多方面扮演着父母的角色。在学校中,老师告知儿童,大人是值得信赖的,学校环境是安全的。在言传身教的过程中,老师把个人的态度和信念传递给学生,老师

---

① P. K. Smith & K. Connolly, *The Behavioral Ecology of the Preschool*, Cambridge: Cambridge University Press, 1981.

的期望对学生的表现也有重要的影响。在一项研究中，心理学家对几个班级的小学生进行智力测验，同时让老师相信测验的结果可以预估哪些学生在智力方面会有快速的成长，测验之后，将这些所谓的具有潜力的学生的名单交给老师，其实这些学生只是被随机抽取出来的。8个月后，他们又来到这所学校，结果发现，这些学生的智商和阅读能力都比班上其他同学有显著的提高。老师的期望和关怀潜移默化地影响了这些孩子的成长，这被称为罗森塔尔效应①。由此可见，自尊心和自信心是人的精神支柱，是成功的先决条件，如果家长和老师能对孩子们多一些关心、期望、鼓励和教导，那么他们成功的机会可能会更大。

四、儿童与社区

家庭处于不同的社区之中，儿童最初也是在社区中接触到同伴，因此社区氛围对家庭环境与儿童成长有重要意义。社区是人社会化的重要场所和载体之一，社区成员通过彼此间的交往互动完成自身的社会化，家庭、邻里、社区幼儿园和学校，以及社区的文化环境都是儿童社会化的重要载体和场所。《民政部关于在全国推进城市社区建设的意见》指出：社区服务主要是开展面向老年人、儿童、残疾人、社会贫困户、优抚对象的社会求助和福利服务，面向社区居民的便民利民服务，面向社区单位的社会化服务，面向下岗职工的再就业和社会保障社会化服务。

1. 儿童的社区服务

目前面向儿童的社区服务主要针对0~6岁儿童及其家庭，在优育和优教方面，社区服务对学龄儿童的成长也具有重要的意义。例如，指导疾病防治，尤其是贫血、佝偻病、腹泻、呼吸道感染、生长发育不良及龋齿等；定期进行膳食调查，有针对性地改善每个儿童的膳食结构。在教育方面，社区致力于改善环境，为孩子智力和社会交往能力的发展创造条件，包括净化环境，组织各种有益活动，提供有关活动设施等；宣传家庭环境的重要性，指导家长改善家庭环境；开办有益儿童成长的假期托管服务等。

儿童友好型城市倡议(Child Friendly Cities Initiative)由联合国儿童基金会(UNICEF)于1996年发起，2019年，联合国儿童基金会出版《构建儿童友好型城市和社区手册》，为各国提供了行动框架的参考。这一手册认为，儿童友好型城市或社区应为儿童提供下列基本保障：人身安全有保障，免受剥削、暴力和虐待；人生有良好的开端，健康成长，备受关怀；能获取基本服务：能享有优质、全纳、参与式的教育和技能培训；能对影响到其本人的一切事项自由发表意见并影响相关决策；能参与家庭、文化、城市/社区和社会生活；能生活在清洁、无污染、安全、

① R. Rosenthal & L. Jacobson, *Pygmalion in the Classroom*. New York: Holt, Rinehart & Winston., 1968.

有绿化空间的环境中;能与朋友见面,有地方供他们玩耍和娱乐;不论种族、宗教、收入、性别、能力,都能拥有平等的机会。近年来,我国也积极响应倡议,参与联合国建设儿童友好社区的活动。

要建设儿童友好社区,需要从以下几个方面努力:首先,要完善社区的基础建设,提高全体居民的环境意识,如应使他们认识到干净卫生的社区环境是儿童及其他社区成员健康生存的基本条件。其次,要在社区内建设安全、益智的儿童游戏场所和设施,包括低龄儿童的室内游戏室、青少年运动场地、母子阅读角或儿童阅览室等,帮助儿童通过游戏和同伴互动来学习并实现社会性发展。再次,健全社区儿童和家庭服务体系,帮助居民了解父母在儿童成长过程中的重要作用,实践积极的家庭教养方式。最后,要创新儿童参与社区的工作机制,让儿童在童年时期就参与社区活动,以此来了解社区和社会,学习参与社会的知识和技能,帮助他们成为合格的公民。

2. 特殊儿童的社区照顾

广义的特殊儿童是指与正常儿童在各方面有显著差异的各类儿童。这些差异可表现在智力、感官、情绪、肢体、行为或言语等方面,在这些方面的发展低于或高于正常水平的儿童,以及涉及违法犯罪的儿童都属于广义的特殊儿童。狭义的特殊儿童专指残疾儿童,即身心发展上有各种缺陷的儿童,又称"缺陷儿童""障碍儿童"。不同国家和地区对特殊儿童的理解有所不同。在中国,特殊儿童主要包括残疾儿童、贫困儿童、问题儿童和孤儿等。针对不同类型的特殊儿童,社区所提供的照顾方式也是不同的。

针对残疾儿童,社区主要提供康复服务,包括:在社区中设立社区康复服务中心,为社区中的残疾儿童设计康复方案并提供定期的康复服务。社区不定期组织专家到社区为残疾儿童家长讲授残疾儿童照顾与康复课程。在社区中兴办特殊教育学校,为残疾儿童提供特殊教育机会。运用社区工作的方法介入特殊儿童教育,通过营造良好的社区环境、利用社区资源、对社区居民进行宣传等手段消除歧视,帮助特殊儿童进行康复训练。虽然我们已经积极推进了许多相关工作,但因种种主客观原因,我国目前并不是每一个有需要的儿童都有接受特殊学校教育的机会。

针对贫困儿童,社区主要提供救助和支持服务。社区可以为贫困家庭申请社会救助,还可通过社会筹募的方式为其提供生活必需品,提供各种照顾与看护服务。贫困家庭获得的主要支持之一是家庭补助,即政府为贫困家庭提供的经济救助,其他政策如学费减免、医疗费用减免等也可惠及贫困儿童。另外社区还可提供其他辅助性服务,如通过家庭服务协调亲子关系,以使儿童能够享受到家庭的温暖等。通过以上措施,社区努力保障贫困家庭的儿童能够获得生理与心理的健康发展。

针对问题儿童，社区主要提供辅导服务。随着社会问题的复杂化，过去那种以家庭为单元，以家长为主角对问题儿童进行辅导的传统模式显然已不能适应问题儿童辅导的新形势和新需要。而社区作为一支重要的力量，从生活服务、社会治安、环境卫生治理、少儿假期活动等方面介入居民家庭，为问题儿童的辅导提供了多样的选择。社区可以通过招募志愿者对儿童进行个别辅导，这些志愿者最好是具备儿童辅导知识与技能，有长期的心理、精神卫生方面工作经验的工作者。社区还可以组织互助小组与游戏小组，在活动中改变问题儿童的不良行为，养成良好的习惯，使之适应社会规范。

针对孤儿，社区主要提供两方面服务：一是家庭寄养。即儿童的亲生父母仍有监护权，而保护权则转向寄养家庭。寄养有三个特点：在家庭内提供照顾；非机构的替代照顾；无论短期还是长期的寄养，都在有限的时间内。寄养家庭有收容之家、免费寄养家庭、工作式寄养家庭、受津贴寄养家庭和团体之家等形式，寄养家庭需满足一定的条件。二是收养。以收养父母和养子女的关系为标准，可将收养分为亲属收养和非亲属收养（机构安置、独立安置）两类。在有社会福利组织介入的情况下，收养程序一般包括申请、审查及会谈、家庭访视、配对、试养安置、正式收养、结案、追踪等。

第三节 社会工作的重要议题

一、学龄儿童的成就压力

有压力是普遍的现象，压力影响着人的成长和发展，儿童虽然年龄小，但也面临着各种压力。中国社会非常注重学习成绩，在校儿童的成就压力主要表现为学习成绩差。在小学阶段，有些儿童虽然不太聪明，但很勤奋，相反，有些儿童有能力但学习成绩差，一个主要原因就是他们的上进动机和成就需要不同。成就感强的儿童在压力面前表现出色，能够发挥新的才能并保持较高的考试分数；成就感弱的儿童可能在压力面前表现不佳，他们的成就需要往往不高，在设定目标和驱动认知方式方面存在障碍。

成就感弱是一个复杂的问题，它导致儿童不断陷入失败和懈怠。儿童的成就动机存在明显的差异[①]。有些儿童在寻求挑战、努力克服困难、承受失败等方面表现得更加自信。相反，另外一些孩子则表现得不太自信，有些孩子会面临学习无助的问题，即过早放弃达到目标的努力。例如，有的儿童认为有些问题解决

① ［美］David R. Shaffer & Katherine Kipp：《发展心理学：儿童与青少年》，邹泓等译，中国轻工业出版社2023年版。

不了，努力也是徒劳，这种现象通常与儿童过去解决问题的多次失败经历或不愉快的、痛苦的环境有关。

在儿童面临成就压力时，父母和老师应该帮助儿童寻找应对方法。许多父母鼓励儿童努力学习，帮助儿童树立理想，为儿童提供良好的学习环境，从开始就参与孩子的学习过程并给予支持，他们的孩子通常有更多的机会充分发挥自己的智慧和潜力。正如上一节所讨论的，老师同样影响着学生的表现并且能够成为帮助孩子应对压力的力量。相反地，来自父母、老师和同伴的负面反馈会使儿童放弃努力。

成就感弱的儿童的父母应该与学校及儿童本人配合，制订一个切实可行的计划帮助儿童体验成功，进而主动学习。帮助儿童实现自我控制、体验成功、看到学习成绩提高和接受赞扬是使他们克服无成就感的关键，以下是社会工作者的建议：(1) 赞赏孩子所做的努力。(2) 提供良好的学习环境。(3) 支持和介入孩子的学习过程。(4) 与老师一起制订帮助孩子的计划。(5) 和孩子一起制定时间表并共同完成。(6) 耐心帮助孩子体验成功。(7) 鼓励孩子与同伴在一起参与学习活动。

二、儿童对父母离婚的适应

父母婚姻关系的好坏影响着儿童的适应能力和发展，并长期影响着他们的行为。和谐的家庭氛围有利于形成适宜的教养方式和亲密的亲子关系。研究表明，当夫妻对他们的婚姻感到满意时，孩子们会感到更安全更踏实。相反，有问题的婚姻(通过冲突大小来测量)常与孩子的行为问题相联系。例如，这些孩子更容易变得焦虑，更富有攻击性，表现出更多的不安全感。如果父母争吵不休，孩子的压力可能会通过学校表现不佳或情感问题表现出来。

我们应该注意到，并非所有的婚姻冲突都会对孩子产生伤害，如果夫妻间的讨论是相对平和的，如果父母能够解决相互之间的不和谐，如果父母之间的情感氛围是愉快的，那么婚姻冲突从其效果而言对孩子是有益的，因为他们通过耳濡目染学会如何解决冲突。因此，并非是冲突本身产生了问题，而是冲突的强度、频度、内容和结果决定了其对孩子的影响。有研究发现，父母相互之间严重的身体和言语冲突会导致孩子感到气愤、惧怕和悲伤，如果冲突内容与孩子有关(如针对抚养孩子的方式发生冲突)，孩子会更加感到不安，如果冲突升级，孩子更有可能会自责并感到害怕。有时他们会被卷入父母的争论，冲突结局如何也对孩子有所影响①。

---

① P. R. Amato & T. D. Afifi, "Feeling Caught Between Parents: Adult Children's Relations with Parents and Subjective Well-Being", *Journal of Marriage and Family*, vol. 68(2006). pp. 222-235.

离婚通常对孩子造成负面影响。父母离婚的孩子经常对未来感到畏惧,对父母因为他们而离婚感到难过。对于离开家庭的家长,他们感到自己受伤害、被抛弃,甚至仇恨双亲。他们可能变得忧郁、不友好、具有破坏性、易怒、孤独、悲哀、好闯祸,甚至自杀,有些孩子可能会遭遇饥饿、失眠、食欲减退、注意力不集中等问题,有些孩子会变得对学习和生活不感兴趣。

研究发现,许多因素影响儿童对父母离婚的适应,包括儿童的性别和离婚时的年龄,孩子的脾气、人际关系以及应对问题的能力,离婚前、离婚期间和离婚后父母之间冲突的数量,亲子关系的好坏,父母的身心健康状况,监护问题,父母离婚后的主要生活经历(包括离婚后家庭经济收入情况、父母和孩子获得的社会支持)等①。经验表明,父母离婚的孩子更有可能早婚,结婚后也更可能离婚。父母离婚对儿童的社会适应能力、情感和认知发展的其他长期影响目前尚不清楚,需要继续研究和探讨。

许多儿童能够成功地应对父母离婚的痛苦经历,这似乎部分与儿童自己的抗逆力有关。社会工作者可以参考下列提纲帮助儿童适应父母离婚和自己的未来生活②:

应该告诉孩子父母离婚这一事实,并使用与他们的年龄相适应的语言。

孩子需要知道他们并没有导致父母离婚。

父母必须重视孩子的最终决定。

应该仔细解释有关儿童照顾的安排。

应保证父母对孩子的继续爱护。

应该鼓励孩子表现出惧怕、悲伤和愤怒等情绪。

对儿童的行为应该进行限制。

父母应该与其他成人一起帮助孩子度过危机。

父母应该在子女抚养问题上合作。

父母不应把孩子作为武器。

父母必须认识到他们的需要和孩子的需要之间的冲突。

孩子的生活应尽可能不改变。

为了自己和孩子父母应该使用各种资源。

同时,社会工作者也要关注单亲家庭对孩子的影响,在单亲家庭中成长对孩子来说是一种压力。没有两个成年人来分担抚养孩子的义务,没有双亲带他去参加活动,没有性别角色的参考模型等都会对孩子的人格发展产生影响。最重

---

① P. R. Amato & A. Booth, *A Generation at Risk*. Cambridge: Harvard University Press, 1997.

② J. S. Wallerstein, J. M. Lewis & S. Blakeslee, *The Unexpected Legacy of Divorce*. New York: Hyperion, 2001.

要的，经济压力会对孩子的健康、幸福和学业成就造成负面影响。此外，父母离婚还会影响抚育方式，单亲父母可能对孩子及亲子的互动关心更少，孩子的就寝时间和就餐时间可能被忽视。孩子还可能会继续对处在对立的父母之间感到无所适从、伤心难过，对继父母有排斥心理。

单亲家庭并不必然是病态的，双亲家庭也并非总是健康的，与单亲父母关系良好的孩子的成长适应要比生长在充满不和谐的双亲家庭的孩子更好。尽管如此，单亲家庭在指引孩子方面还是需要更多帮助，社区应该为单亲家庭提供咨询和支持服务，主要包括两个层面：性别角色模型塑造和经济援助。性别角色模型方面，单亲家庭的儿童只有一个性别角色模型并且被剥夺了感受男性和女性之间人格交互作用的机会。经济方面，单亲家庭的孩子通常生活条件较差，可能没有充足的营养支持他们的学习和生活，这对于儿童的健康、幸福和学业成就都有负面影响。

三、儿童虐待

对大多数孩子而言，家庭是他们最坚实的依靠，但不幸的是，对某些孩子来说这个本该成为他们情感寄托的地方，却使他们担惊受怕。在孩子心里，父母是爱和亲密关系的源头，如果父母成为孩子恐惧的来源，会让孩子感到无所适从。

儿童虐待主要包括以下类型：第一，精神虐待和忽视。精神虐待是指施虐者对儿童进行恐吓和极端控制。忽视既可以指物质上的照顾缺失，也可以指精神上的忽视。第二，身体虐待和性虐待。身体虐待是指施虐者对儿童肉体施加的伤害，性虐待是指成人对儿童施以性刺激以满足自己性冲动的行为。通常我们认为身体虐待和性虐待更可怕，但是精神虐待和忽视导致的长期的、潜在的负面影响也应该被关注，受到过身体和精神虐待的儿童可能存在各种生理、智力和情感问题。例如：语言迟钝、情感和认知发展不连贯；攻击性强，缺乏同理心，倾向于采用暴力方式处理生活问题；等等。这种影响甚至会持续到成年时期，研究表明，在儿童时期遭受过性虐待的成人常常感到寂寞、害怕、忧郁、愤怒，表现出不友好或攻击性，经常自尊心差，不相信他人，情绪较为敏感。

儿童虐待在不同的社会文化背景下广泛存在，施虐者也具有一些普遍性的特征：当父母面临生活中一系列压力而难以应对的时候，容易打骂孩子；当生活压力巨大而孩子又不听话时，父母虽不想伤害孩子，但苦于没有足够的情感支持以作出适当的回应，因此选择虐待儿童；单身的、年轻的父母也容易成为施虐者，他们的受教育程度可能不高，在童年可能受过虐待或被父母抛弃过。

施虐的父母通常不知道如何做一名好家长，例如，他们不知道如何让婴儿不哭，孩子不按他们的意愿行事时他们有时会失去控制。他们似乎忽视了儿童需要一个发展的过程，对孩子有不切实际的期待。此外，他们倾向于期望他们的孩子照顾他们，而当孩子不能满足其需要时他们就会施虐。他们比其他父母更多地遭到孩子的对抗，并且没有解决问题的能力。过去常常认为，施虐者是母亲的更多，但研究发现，男性更容易虐待儿童，他们倾向于性虐待且可能对儿童造成严重的甚至致命的伤害①。虽然大部分施虐者没有精神病或犯罪人格，但其中许多人是孤独、不愉快、忧郁、气愤、不满意、孤僻和承受巨大压力的。他们通过虐待对儿童施加的权力可能是对他们自己的生活进行控制所作的错误努力。此外，居住环境和文化背景等也是导致儿童虐待的原因。

为了避免虐待和忽视，社会工作者应该对具有上述特征的父母提供帮助。当他们感到压力太大时，社会工作者可以组织一些小区教育和支持计划，提倡更多的辅助日间照顾来照顾儿童。为有问题的父母提供管理儿童行为的技巧的训练是行之有效的，父母还可能学会如何帮助儿童发展语言和社会技巧。如果可能，最好让孩子留在家里，但有时儿童可能必须与其父母分开。在这种情况下，对社会工作者来说，最重要的一点就是持续做好父母的社会工作，使儿童重新回到家庭。社会工作者还可以为受虐儿童和成人提供有价值的服务，包括庇护、教育和治疗，其中，帮助儿童治疗被虐待的创伤时采用群体方法是比较有效的。

在避免性虐待方面，需要教育儿童，使他们意识到他们的身体属于自己的，当别人想触摸他们的身体，即使这个人是值得信任的，也要在不愿意的时候说“不”。需要保证儿童在拒绝成人时不会受到责怪，保证他们可以对父母或他们信赖的人倾诉所有事情而不用担心受惩罚，要使他们相信，多数成人将不会伤害他们，只会帮助他们。

四、儿童的情绪问题

虽然多数儿童能够健康成长，但是仍有部分儿童存在心理健康问题。儿童如果不能妥善处理自身的问题，就会产生抑郁情绪。有些抑郁的孩子可能不会说出或者表现出内心的悲哀，反而表现出攻击性或者焦虑的行为。学龄儿童常常以打架闹事的方式来表达内心的抑郁，常常有低自尊、绝望、自责等负面认知②。例如，有自杀倾向的孩子可能会说“我的心里有魔鬼在作祟”“对我的家庭来说，我已经成为他们的负担”。相比于青少年阶段，儿童情绪问题的症状较轻，但绝不能掉以轻心，一定要谨慎处理。典型的儿童情绪问题的行为表现有多动症、畏校症和抑郁症。

---

① A. B. Berman, R. M. Larsen & B. A. Mueller, “Changing Spectrum of Serious Child Abuse,” *Pediatrics*, vol. 77(1986), pp. 113-116.

② K. A. Dodge, Lansford, J. E. Burks & V. S. Burks, “Peer Rejection and Social Information-Processing Factors in the Development of Aggressive Behavior Problems in Children,” *Child Development*, p. 74.

1. 多动症

多动症儿童的行为特征包括:注意力不集中、冲动、不能受挫折、爱发脾气、在不当时间和不当地点的过分活跃等。例如,有的孩子总是静不下来,甚至完不成一项简单的任务,他们跑来跑去,交不到朋友并且总是惹麻烦。所有儿童都不同程度地具有这些特征,但其中有部分儿童因此在学习和生活中遇到阻碍,这些儿童被认为是过分活跃的、多动的。多动症出现在 4 岁以前,但大约有一半患有多动症的儿童一直到开始上学时才被发现和识别。

多动症是遗传的、神经的、生物化学的和其他环境的因素共同作用所致。家长和老师可以通过了解和接受儿童的基本脾气秉性去帮助多动的儿童在家和在校做得更好,可以教导儿童分解任务,使目标实现变得可操控,也可以将体力活动同每日课程安排结合在一起。老师应该为儿童提供多种方法让他们展现学习成果,如组织讨论或交录音报告,而不是单纯地让他们阅读文字材料。

2. 畏校症

对学校存有非常不现实的畏惧心理并试图逃学的儿童可能患有畏校症①,它可能出现在 5 到 15 岁的男孩或女孩身上。患有畏校症的儿童一般都有中等或以上的智商,他们的父母大多为专业技术人员,他们可能还患有抑郁症、焦虑症,其家庭功能可能处于失调状态。要治疗畏校症就要让儿童愿意回到学校,为此,社会工作者应关注儿童畏惧上学的原因。

这些儿童可能会拒绝拜访朋友,待在家里不愿上学,或在家缠着父(母)亲。分离之前他们可能会说自己胃疼、头疼、恶心、呕吐等。这些行为可能在童年早期出现,一直持续到大学。生活中的一些压力会使他们感到焦虑,如宠物的死亡、搬到新地方居住或转到新学校上学等。

这些儿童可能表现出很多问题行为,如打架、说谎、偷窃和损坏财物等,这些问题行为通常是儿童情绪的偏差反应。当父母和老师只关注问题行为的结果,对孩子进行批评教育时,孩子可能会对父母和老师的形象表现出敌意,拒绝上学或者被动逃学。社会工作者应该注意到,任何长期的反社会行为都可能是存在于内部的情感问题的表征。

这些儿童可能在学校遭受过某种形式的骚扰,因为害怕被欺凌而待在家里不去学校。他们中的大多数人非常被动、不合群,并缺乏可以摆脱被欺凌情境的社会能力。欺凌者可能表现出更多的问题行为,他们很少自责,也不会同情别人,面对父母的询问可能会撒谎,成年后触犯法律的风险更高②。面对校园欺

---

① G. A Bernstein & B. D. Garfinkel,"Pedigrees,Functioning and Psychopathology in Families of School Phobic Children,"*American Journal of Psychiatry*,vol. 145(1988),pp. 70-74.

② J. L. Ireland & J Archer,"Association Between Measures of Aggression and Bullying Among Juvenile Young Offenders,"*Aggressive Behavior*,vol. 30(2004),pp. 29-42.

凌，在家长和老师支持下进行抗争是一种积极的应对方法。同时，社会工作者可以提供持续性的支持，帮助儿童提升社会能力。

3. 抑郁症

儿童抑郁可能是各种原因导致的，包括生物学的和社会环境的原因。抑郁症的表现包括无法感受快乐、注意力不集中和情感反应异常等。抑郁的儿童经常感到疲倦、极度悲伤，遇事易退缩。他们可能存在睡眠问题、没有食欲、在学校表现差、看上去不愉快、自称身体有病、内疚感强或有死亡或自杀的念头。这些儿童的父母可能也患有抑郁症，这说明：一方面，遗传因素对患病有影响；另一方面，家庭氛围压抑，有问题的父母采取不当的教养方式，都可能使儿童患上抑郁症。此外，抑郁症儿童可能在社会能力和学习能力等方面有所欠缺，其智力发展、学业成就和社会适应可能受病症的影响。成年人应密切关注儿童的抑郁现象，如果抑郁症状持续存在，就应该寻求专业人士的帮助。

有情绪问题的儿童通常需要学校指导老师、学校社会工作者、临床心理医生、家庭服务中心的社会工作者或精神科医生提供的治疗。治疗方式与许多因素相关，如问题的性质、儿童的个性、家庭的参与意愿、社区治疗的可行性和有关人士的价值取向等。通常，儿童情绪问题的治疗采用个人心理治疗、家庭治疗和行为治疗的组合形式。在个人心理治疗中，治疗者在一对一的基础上对儿童进行诊断，使儿童能够了解他们的个性和人际关系，并解释儿童的感觉和行为，治疗者接纳儿童的感觉并鼓励儿童自我表现。通常，当家长一起参与治疗时，治疗更有效。家庭治疗者观察家庭成员相互之间的互动、强化成长模式并使家庭改变某些具有破坏性的相处模式。例如，家庭治疗者鼓励父母对孩子表达爱和关心，也会指出父母需要和儿童相互沟通而不仅仅是公开谈话。有时，孩子的问题就是家庭环境问题的一个表现，当家庭成员开始解决他们的困难时，孩子的问题也会得到解决。行为治疗强调消除不合理的行为（如发脾气）和发展合理的行为（如做家庭作业），而不强调寻找行为背后的理由。学习理论的相关原则被运用到抑郁症的治疗当中，帮助改变儿童的行为，例如，当孩子完成家庭作业时，父母或老师给他奖励，如口头表扬或送他喜欢的东西，以鼓励孩子下次继续完成作业。

所有的儿童都会经历愤怒、恐惧、焦虑等负面情绪，也会体验来自父母、学校、同伴、社区和社会情境的压力。社会工作者可以从个人特质和社会支持两个方面帮助儿童学习应对压力的策略。关于儿童对压力情境的控制感和控制点，年幼的儿童经常相信行为的结果是由外部因素决定的，年龄大一点的孩子则开始意识到他们的能力和努力可以改变行为的结果。同时，支持性的照顾者和社会环境在预防和治疗儿童情绪问题的过程中都扮演着重要角色。

案例："阳光伙伴"：城市外来未成年人助力成长计划

摘要：20世纪90年代以来，家庭化迁移成为人口迁移的新趋势。如何促进流动儿童和流动家庭的城市社会融合成为社会关心的焦点。"阳光伙伴"项目以生态系统理论和优势视角理论为指导，秉持社会工作理念，全面探索在常州流动未成年人(6~18岁)的社会融入服务模式。项目的总目标是通过对外来未成年人的服务，辅以对家长、学校和社区等未成年人工作和生活系统的干预，以协助流动未成年人的社会融入。项目分为社区服务和学校服务两部分，由需要评估、关系建立、方案实施、方案结束、评估、跟踪回访六个阶段组成。评估发现，此项目具有极强的可持续性、合适性和可复制性，对于探索城市未来未成年人的社会工作服务具有重要的意义。

本章小结

人在儿童期的生理发展缓慢而稳定，平均每年体重可增加3.5千克，身高增加0.06米。在身体发育方面，儿童的肌肉组织发展迅速，到7岁时，多数儿童能够参加需要大量肌肉运动和协调能力的各种活动。在智力发育方面，儿童处于具体运算阶段，可以更多地对环境进行逻辑思考。儿童的道德也得到了发展，皮亚杰强调认知发展对道德的重要作用并且识别了道德制约和道德合作两个阶段。与皮亚杰一样，科尔伯格也支持认知影响道德的观点，他提出了道德发展的三水平六阶段理论，社会工作者需要注意到不同年龄的儿童对同样的道德困境有不同的理解。在心理社会发展方面，我们讨论了在婴儿期就开始发展的自我概念，在儿童期，儿童发展了更多的现实思想，他们想在社会中获得成功。

在儿童期，家庭、同伴、学校和社区是孩子成长的重要社会环境。家庭中父母的教养方式对儿童影响重大，霍夫曼将父母的教养方式分为权威施压、爱的撤回和循循善诱三种。鲍姆林德区分了权威型、专制型、放任型三种教养方式并揭示了教养方式与儿童社会能力之间的联系。家庭结构，包括家庭规模和家庭模式也在一定程度上影响着孩子的成长。

同伴也影响着儿童的社会和人格发展，这种影响体现在与他人的互动中、社会控制的发展中、社会价值和角色的获得过程中。学校是儿童期最重要的社交场合，学校的教学环境、教育计划和老师对儿童成长也有重要影响。有能力组织各种活动的学校更有可能促使学生认同学校、具有责任感、实行自我控制，从而降低学生出现问题的可能性。罗森塔尔效应表明老师的期望和关怀潜移默化地影响了孩子的成长。儿童最初是在社区中接触到同伴的，因此社区氛围对家庭环境与儿童成长有重要意义。社区为儿童提供各种服务，其中为特殊儿童提供的服务包括残疾儿童社区康复服务、贫困儿童的社区支持服务、问题儿童的社区辅导服务、家庭寄养和收养服务等。总之，儿童在成长中越来越像成人，他们通过反思自己应对家庭、学校和社区环境中的挑战而获得个人成长，他们开始设定目标并为之努力。

对于成长中的儿童而言，社会工作的重要议题包括学龄儿童的成就压力、儿童对父母离婚的适应、儿童虐待和儿童的情绪问题。对在校儿童而言，压力来自于学校的成就压力、家庭关系障碍、被忽视和虐待，以及儿童自己的特殊需要。父母婚姻关系的好坏影响着儿童的适应能力和发展并长期影响着他们的行为，和谐的婚姻家庭氛围有利于形成适宜的教养方式和亲密的亲子关系。离婚对儿童影响极大，他们可能变得忧郁、不友好、具有破坏性、易怒、孤独、悲哀、好闯祸，甚至自杀，有些孩子可能会遭遇饥饿、失眠、食欲减退、注意力不集中等问题，有些孩子会对学习和生活不感兴趣。儿童在成长中还有可能面临受虐待的危险，包括身体虐待、性虐待、精神虐待和忽视。被虐待的儿童经常表现出语言迟钝、情感和认知发展不连贯等。儿童还可能存在情绪问题。儿童情绪问题的典型表现有多动症、畏校症和抑郁症。常用的治疗方法包括个人心理治疗、家庭治疗和行为治疗。社会工作者，可以从个人特质和社会支持两个方面帮助儿童学习应对压力的策略。

思考题

1. 儿童的智力发展具有哪些特点？
2. 儿童的道德发展具有哪些特点？
3. 儿童的心理社会发展具有哪些特点？
4. 简述父母的教养方式对儿童成长的影响。
5. “受欢迎”的儿童具有哪些人格特质？
6. 如何帮助儿童应对成就压力？
7. 如何帮助儿童适应父母离婚？
8. 常见的儿童情绪问题有哪些？

推荐阅读

［美］David R. Shaffer & Katherine Kipp：《发展心理学：儿童与青少年》，邹泓等译，中国轻工业出版社2023年版。

同雪莉、彭华民：《城市儿童与父母分离后的抗逆力重组研究——基于中国教育追踪调查2013—2014基线调查结果》,《首都师范大学学报》2016年第5期,第148—156页。

沙依人:《人类行为与社会环境》,台北五南图书出版公司2014年版。

[美]罗伯特·费尔德曼:《发展心理学——人的毕生发展(第6版)》,苏彦捷、邹阳等译,世界图书出版公司北京公司2013年版。

陆士桢主编:《儿童青少年社会工作》,高等教育出版社2008年版。

扩展推荐阅读

高丽茹、彭华民:《中国困境儿童研究轨迹:概念、政策和主题》,《江海学刊》2015年第4期,第111—117页。

冯元、彭华民:《近30年中国流浪儿童教育研究述评》,《中国特殊教育》2014年第3期,第54—61页。

石丹理、马庆强、刘兆瑛、韩晓燕主编:《"共创成长路"青少年培育计划概念架构及课程设计手册》(全两册),学林出版社2007年版。

第十一章　青少年行为与社会环境

学习目的

掌握青少年生理、心理发展的一般特征与规律；熟悉青少年常见的生理烦恼与心理问题；认识同龄群体、家庭、学校、社区等社会环境对青少年行为的影响；探讨青少年行为与社会环境的几个重要议题——青少年成瘾、青少年未婚怀孕、青少年越轨与犯罪，学习运用相关的专业干预策略。

“青少年时期”“青春期”，学术上对其的界定经历了一个发展过程。20世纪初，第一本有关青少年发展的经典著作——霍尔（G. S. Hall）的《青春期：其心理学及其与生理学、人类学、社会学、性、犯罪、宗教和教育的关系》问世①。霍尔在《青春期》一书中提出复演论（recapitulation theory），认为个体生理和心理的发展反映着人类发展的历史。他认为人类的胚胎形状像蝌蚪，代表人类最初在水中生存的时期；婴儿爬行代表人类进化的猿猴时期；青少年情绪不稳定代表人类进化的混乱期，在他们身上，强烈、狂暴和温和、细腻并存，霍尔又称这一时期为“暴风骤雨期”（storm and stress period）。霍尔认为青少年心理发展的特征包括：精力过分旺盛和无精打采、快乐和痛苦、自尊和卑谦并存、自私与利他的轮替、好行为与坏行为交错、孤独和归属、兴趣与冷漠、在知与行之间摆动、保守与激进之间“穿梭”、聪明与愚笨同在，这些观点直到今天仍然对学界有重要影响②。霍尔认为青少年情绪不稳是必然现象，故而主张应特别重视青少年教育。由此学术界开始根据生物性因素来界定青少年时期，并强调青少年时期的冲突和危机。

---

① G. Stanley Hall, *Adolescence: Its Psychology and Its Relations to Physiology, Anthropology, Sociology, Sex, Crime, Religion and Education, Vol. 1*, New York: Appleton & Company, 1904.

② 李维：《霍尔论青少年心理发展的十大特征》，《当代青年研究》1998年第4期，第35—37页。

20 世纪二三十年代，人类学家玛格丽特·米德《萨摩亚人的成年》[①]和本尼迪克特（R. Benedict）《文化模式》[②]的研究表明，社会文化也是界定和评价青少年发展的重要视角，从此学界突破了单纯以生物因素界定青少年的做法，研究呈现多元化。目前，国内外学者倾向于以生物—心理—社会的综合标准来界定青少年时期，并认为大多数青少年能顺利度过青春期，冲突与危机并非不可避免。同时，青少年“生理成熟前倾现象”和“社会成熟后延现象”进一步说明用单一标准界定青少年时期是不全面的。因此，我们认为，应以个体生理发育的开始时间（12 岁左右）作为青少年时期的起点，结合心理、社会因素，以个体心理稳定、结束学校教育、开始就业的时间（22 岁左右）作为青少年时期的终点，综合探讨这一阶段的发展规律、常见的成长问题及相关的干预策略。

第一节　青少年的生理与心理发展

青少年时期在人的生命周期中是一个比较特殊的阶段。一方面，身体发育加速，身体外形发生剧变；另一方面，由于心理发展的速度远远跟不上身体发育的速度，部分青少年在应对变化的过程中容易产生心理问题。

一、青少年的生理发展

青少年时期是人自出生以来第二次产生极为明显的身体变化的时期，个人在这一阶段迎来“第二次生长高峰”，生理上的快速变化给部分青少年带来了特有的生理烦恼。

1. 青少年生理发展的一般特征

青少年的生理发展突出一个“变”字，主要变化表现在形态、机能和性征三大方面。

（1）形态变化

青少年时期形态上的急剧变化又被称作生长陡增，包括身高、体重等方面的迅速增长。

青少年四肢骨骼的生长尤其明显，促使身高快速增长。一般来说，青少年平均每年增高 6~8 厘米，更有甚者增高 10~12 厘米。从性别来看，9 岁之前男孩和女孩的身高基本上没有差别。9 岁之后，女孩率先进入“生长加速期”，12 岁时身高陡增达到高峰，总体上高于同龄男孩。由于两性所特有的性激素在体内

---

① ［美］玛格丽特·米德：《萨摩亚人的成年——为西方文明所作的原始人类的青年心理研究》，周晓虹、李姚军、刘婧译，商务印书馆 2008 年版。

② ［美］鲁思·本尼迪克特：《文化模式》，张燕、傅铿译，浙江人民出版社 1987 年版。

的含量不同，男孩比女孩晚大约两年即在 11 岁左右进入身高陡增期，14 岁前后身高陡增达到高峰。

青少年身高增长的差异不仅存在于男女之间，也存在于城乡之间、地区之间、甚至同一班级的同龄人之间。例如，有些男孩的青春发育期开始于 10 岁半，有些则到 16 岁才开始；有些女孩的青春发育期开始于 7 岁半，有些则到 11 岁半才开始。①

青少年体重的增长与下列因素有关：一是骨骼的生长。骨骼系统约占新生儿体重的 18%，这个比例保持到成年期不变，因而骨骼与体重的增长一致；二是肌肉组织的发育。肌纤维数量在青春发育期显著增加，同时不断变粗并伸长，体重中所占的比例增加，从而使体重迅速增加；三是脂肪的积聚。在身体陡增时期容易形成大量的皮下脂肪积聚。女孩体重陡增几乎与身高陡增同步进行。9 岁左右，女孩开始发育，进入体重的快速增长期。男孩体重的快速增长比身高陡增的年龄（11 岁左右）迟两年，即在 13 岁左右开始快速增长，并逐渐超过同龄女孩②。

（2）机能变化

青少年时期的生理机能变化主要表现为器官的迅速发育。根据器官生长发育是否与人的整体生长相一致，可以将人体器官分为一般型器官、神经型器官、淋巴型器官和生殖型器官。一般型器官由骨骼系统、脉管系统、呼吸系统的器官组成，在婴儿出生后就有一个加速生长期，在青少年时期又有一次突进生长。

人体不同骨骼的生长并非同步进行。首先生长到接近成人水平的是手骨和足骨，然后是前臂、小腿、上臂和大腿，其他骨骼要在手足发育完成半年后才逐渐达到最快生长速度。

脉管系统的器官在青少年时期有较大变化的主要是心脏。青少年时期心脏重量显著增大，逐渐接近成人水平，同时心脏有节律的收缩和舒张，心率由出生时的每分钟近 400 次下降为 72 次左右，达到成人水平。

呼吸系统中，进行气体交换的器官是肺。青少年时期肺的重量迅速增加，呼吸功能随之增强。衡量肺发育情况的重要指标是肺活量，17 岁左右青少年的肺活量接近成人水平，同时，男女肺活量存在较大差异，男性约为 4217.68±690.89 毫升，女性约为 3105.79±452.74 毫升③。

神经型器官方面，青少年时期大脑的重量和容积变化不大，机能的变化却十

---

① 李辉、季成叶、宗心南、张亚钦：《中国 0~18 岁儿童，青少年身高，体重的标准化生长曲线》，《中华儿科杂志》2009 年第 7 期，第 6 页。

② 韩迪、徐勇：《中国 1985 与 2010 年不同地区青少年身高体重比较》，《中国学校卫生》2014 年第 5 期，第 700—703 页。

③ 林崇德：《发展心理学》，人民教育出版社 2018 年版，第 369 页。

分显著，贯穿整个青少年阶段。脑机能的发展为青少年对知识的探求及青少年心理机制的发展奠定了生理基础。同时，随着年龄的增长，大脑的兴奋与抑制机能日趋平衡，内抑制机能逐步发育成熟，因此青少年比儿童更善于控制自己的冲动，在兴奋和抑制之间找到平衡。

进入青少年时期以后，随着其他器官机能的发育成熟，淋巴型器官开始逐渐萎缩。例如，胸腺分泌的激素在人体内的含量虽不多，但对幼儿的免疫力却有着重要的生理作用。胸腺在婴儿出生时已经很大，出生后继续生长，在青少年时期开始萎缩。腭扁桃体及咽部周围的淋巴组织在婴儿发育早期迅速生长，在青少年时期开始退变；其他如脾、小肠、阑尾和肠系膜等处的淋巴组织都在青少年时期开始萎缩。淋巴型器官机能的退化建立在其他器官机能逐渐成熟的基础上，因而不会影响青少年正常的生理发育①。

生殖型器官的性别差异最为明显。不同于身高、体重及各内脏器官的发展规律，生殖型器官在青少年时期之前生长缓慢，但是，进入青春发育期之后开始迅速生长，直至性功能发育成熟。女性生殖器官主要包括卵巢、阴道、子宫及输卵管。女性的卵巢在新生儿时重约 0. 3 克，月经初潮之前每侧卵巢的重量已达 3~4 克，第一次月经开始时每侧卵巢重量达到 6 克。11 岁左右，卵巢内原有的卵细胞进一步成熟，使卵巢迅速长大，可以分泌雌性激素和孕激素。在雌性激素的刺激下，阴道由出生时约 4 厘米增长到 10~11 厘米。孕激素可以促进子宫内膜和腺体的增长，使子宫增大、输卵管变粗。与身高体重的成熟一样，男性生殖器官的成熟在年龄上也落后于女性。男性生殖器官主要包括睾丸、阴茎、前列腺等。睾丸是男性的主要性腺体，青少年时期睾丸迅速发育，逐渐分泌更多的雄性激素，从而刺激阴茎的生长和前列腺的迅速发育②。

（3）性征变化

第一性征的发展和第二性征的出现是青少年时期身体发育的主要表现。第一性征是指与生殖直接相关的特征，即生殖器官的特征。第二性征是指与生殖无关、区分两性身体的外部特征，主要包括声音变化、乳房发育、骨架变化和毛发生长。

青少年时期男孩明显的变化之一就是声音变低变粗，这一显著变化的原因在于男孩喉结的发育。青少年时期，男孩喉结明显增大突出，声带变宽，需要两年或更久的时间新的嗓音才能形成。相比而言，女孩的声音变化不如男孩明显，喉结增长不大，声带变窄，发音频率变高，因而声音倾向于变高变尖。

乳房由乳腺和富含脂肪的结缔组织构成，最初成锥形，之后发育成半球形。

① 张实：《体质人类学》，云南大学出版社 2009 年版，第 330 页。

② 张实：《体质人类学》，云南大学出版社 2009 年版，第 330—331 页。

进入青春发育期后，女孩受卵巢分泌的雌性激素、孕激素的影响，乳房开始迅速发育。有些男孩也会经历短暂的乳房发育，表现为乳头突出，乳晕增加，有时会伴有轻微的疼痛。有研究者指出，近80%的男孩在青春期会经历乳房发育，这可能是由睾丸产生的少量雌性激素引起的，这一现象通常会在一年内消失①。男孩的乳房发育不会影响其性别及身体健康，是正常的生理现象，所以不必为此感到焦虑。

在骨架方面，男孩的肩宽增加，腿和前臂迅速增长。受性激素的影响，男孩肌肉生长远比女孩迅速，且具有更强的力量。青少年时期女孩的骨盆直径变长，髋部变宽，臀部发育迅速，脂肪的积聚使女孩的身材变得丰满。至此，两性逐渐形成差异明显的体型。

青少年时期阴毛和腋毛相继出现。女孩会先发育两年，阴毛大多于13岁开始发育，最早见于10岁；腋毛大多于15岁开始发育，最早见于11岁。男孩阴毛大多于14~15岁出现，腋毛比阴毛发育晚一年，但偶尔也有腋毛发育早于阴毛的。另外男孩的上唇会出现少量胡须，并逐渐扩展至下唇及下颌②。

2. 常见的生理烦恼

青少年的健康状况总体上是良好的，但是部分青少年必须面对一些生理问题，包括肥胖、青春痘和月经烦恼。

肥胖是指特定年龄和身高的人，体重高于平均体重的20%。肥胖是一种严重的健康问题，它会引发某些疾病如高血压，还会带来社会交往问题和心理问题。在青少年时期，肥胖之所以会引发严重的社会交往问题，是因为许多肥胖者被同辈取绰号、嘲弄和排斥。许多孩子在突进增长时期积聚了多余的脂肪，这些多余的脂肪为发胖做好了准备，很多青少年的饮食习惯会一直保持到成年时期，80%的小胖子变成了大胖子③。

80%以上的青少年会长青春痘，其原因是青春发育期雄性激素的增加刺激了身体中——通常是面部——脂肪腺的分泌④。对于极为关注自身形象的青少年来说，青春痘通常会成为烦恼的根源，容易使他们产生消极的自我认知。

青少年时期女孩生理发育的一个重要标志是月经初潮的到来，初潮大约在女孩13岁左右出现，而后卵巢周期性排卵、子宫内膜周期性脱落形成月经。月

---

① ［美］查尔斯·H. 扎斯特罗、卡伦·K. 柯斯特-阿什曼：《人类行为与社会环境》（第六版），师海玲等译，中国人民大学出版社2006年版，第303页。

② 林崇德：《发展心理学》，人民教育出版社2018年版，第367页。

③ ［美］乔斯·B. 阿什福德、克雷格·温斯顿·雷克劳尔、凯西·L. 洛蒂：《人类行为与社会环境——生物学、心理学与社会学视角》（第二版），王宏亮等译，中国人民大学出版社2005年版，第442—443页。

④ ［美］乔斯·B. 阿什福德、克雷格·温斯顿·雷克劳尔、凯西·L. 洛蒂：《人类行为与社会环境——生物学、心理学与社会学视角》（第二版），王宏亮等译，中国人民大学出版社2005年版，第443页。

经平均28天来一次，每次持续3~5天。研究表明，女性月经周期的第22天，随着雌性激素和黄体酮的含量大大增加，大约40%的女性会体验到强烈的抑郁、焦虑、烦躁、自尊心下降、疲倦和头痛等感受①。正常的月经不会带来明显的不适，然而约有33%的青少年女性月经时会感觉到疼痛。痛经多发生在月经开始后的最初12~24小时之内，表现为子宫痉挛、腹部下垂及背部疼痛，其原因可能是胃部肌肉收缩和子宫肌肉缺氧②。

二、青少年的心理发展

青少年时期的心理变化与生理变化密切相关。面对如此快速、明显的生理变化，如果没有正确的认知，得不到恰当的引导，青少年就可能产生困惑和焦虑，这不利于其心理健康发展。

1. 心理发展的一般特征

青少年心理发展呈现出一定的独特性和规律性，主要表现为意识层面的矛盾性、智力层面的过渡性、情绪层面的双重性和道德层面的递进性。

（1）意识层面的矛盾性

意识是人类特有的对内外世界的觉知。作为意识发展的高级形式，青少年自我意识有了较大发展。从内容上看，青少年的自我意识中充斥着主观我与客观我、理想我与现实我的矛盾。一方面，生理走向成熟带给青少年“成人化”的心理暗示，使他们对人对己有了主观上的看法和评价。用自我标准来衡量自己使青少年的自我意识带有鲜明的个性。当青少年的这种独特性在与他人的交往互动中发生碰撞时，便会产生自我评价与他人评价不一致的现象。另一方面，充满朝气的青少年在综合所学知识与经验后，容易形成独特的心理追求，当追求目标不切实际、难以达成时，理想我与现实我之间的矛盾便产生了。

（2）智力层面的过渡性

智力是指个体运用知识和经验解决问题的能力。青少年的智力迅速发展，多项智力指标达到发展的最高峰。思维是智力的核心，根据皮亚杰的认知发展理论，青少年处于认知发展的形式运算阶段，这是思维发展的成熟阶段，此后思维发展仅有量的增加而不再有质的变化③。在形式运算阶段，青少年的思维偏

---

① 韩秋菊等:《1053名知识女性SCL—90测试及月经状况调查》,《广西预防医学》2006年第1期，第33—35页。袁忆达等:《女学生月经期焦虑抑郁测试研究》,《中国学校卫生》1992年第6期，第368—369页。

② ［美］乔斯·B.阿什福德、克雷格·温斯顿·雷克劳尔、凯西·L.洛蒂:《人类行为与社会环境——生物学、心理学与社会学视角》(第二版)，王宏亮等译，中国人民大学出版社2005年版，第443页。

③ ［美］巴里·J.沃兹沃思:《皮亚杰认知和情感发展理论》，杨砚秋译，华东师范大学出版社2022年版。

向于可能性、假设性、预计性、反省性和创新性。面对具体的问题,他们能够思考与问题相关的各种可能性,提出自己对问题的推断和假设,并制订详细的计划来检验假设的真实性。在这一过程中青少年发展出自己的元思维,即对思维的思维,能反省自己思维的内容,逐渐超越固有思维,形成自己独特的思维模式。实际上,青少年的抽象逻辑思维并未达到皮亚杰所认为的成熟程度,在很大程度上,青少年的思维仍处于经验型向理论型转化的过渡阶段,在分析问题、解决问题的过程中仍然需要借助感性经验和具体思维。

（3）情绪层面的双重性

情绪是指个体对自身需要满足状态的主观认识与表现。青少年介于儿童和成人之间,情绪的发展综合了儿童和成人的特点——既有与成人相似的情绪内容,又因发展不成熟而遗留了儿童的情绪色彩。这种兼具儿童与成人的双重性主要表现在两个方面。一方面,激情与心境并存。儿童期受具体运算思维的影响,对事物的体验更多限于主观的感性认识,情绪随直观感觉起伏不定,由于欠缺理性思考而常常表现出遇事激动、处事冲动的倾向,表现出激情占主导地位的情绪状态。成人已经具备成熟的抽象思维能力,处事更多采用抽象逻辑思维,能够冷静地推断事情的来龙去脉并善于捕捉表象背后的本质。这种推理方式延长了个体情绪的持续时间,呈现出心境化趋势。青少年时期,情绪发展的过渡性质既表现为儿童期激情的残留,也表现为情绪持续时间逐渐延长,出现激情与心境并存的双重情绪状态。另一方面,外显与内隐并存。青少年情绪发展的一个突出特点便是内在情绪与外在情绪难分难合。青少年自我意识的发展使其内心世界日渐丰富,并常常带有隐私性质,把真实感受闭锁在内心世界中。同时,青少年的自我控制能力和意志力的不足又使他们按捺不住心理上的起伏,希望与人分享。外显与内隐情绪的共存加大了青少年情绪现象的复杂性。

（4）道德层面的递进性

道德是个体具备的行为规范与价值观念的总和。青少年时期的时间跨度有近十年,在这期间,个人的道德观念、道德情感和道德行为都会有长足的发展,并且呈现出递进特点。有研究发现,中学生的道德思维有多级水平,首先是照搬规范,然后是表象认识,进而发现实质,最后理解规范并整合社会与个人的道德观念,四级水平成递进发展之势[①]。道德行为有两种表现:未形成道德行为习惯和形成道德行为习惯。形成道德行为习惯的中学生人数随年龄的增长而递增,高中生的道德行为习惯相比初中生有更大的稳定性和不可塑性。一般而言,青少年时期的道德发展有较强的动荡性,到青年初期才趋向于稳定和成熟。

---

① 林崇德:《青少年品德特点与道德教育》,《北京师范大学学报》1990 年第 1 期,第 18—23 页。

2. 常见的心理问题

青少年心理发展的特点决定了这一阶段的独特性，心理学家霍林沃斯（L. S. Hollingworth）称之为“心理性断乳”（psychological weaning），青少年在这一时期逐渐脱离父母管教，在心理及现实生活中走向独立[①]。心理性断乳意味着先前的心理习惯及心理定势面临挑战，因而部分青少年会因为适应不良而产生心理问题，主要包括同一性危机和消极情绪困扰。

（1）同一性危机

埃里克森认为同一性是对“我是谁？”“我将会怎样？”等问题的主观认识和评价。生物性自我、心理性自我和社会性自我的最终确立标志着同一性的形成。反之，就会产生同一性危机[②]。同一性危机具体包括以下内容。

一是时间观念混淆。对过去、现在和未来在时间上的连续性缺乏清醒的认识，没有明确的目标，不能正常安排自己的学习和工作，生活缺少计划性。有些青少年甚至忽视时间的存在，逃避现实中的压力，造成自我时间观的混乱。

二是自我怀疑。自我概念起源于他人对自己的反应和评价，如果个人在形成自我认同的过程中，对自己的优缺点缺乏正确的认知，倾向于吸收他人对自己的负面评价，就容易产生自我怀疑。自我怀疑者为人处世自信心不足，不能有效地施展自己的才华，从而学习、工作效率不高，这又反过来加大其对自己能力的怀疑，这样的恶性循环会使个人产生严重的自卑心理。

三是角色固着。部分青少年尚未形成对自己的真正了解，就过早地固定了个人角色，从而无法有效应对未来的多种社会角色，在家庭、学校、社区等各种生活环境中容易产生角色冲突、角色中断和角色混淆，从而很难在角色尝试中产生积极情绪，造成角色扮演的失败。

四是工作失控。一些青少年因对自己的职业兴趣、求职意向及自身能力认识不当而无法正确择业，在工作中表现不佳或无法胜任工作，频繁更换工作及工作单位，甚至失业、待业，这容易使他们出现工作焦虑症和工作恐惧症。

五是两性混淆。青少年无法认同社会规范和公认的性别角色，不能接受自己的生物性别，喜欢异性打扮或不愿与异性相处，陷入两性混淆的危机。轻者无法建立正常的异性关系，引起婚姻家庭问题；重者会产生精神障碍，在寻求性满足对象或满足性欲的方式上产生变态行为。

六是权威混淆。部分青少年容易产生对领导的矛盾心理，无法理解领导的角色地位，在服从与反抗之间难以达成心理平衡。一方面表现为过分盲从，即对领导言听计从，缺乏必要的反思和批判精神，过分地相信、崇拜权威；另一方面表

---

① L. S. Hollingworth, *The Psychology of the Adolescent*, New York: Appleton & Company, 1928.

② ［美］埃里克·H. 埃里克森：《同一性：青少年与危机》，孙名之译，中央编译出版社 2015 年版。

现为反抗权威，盲目排斥、抗拒领导。这两种表现实际上都是对权威的同一性混淆，不利于青少年的正常发展。

七是价值混淆。青少年需要从父母、老师及同龄群体中分化出自己的价值观念，运用所学知识整合内在观念与外在价值。在这一过程中，一些青少年既不认同社会主流的价值观，又无法形成社会认可的人生信念，不能正确对待人生道路上的挫折和挑战，在各种遭遇面前经不起考验，容易迷失方向，产生严重的挫败感。

这七项同一性危机需要青少年积极应对，努力解决同一性混淆所带来的心理冲突，在进入成年之前确立自我同一性。

根据埃里克森的观点，青少年处在“心理延缓偿付期”（psychological moratorium）①，即在自我同一性确立之前，青少年可以暂缓承担社会责任和义务，同时在实践中提高自己各方面的能力，尝试扮演各种社会角色并最终确立自己的人生观、世界观，克服同一性混淆所引发的心理危机，顺利进入人生发展的下一阶段。

马西娅（J. Marcia）发展了埃里克森的同一性理论，把同一性看作一个持续的发展过程，在这一过程中，青少年会出现对内在身心成长与外在社会发展的认同危机②。面对众多人生抉择，青少年不可避免地要进行思考与选择，思考之后做出选择并为自己的选择付诸努力，这就是投入。现实生活中，在探索同一性的关键时期，并非每个个体都会经历并感受危机，也并非每个个体在面对危机时都能积极地投入。根据个体应对危机的不同方式，可以区分自我同一性的四种形态。

第一种形态，同一性提早获得。这种状态中的青少年不会体验到成长危机，在抉择来临之前就接受了他人的安排，一般以父母或其他重要他人的期望作为自己努力的方向。这种被动的投入方式使青少年过分依赖权威，没有足够的机会思考自己的兴趣爱好及人生的重要事件。尽管他们不会在成长中惊慌失措地经历危机和焦虑，但如果他人的决定与青少年自己各方面条件不相吻合，就会对其产生负面影响。同时，较低的社会适应能力也会使他们的自我探索陷入茫然，在缺乏权威抉择的情况下容易选择顺从和模仿他人，自我抉择的能力较低。我国许多家长在子女的成长道路上代其抉择，站在成人的立场上安排子女的未来生活，并将之视为“爱”的表达方式，从而导致青少年提早获得同一性。这样做

---

① Retta Andresen, Lindsay G. Oades & Peter Caputi, *Moratorium: The First Stage of Psychological Recovery*, New York: John Wiley & Sons, Ltd, 2011.

② James E. Marcia, “The Relational Roots of Identity,” in J. Kroger, *Discussions on Ego Identity*, Mahwah: Lawrence Erlbaum Associates, Inc. James E. Marcia, “Ego Identity and Personality Disorders,” *Journal of Personality Disorders*, vol. 20, no. 6(2006), pp. 577-596.

只会暂时帮助子女躲避危机,不利于子女应对挫折能力的发展。

第二种形态,同一性如期获得。这是青少年同一性发展中最为理想的一种状态。在同一性危机来临时,此类青少年会经历紧张的思考与抉择,积极迎接各方面的挑战。通常他们会参考长辈经验和各方意见,在评估过去的经历、现实的难题和未来的期望之后,独立地作出选择并为此全力以赴。这一过程锻炼了青少年应对挑战的能力,有助于他们形成独特的应对危机的方式,成熟理智地为人处世。

第三种形态,同一性混淆。此种状态的青少年尽可能避免体验危机,他们不去思考人生的各种抉择,对各种价值观念和行为规范既不赞成也不反对,也没有兴趣对此作出探索。他们往往逃避现实、逃避自我,因而在多种层面上存在心理问题,同时又因为不与外界交往而使问题迟迟得不到解决。对青少年来说,短暂的同一性混淆属于同一性发展过程中的正常现象,但如果长期如此,则会引发社交、求学、择业等方面的障碍,使青少年无法成功地步入成人阶段。家长、老师和社会工作者要正确区分轻度与重度的同一性混淆,分析同一性严重混淆的原因,采取有效的干预措施,尽力协助青少年解决同一性发展中的心理问题。

第四种形态,同一性延缓偿付。此类青少年面临抉择时,对自己的努力方向犹豫不决。由于对学业、职业的各种选择尚未确定,青少年在生活中欠缺稳定性,对人对事的看法常常自相矛盾。与同一性混淆者不同,处在同一性延缓偿付状态的青少年在面对抉择时虽然犹豫不决,但有积极投入的期待和希望,因此这些青少年具有较强的可塑性,可以及时协助他们认清自己的优势、不足及父母和社会的期望,分析各种可能的选择,提高其自我决定的能力。

当今社会的迅速变化和众多选择在一定程度上加大了青少年应对同一性危机的难度,扩大了同一性危机群体。对于同一性危机带来的心理问题,家长、老师、社会工作者等要因势利导,寻找最佳的解决办法,协助青少年成功度过同一性危机。

(2) 消极情绪困扰

有些青少年在青春期无法平衡情绪的双重性,积极情绪与消极情绪同时左右青少年的心理发展,当消极情绪压倒积极情绪时,就会造成心理上的困扰。青少年的消极情绪主要有自卑、空虚、抑郁、嫉妒、孤独等。

自卑是个体对自我主客观条件评价过低而产生的低落、悲伤、畏缩的情绪反应。主观条件包括个人先天的外形特征及后天的学习能力等;客观条件包括家庭、学校、社区、族群等外在的环境。自我同一性的发展使得青少年喜欢自我评价,也关注他人对自我的评价,评价过低会使青少年产生自卑感。同时,“成人感”容易使青少年以成人的角色和位置为标准,确定较高的理想我,但由于青少年心智尚未成熟,这一定位的结果往往是心有余而力不足。理想我与现实我之间的差距容易使青少年产生自我怀疑的消极情绪，进而由自信转向自卑。

空虚是青少年时期常常出现的迷惘、无助的消极情绪状态。主观方面，同一性混淆容易导向空虚体验。同一性混淆的青少年对自己的过去、现在和将来缺乏正确的认知，找不到努力的方向，随时间流逝，逐渐发觉自己一无所获，生活失去意义，感到无比空虚。同一性混淆的青少年还可能对自己的期望过高，在遥不可及的目标面前，他们取得的任何进步都显得微不足道。他们总感觉自己的需要得不到满足，从而前进动力不足，产生强烈的无助感。客观方面，社会价值观剧变使人容易产生不知如何应对环境的无助感。同时，网络技术的突飞猛进吸引了部分青少年，使他们沉迷于虚幻世界，在网络中寻找精神慰藉。少数嗜网成性的青少年甚至分不清真假虚实，回到现实世界中只能更多地体验到迷惘与空虚。

抑郁是个体应对内外刺激时产生的烦闷、压抑、悲观等情绪体验。主观方面，具有多疑、怯懦、犹豫、自卑、敏感等气质特征的青少年在成长过程中容易产生这种消极情绪，而其他气质类型青少年的抑郁情绪主要来自客观的环境因素。生活中的一些危机事件容易使情绪尚未稳定的青少年消极悲观，丧失化解危机的动机和能力，在危机面前束手无策，被动地承受生活中的压力，甚至引发酗酒、吸烟等不良嗜好。长时间的抑郁会严重影响青少年的正常生活，降低学习和工作效率，阻碍其健康成长。

嫉妒是个体与他人对比之后产生的一种厌恶、怨恨的消极情绪。从青少年自身来看，这种对比并非侧重纵向比较自己的发展状况，而是侧重与他人进行横向比较。看到别人条件比自己优越，或者同等条件下别人比自己拥有更多时，青少年便会产生不满甚至愤恨的情绪。从家庭方面看，部分孩子养成了以自我为中心的价值观念和行为方式，只有各方面都优于他人，才能达到心理平衡，否则心理失衡，心生嫉妒。适当的嫉妒之心可以激发青少年的上进心，促使其加倍努力赶上并超过嫉妒对象，但嫉妒超过一定程度之后就会干扰青少年的人际交往，严重的还会引发人格障碍。

孤独是因个体不善交际或不愿交际而产生的忧伤、无助的情绪体验。青少年在自己被拒绝、排斥、孤立、无法控制情境时更可能经历孤独①。从主观方面来看，青少年常常厌倦父母的管教和唠叨，向往独立的生活，渴望依靠自己的力量应对生活中的难题。然而社会的复杂及青少年经验能力的不足往往导致其应对失败，同时，强烈的自尊心经常驱使他们掩饰自己的无能感和无力感，在心理上容易产生无助的体验。此外，部分青少年也会因为同伴关系处理不当而遭到同龄群体的排斥，从而在被群体孤立的环境中滋生孤独的情绪。从客观方面来

---

①　雷雳、张雷：《青少年心理发展》，北京大学出版社 2003 年版，第 145 页。

看，城镇化进程的加快使越来越多的农村人口脱离了血缘关系占主导地位的农村生活，流动到以地缘、业缘关系为基础的城镇谋求发展。在这一过程中，对环境变化的不适应容易导致青少年内心封闭。城镇的居住格局使得邻里关系较为淡漠，也不利于青少年觅友交友，容易引发孤独情绪。

在青少年的成长过程中，以上几种消极情绪往往并非独立存在，常常是以交叉混合的形式共同作用于青少年的。家长、老师及社会工作者应协助青少年正确认识自己的情绪特点，了解消极情绪对身心健康的危害，培养青少年自我调控情绪的能力。要善于发现青少年消极情绪的产生和蔓延，采取科学的情绪调控方法及时予以化解，对于不易化解的情绪，可以引导青少年采取适当的宣泄方式释放出来，减轻其心理负担。

第二节 青少年行为发展与社会环境

青少年在生理、心理发展的过程中会产生各种不同的需要，这些需要必须依托一定的社会环境才能得到满足。社会环境不同，个体的成长体验也大不相同。

一、青少年与同龄群体

同龄群体指的是年龄大致相同的一群人，这一群体已经成为影响青少年行为发展的重要环境。青少年时期，同伴关系占据个体生活的重要地位，有关调查表明，周末青少年与同伴在一起的时间多于与父母在一起的时间①。由于入学年龄的逐渐统一化和规范化，青少年的同伴基本上都是同龄人。

1. 青少年与同龄群体关系的特点

社交需要的发展促使大多数青少年在与他人的互动中倾向于寻求自己认可的同龄伙伴，通过与其发展同伴关系来获得心理支持，满足自己社交的需要。与儿童相比，青少年与同龄群体的关系呈现出新的特点②。

首先，青少年与同龄人在一起相处的时间明显变长。除在学校朝夕相处以外，青少年还热衷于参加各种校内外活动，喜欢与同伴分享彼此的内心感受，青少年与同龄人在一起相处的时间相对于独立能力较差的儿童明显增多。

其次，青少年与同龄人的交往逐渐脱离了成人的监督。青少年在生理、心理和认知等各个方面都有了不同程度的发展，有了更强的独立性和自主性。一方面，青少年主观上有了独立的需要，不希望继续被管教和约束，喜欢与同龄人单

① 邹泓：《青少年的同伴关系——发展特点、功能及影响因素》，北京师范大学出版社 2003 年版。

② ［美］劳伦斯·斯滕伯格：《青春期：青少年的心理发展和健康成长》（第七版），戴俊毅译，上海社会科学院出版社 2007 年版，第 209—210 页。

独分享成长中的秘密。另一方面，家长也逐渐意识到青少年已经具备与他人独处的能力，不再过分担心他们的安全问题，这样青少年便获得了成人不在场时与同龄人相处的自由[①]。

再次，青少年与异性交往的频率逐渐增加。性生理和性心理的发展促使青少年逐渐乐于与异性交往并建立伙伴关系。在同龄群体中能够赢得异性青睐的人，容易赢得在同伴中的威信，与异性朋友的交往也为青少年向成年人的过渡奠定了基础。

最后，青少年同龄群体的成员人数增多。青少年的身心发展为其提供了更多参与集体活动的机会，促进了更多青少年之间的交流互动，同龄群体中相应地发展出一些大型团体，但这并不影响小群体的存在，大多数青少年仍然拥有关系密切、交流频繁的小圈子，以满足自己情感和心理上的需要。

2. 同龄群体的功能

同龄群体对青少年的心理成长有重要的影响，既有促进成长的正功能，也有不利于青少年发展的负功能。正负功能的发挥与同龄群体的性质及青少年本身的心理调控能力相关。同龄群体主要有如下功能。

(1) 发展社交能力

青少年的社交需要较为强烈，同龄群体成为青少年发展社交能力、寄托情感的首选对象。同龄群体的正功能主要表现在促进青少年社交能力的发展。青少年和同龄群体之间的交往为他们发展社交能力提供了平台。群体成员间的个性差异有助于青少年增加对不同类型个体的认识和了解，通过分析交往对象的个性特征，逐渐发展出应对各种社会成员、处理各种社会关系的能力。同龄群体的负功能主要表现在一些不良社交能力的发展上。当青少年所处同龄群体中的成员大多数倾向于反社会行为时，由此所发展出的社交能力也会与社会主流文化相背离。例如，某个同龄群体内部默认的规范是“弱肉强食”，倾向于用拳头解决问题，那么从这个群体中走出来的青少年在与他人交往中也常常欺软怕硬。

(2) 行为习得

青少年走出家庭后，大部分时间与同龄人在一起，价值观念和行为规范上更多体现出其所在同龄群体的特点。同龄群体在青少年行为发展方面的正功能表现在青少年可以从同龄群体中学习到现代社会发展所要求的行为准则和规范。因为年龄相仿，且面临的挑战和身处的环境相似，青少年与同龄人在行为特征上表现出很强的一致性，从同龄群体中习得行为的效率也要远远高于从其他环境

---

① 侯逸华、王梓嘉：《谁在影响青少年社会化——父母作用与同伴作用的对比分析》，《教育学术月刊》2021 年第 7 期，第 77—83 页。

中习得行为的效率①。与此同时,青少年反社会行为的增加也突显了同龄群体在青少年行为发展中的负功能。同伴文化所产生的不良影响可能使青少年抵制父母的价值观和控制,同伴也可能使青少年表现出酗酒、吸毒、犯罪及其他各种适应不良的行为。

(3) 心理导向

青少年的心理变化紧随生理上的剧变发生,以令人惊讶的方式呈现在家长和老师的面前。青少年在自我意识、智力、道德和情绪的发展上都明显受同龄群体的影响。同龄群体在青少年心理发展方面的正功能主要表现为促进青少年心理趋向成熟。首先,青少年会通过同伴对自己的评价和态度来衡量自己,并在此基础上形成同一的自我意识。其次,青少年通过与同伴共同学习和交流,智力得到发展。再次,青少年通过群体内默认的规范指导自己的行为,并逐渐形成各自认可的道德准则。最后,青少年通过感情的投入达到情感上的满足,逐渐增强对同龄群体的归属感。

同龄群体的负功能也会在青少年心理发展的过程中表现出来。当青少年所属同龄群体认可的行为规范和价值观念与家长灌输的不相一致,即当青少年在群体内获得的自我评价不同于父母给予的评价,且这种不一致得不到有效处理时,便容易引起青少年的同一性混乱。从智力层面看,部分同龄群体倾向于通过游戏级别和犯罪能力等来衡量智力水平的高低,而这些评价指标通常是不符合社会常规的。心智发展仍不成熟的青少年容易受不良同龄群体的影响,这不仅会导致青少年学习兴趣降低,甚至会诱使青少年步入歧途,走上违法犯罪的道路。从道德情感层面看,青少年早期的道德情感很大程度上仍需依赖感性认识,容易受到表面现象和具体情境的影响。此时不良同龄群体的存在会误导青少年的道德判断,使其作出不理智和危险的行为。从情绪层面看,青少年在同龄群体内的表现和所受到的待遇会直接影响其情绪的发展。在群体内表现突出、让人佩服的青少年往往会产生积极的情绪体验,形成良好的心理状态;反之,受人排挤和孤立的青少年则会产生抑郁、焦虑、自卑等消极情绪。此类青少年如果缺乏适当的引导,同时自我调控能力又不佳,在学习和生活中易产生困扰。

二、青少年与家庭

家庭和其他社会环境的不同之处在于它具有较强的稳定性和持久性。尽管与儿童相比,青少年在家与父母共处的时间明显减少,外出独立活动的机会逐渐增多,但由于青少年仍未具备完全独立的能力,心理发展也尚未成熟,社会经验

① 田录梅、袁竞驰、李永梅:《同伴在场和自尊水平对青少年冒险行为的影响:来自 ERPs 的证据》,《心理学报》2018 年第 1 期,第 47—57 页。

不足,因而家庭作为青少年成长和发展的重要环境,对塑造青少年人格和行为仍然起到了关键作用。

1. 家庭的类型

依照不同的标准可以把家庭分为不同的类型。为更好地了解青少年的成长和发展,可以根据家庭教养方式的不同来划分家庭类型。麦科比(E. Maccoby)和马丁(J. Martin)1983 年发表《家庭环境中的社会化:父母与孩子的互动》,从父母要求和反应两个维度把教养方式分为四种:高要求高反应的权威型、高要求低反应的专制型、低要求高反应的溺爱型及低要求低反应的忽视型。相应地家庭可以分为权威型家庭、专制型家庭、溺爱型家庭和忽视型家庭①。权威型家庭比较民主,父母与子女的双向互动良好,父母既能将经验知识以适当的方式传授给子女,又乐于听取子女意见,根据子女反馈的信息调整自己的态度和行为,家庭气氛活跃,有利于青少年的健康成长。专制型家庭采取单向管教方式,父母以自己为中心,强制推行自己的价值观念和行为方式,对子女的不满或抗拒感到愤怒,常使用惩罚的方式迫使子女服从自己。这种教养方式容易使青少年形成表面服从、内心抗拒的行为特征,部分家庭还存在家庭暴力,对子女的成长产生长远的消极影响。溺爱型家庭的父母以子女为中心,尽最大可能满足子女的一切要求,而不考虑要求的合理性,同时包揽子女的一切日常生活事务,无视他们的不良行为,造成子女社会适应能力不足,学业或工作难以取得突出进展,甚至导致子女产生违法犯罪行为。忽视型家庭对子女的所作所为不闻不问,父母与子女共处时间少,没有沟通互动的机会,家长按照自己的方式行事,忽视子女本身的兴趣和需要,不利于青少年心理的发展与成长。

2. 家庭的功能

家庭要满足家庭成员的需要,在生命周期的不同阶段有着不同的发展任务与功能。不同类型的家庭,其实现功能的方式也不尽相同。家庭主要有如下功能。

(1) 经济支持

家庭最基础、最重要的功能便是为其成员提供物质生活上的满足。青少年可塑性较强,重视教育的家长会竭力把收入投入到子女的学业上,尽可能为其提供良好的教育环境,因而教育费用往往占据家庭开支的很大一部分。权威型家庭的父母还会注重发展孩子的兴趣特长,使其在激烈的社会竞争中能处于优势

---

① E. E. Maccoby & John A. Martin, "Socialization in the Context of the Family: Parent-Child Interaction," In P. H. Mussen & W. Kessen (eds.), *Handbook of Child Psychology* (*4th edition*), New York: John Wiley, 1983. J. Shucksmith, L. B. Hendry & A. Glendinning, "Models of Parenting: Implications for Adolescent Well-Being Within Different Types of Family Contexts," *Journal of Adolescence*, vol. 18, no. 3 (1995), pp. 253-270.

地位。同时,家长还要合理安排青少年的日常生活,注重饮食营养,满足他们青春期身体发育的需要,这些也是与家庭经济实力和父母的教育方式分不开的。家庭经济支持的负功能主要表现在溺爱型家庭和忽视型家庭中。溺爱型家庭一味顺应孩子的要求,经济上尽可能地给予满足,这便使部分青少年形成了花钱大手大脚、嫌贫爱富的消费和生活态度。忽视型家庭对孩子采取放任态度,很少关心子女的物质要求,特别是在经济条件较差的忽视型家庭中长大的青少年,易于产生自卑、嫉妒等消极情绪。

(2) 行为强化

家庭是影响青少年行为表现的重要场所,通过对青少年行为的强化和惩罚来确立青少年的行为规范。正功能主要表现在权威型家庭中,这些父母会采取合理措施来引导青少年的行为,对值得表扬的行为给予正强化,对不良行为采取相应惩罚,减少不当行为的发生。合理的强化和惩罚可以使青少年直接了解自己行为的优劣,并逐渐形成行为规范,成功过渡为一个被社会认可的成年人。负功能主要表现在专制型、溺爱型家庭中。专制型家庭的父母会通过威吓、体罚等方式约束子女的行为,这会打击青少年做事的积极性和主动性。即使青少年有时在恐吓下能做到守规矩、有条理,这种行为的背后也隐藏着不满或压抑。溺爱型家庭的父母刚好相反,他们对子女行为更多采取正强化,甚至对不良行为也予以接纳,从而使青少年难以区分自己行为的好坏,助长了反社会行为的发生。溺爱也使青少年的社会适应能力不足,生活缺少稳定性和目标感。

(3) 人格塑造

采取不同教养方式的家庭会对子女的人格特征产生不同的影响。人格塑造方面的正功能主要体现在权威型家庭中,由于父母关心、尊重子女,并引导他们积极思考问题、看待人生,青少年往往具备理想的人格特征。负功能表现在其他三种类型的家庭中:专制型家庭的父母给予子女的温暖太少、粗暴太多,使得个性强的青少年常会攻击他人、固执己见、对人缺乏信任,个性弱的又会形成孤僻、冷漠、缺乏自信或不信任他人等人格特征。溺爱型家庭中长大的青少年会因为缺乏管教而对人对事缺少正确判断,容易养成打架斗殴、反抗法律权威的反社会人格。忽视型家庭中的青少年因为不被关注,常会以自我为中心,做一些夸张、荒诞的事情企图吸引别人的注意,渴望得到他人的认可,做事易冲动。

(4) 两性教育

家庭应该提供性知识和性教育,以培养子女认同性身份、扮演性角色的能力①。青少年处于性生理和性心理的关键发展期,需要得到相关知识的辅导。

① 涂晓雯等:《中学生家长对家庭性教育的看法及影响因素分析》,《中国卫生统计》2005 年第 2 期,第 76—79 页。

权威型家庭在这方面发挥了积极有效的正功能。此类家庭中亲子之间双向互动沟通的机会较多，父母对子女既不疏忽放纵也不强迫压制，而是从子女的立场思考问题，对他们青春期中的疑问给予适当的解释。父母不过分担心子女萌发的性好奇心理，引导青少年消除青春期产生的紧张和困惑，增强其自我调控的能力，为青少年以后的婚姻家庭生活奠定基础。其他类型的家庭更多体现了负功能，专制型家庭的父母一般较为保守，亲子之间缺少沟通，更不会谈及性话题。这种家庭中长大的青少年有可能产生性压抑和性恐惧，主观上感觉性问题难以启齿，拒绝正常的异性交往，也有可能出于好奇或反抗父母的管教，而做出不理智行为。溺爱型和忽视型家庭的父母很少干涉孩子的行为，容易导致青少年缺乏对性的正确认知。

值得注意的是，家庭的一些负功能易被家长忽视，很多家庭的教养方式一旦形成，往往很难转型。另外，多数家庭都是两种或几种教养方式并存，这增加了家庭功能研究的复杂性。

三、青少年与学校

学校作为接受教育、完善人格的重要场所，为青少年向成人的过渡奠定了必不可少的基础。

1. 与青少年有关的学校元素

青少年时期相关的学校主要包括初中、高中、大学及各类职业学校。考虑到学校对青少年发展的重要性，越来越多的家长开始关注学校，包括学校的师资力量、教学方式、学生质量及校风校舍等各种软硬件情况。

从客观来看，与青少年有关的学校元素主要是师资力量、教学硬件配套设施和校风校纪。

因为学生知识直接源自老师的传授，高素质、广见识的教师更能带给学生高质量的教育，因而家长为子女选择学校时也会首先考虑师资力量。师资力量强的学校不仅能为学生提供优秀的教师，还会采取多种激励措施，注重发展完善的教学激励机制，提升教师的积极性和主动性，在教学评定中认真参照学生的信息反馈，从而更好地制订有利于学生发展的培养计划，调整师资布局。相反，师资力量弱的学校不仅老师的教学水平参差不齐，还常因为盲目追求升学率而对师生施加压力，教学评估侧重学习成绩，忽视教学方法和教学目的，对学生从严管教，由此培养出来的学生即使成绩优异，也常常高分低能，社会适应能力较差。

教学设施的好坏与学校经济实力是分不开的，拥有完备教学设施的学校，不但可以为学生提供良好的学习环境，还可以为学生提供休息、娱乐场所，从而丰富其业余生活，劳逸结合的学习方式和学习氛围更好地促进了学生的全面发展和身心健康。而在硬件设施落后的环境中,学生的学习效率相对较低。

校风是多数学校在长期发展中形成的独特校园文化和精神风貌的体现,与青少年发展相关的包括学风和教风。学风良好的学校会在无形中给予学生学习和前进的力量,而且同学之间会彼此感染,形成好学上进的心理磁场。教风良好的学校利于培养追求教学质量、完善教学方式、关心爱护学生的教师团队。校风的形成对于规范师生行为起到内在的约束作用,而外在的约束主要依靠校纪来完成。合理的校规校纪可以更好地发挥学校的监督控制功能,减少不良行为的发生。相反,尚未形成校风校纪或校风不正、校纪不当的学校对青少年的发展会产生一定的消极影响,青少年的从众、模仿心理更容易使其步入不良行为或反社会行为的误区。一些青少年甚至因此发展出校园暴力和犯罪行为。

从主观来看,关系青少年发展的学校元素主要包括教学方式和在校生质量。教学方式对学生的影响类似于家长教养方式对子女的影响。参照麦科比和马丁对家庭教养方式的分类,教学方式也可以分为权威型、专制型、溺爱型和忽视型。不同的教学方式代表着不同的教学理念和教学风格,对学生的影响也大不相同。采用权威型教学方式的老师注重与学生之间的双向沟通,在教学计划和学习目标上师生可以协商而定,课堂气氛活跃而又不至于忽视纪律,有利于培养积极上进、心态良好、全面发展的学生。采用专制型教学方式的老师对学生单向施教,强迫式教学,严厉的教学态度和惩罚措施往往会使学生望而生畏,产生恐惧、焦虑的心理,不利于提高学生学习效率,培养学生的兴趣爱好。采用溺爱型教学方式的老师对待学生像对待自己的孩子,过分关心学生,缺乏教师应有的威信,对学生的违纪违规现象不批评教育,甚至当作青少年个性发展而加以褒扬,从而助长了学生不良行为的发生。采用忽视型教学方式的老师通常教学责任心不强,对学生采取填鸭式教学,不重视课堂纪律,对学生成长缺乏必要的引导和计划,对青少年的智力发展和人格塑造顺其自然,这不利于学生的健康成长。

从在校生质量上来看,以优等生为主的重点学校更容易形成好学上进的校风,学生质量参差不齐甚至差距较大的学校次之,以差等生为主的学校则容易养成抵触学习的不良风气。由于青少年关注榜样,学习能力、模仿能力较强,学生质量不同的学校对青少年发展的影响也大不相同。

2. 学校的功能

青少年主要的时间都在学校中度过,受学校的影响至深。在青少年成长发展的过程中,学校发挥了如下重要功能。

(1) 发展智力。学校的主要任务是传授知识,培养学生学习分析问题和解决问题的能力。按照皮亚杰的观点,青少年时期是形式运算思维走向成熟的时期，抽象思维能力是在学校学习的过程中逐渐掌握的①。一般情况下，离开学校教育这一智力发展的外部环境，即使青少年已经具备了形式运算的潜力，也无法发展出理想的形式运算思维并且恰到好处地运用它。发展智力方面的负功能主要表现在为了追求高升学率，很多学校对学生实行强迫式教育，剥夺了学生独立思考和推理的能力。绝大多数教师会单向传授知识，会给出问题的“标准”答案，阻碍了青少年多角度思维能力的发展。

（2）社会化。社会化是个体内化社会规范和价值观念，成长为社会合格成员的过程。学校是青少年社会化的重要场所，通过有计划的阶段式学习，逐渐将社会的主流规范传授给青少年，引导其智力和道德的发展。社会化方面的负功能首先表现在多数学校侧重书本知识的传播，而忽视了对学生社会技能的培养，从而使青少年在步入社会以后不能很好地适应社会生活。其次表现在欠缺情感教育，不利于学生情感的满足和不良情绪的调适。

（3）筛选学生。青少年时期，每一次升学、分班等都意味着学生的重新组合，这方面有几个值得注意的问题。首先是重点学校/普通学校或重点班级/普通班级的划分对学生发展的利弊。这一做法的正功能在于，将学生按能力分班或分校，方便教师安排课程进度、知识深度及其他适合学生发展的特色教学，特别是有利于重点学校或重点班级学生的进步。负功能主要是针对普通学校或普通班级的学生来说的，这种强制性的划分等于在他们身上贴上“差等生”的标签，容易使他们遭受歧视或产生自卑心理。其次是由初中升入高中、由高中进入大学或其他职业类学校时的适应问题。一方面，进入高一级学府会使青少年有较强的升级感，大学生比高中生、高中生比初中生在心理上会产生级别优越感，有利于心理各方面的发展成熟。但另一方面，这种过渡会打破青少年原有的同龄群体支持网络，每一次转折对青少年来说都是一次心理适应上的挑战，适应能力欠缺者会产生一系列心理适应问题。

四、青少年与社区

与其他环境因素如家庭、同龄群体或者学校相比，社区对青少年的影响较弱。但是，这并不意味着社区的重要性不及家庭、同龄人或者学校。研究表明，社区对青少年发展的影响大多是间接性的，这些影响往往需要通过更接近青少年的生活环境发挥作用②。

---

① ［美］巴里·J. 沃兹沃思：《皮亚杰认知和情感发展理论》，杨砚秋译，华东师范大学出版社 2022 年版。

② 张良广、张茜：《社区青少年教育中的理念与方法——对广州“欢乐学堂”的个案分析》，《青年探索》2007 年第 5 期，第 62—64 页。

1. 社区与其他成长环境的关系

青少年成长的环境对青少年的影响都不是独立的,而是以一种合力作用于青少年个体。首先,家庭作为构成社区的主要单元,与社区关系密切。在对青少年的教育上,广大家长之间容易产生共鸣,便于形成一股合力,从子女发展现状到子女教育方法,家长都可以在社区内进行广泛的交流。社区组织者可以针对家长的普遍需要,定期举办青少年教育讲座,邀请专家提供建议,调整家庭教育策略。其次,社区与学校也要紧密配合,及时发现学生的问题和需要,并将情况反馈给学生家长。信息化设备齐全的社区可以通过建设青少年管理信息系统,全面掌握社区内广大青少年的个人资料。家庭、学校、社区三方合力,共同致力于青少年的成长和发展①。

2. 社区的功能

有研究者认为,社区影响青少年行为和发展的机制有三种:社区中的行为准则和凝聚力、人际关系、经济和社会组织资源②。相应地,我们将社区对青少年发展的功能概括为以下方面。

(1)规范行为。社区在发展过程中都会形成独特的社区文化,发展出一定的社区控制手段。社区文化和社区控制不同,社区青少年的行为特征也会不同。良好的社区环境、适度的社区控制可以有效防止不良社会风气的入侵和滋长,有助于家庭和学校引导青少年顺利完成社会化。相反,社区环境不良、社区控制不力,社区青少年就更容易受行为不端的同龄群体的影响而习得各种反社会行为。

(2)人际交往。社区是居民生活、学习、工作和休闲的基本场所。社区凝聚力强,人们对社区的归属感也强,居民乐于交流互动,容易建立融洽的人际关系。城市居民大多因地缘或业缘关系聚集在一起,正是社区这一载体拉近了居民之间的距离。城市社区还通过提供娱乐场所及丰富多彩的活动,培养社区青少年之间的友谊,弥补独生子女成长环境中的不足。农村社区大多建立在血缘关系基础上,凝聚力较强,居民们农忙时互相帮助扶持,农闲时一起休息娱乐,青少年在熟悉的环境中长大,更容易结交伙伴。相对而言,贫困社区的青少年更容易形成不良的人际关系,组成各种反社会的非正式群体。

(3)资源配置。社区资源既包括物质资源,也包括信息资源和人力资源。条件较好的社区可以针对青少年配置更多的资源,包括社区文化中心、图书馆、青少年宫等各种休闲娱乐场所和体育设施,丰富青少年的业余生活,同时还能加大对不良网吧等场所的限制和管理力度,为青少年营造一个健康向上的成长环

---

① 俞国良主编:《现代心理健康教育——心理卫生问题对社会的影响及解决对策》,人民教育出版社2007年版。

② [美]劳伦斯·斯滕伯格:《青春期:青少年的心理发展和健康成长》(第七版),戴俊毅译,上海社会科学院出版社2007年版,第147页。

境。针对有不良行为或反社会倾向的青少年，社区可与家庭、学校联合，充分发挥社区教育功能，加强对此类青少年的心理健康教育和行为矫正。相反，条件较差、治安不佳的社区可用资源有限，其教育、文化、经济等各项功能都发挥不足，社区可能只是一个单纯的地理空间，无法满足青少年多样的成长需要。

第三节 社会工作的重要议题

青少年时期作为人生发展的一个转折阶段，表现出很强的独特性，具有极大的学术研究价值。对青少年时期的典型社会现象进行分析，可以更好地指导青少年工作，促进他们的健康成长。

一、青少年成瘾与干预

1. 青少年成瘾

成瘾(addiction)指社会成员在人与环境互动过程中出现的对物质或非物质的沉溺状态，主要包括物质成瘾与行为成瘾。对其的理论解释有：(1) 疾病模式说，即认为成瘾是一种脱离个人理性控制的疾病，与生物遗传、生理结构等有关，可以从医学角度进行治疗。(2) 行为模式说，社会学习理论和行为主义理论都采用这一解释。社会学习理论认为成瘾是个体通过与社会环境的互动而习得的。行为主义理论认为社会的、心理的、物质的、经济的奖赏机制促使个体重复某种行为，直至成瘾，成瘾不一定是传统定义中的疾病。(3) 认知模式说，即认为社会成员由于认知不良或认知偏差产生成瘾。由于社会环境、家庭环境、个体困境等因素，个体会对成瘾寻找到自认的正当理由并进行辩护①。社会工作领域的成瘾分析不拘泥单一模式，在人与环境的互动中寻找成瘾原因和治疗方法。

世界卫生组织 2018 年发布的《国际疾病分类》第十一版(International Classification of Diseases, ICD-11)完善了成瘾疾病类型，将游戏成瘾添加到关于成瘾性疾病的章节中，希望促使各国卫生专业人员更加关注此类行为障碍发生的风险，制定相关的预防方案和治疗措施。

青少年成瘾(adolescent addiction)是指青少年出现的对物质或非物质的过度依赖和沉溺状态，以及由此产生的社会问题。青少年成瘾问题是跨学科研究和服务的主题之一。流行病学、心理学、社会工作、教育学等学者通过联合评估和治疗，了解了青少年成瘾的患病率和合并症率、成瘾风险因素，制定出一定的预防和治疗策略。青少年可能出现多种类别的成瘾问题，包括酒精成瘾、大麻成

① [澳]James G. Barber:《戒瘾社会工作》，范志海、李建英、杨旭译，华东理工大学出版社 2014 年版。许彩丽编：《青少年社会工作》，中国人民大学出版社 2022 年版，第 239—240 页。

瘾、烟草成瘾、饮食成瘾、赌博成瘾、网络和视频游戏成瘾、性成瘾等。青少年成瘾治疗需要多个学科研究的支持和多行业专业人员的共同努力①。

2. 青少年网瘾

2024 年 8 月 29 日中国互联网络信息中心(CNNIC)发布的第 54 次《中国互联网络发展状况统计报告》显示:截至 2024 年 6 月,中国网民规模近 11 亿人,其中手机网民规模达 10.96 亿人,不管从年龄结构、学历结构还是职业结构等维度来看,青少年网民所占的比例都非常大。究其原因,这与网络在青少年生活中的迅速渗透与其强大的功能是分不开的。

(1) 青少年与网络发展

在信息时代中长大的青少年在学习、交际和娱乐方面深刻体会到网络带给自己的方便和愉悦。首先,学校的教学内容和教学模式已经无法满足青少年的求知欲,而网络的超大信息量和资源共享能够轻松地满足全球不同地区学生的学习需要。同时,青少年可以根据自己的学习层次和进度,有计划地下载学习资料、查询疑难问题、交流学习经验等,可见正确使用网络能够充分调动青少年的学习积极性和主动性,从而提高学习效率。其次,网络论坛、电子邮件、即时通信(微信、微博、知乎、小红书、抖音、QQ 等)和网络会议室能够为青少年提供一个广泛交流的平台,提高其交际能力。在互联网上与老朋友联系更省时省力,能够保证友谊的持久,与新朋友的认识更方便快捷,增添了社交的新鲜感。最后,互联网上影视、歌曲、游戏应有尽有,随时可以满足青少年的娱乐需要,他们可以发泄自己在生活中的压抑、不满,交流缓解生活压力的方法。

然而网络在提升青少年学习、工作、生活质量的同时,也逐渐暴露出令家长、学校和社会担忧的负功能。青少年心智成熟的滞后性决定了其自我意识、自我控制能力较弱,在真假、是非、虚实面前欠缺判断识别能力,因而面对虚拟复杂的网络世界,既难抵诱惑又难辨优劣。尤其是新鲜刺激的网络娱乐,使得涉世未深的青少年网民极易沉溺于网络游戏等虚拟娱乐世界中不能自拔,从而染上网瘾。

(2) 青少年网瘾及其危害

精神病学家戈登伯格(I. Goldberg)于 1994 年首次提出网络成瘾(Internet addiction disorder,IAD)概念并编写了关于网络成瘾的诊断标准②。现在青少年网瘾问题已经成为一个引起广泛关注的世界性问题。2018 年,国家卫生健康委召开新闻发布会,发布和解读《中国青少年健康教育核心信息及释义(2018 版)》。该文件将网络成瘾界定为在无成瘾物质作用下对互联网使用冲动的失

---

① Cecilia A. Essau & Paul H. Delfabbro, *Adolescent Addiction: Epidemiology, Assessment, and Treatment*, New York: Elsevier Inc, 2008. Shannon Gulliver Caspersen, "Clinical Handbook of Adolescent Addiction," *Journal of the American Academy of Child and Adolescent Psychiatry*, vol. 53, no. 7(2014), pp. 815-816.

② I. Goldberg, *Internet Addiction Disorder*, New York: Colombia University, 1996.

控行为，表现为过度使用互联网后导致明显的学业、职业和社会功能的损伤。网络成瘾包括网络游戏成瘾、网络色情成瘾、信息收集成瘾、网络关系成瘾、网络赌博成瘾、网络购物成瘾等，其中网络游戏成瘾最为常见。青少年过度依赖网络的背后往往涉及与父母的关系问题、学业问题、注意缺陷障碍、焦虑或抑郁等问题，不能简单地定义为一种疾病①。目前国内外学术界对网瘾的定义及界定标准还有诸多争议，对网瘾造成的生理上的危害、心理上的依赖和行为上的失控研究一直持续着。

网瘾对青少年生理上的危害主要表现在影响视力、损害神经系统、引发慢性疾病等方面②。首先，医学研究证实：眼睛长时间注视电脑屏幕，会导致视力下降以至近视，眼睛疲劳、疼痛、怕光等问题，眨眼频率的降低还会造成“干眼症”。其次，上网成瘾不仅会对神经系统持续产生不良的刺激，而且会引起神经系统功能的异化。上网时间过长可能导致个体生长发育迟缓，引发如心血管疾病、胃肠神经性疾病、紧张性头痛、焦虑症、抑郁症等，甚至可能导致猝死。最后，长时间操作电脑会对腰、颈、肩、肘、腕部造成不同程度的影响，容易导致颈椎病、腰椎间盘突出、关节无菌性炎症等慢性疾病。

网瘾的行为表现会给青少年的自我意识、智力、道德和情绪等各方面带来不同程度的影响。一是同一性混淆。青少年过度使用网络的一个直接后果便是减少了与现实世界接触的时间，无节制地生活在虚拟世界中，对“我是谁?”等问题难以达成心理与现实的统一，这容易使青少年产生心理错位和自我同一性混淆，以及时间观混淆、自我怀疑和价值混淆。二是妨碍智力多元化发展。网瘾容易使青少年产生思维惰性，阻碍青少年认知能力的正常发展。长时间上网会引起思维疲劳，使青少年浏览信息和接收信息的能力下降，影响其正常思维能力的发展。三是行为道德弱化。网络容易简化、隐蔽、抹煞道德的存在价值，在性别年龄、身份地位一切皆可虚假的网络世界中，道德弱化不会受到法律习俗的约束，也不会遭到周围人的反感，这种过度的自由使青少年难以发展出正确的道德观念。四是滋长消极情绪。尽管很多青少年是因为难以忍受现实生活中的孤独、焦虑、自卑等消极情绪才沉溺于网络，但是对网络的过分依赖会使青少年更加逃避现实，结果只能加倍增加现实生活中的消极情绪体验，形成情绪发展的恶性循环。

网瘾的不良影响还表现在容易导致青少年的社会化失败。社会化是个体习得社会认可的行为规范和价值观念，从而能够成长为合格社会成员的过程。网

---

① 中国健康教育中心：《中国青少年健康教育核心信息及释义（2018 版）》，人民卫生出版社 2018 年版。

② 陶然等：《网络成瘾探析与干预》，上海人民出版社 2007 年版，第 105—108 页。

络成瘾不仅会弱化家庭、学校、社区在青少年社会化过程中的作用,而且沉溺于网络中的青少年容易被一些社会非主流文化迷惑,对自我、他人与社会形成不正确的认知。轻者会面临社会适应上的困难,如社交障碍等,重者甚至会发展出反社会行为和犯罪行为。

(3) 青少年网瘾问题的理论分析

从不同的理论视角看青少年网瘾问题会得到不同的启示。在青少年网瘾分析中应用较多的理论观点有心理防御机制理论和需要层次理论。

心理防御机制(defense mechanisms)由弗洛伊德提出,并由其女儿安娜·弗洛伊德(A. Freud)总结并补充完善,指个体在无法面对环境时所选择的逃避心理①。将心理防御机制应用于网瘾分析,可以得出网络对于青少年的几个作用:一是压抑作用。青少年在使用网络时总是尽可能将现实生活中的责任、义务、压力、痛苦排除到意识之外,尽情享受网络带来的愉悦。二是否定作用。青少年对网瘾的消极作用予以否认,减少来自心理上的自责。三是幻想作用。青少年将网络中的"美好"幻想为现实中的美好,不敢或不愿面对真实的生活场景。四是升华作用。青少年总能为自己使用网络找到正当的理由,以减少内心的愧疚。五是补偿作用。青少年在现实生活中的缺陷、不满可以在网络中得到补偿,获得心理上暂时的平衡。六是合理化作用。在现实世界中受挫时,青少年会到网络世界中寻求寄托和安慰,并鄙视现实中的挫折。通常情况下,适当的心理防御机制可以减缓个体内心的紧张和压抑。但过度的心理防御机制容易使个人迷失自己,丧失解决问题的勇气和动力。青少年网瘾的产生可以解释为自我防御机制的过度使用。

需要层次理论。是由马斯洛提出的,他认为个人的需要包括生理、安全、归属与爱、尊重、自我实现的需要。个体的基本需要满足之后,会进一步发展出高层次的需要②。青少年时期的各层次需要发展最不稳定。当归属与爱、尊重、自我实现的需要在现实生活中无法得到满足时,他们就会诉诸虚幻生活,网瘾即是需要受阻引发的结果。网络强大的社交和娱乐功能不仅能使青少年得到心理支持,体验到归属感和愉悦感,还容易使其产生持续满足需要的心理依赖,特别是网络游戏中的升级过关更会带给玩家极大的成就感,使其在虚拟世界中尽享现实中难以体验到的"巅峰感"。

(4) 青少年网瘾干预策略

美国临床心理学家扬(K. S. Young)通过对网瘾者的大量研究,提出了个人

---

① A. Freud, "The Ego and the Mechanisms of Defense," *The International Psycho-analytical Library*, no. 30(1936).

② A. H. Maslow, "Critique of self-actualization theory," *The Journal of Humanistic Education and Development*, vol. 29, no. 3(1991), pp. 103-108.

成瘾康复策略指南①。成瘾者个人改变指南包括：正视你所失去的；估算你的上网时间；运用时间安排技巧；在现实世界中寻找支持；带有积极提示的卡片；采取具体步骤解决成瘾问题；倾听来自不同人的否认的声音；面对你的孤独；认识终止恋爱的警告信号；建立有效的沟通方式并遵循专业的沟通步骤。

父母和其他家庭成员的干预或协助改变成瘾行为指南包括：注意儿童和青少年的成瘾行为可能或已经出现的警告信号；干预上瘾的儿童和青少年的心理和行为；教导儿童和青少年应该做什么。

学校需干预或协助改变学生成瘾行为指南包括：帮助学生网瘾者进行心理调适；帮助学生网瘾者进行行为调适。

各个层面的干预方式最后都需要：考虑成瘾和戒瘾长期后果；提出恢复的建议（防止复发、对自己要有耐心、给自己的尝试加分、寻找上瘾原因、让你所爱的人帮助你）；了解成瘾行为者康复的标志。

网瘾的成因复杂多样，相应的干预策略也应避免单一化。在借鉴扬的这些具体建议的同时，还应关注青少年的成长环境，从家庭、学校、社区、同龄群体等各种环境中寻找根治网瘾的途径。同时借用社会工作方法，对网络成瘾者进行个案、小组、社区或家庭治疗，特别是小组方法在应对网瘾方面被证实疗效显著。总体上看，目前国内对网瘾问题的研究水平还需进一步提高，特别是干预策略的研究缺乏针对性和实用性，仍然需要社会工作学者、一线实务工作者和社会各界的共同努力。

二、青少年未婚怀孕

青少年正值从性成熟到结婚前的“性待业期”，即从性成熟到登记结婚、获得合法性生活之间的时间范围，同时“生理成熟前倾”和“社会成熟后延”现象又使青少年的性待业期逐渐加长。在这种情况下，部分处在性蒙昧状态、自我控制力较弱的青少年，容易在各种因素驱使下与他人发生性行为。例如，2010 年 4 月，由国务院妇女儿童工作委员会办公室、联合国人口基金会和北京大学人口所联合发布的《中国青少年生殖健康调查报告》表明，我国 15 岁～19 岁青少年中，8%的女孩有过性经历。这一调查历时近 2 年，涉及 1.64 亿 15 岁至 24 岁未婚青少年。同时调查还表明，在有性行为的女性青少年中，21.3%的人有过怀孕经历，4.9%的人有过多次怀孕经历，在意外怀孕后，选择人工流产者超过 86%。②

---

① ［美］金伯利·S. 扬：《网络心魔：网瘾的症状与康复策略》，毛英明、毛巧明译，上海译文出版社 2005 年版。

② 郑晓瑛、陈功：《中国青少年生殖健康可及性调查基础数据报告》，《人口与发展》2010 年版第 3 期，第 2—16 页。

1. 未婚怀孕行为的理论分析

以理论分析青少年未婚怀孕行为，并追溯其成因，能够为问题的解决提供科学的指导。在这一领域，精神分析理论和认知发展理论经常得到应用。

（1）精神分析理论。弗洛伊德认为人格结构包括三个组成部分，即遵守快乐原则的本我，遵守现实原则的自我和遵守道德原则的超我。自我在应对现实世界的同时，还要调节与本我、超我之间的关系。当代表良心和自我理想的超我与代表本能冲动的本我之间的矛盾无法调和时，个体便会产生心理冲突，其人格结构就会处在不健康的状态之中①。青少年在身体发育的过程中，会形成身体内部的性驱力，此时，本我倾向于寻求欲望的满足并且尽可能地回避痛苦。当青少年缺少超我发展的成长环境，无法形成社会认可的性道德时，过分强大的本能欲望便有可能超出自我的调节范围，很容易引发性越轨行为。

（2）认知发展理论。皮亚杰认为青少年处在形式运算阶段，思维具有可能性、假设性、预计性、反省性等特点。尽管几乎所有青少年都有发展出形式运算思维的潜能，而且大多数确实表现出了形式运算思维能力，但还有部分青少年（甚至一些成年人）没有发展出成熟的形式运算思维，无法规律地使用它，或者在适当的情境下使用它②。从认知的角度来说，青少年对长远状况进行假设性思考的能力还不足。

2. 未婚怀孕行为的消极影响

从宏观层面来看，青少年未婚怀孕现象涉及加重社会救济负担、导致不良社会风气等；从微观层面来看，这一现象对青少年未婚母亲、未婚父亲和孩子的发展都会产生不良影响，具体表现为以下几点。

首先，怀孕对于青少年未婚母亲的消极影响是显而易见的。从生理层面来看，会增加她们出现并发症和死亡的风险，年轻母亲出现血毒症、贫血症的可能性更大，且容易延迟分娩。从社会层面来看，青少年未婚母亲会遭受诸多不利因素的影响，如低教育成就、低地位的工作，微薄的收入，对社会福利的依赖。另外，研究表明青少年未婚母亲在其以后的生活中更容易离婚、发展不稳定的关系、意外怀孕③。

其次，未婚怀孕对青少年未婚母亲的以上不利影响通常是循环性和累积性的，使得青少年母亲所生的孩子也受到恶劣影响，包括贫困的生活条件、单亲的家庭环境、较少的社会支持等。随着孩子年龄的增长，他们身上的认知性问题和

---

① ［奥］西格蒙德·弗洛伊德：《自我与本我》，林尘、张唤民、陈伟奇译，上海译文出版社 2011 年版。

② ［美］巴里·J. 沃兹沃思，《皮亚杰认知和情感发展理论》，杨砚秋译，华东师范大学出版社 2022 年版。

③ ［美］查尔斯·H. 扎斯特罗、卡伦·K. 柯斯特-阿什曼：《人类行为与社会环境》（第六版），师海玲等译，中国人民大学出版社 2006 年版，第 494 页。

心理社会方面的问题也会变得越来越明显，青少年母亲所生的孩子同成年母亲所生的孩子间的差异，在他们的青春期中要比儿童期表现得更为鲜明。研究表明，未婚怀孕对孩子造成的消极后果（即便这种后果到了孩子进入成年早期的时候才会显现出来），既要归因于青少年母亲的某些共同特征，也要归因于青少年母亲所处的家庭环境情况①。未婚怀孕可能给孩子带来的问题包括早熟、先天性疾病及贫困所致的营养不良等。

最后，部分青少年未婚父亲在致使女方怀孕之前就可能已经表现出诸多问题行为，如逃学、吸烟、酗酒、打架等，过早地为人父，可能会提高这些青少年的问题行为率，不利于他们如期完成学业，引发焦虑、愤怒、抑郁等消极情绪。值得注意的是，由于青少年父亲之前的行为特征，许多青少年母亲会在缺乏经济、社会和情感保障的前提下选择堕胎。选择堕胎的青春期少女和选择让他人来领养孩子（以正式或非正式的形式）的少女身上，都会表现出由于这样的选择而导致的负面效果②。

3. 未婚怀孕行为的干预策略

从青少年未婚怀孕的消极影响可以看出，预防或干预青少年未婚怀孕有着重要的现实意义。美国是工业化国家中少女怀孕率最高的国家，每年有几十万青春期少女怀孕，已经引起社会广泛关注。尽管大量预防和干预项目已经实施，但是迄今为止，几乎没有哪种做法被证明具有广泛的效果。斯滕伯格总结了美国对青少年未婚怀孕所采取的预防和干预项目③。一是开设以课堂为基础的性教育课程。比如在瑞典，所有的孩子从七岁就开始学习性教育课程，这一课程取得了良好的效果，但这一项目在美国却以失败告终。究其原因是教育者过于强调与性有关的生物学知识，而非性活动对青少年情绪、情感的影响，侧重改变认识而非行为，同时高中才开始进行性教育为时过晚。二是提倡节制性欲。在性教育课程中，将节欲作为预防怀孕和性传播疾病的方法加以介绍。无论从改变青少年的性行为来看，还是从降低未婚怀孕的比率来看，这一尝试都是不成功的。三是将以学校为基础的性教育课程，同以社区为基础的健康临床服务结合在一起。这种方法被证明可以降低青少年的怀孕率，但遭到许多父母的反对，因为他们担心这种项目会刺激青少年参与性活动。另外，为青少年提供家庭规划服务的项目也不太可能成功。

---

① ［美］劳伦斯·斯滕伯格：《青春期：青少年的心理发展和健康成长》（第七版），戴俊毅译，上海社会科学院出版社 2007 年版，第 503 页。

② 黄丹：《中国女性青少年未婚怀孕的研究综述》，《当代青年研究》2016 年第 2 期，第 105—108 页。

③ ［美］劳伦斯·斯滕伯格：《青春期：青少年的心理发展和健康成长》（第七版），戴俊毅译，上海社会科学院出版社 2007 年版，第 505—507 页。

近年来,我国青少年未婚怀孕率逐渐增长。尽管很难短时期内制定出普遍有效的干预策略,但是我们仍然要借鉴国外的干预方案,探索更加有效的干预项目。社会工作者要与共青团、妇联、社会组织等共同参与、协调一致,配合家庭、学校、社区适时适当地为青少年开展性健康教育,并致力于为青少年的健康成长创造良好的社会环境。另外针对已经怀孕的青少年母亲,要引导她们对自己的行为负责,并积极探索问题解决的途径。同时相关社会环境要正视未婚怀孕给青少年父亲和母亲带来的冲击、压力,避免对他们的歧视和排斥,尽可能地减少怀孕带给他们的消极影响①。

三、青少年越轨与犯罪

"越轨"(deviance)又称离轨、偏差行为,一般指社会学意义上的偏离社会规范的行为②。在犯罪学界主要存在两种对犯罪的界定:一种是视犯罪为法律现象,以刑法规范来区分罪与非罪,"法无明文不为罪";另一种是将犯罪定义为包括法定犯罪行为和一般违法行为的所有行为。但两者均强调犯罪具有严重的社会危害性,理应受到制裁。以助人为本质特征,以治疗、预防、发展为主要功能的社会工作专业,明显倾向于后一种观点。广义上,可将犯罪视为一种严重的越轨,越轨与犯罪只有度的不同而无质的区别。相应地,我们将青少年越轨与犯罪定义为青少年表现出的从轻微到严重的偏离社会规范的行为总和。因为社会规范的不同,不同国家和地区对越轨和犯罪有不同的界定标准。

1. 青少年越轨与犯罪的理论分析

对于青少年越轨与犯罪的理论研究成果颇多,既有从宏观层面进行分析的,也有借鉴心理学理论从微观层面进行研究的。应用较多的理论包括以下几种。

(1) 社会学习理论

心理学家班杜拉的社会学习理论认为行为是后天习得的,个人可以通过学习掌握一切行为方式,这一理论将青少年越轨与犯罪归因于其成长的社会环境。青少年在成长的过程中会通过社会化逐渐了解社会准则与规范。社会化本身是一个学习与领悟的过程,通过人与人之间的交流互动,青少年可以掌握社会主流价值观念和行为规范,顺利地完成初始社会化③。但同时心智发展的滞后又可能会使青少年辨不清真假善恶,容易习得非主流社会规范,从而在参与社会活动的过程中,表现出越轨甚至犯罪行为。

---

① 余小鸣编:《未婚怀孕青少年生殖健康综合干预研究》,北京大学医学出版社2009年版。

② H. S. Becker, "Outsiders: Studies in the Sociology of Deviance," *American Journal of Sociology*, vol. 29, no. 1(1963).

③ [美]阿尔伯特·班杜拉:《社会学习理论》,陈欣银、李伯黍译,中国人民大学出版社2015年版。

（2）失范理论

社会学家默顿认为文化倡导了成功的目标及达到目标的合法手段，但社会成员追求成功目标的机会是不均等的。当缺少或没有机会通过社会认可的手段去实现成功目标时，个体就会产生紧张或压力，并可能出现以下几种反应：一是遵从（认可文化倡导的目标并运用合法手段来实现这种目标）。二是革新（接受文化倡导的目标，但拒绝使用社会认可的手段）。三是仪式主义（接受社会认可的成功手段，但拒绝文化倡导的目标）。四是隐退主义（拒绝文化倡导的目标及社会认可的达到目标的手段）。五是反叛（拒绝文化倡导的目标和社会认可的达到目标的手段，并且代之以新的目标和手段）。后四种反应都有可能引发越轨或犯罪行为①。青少年群体由于年龄、经验和能力上的限制，社会地位相对偏低，当社会认可的合法途径无法满足他们内心的欲望，阻碍他们迈向成功时，部分青少年有可能会采取后四种反应方式来应对环境压力。失范理论可以较好地解释下层社会的青少年越轨与犯罪问题，但是对在优越环境中长大的青少年越轨与犯罪现象的解释力明显不足。

（3）标签理论

标签理论的代表人物是莱默特和贝克尔。莱默特认为，一旦某人被贴上了越轨行为的标签，他周围的人会对他另眼相看，这会迫使他与其他越轨者为伍，以越轨者自居，按照这种模式去行动，并将其变成自己的习惯，甚至终生沿着这条路走下去。因此，给某种行为贴上越轨行为的标签反而会助长这种行为。莱默特将越轨行为的形成看成一种由“初级越轨”向“次级越轨”再向“习惯性越轨”逐步发展的过程②。

贝克尔于 1963 年出版《局外人》，认为个人越轨或犯罪是因为被他人贴上了“越轨者”或“犯罪者”的标签，是他人定义和评价的结果。他认为要把越轨理论的分析对象从越轨行为转移到那些给他人贴上越轨标签的“道德提倡者”（moral entrepreneur）身上去，要将越轨视为被人称为越轨者和称人为越轨者这两部分人进行互动的结果③。青少年正处在自我同一性的形成阶段，自我评价很大程度上会参照他人对自己的评价。当出于好奇、模仿或其他原因偶尔偏离了社会规范，而被他人贴上“越轨”或“犯罪”的标签时，青少年很容易产生心理认同，会在无形中表现出更多不良行为，并逐步向标签指定的方向靠拢。标签理论从侧面反映了青少年越轨与犯罪矫正的难度，大部分初犯者都会因为周围人

---

① R. K. Merton, *Social Theory and Social Structure*, New York: Free Press, 1957.

② E. M. Lemert. “Social pathology: A Systematic Approach to the Theory or Sociopathic Behavior,” *Journal of Nervous & Mental Disease*, vol. 118, no. 3(1953).

③ H. S. Becker, “Outsiders: Studies in the Sociology of Deviance,” *American Journal of Sociology*, vol. 29, no. 1(1963).

的标签而遭到社会的排斥和疏远，无法融入主流社会重新开始正常生活，从而再次越轨或犯罪[①]。

2. 青少年越轨与犯罪的现实问题

自改革开放以来，青少年犯罪占刑事案件总数的比例持续上升，对社会治安和社会风气产生了较大的负面影响。随着经济发展和社会进步，青少年犯罪在发展趋势上，呈现出以下特征。

（1）低龄化。20 世纪 50—60 年代，青少年第一次犯罪一般在 16 岁左右，而现在一般在 11~12 岁，甚至有从 8 岁就开始犯罪的[②]。一方面，生活水平的提高使青少年“成长前倾”，部分早熟的青少年心理与生理发展的不平衡引发了犯罪行为。另一方面，社会环境日益复杂，年龄较小的青少年更容易受到不良刺激的影响，因无知和冲动走向犯罪。

（2）团伙化。20 世纪 80 年代以来，青少年团伙犯罪一直是我国青少年犯罪的主要形式。目前，在青少年犯罪案件中，70%左右属于团伙作案；在破获的团伙犯罪案件中，青少年成员占 70%左右；在抓获的犯罪团伙中，70%左右属于青少年犯罪团伙[③]。青少年喜欢追求新鲜刺激，讲究义气，但是单个人的力量又不足以达到其目的，于是同龄群体成为他们可靠的共事群体。由此，团伙犯罪也逐渐成为青少年犯罪的主导形式。

（3）智能化。青少年群体的学习能力、应变能力较强，掌握高科技的速度之快远远超乎人们的想象。目前部分青少年犯罪已经和高科技、广资源紧密结合，计划、组织、指挥、协调、控制，每个环节的实施都表现出智能化的发展趋势，如许多青少年利用计算机技术盗用密码作案等。信息一体化可以方便、快捷地组织人员，同时又能做到有效协调和严格控制，从而使犯罪的目的、手段更加隐蔽，这极大地干扰了侦查人员的判断能力，加大了案件侦破难度。

（4）多元化。随着社会环境的复杂化及信息输入量的增加，青少年犯罪的类型也倾向于多元化，从最初的以盗窃、抢劫等财产性犯罪为主逐渐演变为网络犯罪、毒品犯罪等多种犯罪类型共存。“猎奇”心理使青少年在解决日常问题时倾向于特立独行，追求手段的特异性和过程的刺激感，在缺乏适当引导的情况下，很容易误入歧途、危害社会。

3. 青少年越轨与犯罪的社会工作干预

青少年越轨与犯罪既受社会转型等宏观层面的影响，也受家庭、学校、同龄群体等具体环境的影响，同时与青少年在面对环境时的心理整合不当有关。相

---

① Malcolm W. Klein, “Labeling Theory and Delinquency Policy: An Experimental Test,” *Criminal Justice & Behavior*, vol. 13, no. 1(1986), pp. 47-79.

② 周振想主编:《青少年犯罪学》，中国青年出版社 2004 年版，第 92 页。

③ 莫洪宪主编:《中国青少年犯罪问题及对策研究》，湖南人民出版社 2005 年版，第 82—83 页。

应地,对于这一青少年问题,社会工作要采取以下专业方法进行干预与矫正。

第一,个案工作方法。青少年越轨与犯罪通常与个人的生活环境、心理素质紧密相关,因而采用个案工作方法帮扶越轨与犯罪的青少年可以达到很好的效果。首先要与个别越轨与犯罪青少年建立一对一的工作关系,通过与案主面对面接触,了解其心理处境与成长环境。其次要注重结合青少年的生理、心理发展特点,从案主立场出发思考问题,争取获得案主的心理认同,进而引导其认清社会主流规范的存在价值。最后要积极改善案主的成长环境,启发他们从不同的视角看待问题,并以积极的心态解决问题。

第二,小组工作方法。小组工作的优势在于可以将一组越轨或犯罪青少年集中在一起,通过集体的力量促使成员发生改变。小组工作者要具备良好的沟通、协调、组织和领导能力,对小组成员进行价值观念上的合理引导。小组工作者要通过开展小组活动,引导成员在互动中了解彼此的优缺点,发现每个人的闪光点,树立典型模范,倡导组内成员积极改变,使成员在学习社会规范和扮演社会角色的过程中逐步养成融入主流社会的信心和能力。

第三,社区工作方法。作为青少年的重要成长环境,社区是社区工作得以开展的载体。目前社区工作者针对社区问题青少年已经开展了许多颇具成效的工作,主要从改善社区环境、减少社区排斥出发,全面帮助青少年重新回到健康的成长轨道。社区工作侧重增强越轨与犯罪青少年对其所属社区的归属感,提高他们参与社区事务的积极性和主动性,同时注重了解社区及内部成员的现状及现实需要,积极链接资源,促进青少年与社区的共同发展。

目前,我国已经初步建立了家庭、学校、社会"三位一体"综合治理青少年犯罪的防控模式,但这一模式的运用与推广仍然处在探索阶段。以社会工作为切入点,可以有效带动社区帮教和社区矫正的开展,协调家庭、学校与社区环境相配合,为越轨与犯罪青少年争取更多的社会资源与社会支持,减少问题行为的发生。

【延伸阅读】:

案例描述

郑某,男,1982年10月出生。小时候性格温和,说话轻声细气,读小学时遵守纪律,从不和别人打架,人也聪明,读书成绩好,老师都喜欢他。10岁时父母离异,此后他与母亲一起生活。母亲常常在外面打麻将,对他不管不问,他总是玩到很晚才回家,回家后,有时候吃方便面,有时候连方便面都吃不到。到初中一年级,他由于成绩不好留级,此后再也没有心思读书,终日和一些闲散青年打成一片,参与打架斗殴,初中未毕业就在社会上游荡。郑某看不起母亲,更不服从她的管教,常常对母亲说:"你有什么资格来管我?"郑某有一个不良朋友圈子，有六七个人，多数被判过刑，郑某经常与他们在一起玩。有一天凌晨，因朋友吕某被打，郑某与同伙得到消息后随即赶到事发现场，不分青红皂白对被害人徐某拳打脚踢，致使徐某左胸肋骨骨折，构成轻伤，触犯了刑法。案发后，郑某畏罪逃到外地打工，后回沪自首，同年11月被依法判处有期徒刑8个月，缓刑1年。而后他的姨妈把郑某母子接到自己办的工厂里住。①

案例分析

这是一个典型的青少年犯罪案例。案主郑某在成长中面临失学、失管、父母离异、亲子冲突、不良交往等一系列问题。

生理层面：郑某自从10岁父母离异后便与母亲一起生活，而母亲却忽略了郑某成长中的需要，使得郑某吃不好饭，甚至只能饿肚子。这对于处在青春发育期的孩子来说，是远远达不到营养要求的。某种程度上，对郑某基本需要的忽视使他产生了心理上的不适和反感，并倾向于走出家庭，寻求朋伴支持。

心理层面：郑某很早就经历了“心理断乳期”，即在心理上脱离了父母的管教，打破了早先的心理定势和思维习惯。在这一过渡时期，郑某明显要比其他完整家庭的孩子面临更多问题。作为母亲不尽职的单亲家庭的青少年，郑某一方面要应对家庭变故所带来的心理上的挑战，另一方面还要独自面对青春发育期生理上的剧变及心理上的调适。在缺少关爱和引导的情况下，郑某很容易因适应不良而产生各种心理、行为问题。首先，郑某存在同一性危机。郑某对自己和母亲未形成正确认知，与母亲的交往中存在权威上的混淆，即盲目排斥、抗拒母亲的管教，并质疑母亲的身份资格。郑某欠缺一个必要的“心理延缓偿付期”，他在自我认同确立之前就步入了社会，初中辍学后和闲散人员打成一片，逃避思考人生的抉择及未来的发展，从而产生了同一性混淆。其次，郑某童年时既聪明，成绩又好，说明他的智力潜质不错，而且能够投案自首，也反映了郑某已经能够运用反省思维。但是从他的犯罪情况来看，面对朋友被打，郑某不分青红皂白为朋友“报仇解恨”，并未探究事情的来龙去脉，其行为也毫无计划性可言。这些都说明了郑某的思维发展尚未成熟。最后，小学时的郑某遵守纪律，从不打架，而辍学后则参与打架斗殴，甚至触犯刑法。这一巨大的转变是因为他的道德发展出现了断层，在道德发展的关键时期，郑某处在“失管”“失学”状态，因而难以发展出符合社会规范的道德判断和道德行为。

社会层面：很大程度上，郑某的失足犯罪与其所处的社会环境有关。从家庭来看，郑某的母亲明显未尽职责，在日常生活和心理情感上都没能提供一个母亲应有的支持，忽视了儿子社会化进程的发展。从学校来看，郑某成绩不好，并未得到

① 马伊里、吴铎：《社会工作案例精选》，华东理工大学出版社2007年版，第243—248页。

学校和老师的重视,重成绩轻成长的学校没有采取应有的劝学、助学策略,而是任其发展。在社会化的过程中,郑某所在的家庭和学校都没能对其发挥作用,他的社会化只能在与社会闲散人员的互动中进行,由此造成了郑某初始社会化的失败。

社会工作干预:由于郑某被判缓刑,所以本案例中的社会工作者采用了社区矫正工作方法。在具体工作中通过七个步骤取得了良好的效果。(1)努力维持监护关系,以利于对郑某的矫正。(2)不怕反复,以引导为主,鼓励郑某每次取得的点滴进步。(3)有理有节,循循善诱,帮助郑某增强自我约束能力。(4)关注行为动态,抓住“向好”心理,激发郑某对工作的需要和兴趣。(5)寻找郑某不良行为反复的原因,对症下药巩固矫正效果。(6)借鉴现实疗法,评估郑某存在的问题,不断修订矫正方案。(7)改善周边环境,降低郑某与不良朋友的密切程度。从这一矫正过程中可以看出,社会工作者扮演了调解员、倡导者、引导者、支持者、治疗师等角色。通过激发郑某对工作的兴趣,使其正常上下班,鼓励他在工作中的进步,使其意识到自己的存在价值。另外,注重改善郑某的交往圈子,从环境入手,遏制郑某不良行为的源头。

但同时,矫正社会工作者忽略了郑某的家庭环境。现在郑某的监护人是他的姨妈,这种监护关系不会一直持续下去,郑某终归会与母亲单独住在一起。原本母子关系的冲突倘若得不到缓解,郑某仍然无法在心理上得到治愈。他在家庭中无法获得支持时,还是会诉诸其他群体。因而,亲子冲突也应引起矫正社会工作者的重视。

案例:“彝路相伴、共创成长”:提升青少年积极发展能力服务研究

摘要:易地扶贫搬迁社区的彝族青少年在搬进新的社区后,其居住环境、生活环境都在较短时间内发生了较大变化,这容易使彝族青少年遭遇复杂的心理健康及行为问题。本案例以凉山彝族自治州美姑县易地扶贫搬迁社区(北辰社区)彝族青少年为服务对象,采用小组社会工作方法,对其进行积极发展能力提升研究。案例通过对服务结果进行过程评估、小组工作成效评估(客观成效评估与主观成效评估)、小组工作满意度评估,综合考虑小组工作的效果。最后发现,在采取行动能力和明确其正面身份两个方面的提升具有显著效果。另外小组成员对于小组活动内容、社会工作者的评价及对他们的帮助都持积极的态度,对小组活动的整体满意度较高。总体来讲,本案例结果对易地扶贫搬迁社区彝族青少年的积极发展能力提升是有效的。

本章小结

本章通过对青少年生理与心理特点的分析，总结了青少年在生理和心理发展中的常见问题。生理问题主要表现在月经烦恼、青春痘等方面；心理问题主要表现在同一性危机和消极情绪困扰等方面。

青少年在生理、心理发展的过程中会产生各种不同的需要，这些需要必须依托一定的社会环境才能得到满足，不同环境中个体的成长体验也大不相同。一般来说，与青少年发展密切相关的社会环境包括同龄群体、家庭、学校和社区，这些社会环境对青少年成长有正功能，也有些负功能。

本章也介绍了青少年社会工作中的重要议题，包括青少年成瘾、未婚怀孕、越轨与犯罪，阐述了这些问题对青少年生理、心理的影响和对社会的影响，并对每个议题从理论层面进行了分析，提出了应对策略。

思考题

1. 简述青少年时期的生理烦恼。
2. 试述青少年社会心理发展的一般特征。
3. 什么是同一性危机？ 具体包括哪些内容？
4. 试述家庭的类型及其对青少年成长的影响。
5. 试述青少年未婚怀孕的消极影响。
6. 试从理论视角分析青少年越轨与犯罪。

推荐阅读

顾东辉主编：《社区青少年社会工作研究》，华东理工大学出版社 2006 年版。

[英]奈杰尔·托马斯：《儿童青少年社会工作》，田国秀等译，中国人民大学出版社 2010 年版。

[美]劳伦斯·斯滕伯格：《青春期：青少年的心理发展和健康成长》（第七版），戴俊毅译，上海社会科学院出版社 2007 年版。

许彩丽编：《青少年社会工作》，中国人民大学出版社 2022 年版。

俞国良主编：《现代心理健康教育：心理卫生问题对社会的影响及解决对策》，人民教育出版社 2007 年版。

邹泓：《青少年的同伴关系》，北京师范大学出版社 2003 年版。

中国健康教育中心：《中国青少年健康教育核心信息及释义（2018 版）》，人民卫生出版社 2018 年版。

扩展推荐阅读

[美]埃里克·H.埃里克森:《同一性:青少年与危机》,孙名之译,中央编译出版社2015年版。

[美]巴里·J.沃兹沃思:《皮亚杰认知和情感发展理论》,杨砚秋译,华东师范大学出版社2022年版。

[美]金伯利·S.扬:《网络心魔:网瘾的症状与康复策略》,毛英明、毛巧明译,上海译文出版社2005年版。

G. Stanley Hall, *Adolescence: Its Psychology and Its Relations to Physiology, Anthropology, Sociology, Sex, Crime, Religion and Education, Vol. 1*, New York: Appleton & Company, 1904.

E. E. Maccoby & John A. Martin, "Socialization in the Context of the Family: Parent-Child Interaction," In P. H. Mussen & W. Kessen (eds.), *Handbook of Child Psychology (4th edition)*, New York: John Wiley, 1983.

E. M. Lemert, *Social Pathology: A Systematic Approach to the Theory or Sociopathic Behavior*, New York: McGraw-Hill, 1951.

H. S. Becker, "Outsiders: Studies in the Sociology of Deviance," *American Journal of Sociology*, vol. 29, no. 1 (1963).

Malcolm W. Klein, "Labeling Theory and Delinquency Policy: An Experimental Test," *Criminal Justice & Behavior*, vol. 13, no. 1 (1986), pp. 47-79.

E. H. Erikson, *Identity: Youth and Crisis*, New York: Norton, 1969.

第十二章　青年行为与社会环境

学习目的

把握青年生理和心理变化的特点，认识青年常见的生理与心理发展问题；了解青年性别角色、人际关系及自主性的发展与社会环境的关系；了解青年对生活方式——如学业、恋爱与家庭、就业与事业发展的选择；了解与青年阶段相关的社会工作议题，主要包括亲密关系的危机与处理、家庭暴力、离婚与单亲家庭等。

社会学家通常把以下五种事件看作进入青年期即成年早期的标志：(1) 结束校园生活；(2) 开始工作并在经济上独立；(3) 离家独立生活；(4) 结婚；(5) 为人父母。这些事件体现了个体在生理、心理和社会三方面相应的变化①。尽管个体之间存在着发展上的差异，每一个标志事件发生时，不同个体的年龄、生活背景及社会期望都有所不同，但这些标志性事件都可以被看成青少年时期的结束、承担成人角色的开始。在上述标志性事件中，"结束校园生活"对其他事件的发生时间影响最大。因此，我们倾向于用完成高等教育的时间来界定青年期的起始年龄（22 岁左右），当以上标志性事件基本完成后（大约在 35 岁），个体开始结束青年期的生活。

第一节　青年的生理与心理发展

一、青年的生理发展

经过青少年时期生理上的急剧变化，个人在青年时期生理发展趋于稳定。

---

① ［美］K. W. 夏埃等：《成人发展与老龄化》（第五版），乐国安等译，华东师范大学出版社 2003 年版，第 26 页。

人体大部分组织器官及生理机能发育成熟，达到生命周期中的最高水平。青年时期个体的生理发展有以下特点。

1. 形态基本定型

个人进入青年时期以后，随着骺软骨的逐渐骨化，骨骼的长度不再迅速增加。除少数晚熟者身高仍有明显变化外，大部分青年人的身高和肢体比例已基本定型。与此同时，体重的陡增也会停止。

2. 机能水平最佳

青年时期个体的器官发育基本成熟。首先，大脑的体积和重量不断增长，在青年时期达到顶峰。神经系统的进一步发育，促使青年的动作协调性、灵活性、反应敏捷性增强。神经纤维的生长及其和神经元联系的建立达到最高水平。其次，青年的心输出量和肺活量达到最大值，消化、吸收功能及免疫功能强大。最后，青年的感觉能力也最为灵敏，视觉、听觉、味觉、嗅觉、触觉、痛觉在整个青年时期都保持较高的灵敏度。

3. 生殖功能成熟

青年的激素分泌充分，两性的繁殖能力良好，体力、精力处于最佳状态，是女性怀孕的最佳时期。女性在青年时期已形成成熟的生育系统并开始产生丰富的卵子，她们的性激素分泌相当有规律，这是因为其生理能力达到了顶峰而且子宫已发育成熟。因此，这是生育健康婴儿的理想时期。①

二、青年的心理发展

青年时期个体心理会得到进一步发展，同一性、智力、情绪、道德等各个层面都趋于稳定和成熟。

1. 同一性发展

虽然说同一性危机经常和青春期联系在一起，但是埃里克森相信，成年期的角色认同仍然是一个问题。与其把对同一性的追求囿于某个独立的阶段，不如将之视为贯穿一生的过程来考虑②。个人的角色认同常随年龄的增长而进一步深化，个体进入青年时期后，会面临恋爱、成家、就业等一系列新的发展任务。在这一过程中，个体若无法将自我与新的环境进行有效整合，无法使自我在新的水平上达到统一，仍然会感到无助、产生压力，陷入新的同一性危机。另一项关于同一性的研究是“可能的自我”③。“可能的自我”更关注成年期而非青少年期

---

① ［美］乔斯·B. 阿什福德、克雷格·温斯顿·雷克劳尔、凯西·L. 洛蒂：《人类行为与社会环境——生物学、心理学与社会学视角》（第二版），王宏亮等译，中国人民大学出版社 2005 年版，第 551 页。

② ［美］埃里克·H. 埃里克森：《同一性：青少年与危机》，孙名之译，中央编译出版社 2015 年版。

③ ［美］K. W. 夏埃：《成人发展与老龄化》（第五版），乐国安等译，华东师范大学出版社 2003 年版，第 31 页。

自我形象的未来变化,倾向于认为自我是由个人创造的并引发了个人的行为。这就为青年致力于树立目标并努力促使目标的实现提供了理论上的依据。

2. 智力发展

夏埃和威里斯(K. W. Schaie & S. L. Willis)在1956年到1992年,通过对5000多个年龄介于25岁至88岁之间的被试者的调查,研究了整个成年期智力的变化过程[①]。研究发现,在五种基本认知能力中,个体的归纳推理、空间定向和言语流畅三种能力在成年早期(约25岁)达到最高水平,而语言理解和数字能力在成年早期呈缓慢增长之势。这项研究与传统的理论观点有所不同。皮亚杰的认知发展理论侧重探讨儿童期智力的发展,强调对知识的"获得能力"[②]。进入成年期以后,个人在发展过程中已经不再局限于获得知识,而更加注重将知识加以"应用",去完成学习、恋爱、成家、立业等各种生活任务,即用其掌握的认知技巧去实现预期的目标。作为智力的核心,青年的思维发展也出现了有别于青少年的特点。社会环境的日益复杂使得形式运算思维能力已经不能满足青年应对环境的需要,他们还会结合实际经验、道德判断,对环境中的可能因素进行具体分析。在解决问题方面,青年逐渐摆脱中学时代绝对化的思维模式和价值观念,体现出辩证思维和相对思维的特点。

3. 情绪发展

与青少年时期激情与心境并存不同,青年的情绪更多以心境的形式出现。日渐成熟和理性的青年,善于运用自我控制来调整情绪的起伏不定,以求保持平衡的心态。心境化的情绪发展在促进个体心理不断完善的同时,也不可避免地具有消极影响。青年时期是面临诸多发展任务、承担多方压力的时期,青年对家庭、工作都有一份沉甸甸的责任。当青年在工作、生活中出现某些消极情绪时,心境的稳定性特点会使青年陷入更久更深的情绪困扰。总体情绪倾向于不利的状态容易影响个体应对压力、寻求突破的主动性和自信心,妨碍其生活的正常运转。因此,青年在生活中应注意适时调节自己的情绪,保持好的心境,才能更有利于身心健康。

4. 道德发展

科尔伯格认为个体的道德发展随年龄增长倾向于向高级水平发展,每个年龄段都存在几个相邻的道德发展阶段,同时在交叉并存的几个发展阶段中会存

① K. W. Schaie & S. L. Willis, "Age Difference Patterns of Psychometric Intelligence in Adulthood: Generalizability Within and Across Ability Domains," *Psychology & Aging*, vol. 8, no. 1(1993), pp. 44-55. S. L. Willis, K. W. Schaie, *Intellectual Functioning in Midlife. Psychological and Social Development in Middle Age*, Pittsburgh: Acdamic Press, pp233-247.

② [瑞士]皮亚杰:《发生认识论原理》,王宪钿等译,商务印书馆2017年版。

在"优势阶段",即道德发展具有阶段性、顺序性和交叉性①。青少年时期的道德发展介于前习俗水平和习俗水平之间,进入青年时期后,道德发展达到后习俗水平的人数呈现上升趋势。值得注意的是,正如青少年一般具备形式运算思维能力,但并非所有青少年都能发展出形式运算思维一样,尽管青年时期的个体已经具备后习俗水平的道德发展能力,但并非所有青年都能达到这种道德高度。科尔伯格的理论只涉及道德推理或道德判断,而现实生活中道德发展还与具体的道德情境相关,在具体情境中的行为表现也会影响到青年的道德发展水平。随着年龄的增长及社会知识、实践经验的进一步积累,青年在处理道德问题时会倾向于权衡利弊,对现实生活中的复杂关系进行分析,并最终做出自己认可的道德选择。

三、常见的生理与心理问题

青年总是给人以健康的印象,他们通常比儿童更健壮,又不面临常见于中老年人的健康风险。但是,因为生活中的种种压力,青年也存在健康隐患。

压力(stress)是个体在面对生活中的挑战和威胁时所产生的生理和心理上的反应。青年时期的发展任务决定了青年的生活中充满了各种各样的压力源(stressor)即压力事件。尽管有些压力源并不令人沮丧(如结婚或工作提升),而且适当的压力可以增加抗干扰系数,提高工作效率,促使人们产生"危机反应",在以后的生活中更好地防御突发的危险或危机,但是更多的研究表明,压力,特别是持续的压力会对人的健康不利,引发一系列的生理、心理问题。

费尔德曼总结了压力对生理造成的不良后果②。

首先,增加患病的风险。长期、持续地接触应激源(压力源),可能导致身体应对压力的能力降低。因为与压力相关的激素不断地分泌出来,可能对心脏、血管及其他身体组织造成损害。构成人体抵御疾病天然防线的免疫系统,其中的器官、腺体和细胞也可能被压力所破坏。这是因为压力过度刺激免疫系统,致使其开始攻击人体本身,破坏健康的组织,而非坚守原有岗位,对抗入侵的细菌和病毒。由于免疫系统抵御细菌和病毒侵害能力的下降,人们更容易患病。

其次,直接导致疾病。压力最为直接、迅速的结果是造成一系列生物学反应,即肾上腺激素分泌导致心跳加速、血压上升、呼吸急促、出汗等。当身体试图

① [美]L.科尔伯格:《道德发展心理学:道德阶段的本质与确证》,郭本禹译,华东师范大学出版社 2004 年版。

② [美]罗伯特·费尔德曼:《发展心理学——人的毕生发展》(第 4 版),苏彦捷等译,世界图书出版公司北京公司 2007 年版,第 503—508 页。

克服压力时，将引起生理唤醒，而生理唤醒又可能导致长期的病痛折磨，从而对人体造成危害。如果经受的压力足够大，那么身体将付出惨痛的代价，头痛、背痛、皮疹、消化不良、慢性疲劳，甚至常见的感冒都可能是压力所致。长此以往，最终压力将导致身心障碍（psychosomatic disorders），这是由心理、情绪和身体问题之间的相互作用所引发的医学问题。例如，压力可能引发溃疡、哮喘、关节炎、高血压等病症。

压力引发的心理反应主要体现为部分青年感受到的焦虑情绪。焦虑是因无法应对内外压力而产生的一种紧张不安、烦恼焦躁的情绪体验。青年产生焦虑主要有如下原因。

首先，社会角色的转变（从学生到上班族、从为人子女到为人父母）意味着青年被赋予了新的责任。在家庭和社会的期望下，青年会为角色扮演付出代价，当这种付出随着社会发展而日益超出个人的承受能力时，便带给青年很大压力，造成他们生活和工作上的焦虑，如经济独立、迫切拥有事业、组建家庭（包括未婚者被催婚的压力和已婚者经营婚姻的压力）、建立人际关系等方面的焦虑。尤其是一些攀比心理过重的青年，往往看不到自己纵向上取得的进步，而一味地与周围比自己成就高的同事、朋友较劲，比车比房比职务，盲目地追求过高的预期目标，最后因过度疲劳和紧张而产生抑郁、焦虑等消极情绪。

其次，由于工作忙碌而无暇锻炼或由于在饮食中摄入过多热量，越来越多的青年已经加入了肥胖人群的行列。处在择偶或恋爱压力下的青年更容易因此产生身体意象（body image）的焦虑，即对自己的身体表象产生消极的情感、态度和主观看法。社会中流行文化及大众传媒对青年形象的定位更使无数青年对自己身体意象的满意度降低。这种身体焦虑产生的最直接后果便是饮食紊乱或饮食失调，从长远来看，还会引发更多的生理疾病。

面对生活中的压力，个体通常会选择自我防御机制来应对。这些防御机制的使用虽然可以起到暂时的减压功效，却无法消除现实生活中的压力源，而且频繁使用还会助长人们的逃避心理。因而青年人应该选择理性的减压策略。

第二节 青年行为发展与社会环境

根据“人在情境中”理论，青年的所有发展都离不开其生活的社会环境，青年在环境中塑造自我、发展自我。

一、性别角色的完善与社会环境

青年社会角色的确立和变化很大程度上由个人性别所决定，性别角色的发展与完善是青年适应社会、取得成功的必要条件。

1. 性别角色的界定

广义上的性别角色包括生物、心理和社会意义上的性别角色。生物性别角色是遗传决定的、生理特征赋予个体的角色定位，是两性差异最明显的性别角色，通常受到与生俱来的性别特征和青春期两性生理剧变的制约，大致等同于狭义上的性别角色。例如，女性的生殖特征决定了其更多担负养育性角色和情感性角色，而男性更多充当工具性角色。大量研究结果表明，男性和女性的大脑发展有所区别，这趋向于支持一个长期以来的观念，即男性较强的侵犯性和女性适合承担家务有其生理根据。此外，性激素显著影响某些性别行为。有研究表明，一些女孩还在母亲子宫内时，酶的缺乏导致其肾上腺分泌异常数量的雄性激素，这些女孩就会成为非常顽皮的假小子并注重职业发展；那些在出生前处于含大量雌性激素药物环境中的男孩“比其他男孩较少表现出粗劣行为”①。尽管学者强调生物性别角色的相对性和可变性，并鼓励人们追求最适合自己的性别角色，但目前大多数青年人仍然倾向于接受自己原有的生物性别角色。

心理性别角色是受性意识、性兴趣所驱使的心理上的性别取向。青少年时期个体第一性征的成熟和第二性征的出现进一步刺激两性对自己生物性别角色的思考。进入青年时期后，个体自我意识的发展促使其性别偏好定型，当确信自身的遗传性别与心理偏好相互矛盾时，部分个体倾向于改变其原有的生物性别。随着医疗、药物技术的发展，变性手术为他们提供了一种替代性的选择，社会也越来越包容这一选择②。一项研究调查了20位变性人的适应情况，通过四年的追踪研究发现这些人适应良好，并且没有对自己变更性别的决策感到后悔③。这说明现代社会中的青年逐渐意识到心理性别与生物性别之间的矛盾与困惑是可以得到解决的。

社会性别角色是主流社会对不同生物性别所应具备的价值观念和行为规范的角色定位。不同社会对青年有不同的性别角色期望，因此发展出各种类型的性别角色规范。对于面临成家立业任务的青年而言，以符合自己所在社会的性别角色规范的方式行事，会更有利于自己潜能的发挥。大多数青年要想在社会中取得成功，就不得不摒弃青少年时期性别观念的理想化和不确定性，学会以主流社会认可和提倡的性别角色规范为人处世。

2. 性别角色的类型与社会环境

一般来说，社会对于男性气质和女性气质有世俗的规定，个体间的差异性又决定了每个人会表现出不同程度的性别特征，这样就形成了四种不同的性别角

① ［美］多萝西·罗吉斯：《当代青年心理学》，张进辅等译，湖南人民出版社1988年版，第186—187页。

② 冯泽永：《对变性人和变性手术应持的态度》，《医学与哲学》2007年第8期，第49—50页。

③ ［美］纽曼等：《发展心理学》（第八版），白学军等译，陕西师范大学出版社2005年版，第375页。

色类型:男性型、女性型、双性型和无区别型。除少部分性别特征不明显的无区别型外,极端的男性型和女性型也极为少见,大多数人身上都同时具有男性气质和女性气质,只是偏向的程度不同而已。两种气质都拥有并且可以根据环境表现出不同的性别特征的人即为双性型。

现实社会中性别角色类型的确定与表现受其所在社会环境的影响。

首先,家庭是塑造性别角色的主要环境。一方面,青年为人子女时,会被鼓励以不同的行为模式处事,从玩具、游戏、衣服的选择到态度、性格、情绪的培养都会受到父母性别角色的影响。当父母遵循适当的性别角色模式行事或表现出很好的婚姻顺应,孩子就会表现出更符合社会要求的性别特点。而如果父母的婚姻顺应差、性别角色颠倒,父亲担负情感性角色,母亲担负工具性角色,其孩子表现出的性别特点可能不符合社会期望①,这种早期的性别角色培养会影响个体一生的发展。另一方面,当青年为人父母时,社会会对其有一种性别角色期望,青年对待自己的婚姻和子女的方式通常与社会期望保持一致,同时尽可能地满足家庭内部对其性别角色的要求,以求婚姻美满和家庭幸福。

其次,工作与青年性别角色的发展也密切相关。一方面,单位招聘时对两性的评价标准会有一定程度的性别差异,另一方面,两性并不一定都在刻板化的框架内行事。在一个大学生样本中,被试分为跨性别型(具有被认为适合于异性的积极特质)、双性型(同时具有男性和女性的积极特质)和无区别型(具有的男性积极特质和女性积极特质都很少),这些就职申请人的性别倾向对他们求职是否成功起到重要作用。更为男性化的申请者在男性工作和女性工作中都得到优先考虑,而更为女性化的申请人在所有工作中都遭到贬低。双性化的申请人在除推销员外的所有工作上的求职成功率居中②。可以想象由于各种主客观原因,当今社会中男性性别特征在多数职业中都会受到更高的评价和推崇,同时招聘市场也倾向于对成员有类似的性别角色期望,这无形中就为青年人的社会性别角色发展提供了某种导向。随着社会的进步与发展,越来越多的女青年开始从家务劳动中解脱出来,尤其是受过高等教育的女性逐渐对传统女性职业丧失兴趣,开始涉猎男性占主导地位的工作领域,从而显示出较大的性别角色灵活性。

3. 性别角色的完善

在个体性别角色的发展过程中,儿童的性别角色基本上是被家庭或其他社会环境单向塑造的。青少年已经开始权衡各种性别角色特征对自己发展的利弊,部分青少年不认可或不满足社会世俗的性别角色规范,可能根据个人需要调整对性别特征的态度,逐渐确立自己的性别角色同一性。进入青年时期以后,多

---

① [美]多萝西·罗吉斯:《当代青年心理学》,张进辅等译,湖南人民出版社 1988 年版,第 421 页。

② [美]多萝西·罗吉斯:《当代青年心理学》,张进辅等译,湖南人民出版社 1988 年版,第 577 页。

数青年看待问题的方式已经趋向于辩证性、实用性和相对性，相应地，他们也会在家庭、单位、社区等各种社会环境中选择与性别角色的社会期望相称的处事方式。现实社会中，这种性别角色的定型使得两性在发展中受到诸多方面的限制（如职业限制），这些限制对于两性的生活都形成了无形的压力。概括地讲，在我们的社会中，性别角色定型使青年女性在教育、政治、经济等领域中受到不平等的待遇，同时传统的养育性角色也给她们带来不小的压力。对青年男性而言，性别角色定型赋予他们养家糊口的责任，同时剥夺了他们随意表露情绪的自由。在这些消极影响下，青年性别角色的完善就不再仅仅意味着遵从社会传统的性别角色定型，还意味着考虑现实生活中性别角色的利弊，在社会容忍的范围内，尽可能地使自己的性别角色灵活化，从而追求更多的生活权利和自由。

二、人际关系的发展与社会环境

人际关系反映了交往过程中人与人之间在心理上的距离，反映了个体需要的满足程度。作为社会成员，与人互动交往是个体在社会环境中生存与发展的必要条件。

1. 人际关系的作用

随着青年社交范围的扩大和交际活动的增多，人际关系对青年的作用日益明显，具体包括以下方面。

首先，满足情感需要。青年已经具备了相当程度的自主性，特别是在情感上已经摆脱了早期对家人、朋友的依赖，但这并不意味着青年可以脱离人际关系而生存。相反，青年时期是面临许多发展任务、扮演多种角色的时期，同时现代社会竞争机制的引入又给已经工作或即将工作的青年们带来巨大的压力。技术知识的更新、工作效率的量化标准都使得广大青年在职场中像是任务导向的机器。因而在日常生活或工作单位中，良好的人际关系可以满足高压状态下青年的情感需要，舒缓时间管理机制下青年的消极情绪，帮助他们维持心理上的平衡。

其次，确立自我认同。自我认同的发展贯穿人的一生，对一些刚刚步入社会的青年而言，梦想与现实之间的反差很容易使他们对自己的能力产生怀疑。他们或者眼高手低、傲视一切，妄图通过不合社会规范的途径来追求预期目标；或者悲观绝望、不思进取，容易错失良机。针对这些青年，发展良好的人际关系会帮助他们认清现状，克服不当心理，因为多数青年在与他人交往的过程中，根据他人对自己的态度、看法形成自我评价，尤其是积极的自我评价。青年的发展目标之一便是确立自我认同，对“我是谁?”“我将会怎样?”等问题有较明确的答案，在肯定自我、明确自我价值的基础上发展出健康的心态，而人际关系的发展有助于这一目标的实现。只有将自己纳入社交圈子，通过与他人比较、接受他人对自己的反馈才能形成对自我价值的准确定位，确立自我认同。

最后,促进自我实现。自我实现是最高层次的个体需要,多数青年在生理、安全等基本需要满足之后,都会衍生出归属与爱、尊重和自我实现的高级需要。对于体力与精力都达到顶峰的青年来说,最大限度地发挥自己的潜能,实现自己的理想抱负无疑具有很强的诱惑力。自我实现的需要通常会变成一种动机,促使青年在现实生活中更有热情、效率和创造性,激发他们追求更高的成就。然而现代社会分工的细化已经不允许孤立的个人发展,整个社会结成了相互依赖、互补共生的网络结构。青年想在现代社会立足,特别是要取得成就,就必须要有合作意识,这就使得人际关系变得空前重要。成功者的背后断然少不了各式各样人际关系的支持,甚至有些人交际的动机中就包含了自我实现的因子。由此可见各种人际关系对青年的重要作用,良好的交际能力已经成为青年发展的必要条件。

2. 人际关系的分类及发展

人际关系的发展总是依附于一定的社会环境,不同社会环境中的人际关系表现出不同的特征。根据建立关系的基础可以将青年人际关系分为亲缘人际关系、地缘人际关系和业缘人际关系。

亲缘人际关系建立在血缘联系和姻亲联系的基础上,形成于以家庭为中心的社会关系中,是最直接、最普遍的人际关系。青年的亲缘人际关系包括夫妻关系、亲子关系及其他亲戚关系。青年时期一项很重要的发展任务便是组建小家庭,由此而形成的夫妻关系使青年倾注了大量的感情和精力,夫妻之间的吸引、关爱、亲近是其他人际关系无法比拟的。亲子关系对青年来讲,既包括与父母的关系,也包括与子女的关系。尽管情感、行为及价值观的独立使多数青年脱离了对父母的依赖,但与青少年相比,青年更倾向于与父母保持亲密的关系。青年与子女的关系很大程度上意味着一种责任,会促使他们以更大的精力投入到为子女谋幸福的工作中去。相比而言,其他亲戚关系已经随着青年社交圈子的扩大而逐渐淡化。

地缘人际关系是以居住区域相同或相近为基础而形成的,包括社区环境内人与人之间的关系及身处异地的老乡关系等。“乡土中国”中的地缘人际关系较为亲密,“生于斯、长于斯、死于斯”的传统社会因其稳定性和自给自足的特点而发展了较强的地缘交际意识,然而这已经不能适应现代交际的要求了。一般来说,现代化程度越高,人口流动越频繁,居住格局越不稳定,地缘交际意识就越弱。新时期的青年逐渐习惯了传统地缘交际的日益淡漠,部分农村青年甚至渴望融入大城市的生活。随着社会的进步,以社区为单位的地缘交际会得到进一步发展,社区归属感的增强可以为社区居民提供情感和心理支持。

业缘人际关系是以共同的事业、志趣为基础形成的人际关系,这种类型的人际关系相较前两种更为复杂,包括师生关系、师徒关系、同事关系、上下级关系等。现代社会各行各业之间的交叉并存，使得业缘人际关系日益走向开放。刚步入社会的青年会在工作领域中迅速拓展自己的业缘人际关系。在某些单独的工作环境中，同事之间的竞争可能多于合作。而在多数工作单位都会存在不同类型的非正式群体，群体内部成员之间有较高的信任度，彼此之间更倾向于合作而非竞争。另外，与其他人际关系相比，业缘人际关系的发展更大程度上带有明显的目标和动机。例如，青年在工作过程中要实现某种长期或短期计划，与计划相关的人员一般都会成为他们交际的对象。在交往过程中，青年感情投入的程度、交往频率的高低通常都会与青年自己的工作计划相关。正是在这种意义上，业缘人际关系带有更大的选择性和不确定性，又因常与工作相关，而成为青年人着重发展的人际关系。

人际关系的好坏关系青年的学业、事业、婚姻、家庭，因而有必要引起广大青年的重视，青年应根据不同的社会环境选择相应的交际方式，并随环境的变化适时注入新的元素，提高人际关系的灵活性，在工作、生活中充分发挥人际关系的潜力与作用。

三、自主性的发展与社会环境

自主性（autonomy）的发展与确立是青年时期个体的一项重要任务，自主性即不依赖他人而独立思考、感悟和处事的能力。自主性不完全等同于独立性，后者侧重个人独立处事的行为能力，而前者除行为能力外，还包括情感和认知的成分。因此，有学者将青年自主性概括为三种类型：情感自主性、行为自主性和价值观自主性。①

1. 情感自主性与社会环境

情感自主性（emotional autonomy）强调青年亲密关系的转变与独立。首先，青年时期最明显的变化是走出家庭，脱离对父母的心理依赖，这一变化始于青少年早期，但情感自主性的最终确立则在青年时期。斯滕伯格研究了情感自主性的四个方面：一是对父母的去理想化，二是认识到父母也是普通人，三是非依赖性，四是个体化程度②。结果证实，青少年的情感自主性得分随着年龄增长而增加，而青年趋向于确立自主性。青少年对父母的去理想化已经有了很大发展，随着个体对外交往频率的增加，其思维方式和情感理念会发生渐进式的转变。青少年活跃的思维已经不再受父母价值观念的左右，对父母也不再言听计从，而是有了更多自己独立的思考。情感自主性的发展是一个平衡过渡的过程，青年时

---

① ［美］劳伦斯·斯滕伯格：《青春期：青少年的心理发展和健康成长》（第七版），戴俊毅译，上海社会科学院出版社 2007 年版，第 373 页。

② ［美］劳伦斯·斯滕伯格：《青春期：青少年的心理发展和健康成长》（第七版），戴俊毅译，上海社会科学院出版社 2007 年版，第 373 页。

期，个体较之以前更加成熟稳重，也更能体会到父母的辛苦，因而倾向于保持一种理性、成熟的情感处理方式，既不脱离与父母的亲密关系，又发展出有别于青少年的情感自主性。

其次，青年已经步入恋爱、婚姻的关键时期，亲密关系对象开始转向自己的情侣。由于自主性发展与同一性紧密相关，因而有必要区分出两种主流观点：一种是埃里克森认为在青年之间建立起亲密关系之前，彼此都已经确立了自我同一性，亲密关系的建立不会导致双方自我同一性的完全丧失①。在青年恋爱、结婚、共同生活的过程中，亲密关系会作为同一性的一部分融入对方的心理发展，即夫妻两人会在拥有共同的同一性的同时，各自保持自己的同一性。如果青年男女在建立亲密关系之前仍未确立同一感，那么两人关系往往是一种“虚假的亲密”。例如，现代社会中流行的“闪电式结婚”，男女双方在不确定“我将会怎样?”的前提下建立起来的婚姻，尽管表面上亲密无比，但彼此之间很难用忠诚来维系情感。结果许多遭遇问题的婚姻常以“闪电式离婚”告终。

另一种观点是沙利文的人际关系发展理论②。沙利文强调社会文化和人际关系对亲密感的影响，认为亲密感的形成是人与人之间相互作用的结果。他认为亲密关系的建立要早于青年期同一性的形成，只有具备了发展亲密关系的能力，男女双方才能够发展出和谐的同一性。青少年尝试不同类型的人际关系之后，在青春期结束、成年早期到来时才能确立同一性。

目前这两种观点中的分歧尚未得到验证和解决，但是埃里克森和沙利文的理论阐释都倾向于认为，社会成员同一性的形成与亲密关系的发展密不可分。青年在发展与异性同伴间的亲密关系或者确立恋爱、婚姻关系之后，各自的情感自主性也在不断地发展与完善。

2. 行为自主性与社会环境

行为自主性(behavior autonomy)强调个体进行独立决策并且执行决策的能力。从年龄阶段上来看，儿童大部分时间都与父母在一起，一般遵从父母或其他重要他人的决定，认可其价值观念和行为规范。进入青春期后，青少年与同龄人相处的时间迅速增加，在他们眼里父母不再是万能的，他们在生活中也不再单一地追随父母，而是有了自己的参照群体和同伴压力，在决策方面倾向于受同龄群体的影响。从依赖父母到依赖同伴，依赖的对象虽然发生了变化，但个人的行为自主性或决策能力并没有发生太大的改变。青少年后期，这种来自父母和同伴的影响才逐渐减弱。进入青年时期以后，个人的决策能力开始有了显著提高。一方面，随着青年形式运算思维的进一步发展，在为人处世的过程中，他们更擅

① [美]埃里克·H. 埃里克森：《同一性：青少年与危机》，孙名之译，中央编译出版社 2015 年版。

② H. S. Sullivan, *The Interpersonal Theory of Psychiatry*, New York: W. W. Norton & Company, 1953.

长权衡各种解决策略的利弊，比较后选择最优的方案。另一方面，青年不断成长，其辩证思维方式的发展、外界的辅导支持也为其职业决策提供了智力基础，作出决策的过程也成为不断更新决策的过程①。

3. 价值观自主性与社会环境

价值观自主性（value autonomy）强调青年在道德和意识形态层面对问题进行独立思考的能力，其发展晚于情感自主性和行为自主性。在情感自主性发展的过程中，青年已经逐渐从对父母和同龄人的依赖中独立出来，以新的眼光看待父母和同龄人所持有的价值观。青年在处理各种观念冲突时，会结合所习得的知识经验，重塑自己的价值观念。同时，行为自主性的发展也为青年的价值观自主性提供了锻炼的机会。随着决策能力的成熟，青年人在道德和意识形态层面思考问题的方式逐渐抽象化，能够独立于具体事物和表面现象，全方位地看待问题并逐步完善自己的价值观体系。这一自主性与后习俗水平的道德发展阶段是分不开的，尽管并非所有青年都能将道德发展到后习俗水平，但是抽象和高级的道德判断、道德情感及道德行为是青年道德发展的趋势。

此外，经济独立性也是自主性发展中很重要的一个方面，受教育年限的增加拉长了青年心理独立与经济独立之间的距离，当代社会尤其如此。就业形势的严峻使得青年在走出校门后不久就会自动放低过于理想的职业期待；同时，青年的收入与支出总是存在着难以调和的冲突，这无形中也增加了青年工作后走向经济独立的难度。很多青年在买房、结婚等重大事件上仍需获得父母的支持，刚刚开始工作时也和父母居住在一起②。经济独立的状况在一定程度上会影响到青年情感自主性和行为自主性的发展。

总的来看，各种自主性会因青年自身及其家庭、同伴、单位、社区等社会环境的差异，而呈现出不同的发展进度和发展状态，通常自由、民主的环境氛围更有利于青年自主性的发展与完善。

第三节 青年对生活方式的选择

个体差异性的存在使青年人的成长轨迹与生命历程各具特色。多数青年的生活目标包括完成学业、择业就业、结婚成家、为人父母等，在沿着这条道路前进的过程中，各种生活目标实现与否以及实现的先后顺序会因人而异。不同的社

① M. Baluku, Matagi Leonsio, E. Bantu & Kathleen Otto, "The Impact of Autonomy on the Relationship Between Mentoring and Entrepreneurial Intentions Among Youth in Germany, Kenya, and Uganda," *International Journal of Entrepreneurial Behavior & Research*, vol. 25, no. 2(2018).

② J. A. F. Cordon, "Youth Residential Independence and Autonomy: A Comparative Study," *Journal of Family Issues*, vol. 18, no. 6(1997), pp. 576-607.

会为青年设定了不同的社会时钟(social clock),即个体经历某一特殊事件的社会期望时间。随着社会的快速发展,人们的社会时钟开始变得多元化,与此同时,青年对生活方式的选择也更加灵活。

一、学业

个人的受教育年限对于职业发展影响重大。研究表明,每多接受一年的教育——即便没能毕业——就越可能获得职业上的成功①。随着知识社会的到来,接受教育、发展学业已经成为青年提高生活质量、迎合工作需要的必要前提。同时,现代教育体系的日益完善也为青年的学业发展提供了多种途径。近年来,我国高等教育迅速发展,青年可以通过普通高等教育、成人高等教育、高等教育自学考试、远程教育、非学历教育、自我学习等各种方式进行学习,满足自己的生活和工作需要。

1. 普通高等教育

目前社会上较为认可和重视的教育方式仍然是普通高等教育,即通过正规学习途径获得文凭的传统教育模式。进入青年时期的个体在获得学士学位或相关资格后,可以通过全国统一的硕士或博士研究生入学考试获得继续接受普通高等教育的机会。近年来,我们国家正在加速发展研究生教育,从研究生群体的年龄结构来看,硕士生的年龄集中在22~27岁,博士生集中在25~35岁。由此可见,大多数研究生都处于青年时期,心理成熟、阅历丰富的研究生在入学之初便对自己的学业发展怀着较为明确的目的。尽管青年在研究生阶段也会努力习得知识、提高自身修养、扩大社交范围,但多数青年研究生更多地致力于为将来的就业做准备。近些年由于大学生包括研究生的大量扩招,社会上的高学历人才数量也在急剧增加,因而大学生包括研究生的就业形势发生了较大变化。教育部统计数据显示,2024届高校毕业生规模为1179万人,比上年增加21万人,规模创历史新高。同时,就业市场用人需求还存在不确定性,“就业难”“招人难”的现象并存,不同专业、行业和地区间用人需求差异较大。综合研判。当前高校毕业生就业形势依然严峻复杂。鉴于此,选择接受研究生教育的青年要摆正自己的定位,制订符合自己条件的职业生涯规划,同时在日常学习中注重实践活动的锻炼,拓宽自己就业的渠道,从而更好地发挥自己的价值。

在学术型研究生发展的同时,我国专业学位教育发展很快,社会工作专业学位硕士(MSW)十年来的快速发展,对相关领域人才培养作出了重要贡献。目前国内已经有183家大学有MSW硕士点,社会工作专业博士(DSW)专业学位授

① [美]劳伦斯·斯滕伯格:《青春期:青少年的心理发展和健康成长》(第七版),戴俊毅译,上海社会科学院出版社2007年版,第547页。

权点也在建设中。专业学位教育的发展意义重大。第一，完善了我国学位制度，开辟了高层次应用型专门人才的培养通道，实现了单一学术学位到学术学位与专业学位并重的历史性转变。第二，探索建立了以实践能力培养为重点、以产教融合为途径的中国特色专业学位培养模式。第三，培养输送了一大批人才，截至2019年，获授硕士专业学位的有321.8万人、获授博士专业学位的有4.8万人。第四，有力支撑了行业产业发展，针对行业产业需要设置了47个专业学位类别，共有硕士专业学位授权点5996个，博士专业学位授权点278个，基本覆盖了我国主要行业产业，部分专业学位类别实现了与职业资格的紧密衔接；第五，探索形成了国家主导、行业指导、社会参与、高校主办的专业学位研究生教育发展格局，积累了中国特色专业学位教育发展经验。

2. 成人高等教育

我国成人高等教育依托普通高校或独立的成人高校来实施教学计划，目前已经形成了学科齐全、功能完备的教育体系，覆盖各个行业与各个地区。成人高等教育的对象主要是在岗、待岗、转岗人员，他们的特点是经验丰富、目标明确、注重时效。经验丰富决定了成人教育的课程教学有别于青少年，他们在学习过程中更注重理论联系实践，师生间互动性较强。目标明确是指成人教育的学生接受教育的主要目的在于满足其职业需要，而非储备广博的理论知识，因此学校要“按需施教”，以专业技术、技能培训为主。注重时效意味着成人教育的速成性，这些学习者通常面临着工学矛盾，希望在最短时间内掌握对于眼下或将来的职业发展最有用的知识技能。由此，函授和成人脱产班等各种成人教育方式恰好可以满足成年人的需要，不仅时间相对集中，不过多占用工作时间，而且教学针对性强，能在短时间内迅速传授知识技能。目前多种形式的成人高等教育已经逐渐得到广大青年的重视，这也推动了我国高等教育大众化的进程。

3. 高等教育自学考试

高等教育自学考试是我国在高等教育发展中的创新之举，较好地满足了青年对高等教育的需要。高等教育自学考试没有入学门槛，面向全社会成员开放，高考落榜生、在岗待岗转岗人员、在校大学生及广大农民朋友均可报名，通过自学考试接受学历教育或继续教育。我国自学考试仍有较大的发展空间和发展潜力，目前，国家积极推动高等教育自学考试向农村延伸，对于改善我国农村地区受教育程度偏低的现状具有重要的现实意义。同时，低收费使自学考试在农村地区的推广具有现实性和可行性。高等教育自学考试的最本质特点在于自主学习，学习时间、学习方式都可以自由选择，从而满足了社会各阶层、各年龄层人员受教育的基本需要，特别是因各种原因无法获得普通高等教育的青年，更应通过自学考试提高自己的学历层次和文化水平。

4. 远程教育

随着网络技术的迅猛发展及远离教师、学校的个体受教育需要的增加，远程教育应运而生，使教育逐渐脱离了时空限制。除少数为满足远程学习者需要而专设的大学专门提供远程教育外，现代远程教育基本上依托高等学校来开发相应的学习课程。目前，我国通过高校开展现代远程教育试点工作，已经形成了涵盖文学、法学、理学等各大学科门类的现代网络高等教育体系。从受教育主体来看，远程教育符合青年的个性特点和求知心理，对渴望突破传统教育方式的年轻人而言意义重大。青年的学习自主性较强，而远程教育正是对传统教学方式的变革，它让每一位学习者都成为学习的主体，注重培养网络学习者的自主学习能力。同时，网络学习资源与学习者，以及不同学习者之间的实时互动、双向互动能够满足青年学习者的沟通需求。另外，远程教育还具有高效性。网络远程交互通讯方式使得教育过程一体化得以完成，从报名、交费到选课、上课、作业、考试等整个流程都具有高效性，这是其他传统教育方式所无法比拟的。现代网络技术的日益完善，一定会给远程教育带来更大的发展空间。

以上各种教育类型的存在和发展，为我国社会提倡终身学习理念、创建学习型社会提供了平台，同时极大地拓宽了当代青年接受学历教育或继续教育的渠道，帮助他们更好地发展学业，适应社会的发展。

二、恋爱与家庭

对于多数青年而言，恋爱与成家都是生命历程中比较重要的环节，其成功与否关系个体的主观幸福体验。

1. 恋爱的不同类型

心理学家斯滕伯格提出的爱情三角理论（A triangular theory of love），认为爱情由三个基本成分组成：亲密（intimacy）、激情（passion）和决定/承诺（decision/commitment）。亲密是指爱情关系中的温暖体验；激情是指爱情中的性欲成分，是情绪上的着迷；决定/承诺是指维持关系的决定期许或保证[①]。亲密成分包含亲近性、情感性和连通性；激情成分包含和性有关的动机驱力、身体亲近性和浪漫性；决定/承诺成分包含个体爱上另一个人的最初认知和长期维护这份爱的决心。一个人所体验的爱的程度取决于这三个组成部分的绝对强度，而一个人所体验的爱的类型取决于它们之间的相互作用。根据这三个成分的不同组合，费尔德曼将爱分成八种类型[②]，如表 12-1 所示：

---

① R. J. Sternberg, "A Triangular Theory of Love," *Psychological Review*, vol. 93, no. 2(1986), pp. 119-135.

② ［美］罗伯特·费尔德曼：《发展心理学——人的毕生发展》（第四版），苏彦捷等译，世界图书出版公司北京公司 2007 年版，第 541—542 页。

表 12-1　爱的八种类型

爱的类型	亲密成分	激情成分	决心/承诺成分	举例
无爱	无	无	无	你对这个人的感受和对电影院收取入场券的人的感觉差不多
喜欢	有	无	无	每周至少有一两次在一起吃午饭的好朋友
迷恋的爱	无	有	无	仅仅基于性的吸引而短暂投入的关系
空洞的爱	无	无	有	被安排好的婚姻或“为了孩子”而决定维持婚姻的夫妇
浪漫的爱	有	有	无	经历了几个月快乐的约会，但尚未对未来做任何规划的情侣
伴侣的爱	有	无	有	享受对方的陪伴和双方之间关系的伴侣
昏庸的爱	无	有	有	只认识两星期就决定一起生活的伴侣
完美的爱	有	有	有	充满深情和性活力的长期关系

从表格中我们可以看出，无爱（no love）缺少爱的三个成分，说明两人之间只是普通的交际关系，很多基于各种需要而建立起来的一次性关系或普通的同学关系都属此类。喜欢（liking）只包含亲密成分，更多指向好朋友关系，亲密感可能随时间的流逝而增强，但缺乏肉体吸引和对未来的承诺。迷恋的爱（infatuated love）只包含激情，通常来去匆匆，无须承诺。空洞的爱（empty love）一般指没有感情的婚姻中夫妻之间的情感体验，我国传统社会中的包办婚姻常属此类，夫妻双方在较大的家庭关系网络中常常忽视了彼此之间的亲密。浪漫的爱（romantic love）强调彼此之间的吸引和情感投入。伴侣的爱（companionate love）指在没有激情或缺少激情的情况下，基于承诺或义务建立的持久的爱情关系。昏庸的爱（fatuous love）可以用来形容很多“闪电式结婚”的情侣之间的爱情，他们在坠入爱河不久便彼此承诺，缺乏必要的了解和情感投入。完美的爱（consummate love）包含了爱情的三个成分，既有强烈的生理唤起，投入了大量的情感，同时彼此承诺，建立了稳定的关系。

这些不同类型的爱，并无绝对的好坏优劣之分，这种分析方式可以帮助青年人理性地分析爱情。不同年代、不同类型的婚姻制度中，人们的恋爱类型也会各不相同，甚至同一社会同一时间段中不同个体对恋爱的满意度也大不一样。爱的复杂性也决定了当代青年人会形成自己独特的择偶标准，标准的差异性决定了个体恋爱时不同的情感体验。

有研究对20世纪末关于性别同一性研究论文进行文献分析并发现，关于性别认同的构建有三个论述方式，即家庭对性别同一性影响的论述、男性化的论述及非传统化和多样性的论述。家庭在性别研究中的地位无可撼动，它将男性定位为家庭的负责人，而将女性置于从属地位，性别同一性取决于婚姻、家庭责任和依赖关系。男性化的论述解释了男性化变化使得性别同一性发生的变化，男性和男子气概正在失去支配地位，女性在采取行动，调整自己以适应现代生活。非传统化和多样性的论述侧重于当代女性和男性在性别同一性选择上的各种立场①。青年时期，个体已经逐渐确立了自己的性别同一性，在性取向上有了比以往更为成熟的认知。

关于性别，青年表现得更为活跃，他们开始将自己的性魅力、性唤起经历和他们对性行为的理解整合到自己的性别同一性之中②。由此，恋爱的类型也可以分为异性恋、同性恋和双性恋。其中异性恋被公认为社会主流文化中恋爱的标准类型，而同性恋作为社会中日益明显的特殊恋爱类型，已经引起越来越多的专家学者驻足研究，相对而言，双性恋常常被忽视。与人们的刻板印象（同性恋尤其是男同性恋之间的关系完全不同于异性恋，不如异性恋亲密）不同，事实上，同性恋与异性恋的关系很相似，某种程度上同性恋者的关系反而更加亲密。

从感情与家庭发展来看，同性恋面对多种已知和未知的社会压力③。他们组建家庭必须注重决心/承诺，双方都要尽力去维护和发展他们的关系。主要原因在于：首先，他们需要一起面对来自家庭和工作的压力，一起解决这些压力带来的矛盾，互相鼓励不去理会别人恶意的诽谤，这会使他们感到更加依赖和更加需要彼此；其次，他们不得不努力创造一些细节来丰富他们的情感生活，要让自己比一般的异性恋者更突出；最后，他们需要时刻面对一些生活的挑战，如是不是领养一个孩子及怎样抚养他（她），怎样履行对彼此的承诺等④。在这种背景下培养出来的关系较之异性恋关系会更加亲密。一般而言，男同性恋者倾向于在家务劳动上平均分配，在决策活动上相互沟通协商。因为排除了男女在传统

---

① Berit Brandth, "Gender Identity in European Family Farming: A Literature Review," *Sociologia Ruralis*, vol. 42, no. 3(2002).

② S. Ioverno & S. T. Russell, "School Climate Perceptions at the Intersection of Sex, Grade, Sexual, and Gender Identity," *Journal of Research on Adolescence*, vol. 32, no. 1(2022), pp. 325-336. E. Pastorino, R. M. Dunham, J. Kidwell, R. Bacho & S. D. Lamborn, "Domain-Specific Gender Comparisons in Identity Development Among College Youth: Ideology and Relationships," *Adolescence*, vol. 32, no. 127(1997), pp. 559-577.

③ Lars Wichstrøm & Kristinn Hegna, "Sexual Orientation and Suicide Attempt: A Longitudinal Study of the General Norwegian Adolescent Population," *Journal of Abnormal Psychology*, vol. 112, no. 1(2003), pp. 144-151.

④ ［美］纽曼等：《发展心理学》（第八版），白学军等译，陕西师范大学出版社2005年版，第423页。

性别角色上的不平等，女同性恋者会发展出更为亲密和稳定的关系，彼此尊重、相互信赖，在一系列涉及双方的问题上协调一致。因而健康的男女同性恋关系会使个人有较高的爱情满意度和更多的积极情感体验。

2. 择偶与成家

现代家庭的一般发展路线是择偶结婚、生儿育女，在这条常规路线中，起决定作用的是如何选择及选择怎样的配偶。尽管不同国家在择偶观上存在较大差异，而且今天的青年在选择伴侣时较之以前有了更大的主动性和自主权，但这并不意味着青年的择偶观是完全不可预测的。相反，多数青年在选择伴侣的过程中体现出了一定的规律性。在相关理论解释中，配偶选择的过滤理论有比较大的影响。这一理论形象地说明了青年怎样过滤掉配偶候选人而最终确定自己的结婚对象。在相识相知到恋爱结婚的过程中，有六个过滤器在发挥作用。

第一，邻近过滤器。青年人最初的约会对象常会受到距离上的限制，尽管网恋可以突破时空界限，并且已经发展成为备受关注的恋爱形式。但现实生活中的青年仍倾向于通过距离过滤掉绝大多数的伴侣候选人。

第二，吸引力过滤器。一项在 37 种不同文化中进行的对配偶选择偏好的大型研究发现，在每种文化中都存在的明显性别差异是，男性更注重女性的外貌和身材，而女性更注重男性的经济能力①。两性在吸引力过滤器上的性别差异决定了青年男女在择偶条件上的侧重点会有所不同。

第三，社会背景过滤器。社会背景中的职业和教育等因素在择偶过程中仍然起到很大作用。青年男女更倾向于选择在职业领域或教育水平上与自己相同或相近的人作为伴侣，从而可以更好地沟通互动，产生“情感共鸣”。

第四，意见一致过滤器。这一过滤器的筛选标准是个体价值观上的类同，即对事对人有较一致的主观评价和态度，彼此在心理上容易接近，更易产生好感和爱慕。

第五，互补过滤器。在相似吸引的基础之上，互补的双方会更具吸引力。人无完人，当自己的不足恰是伴侣的长处，而两人总能互相欣赏时，两人所组建的家庭会更加强大和完美。在当今择偶自愿的大背景下，互补过滤更能发挥作用。

第六，婚姻准备过滤器。到此阶段，青年基本上已经确立了自己所爱的对象，当一切准备就绪，在恰当的时机，青年即会与其选择的伴侣组建新家庭。

对大多数青年来说，组建家庭后的一项重要任务便是生儿育女。很大程度上，父母仍然是令人向往的成人角色。根据对养育孩子观念的调查发现，年轻的和年纪更大的父母所提到的有孩子的最大的优势就是孩子是爱的源泉，是很好

---

① ［美］K. W. 夏埃：《成人发展与老龄化》（第五版），乐国安等译，华东师范大学出版社 2003 年版，第 124 页。

的伙伴，是联系家庭的纽带；家庭中父母提到孩子时是兴奋的，这个现象在年轻的父母中更普遍。家庭在成立之后会因孩子的出现变得更加完整，而青年男女的性别角色也会因此发展得更为完善。从为人子女到为人父母角色的转变通常会带给青年男女新的挑战，从照顾孩子、家务劳动到挣钱养家各项任务的分配都应考虑周全并合理落实，如此才能更好地感知家庭的温暖与幸福。

三、就业与事业发展

职业是指相对稳定的有专门类别的工作，职业生涯是个体生命历程中的主要组成部分。多数父母倾向于把就业看作青年能够肩负社会责任、真正长大成人的标志，因此就业成为他们从依赖走向独立的一大转折点。而就业能否取得成功，青年能否在工作中体验到愉悦感和成就感，很大程度上与择业状况有关。

1. 择业

走出校门之后，面对众多的职业，青年在抉择中会面临较大的挑战。要想成功地应对择业挑战，除了清楚自身的兴趣和条件，还应了解各种职业环境的不同，选择与自己最匹配的职业。霍兰德（J. Holland）在其人格—环境适应性模型中总结了六种与职业选择有关的人格类型：研究型（investigative）、社交型（social）、现实型（realistic）、艺术型（artistic）、传统型（conventional）和企业型（enterprising）①。个体的行为取决于人格与环境的交互作用，不同类型的人格对应特定的职业，一般研究型的人喜欢思考，职业偏好科学研究；社交型的人好交际，适合从事重视口才和人际交往的职业；现实型人格侧重身体素质和身体协调能力，多从事体力劳动；艺术型人格比较感性和内敛，偏好艺术类或其他创作型职业；传统型的人乐于服从管制、听从分配，适合从事规律性的机械的职业；企业型人格追求支配和领导，喜欢挑战风险，适合商场打拼。总的来看，尽管不同的人格可以匹配到相应的职业类型，但现实生活中很少能做到完全“人职匹配”，因为择业的过程会受到诸多因素的综合影响。戈萨德（W. P. Gothard）综合他人的研究成果，提出影响职业选择的八大因素。包括社会—经济阶层因素、性别因素、种族因素、身体因素、智力因素、教育因素、职业知识与职业指导因素、就业可能性因素，这些因素既包括与生俱来、个人无法改变的，又包括后天习得、可以培养的②。从这种观点出发，青年在择业过程中应当认清现状，平衡各种先天与后天因素，选择既适合自己又切实可行的职业来谋求发展。

2. 就业

① R. Hogan & R. Blake, “John Holland’s Vocational Typology and Personality Theory,” *Journal of Vocational Behavior*, vol. 55, no. 1(1999), pp. 41-56.

② W. P. Gothard, *Vocational Guidance: Theory and Practice*, London: Croom Helm, 1985.

青年综合各种因素进行职业选择之后，便开始在职业领域中寻找机会，开启自己的职业生涯。在就业之初，个体所面临的重要任务是“早期职业社会化”，一般在实习阶段完成。实习是青年从学校走向单位，从理论走向实践的过渡期。实习阶段包含了一个新工人的社会化过程，在这一阶段，个体必须对自己的个人和环境的以下四个方面作出评估：一是技术能力，二是权力关系，三是特殊的需要和危险，四是与同事的人际关系。这是青年个体在登上新的人生舞台后首先要学习的东西①。

首先，技术能力往往是青年最先面对的难题。个体对技能的适应程度和学习能力决定了其职业发展的潜力。不同的职业甚至同种职业中的不同岗位对个体技术能力的要求都会有很大的差异。因而青年在实习过程中要准确评估工作的技能需要，在实践中充分挖掘自己的技术潜力。其次，权力关系反映了个体在工作中的地位和决策关系。就业之初，青年人要学会识别自己的工作权限，对单位内部上下级之间的权威关系有大致的了解，注意管理工作各环节（计划、组织、指挥、协调、控制）的实施情况，为自己今后各项工作的开展做足准备工作。再次，特殊的需要和危险也是青年在就业之初应知晓的。个人在工作中只有正确认知特定的职业需要，才能够不断完善自己的职业角色。同时对于一些存在危险特别是潜在危险的职业，青年更应格外留意其预防及应急措施，尽可能将危险程度降到最低。最后，尽管同事间的人际关系已经不像学生时代的友谊那样单纯，但显然与志趣相投、值得信任的同事合作会更有利于工作效率的提高，增加工作中的满意度和愉悦感。

3. 事业发展

舒伯（D. E. Super）从终生发展的视角出发，结合职业发展形态，把人整个一生的职业发展分为成长期、探索期、创立期、保持期和脱离期五个时期。青年时期处在探索期的试行阶段（22~24岁）、创立期的适应阶段（25~30岁）和稳定阶段（31~44岁）前期②。青年时期是个体广泛吸收职业信息、发展事业的关键时期，在经历择业及就业之初的各种磨炼之后，青年会逐渐适应工作环境及各项挑战，形成自己的职业认同，明确自己的职业发展目标并为之付出努力。在这一过程中，部分青年脱颖而出，开始取得事业上的成功，体会到现有职业的满足感和成就感，并在地位和声望上得到社会的认可。

随着就业形势的愈发严峻，青年的就业和事业发展显得更加艰难。一方面，就业总量压力依然很大，劳动力供大于求的格局并未改变。另一方面，就业的结构性矛盾将进一步加剧，其现实表现是部分企业招工难与部分劳动者就业难同

---

① ［美］纽曼等：《发展心理学》（第八版），白学军等译，陕西师范大学出版社2005年版，第435页。

② D. E. Super & J. O. Crites, *Appraising Vocational Fitness*, New York: Harper, 1962.

题并存,且有常态化趋势,而随着经济结构战略性调整的推进,就业结构性矛盾将会更加复杂。不论是产业转型升级,还是节能减排、淘汰落后产能,都将对就业结构产生深刻影响,技能人才短缺问题势必更加凸显,结构性失业问题也会进一步加剧。与此同时,复杂多变的世界经济形势也给就业形势增加了更多变数。这些事实告诫青年人要准确定位自我,树立现实的择业观念,注重培养与事业发展相关的从业素质和实践技能。

第四节 社会工作的重要议题

青年时期的发展任务决定了这一阶段的重要议题主要与亲密关系和家庭有关,对于其中存在的问题,社会工作可以从专业视角提供预防和干预策略。

一、亲密关系的危机与处理

亲密关系是与他人建立的相互支持、相互依赖的关系。相比于儿童重视家庭中的亲密关系,青少年重视同龄人间的亲密关系,个体进入青年时期后,亲密关系的对象会进一步扩展到异性朋友或恋人身上,并且恋人间的亲密程度也会持续上升。最后,大部分人会确定自己的亲密爱人并与之组建家庭,部分人会选择只同居而不承诺的伴侣共享人生,还有少数青年倾向于保持与同性之间的亲密关系。尽管青年时期是个体发展亲密关系的关键时期,但这并不意味着每个青年都会时刻感受到亲密关系带给自己的愉悦和满足,很多亲密关系在发展中也会伴随冲突。

1. 亲密关系的危机与干预

青年时期的发展矛盾是亲密对孤立。当青年在生活、工作中无法成功地与他人建立亲密关系,难以获得社会支持和心理归属感时,便会出现这一阶段的发展危机,产生强烈的孤立感。孤立通常产生于青年亲密关系的缺失,同时会对其亲密关系的建立产生不利影响。纽曼将影响男女之间建立亲密关系的不利因素概括为四个方面:首先是早期经验。童年时代缺乏同一性发展的有利环境,可能使个体滞留内疚、自卑等消极心理,与他人交往时易产生疏离感。其次是同伴间的不能兼容。交往过程中,双方关系不断磨合,这种无休止的调整无法带给双方愉悦,因而双方难以建立或维持亲密关系。再次是环境因素。青年所处的环境使其自我价值感难以体现,从而无法触及亲密关系的核心,即建立双方的互惠关系(mutuality)。最后,个体在社会化过程中,对两性对抗的性别角色的区分也在一定程度上影响青年时期亲密关系的建立①。这些对亲密关系的阻碍因素会不

① [美]纽曼等:《发展心理学》(第八版),白学军等译,陕西师范大学出版社 2005 年版,第 445 页。

同程度地作用于青年,使他们在主观上感受到孤独,主要表现如下。

第一,长期性孤独。长期性孤独是一种维持时间很长却又找不出具体原因的内心失落感。处在这种状态中的人有摆脱孤独的欲望,却在与他人交往的过程中,因为高度的紧张和焦虑而退缩,久而久之形成一种社交障碍,对期望中的亲密关系缺乏自信,而这种不自信又反过来阻碍他们获得必要的社交技能。

第二,抑郁。女性在建立亲密关系的过程中更易感觉到抑郁。原因在于:(1)她们往往用外在的标准来评价自己,感到自己不能符合别人对她们的要求。(2)她们往往认为在与男性建立亲密关系的过程中应该付出自己的全部,满足男性的一切要求,稍有一点偏差都是自私的表现。(3)她们通过避免一切矛盾的方式来维持相互关系,压抑自己所有可能导致冲突的观点。(4)当她们认为自己做错了什么时,虽然会在心中谴责自己,但是对外仍然表现出快乐和满足。经过一段时间后,这样的女性就会对自己越来越没有信心,虽然亲密关系还保持稳定,但是她们却变得越来越抑郁,尽管并非所有的女性在交往中都会有如此表现,然而现实生活中的女性通常更容易获得负面认知和消极感受。

第三,脆弱的认同。有些长期体验同一性混乱的人,在青少年时期,其发展危机得不到有效解决,这会困扰其青年时期的发展。同时,青年多数刚从父母那里获得真正意义上的独立,在自主性发展的过程中会过分看重或强调独立感,因此在与他人的交往中不会轻易投入情感,始终与他人保持较大心理距离。

第四,性行为失调。青年恋人间的亲密关系较之以前更强调性关系的和谐,性行为失调也会破坏亲密关系,使双方产生孤独感。广义上的“性行为失调”分为两种:一种是性欲减退,即对性生活的兴趣减退或消失;另一种是强迫性性行为,源于通过性行为来减轻焦虑的强迫性需要。性欲减退会使青年对自己无法满足同伴的性需要而感到内疚、不安,同时可能会使对方多疑、气愤,破坏已经建立起来的亲密关系。强迫性性行为类似于其他强迫症,双方发生性关系的过程中无法体验到正常性关系所带来的愉悦和幸福,常会影响双方的心情。

第五,情境因素。有些孤独与情境相关。例如,社会中的男女常被分为 A、B、C、D 4 种顺序类型,A 为最优。在男女两性寻找伴侣时,A 男倾向于找 B 女,同时 B 男找 C 女,C 男找 D 女,结果 A 女常因为条件太高而让男性望而生畏,D 男因为条件太差而让女性瞧不上眼。最后,A 女和 D 男就有可能加入孤独人群,在现实情境中难以觅到合适的亲密伴侣。

第六,兴趣分歧的范围。男女双方在性别角色社会化的过程中,常被贴上“性别”标签,倾向于将自己塑造成传统性别角色的典型,并由此产生兴趣上的分歧。当交往双方无法相互融合互补,兴趣分歧超出彼此所能承受的范围时,即使关系仍在持续,双方也难以真正走入对方的内心,从而因缺乏理解而产生孤独感。

第七，过度投入。亲密关系的建立和维持需要双方的投入，但要把握适度原则。过度的情感投入对对方来讲会成为一种包袱，约束对方的行为，阻碍其自主性的发展。另外，过度投入还意味着会因对方达不到自己的期望而感到不满，这会阻碍亲密关系的发展。

获得亲密关系的核心是建立同伴间的互惠关系。男女双方在建立亲密关系的过程中必须投入自己的全部力量和资源，他们所获得的亲密感建立在能满足对方需要和认可对方缺点的基础之上。互惠主要体现为双方在促进感情发展的同时，彼此都能获得个人成长，两个人的合力会极大地增强他们应对危机、处理问题时的自信和勇气。在建立和发展亲密关系的过程中，冲突和危机有时难以避免，关键在于双方应在信任和理解的基础上积极地应对危机，促进彼此亲密感的增加。同时，应注意允许彼此自主性的存在和发展，平衡独立和亲密之间的关系。

2. 亲密关系危机的理论分析

青年亲密关系中存在的危机可以得到合理化的解释，而危机的应对与解决也被视为青年时期一项常规的发展任务。

首先，心理社会发展理论从人生发展阶段的角度看待个体之间的亲密关系。埃里克森将青年时期的发展任务概括为亲密对抗孤立，为了完成这一发展任务，青年必须找到自己满意的同伴，并与之建立起相互信任、相互依赖的亲密关系。埃里克森认为亲密关系建立在个体发展出同一性之后，被亲密感结合在一起的家人、朋友或者情侣必须保留自己作为个体而存在的自由，尊重对方的自我认同①。一种情形是，当个体在青少年时期没有成功发展出自我同一性，缺少自主性和独立性，这使他们无法形成自己的处事风格和生活目标，与亲密对象交往时容易迷失自我，从长远来看也会使伴侣对自己感到厌倦。另一种情形是，个体的防卫心理太重，过于强调自我、发展自主性，无法克服与同伴间的心理距离，只能达到表面上的亲密。这两种情况下建立起来的亲密关系都容易产生危机。沙利文对亲密关系的探讨侧重从人际需要出发，他认为在不同的成长阶段，个体会产生不同的人际需要，当需要无法得到满足时，个体会产生焦虑、抑郁等消极情绪。青年时期是个体从同性交往转向异性交往的关键时期，成功转型的青年会与同伴建立起亲密关系，否则便会感到孤独或者出现亲密关系的危机。

其次，社会角色理论认为每个社会都包含各种角色，即被社会文化认可的行为表现。不同社会有不同的角色期望，个体按照其习得的要求和规范来扮演社会中的相关角色，同时，个体会按照角色期望主动调整自己的行为，使之符合社会的要求，当个体的行为难以达到各种角色期望时会陷入角色紧张。青年已经

① ［美］埃里克·H. 埃里克森：《同一性：青少年与危机》，孙名之译，中央编译出版社 2015 年版。

从依赖走向独立，在发展亲密关系时既要学会扮演许多新角色，同时也要调整新角色与原有角色之间的关系，这给刚步入成人社会的青年带来很大的压力。善于调整自己、成功进行角色扮演的人会建立和发展出自己的亲密关系，并在其中感受到满足。相反，总是承受角色紧张、难以平衡各种角色要求的人会感到焦虑和抑郁，其亲密关系的发展也不会令人满意。

最后，社会支持理论认为，每个人都有与他人建立关系、获得心理支持的需要①。个人的社会支持网络规模与其所能提供的社会支持强度高度相关，也就是说，社会支持网络的规模越大，它所能提供的社会支持的强度就越高。社会支持功能的发挥与个人的主观评价密切相关②。一个人对自己可以得到的社会支持认知明确、主观评价良好时，他倾向于积极利用和不断建构其社会支持网络为自己服务。否则，他就会倾向于自我封闭和消极处世③。青年的社会支持来自与家人、朋友、同事及其他相关人员间的互动，当互动良好并且青年对这种互动关系持正面认知时，社会支持的功能会更为显著。相应地，亲密关系的危机可以看作青年社会支持网络的瘫痪。

二、家庭暴力

研究家庭暴力的先驱者之一斯特劳斯（M. A. Straus）在大量资料分析的基础上，从跨文化的角度对家庭暴力的普遍性做了探讨。他深信，家庭中的攻击和暴力的各种类型在世界各地都能见到，它们具有跨文化的普遍性④。随着社会各界对家庭暴力的关注，越来越多的专家学者开始探讨这一领域的问题。从研究发展趋势来看，一方面，研究对象从斯特劳斯最初关注的虐待妇女，逐渐扩展到虐待丈夫、子女和老人，以及兄弟姐妹之间的暴力行为；另一方面，对施暴方式的研究也超出了身体暴力的单一维度，转向对身体暴力、精神暴力和性暴力的综合探讨。

1993 年联合国发表了《消除对妇女的暴力行为宣言》，指出对妇女的暴力行为包括但不限于下列各项：(1) 在家庭内发生的身心方面和性方面的暴力行为，包括殴打、家庭中对女童的性凌虐、因嫁妆引起的暴力行为、配偶强奸、阴蒂割除和其他有害于妇女的传统习俗、非配偶的暴力行为和与剥削有关的暴力行为；

---

① J. E. Hupcey, "Clarifying the Social Support Theory-Research Linkage," *Journal of Advanced Nursing*, vol. 27, no. 6(1998), pp. 1231-1241.

② E. Uehara, "Dual Exchange Theory, Social Networks, and Informal Social Support," *American Journal of Sociology*, vol. 96, no. 3(1990), pp. 521-557.

③ 张文霞、朱冬亮：《家庭社会工作》，社会科学文献出版社 2005 年版，第 115 页。

④ M. A. Straus & D. A. Donnelly, *Beating the Devil out of Them: Corporal Punishment in American Families and Its Effects on Children*. New York: Lexington Books/Jossey-Bass, Inc, 1994. R. J. Gelles & M. A Straus, "Violence in the American Family," *Journal of Social Issues*, vol. 35, no. 2(1979), pp. 15-39.

(2) 在社会上发生的身心方面和性方面的暴力行为,包括强奸,性凌虐,在工作场所、教育机构和其他场所的性骚扰和恫吓、贩卖妇女和强迫卖淫;(3) 国家所做或纵容发生的身心方面和性方面的暴力行为,无论其在何处发生。1999 年,联合国大会通过决议,正式指定 11 月 25 日为国际消除对妇女的暴力日。在我国,《中华人民共和国反家庭暴力法》自 2016 年 3 月 1 日起施行,该法规定:家庭暴力是指家庭成员之间的殴打、捆绑、残害、限制人身自由以及经常性谩骂、恐吓等方式实施的身体、精神等侵害行为。考虑到青年时期个体生理心理的发展特点,以及初入社会时各种角色的转变和挑战,青年已经成为家庭暴力的多发群体。

1. 家庭暴力的类型与原因

20 世纪 70 年代以来,国外学者从社会学、心理学、法学等各种学科视角对家庭暴力问题展开了大量理论研究和实地调查,在较短的时间里取得了大量成果,形成了不同的理论范式,同时建立了各种防治家庭暴力的服务机制。随着经济发展和社会转型,我国对家庭暴力的研究和服务也已起步并不断发展。国内外的大量研究对家庭暴力的类型和原因进行了剖析。

根据不同的划分标准,家庭暴力可以分为不同的类型。根据受害者的不同,家庭暴力可分为:(1) 配偶暴力或婚姻暴力,指配偶一方遭受另一方的语言、身体和性暴力伤害。在这种暴力行为中,大部分受害者是女性,少数受害者是男性。(2) 儿童暴力,指父母或其他家庭成员对儿童施加身体或精神伤害、性虐待、忽视,导致儿童生理和心理健康受到严重损害。(3) 老人暴力,指引起家庭中老人生理和心理损害、恐惧和不安的言行,如殴打、恐吓、拒绝赡养或忽视等。(4) 手足暴力,指发生在兄弟姐妹之间的可能引起生理和心理伤害的言行,包括殴打、恐吓、性攻击等。在我国,家庭暴力主要体现为配偶暴力,且绝大多数属于虐妻行为。

根据动机的不同,家庭暴力可分为理性暴力(以压制或控制对方为目的)、非理性暴力(以发泄情绪为目的)及冷暴力;根据主体的不同可分为丈夫对妻子施暴、父母对子女施暴、子女对父母甚至祖父母施暴、兄弟姐妹相互施暴、婆婆对媳妇或者媳妇对婆婆施暴等;根据方式的不同可分为推搡、拉扯、殴打和残害四种类型①。有学者根据形式将家庭暴力分为四种,(1) 身体暴力,包括推搡、扇耳光、拳打脚踢等;(2) 精神暴力,包括情绪暴力(频繁侮辱、谩骂、贬低或不理不睬)和心理暴力(采取各种方式威胁、恐吓受害人,强迫其服从);(3) 性暴力,包括故意伤害受害人的性器官或强迫其接受各种性行为方式;(4) 经济控制,指

① 赵孟营:《新家庭社会学》,华中理工大学出版社 2000 年版,第 148 页。

由施暴人掌管全部收入,不让受害人出去工作,使其缺乏经济独立性[1]。目前国内学界对精神暴力的研究已经起步,精神暴力主要指采取威胁、恫吓、羞辱等方式达到控制受害者的目的。精神暴力的特殊性表现在时间的连续性、表现的隐蔽性和后果的严重性。

对家庭暴力的原因分析较多,大量研究认为,婚姻暴力发生的原因包括:大男子主义思想严重,男女两性的生理差异,社会对婚姻暴力的容忍,女性素质低下,丈夫社会地位低、文化程度低,家庭经济状况差,施暴者早年的受虐经验,男性对女性的控制欲太强,女性的软弱,妻子的语言攻击和唠叨等。实际上,这些只是浅层原因,婚姻暴力的存在与婚姻和家庭中存在的父权制度和文化色彩,以及不平等的两性关系密切相关。一些学者从性别关系不平等的角度探讨了婚姻暴力[2]。有的认为家庭暴力的直接起因主要是生活琐事、经济问题及夫妻一方的婚外恋。还有的认为:第一,传统的不平等性别意识惯性是导致我国家庭暴力的深层原因。第二,家庭内部不平等的资源分配关系是家庭暴力冲突的重要原因。第三,由家庭成员背景差异而产生的对立情绪是家庭冲突发生的重要媒介。第四,家庭成员对家庭现状合理性的认识分歧是家庭冲突最常见的现实起因。第五,社会干预和社会控制机制的不健全是家庭暴力的外部原因[3]。

综上,国内对家庭暴力的研究仍处在起步阶段,侧重描述现象和阐释原因,欠缺针对本土文化、基于本土社会经济背景的家庭暴力理论,相比而言,国外社会学界针对家庭暴力已经形成了较为成熟的理论分析框架。

2. 家庭暴力的理论分析

运用不同的理论范式来研究家庭暴力,可以得到不同的解释,并加深我们对家庭暴力这一普遍问题的理解。

(1) 结构功能论。结构功能论是 20 世纪 60 年代以前对家庭研究影响最大的理论流派。其代表人物帕森斯认为,家庭作为社会系统的一个有机组成部分,不仅能够满足其内部需要,而且可以起到稳定社会秩序的功能[4]。该理论注重家庭内外的整合,将家庭的稳定和均衡看作社会的常态,而家庭暴力被视为失范或越轨,不利于群体产生内聚性(cohesiveness)。受这种观点的影响,社会学家忽视了家庭内部的冲突和暴力。奥布赖恩(J. E. Obrien)尖锐地指出:美国家庭研究的权威性刊物《婚姻和家庭杂志》从 1939 年至 1969 年登载的论文中没有一

---

① 陈敏:《呐喊:中国女性反家庭暴力报告》,人民出版社 2007 年版,第 3 页。

② 张李玺、刘梦主编:《中国家庭暴力研究》,中国社会科学出版社 2004 年版,第 12—13 页。

③ 张文霞、朱冬亮:《家庭社会工作》,社会科学文献出版社 2005 年版,第 284—285 页。

④ T. Parsons, "The Social Structure of the Family," in R. N. Anshen, *The Family: Its Function and Destiny. Revised Edition*, New York: Harper, 1949. T. Parsons & R. F. Bales, *Family: Socialization and Interaction Process*, London: Routledge, 1956.

篇论文是专门讨论家庭暴力的。他认为这种研究欠缺的本身反映了社会学界在研究领域和研究选题方面的问题，即把家庭暴力作为“正常”家庭的特征而熟视无睹。①结构功能论在20世纪60年代后逐渐失去了统治地位，与此同时，家庭暴力也被视为一个社会问题，日益得到社会学家的重视。

（2）社会冲突论。与结构功能论的观点相反，冲突论认为家庭内部冲突是自然的和不可避免的，强调家庭内各种潜在的和事实上的冲突源自不平等的权力或权威关系。达伦多夫（R. Dahrendorf）认为权力和权威是稀缺资源，而这种稀缺性决定了冲突的必然性。他用“冲突强度”和“冲突烈度”两个概念来说明冲突。前者用来衡量冲突各方的力量消耗及其卷入冲突的程度；后者用以测定冲突各方在追求其利益时所使用的手段②。把他的理论借鉴到家庭领域，可以看到，家庭冲突的形式多数表现为辩论、争吵、暴力行为。手段的不同反映出冲突烈度的不同，但从中也能感觉到，这些手段对应着不同的冲突强度，可见冲突烈度与冲突强度是紧密关联、相辅相成的。因此，降低冲突的强度，可以从改变冲突的手段入手。暴力可谓是家庭冲突中强度最大的形式，夫妻间的暴力很可能导致家庭结构解体，即使它没有直接导致家庭的解体，也会加速家庭解体的进程。血亲之间的暴力，如兄弟姐妹之间的暴力、父母对子女的暴力和子女对父母的暴力，也会导致极大的伤害，它会导致家庭成员对家庭的逃避、恐惧和厌恶，使家庭成员失去情感的寄托，进而消解家庭对社会的正功能③。青年时期的家庭暴力极易破坏刚刚建立或发展起来的亲密关系，即使是偶然暴力也会在对方的心里留下难以抹去的阴影。社会冲突论告诫我们日常冲突尽管难以避免，但在冲突中各方应把握适度原则，切勿将冲突升格为家庭暴力，否则很难重建彼此之间的亲密关系。

（3）社会性别论。女权主义者侧重从性别不平等的角度来反击家庭暴力，认为社会对男女性别角色的规范和期待是由文化造成的，传统社会默许不平等的性别权威关系是造成家庭冲突的主要原因。通常丈夫在家庭中居于统治和支配地位，妻子在经济上对丈夫的依赖使其在行动和观念上都无法摆脱丈夫的控制，稍不顺从便会引发家庭冲突甚至家庭暴力。斯特劳斯在研究中观察到了丈夫的独裁和妻子挨打之间的协变关系。他把这种协变性归因于潜伏着高度冲突的家庭结构——丈夫居于支配地位。实际上，未必所有丈夫都具备扮演领导角色的能力，妻子也未必甘心俯首听命。两性对抗的进一步恶化和加剧会导致性

---

① ［美］马克·赫特尔：《变动中的家庭——跨文化的透视》，宋践等编译，浙江人民出版社1988年版，第326页。

② R. Dahrendorf, *Class and Class Conflict in Industrial Society*, London: Routledge, 1959.

③ 张文霞、朱冬亮：《家庭社会工作》，社会科学文献出版社2005年版，第109页。

别角色的隔离,继而引起家庭暴力的发生①。这种由性别不平等引发的暴力行为与传统家庭中不平等的角色分工密切相关。长期以来,社会地位的高低取决于个体经济价值的大小,而妻子的存在价值是通过伺候丈夫和养育子女来实现的,这就决定了妻子被束缚在家庭中,因经济不能自主而无法与丈夫平等。尽管目前各国在消除性别不平等上已经取得了巨大成效,但是传统的男性主导观念并没有绝迹,某种程度上仍然制约着男女平等的进程。女权主义者为家庭暴力的研究提供了翔实的理论框架,而我们在加以借鉴时应当注意,绝对意义上的男女平等是不存在的,强调绝对的平等反而会影响夫妻之间的感情,少了感情的家庭,即使没有暴力仍然是不幸福的。

(4)社会学习论。社会学习论认为家庭暴力是可以习得的。一方面,在家庭之外可以通过邻里、同伴及影视、报刊等渠道习得暴力,尤其在容忍或忽视家庭暴力的社会中,家庭暴力更易发生;另一方面,在家庭内部,一个家庭角色的暴力与其他家庭角色的暴力之间有着强烈的相关性,因此,可以得出这样的结论:夫妻之间的暴力程度越高,那么双亲也会用更粗暴的态度对待其子女,而经常挨打受骂或被虐待的孩子,一旦做了父母后也有可能成为专横暴戾的家长②。在暴力家庭内部习得暴力可以引发"暴力循环":对儿童滥施暴力要么使他们焦虑抑郁,无法完成正常的社会化;要么使他们无法控制愤怒,也发展出同样的施暴倾向。由此可见,很多青年的暴力行为可以追溯到其童年时的暴力体验。

3. 家庭暴力的干预策略

从研究层面看,中国社会工作教育协会组织成立了妇女社会工作专委会、司法社会工作专委会、家庭社会工作专委会,多次召开相关主题的研讨会,并积极推动研究成果的发表和服务的实施。从实践层面看,目前我国防治家庭暴力的主要力量是各级妇联,妇联联系司法机构、社区、社会工作机构等开展服务。一方面,妇联救助的对象仅限于受虐妇女,缺少对受虐儿童和老人的关注;另一方面,妇联没有相应的执行机构,在具体工作中缺少民间力量、司法和执法部门的有力配合。相比之下,发达国家及我国港台地区已经建立起较为成熟可行的防治家庭暴力的服务体系,特别是社会工作在预防及干预家庭暴力、安抚受害者等方面起到了不容小觑的作用。接下来我们从个人和家庭层面分别探讨其干预策略。

首先,在个人层面,采用理性情绪治疗法。

---

① M. A. Straus & D. A. Donnelly, *Beating the Devil out of Them: Corporal Punishment in American Families and Its Effects on Children*. New York: Lexington Books/Jossey-Bass, Inc, 1994.

② R. J. Gelles & M. A Straus, "Violence in the American Family," *Journal of Social Issues*, vol. 35, no. 2(1979), pp. 15-39.

理性情绪治疗法(rational-emotive therapy,RET)是由临床心理学家艾里斯(A. Ellis)创立的①。他相信人的情绪结果(C:emotional consequence)由个人的信念系统(B: belief system)而非某些事件(A:activating event)形成。换言之,个人的情绪问题,基本上由自己的非理性信念所致,如果能改变这些非理性信念,情绪问题便可迎刃而解,ABC 后便是 D(disputation),即介入的辩论法,应用一些辅导方法,帮助当事人挑战自己的非理性信念,务求使他们放弃这些信念。D 后便是 E,即介入后的效果(effect),当事人能放弃非理性信念,建立理性及现实的人生哲学,就更能接受自己及接受他人②。

【延伸阅读】:

案例描述

有一位男士,大学毕业后很快在事业上获得成功,之后就开始拈花惹草,被妻子发现后,不仅不承认,还言语暴力、摔东西、谩骂,指责妻子侮辱他的人格,为自己辩护。后来他染上性病,东窗事发,妻子提出离婚,他这才痛哭流涕,跪在地上求妻子看在孩子的面上给他改正的机会,如果她坚决要离,他就跳楼自杀。遭到妻子拒绝后,他真的从地上爬起来直奔阳台作势要跳楼,妻子只好妥协。可是,当妻子终于原谅他时,他却因为自卑和不安全感,无法摆脱猜疑妻子会以同样的行为报复他的念头。从此以后,他成天担心妻子出轨。一起走在路上,妻子偶尔看其他男性一眼,他马上就会问:“你干吗看他? 你们认识?”妻子在家接电话,他也要过去贴着话筒听听来电者是男是女。如果是男的,他就会大发雷霆,指责妻子和来电者一定有不正当关系。妻子无法忍受,他也非常痛苦。一次酒后,他哭着对岳母说:“我不敢相信啊。我怎么有这么好的命,出了这样的事还能获得她的原谅。”骨子里的自卑,不久就不可控制地转化成暴力行为:监视、跟踪、辱骂,甚至朝妻子扔东西。妻子终于忍无可忍,坚决离开了他。③

案例分析

借用理性情绪治疗法分析本案例,可以认为这位男士的情绪失控是由自己的非理性信念所造成的,具体包括:(1)“自己是卑劣的,应该因为自己的恶行受到严厉责备与处罚”。(2)“过去的经历对自己目前的行为有极重要的决定

---

① A. Ellis & W. Dryden, “Integrative Developments in Rational-Emotive Therapy (RET),” *Journal of Integrative & Eclectic Psychotherapy*, vol. 6, no. 4(1987), pp. 470-479. A. Ellis, W. Dryden & T. A. Wozencraft, *The Practice of Rational Emotive Behavior Therapy*, *2nd ed*, New York: Springer Publishing Co, 1997.

② A. Ellis & D. Joffe Ellis, *Rational Emotive Behavior Therapy* (*2nd ed.*), Washington, DC: American Psychological Association, 2019.

③ 陈敏:《呐喊:中国女性反家庭暴力报告》,人民出版社 2007 年版,第 44—45 页。

性影响。如果曾经被某件事影响过,则这种经验会一辈子左右着自己”。(3)“逃避困难与责任比面对它们容易得多”。这三种信念在艾里斯看来都是非理性的,前两种信念一直困扰着这位男士,使他难以理解妻子的宽容,他不接纳自己曾经的过错,并且倾向于认为妻子也不会接纳。正是这些非理性信念导致了他的暴力。第三种非理性信念使这位男士采取自杀的方式威胁妻子,试图以此博得妻子的同情,从而逃避自己在心理上的愧疚。然而这只能获得暂时的解脱,就算妻子不离开自己,他也会觉得妻子不是真心留下,而是在自己自杀的威胁下被迫选择的,因而他的逃避只会给他带来更多的心理困扰。从理性情绪治疗法来看,根治家庭暴力,就要排除施暴人非理性信念的困扰。艾里斯相信人有能力改变自己的非理性信念及自我责备的倾向。在治疗过程中,要诊断出案例中男士的非理性信念,帮助他挑战自己信念中的不合理成分,并以合理的信念取而代之,学会使用非暴力的应对方式。

其次,在家庭层面,采用家庭治疗法。

作为家庭社会工作的专业方法,家庭治疗法将家庭视为整体,从家庭环境入手找出问题的症结,分析导致家庭暴力的内外部因素,并据此制订干预策略,致力于恢复家庭的正常功能。影响力较大的家庭治疗法包括结构式家庭治疗法、萨提亚家庭治疗法和系统式家庭治疗法。

结构式家庭治疗法假设家庭暴力与家庭结构有关。例如,家庭遭遇外在压力时,家庭内在结构僵化而无法及时作出调整应对压力,从而使得家庭成员在重压之下实施暴力。家庭治疗师通过分析问题家庭的内在结构,改变不良的结构类型,以此来减少暴力的发生。

萨提亚(V. Satir)家庭治疗法假设人性本善,成员有解决问题的潜能和资源,而家庭暴力是家庭系统在运作时出现了“病症”,使得其内部成员采取“暴力”手段以维持成员之间的“均衡”。家庭治疗师的任务在于帮助施暴者在家庭中学习新的互动方式,摆脱暴力手段对自己处事方式的限制①。显然,这种治疗方法侧重教育而非惩治,对无改过动机的施暴者来说收效甚微。

系统式家庭治疗法以全家人为对象,重点在于干预问题家庭的规则,从而达到改变原有家庭系统的目的。治疗过程中,家庭治疗师通过技术性提问和行为作业来刺激家庭成员对暴力的反思,引导其行为的改变。这种方法对家庭治疗师的要求很高,他们既要成功介入家庭,取得成员信任,发掘家庭暴力的深层原因,又不能过度投入,避免家庭成员产生心理依赖,不利于家庭暴力

① [美]维吉尼亚·萨提亚:《萨提亚家庭治疗模式》,聂晶译,世界图书出版公司北京公司2007年版。

的根除。

在防治家庭暴力时，家庭治疗师将重点放在家庭而非单个成员身上，把家庭作为一个系统加以治疗，并在治疗过程中强调施暴人和受害者的共同参与。但是，如果施暴人主观上没有认识到自己行为的恶劣，而受害人迫于恐惧不敢讲出自己的遭遇，那么家庭治疗就难有用武之地。

再次，在团体层面，采用团体治疗法。

国际上较为认可的理念和方法是，对于施暴人最有效的治疗是专为施暴人组织的团体治疗。在参加专为施暴人组织的团体心理咨询活动中，他们能从别人身上辨认出暴力行为。团体提供了一面镜子，使他们明白自己的行为就是施暴。同时，当团体成员发现其他人也在童年有过类似的痛苦经历，其他人在对待生活中的压力和两性关系中都遇到过同样的挫折时，他们就会知道，这不是他个人的问题。因此，施暴者能在这样的团体中得到心理慰藉和支持①。这实际上是运用了社会工作中的小组工作方法。除施暴人小组外，受害人也可以组建自己的小组，通过成员之间的互动，缓解对家庭暴力的恐惧，共同致力于摆脱家庭暴力的困扰。

最后，社会工作中的社区工作方法也是防治家庭暴力的有效工具。我们可以借鉴其他国家地区的做法，利用国家推动建立新型社区之际，结合社区发展，把防治家庭暴力纳入基层社区的宣传及实际工作中，强化社区层面的反家庭暴力介入。

从我国目前的状况来看，防治家庭暴力仍然有很长的路要走，不仅欠缺本土化的理论指导，在实践中也存在法律、医疗支持及观念转变方面的难点，预防家暴仍然需要全社会尤其是青年积极参与，大力推广和谐家庭理念，将反家暴工作进行到底。

三、离婚与单亲家庭

离婚率的持续上升和单亲家庭的不断增加，已成为我国社会转型时期的突出现象，其中离婚早已突破了“私人困扰”的界限，进入了“公众问题”的范畴②。也就是说，离婚已经不单纯意味着个别夫妻因自身原因走向婚姻破裂，而上升为与社会、政治、经济结构性原因相关的“公众问题”。从离婚主体来看，30岁左右的青年离婚者越来越多。在现代文明的冲击下，青年形成了有别于父辈的人生观、价值观，在对待婚姻的态度上亦是如此。

---

① 陈敏：《呐喊：中国女性反家庭暴力报告》，人民出版社2007年版，第177页。

② 韩晓燕：《中国离婚单亲家庭青少年的需要——上海个案研究》，上海社会科学院出版社2005年版。

1. 离婚及其影响

我国自 1949 年以来,出现过 4 次离婚高潮。第一次是 20 世纪 50 年代初,从 1951 年到 1956 年,大约有 600 万对夫妻离婚,大都是取消童养媳、解除封建包办婚姻的结果,也有少数是丈夫进城后抛弃糟糠之妻的;第二次是"文化大革命"时期,成千上万对夫妻被拆散;第三次是 1980 年新婚姻法公布后,那些早就该离婚的"死亡婚姻",那些"二进宫""三进宫"久而未判的婚姻得以解除;第四次则是 20 世纪 80 年代末 90 年代初,离婚数字不断上升,不少地区离婚率上升 30%~80%,少数地区上升 1~2 倍,全国平均年增 10%①。2023 年的中国婚姻家庭报告数据显示,中国 2022 年结婚率为 4.8‰,相比 2013 年最高点 9.9‰大幅下降。与此同时,离婚率则从 2000 年 0.96‰上升至 2020 年 3.1‰,2021 年由于离婚冷静期政策的实施回落到 2.0‰。

某种程度上,伴随着改革开放而来的家庭观念转变、市场经济快速发展、人口流动的增加及贫富差距的拉大,离婚现象的增多可以看作社会进步的象征,也是婚姻家庭对经济发展、社会转型的适应。然而,从微观层面上看,离婚是夫妻双方婚姻的终结。尽管摆脱不理想的婚姻是一种解脱,但对绝大多数离婚者来说,离婚也是一种危机,在应对危机的过程中,夫妻双方、子女,甚至夫妻各自的父母和亲戚都会受到影响。

离婚对个人的负面影响首先表现在情感上的压力。很多离婚者特别是被动离婚者都会经历一定时间的痛苦和压抑,艰难地适应单身或单亲家庭的生活。如果承受能力、调适能力较差,同时又缺乏及时有效的帮助,个人很容易出现孤独、抑郁、内疚、焦虑等消极情绪,正常生活受到困扰。这一负面影响其次表现为经济上的压力。离婚时对财产的分配及离婚后对孩子各项费用的负担,对经济条件一般或不理想的夫妻双方都会造成不小的麻烦。

离婚导致的另一个重要后果便是单亲家庭的出现。长期以来,众多国内外学者都倾向于探讨离婚和单亲家庭对孩子的消极影响。这些研究可能存在的问题是有一种预设:单亲家庭,尤其是只有母亲的单亲家庭是残缺的、紊乱的、解体的,因而也是不足取的。这种偏见妨碍了学者们对这种家庭形式作出客观的评价。在他们眼里,单亲家庭不是一种可供选择的家庭形式,而是种种问题、矛盾滋生的土壤。世俗社会的负面标签和评价带给单亲家庭很大程度上的环境压力和心理困扰。事实上,尽管离婚会对夫妻的生活、工作及子女的教育、心理产生一定的负面影响,尤其带给青年母亲和孩子一定程度上的适应困难,但这种负面影响被部分学者扩大化、严重化了。离婚和孤立无援的处境加强了青年母亲与

① 储兆瑞:《市场经济条件下感情与理智的两难选择》,刘达临等:《社会学家的观点:中国婚姻家庭变迁》,中国社会出版社 1998 年版,第 216 页。

子女的感情纽带,她们在家庭内外勇敢地承担义务,从事她们所生疏的工作,而这些工作在离婚或分居前为她们的丈夫所垄断。正是在生活的艰辛中,她们增强了对自己形象的肯定,深化了对自我的认识①。一项研究通过对1061位班主任的定量分析,验证了“有限影响”理论,即父母的婚变确实对学龄少儿的生活福利、学业、品行、心理发展和社会适应具有不可忽略的消极影响,但这一影响并非如一些学者所推测或传媒所渲染的那么严重,不少孩子在家庭变故的挫折经历中成长成熟。研究认为,父母是否尽职而非离婚本身对孩子成长有重要影响②。这些研究从新的视角提醒学者、大众,在关注离婚单亲家庭的同时,要改变对其内部成员的偏见和歧视。

2. 离婚的理论分析

关于离婚和单亲家庭的理论阐释涵盖了人口学、社会学、心理学等众多学科领域,其中比较典型的理论包括系统理论、社会交换理论和需要层次理论。

按照系统理论的基本观点,人与生活环境是由功能上相互依赖的各种元素组成的系统整体,协调或均衡是该系统运行与维持的基本条件,也是个体生存与发展所必需的基本条件。当这个条件得不到满足时,即系统内部的各个子系统或各个元素之间不能有效配合、相互协调时,系统的均衡就会受到破坏,个体的生存和发展自然随之出现问题③。家庭作为一个系统,既由若干子系统组成,同时又是社会总系统的组成部分,家庭通过自我控制和社会控制两种调节机制,保证系统有序运转和功能正常发挥。随着现代化进程的加快,一方面,家庭日益小型化,其自我控制权已经逐渐落实到每位家庭成员手中,各成员自身的价值观念和行为规范会直接影响到整个家庭系统的运转。当夫妻之间因各种主客观原因发生冲突,影响了家庭系统的均衡,且无法通过有效途径予以解决时,离婚就成为一种选择。另一方面,家庭的社会控制力减弱,即社会对家庭稳定的影响力减弱。社会进步所带来的生产社会化、教育社会化、养老社会化极大地削弱了家庭系统的原有功能。许多原本需要夫妻之间相互配合才能完成的任务,现如今夫妻一方或者交由社会机构即可高效完成,这就为家庭解体及解体后的单亲家庭提供了可能。

社会交换理论认为人是理性的动物,每个人都希望以最少的成本和付出换来最大的利润和回报。在家庭中也是一样,男女双方从恋爱到成家都可以看作社会交换。尽管这种观点会遭到部分恩爱夫妻的反对,认为追求报偿的婚姻太

---

① [美]马克·赫特尔:《变动中的家庭——跨文化的透视》,宋践等编译,浙江人民出版社1988年版,第379—381页。

② 徐安琪:《问题儿童?缺陷儿童?异常儿童?——千余名教师视角中的父母离异学生》,《青年研究》2002年第3期,第1—8页。

③ 王思斌:《社会工作概论》,高等教育出版社2002年版,第225页。

过理性化和世俗化，否认自己的婚姻中存在这种交换。然而客观地来看，婚姻大都隐含着这种交换关系。尤其在现代社会，追求利益最大化的市场经济对青年男女婚恋观的影响，促使婚姻家庭中功利色彩加重，经济因素在婚姻关系中的比重逐渐加大。同时，“人人平等”的观念开始盛行，当夫妻双方在相处过程中体验到不平等，或者感到自己的回报少于付出时，也容易出现家庭问题。离婚可以看作家庭内部不平等所引起的不满情绪所致，这告诫我们，婚姻和家庭是需要各方投入的，过度地索取或依赖其中一方付出，久而久之势必会造成付出者心理上的不平衡，引起家庭内部冲突。

马斯洛的需要层次理论将个体的需要界定为生理、安全、归属与爱、尊重与自我实现5个层次。低层次的需要满足后，个体会发展出更高层次的需要①。夫妻二人所建立的家庭具有满足成员需要的功能，个体在家庭中解决生理、安全等基本需要。在这一基础上，部分家庭成员会产生归属与爱、尊重的需要，少数个体还会发展出自我实现这一最高层次的需要。马斯洛的需要层次理论堪称经典，在社会福利和社会工作领域具有很强的解释力。但是，后来的学者也提出了其理论的局限性和不足：第一，马斯洛是人本主义心理学家，他根据人性积极向上的动机来建构自己的理论，强调个体的价值选择。第二，马斯洛的需要层次理论是静态的，没有强调需要产生和满足的过程②。多亚尔和高夫从需要的动态过程入手指出了人类需要的客观性和普遍性。客观性是指需要独立于个人偏好之外，普遍性是指这种需要得不到满足时，就会对人造成伤害。他们认为客观的普适的人类需要包括健康和自主，失去了健康和自主就会使人无能、无力与他人进行互动。③ 根据这一观点，婚姻与家庭很大程度上有利于个体健康和自主的实现，无法满足这两大基本需要的婚姻和家庭通常被认为是不幸福的，当这种需要的欠缺对夫妻双方造成的伤害超过一定程度时，便容易导致离婚。然而，这并非意味着需要的满足越多越好，就自主程度而言，夫妻一方长期缺乏自主性，很容易使另一方感到厌倦，而双方自主性都太强也不利于夫妻感情的融合。

3. 单亲家庭的干预策略

单亲家庭除了由离婚导致，还有可能是父母一方死亡、一方入狱或者未婚生子等原因造成的。无论哪种原因所致，这些家庭有一个共同特点那就是在经济、社会及心理情感等各种主客观环境中处在相对弱势的地位。首先，单亲家庭相对双亲家庭来说收入较少，迫于抚养、照顾子女，有些父母无法从事全职工作，结果不得不面对沉重的经济压力。其次，单亲家庭（尤其是离婚单亲家庭）成员在

① A. H. Maslow, *Motivation and Personality*, New York: Harper & Row, 1954.

② 韩晓燕：《中国离婚单亲家庭青少年的需要——上海个案研究》，上海社会科学院出版社2005年版，第76页。

③ ［英］莱恩·多亚尔、伊恩·高夫：《人的需要理论》，汪淳波、张宝莹译，商务印书馆2008年版。

社会中易受歧视和排斥，这不但缩小了单亲家庭中父亲或母亲的社会支持网络，而且对子女的学业发展也会带来负面影响。最后，在家庭变故和外在环境的双重压力下，单亲家庭成员的心理负担较重，成长中的孩子可能会有“为什么我只有一个家长？”“同学会不会看不起我？”等心理困扰。要改变这些不利处境，恢复家庭的正常运转，就需要单亲家庭自身的努力和社会各界的支持。特别是作为助人专业而存在的社会工作，更应从专业视角出发，为单亲家庭提供科学的服务。

首先，在微观层面，微观社会工作服务可以解决各单亲家庭及其成员的具体问题和需要，包括单亲父亲或母亲的再就业、救助金的申请、子女的学业和社会化、亲子关系的发展，以及单亲家庭成员的心理、情绪问题的调适等。社会工作者在帮助单亲家庭的过程中，应灵活运用社会工作的方法、技巧，根据案主提出或反映的问题进行深入调查、诊断，提高他们自己解决问题的能力①。

其次，在中观层面，中观社会工作服务可以依托社区开展服务，运用社区工作的专业方法，鼓励单亲家庭积极参与社区事务和社区活动，协助家庭改善其社区环境，争取更多的社区资源。同时改善单亲家庭成员与其他社区成员的关系，增强其社区归属感。另外，社会工作者还可以通过开展小组活动，将具有相似背景的单亲家庭成员聚集在一起，通过家庭间的相互交流和扶持，增强这些家庭应对环境压力的能力。

最后，在宏观层面，宏观社会工作服务侧重从制度与政策环境中为单亲家庭争取资源。尽管目前我国社会工作者的力量较为薄弱，但仍可以发挥专业优势，协助妇联、民政等相关部门，针对单亲家庭展开调查，深入分析各家庭的特殊需要及单亲家庭的共同需要，建议政府在就业、教育、医疗等领域制定有利于单亲家庭的优惠政策，同时广泛动员社会力量，消除对单亲家庭的刻板印象及负面评价，优化单亲家庭的生存环境。

随着法律法规和福利制度的日益完善、社会工作专业的逐步成熟及公众素质的不断提升，相信单亲家庭也能与双亲家庭一样，作为一种可供选择的家庭形式，在社会环境中正常运转。

案例：残疾人家庭抗逆力提升社会工作服务项目

摘要：中国残疾人群体数量大、问题多，是一个不可忽视的弱势群体。残疾作为家庭遭遇的重大危机之一，势必会给家庭带来各种可能和持续性的破坏与伤害。

① 姚进忠：《个人和家庭能力的整合：单亲家庭社会工作介入方法》，《南京人口管理干部学院学报》2013年第1期，第34—40页。

本案例基于“家庭抗逆力”理论指导，以项目服务中265户残疾人家庭在生活中所呈现的抗逆力特点为依据，进一步设计家庭抗逆力评分量表，提炼出关键词后依据核心概念的特征进行归纳。同时分析家庭抗逆力的三大维度内涵，提炼出稳定均衡型、功能失调型、运作僵化型三大类。在此基础上，本案例积极探索以家庭为本的残疾人社会工作服务模式，收集残疾人家庭的各种问题及需要，聚焦于“信念系统、组织模式、沟通过程”三个维度，精准递送专业服务，注重残疾人家庭能力的提升与社会资源的整合，构建残疾人互助网络和促进残疾人社会生活，扩大残疾人家庭的社会支持，打造残疾人家庭服务平台，实现残疾人群体的精准帮扶。通过评估发现，本案例所探索的残疾人社会工作服务模式能有效地提升残疾人家庭的抗逆力水平。这对于探索本土化的残疾人社会工作服务模式有积极的作用。

本章小结

青年期即成年早期，个人生理发展逐渐成熟，与此同时，心理方面的同一性、智力、情绪、道德等方面也获得了成长。由于生活压力的增大，青年在这一阶段面临着很多生理和心理的风险。尝试控制产生压力的根源、将“威胁”重新定义为“挑战”、寻求社会支持、运用放松技巧、保持健康的生活方式等是应对压力的良好策略。

根据“人在情境中”理论，青年的所有发展都离不开其生活的社会环境。青年性别角色的完善、人际关系的发展及自主性的发展与社会环境都有密切的关系。性别角色的发展与完善是青年适应社会、取得成功的必要条件。人际关系在青年生活中发挥重要作用，它有助于满足情感需要、确立自我认同和促进自我实现。自主性的发展与确立是青年的一项重要任务，自主性包括情感自主性、行为自主性和价值观自主性三种类型。

个体差异性使青年的成长轨迹与生命历程各具特色。青年在这一阶段对生活方式的选择具有多元性，具体包括学业、恋爱、就业等方面。个体所处的社会环境对这些选择有重要影响。

青年时期的发展任务决定了这一阶段的社会工作议题主要与亲密关系和家庭有关，其中比较重要的议题包括亲密关系危机、家庭暴力、离婚与单亲家庭等。本章简要分析了社会工作专业方法在解决以上问题中的运用。

思考题

1. 简述青年的生理与心理发展特点。

2. 简述压力对身心健康的影响，以及有哪些常用的减压方法。
3. 试述爱情的不同类型及其异同。
4. 简述配偶选择的过滤理论及其应用。
5. 试论家庭暴力的原因与社会工作干预策略。
6. 简述单亲家庭的特点与帮助单亲家庭的策略。
7. 请使用三种不同的理论分析离婚的原因。

推荐阅读

韩晓燕:《中国离婚单亲家庭青少年的需要——上海个案研究》,上海社会科学院出版社 2005 年版。

库少雄主编:《人类行为与社会环境》(第二版),华中科技大学出版社 2014 年版。

[美]维吉尼亚·萨提亚:《萨提亚家庭治疗模式》,聂晶译,世界图书出版公司北京公司 2007 年版。

[美]K. W. 夏埃:《成人发展与老龄化》(第五版),乐国安等译,华东师范大学出版社 2003 年版。

张李玺、刘梦主编:《中国家庭暴力研究》,中国社会科学出版社 2004 年版。

扩展推荐阅读

彭鑫:《青年社会工作人才队伍的职业状况调查——以上海市卢湾区为例》,《社会工作》2009 年第 6 期,第 17—19 页。

A. Ellis, W. Dryden & T. A. Wozencraft, *The Practice of Rational Emotive Behavior Therapy*, *2nd ed*, New York: Springer Publishing Co, 1997.

M. Payne, *Modern Social Work Theory: A Critical Introduction*, London: McMillan Press Ltd, 1991.

第十三章　中年人行为与社会环境

学习目的

通过本章的学习，了解中年人（即成年中期）面对的生理和心理变化，以及作为“夹心一代”面临的家庭和工作等方面的挑战，中年人也是受社会环境变迁影响较大的人群，表现为失业、贫穷、职业倦怠、退休准备和中年危机，对这些问题的讨论可以帮助我们认识中年人心理发展和行为变化与社会环境的关系。

第一节　中年人的生理与心理

一、生理改变及发展

中年期是人生的一个转折点，一些老年期的生理和心理特征在中年期会开始出现。个体的躯体功能在成年早期达到高峰，这也就意味着中年期是躯体功能开始衰退的时期，个体会比年轻时更容易感到疲劳，或者在高强度体力或者脑力劳动后需要更长时间来恢复精神，皮肤水分含量减少，脸部的明显部位出现皱纹，多数中年人开始出现白发，并有可能开始脱发。个人的身体组织结构也在中年期开始出现变化，脂肪比例上升，这是引起肥胖的重要因素，故此有“中年发福”之说，很多中年人因此开始更多地增加体力消耗（如做运动）或者减少吸收（如饮食控制）。但应注意，中年期个人的体力开始下降，正需要足够的营养来补充，运动后需要更多的时间和营养补充来满足躯体的需求，所以无论是运动还是饮食控制都最好咨询专家。在了解自己身体承受能力的情况下逐步开展，一下子进行太猛烈的运动很容易造成运动性挫伤，治疗和恢复都需时间，而在短时间内控制饮食可能造成对身体其他方面的损害。

与其他年龄阶段的群体相同，中年群体的个体差异也非常大，在不同的发展层面，每个人的表现也会不同。有些改变对生理机能影响不大，如白发，但是对心理影响不小，给人以"白发催人老"的感觉，所以去眼袋、去皱、染发、种发等才会成为大众都想一试的美容服务项目。心跳速度会随着年龄的增长而下降，心脏输出的血液总量一般也会下降，所以中年后心脏病的发病率增加，但这不意味着中年人一定会有心脏病，如果饮食和运动等活动都遵循正常规律，心脏供应的血液量是足够个体健康生活的。中年期个人的肺活量也会下降，这同样不会影响正常生活。相应地，视力或者听力的改变、人体组织结构、骨密度的改变、生殖系统的改变以及与此相关的更年期综合征会对个体的日常生活造成影响。

在40~50岁，个体开始出现远视的症状，也就是通常说的"老花"，老花是由于眼球不能像年轻时那样自动调节焦点，其实这种能力的下降早在儿童期（大约8~10岁）就开始了，但当个体步入40~50岁这一年龄阶段，这种功能下降表现在个体的感觉层面，个体渐渐不能清晰辨认近处的物体，特别是细小的文字、图标等。当然眼球的这种变化不仅因为其弹性变差，而且与眼球比年轻时硬度高等因素有关，在这些原因之下，眼球辨析及接受光的频率和强度都发生改变。除了视力，中年人的听力也会有一些变化，最常见的是高频声音接收能力下降，这在男性中比在女性中常见。

中年时期人体组织结构变化日渐明显，50岁以后，大概每十年肌肉力量减少约15%，同时伴随功能性的改变，包括最大手握力下降、膝盖屈曲度（膝盖弯曲度）降低、步态速度降低等，在日常生活中表现为行动能力或者行动的灵活性降低。

中年时期骨密度开始下降，出现骨质疏松的可能，研究显示骨质疏松在60岁以上妇女中很普遍，一些人从中年期就开始出现骨质疏松的迹象，骨质疏松会使身高降低，使骨头脆弱，容易骨折，在后面的章节中我们会讨论到，跌倒、骨折是老年人致残的重要诱因，不容忽视。骨质疏松的程度有性别差异，女性一般比男性更容易患有骨质疏松，对此有两方面的解释，一方面，女性在整个生命周期的前期钙的吸收量不够，另一方面，更年期女性激素分泌的变化加速了骨质疏松的发生。

这一时期，个体在生理上最大的变化是生殖系统的改变，男性产生精子的量会在40岁后开始减少，50岁后明显减少，但即使这样，男性到80岁仍能产生足够的精子致妇女怀孕。另外，阴茎勃起的长度和硬度会减弱，如果存在前列腺肥大，更可能在生理和心理上影响成年人的性乐趣和自信心。现代生活中成年男性工作和家庭压力都很大，容易因紧张而影响正常的性生活。

女性在生殖系统的改变比男性更明显，这些变化尤其在更年期表现出来。更年期是妇女在中年期要面对的人生重要转变，关于更年期是指哪一段时间，学者们还没有统一的定论。连续12个月没有月经被认为是绝经的标志，此后女性没有怀孕生产的能力。有研究指出更年期(或者月经的质和量的变化)可能在绝经前很长时间已经开始,只是不容易察觉而已。女性更年期的主要诱因是卵巢功能的衰退和消失,女性通常在50岁左右结束更年期。

伴随更年期的生理变化还包括潮热、夜晚盗汗、脸及上身发热、心跳加快等。有些关于更年期的研究也认为妇女出现头痛、失眠、尿频、体重增加、头晕等症状,但是没有证据显示这些症状与更年期直接相关,有些可能是与个别女性本身的体质有关,有些可能是恐惧更年期的心理反应导致的。更年期对女性的长期影响是阴道肌肉渐渐变得干燥、分泌减少、阴道变短等,导致女性容易在发生性行为时流血、感觉到疼痛等。

对社会工作者来说帮助中年期妇女了解更年期症状是非常有必要的,很多女性由于不了解更年期而感到紧张和不安。也有研究认为更年期容易诱发抑郁情绪,即所谓更年期抑郁症(menopausal depression),但是近期的研究表明,更年期所伴随的心理问题也许只是那些妇女其他生活困境的综合体现。大部分人没有出现心理问题,甚至因为没有月经而感到放松,还因为无须担心意外怀孕而感到释怀。所以只要做好心理准备,妇女完全可以正面、积极地度过人生的这个重要时期。

二、智力的持续发展

中年是人生智力发展的高峰期,至少从智力测量的角度来看,智力发展在中年期达到最高峰,而且保持在这个水平。由于社会角色的关系,中年人大部分会变得更加成熟和负责任,在家庭中,他们通常上有老、下有小,所以他们的决定不仅影响他们自己的生活,也会影响上一代和下一代,这一事实使他们在做决定时会考虑得更周详,也更愿意在平衡各种利益后才做决定。在工作上,有一部分中年人成为主管、经理等,他们明白自己的决定会影响很多下属,甚至关系整个单位的得失,所以他们也会更有责任感地投入工作。当然在另外一个层面上,中年人也可以是最危险和不负责任的群体,这是指那些生活在社会底层,工作无保障或者健康受损的中年人。不论是前者还是后者,中年人在社会中都是面对最多生活和工作挑战的群体,工作上的要求,婚姻中的摩擦,子女升学、谈恋爱,父母生病或者死亡,这些挑战成为中年人的“日常生活”,所以中年人需要拥有较强的解决问题的能力,以及长年积累的生活技巧。这种困难接着困难、危机接着危机的生活难免使某些中年人无法解决自己的困难,出现心理困扰,需要社会工作者帮助他们重整过去的生活,反思自己的一生,不再用社会世俗的眼光来评价自己,多看到自己在工作、家庭中的积极贡献,注意到亲情友情的陪伴。

三、心理发展日趋成熟与性格稳定

中年人是否有性格变化？中年危机是否必定发生？不同的理论可以帮助我们从不同的角度理解中年危机及其对个人、家庭及社会的影响。

荣格的人格理论主要包括人格发展四阶段论①。荣格认为人生分为四个阶段：儿童（从出生到青春期）、青年期（从青春期到30岁末）、成熟期（中年）和老年期。荣格强调，个体必须要在成年期经验一些必要的过程，建立自己的事业和家庭，这不仅有利于自己的成长和幸福，对社会也是一种贡献。在中年阶段，个体要充分地内省、发展智慧，同时与集体无意识发生共鸣，奠定人格发展的基石，个体更加能够认同自己人格的不同部分，更加自由开放地找到自己，发现自己，与自己合一。荣格的成年人格理论对后来的成年期发展理论影响深远，荣格认为成年期开始个体对自我的追求首次超过对家庭的追求，这不能理解为自私，而是意味着个体更深刻全面地认识到自我的需要并考虑如何满足需要，过去遭到否认和抗拒的部分重新融合到人格中，人格产生一种和谐感，并带动导向的包容和智慧。如果中年期没能完成这个历程，那么个体可能不接受老年，或者想“抓住青春”不放，这部分中年人通常是很僵硬的，对挫折的忍耐力差，生活也不快乐。

埃里克森认为中年期要经验的心理矛盾是关怀和停滞②。虽然埃里克森的心理发展阶段没有明确区分成年早期和中年期，但普遍认为，中年期是人格成熟的时期，这个时候子女已经长成，中年人有更大的空间来实现对他人、社区乃至社会的关怀，更愿为社会福祉付出自己的努力和精神。如果不能很好地度过这个时期，个体就会仍然只懂得关注自己，对旁人或者身边的事物不闻不问，这样的人进入老年期后很有可能无法正面和积极地面对失落和死亡③。

沃伦特（G. Valliant）的中年人格理论，不像荣格和埃里克森那样是在临床研究中总结出来的，而是建立在对95个健康、中产、大学毕业男士进行研究的基础上，沃伦特认为人格的发展是一个形成认同感和认同感再生的过程④。在40～50岁时，个体经验关怀和停滞的矛盾，而实现关怀需要个体自我防御机制的成熟，沃伦特的研究表明青少年比成年人更多运用不成熟的自我防御机制，如投射

---

① ［瑞士］卡尔·古斯塔夫·荣格：《荣格文集：人格的发展》，陈俊松、程心、胡文辉译，国际文化出版公司2011年版。

② ［美］埃里克·H.埃克里森：《同一性：青少年与危机》，孙名之译，中央编译出版社2015年版。

③ ［美］埃里克·埃里克森、琼·埃里克森、海伦·克福尼克：《整合与完满：埃里克森论老年》，王大华、刘彩梅译，中国人民大学出版社2021年版。

④ Stephen Soldz & George E. Vaillant, “The Big Five Personality Traits and the Life Course: A 45-Year Longitudinal Study,” *Journal of Research in Personality*, vol. 33, no. 2(1999), pp. 208-232.

(projection)、行为冲突(acting out),而较少使用成熟的防御机制如分离(dissociation)、升华(sublimation)和利他(altruism)。一旦中年人不能很好地建立和使用成熟的防御机制,他就会停滞不前。那么这个过程受什么因素影响呢?在荣格和沃伦特的时代,他们认为没有一个特定的事件会突然导致人格的成熟,但父母死亡可以深刻带动成年人对人生价值的反思,促使人格在短时间内有较大发展。不过现代社会寿命延长,中年人的父母很多都还健在,因此这一观点的解释力较弱。沃伦特还认为,在 50~60 岁,个体经验生命意义的保持和死板僵化的矛盾,对文化、社会角色的认识越来越深刻,而且可以更好地将其与自己的人格融合。

莱文森(D. Levinson)提出中年期应定义为 40~65 岁,他认为人生要经验不同的“人生结构”,人生结构是指个体与外部世界的人际关系,由于人际关系的多样化及复杂性,所以每个人的人生结构都不尽相同①。有些人交友广泛,有些人看重自己的少数知己朋友。对有工作和家庭的人来说,家庭关系和工作关系构成了个体主要的人生结构。人生结构的转折要经历两个步骤,一是转折期,大约 5 年,二是建设期,大约 5~7 年。转折期是 40~45 岁,这个时期的任务是转变年轻时的人生结构并构建新结构,有三个具体任务:首先,评估自己的成年早期,用更现实的眼光来评价自己及自己与环境的互动,透过这样的评估,中年人越来越明白不能用“非黑即白”的标准来衡量人生,而是要在每个不同的人生经验中更多地体会生命中正面、积极的能量。其次,探测中年的可能性,当对成年早期有了较为现实的评价后,对中年可以或者想要实现的人生目标作出探索和尝试。最后,整合人格的两极,如年轻与年老、男性与女性、破坏与创造、依附与分离等。这些具有相反特质的人格特征在中年之前的不同阶段分别各有优势,但是到了中年期,他们出现了整合、共存,不再以对立面的形态出现。沃伦特特别强调中年期要完成年轻与年老的整合。社会上往往有把年轻和年老对立起来的倾向,年轻意味着向上、美好、活力和朝气,而年老却与向下、沮丧、疾病和死亡联系在一起,这种对立不利于中年人面对老年的来临,也不利于年轻人规划自己的未来。所以“用中”是最佳的整合方法:年轻有年轻的好处,也有年轻的限制;年老有年老的好处,也有年老的限制,二者并非二元对立的关系。

以上种种人格视角都比较重视中年期的人格适应,中年人与环境互动的过程一定受到个体过去人格特质(如自我概念、自我防御机制等)的影响,同时也离不开环境因素(如家庭、工作、社会风气等)的影响,但是从特质和结构来说,

---

① Dancy Kittrell, “A Comparison of the Evolution of Men's and Women's Dreams in Daniel Levinson's Theory of Adult Development,” *Journal of Adult Development*, vol. 5, no. 2(1998), pp. 105-115. Richard E. Kopelman & Michael Glass, “Test of Daniel Levinson's Theory of Adult Male Life Stages,” *Academy of Management Proceedings*, vol. 1(1979), pp. 79-83.

中年人的人格相对稳定。追踪调查发现,健康、乐观、积极影响、社会支持是中年人健康的保护因素,随着中年人年龄的增长,这些保护因素与中年人健康之间存在着积极的关联。这些因素解释了17%的身体健康差异和33%的心理健康差异①。由此可见,中年期的人格特质有稳定性,但也会因为身处环境的改变而产生相应的变化。

第二节 中年人的家庭

中年人在家庭中的角色,可以用"三明治",或者"夹心一代"来形容,一方面,中年人通常要照顾处在青春期或儿童期的子女;另一方面,中年人也面临照顾老年父母的压力。与此同时,中年人也面临夫妻关系的转变,他们所面对的夫妻关系的挑战与青年不同。以下我们就这三个方面逐一展开讨论。

一、亲子关系

青少年期被喻为"暴风骤雨"时期,中年人要培养与青少年子女的关系,与他们和谐相处,需要一个学习、实践、再学习的过程。对自我认同感的追求使青少年容易表现出反叛、挑战权威等行为,同时,中年父母也正在经历自我认同的重组,他们要学习接受"青春不再,老年将至"的自我感受,这两种心态的碰撞非常容易形成所谓的"代沟",青少年处于"什么都有可能,什么都想试,什么都可以重新再来"的时期,他们可能会不明白父母为什么要管教他们,甚至感到父母很烦。而中年父母正从"什么都有可能"的时期转向"我知道自己的限制,我要做更现实的选择"的时期,可见双方在基本立场上存在分歧。于是在日常琐事上,父母和青少年子女会有冲突或者矛盾,具体表现在对于穿什么服饰,什么时候回家等问题的看法。研究显示,如果父母和子女从后者婴幼儿时期起的相处方式都是正面的、积极的,那么当青春期到来时,二者的相处方式多数仍能保持正面、积极的方向,只是偶尔会暴露出矛盾。其实,青少年子女嘴上说不用父母"管",心底里还是很欣赏和需要父母的,特别是在确定职业发展方向等重要事项方面,需要父母的指导和建议。

除了日常生活琐事,性教育对父母来说责无旁贷,但由于各种因素,中国的父母很少直接与孩子讨论性的问题。大部分青少年无法从父母那儿学到性知

---

① S. M. Dainese, M. Allemand, N. Ribeiro, S. Bayram, M. Martin & U. Ehlert, "Protective Factors in Midlife: How Do People Stay Healthy?," *Geropsych the Journal of Gerontopsychology and Geriatric Psychiatry*, vol. 24, no. 1(2011), pp. 19-29. Ari Haukkala, Antti Uutela & Veikko Salomaa, "Depressive Symptoms, Cynical Hostility, and Weight Change: A 3-Year Follow-Up Among Middle-Aged Men and Women," *International Journal of Behavioral Medicine*, vol. 8, no. 2(2001), pp. 116-133.

识，学校的性教育也大多流于表面，朋辈群体和传媒可能是青少年获得性知识的主要渠道。然而，传媒，特别是互联网虽然有极其丰富的信息，但是监管不足，青少年如果缺乏正确的指导，很容易吸收一些不良的信息，偏听误信，造成不良的后果。父母对子女的性教育应该是中年父母的职责之一，但这确有一定的难度。首先，父母自己的性知识可能并非来源于他们的父母一辈，所以他们很难确立适宜的标准和尺度，而且在急速变化的现代社会，性观念也出现了一些变化，一些有争性的议题如同性恋、婚前性行为、未婚生育等问题都会使他们难以回答。其次，中国传统文化中缺乏代际就性问题交流的传统，父母往往不知道如何实现交流。最后，父母自己对性的观点、看法、感受也会影响他们与青少年子女的日常沟通，有时候对性议题的态度是暗示性的。如在看电视时在对一个电视剧或者电影人物做出评价的时候，在对一些社会讨论加以评论的时候。日常生活中遇到性议题时，父母应以真诚、坦然的态度与青少年子女分享他们对性的看法和感受甚至困惑，这对于青少年形成正确健康的性观念无疑是有积极作用的。为了做好这个榜样，父母之间也需要先进行讨论：如何理解性？怎样与子女分享？由谁去说？说些什么？这些问题都没有也无须统一规定，而要根据每一个家庭及家庭所处环境的特定需要来决定。例如，电视新闻刚好在讨论未婚少女怀孕的问题，这也许是一个好的机会，父母可以选择与子女一起观看这个节目，分享观看感受，讨论这一现象背后的价值观。父母要坚定立场，但也要让孩子理解社会上不同的人在性议题上有分歧。

为了与青少年子女发展亲子关系，父母要树立积极正确的观念，不断学习、反思，使自己在与青少年子女沟通的时候更有准备和信心。父母的另一个重要角色是帮助、指引青少年子女发展职业兴趣，建立职业规划。在高等教育日益普及的今天，大学毕业与职业发展的直接关系已趋向弱化，父母要在考学、毕业、毕业后进修、工作初期给予子女持续的支持，分享自己的看法和经验，帮助青少年子女了解自己的长处和短处，理解工作文化，从而作出适当的选择。由于青少年开始更多地受同辈影响，所以父母也可以选择多接触、认识青少年子女的同辈来和他们加强沟通。青少年子女的父母要谨记，任何时候都要把爱和包容放在与子女沟通、接触的首位，让子女感受到父母无条件的爱。青少年喜欢出去闯、去建立自我、去证明自己，这个过程中他们难免会遇到挫折，此时就需要父母的宽慰和鼓励。当然我们也要留意那些过分依赖父母，上了大学还万事靠父母的青少年子女，父母要培养这些孩子的独立生活能力、自我意识，以及创造未来的勇气。

作为社会工作者，在促进中年父母和青少年子女的亲子关系上至少可以从三方面入手。

第一，帮助中年父母了解青少年子女的需要，同时帮助青少年子女了解中年父母的需要。以性知识为例,社会工作者可以通过学校或者社区的教育活动,帮助青少年正确理解性的发育及性的需要,以及如何在安全、负责任的情况下参与性行为。另外,社会工作者也可以在社区帮助青少年的父母学习如何与青少年子女分享性的议题,如何在与青少年子女有矛盾时用有效的方法沟通,或者如何在青少年遇到危机时及时发现,实施帮助。

第二,在学校对青少年进行评估,及早发现青少年中的高危人群,并用个案或者团体的方法进行干预,青少年中常见的问题包括:自尊心和自信心低、缺乏生涯规划、情绪困扰(如抑郁、焦虑、人际关系紧张等)、自我认同混乱等。这些干预最好针对有需要的青少年开展,不然青少年会因为缺乏兴趣而不愿参与。

第三,对问题青少年采取干预,如吸毒青少年、参与犯罪团伙的青少年、辍学青少年、网络成瘾青少年等,在干预时,社会工作者需要与家庭成员和社会人士合作,借助警察、社区干部、邻居等的力量。在干预过程中要特别强调家庭的力量,特别是父母对青少年子女的支持和接纳。中年父母的社会阶层对青少年子女也有影响,研究表明,低收入家庭子女出现问题的几率确实比其他家庭高一点,所以社会工作者在实施干预时一定要考虑青少年的家庭背景。同时,鉴于青少年的可塑性强,有研究大力提倡用正面干预的方法来推动青少年的发展,特别是运用社会情绪学习(social emotional learning)干预模式①,综合社会信息处理理论、社会认知理论、情绪处理理论、情绪智商理论等,通过提升青少年理解、表达、管理情绪和处理社会事务的能力来促进青少年健康成长,在这个过程中,要特别关注增强青少年的自我认知、自我管理、社会认知、人际技巧、负责任地做决定五大范畴,在青少年的重要社会互动环境中,重点推动良好的亲子关系建设及家庭环境中的良性互动②。

二、夫妻关系

中年夫妻中有一部分在多年的婚姻关系中不断调适双方的互动,包括权力、金钱、家务、性、双方家庭等方面的互动,所以他们是相对幸福和稳定的夫妻;也有一些已经离了婚,进入新的恋爱关系或新的婚姻生活。一般中年夫妻的婚姻满意度趋于中等,但是男性比女性对婚姻的满意度要高一些,且双方通常在子女开始大学教育或者开始工作后对婚姻的满意度有所上升。当然也有例外,如果女性把所有感情和精神都投入到孩子身上,那么在孩子离家后,女性的生活满意度会下降,因为她突然失去了过往的生命重心,也没有意识到自己需要寻找新的

---

① J. A. Durlak, C. E. Domitrovich, R. P. Weissberg & T. P. Gullotta (eds.), *Handbook of Social and Emotional Learning: Research and Practice*, New York: The Guilford Press, 2015.

② Daniel Tl Shek, Diya Dou, Xiaoqin Zhu & Wenyu Chai (eds.), "Positive Youth Development: Current Perspectives," *Adolescent Health, Medicine and Therapeutics*, vol. 10 (2019), pp. 131-141.

生命重心，这一点需要特别留意。还有一种情况是，夫妻双方一向不合，但为了子女勉强在一起，等子女长大成人，双方觉得没有必要继续婚姻关系了，从而选择离婚。

中年夫妻的性生活需要特别关注，虽然没有研究证明中年男性和女性生殖系统的改变会直接影响性行为，但是一般研究显示中年夫妻的平均性行为频率下降，且女性报告的性行为频率一般比男性要低①。当然性行为本身受多重因素，如健康、态度、时间及夫妻关系的影响，不能一概而论，且个体差异很大。研究指出，夫妻性关系不和谐的诱因很多，有生理的，也有心理的，性关系和谐与否是夫妻关系的影响因素之一。作为社会工作者，如果需要辅导夫妻关系，性关系是一个很重要的部分，这需要一定的晤谈技巧，以及相关的理论支持。

一段婚姻可以维系，必然有其理由。研究婚姻的学者指出，能长期维持的婚姻可以被归纳为以下五种类型②。

1. 冲突型的婚姻。夫妻双方经常争吵，未必是因为他们有暴力倾向，为了一些小事争吵是很正常的，而且床头吵架床尾和，夫妻双方都有忍受力，这样的婚姻是可以维系的。临床研究指出，这类夫妻可能有互相吸引的地方，双方可能都有一些“神经质”倾向。

2. 分离型的婚姻。这类夫妻在婚姻初期很有激情，但当面对现实后，他们每天的生活只是为了孩子和工作，夫妻间共同的时间和交流都很少，双方也习惯了这样的生活和沟通模式，对于对方都没有太高的期望。

3. 被动型的婚姻。夫妻双方的关系从结婚开始就很平淡，双方各自满足了彼此的需要，这类夫妻比较多地考虑家庭而不是夫妻间的互动。

4. 情感型的婚姻。夫妻双方是彼此情感上的伴侣，注重情感分享，对他们来说待在一起就是一种快乐，所以他们愿意为了对方而牺牲自己的工作和社交，当然他们之间也会产生分歧，但是更加愿意用沟通和分享来解决分歧。

5. 完全的婚姻。在这类婚姻中，没有“我”，只有“夫妻”，他们享受乐趣、分享时间、分享工作、共同照顾孩子和父母，相对来说，他们的自我部分很小，甚至没有了自我。

社会工作者在帮助夫妻之前，应该了解以上各种婚姻类型。另外，家庭婚姻辅导员和家庭社会工作者不应把自己对婚姻、夫妻的看法和价值观强加在辅导对象身上。还有，并非所有仍然维系的婚姻对个人健康都有正面影响，例如，根据一项中老年夫妻形态与健康关系的追踪研究，冲突型的婚姻对中老年夫妻的

---

① 张丽、陈锦光：《更年期妇女200例性生活质量调查》，《中国临床康复》2005年第4期，第118页。林子寒：《男性更年期对性生活有何影响》，《中华养生保健》2018年第3期，第10页。

② David H. Olson & Blaine J. Fowers, “Five Types of Marriage: An Empirical Typology Based on ENRICH,” *The Family Journal*, vol. 1, no. 3(1993), pp. 196-207.

健康有负面影响①。各种类型的婚姻也都可能破裂。那么,怎样缔造幸福的婚姻呢?

第一,夫妻双方都愿意为了家庭的幸福而主动改变自己,包括改变自己的期望、想法和行为。这里的关键是夫妻一方愿意为了实现更好的夫妻关系而从自己做起。有很多时候,夫妻双方会指责对方不负责任等,并且认为问题在对方不在自己,希望对方改变而不是自己改变,这种期望往往成为一次又一次失望、挫败的源头。

第二,夫妻在接受自身改变的同时,也要充分认识到有些事情知易行难,通常需要相当长的时间才能改变。例如,日常生活的习惯,一些从小养成的成文或者不成文的家规等,当夫妻对对方了解越深,就越明白这些习惯很难改变,这时需要爱和包容发挥作用。当然,对于一些不合法或不道德的行为,如向配偶施暴、吸毒、酗酒等,双方应清楚地意识到要向专业人士求助,这才是真正关爱对方的表现,一味忍耐只会助长这些不良行为,最终对当事人、配偶和家庭产生负面影响。

第三,夫妻双方都要学习接受自己和对方是有限制的和不完美的人。在初入婚姻时,双方一定会有很多美好的想象,但是现实生活不比想象,再美好的婚姻也会受到环境因素的限制,不能奢求一切完美。在现代社会,人们需要越来越接受婚姻本身的不完美性,否则离婚就是这一心态之下的一个可能的选择。

第四,夫妻双方要互相信任,在任何大小事务上,信任是亲密关系的基本条件,这样夫妻才能一起面对生活中的种种困难和挑战,一起奋斗,一起成长。

第五,夫妻双方在互相依靠和各自独立之间要不断地寻求平衡,夫妻从某种名义上说是要互相依靠的,但是过分依赖对方会造成负面影响,所以双方既要互相依靠,又要各自独立,这不仅是生活,也是艺术,需要夫妻双方在日常生活的点点滴滴中不断追求才能获得。

第六,夫妻双方要学习享受夫妻之间的生活,培养共同的兴趣,共同创造出自己婚姻生活的历史。

第七,夫妻婚姻美满也有偶然因素的作用,失业、意外、原生家庭的情况等,都不是夫妻两个人可以直接控制的,如果能很好地实践以上的六点,或许可以更好地应对偶然因素带来的挑战。这些方法不仅适用于初次婚姻,也适用于第二次乃至最后一次婚姻,有时候,如果最初的选择不适合,不妨试一试重新再来。

2023 年中国婚姻家庭报告数据显示,中国 2000 年至 2021 年全国结婚率数据呈“先升后降”趋势。2022 年结婚率为 5.4‰,相比 2013 年最高点 9.9‰大幅

---

① Yingling Liu & Laura Upenieks, “Marital Quality and Well-Being Among Older Adults: A Typology of Supportive, Aversive, Indifferent, and Ambivalent Marriages,” *Research on Aging*, vol. 43, no. 9-10(2021), pp. 428-439.

下降。与此同时，离婚率同样先升后降，由 2000 年的 0.96‰上升到 2019 年的 3.4‰，2020 年、2021 年，离婚率分别因疫情及离婚冷静期政策的实施而下降，为 3.1‰和 2.0‰。人们经历第二次婚姻的概率比过去大大上升了。第二次或第三次婚姻与第一次婚姻有什么不同呢？第一次婚姻的结束大多是缘于一些不愉快的经历，这或多或少会对当事人造成一些影响，所以当他/她再一次进入婚姻时，需要重新适应。

第一，要在情感层面再次建立亲密关系。由于婚姻中的亲密关系是其他关系无法比拟的，所以第一次婚姻的状态会对以后的婚姻有影响，初婚甜蜜的会担心下一次不会再这么甜蜜，初婚痛苦的会担心下一次会同样不幸，在第二次甚至第三次婚姻中建立信任的亲密关系需要夫妻双方比第一次婚姻更加体谅、理解和宽容。如果双方都有多过一次婚姻的体验，就更需要时间，如果还牵涉前一段婚姻带来的子女，那么家庭关系的维持更需要沟通和合作。如果一方是第一次婚姻而另一方不是，那么第一次进入婚姻的一方更需要适应。

第二，夫妻双方要在自我空间上重新调适。第一次婚姻的开始常常发生在自我生活方式还没有完全定型的时候，而中年期进入第二次婚姻的个体往往已经建立了一套自己的生活方式，且不容易轻易改变，所以有些中年人宁愿选择同居而不愿选择婚姻，他们希望最大限度地保持自己的独立性，同时在孤独时有人陪伴。

第三，夫妻双方都要重整人际关系。有一些双方过去的共同朋友，可能由于婚姻关系的结束而改变了，而新的婚姻又会带来新的关系网络，这都需要时间和勇气来面对。

第四，中年再婚不像年轻时初婚那样在婚姻中才开始建立经济共同体，中年人往往已经有一定的经济基础，怎样在再一次的婚姻中协商经济分担、未来规划、父母照料等，这一系列的问题有时会阻碍两个中年人再一次进入婚姻。如果经济上不宽松，家庭负担又重，那么经济问题常常会引起家庭矛盾。在西方社会，由于离婚和再婚已经成为普遍现象，所以社会对此的接受程度比较高，中国社会在近 20 年发展迅速，虽然离婚已经不再是社会禁忌，但是婚后维持良好关系仍需夫妻双方付出心血。

第五，父母亲子关系的重整，由于再次婚姻，当事人会成为继父或者继母，这类亲子关系可能在 2~3 年后由于这次婚姻中孩子的出生出现新的转变。往往当事人第一次婚姻的孩子已经长大成人后，第二次婚姻中的孩子才出生，中年人再一次成为婴儿父母，这无疑都会增加婚姻、夫妻、家庭关系的复杂性。要成功与继子继女建立关系是一件非常有挑战性的事。一方面，要尊重这些孩子与自己亲生父母保持亲密关系的需要和权利，这与亲密关系的排他性相悖。另一方面，夫妻在建立亲子关系的同时还要建立新的夫妻关系，这就更加困难了，如果这个孩子适逢青少年期，那么发生矛盾和冲突时如何沟通对整个家庭来说都是一种挑战。有时候，作为继父或者继母，中年人会在教育孩子方面感到犹豫，面对两难。当然，大多数再婚家庭都能在经历一段适应期后成功建立新的沟通模式，共同享受美好的生活。

三、照顾父母

国家法律规定子女有赡养和照顾年长父母的责任和义务，这也是中国自古以来的文化传统，目前这一代的中年夫妇多数还可以与兄弟姐妹共同照顾父母，在经济安排、居住安排和照顾安排方面分工合作。在这种情况下，通常有几种常见的照顾模式，一种是父母仍选择与长子（或者儿子）同住，照料主要由儿媳妇来承担，经济供养可以由几个子女分担。另一种是老年夫妇同住，当一方去世后另一方独居，独居老人大多数需要重新选择居住方式，这对中年一代和老年一代来说都是一个挑战。就中国的情况来说，独生子女政策之下形成的"四二一"一代到了中年，夫妻双方的父母都需要照顾，未成年子女的学习和生活也需要经济支持，他们承受的压力会很大。

照顾父母要有经济、心理及其他方面的准备。在经济上，虽然大部分城乡居民都有医疗保险，但是医疗护理开支依然是一笔很大的开支，有时候不早做准备的话，未必能有长期的支付能力。在心理上，要照顾老人需要对老人的病情、身体残疾情况，以及日常的生理和心理有充分了解，如照顾一些特殊的老年人常见病需要一些特别的技巧，不是每一个人天生就能胜任的。而且长期照顾老人对照顾者的身体是个很大的考验，对其心理也容易造成压力，时间长了照顾者自己也会出现疲劳、倦怠、身体变差、情绪不稳定等情况，进而老年人容易被忽略、受虐待、被迫入住养老院。所以承担主要照顾责任的中年夫妻之间，理解、沟通和支持尤为重要。非同住的子女要充分理解家庭照顾者所面对的压力，尽自己所能提供支持。

在人口结构快速变化的今天，出现了三种照顾父母的新情况。第一种情况是跨国代际照顾，即中年子女在海外，年长父母在国内生活，传统社会子女多，在海外的子女多少会依靠在父母身边的子女提供日常照顾，自己提供金钱支援，但是目前和未来的社会子女数目少，长距离的照顾对中年子女提出了不小的挑战，例如，如何解决日常生活照顾，紧急情况下如何安排，医疗决定由谁来做等。第二种情况是父母在养老机构居住，子女在社区居住。在传统社会，只有家庭照顾无法实现，如没有子女或者子女由于自身疾病而无法照顾的情况下，老人才会住进养老机构，但是随着社会的发展，养老机构发展很快，有候鸟式的、连锁式的，还有从自理、半自理到不能自理一站式的，无论是中年子女还是老年父母都对去养老机构养老有了不同的理解。当然，即使在养老机构养老，儿女也不能完全放手，比方说医疗决定还是需要子女来做，另外养老机构对经济要求一般比较高，不同家庭的承受能力差别很大。有的家庭经济条件好，子女也尽心，很可能作出让中年子女和老年父母都满意的安排。而有的家庭可能由于经济条件有限而显得有心无力。第三种情况出现在“四二一”家庭中，中年家庭的夫妻二人都是独生子女，从理论上说有责任照顾两边的老年父母，虽然说四个父母同时有健康问题的可能性或许不大，但是如果一个接着一个产生健康问题，需要短暂或者长期照顾，就会给照顾者带来很大压力，如果两个家庭不在一地，周到的照顾就会更难实现。自 2018 年起，部分省市尝试修订老年人权益保障条例，倡议独生子女在老年父母住院期间，能享受单位提供的护理假，全国人大代表也曾提出议案，但是要求单位、雇主提供带薪护理假，还有很多现实的困难。

第三节　中年人的职业

职业对相当一部分的中年人来说是家庭以外的另一个重心，工作是社会地位、收入、自尊及人际关系支持网络的结合点。在现代社会，对大部分人来说不工作在社会上几乎没有立足之地，而如果失业很可能会使整个家庭陷入贫穷。在传统社会中，很多女性在家从事家务，而随着中国的现代化，越来越多的女性选择工作而不是在家全职照顾孩子和家庭。目前仍然存在一些家庭，其一位成员的经济能力是以负担全家的开支，另一位成员（女性居多，也有部分男性）选择成为家庭职业者，并且倡导尊重家庭职业者，认同他们对家庭、社会的贡献。

一、职业生涯的发展

中年人的职业发展一般没有年轻人那样有弹性，其职业稳定性较高，但是现代社会越来越强调职业弹性，提供永久工作机会的公司越来越少，职员在合约精神下工作。合约精神的基本原则是合约完成后雇佣关系就自动解除，除非重新订立新的合约。劳动力市场受经济形势、经济结构转型、社会变迁等因素影响较大，很多雇员在特定时期遭遇失业。

追求稳定的职业需要有一定的工作动机，就业动机的理论在早期与马斯洛的需要层次理论相配合，也就是说，就业动机理论假设当工作收入可以满足温饱和安全需要时，工作就成为满足价值实现、归属感、自尊需要的机制。

由赫克曼和欧德汉姆（J. R. Hackman & G. R. Oldham）发展的工作动机理论认为工作动机与工作本身的性质（如工作所要求的技巧、工作的种类、工作的重要性、工作的自主性及工作过程所得到的回馈）有关①，但是这些关于工作性质

① J. Hackman & G. R. Oldham, “The Job Diagnostic Survey: An Instrument for the Diagnosis of Jobs and the Evaluation of Job Redesign Projects,” *Affective Behavior*, vol. 4, no. 87(1974).

的变量受到个体主观心理过程的影响,包括是否感受到工作是有意义的,是否认识到自己对工作的责任感,以及是否了解自己工作的成果等。一个感到工作有意义的员工会比一个感到工作毫无价值的员工更能激发出内在的工作动机,对工作的满足感也会更强,同理对自己的工作有责任感的员工也会更能够感受到工作的意义和满足感。

在传统社会中,中年人的职业相对稳定,技术也较年轻人熟练,而且有更多机会担任负责人或者领导。研究表明,当中年人有一个相对稳定的工作时,他们一般比年轻人的工作满意度更高,而且这一现象不受受雇者的个人特征和工作性质的影响,也就是说在相同的工作环境下,中年人比年轻人更少抱怨,原因可能是中年人比年轻人有更现实的工作期望,或者是中年人经过很多尝试后找到了自己的工作目标,所以更愿意在工作中投入自己的时间和创造力。

现代社会变迁快,社会经济也由劳动密集型向知识密集型转变,部分中年人会由于知识水平和技术能力有限等原因被年轻人赶上甚至超越,这一中年群体在工作很多年后,还不能有稳定的收入,随时会由于工厂倒闭、行业结构调整而失去工作。由于近二十年来信息科技发展太快,中年人要跟上时代,就需要重新学习,这也会影响他们的工作满足感。本来手写的报表现在要使用计算机,本来靠经验操作的机器现在用自动化计算机控制,本来需要几个工作日才能完成的工作,现在在机器的帮助下可能几小时就能完成。在适应这些变化的过程中,那些低学历的、智力水平一般的人往往容易被淘汰,在主客观条件的相互作用下,有些中年人从工作岗位上退下来,成为失业者之一。因此,在有意愿、有需要进入职业生涯的中年人中,社会工作者要留意的是那些没有能够找到自己职业方向的群体,或者是由于社会经济结构转型而需要改变自己职业方向的群体。再培训、再就业对中年人来说是很大的考验,但是社会工作者相信工作能够为个人带来尊重、信心和社会资本,对个人、家庭及社会都有益处。帮助中年人再就业是社会工作者的一项重要工作。中年人失业后,是否向家人说明,如何说明等问题都是心理上的难关,瞒得越久就越难开口,再者长期失业不但会造成技能贬值,还会造成社交关系疏离及情绪健康受损,如果社会工作者能尽早干预,不仅有利于中年人个体的生活,还有利于家庭和睦。

二、职业与收入

不同的职业在收入方面存在一定的差距,根据国家统计局的统计,2022 年所有非私营行业中,平均收入最高的三种行业有信息传输、软件和信息技术服务业,金融业及科学研究和技术服务业,2022 年的平均收入在 16 万到 22 万元之间。2022 年平均收入最低的三个行业是住宿和餐饮业,农、林牧渔业及居民服务、修理和其他服务业,平均收入在 5 万到 6.5 万元之间。而同一行业的地区差异也很明显，例如，收入最高的信息传输、软件和信息技术服务业，在不同地区差异可达3.4倍①。

可见在讨论职业和收入的时候，一定要考虑行业差异和地区差异，在科技发达的地区，信息技术、科技创新、金融等行业都有较好的发展，相应的职业收入也较高，而在基础工业为主、商贸相对不发达的地区工作，或从事第一产业的职工收入都会较低。

这些事实在很大程度上影响青年人的就业选择和职业发展生涯，一般来说，社会鼓励青年人向上流动，从事收入更高的职业，从而改善生活质量。但是人到中年，要改变职业发展的路向已经不容易，在知识型经济发展的今天，职业和收入的提升不再主要依靠年资，更多要看学历背景及过去的工作成就。中年人如果在青年时进入收入较高的职业，乘着社会发展的东风，他们到中年后更大概率能享受到高收入，而在社会高速发展的超大城市如北京、上海、广州等地冒险创业的中年人会经历收入不稳定，所以在理解职业和中年人收入的时候，必须充分地考虑到社会发展情况及当事人自己的背景。这一代的中年人出生于20世纪70—80年代，成长于80—90年代，正是中国社会开始市场经济转型的时期，彼时社会变化快，有准备的、能抓住机遇的中年人迅速成为社会上的富裕群体，例如，在90年代初上海恢复股票市场后出现了一批在股票市场获得自己"第一桶金"的"百万富翁"，2000年后的创业投资也引起了不少社会讨论，这些例子不断挑战着传统社会对人生发展轨迹的集体共识：认真读书—找一份稳定的工作—勤勤恳恳工作一辈子—积累财富—安安稳稳退休。经过改革开放40余年，社会意识形态发生了一些改变，职业发展路向多样化，大众也明白了机会要随时去把握，努力、勤奋不意味着在中年一定有稳定的收入和财富的积累，信息和创新、金融和资本市场也有机会使中年人以非常规的形式获得大量财富或者失去过去所有的积累。在20世纪90年代及之后，经历过初期的涨市、1992年的跌市、1992年底的"扩容"涨市、1994年的大跌市、1996年的跌市、1997年的股灾、2008年的金融风暴，以及1995年到2000年初的互联网泡沫，经济环境急剧变化，个体在这种国际化、全球化的科技及金融联动中很难独善其身。这提醒我们要全面理解中年人的职业生活，不能再秉持传统的价值观念来服务中年人。但是，我们也要留意到传统价值观还没有完全消失，对大多数的中年家庭来说，稳定的工作和收入还是首选。现代中年人的收入除工资收入外，还可能包括在投资等商业活动中的收入，由于投资活动的风险非常大，而且越来越受到经济全球化等外部因素影响，所以中年人的收入存在两极化的情况，有少数中年人通过年轻时的财富积累，以及将其投入到资本市场后的获利而变得富裕起来，他们的收入与自身

---

① 国家统计局编：《中国统计年鉴2023》，中国统计出版社2023年版。

职业发展历程之间的关系可能不那么密切。但是也有一部分中年人由于多重因素,如自身学历背景限制,职业发展生涯的阻断,或者在创业或者投资市场的失手而影响了自己的收入。对中国城镇居民收入差异的研究表明,目前城镇居民,特别是低收入人群的收入的主要来源仍是工资,他们获得工资外收入的机会较少,同时失业的机会较大。另外,改革开放40余年来中国社会福利体系也逐步完善,在就业议题上,除了要关注收入,还要关注与福利制度相关的再分配及其地区差异,以2019年城镇在岗职工基本养老保险参保率为例,东部地区达到44.36%,中部地区只有28.06%,职工基本医疗保险参保率东部地区达到50.58%,中部地区只有26.16%①。由此可见,中年人中隐藏着一些低收入的高危人群,更有一些由于低保障所隐含的未来因病致贫、因没有退休保障而要依赖家庭养老的群体,很值得社会政策和服务人员的重视,这一点本书将在后面的章节详细讨论。

三、女性与就业

虽然男女平等的观念在中国已经推行了很多年,但是女性在社会上的地位,女性的职业生涯,乃至女性人生发展的轨迹仍然比男性需要更多的关注。

由于社会就业市场普遍存在的性别不平等现象,从雇佣条件、工种、工资收入等方面来看,女性在职业生涯的早期已经处于不利地位,特别是在收入方面。研究表明,在劳动力市场上,受教育年限每增加一年,收入可以增加3%左右。2020年的人口普查发现,全国女性文盲人口占15岁及以上女性人口比重为4.95%,男性则为1.62%,这一男女差异随着时代的发展正在消弭,但在25岁及以上人群中,女性文盲所占比例都高于男性文盲;而在接受高等教育方面,全国学历为本科和研究生的女性占15岁及以上女性人口比重分别为8.12%和0.93%,男性则为8.12%和0.94%,几乎没有区别②。从以上数据可见,女性在早期受教育的机会远远比不上男性,但是一旦女性能受到正规教育,在后续就能达到与男性基本相同的成就,这一点在讨论性别议题时值得关注。然而,受教育年限对收入的增益并没有公平地体现在女性身上,在控制了其他因素(即假设劳动者有相同的劳动生产率)之后,女性收入比男性低的情况还是相当普遍,收入差距随着年龄的增长而扩大,在50—60岁年龄组,女性职工平均工资是男性的76%左右,已婚并有生育史的女性,如果有三个或者以上子女,工资是男性的68%左右。男女收入差异还受到工资水平的影响,在工资水平较高的组别,男性

---

① 卢倩倩、许光建、许坤、佘欣艺:《中国居民收入分配体系:演变、特征与展望》,《宏观经济研究》2021年第7期,第5—15页。

② 国务院第七次全国人口普查领导小组办公室:《中国人口普查年鉴—2020》(上册),中国统计出版社2022年版,第349、397页。

和女性工资差异缩小，例如，在最低的 10 分位工资组别，差异为 30%左右，而到了最高的 90 分位组别，差异下降到 22%左右①。

学者运用不同的理论视角尝试解释女性为什么比男性收入低。传统理论主要强调，女性在社会分工中的角色使其容易投入劳动生产率低下的职业，加上女性受教育程度一般较低，也没能形成有力的工会组织为自身争取权益，所以女性收入普遍较男性低。在之后的讨论中，渐渐形成了两种观点，一种观点认为女性的工资收入低不等于女性受歧视，只是反映了女性和男性在社会上从事不同职业和岗位的工作，不应过分夸大性别歧视。这种观点有淡化性别歧视的倾向，认为造成收入不平等的原因在个人，如受教育程度、工作经验等。另一种观点认为职业和收入的社会规则本身就存在性别歧视，因为社会把劳动力市场划分为两个层级——一级市场和二级市场。一级市场中的工作对工作效率要求高，工作前途也较好；二级市场所提供的工作机会要求的工作效率相对低，以劳动密集型为主，但是弹性大，不需要很多工作经验。女性由于工作以外的责任较重，如结婚生育、照顾年幼的孩子、照顾体弱的家人等，进出劳动力市场的频率较高，近年来鼓励生育三胎等政策对于女性在职场上的流动也有一定影响。总的来说，女性更容易进入二级劳动力市场，或者间断性地在劳动力市场进出，这间接解释了男性和女性收入的差异。

从人力资本理论来看，人往往会投入回报高的项目，普遍来说，女性的工作周期比男性短，因而可以回收投入的期限也较短，所以家庭或者个人会更愿意在男性身上投入教育和进修的资本、时间等。例如，当一对年轻夫妇面临谁先进修的问题时，他们会考虑是否能得到合理的回报，以及多久能获得回报等问题，女性往往由于考虑生育，或者考虑要花更多时间照顾年幼儿童而把先进修的机会让给男性。当中年夫妇的父母出现体弱或者残疾而需要照顾的时候，往往还是女性放弃进修机会承担起照顾父母的重任。在平时每一天的家务分工中，我们也可以看到男性比女性有更多时间投入工作。生命历程对时间利用的性别差异有影响，在结婚前，男性和女性在生理时间、工作时间、家务时间和休闲时间利用方面的区别并不明显，但是结婚后，特别是生育孩子后，时间利用的性别差异逐渐提升。在城市，女性能维持工作时间，但是增加了家务时间，减少了生理时间、休闲时间。在农村，女性减少了工作时间并增加了家务时间②。值得关注的是男女家庭分工不直接等同于家庭中的权力分配，做家务多的女性不一定在权力上弱于男性，而且步入中年后，社会资本如社会关系等对权力的影响渐渐增加。

---

① 谷晶双：《中日性别工资差异比较研究》，《东北财经大学学报》2019 年第 4 期，第 65—73 页。

② 许琪：《时间都去哪儿了？——从生命历程的角度看中国男女时间利用方式的差异》，《妇女研究论丛》2018 年第 4 期，第 19—32 页。

但是，承担更多家务的女性总体上在职业发展方面落后于男性，这一点在社会发展的进程中是有目共睹的。

中年女性就业在中国既是一个问题，又是一个挑战，说女性就业是个问题，是因为在20世纪90年代至21世纪初由于国有大中型企业转型而“下岗”的工人中，女性占了相当的比例，她们的再就业问题成为社会政策和服务中需要重点关注的部分，“4050工程”等社会政策和服务都发挥了帮助中年女性再就业的功能。该工程致力于解决40岁以上女性和50岁以上男性在下岗后的再就业问题，各地在实施这一项目时都应加强政府的政策指导，但亦应充分利用市场化机制在社区创造就业机会，利用再培训把下岗工人引导到新兴市场的工作中去，如家政服务、社区护老服务、旅游服务等。近年来，创业培训也开始兴起，有志于自己做小生意的中年人可以选择再开拓新的事业空间。如果把现代老年人工作就业的新趋势——弹性工作放在一起来讨论，那么中年女性再就业不应被看成一种临时性的安排。关于延迟退休年龄的政策，从女性的视角来看更值得思考，能否采取用弹性工作作为退休的过渡安排，或者调整工作岗位、多人分担工作等措施，让不同年龄层的人在职业发展上更有选择，活出精彩人生，这是就业政策制定部门可以考虑的。

在“十四五”期间，如何保障广大女性参与经济活动的权利是重中之重，特别是要保障女性不会因为要料理家务或者照顾家人而失去工作，这一问题在农村女性中尤其突出。在劳动力市场中，年龄偏大(35岁以上)、文化程度偏低及没有技术能力的劳动力人口转移就业最困难，而农村中年女性正是这一群体的主力军。为了帮助她们就业，要考虑至少五方面的因素。第一，提高技能和文化水平，使农村女性在进城后不再停留在“简单体力劳动力”的阶层，等到体力下降时又被迫返乡务农，失去获得某些以长期就业为资格条件的社会保障的机会。要鼓励她们在城市中充实自己的文化知识，政府部门或社会机构也应开办适合这些低文化女性再学习的课程，提升她们留在城市持续工作的能力。第二，在她们的返乡高峰即结婚生育时期，加强幼儿服务，使她们能够在照顾子女的同时外出务工，兼顾家庭和工作，从而增加她们成功融入城市生活的机会。加强小学教育的配套设施也是必不可少的部分。第三，一些技术含量不高的产业可以考虑有计划地向偏远地区转移，使农民务工不再大量流向大城市，而是向中型、小型城市转移，还可以在大城市周边发展小型城市群，使低技术劳动力可以在离家乡不远的地方务工，这样女性既可以照顾家庭，又可以外出就业。第四，提升女性的就业质量也需要关注，非正式就业的雇员获得社会保障的机会少之又少，从生命历程的角度来看，这些女性不但在就业年龄获得的工资低、福利少，而且在退休后能得到的保障也非常有限，对个人、家庭和社会都带来不利影响。第五，女性就业历程中的歧视情况有待得到进一步的重视和改善，人员招聘中对年龄性别的显性歧视或许会随着雇主法律意识的提升而有所减少，但是在工作场所的隐性歧视如保障不足、培训无门、超时工作等还是相当普遍，在基层缺乏保障意识和保障机制的情况下，个别女性会产生无力感。①

综上所述，中年女性就业不仅要考虑年龄，还要考虑城乡差异，以及性别差异，作为社会工作者，应结合案主情况，将各种因素充分考虑在内，并坚持一个基本观点：女性有能力和有需要参与有偿工作，女性不参与有偿工作在很多情况下不是她们自己的选择，生育扶养子女、照顾家庭和老人，这些不计算在社会生产总值中的工作使女性到中年后被迫失去工作，到老年后失去保障。

第四节　中年人的社会参与

一、社区参与

“各人自扫门前雪，莫管他家瓦上霜”，这句古话反映出在传统文化中人们比较偏向照顾家庭而不太重视参与社区，但是时至今日，社区建设、群众参与已经成为我国基层社会发展不可或缺的部分。中国的社区建设是在社会转型、经济转轨、单个人转向社会人的过程中发展起来的，依赖扎实的组织基础——街道、居委会，也遵循一定的文化传统，如邻里互助。在20世纪80年代后期社区服务开始发展的基础上，2000年党中央、国务院转发了《民政部关于在全国推进城市社区建设的意见》，把社区建设列为提升居民生活质量的重要渠道和机制之一。2020年，国务院发布了《关于全面推进城镇老旧小区改造工作的指导意见》，进一步指出要坚持以人民为中心的发展思想，坚持新发展理念，按照高质量发展要求，大力改造提升城镇老旧小区，改善居民居住条件，推动构建“纵向到底、横向到边、共建共治共享”的社区治理体系，让人民群众生活更方便、更舒心、更美好。

社区从组织和功能上都为民众提供了参与社区事务的平台和机会，居民可以为社区内有需要的人提供服务，为社区的卫生治安、环境、文化生活提供意见和建议，带领大家共同努力创建文明社区。所以在各个不同的社区都设立了社区服务中心、服务站、专项社区服务和便民站等，希望能最大限度地整合社区资源，共同解决社区问题。现代中年人的社区参与可以从以下三个方面加以讨论。

首先，是创建社区互助层面。由于住房条件的改善，越来越多的家庭拥有了自己的居住单位，与邻居共用厨房、卫生间的情况大幅减少，这样的变化有进步

① 张丽宾：《“十四五”及今后一个时期中国妇女发展面临的突出问题及下一步工作的目标任务——从保障妇女经济权利的角度》，《妇女研究论丛》2020年第6期，第5—7页。

和发展的一面,但也增加了邻里互动的障碍。在城市的公寓式住房中,邻里关系已经淡化,了解邻居的家庭情况并能互相帮助的不多,社区便民网站在一定程度上弥补了高度都市化带来的问题,使信息和物质上的互助又成为可能。

其次,是非地域性社区的发展层面。网络社区的发展为社区参与带来了新的挑战,网络社区(如交友网站、兴趣网站等)确实为参与者提供了很多方便,使他们可以足不出户地与世界各地的人沟通、交换信息、参与讨论和活动。但是这类社区的发展需要参与者具有一定的文化知识,掌握网络技术,这并非大多数中年人(特别是低学历女性)所能做到的。另外,网络社区与地域社区所关注的问题有一定的差别,地域社区比较关注本地域的问题,也关心本地域社区原有资源的整合及社区的特点,而网络社区可以关注更广泛的问题(如全球变暖、生态保护、女性权益等),当然如果能把两者有机结合起来,最为理想。例如,在参与讨论全球变暖的时候想想自己的社区能否为减排出一份力,当然,由于非地域社区的自由度大,所以参与者中可能未必有居住在同一地理社区的参与者,因此这一结合还面临许多困难。

最后,是在社区参与中的冲突和矛盾层面,例如:社区需要建立统一的废物回收、处理装置,放在哪个位置是一个问题,毕竟谁家都不想垃圾站在自己家门口;买菜方便是很多社区居民的愿望,大家希望菜场的步行距离不要太远,又能有多种干货、鲜货提供,但是住在菜场楼上或者旁边的居民会感到非常吵闹,因为每天凌晨菜场就开始运作,直到深夜,车声、人声也不能停息,吵闹不休;社区里的空置房屋时有外来人员租住,本地市民可能会感到安全和卫生受到一定的威胁。对于这些社区内不同利益集团的矛盾和冲突,有几种可能的解释。第一,社区分层说,当社会将某种拥有某些特质的人与其他人分离出来的时候,他们也会要求享有不同的生活方式,包括社区环境,明显的例子有高档住宅区、城乡接合部的外来人口住宅区等,社会等级在居住环境中体现出来。对高档住宅区来说,社区居民可能会较少考虑菜市场的远近问题,因为居住者更偏好安静的环境,而不是方便购物。这种社区分层对社会发展有利也有弊。第二,冲突理论,冲突理论强调在一个特定社区中,掌握权力的人会为了维护自己的权力而不顾他人的利益,他们或者由于人多势众,或者因为与当权者关系密切而得益。在社区参与中我们也会见到这种情况,有些人因为拥有某些人际关系或者资源而能够更好地链接社区资源,也更知道如何利用社区资源来满足自己的需要。例如,社区举办的活动、提供的服务往往不是每一个社区居民都能够在第一时间了解,而那些社区的核心成员,或者曾经参与过活动的人可能就会比较有利。

社区参与对个体有积极影响。首先,社区参与真正体现了人的社会性。工作是个体参与社会的一种有效途径,但工作中个体对所参与的活动往往缺乏话语权,而且工作中的决定主要由利益驱动,所以工作中获得的满足只是局部的、片面的。而社区参与能够从个体赋权和集体赋权两个方面来帮助个体、家庭和社区发挥潜能。其次,从个体角度来说,参与社区活动有利于提升个体对社区的归属感,也能使其在参与中获得更多的自信心和能量,当然这需要在整个参与过程中鼓励个体充分表达意见,即使有不同意见,也不能用权力来决定,而要用公开、公平、民主的方法来使参与者明白彼此的考虑。必须认真考虑的一点是,如果每一次社区参与中群众提出来的议题都得不到解决,他们的意见也未得到充分表达,久而久之,群众就会产生"参与了也没有用"的感觉,逐渐丧失积极性。再次,对家庭来说,一起参与社区活动可以促进家庭关系的和睦和家庭成员之间的沟通,或者培养共同的兴趣。特别对于中年家庭来说,可以夫妻一起参与社区活动,关心社区事务。最后,在社会层面,社区是大家的社区,大众的参与和贡献是建设社区的必要基础,也是社区社会工作者的工作重点之一。

社会工作者在社区中鼓励群众参与,要注意以下事项:第一,参与社区活动本身有利于居民产生对社区的归属感,所以社区参与不应该只限于少数所谓精英分子,或者热心人士,而要有一定的群众基础。第二,社区参与可以提供一个全社区居民一起分享参与成果的平台,可以起到鼓舞作用。要避免给社区居民一种高高在上的感觉,这会使居民的参与意愿降低,也会有更多人表达不满。第三,社区参与给了居民一个用自己的力量改善社区的环境和生活质量的机会,在这其中有一些群体的声音特别值得我们关注,如妇女、儿童、老人、外来人口等,他们有时候未必是最积极参与社区事务的群体,却可能是受社区环境影响比较大的群体,他们未必有能力独立改变环境,所以鼓励他们参与是非常重要的。

近年来,人口老龄化冲击全球,世界卫生组织在2007年就指出,要实现健康老龄化,必须内在资源和外在环境双管齐下,也就是说,一方面要加强中老年人自身资源和能力的培育,如健康生活习惯的养成、疾病的早发现和治疗,另一方面要建设一个年龄友善的社区(城市)①。在中国这个人口大国,人口老龄化的速度相当快,智力或者身体功能受损的老年人如何能得到适当的照顾,实现居家养老?在社区内发展多功能小型化的适老设施和服务相当重要,对于中年人来说,自己使用适老设施的机会不大,但父母可能需要。如果能在社区内营造年龄友善的物理和人文环境,势必能有力支援中年照顾者。

这几年来,在新冠疫情防控方面,在中央和各级地方政府的有力领导下,基层组织和社区发挥了不可或缺的作用,无论是社区封闭式管理、居家隔离或者监测,还是社区环境维护、社区间的协同等工作,都体现出社区内居民参与的重要性。社区是大家的社区,当疫情来临,人人有责,从这个角度来说,社区作为基层

---

① World Health Organization, *Global Age-friendly Cities: A Gaide*, Geneva: World Health Organization, 2007.

生活单位具有不可替代的重要性。

二、持续学习

学习在中国传统文化中不仅代表一种智力活动，还表达了对知识的追求，甚至意味着知识与道德的结合。学习可以达到修身养性之功效，学成者还可以用学到的知识回馈社会，因此学习不只是一种个人的活动，还是一种与社会有关的活动[①]。从这个意义上说，持续学习是每个公民的责任，是完成和实现自我的过程。不过现代意义上的持续学习，似乎越来越与工作能力挂钩了，经济转型和知识型社会的到来，使劳动力市场需求的人才与劳动力实际知识和技能水平出现不匹配的情况，一些读书不多、也不掌握技术的劳动力被要求进行再培训，从而增加再就业的机会。一些在30年前被认为是高学历人才的中年人也要不断“增值”，学习新的知识。一些专业团体要求每一个成员每年有固定时间的继续教育，希望能通过这些活动让专业人员跟上时代发展的步伐，更好地在专业领域发挥所长。持续学习越来越成为一种普通的生活方式。

从政策层面来看，联合国1948年发布的《世界人权宣言》就已经将受教育权确立为基本权利。1985年，联合国发布《学习权利宣言》，再次强调“学习权”是人类生存的一项基本权利，不可或缺。1994年，首届“世界终身学习会议”在罗马举行，会议将终身学习确定为21世纪发展的核心思想。我国也认可终身教育对促进全人发展和社会进步的重要作用，并致力于将发展能服务全民终身学习的教育体系作为完善国家基本公共服务体系的重要组成部分。许多国家都有针对低技术水平、低教育水平的失业人员的再培训计划或服务，也有提供给全体公众的持续学习基金，鼓励公众参与。持续学习有助于提升社会资本，不仅对个人有利，对家庭有利，也对社会有利，所以长远来讲，政府投资继续教育将有利于国家可持续发展和文明程度提升。目前，我国上海、福建等地有相关政策保障终身学习的权利。中国近些年来展开了终身教育政策建设的探索和研究，相信在不久的将来，终身学习将成为重要的政策导向，获得体制和资源保障，我国也将迈向学习型社会。

英国的研究发现，持续学习行为与人生发展历程和经验有关，在访问了1000个参与正规持续学习的个体后，研究发现大约有37%的受访者在之前没有参与任何形式的持续学习，有18%在接受基本教育之后就参与了持续学习，但是完成后就停止了，有25%是在中年以后才开始参与持续学习的，有21%的受访者在结束基础教育后一直参与持续学习。该研究特别指出中年期是参与持续

---

① Jin Li, “US and Chinese Cultural Beliefs About Learning,” *Journal of Educational Psychology*, vol. 95, no. 2(2003), pp. 258-267.

学习的高峰期，中年人参与持续学习有一些是为了丰富生活、提高兴趣，但也有相当比例是为了生计，为了降低失业的风险，或者为了在失业后尽快找到工作①。

如果社会工作者有机会推动服务对象持续学习，在服务中要注意以下的几个方面。

第一，时间因素。时间因素包含两方面：一方面是历史和时代的变迁，20世纪60—70年代出生的当前的中年人和80—90年代出生的未来的中年人，持续学习的需要是不同的。另一方面是个人人生发展的阶段，中年早期和中年晚期（步入老年期）持续学习的机会、经验和期望也不同。如果在童年早期有良好的学习习惯，个体更有可能成为一个持续学习者，所以持续学习不应该在中年期才开始推广。

第二，地域因素。地域因素包含城乡差异及不同地区之间的差异，城市居民接受正规教育和继续教育的机会比农村要多，农村居民在完成义务教育后很难再接受继续教育。因此，当城市的继续教育课程面对农村来的务工人员时，在课程设计、讲授方式、作业等方面都要精心调整。

第三，科技因素。运用科技是未来继续教育发展的一个重点方向。远程教育、网络教育、电视教育等都是继续教育可采用的方式。然而，研究表明，如果一代人没有运用计算机的知识和习惯，很难在中年期有动机参与这些新型学习方式，他们会比较喜欢参与传统课堂学习。就这一点来说，中国的继续教育在科技运用方面不宜走得太快，不然会有一大批城市中年人，以及从农村到城市的中年人无法很好地适应并参与学习。

在全球化持续发展的今天，持续学习应该成为一种责任，每个公民都要充分认识到持续学习的好处，并积极主动地寻求持续学习的机会。作为一个社会工作者，认识到这一点非常重要，我们要反思有哪些人可能没有主动学习的动机，或者我们提供的课程无法满足哪些人的需要。就这一代的中年人来说，持续学习大致沿着以下方向进行：

第一，与工作相关的学习，这又可以进一步分为专业持续进修（大部分与专业资格认可挂钩）和职业转型所需要的基本训练。持续进修的参加者学习动机强，学习目标明确。而为职业转型而参加学习的人可能离开学校很久，缺乏学习动机和学习技巧，又很担心自己的前途，在针对他们的课程中要加入厘清学习（乃至人生）目标，反思工作动机和职业发展，以及再认识工作与人生关系的环节。另外，由于大部分职业转型基本训练的参与者是青年人或者中年人，所以一

① Stephen Gorard & Neil Selwyn, "What Makes a Lifelong Learner?," *Teachers College Record*, vol. 107, no. 6(2005), pp. 1193-1216.

些与工作有关的社会技能,如人际关系维护、面试技巧、个人简历撰写等项目也非常重要。如果授课对象是农村女性,那么就更要从她们的实际需要出发来设计课程。当然,中年人也可以为了开辟新的职业领域甚至创业从而学习相关的知识和技能。

第二,以娱乐、兴趣为主的持续学习。许多中年人在幼年和儿童期缺乏机会和资源学习娱乐、兴趣方面的技能,他们在有条件和能力时可能在这方面有新的追求,如学习语言、艺术、文化等方面的知识和技巧。但是从目前中国的继续教育机构来看,这一代人的需求似乎没有被充分重视,很多这方面的学习都是针对老年人的,开设在老年大学。实际上,如果能在中年期重拾儿时的兴趣,更有可能积极步入老年。

第三,与运动、健康相关的学习。大多数中年人会开始感觉到体力大不如前,身体变化明显(如白发、肥胖等),或者发现自己有慢性病或者患慢性病的高危因素(如血压偏高、胆固醇偏高等),在这个时期,如果能学习更多关于健康和疾病的知识,对疾病的预防、发现和治疗都将有积极的作用。另外,很多由疾病导致的过早死亡(premature mortality)也发生在中年期,了解生理变化、疾病和慢性病的高危因素对全民健康非常有帮助。中年人还可以选择学习有关运动的知识。中年期是运动性创伤高发的时期,身体的柔软性差了,肌肉比例开始下降了,关节使用了几十年开始没有以前那么灵活了,所以一些剧烈的运动常常会引起运动性创伤,中年人需要学习正确的运动知识,以防过度运动而引起身体不适。

第四,与社会发展相关的学习,如学习科技信息、计算机、互联网、社会福利制度、政策的发展等。研究指出,越是高学历、有文化、有持续学习经验的人越有动机参与社区并了解社会,从而也就越有机会运用社会服务和资源,相反,未能接受足够教育的人较少参与社区活动,对社会的发展变化缺乏了解,相应地,他们对社会服务和资源的利用就较少。因此,要有针对性地鼓励这一群体持续学习。

第五节 社会工作的重要议题

在讨论了中年人的生理心理特征、家庭、职业与社会参与后,这一节将讨论四个与中年期相关的社会工作重要议题:失业与再就业、人生倦怠与中年危机、贫穷家庭与社会救助、退休准备。

一、失业与再就业

失业对个体和家庭有多方面的影响。首先,失业使个人失去收入来源,而这个收入来源可能是一家几口赖以生存和生活的唯一来源，中年人绝大多数都有父母和孩子，失业所失去的经济收入会使全家都面临危机。其次，失业给个体造成很大的心理压力，个体会因为白天大部分人去工作而自己无处可去而感到无法交代、失望、痛苦和沮丧，更有研究表明，失业与抑郁症状有很强的相关性，特别是长期失业者很有可能对前途产生负面看法，怀疑自己的工作能力，不相信自己能再找到工作。失业对个体最为严重的影响是导致自杀。自杀对个人、家庭来说都是悲剧，对社会的负面影响也很大。美国学者所做的持续半个多世纪的追踪研究显示，社会经济发展整体情况、失业率与中年人自杀之间的关系不容小觑。经济下行、失业率上升时，中年人的自杀率随之上升；如果经济由下行转为增长，中年人又非首先受惠的群体。因此，社会应当在经济形势改变时对中年人群体提供精神健康及自杀干预服务。再次，失业者家庭成员的压力也很大，就算其他家庭成员能够支持失业者，也要为生活费用而重新调整家庭开支的安排，更不要说本来就有矛盾的家庭，很容易为了一点小事而产生冲突。最后，由于现代社会福利制度倾向于把福利和工作紧密联系在一起，所以失去工作也就意味着失去福利，如果一直不能就业，还会影响将来的福利。所以失业非常值得社会工作者关注。

在我国，《失业保险条例》规定，失业保障由立法强制实行，并由个人、单位和国家共同建立的集中基金形式来支付，保障对象为按照规定参加失业保险，所在单位和个人已按照规定履行缴费义务满 1 年的，非因本人意愿而中断就业的，已办理失业登记并有求职要求的劳动者。与之相关的一个问题是，一些失业者选择参与非正规工作。从个人层面来说，参与非正规工作使失业者能够既享受失业救助，又获得额外酬劳；从政府层面来说，这造成了对其他就业者的不公平。这种现象产生的原因非常复杂，它至少说明以下两点：职场上的工作收入不足以吸引个体放弃救助；社会贫富差距较大，低收入者的收入较难维持生活。这一问题及其反映出的现象值得社会工作者和政策制定部门关注。

中年失业根据其原因可分为两类：一是自身原因（大多是身体原因）导致的失业，如精神疾病、残疾或者突发性的疾病使个体不能胜任以前的工作岗位而失业。二是结构性失业，也就是由于地区性或者世界性经济结构变化而失业，历史上发生过多次工业革命和经济危机，每一次都改变了世界经济的结构和格局，有大量劳动者受影响而失去工作。对于身体原因导致的失业，许多国家都会辅助以一些支持性的措施，例如，利用支持性就业计划来帮助精神疾病康复者重新投入工作岗位，我国帮助残疾人就业的服务有残疾人工厂、社区支持等，但很少有指向公开就业目标的，香港地区开展了帮助精神疾病康复者公开就业的计划，但成效如何有待检验。精神疾病康复者对工作压力的接受能力有限，其中有部分人因药物副作用而容易疲倦，必须开展相应的支持服务才能真正帮助他们。

结构性失业意味着失业者所掌握的知识和技能已经不能适应新的经济发展形式，所以再培训、学习新的知识和技能往往是一个重点。但是目前对领取最低生活保障补助的中年人的研究发现，他们很难通过公开就业市场找到合适的工作，或者是因为就业市场上的岗位收入水平太低无法吸引失业者，或者是因为供求双方的能力和要求不匹配。多数再就业成功的例子是进入由街道开发的公益性岗位（如居家养老服务、治安维护、社区服务等）岗位。在这一方面，社会工作者能组织培训、链接资源，起到推动再就业的作用。

二、人生倦怠与中年危机

人生倦怠（或称人生疲倦）是一种在心理上长期感到精疲力竭，失去对生活的兴趣的感受，由马斯勒（C. Maslach）和她的团队在 20 世纪 80 年代初研究发现。人生倦怠从三个方面表现出来，第一，情绪和体力的筋疲力尽，在没有特定理由的情况下，个人长时间感到身心疲惫。第二，工作效率降低，没有工作热情和主动性，缺乏意义感。第三，去人际化的服务态度和服务行为，特别是在助人的服务行业中，工作者大部分时间要与服务对象接触，对服务对象的同理心、好奇心、帮助意愿和真诚关心很重要，但是人生倦怠会使个人失去人性化沟通的能力，把服务对象看成与机器没有分别的客体，在提供服务时也往往只看问题，而忽视服务对象作为一个人的需要。在助人行业中，这种情况会导致工作者将服务对象的问题合理化："没什么，很多人都有类似的情况"，向服务对象表示无力："我也很无奈，帮不了你，制度就是这样规定的"。严重时工作者会出现行为变化，如迟到、早退、频繁失误，甚至出现失眠、抑郁等症状。当然，最常见的情况是离开自己的专业工作岗位，所以助人专业工作人员更替率较高。

人生倦怠主要有三方面的影响因素，第一类因素是与工作有关的因素，如工作单调、缺乏激励、与上下级沟通存在困难，又如工资水平、领导的支持度、工作量、工作要求的技能、工作的前途等。第二类因素是工作单位的组织特征，如上级的领导能力、工作的计划性、组织的透明度、组织的远景、组织文化等。第三类因素是个人因素，如感到与工作之间存在距离感，感到人生缺乏目标、无意义，感到失去了工作兴趣等。这些因素交互作用，使个体对工作的兴趣急剧下降，在情绪上也感到筋疲力尽。

就助人专业而言，个人刚刚加入这一行业时通常是充满热情的，有抱负有理想，对工作有很强的责任心，对自己的前途也充满希望，但是过了一段时间后，这种新鲜感就没有了，工作变得有压力，而且往往未必能如自己想象那样发挥自己所长，助人的热情、理想往往受很多实际工作中的限制因素所阻碍，假以时日，挫败感就会不断累积，最终催生倦怠感。从社会角度来说，培养一个专业人员成本很高，如果更替率太高，会造成很大损失。所以，如何预防人生倦怠也是专业人士服务的重点之一。一般而言,可以从两个方面入手。一是个人层面的干预,可以从强化个人的抗逆力入手,学习优化个人面对压力时的应对策略(情感表达、时间管理、冲突处理等),同时也要向个人分享合理的工作、家庭平衡的生活方式,避免个人把时间过分投入工作。二是组织层面的干预,优化个人和组织之间的互动模式,帮助组织持续地和员工分享组织的使命感,促进员工内化组织的价值观、远景和使命,同时组织也要制定合理的奖惩机制,增加工作安排的透明度,并向员工提供及时的工作成效反馈,营造一个积极、正面的工作环境,让员工重新体会到工作对自己、家庭、组织和社会的意义。

中年危机(midlife crisis)这个概念始于20世纪60年代中期。雅克(E. Jaques)把中年危机定义为个体在中年期陷入一种强烈的自我怀疑情绪的现象,这可能与自我感受到青春一去不复返,以及老年期即将到来有关系①。在中年期遇到的人生事件如容貌衰老、婚外情、更年期症状、配偶重病或者死亡、孩子离开家庭等都可能诱发中年危机,其结果是部分中年人对自己产生怀疑,并在家庭、婚姻、工作等方面作出调整。当然,并不是所有人在中年期都有强烈的危机感,乃至需要寻求专业人士的帮助,大部分中年人会经历一些生理和心理上的调适,但都能够成功应对。

就中年危机这一议题,讨论比较多的是婚外情。婚外情不是现代社会的产物,而是长久存在的社会现象。在封建社会,男子可以纳妾,女子却要从一而终,男女处于不平等的关系当中。新中国成立后,提倡男女平等,一夫一妻制度的建立在一定意义上否定了婚外异性关系的合法性。在过去的几十年间,我们目睹了社会对性、婚姻和亲密关系价值观的变化,虽然不能说婚外情是社会发展变迁的产物,但不能否认婚外情与社会的发展变迁有一定关系。中国社会不处于终极宗教价值的约束之下,个人行为受到法律和社会道德的约束。几十年来,社会环境发生了巨大变化,传统价值观受到冲击,新的共识还没有完全形成,来自家庭、单位、朋友、社区的道德约束越来越少,个人的自主性大大增加。一项基于中国社会2000年至2015年大范围调查的研究显示,这15年间,20~59岁个体中,自我报告曾参与婚外性行为的男性由12.9%上升到33.4%,女性由4.7%上升到11.4%,这一比例与中学或者以上教育程度、城市居民、低年龄组别呈正相关关系。社会对婚外情(婚外性行为)的态度也不尽相同,研究发现,相对低年龄层、高学历、倾向于自由价值观的公众更接受婚外性行为,男女差异不显著②。

当婚姻中的一方发现对方有婚外情时,会产生惊讶、迷惑、愤怒、抑郁等情感

---

① E. Jaques, Death and the Mid-Life Crisis, *The International Journal of Psychoanalysis*, vol. 46, no. 4(1965), pp. 502-514.

② Yueyun Zhang, Xin Wang & Suiming Pan, "Prevalence and Patterns of Extramarital Sex Among Chinese Men and Women: 2000-2015," *The Journal of Sex Research*, vol. 58, no. 1(2021), pp. 41-50.

状况，其在工作、家庭中的角色功能也会受影响，同时夫妻关系、亲子关系乃至整个家庭的关系都可能因此经受考验。

此时，婚外情的参与者或其配偶有寻求帮助的动机，作为社会工作者或心理咨询师，如何帮助他们呢？

第一，辅导者要取得辅导对象的信任，与其建立良好的工作关系。婚外情个案中的求助者大部分是夫妻中的一方，或者自己是婚外情的参与者，或者怀疑配偶参与婚外情，所以作为辅导员要严肃考虑个人隐私问题，思考如何能在充分保护个人隐私的情况下帮助求助者。这一点在辅导初期非常重要，如果做不到的话很容易破坏工作关系，让求助者却步。在辅导初期，除了关注求助者的情绪，还要帮助求助者接受事件公开化之后的影响，如果事件已经公开，建议辅导者用创伤辅导的模式帮助求助人，从经历创伤的阶段、情绪反应、行为表现入手，帮助求助人渡过难关。

第二，宽恕治疗很重要。婚外情出现的原因很复杂，有时候难以分辨谁错谁对，或者是谁错多少，当事人也常常陷入愤怒、纠结当中。研究表明，宽恕治疗用于辅导受创伤影响者时非常有效。宽恕治疗强调生命意义的重整，主张当事人在经历创伤之后，从伤痛中寻找新的意义，并把这些意义融入新的生活。当事人要宽恕的不仅是对方，也是自己。作为参与者，要宽恕自己婚外情的行为，宽恕自己为配偶和家人带来的痛苦，也宽恕自己在整个过程中的犹豫、反复和纠结。作为参与者的配偶，要宽恕自己过去在婚姻关系中的行为模式、宽恕自己的软弱、宽恕自己的愤怒、宽恕自己的婚姻出现了问题。宽恕治疗能够帮助求助者释放心中积压太久的抑郁，使其重拾希望，最终放下过去重新开始。有关宽恕治疗的研究显示，宽恕治疗主要涵盖六个元素：有关宽恕的解说、探索宽恕的可能性和可行性、责任分野、诚恳地道歉、对改变的承诺，对现在和未来的选择①。

第三，预防与治疗同等重要，甚至更重要。在针对中年群体的社会工作中，做一些预防性、发展性的干预是相当重要的，例如，针对中年夫妻，可以开展一些培育夫妻生活、共同兴趣、良性沟通的工作坊，目的是通过增加夫妻间良性互动和共同参与，发展夫妻之间的信任关系。

三、贫穷家庭与社会救助

中年人的贫穷多数由失业或者疾病导致，不是短期内可以缓解的问题。贫穷好像一张网，困在网中的人很难挣脱。假设一个儿童出生在贫穷家庭，小时候

---

① M. Côté, J. Tremblay & M. Dufour, "What is Known About the Forgiveness Process and Couple Therapy in Adults Having Experienced Serious Relational Transgression? A Scoping Review," *Journal of Couple & Relationship Therapy*, vol. 21, no. 3(2022), pp. 207-232.

他可能因为缺乏资源而没有得到周到的照料，甚至因为父母收入不稳定而遭遇负面事件（如负债、家庭冲突、幼年被迫打工等）。长大后他渴望通过教育脱贫，但近年来高校不断扩招，大学毕业生再也不是天之骄子，就业困难，收入也不高，尤其是女大学毕业生更难找工作。有些孩子即便克服了千辛万苦，借钱都要上学，毕业后也不一定有工作，这很容易挫伤人们受教育的积极性。如果初中毕业就不再继续学习，那么他能找到较高收入工作的可能性更小，组成家庭后仍可能生活在社会底层，出现贫穷的代际相传。

那么，如何帮助贫穷家庭脱贫呢？一个直接的方法就是建立社会保障制度。我国自 1999 年开始实施城市居民最低生活保障制度后，全国城市享受最低生活保障的人口由 2002 年的 2200 万人左右，到 2021 年第三季度的 4200 万人左右，其中城市 740 万人（450 万户）左右，平均标准每月 700 元，农村为 3500 万人（1900 万户）左右，平均标准每年 6300 元左右，总体上说，城市享受最低生活保障的人口少于农村，农村的低保水平低于城市。近些年来，在一些省市如北京、天津、上海、浙江，农村的低保水平已接近城市。最低生活保障制度对贫困的中年人及其家庭的生活起到了关键的兜底作用。2014 年，《社会救助暂行办法》颁布，规定了最低生活保障，特困人员供养，受灾人员、医疗、教育、住房、就业和临时救助等的实施办法，建立了一整套民政统筹、各有关部门共同负责，以公平、公正、公开、及时为原则，政府和社会力量共同参与的，有中国特色的救助制度。这一制度还体现出对非物质形式救助的探索，如通过社区工作救助受灾人员、社会工作干预医疗救助等。

与此同时，政府也可以考虑制定一些更有前瞻性的政策来全面干预贫困问题。政府在制定相应政策时要重点考虑以下几个方面。首先，“授人以鱼不如授人以渔”。很多国际消除贫困组织都针对性地帮助贫穷地区发展适合当地的产业，提供种子基金，希望能帮助贫穷家庭建立生产力基础，使其自力更生。在城市，可以通过再培训的方式鼓励再就业。其次，经济增长可以有效提供就业机会，带动不同阶层的人进入就业市场。中国过去几十年的持续经济增长大大提升了综合国力，大大减少了贫穷人口，所以保持相当的经济增长是脱贫的关键。最后，保障儿童的发展，防止代际贫穷的出现。要鼓励贫穷家庭为孩子的将来进行规划和储蓄，从而使在贫穷家庭成长的儿童有机会接受高等教育，追寻自己的梦想。

四、退休准备

退休作为一个制度性的概念最早出现在二战后的德国，当时国家规定 60 岁退休，而人均预期寿命大约是 66 岁，也就是说，平均每人退休后有 6 年左右的时间可以享受退休制度带来的福利，包括养老金、医疗等。近年来，我国不断完善退休保障制度，包括与工作相关的退休保险、一般市民退休保障等。但总体上来说，我国的退休制度设计比较复杂，主要是男女退休年龄不同，退休待遇与职业性质挂钩，与个人生命历程有关。随着医疗和社会其他条件的不断提升，目前我国的人均预期寿命已经达到男性 75.37 岁，女性 80.88 岁，退休年龄也开始延迟。从生命周期来看，退休是中年转向老年的重要生命事件，如果不好好准备和过渡，将对个人和家庭带来负面影响，因此值得社会工作者的重视。退休准备首先意味着经济上的准备，如果没有足够的社会保障，靠积蓄和子女赡养是否足以维持退休后的生活，这是需要提前思量的。对于中国农村的中老年群体来说，当他们没有能力继续参与繁重的劳动时，如何过渡到一种新的生活模式，这个议题非常值得社会工作者关注。除经济准备外，个体还需要在身体健康、情绪调节、生命意义的追求、社交生活、家庭关系、社区资本等方面做好准备。

【延伸阅读】：

案例描述

张女士今年 55 岁，中学毕业后没有考上大学，20 世纪 80 年代末只身南下广州，开始在中外合资的工厂当女工，后来与同厂的修理工结婚生子，育有一个女儿，张女士和先生努力工作，经常加班，收入还不错。只是孩子到了上学年龄，无法在广州公立学校上学，只能上民办小学，学费较高，但是夫妻俩还是决定把女儿留在身边照顾。张女士和先生为了能在广州置业，过几年就转换工作来提高收入，经常加班，终于在 1999 年在父母的支持下于广州置业。不想 2000 年科技泡沫破裂，广州房价连续下跌几年，张女士的先生工作的科技网络公司倒闭了，他几经寻找，才找到了新工作，但是收入大不如前，张女士为此颇有怨言却也无可奈何。当时女儿正上小学，张女士的先生为了增加家庭收入，经常加班加点，得了腰椎劳损，一年发作 2—3 次。张女士也经常转换工作，但是在张女士步入 50 岁以后，工厂希望张女士能转去收入较低的岗位，张女士在朋友的介绍下，转去另一家公司，但是 1 年后遭遇了同样的情况。恰逢张女士的母亲被诊断得了癌症，为了医病张女士把母亲接到广州，希望能在大医院接受治疗，但是花费颇大。想到当时买房子时父母的支持，张女士感到自己有责任为母亲治病付出。此时张女士的女儿考上了在北京的大学，全家高兴之余，又为交学费、生活费发愁。张女士的先生腰椎病越来越严重，最近一次需要在家静养一个月，公司有很多怨言，提出解约，张女士一筹莫展，感到很抑郁，她的朋友介绍她到家庭综合服务中心。

案例分析

张女士成长在一个社会转型的历史背景之下，像张女士那样高中毕业，南下寻找机会的女性不在少数，而张女士的困扰出现在中年期，当他人可以开始享受人生成就的时候，张女士似乎经历着较多的生活压力事件：一来母亲生病，二来丈夫可能因病失去工作，三来女儿升学。母亲生病令人担心，丈夫面临失业更是雪上加霜，女儿升学令人高兴，三者都需要一定的经济资源，也需要其他方面的非物质支持，如情绪疏导等。作为助人者，首先社会工作者可以帮张女士探索是否有紧急援助的可能性，是否可以申请大学帮扶特殊困难学生的计划，解决燃眉之急，然后，鼓励张女士家人慢慢向着解决日常生活开支的方面去努力。张女士的女儿可以参与大学的勤工俭学计划，一边学习一边兼职，赚取生活费。张女士的先生要看康复的情况选择应对方法，如果情况许可，可以考虑让他参与培训，看能不能找到适合自己身体状况的工作。当然张女士的担心、害怕、苦恼和彷徨需要有人来关心和倾听，因此，要了解张女士社会支持网络的情况。鉴于张女士离开家乡，又不断转换工作，社交网络可能较弱，需要通过参与一些社区内的活动来加强。张女士的先生如果康复情况良好，也需要检视生活方式，参与康复活动。从表面上看，张女士的经济需要很迫切，但是中年生活的挑战并非完全由经济因素引起，这些家庭面临的问题如劳动力转移中的保障、中年照顾父母、子女上大学的费用等可能更需要从社会角度去关心，这样才能帮助受助人及其家庭有信心和勇气走出低谷，开始新生活。

案例：贫困县促进农业农村现代化和引导农业人口增收研究

摘要：2020年既是我国全面建成小康社会的完成之年，也是如期实现脱贫攻坚任务和保障“十四五”顺利开局的交汇之年，因而利用地方成熟经验来思考新时代的贫困长效治理机制具有重要意义。本研究以陕西省宁强县为调研地，通过对该地区“社区工厂”“社区讲习所”“家庭农场”“庭院经济”等案例的总结，为专业学位的教学提供丰富的实践材料。调查发现，陕西省宁强县通过挖掘特色农产品产业和打通多样态就业渠道等举措有力发挥了本地区的地理及人力资源的宝贵优势。通过打造政府、市场、社区和致富能手相结合的协同反贫网络显著提升了本地区农业农村现代化，有效增强了农民增收能力，顺利完成了国家脱贫攻坚任务，体现出了人们通过自主认识经济社会发展规律而适应自然、改造社会的过程。陕西省宁强县的案例对于引导学生思考我国农村地区尤其是自然条件相对恶劣的山区地带巩固脱贫攻坚成果及开展乡村振兴具有重要价值。

本章小结

首先，本章介绍了中年人的生理和心理发展特点，并重点讨论了智力发展和更年期生理改变，分析了中年期的三个主要的性格理论，提出中年期是人生转折期的观点。还讨论了中年人家庭的三个重要层面——亲子关系、夫妻关系和照顾父母，凸显了中年人“夹心一代”的特点，中年人自己要有面对挑战的自觉，家人也要给予充分的理解和支持。

然后，本章又讨论了中年期除家庭外的两个最重要的环境——工作和社会参与，特别强调了对女性就业的关注，重点讨论了在社会快速网络化环境下的社区参与，以及终身学习的相关问题。

最后，本章讨论了四个与中年期相关的社会工作重要议题：失业与再就业，人生倦怠与中年危机、贫穷家庭与社会救助、退休准备。这四个议题是当前凸显的社会问题，非常值得社会工作者的关注，这些问题不仅与个人因素有关，还与组织因素和社会因素相联系，所以社会工作者在设计干预项目的时候，要从不同层次多方位入手，有策略地采取个别辅导、组织改变和政策倡议等方法。

思考题

1. 中年人的哪些生理变化对身体功能产生影响？
2. 中年人的人格理论有哪些？
3. 更年期是什么意思？对个体有哪些影响？
4. 社会工作者在帮助中年人与青少年子女交往中的角色和重点有哪些？
5. 中年人照顾父母的主要挑战在哪里？
6. 中年夫妻婚姻满意度的影响因素有哪些？
7. 中年女性的就业有哪些特点？
8. 失业对中年人的影响是什么？
9. 如何克服人生倦怠？
10. 社会政策从哪些方面能够帮助贫困者脱贫？
11. 如何能更好地做退休准备？

推荐阅读

黄艳芳编著：《远离中年危机的自然疗法》，上海文化出版社 2005 年版。

梁建雄：《从外功指导到内功培育——社会工作督导生涯规划项目的执行与成效》，《中国社会工作》2019 年第 3 期，第 30—32 页。

[美]帕特·基辛格:《平衡的智慧:家庭、信仰和工作的优先次序原则》,高路、杜霞译,中国商业出版社 2010 年版。

[美]维吉尼亚·萨提亚、约翰·贝曼、简·格伯、玛利亚·葛莫莉:《萨提亚家庭治疗模式》,聂晶译,世界图书出版公司北京公司 2007 年版。

Kate Bird, "The Intergenerational Transmission of Poverty: An Overview," in A Shepherd & J. Brunt(eds), *Chronic Poverty:Rethinking International Development Series*, London: Palgrave Macmillan, 2013.

David Beckett & Paul Hager, *Life, Work and Learning*, London: Routledge,2001.

Karen Moore, *Frameworks for Understanding the Intergenerational Transmission of Poverty and Well-Being in Developing Countries*, Manchester: Chronic Poverty Research Centre, 2001.

扩展推荐阅读

[美]阿尔伯特·艾利斯、[澳]黛比·约菲·艾利斯:《理性情绪行为疗法》,郭建、叶建国、郭本禹译,重庆大学出版社 2023 年版。

周月清、尤佩蓉、张淑娟:《比较中老年与非中老年智障服务使用者支持需求与生活品质》,《台大社会工作学刊》2016 年第 34 期,第 85—128 页。

[美]加里·S. 贝克尔:《人类行为的经济分析》,王业宇、陈琪译,上海三联书店 2015 年版。

廖慈惠、温金丰:《中年危机?角色压力、健康压力与就业力对职场退缩倾向的影响》,《人力资源管理学报》2012 年第 12 期,第 49—66 页。

[美]鲍伯·班福德:《人生下半场》,杨曼如译,江西人民出版社 2005 年版。

Sharan B. Merriam & Lisa M. Baumgartner, *Learning in Adulthood: A Comprehensive Guide(4th Edition)*, San Francisco: Jossey Bass, 2020.

Rosemary Blieszner, Aaron M. Ogletree & Rebecca G. Adams, "Friendship in Later Life: A Research Agenda," *Innovation in Aging*, vol. 3, no. 1(2019).

Alexis Carr, K. Balasubramanian, Rosemary Atieno & James Onyango, "Lifelong Learning to Empowerment: Beyond Formal Education," *Distance Education*, vol. 39, no. 1 (2018), pp. 69-86.

John C. Cavanaugh & Fredda Blanchard-Fields, *Adult Development and Aging (8th Edition)*, Boston: Cengage Learning, 2018.

James J. Heckman & Junjian Yi, *Human Capital, Economic Growth, and Inequality in China*, Cambridge: National Bureau of Economic Research, 2012.

Sheldon Cohen & Garth McKay, "Social Support, Stress and the Buffering Hypothesis: A Theoretical Analysis," in Shelley E. Taylor, Jerome E. Singer & Andrew Baum, *Handbook of Psychology and Health* (*Volume IV*), London: Routledge, 2008.

JohnBowlby, *A Secure Base*, London: Routledge, 1988.

第十四章　老年人行为与社会环境

学习目的

了解老年人生理、心理的变化；掌握老年学的社会心理理论；认识老年人面对的变化，包括工作与退休、丧偶与独居、同伴关系和终身学习；了解老年人生理方面的重要变化，如失能；了解老人自杀问题、虐待老人和老年歧视问题、体弱老人照顾与服务、老年人的权益与保护等与老年人密切相关的社会工作议题，并思考运用社会工作的方法进行干预的可能性。

第一节　老年人的生理与心理变化

一、老年人的生理变化

步入老年期，个体在生理结构和组织机能等各个方面都会发生变化，这些变化中有一些是老年人独有的，大多数并非老年人独有，但常见于老年期。

构成人体的各种成分如骨骼、肌肉、脂肪、水分等在人体中所占比例具有一定的稳定性，但在老年期人体组织中脂肪所占的比例会增加大约一倍，肌肉所占的比例会减少。肌肉是人体骨架的支撑物，也是身体活动的重要基础，随着肌肉所占比例减少，与其相关联的循环系统功能逐渐下降，这直接影响了身体对环境的反应及身体与环境的互动。例如，随着新陈代谢速度下降，人体更易积累剩余的糖、脂肪等物质，形成动脉粥样硬化等症状，引发多种慢性病，如心脏病、高血压等。同时，新陈代谢速度也影响人体免疫系统的调动和效能，当有病菌入侵时，老年人可能需要比年轻人更长的时间来康复。

除肌肉外，骨骼也会由于年龄的增长出现一些变化，例如，脊柱生理曲度发生改变，出现通常所说的“老缩”现象。在器官功能方面，比较常见的变化是听力下降，出现单侧或双侧耳聋。视力变化通常在中年后期开始出现，如远视问题等，老年期常见的视力变化是白内障和青光眼。

睡眠状态在老年期也容易出现变化。在睡眠的五个阶段中，老年人的入睡时间延长，进入轻度睡眠比年轻时困难。同时，老年人容易提前进入快速眼动睡眠（rapid eye movement sleep），但是快速眼动睡眠的时间减少。老人还会变得容易受环境影响而觉醒，例如，当老人睡觉时，开门的声音、洗澡的声音或者说话的声音等都会使他们觉醒，他们也更容易起夜。

老年人受睡眠问题困扰的比例相当高，研究估计，在社区居住的老年人，大约 30%～40%有睡眠问题，与城市老年人相比，农村老年人受到的睡眠干扰更多；就睡眠质量而言，性别差异较为明显，女性更加难以入睡、睡眠效率低、使用安眠药物较多①。为了减缓睡眠问题，可以从日常生活习惯入手，一些对健康睡眠有利的生活方式包括：第一，在日间有足够的体力消耗，避免长时间处于静止状态，进入瞌睡状态。第二，养成运动的习惯，参与体育运动对提升睡眠质量有好处。第三，在白天暴露在有足够光线的地方，使身体更能够区分白天与夜晚。第四，避免和减少食用安眠药及其他兴奋类食物，如咖啡等。第五，营造一个舒适的睡眠环境，选择适合自己的床、枕头、窗帘、灯、门、窗等，尽可能使睡眠环境能适合个体的最大需要。

由于老年人容易受睡眠问题困扰，所以很多研究都希望能找到有效的干预方法来帮助老年人重拾高质量的睡眠，其中认知行为疗法经研究证明可以起到长期效果。认知行为疗法的主要干预内容包括②：第一，刺激控制，加强环境与睡眠的联系。第二，对睡眠的环境加以限制，当个体不能入睡时，限制个体在床上但不能入睡的时间，强化个体意识中床和睡眠的联结。第三，养成有利于健康睡眠的行为模式或生活方式。第四，放松练习，学习如何达到身体和心理上的完全放松，使个体更容易进入睡眠状态。第五，认知重塑，解除个体对睡眠的一些不适当的观点和想法，代之以更有建设性的观点和想法。除此之外，近年来其他的社会心理治疗方法也蓬勃发展，如音乐治疗、正念治疗、身心灵治疗等，研究显示正念治疗对于降低失眠老年人的抑郁症状有显著功效③。

老年人在年龄不断增长的过程中，血压会不断升高，所以在老年期，个体患

---

① Peng Wang, et al., "Prevalence and Associated Factors of Poor Sleep Quality Among Chinese Older Adults Living in a Rural Area: A Population-Based Study," *Aging Clinical and Experimental Research*, vol. 32, no. 1(2020), pp. 125-131.

② T. Zweerde, L. Bisdounis, S. Kyle, J. Lancee & A. Straten, "Cognitive Behavioral Therapy for Insomnia: A Meta-Analysis of Long-Term Effects in Controlled Studies," *Sleep Medicine Reviews*, vol. 48(2019).

③ Rotem Perach, et al., "The Psychological Well-Being Outcomes of Nonpharmacological Interventions for Older Persons with Insomnia Symptoms: A Systematic Review and Meta-Analysis," *Sleep Medicine Reviews*, vol. 43(2019), pp. 1-13.

高血压的概率提高。高血压是老年人最常患的慢性疾病，高血压的高危因素包括：中度饮酒、吸烟、糖尿病、高胆固醇、肥胖、高血压家族史、缺乏体力活动或者户外运动、高血脂或者血脂异常、高盐膳食、长期从事高压力的工作、精神紧张，等等。

高血压患者需要对高血压的症状有清晰的认识，从而可以及时求医，一些重要的症状包括：头痛、头晕、胸闷、心悸、烦躁、失眠、眼花、耳鸣、手指或者肢体麻木、腰酸、腿软、鼻出血，等等。当个体对高血压的症状有清楚认识时，便可以尽快求助，以减少高血压所引起的危害或者并发症。那么，高血压对个体的身体有哪些危害呢？一般而言，高血压患者在下列疾病中比正常人更加危险，包括中风、心肌损害、心绞痛、肾功能受损、眼底病变等。这些疾病在很大程度上会直接影响老年人的生活自理能力，甚至危及生命，所以高血压预防及治疗是一个非常重要的课题。《中国高血压防治指南》厘定了 65～79 岁老人的降压目标为 150/90 毫米汞柱，如果有较好的耐受性，还建议进一步降压到 140/90 毫米汞柱。2018 年的修订版制定了降压的靶目标和阈值，不再单纯地考虑血压的绝对值，还将血压与其他因素如年龄、脑卒中、冠心病、心力衰竭、慢性肾病、糖尿病等同步考虑，提出更具有针对性的降压目标①。

在高血压的防治中，社会工作者可以扮演重要的角色，其工作可以从以下三方面展开：督促药物治疗、加强健康教育、推动改变生活方式。不同的个体对不同的高血压药物反应不一，经历的副作用也不同，所以在开始药物治疗的初期，需要患者对药物的反应有实时的反馈，这可以通过自己在家测量血压、记录反应等方法来实现，如果患者能及时将自己的血压状况向医生反映，那么医生就可以根据个体的不同反应来适当调整药物的种类和剂量，在这个层面上，社会工作者可以鼓励和督促老人在家测量和记录血压。健康教育的重点是向患者传递有关高血压的知识，从而促进老年患者对疾病的控制，更好地配合生活习惯的改变及药物治疗，当然，对老年人的服务需要各专业团队的紧密合作、共同努力。在西方国家，老年人社区中心负责提供各种健康教育，并与医护工作者紧密合作，推动老年人养成健康生活模式。社会工作者未必是最终的知识传授者，但是可以承担起协调工作，邀请医生、护士等其他专业人士来传授知识，使老年人受益。

生活习惯的改变不是一朝一夕的事，老年人的很多生活习惯是在年轻时养成的，如抽烟、喝酒、缺乏运动等。要改变其中的任何一项习惯都需要患者有很大的决心，以及家人、朋友的支持。与高血压有关的生活模式改变包括限盐、戒烟、减重、限酒、增加钾摄入量（富含钾的食物包括新鲜黄绿色蔬菜水果、玉米、

---

① 《中国高血压防治指南》修订委员会：《中国高血压防治指南 2018 年修订版》，《心脑血管病防治》2019 年第 1 期，第 1—44 页。

各类豆类、瘦猪肉、羊肉、牛肉、紫菜、海带等)及增加体力活动等①。如有需要,社会工作者可以开展个人或者小组干预,有针对性地改变老年人的一些不良生活模式。

从总体上说生理老化是一个多维度的复杂过程,目前的理论主要从两个角度来解释生理老化的过程。一种解释认为,人体老化是由个体内部的机理决定的,非外在力量所能改变,这一解释取向下的理论有预期衰老理论(programmed senescence)、基因理论(genetic theory)、内分泌理论(endocrine theory)、免疫学理论(immunological theory)以及端粒理论(telomere theory)等②。其中,端粒理论是近年来较为瞩目的理论,它指出一种新的生物老化指标——端粒长度,当其过短时,细胞复制速度明显下降,并因此逐渐死亡,人体细胞也遵循同样的规律,最终导致人体死亡。这种理论有宿命论的影子,认为生物的寿命是既定的。

另一种解释认为,老化是人体脱氧核糖核酸(DNA)受到破坏的结果,这一解释取向下的理论有损坏理论(wear-and-tear theory)、交联理论(cross-linkage theory)、自由基理论(free radical theory)以及体细胞突变理论(somatic mutation theory)等③。

这些生物学理论在分子生物学及基因研究的推动下得以不断发展,近期的研究支持多维度地看待老年人的生理改变,认为影响生理老化的因素包括不稳定基因组、染色体长度缩短、细胞衰老、表观遗传年龄、线粒体功能、蛋白质稳态、干细胞衰竭、失调的营养感应、细胞间通讯改变等④。也就是说,个体的老化是一个非常复杂的多因素作用的结果。普通人更关心的问题可能是:如何预防衰老或者抗衰老?从报纸、杂志、互联网等媒体中不难看到大量的,可能是不实的抗衰老广告,包括保健品、运动治疗、基因治疗等的广告,哪些是可信的呢?从目前抗衰老研究的进展来看,还没有定论⑤。

健康长寿是人类美好的理想和愿望,但是到目前为止,人类还无法完全从科学上解释死亡,所以生理老化依然是很大的挑战。作为社会工作者,关注老年人健康是我们的一项重要使命,我们既要帮助老年人接触最新的研究结果,也要鼓

---

① 《中国高血压防治指南》修订委员会:《中国高血压防治指南 2018 年修订版》,《心脑血管病防治》2019 年第 1 期,第 1—44 页。

② Nancy R. Hooyman & H. Asuman Kiyak, *Social Gerontology: A Multidisciplinary Perspective*, New York: Pearson, 2018.

③ Nancy R. Hooyman & H. Asuman Kiyak, *Social Gerontology: A Multidisciplinary Perspective*, New York: Pearson, 2018.

④ Luigi Ferrucci, et al., "Measuring Biological Aging in Humans: A Quest," *Aging Cell*, vol. 19, no. 2 (2020), pp. 1-21.

⑤ Ratchanee Piwpong, "Systematic Review on Anti-Aging Health Care," *Naresuan University Journal: Science and Technology*, vol. 26, no. 3(2018), pp. 98-112.

励他们理性分析，为促进老年人更健康长寿作出贡献。

二、老年人的心理变化

老年人心理变化的范畴非常广泛，本节就一些重点部分，如智力、人格、心理健康做一些阐述，并就心理发展的不同理论取向作出讨论。

1. 老年人的智力变化

有关老年人智力的变化，目前的共识是老年人的流体智力与成年期比较会有所下降，尤其体现在 65 岁以后。流体智力主要负责空间定位、抽象思维及解决问题、词语的流畅性、归纳法的运用等。晶体智力与长期积累的知识和经验相关，在年龄增长中能保持相对稳定，老年人在理解词义、词语联想、解决社会性问题及数字能力上不会有明显衰退，所以老年人不如中年人聪明的说法不能成立。老年人的智力状况要根据具体情况来决定。针对以上两个智力层面，韦氏成人智力测验（Wechsler Intelligence Scale）有相应的测验范畴，测量晶体智力的是词语分测验，测量流体智力的是技能分测验。用流体智力和晶体智力来划分智力是否是最佳方法，口语智力在认知储备方面的作用，做出决定的能力在认知发展中的作用等问题，都需要进一步研究[①]。研究进一步发现，老年人在需要时间限制的测验中表现较弱，这一点在社会工作干预中有运用价值，在老年教育或者运用任何方式的干预活动中，要多些不限时间的评估指标，让老年人有充分的时间发挥能力。

总体上说，在老年群体中发现有一种基本认知能力下降的趋势，基本认知能力包括：数字或数学能力；词语流畅性；掌握词汇的水平；归纳能力，即从具体到抽象的能力；空间能力，特别是三维空间能力；词语记忆能力和认知速度。当然，基本认知能力的表现会有个体差异，但总体上说，80 岁以上的老人在基本认知能力上表现不如青中年人。

那么，哪些因素会影响老年人认知能力的发展水平呢？首先是遗传的作用，幼儿及青年期的智力发展水平对老年期有影响，在幼儿及青年期智力水平高的个体在老年期智力水平高的可能性较大。其次是教育和工作的影响，有智力挑战的工作能促进个体的认知发展，特别是晶体智力。最后是健康的影响，健康下降会影响智力水平，特别是一些老人长期患有多种疾病。在生命的最后时间内，智力水平会显著下降，直至死亡。对老年痴呆症的影响因素的研究表明，在生命历程的不同时期，都有一些可以改变的因素值得关注：在儿童和青少年期是接受

---

① R. Boyle, et al., "Verbal Intelligence is a More Robust Cross-Sectional Measure of Cognitive Reserve than Level of Education in Healthy Older Adults," *Alzheimer's Research & Therapy*, vol. 13, no. 1(2021), p. 128.

教育的机会;在中年是听力减退、脑部受创伤、高血压、饮酒过量、肥胖;在老年期是吸烟、抑郁、社会疏离、身体缺乏活动、暴露在空气污染的环境、糖尿病等,这些因素合起来能解释40%的患病原因①。这值得社会工作者在进行智力变化干预时参考。

随着预期寿命延长,与老年人智力发展相关的课题——终身学习成为社会工作的重点之一,老年人不但需要通过学习来陶冶情操,丰富精神生活,也需要通过学习来掌握新的生活技能,适应日益发展的社会。运用互联网和计算机能力、运用电子银行的能力、网上购物的能力、网上查询的能力、电话预约的能力等都需要学习才能获取。如果老年人患有慢性病,就需要学习慢性病的知识及自我管理的方法,包括可能的病因、危险因素、生活方式控制、自我健康指标测量等,如上种种,都需要老年人不断学习来适应由社会改变或者自身改变所带来的变化。这给我们带来两个方面的启发,首先是在产品设计和运用上,要充分考虑到老年人的需要,其次是在设计教学计划的时候,要充分考虑老年人的特点,特别是普遍性缓慢的假设(general slowing hypothesis),这个假设认为老年人从接受感觉信息、转换信息到短期记忆、到最后形成长期记忆都会需要较长的时间,所以当社会工作者在针对老人设计和实施教育时,要充分考虑以下原则。

首先,在每一个关键步骤之前都设计具体的提示信息。

其次,尽量多使用图案提示或者短语指示,这样做既可以为老年人提供更多的图像信息来帮助记忆,也可以使知识水平不高的老年人掌握教学内容。

最后,增加教学时间,在教学时安排适当的休息,适当重复教学内容。

当然在增强老年人智力方面,也有研究指出,可以用摄入补充剂,如银杏、维他命E、维他命12、叶酸、蔬菜水果等方法。由于智力活动是多维度的复杂活动,多渠道干预通常是比较明智的选择。

2. 老年人的人格变化

人格发展在人生的不同阶段有不同特点,一般来说,老年期人格突变不是正常老化的特征,通常与疾病有关,如早期老年痴呆症、抑郁症等。老年期的人格特征一般是中年期的延续,但也会随着年龄增长而发生一些变化。埃里克森认为老年人要面对的最主要的挑战是解决人格整合与绝望的矛盾,个体需要回顾过去的人生经验,并在此基础上对自己的一生作出整合,成功整合人生的人会找到生命的意义,放下遗憾,解决自己的未完成的心愿,从容地面对死亡,而如果没能解决这一矛盾,个体就会陷入绝望的痛苦,对死亡产生恐惧、对过去的时光也

---

① Gill Livingston, Jonathan Huntley, Andrew Sommerlad, et al., "Demenia Prevention, Intervention, and Care: 2020 Report of the Lancet Commission," *The Lancet*, vol. 396, no. 10248(2020), pp. 413-446.

怀有不满①。

从社会心理的意义上说，在个体步入老年期时，需要重新认识“自我”，接受自己的过去和现在，并追求与环境的最佳互动方法。从压力—应对的范畴来看，老年期的压力主要来自失落，从失去配偶、朋友、社会关系和社会地位等人际层面的失落，到失去美丽的外表、健康、工作机会和不断取得成就的个人层面的失落，都要求个体在压力下用有建设性的方法来应对。在应对策略方面，一般认为老年人因为有丰富的生活经历，所以在选择应对方式方面更有弹性，而且也更加有能力包容各种生命中的失落。其中一个非常重要的可以帮助老人面对压力的因素是社会支持。

不少研究认为老年人需要建立一个新的自我概念，他们有能力维持合理水平的自尊，即维持对自己正面、积极的评价，接受自己。但是社会工作者在接触老人的时候，不难发现有的老人表示自己没用，不知道为什么而活，感到“自己在等死”等，这些老人特别值得我们关心。研究发现，身体情况转差、听力减弱、人际关系变差、与社会隔离等因素和老年人的低自尊有很大关系。相反，参与社会活动、朋辈关系好、有良好的社会支持网络是维持合理自尊的重要条件。所以，社会工作者要特别关注体弱老人的社会心理发展，以及他们的社会参与，当社会快速转变之时，如何使老人，特别是体弱老人保持社会参与是一个极大的挑战。

三、老年人的能力标准

在中国人口老龄化快速发展的背景下，为应对人口老龄化带来的系列社会问题，发展养老事业和产业，提升老年人群体福祉水平，国家市场监督管理总局于 2022 年批准发布了《老年人能力评估规范》国家标准。该标准在总结过去的实践经验，借鉴国内国际相关领域做法的基础上，适应养老服务行业发展需要编制而成。该标准的制定出台将老年人能力评估领域的标准层级由行业标准上升为国家标准，为科学划分老年人能力等级，推进基本养老服务体系建设，优化养老服务供给，规范养老服务机构运营等提供基本依据，也为老年社会工作及相关学科提供了更加科学、统一、权威的评估工具。该国家标准内容共分为 6 个部分，主要包括“评估指标与评分”“组织实施”“评估结果”，以及《老年人能力评估基本信息表》《老年人能力评估》和《老年人能力评估报告》等 3 个附录文件。

老年人能力指老年人个体顺利完成某一活动所必需的自身条件。其评估的一级指标包括(1) 自理能力(self-care ability)指老年人个体为独立生活而每天

① Chris Gilleard, “The Final Stage of Human Development? Erikson’s View of Integrity and Old Age,” *International Journal of Ageing and Later Life*, vol. 14, no. 2(2020), pp. 139–162.

必须反复进行的、最基本的、具有共同性的身体动作群,用于判断进食、洗澡、修饰、穿衣、大小便控制、如厕等方面的依赖水平。(2)基础运动能力(motor ability)指老年人个体完成日常生活所必需的最基本动作或基础运动动作的身体条件。(3)精神状态(mental status)指老年人个体在认知功能、行为、情绪等方面的能力。(4)感知觉与社会参与(sensory and social involvement)指老年人个体在视力、听力,以及与周围人群和环境的联系与交流等方面的能力。二级指标共26个,包括自理能力8个二级指标,基础运动能力4个二级指标,精神状态9个二级指标,感知觉与社会参与5个二级指标。各项指标加总计分,得分越高说明能力水平越好。标准将老年人能力分为能力完好、能力轻度受损(轻度失能)、能力中度受损(中度失能)、能力重度受损(重度失能)、能力完全丧失(完全失能)5个等级。

四、老年学的社会心理理论

针对老年期的生理和心理变化,学者们尝试提出各种理论来解释以下问题:有什么因素可以推动成功老龄化(successful aging),特别是在老年人的生活选择方面,工作还是退休?宜动还是宜静?从社会政策角度来说,社会需要做些什么,使成功老龄化可以在更多的老年人身上实现?总的来说,老年学的社会心理理论试图解释如何生活才能使老年人与环境实现最佳的互动。

20世纪40年代,科特雷尔(A. H. Cottrell)提出老年人的角色理论①,随后发生了两次理论视角的变化,第一次是转向20世纪60年代的活动理论和退缩理论,以及后来兴起的社会学视角,如年龄分层理论、老年文化层理论等。第二次是转向跟随后现代思潮兴起的强调社会建构性的视角,如女性主义视角及批判视角等②。以下简述其中重要的理论视角。

科特雷尔的角色理论指出,人一生要经历不同的角色,从青年期到中年期,是角色不断增长和丰富的时期,例如,结婚后就多了伴侣的角色,为人父母就多了父母的角色,工作层面又有同事、上司或者下属的角色等。社会赋予每个角色不同的期望,扮演某种角色的个体会依照社会的期望来调整自己的行为,以期得到社会的认同。相反,到了老年期,角色会逐渐减少。在家庭方面,父母角色随着子女的长大而渐渐淡化,如果自己的父母去世,也就丧失了为人子女的角色,最后连伴侣的角色也会由于丧偶而丧失。在工作方面,老年人多数退休在家,自然也就没有了同事、上司、下属等角色。在社会方面,承担的责任也会由于年龄

---

① A. H. Cottrell, "Theory of Dislocations," *Progress in Metal Physics*, vol. 4(1952), pp. 205-208.

② Salla Mustakallio, *The Experience of Elderly People to Cope with Their Lives at Home: A Literature Review*, Lapin Ammattikorkeakoulu, 2015.

增长或者健康受损而减少，只有极少数人能继续保留服务社会的机会，当然，老年人可以担任义务工作，重新投入社会，这可能是新一代老年人的新选择。所以从总体上说，老年期是一个角色丧失的时期，更有学者形容老年期为无角色的时期。

针对角色丧失这一特点，20 世纪 60 年代有两大主要的理论倾向应运而生，一个是退缩理论，一是活动理论。卡明和亨利（E. Cumming & W. Henry）发展了退缩理论①，认为当个体步入老年期时，他会减少活动参与，更多处于被动状态，更多关注自己的内心世界，这些变化都是正常老化的一部分，也是使个体满足生命的必然变化。对个人来说，从外部世界退到内心使个体有更多时间和精力来回顾过去，整合生命，找到自己的人生意义，坦然面对死亡。对社会来说，老年人所代表的一代人要渐渐退出历史舞台，把机会和权力交给年轻的一代，完成代际更替，促进社会的良性发展。退缩理论的具体研究之间存在争议，有研究认为不能一概而论，要尊重个别差异，而且退缩到什么程度，会不会变成社会隔离也受到教育程度、健康状态及个人选择的影响。有些个体从年轻时期起就喜欢关注社会，参与社会事务，而有些人一向享受自己独自生活，或者以小家庭为主的生活。还有研究认为，老年人和年轻人所在的工作岗位并不相同，把老年人和年轻人对立起来对社会无益，真正需要研究的是如何迎接一个多元年龄工作时代的到来。美国退休人员协会国际分会与世界经济论坛和经合组织合作，联合超过 50 个组织在全球推动更长时间生活、学习和工作的运动（Living, Learning and Earning Longer, LLEL）。该活动旨在总结全球在工作中推动跨龄团队的优秀案例，推动不同企业不以年龄作为单一标准，进而拥抱人口老龄化带来的机遇，为拥有不同技能的员工提供最佳的工作环境、学习机会，在长寿社会推动工作结构优化②。

活动理论由赫威斯特（R. Havighurst）等学者在 20 世纪 60 年代提出③，主要观点为活跃的老年人比不活跃的老年人能更好地适应生活，生活满意度也较高。赫威斯特认为老年人的自我概念需要在活动中得到重塑及肯定，所以老年人应该尽量保持参与中年期参与的活动，而且老年人需要用新的角色来替代因为退休或者丧偶所带来角色丧失。在现代社会，越来越多的老年人可以在退休以后

---

① Elaine Cumming & William E. Henry, *Growing Old, the Process of Disengagement*, New York: Basic Books, 1961.

② Lisa M. Finkelstein, Donald M. Truxillo, Franco Fraccaroli & Ruth Kanfer, "An Introduction to Facing the Challenges of a Multi-Age Workforce: A Use-Inspired Approach," in *Facing the Challenges of a Multi-Age Workforce*, London: Routledge, 2015.

③ Robert F. Peck, Robert J. Havighurst, Ruth Cooper, Jesse Lilienthal & Douglas More, "A Motivational Theory of Character," in *The Psychology of Character Development*, John Wiley & Sons Inc, 1960.

参与家庭、社区乃至与工作相关的活动，例如，通过再婚重建家庭、在社区或者社会上担任义务工作、组织邻里互助活动甚至自己创业。活动理论得到一些研究的支持，这些研究发现老年人参与有组织的活动及体育活动确实有助于他们适应老年期的生活，但同时，研究也指出，是否参与活动受到老年人受教育程度及经济能力的影响，例如，外出旅游等活动的费用并不是每一个想参与的老年人都可以承受的。研究也发现，个体在老年期是否活跃似乎与其在中年期的生活方式、性格特点有关，是否参与活动也可以是个人的选择而非完全受外界因素的影响。

20 世纪 60 年代末，纽加顿、赫威斯特和托宾（B. L. Neugarten, R. J. Havighurst, and S. S. Tobin）提出了老年人生活评估指标，倾向于走中间路线的持续理论①。该理论指出，老年人希望能保持自己惯常的适应社会的方法，老年人是否满意自己的生活取决于他是否能保持并整合一个成熟的人格，如果某个老年人在中年期是积极的、喜欢参与社会的，他是否满意老年期的生活就取决于他能否找到有效的社会参与方法。相反，如果某个老年人在中年期就喜欢安静，不愿意过多地参与社会活动，那么他的生活满意度就会与他是否能很顺利地从社会上“隐退”而重整自己的内在人生有关。这个折中理论似乎比较符合一般人的观察，动者欲动，静者欲静，但是很难有实证的支持，因为人生的变化有时会反复，同时，我们需要留意那些由于低自尊或者社会环境所造就的“退缩”，如那些由于缺乏经济能力、身体功能或者社会网络而被迫不参与社会的老人，对他们来说，“退缩”不是他们的选择，并不意味着他们整合了自己的人生。

不论是活动理论还是退缩理论，都没有充分考虑环境因素的影响，有其局限性。20 世纪 70 年代，莱利（M. W. Riley）等学者从社会学视角提出年龄分层理论②，指出任何社会都会用年龄来定义个体的角色、责任和义务，老年期只是所有年龄分层中的一层而已，代际关系和代际冲突是这一理论的关注焦点之一。社会为属于某一年龄段的人拟定了一定的行为准则，如 60 岁退休，70 岁享受公共交通补贴等，个体也不断地社会化、继社会化，内化属于特定年龄阶段的社会价值体系。社会对老年期个体在责任方面的期望下降，这也减少了老年人继续参与工作的激励因素，令少数有需要的老年人丧失了继续工作的机会。当然，年龄分层必须同时考虑历史发展和社会地位的因素，不同社会环境中，老年人所经历的继社会化是不同的，例如，在我国，城市的退休老年人有退休金，而农村的养

---

① B. L. Neugarten, R. J. Havighurst & S. S. Tobin, "The Measurement of Life Satisfaction," *Journal of Gerontology*, vol. 16, no. 2(1961), pp. 134-143. Bernice L. Neugarten, "Personality and Patterns of Aging," *Gerontologist*, vol. 14, no. 4(1965), pp. 249-256.

② Matilda White Riley & Marilyn Johnson(eds.), *Aging and society, volume 3: A Sociology of Age Stratification*, New York: Russell Sage Foundation, 1972.

老金绝对金额很有限;不同的历史时代对老年人的期望也不同,在传统中国社会,老年人帮助照顾孙辈是社会的共识,但是新时代的老年人可以有更多的选择,有的明确表示不会参与照顾孙辈,有的主动协助,有的有条件协助等。老年人的责任和义务也与性别、经济状况等因素有关。

20世纪80年代,明克勒和艾斯特司(M. Minkler and C. Estes)等认为①,社会阶层是部分老年人充分接触和利用社会资源的重要障碍,在社会上有权力的阶层会为了保持自己的权力继续维持社会阶层间的不平等,这就解释了一些社会现象,有一部分人在中年时就很富裕,随着年龄的增长,他们积累的财富越来越多。大部分人在中年时就并不富裕,到老年期更加容易陷入贫困,再加上社会政策往往不会对老年人在收入保障、住房、医疗等方面有充分的倾斜,所以相当一部分老年人的生活处境并不乐观。一些老年学研究把老年人描述为“不健康的、有问题的、无能力的”群体,加重了社会大众对老年人的偏见甚至歧视,包括所谓“爱心歧视”,即把老年人看作需要服务、等待接受帮助的弱势群体,如果某个或者一个小群体的老年人确实因为体弱、疾病或者智力衰退而有需要,那么我们献出爱心是值得称许的,但是如果老年人处于健康、活跃的状态,我们过分“献爱心”会在无形中伤害老年人,有时候这比歧视更伤人心。

后现代思潮同样也影响老年社会心理理论的发展,其视角主要包括:社会建构主义、批判主义、女性主义视角等。社会建构主义的学者认为研究老年人的社会心理时不能脱离老年人自身的生活经验,以及老年人自己对生活经验的描述,这些描述不仅能够反映老年人本身的切身体验、他们使用的语言,而且能够反映社会文化环境在个体过滤之后的反差。故此,老年社会心理理论绝不能离开特定社会下经济、社会、文化及历史的印迹,没有适合所有老年人的解释,只有将不同老年人群体的经验在特定环境中建构之后,才能解释这群老年人在此特定环境中的社会心理。更进一步讲,所谓“老龄化问题”,是社会建构出来的现象,不能代表全部老年人群体的特征,我们需要用建构的眼光来看待老年人与环境的互动。

批判主义的视角也同样认为把注意力集中在“老龄问题”上不利于迎接老龄化的挑战,相反,应该更加关注如何引导正面、积极的老年人形象,如何在实践中通过政策调整来使社会环境更加适宜不同背景、文化的老年人,提倡用更开放的知识论共建一个“美化老龄化”的世界。从全球背景看,世界卫生组织在2002年推出“积极老龄化”框架后,又于2007年发表了全球老年人友好城市指引,在

---

① Meredith Minkler & Carroll L. Estesa, *Critical Gerontology: Perspectives from Political and Moral Economy*, New York: Baywood Publishing Company, 1999. Meredith Minkler & Carroll L. Estesa, “Critical Gerontology: Perspectives from Political and Moral Economy,” *Journal of Aging and Identity*, vol. 3(1998), pp. 99-113.

政策层面强调推动积极老龄化不能止于要求老年人或是家庭的改变，必须改变社会环境，包括：社区和健康照顾、交通安排、居住环境、社会参与、室外空间和楼宇、尊重及社会融合、社会参与和就业、沟通和信息。我国将年龄友好纳入宜居城市建设的框架，倡议把我们的城市建设成为环境优美、社会安全、文明进步、生活舒适、经济和谐、美誉度高的城市。同时，我国出台了《关于推进老年宜居环境建设的指导意见》，强调关注适老居住环境、出行环境、健康支持环境、生活服务环境等方面的具体举措。我国还通过颁布《关于加快实施老年人居家适老化改造工程的指导意见》，提升老年人体弱后在自己居住地继续居住的阻抗力，在社会文化方面强调人文软环境的优化，巩固和弘扬社会尊老敬老的传统美德。

在后现代思潮中，女性主义视角也不容忽视，由于妇女在人生的不同发展阶段都面对着与男性不同的社会期望和社会常规，所以女性主义学者更关注使女性处于社会不利地位的特征如何在女性到达老年期之后影响女性与社会环境的互动，例如，女性作为家庭照顾者的经验在老年女性照顾配偶时不容忽视，女性容易于中年期脱离劳动力市场从而影响老年期的经济保障，以及女性健康在老年期的特殊表现等。在国际层面，妇女老化得到了很多关注，世界卫生组织在《2020—2030 年健康老龄化行动十年》中，特别指出妇女平均寿命高于男性，但是妇女在退休保障方面无论是参与率还是收益都不及男性，而且妇女终其一生经常因为要照顾家庭中的老幼而间断工作，她们老年回到独身后，需要成为公共政策的优先对象，政策要从儿童入手，在青少年、成年期关注女性，才能更好地实现老年女性的权利保障和健康关怀。

从以上的简述中我们可以看到，对老年社会心理的理论分析走过了一条从注重个人技能和特征到注重环境影响，再到注重个人与环境交互作用的发展历程，充分显示了不同学者在关注老年人社会心理健康方面的不同焦点，可以说，没有哪一种观点占据绝对的优势。对社会工作者来说，这些理论可以帮助我们了解为什么有些老年人在与社会互动时会出现一些问题，例如，退休后的不适应、丧偶后的长期悲伤、与同伴的人际关系矛盾、社会隔离、权益受剥夺、自杀等。这些理论还可以指导社会工作者发展适当和有效的干预模式，有些模式从改变个人生活或者思维模式入手，继而改变环境；有些模式从改变环境开始，影响个人生活。

第二节 老年人面对的生活变化

这一节将讨论老年人在生活中要面对的一些重要的变化，包括退休、丧偶、同伴关系和终身学习。

一、工作和退休

工作和退休是现代社会的产物，在农业社会无所谓退休，只要个人继续拥有土地，又能够参与耕种，没有社会期望他不要再下地劳动。但在现代社会，似乎形成了一个学习、工作、退休三阶段截然分开的格局，学校的教育系统在一定程度上规定了学生在义务教育年龄段要受到充分保护，不能参与有偿劳动，国际劳工法也有相应的规定，它的基本原意是保护儿童受教育的权利，在身体情况与工作要求的关系上，也似乎假设工作是成年人的事。更进一步，工作成为成年人独享的权利，当个体到了一定的年龄（在中国，不同的职业身份会有所不同），他就要退休离开工作岗位，成为社会养老保险的受益人。

老年人该不该或者要不要继续从事有收入的工作呢？工作对一个人有两方面的意义，一是带来经济收入，支持自己或者家庭的生活，二是获得社会支持、实现个人价值，离开工作了很多年的岗位，需要一个适应过程。如果说养老保险制度成功地将工作的第一个职能替代了，那么工作的第二个职能需要用新的更有意义的方法来实现。

关于退休适应的研究表明，我们首先要了解退休者的不同动机和背景，在退休人士中，有些是被迫提前退休的：或是由于经济转型之下部分大型企业倒闭，或是由于身体状况的考虑，或是由于要照顾家庭中有需要的人员，或是由于职场上的年龄歧视。有些是主动提前退休的，认为自己已经实现了人生目标，也有足够的经济支持来源，可以离开工作岗位。对于被迫退休的人来说，退休不是他们预期发生的事，所以更需要适应。对于主动退休的人来说，他们可能已经制订了自己的退休计划。大多数老年人达到规定年龄后都会按章退休，虽然他们已经有了心理准备，但是退休适应仍然可能是一个挑战。

一般而言，退休适应要经过以下五个阶段①：

第一阶段：蜜月阶段。很多人忙忙碌碌地工作了几十年，很少有机会可以休息，或者安排足够的时间来做自己想做的事，于是刚退休的一段时间会是相对平静和甜蜜的。

第二阶段：觉醒阶段。在蜜月之后，老年人渐渐意识到退休生活的真实一面，不用每天早上准时起床，没有人交代完成某项工作，生病不用请假，生活节律再也不用与工作配合，想什么时候做什么事都没有关系。这种看似自由的生活往往成为退休者产生情绪困扰的诱因。

---

① Donald C. Reitzes & Elizabeth J. Mutran, "The Transition to Retirement: Stages and Factors that Influence Retirement Adjustment," *International Journal of Aging and Human Development*, vol. 59, no. 1 (2004), pp. 63-84.

第三阶段:重新定位阶段。在了解现实之后,很多退休者能够重新找到自己的定位,找到一些乐于参加也有能力负担的闲暇活动,这是因人而异的选择,没有一定的规则可言。在这一阶段,退休者需要与家人有良好的沟通,互相理解和支持。特别是在夫妻相处上,以目前的平均预期寿命计算,当一方退休或者双方都退休后,夫妻还有大约 15 到 20 年的相处时间,这段时间夫妻的健康状况一般处于良好状况。研究发现,此时夫妻拥有共同的兴趣和爱好对婚姻满意度有正面影响,反之则有负面影响,例如,一个男性老人想学社交舞,而配偶没有兴趣,那么男性老人经常去跳舞不在家,配偶可能会有一些想法,这容易引起夫妻之间的矛盾。

第四阶段:稳定阶段。当退休者找到新的生活重心后,便进入了相对稳定阶段。在参与活动的过程中,老年人学习重新安排自己的生活和时间,生活似乎又变得有规律起来,新的意义在这些活动中产生,如找到新的快乐、交到新的朋友、接收到新的信息等。与此同时,退休者也要重新调整与配偶和其他家人的相处模式,相处时间增加有时会增加人际摩擦的机会,因此如何与家人相处是一个新的挑战。

第五阶段:退休者角色的结束或者转化阶段。老年人或者由于死亡而不再能扮演角色,或者由于健康问题由一个生活可以自理的人变成一个需要长期和持续照顾的人。

成功的退休适应需要几个方面的配合:一是退休者自身要有动力找到新的人生意义和兴趣,二是社会环境要为退休者提供机会、适当的期望和准备,而且不仅要考虑到年龄的需要,也要考虑到更具体的细节,如性别、阶层等。研究显示,成功发展积极的兴趣对于退休者的适应有积极作用。那么,哪些积极兴趣可以达到这一效果呢？主要有两个条件,第一个条件是这个或这几个兴趣对老年人来说要能带来重要的意义,如能增加竞争感和成功感、增进知识和技巧,又如能带来友谊和分享。第二个条件是老年人的积极兴趣要得到家人的认同,特别是配偶的认同,这样既能增进沟通,还能形成互相支持的平台。这对于社会工作在个人或者小组层面的干预很有启发,相关的社会服务应致力于推动退休者尽快适应,并保证退休者不会因为经济承受能力、居住地区、家庭组成的差异而没有选择和参与的权利。同时,刚退休不久和即将退休的人士是第一代独生子女的父母,他们在退休以后的适应与传统的多子女老年人也会有所不同,他们的唯一子女也许与他们异地,甚至不在国内;而且他们是用电子媒体比较多的群体,在选择居住模式、生活方式等方面更加复杂①。

---

① Yijie Wang, Wenkai Sun & Xianghong Wang, "Motivation of Parent - Child Co-residence Behavior: Evidence from the China Health and Retirement Longitudinal Study," *China & World Economy*, vol. 27, no. 2 (2019), pp. 66-85.

当学习、工作、退休与年龄的联系没有那么紧密的时候，退休仍然有制度性的意义，例如，退休后，人们才可以享受自己工作时参加的退休保险的回报，退休金也能豁免个人所得税等。那么，退休生活基本保障（包括经济支持、家庭照顾以及健康照顾等）怎样才能与时俱进呢？例如，如果老年人有持续工作的愿望和能力，怎样在工作环境中消除年龄歧视呢？这不仅需要法律和政策上的保障，更需要全社会的共同构建。又如，是否可以推广项目为本的工作制，或者弹性工作制呢？这样有经验和学识的老年人就可以弹性地参与一些符合他们专业特长的工作，发挥余热，为社会和国家继续作出贡献。再如，在家庭岗位上，社会怎样能为照顾其他家庭成员的女性老人提供足够的物质和心理支持？很多老人互相扶持和照顾的家庭，对社会的长期照顾安排贡献良多，社会对其的认同和赞许是非常必要的。

二、丧偶与独居

丧偶是人生中最痛苦的生活事件之一，研究表明丧偶是所有引起压力的生活事件中压力最大的一件事，丧偶不但转换了人生的亲密关系，而且意味着与几十年相濡以沫的伴侣永远分离。有研究显示，处于丧偶之后 24～36 个月的人，其死亡率和产生精神困扰的概率比没有丧偶经验的人高很多。

在丧偶之后，人最先要面对的挑战就是丧礼的安排。由于在许多文化中，死亡禁忌依然存在，所以丧礼安排有时会成为家庭矛盾的导火线。活着的亲人不仅要面对悲伤，还要花时间和精力来处理丧礼事务，这无疑是双重的压力。在新冠疫情期间，医院探访、丧礼安排还受到跨地域交通安排的限制，家人面对的难处可想而知。

在丧偶的最初一段时间，健在的一方往往会得到很多家人的关怀和帮助，但是丧礼过后，持续的关怀往往不太可能，远方的亲戚要回家，就算同住的子女也要恢复日常工作，留下老人独自面对孤独和对配偶的怀念。在哀伤的过程中，很多老人会经历以下几个过程：首先是麻木，似乎身边发生的事都不是真的，有些人也可能变得更理性，似乎一切都在自己的掌握之中。其次是寻找和渴求，渴望在梦里、在生活里再见到死者，或者相信死者会用特别的方法回来相聚。再次是混乱和抑郁。当真正感受到亡者已去的时候，内心的混乱和悲伤油然而生，这时候也往往是亲人和朋友开始恢复日常生活的时候，留下老人独自面对自己的忧伤，并开始适应日常生活琐事中的变化。这一阶段的丧偶者最需要专业人士，包括社会工作者帮助其从悲伤中重新建立生活的意义，活出精彩的人生。最后是重整，这个时候丧偶者从适度的情绪表达中走出来，重新开始独自的生活。

当然，丧偶的老年人可以考虑再寻找合适的伴侣，重新组织家庭。统计显示，男性老人再婚的比例比女性高，一方面可能由于社会期望的不同，另一方面可能与男性老人一般更有经济能力有关。除再婚的老人之外，相当一部分老人在丧偶之后需要面对独居生活。从目前的统计来看，全国大约有10%的老人独居，当然城乡差异和不同城市之间的差异不容忽视。独居老人的社会心理需要可以从两方面来讨论，第一是当老年人仍然健康时如何提升其心理健康水平，第二是当老年人体弱患病且需要长期护理照顾时如何能作出尊重老年人意愿的安排。以下着重讨论第一个方面，第三节和第四节讨论第二方面。

老年人在社区独立生活要特别留意以下几个方面，一是生活自理能力，包括完成家务、购物、财务管理、药物管理的能力等。二是应变危机的能力，如在身体不适时求助的能力，在情绪不佳时倾诉的能力，在有经济需要时获得援助的能力。这些能力有的与一生的积累有关，有的可能需要不断学习。特别是那些从未有独居经验的老人，他们在小时候有父母照顾，工作后也没有离开父母，结婚后与配偶相互照顾，家庭事务多由配偶负责，那么当他们在老年期要自己独自一人生活时，可能面对非常大的挑战。针对独居老人，社会工作者可以用历史回顾的方法帮助这些老人找到自己过去处理生活事务的好方法，强化老人在独立解决问题上的能力感，最终协助老人在社区独立居住。

如何使独居老人与社会保持有建设性的沟通和联系，也是一个重要的问题。独居老人最大的危机是与社会隔离，每天独自一人生活，与外界没有深入的人际接触，没有机会讲述自己的心事，也没有机会向别人分享自己的生活。研究表明，独居老人的精神健康一般比与人同住的老人要差，他们更容易感到孤独、自尊心低、有抑郁症状，甚至自杀。

一些社会服务项目在一定程度上可以帮助独居老人解决生活上的实际问题，例如：社区食堂服务不仅可以让不会做饭或者没有能力做饭的老人享受到定时的、有营养的饭菜，而且可以给就餐老人提供一定的社交机会；安康通服务等社区层面的紧急求助系统能帮助独居老人处理危机；等等。但是这些服务都是物质层面的，或是浅层的，较难深入到社会心理层面。独居老人的情感需求很强烈，帮助他们面对独自生活，避免孤独感的产生非常重要。一些研究虽然对孤独感有讨论，但是很少提出以实证为基础的有效干预方法。一个重要启示是社会工作者可以重点帮助老年人保持、培养和建立亲密关系的陪伴，如果老人能与固定的人或动物，甚至一些具有意义的物建立紧密的情感联系，将有助于摆脱孤独感。有些独居老人面对的困难可能不是没有朋友或者家人，而是由于各种环境条件的限制，他们无法与家人、朋友等保持频繁的接触，现代化高科技如互联网视频通话可以是一个干预服务的方向，当然，这需要老人有一定的经济基础，掌握计算机知识和技能，在这方面社区服务可以发挥作用，为低收入老人提供互联网服务，并帮助老人用计算机等新的科技成果来提高生活质量。

三、同伴关系

老年人同伴关系直接影响老年人的生活满意度。怎样才能称为一个同伴/朋友，而不是一般的“熟人”呢？一个人被他人称为朋友需要有以下六个条件：第一，朋友关系以自愿为基础，而不是建立在金钱或其他利益交换的基础上。第二，双方互惠互利都愿意花时间、心意来培养友谊。第三，双方的交往模式有足够的弹性，互相满足对方日益变化的需要。第四，双方关系可以终止，当有任何一方感到相互之间的交往已经超出自己可以接受的界限时，可以随时终止关系。第五，平等和互利，在交往的过程中，双方处于相对平等的地位，没有任何一方可以暗中操控关系的发展，又或者一方长期从另一方那里获取利益。第六，友谊有强烈的情感依附关系，双方为彼此提供情感关怀。一般来说，同伴/朋友关系需要长时间的培养，两个人不是一认识就能成为好朋友的，也有不少经验告诉我们，义务工作者定期探访老人，久而久之能和老人成为忘年之交。

中年至老年期发展朋友关系网络，有三种较为典型的形态。第一种是独立型的个体（the independent style），他们有一堆同龄的伙伴，但是在他们心目中，没有最好的朋友，他们往往也没有这个需要。他们可以今天和老同学聚会，明天和老同事同游，也不乏分享共同兴趣的友人，这些老年人的情感寄托大多不在朋友身上，而是在家庭或者配偶那里。第二种是选择型的个体（the discerning style），这些老年人很有选择性地发展友谊，往往有若干个好朋友，而且与这些朋友非常亲密，无所不谈，这种友谊常常能维持很长时间。第三种是交际型的个体（the gregarious style），这些老年人有比较广的朋友圈子，而且这些朋友又可以被区分为娱乐的，公益的等，在不同的组合中，老年人交流不同的信息，这些老年人较其他两类老年人更开放，更愿意结识新朋友。研究指出，在健康信息交流方面，朋友与家人类似，也能发挥正面作用，朋友能在早期感受到老年人健康征兆的改变，特别是认知和情绪方面的征兆，也能参与解释观察到的改变，并在寻求帮助和做医疗决定时提供支持①。

从总体上说，老年期友谊的特征由中年期延续而来，但是研究指出，老年人有减少与朋友交往而增加与家人交往的特征。同时，随着年龄的增长，朋友可能由于疾病而不良于行，或者死亡，所以朋友自然减少是另一个不可避免的特征。一般来说，女性老人比男性老人更多地报告自己有亲密的朋友，而且也更愿意花时间来维持和培育友谊。研究同时指出，不论在哪一个年龄段，个体都有足够的

---

① Jean O. Taylor & Andrea L. Hartzler, “Monitoring for Change: the Role of Family and Friends in Helping Older Adults Manage Personal Health Information,” *Journal of the American Medical Informatics Association*, vol. 25, no. 8(2018), pp. 989-999.

能力结交新的朋友，在与朋友的交往中，个体分享感受、互相支持。在现代社会，朋辈支持是老年人特别是丧偶老年人的重要支持来源。在老年人越来越长寿后，除了要与同龄朋友交往，还可以建立一些忘年交的关系。在传统社会，跨代交往通常在家庭中实现，所谓"四代同堂""五代同堂"是福气的象征，但是到了当今社会，自身家庭的几代人可能不在同一个城市，甚至不在同一个国家，这就需要推动家庭以外的代际交往，通过跨代沟通，不仅可以实现代际间的相互尊重和学习，还可以在整个社会层面实现代际融合。

四、终身学习

终身学习是指个体主动参与的为了个人发展或者参与需要而进行的学习活动，终身学习的发展把个体整个一生都与学习联系起来，使学习不仅成为儿童和青少年掌握知识、发展事业的必要准备，也成为个人不断成长，适应社会转变的重要环节，学习是每一个人包括老年人的基本权利，如果没有终身学习，个体很容易在这个急速发展的知识型社会中感到与社会格格不入，甚至与社会隔离。

对老年人来说，终身学习也有很多不同的层面。首先是成人教育，有的老人在年轻时未必有机会读自己想读的书，退休后可以完成心愿，追求自己想获得的知识。其次是老年大学，能提供学习各种知识、技巧的机会。最后是自学各种有兴趣的知识和技能来丰富生活。在中国各地，老年大学已经成为一种在社区普遍存在的供老年人终身学习的场所，各级政府也非常重视，不仅在空间和经费方面给予支持，而且更重视推广社区资源共享和共同分担的原则：政府支持一点，社会资助一点，学费收取一点，推动多渠道支持老年大学在各地的发展。网上老年大学还建立了远程课堂，方便受地域限制的老年人参与终身学习。在2021年发布的《"十四五"国家老龄事业发展和养老服务体系规划》中，关于老年教育有三个重点：第一，老年健康教育应该成为完善老年人健康支撑体系的关键，离开了科学的健康知识，预防、康复和治疗疾病都会事倍功半，所以要加强老年人的健康素养教育；第二，在医养结合方面，专项能力的提升有赖于针对有护理需要老年人的健康教育，这样老年人及其家人才能积极配合保健、诊治、康复及安养等专项服务。第三，鼓励教育资源共享式的"老年开放大学"，充分利用在线形式，创新发展老年教育，同时长效解决"数字鸿沟"难题，让更多老年人可以公平享受科技成果。

第三节 老年人的失能和社会支持

一、老年人和失能问题

健康问题是老年人要面对的最严峻的挑战，从世界卫生组织对健康的定义来看,健康不等于没有病痛,而是个体生理、心理和社会功能的完全健康状态。其中生理健康的部分对老年人来说一个最关键的因素是如何保持自我照顾的能力,或者说是功能性健康水平(functioning health),从社会老年学的角度,功能性健康包括两大范畴,一是日常生活操作能力(instrumental activities of daily living, IADL),包括准备膳食、从事普通家务(洗衣、整理家居、收拾床铺、打扫灰尘、洗碗等)、管理财务(管理存款、日常开支等)、药物管理(依时服药、明白服药指示等)、使用电话、购物和使用交通工具等。二是更基本的日常生活能力(activities of daily living, ADL),包括穿脱衣服和鞋履、在室内走动、在室外走动、进食、如厕、个人卫生护理(梳头、刷牙、洗脸、洗手)、洗澡、自己移动身体(下床、从椅子上站起)等。有些老年人由于疾病或者退化,可能需要他人的协助才能完成以上各项活动,如果老年人在完成以上活动中两项及以上时需要协助,那么老年人可能会被归入失能群体。当然,根据老年人丧失能力的多少及需要协助的严重程度,又可以将其分为全部或部分失能两个层次。据统计,60 岁以上失能、半失能人口约有 4400 万人,占 60 岁以上老年人口的 15.7%左右,而在 80 岁以上老年人口中,失能、半失能人口约占 40%,这么庞大的失能人口,需要专业的护理和服务。截至 2020 年,我国各类养老服务机构约有 32.9 万个,床位数约有 821 万张,缺口仍然很大。

引起失能的原因可以是单一的,也可以是多方面的,其中疾病和跌倒是主要诱因。跌倒是老年人生活中常见的意外,在社区居住的老年人跌倒的发生率在 20%到 40%之间,所以跌倒是在社区居住的老年人健康的一大威胁。由于跌倒会导致住院,以及长期的康复治疗,还可能导致老人丧失自我照顾能力,所以非常需要做好预防。跌倒的危险因素可以分为内在的和外在的,内在因素包括跌倒前的自理能力、视觉受损度、平衡能力、脚疾、失眠、高血压、眩晕、心脏病症状等,外在因素主要与环境有关,如灯光昏暗、地板湿滑、没有扶手、道路高低不平等。也有由医疗诊断引起的因素,包括药物反应、服食安眠药、使用护肤品等。还有社会心理因素,包括抑郁情绪、害怕跌倒等。在社会心理因素方面,社会支持是预防跌倒的有利因素,在疾病中有人陪伴,积极与他人交往等都可以帮助老年人预防跌倒。

就预防老年人跌倒而言,社会工作者可以协同其他专业人员(如康复师)在社区开展有针对性的干预:一是要对老年人,特别是体弱老年人进行跌倒风险评估,跌倒风险评估可以以上述几个方面的因素作为参考,如果发现受评估的老年人属于跌倒的高危人士,就需要及时转介专业人士跟进,判断是否要在药物、环境等方面作出改善。只告诉老年人他有跌倒的风险,要留意不要跌倒,有时反而会增加老年人的担心和害怕,诱发跌倒。二是要在急诊室加强跟进,急诊室接收跌倒病人后,可以发展一整套评估和干预措施,从而从专业的角度来帮助已有跌倒经验的老年人,让他们可以重拾自信,预防再发性跌倒。三是对于集中收养的老人院的老年人来说，推行普遍性的健康运动对于预防跌倒没有显著效果，运动应该有针对性地提供给曾经有跌倒经验的，或者有高危跌倒因素的老年人。特别值得指出的是，跌倒干预一般需要多管齐下，且需要有针对性①。

智力下降是失能的重要影响因素，一般认为，智力下降会影响老年人的生活自理能力。作为一个社会工作者，了解初期智力下降的特征非常重要，因为这样可以及早识别有智力缺损的老年人，鼓励他们寻求各种帮助，同时也可以帮助家人充分了解老年人的情况，支持家人在家中照顾由于智力下降导致的失能老人。根据国际阿尔茨海默病协会（Alzhemer's Disease International，ADI），常见的早期智力下降的行为表现包括：

第一，近事记忆衰退。不记得昨天或者当天早些时候发生过的事，如说过的话、见过的人，答应要做的事等。

第二，在过去一直熟练掌握的活动中表现困难，如准备膳食、打电话、下棋、打牌等。

第三，语言能力下降，有时发生词不达意、张口忘字的情况，如果老人有书写能力，写出的句子的完整性和流畅性都受影响。

第四，时间和地点定向不清楚。老人开始不能准确报告时间和地点，这是非常有危险的行为特征，如果得不到实时的帮助，他们可能会有生命危险。

第五，判断能力下降。在需要根据环境做出相应的行为改变时，他们往往不能很恰当地做出调整，如着装和季节、场合不搭配，或者一下子花很多钱买一些自己不那么需要的物品或者服务。

第六，抽象思考能力下降。如果该老年人本来具有一定的知识水平，那么他可能会表现出与本来具有的知识水平不符的行为，例如，无法做出简单的数学题，无法用简短话语来表达一段文章的中心思想等。

第七，错误放置物品。在非故意的情况下，将某些物品放置在不应放置的地方，如将房门的钥匙放在冰箱里，将糖放入洗衣机，将鞋子放入衣柜等。

第八，情绪和行为的改变。老年人的行为表现出他情绪不稳定，或者无缘无故发脾气等。

第九，性格改变。人在一生的发展过程中会逐渐形成与周围环境互动的行为模式，当人的智力开始下降的时候，个体可能表现出很不寻常的行为模式，如怀疑、困惑、依赖他人等，有的老年人由开朗转为内敛，有的老年人由内敛转为外向，甚至有攻击性。

---

① Peixia Cheng & Liheng Tan，"Comparative Effectiveness of Published Interventions for Elderly Fall Prevention：A Systematic Review and Network Meta-Analysis，" *International Journal of Environmental Research and Public Health*，vol. 15，no. 3（2018）.

第十，缺乏生命的动力。老年人变得越来越被动，坐着不动，常常打瞌睡，不去参加过去常常参与的活动等。

这些特征未必与老年痴呆症画等号，但是大体上说，如果一个老年人开始较为频繁地表现出这些特征，就可能需要咨询医生，做进一步的检查和诊断。在我国，可以到神经内科或者精神科就诊。研究显示，老年人智力受损的高危因素包括：高龄，女性，教育程度低，与脑血管病变高危因素相关的指标如血压长期在160/100毫米汞柱以上、总胆固醇超过8毫摩尔每升、缺血性心脏病、糖尿病和胃病变等。研究同时指出，有规律地参与体育运动可能可以预防智力受损。

除了突发疾病如中风、跌倒等导致的失能，多数老年人的失能是慢慢发展而成的，近年来特别受关注的是体弱（frailty）老人，在20年代90年代以前，体弱与失能在大多情况下被视为等同的概念，但是近三四十年，体弱渐渐成为一个独立的概念。一般认为，体弱包括身体功能、营养、智力、感知等多个维度，近年来更有学者提出体弱也可以包括情绪和社交等维度，目前对于体弱的测量标准还没有一个定论，建议对特定人群具体分析决定。体弱或者失能对老年人的打击不仅是生理上的，而且是心理上和社会性上的。成年人自己照顾自己，独立生活似乎是天经地义的事，对一个刚刚失能的人来说，不能独立生活对他的打击会很大，通常老人不能接受自己需要他人的照顾，并与照顾者发生摩擦。老人还会在长期需要照顾的情况下产生自卑心理，感到自己没用了，成了别人（特别是家人）的累赘，心情不佳，甚至感到抑郁，或者产生自杀轻生的念头①。失能对老年人的影响是全方位的，老年人必须因此改变一些惯常的生活模式，学习与自己的失能共处，例如，如果一位老年人由于中风而不便行走，那么他就必须为购物、准备膳食、家务等寻求帮助，他可能因此需要学习使用助行器，或减少外出，调整自己参与朋友聚会和社会活动的频率。这会导致老年人与社会渐渐疏离。社会工作者可以在帮助老年人接受自己的失能方面作出干预，例如，《最后14堂星期二的课》就十分具体地描述了一个老人如何能逐步接受自己的失能，并从中找到生命意义的故事②。

对失能老年人来说，社会工作者大有可为，不过干预的目标不能一概而论，而要根据每一个老年人的具体情况而定。例如，一个老年人不幸跌倒，但是在手术后显示出很强的康复潜力，那么一定要充分利用三个月的黄金康复期，在最短的时间内通过康复治疗（如物理治疗、职业治疗、运动训练、言语治疗、心理治疗等）帮助老年人恢复能力。但对大多数失能的老年人来说，失能可能是一个无

---

① Roschelle A. Heuberger, "The Frailty Syndrome: A Comprehensive Review," *Journal of Nutrition in Gerontology and Geriatrics*, vol. 30, no. 4(2011), pp. 315-368.

② ［美］米奇·艾尔邦：《最后14堂星期二的课》，白裕承译，台北大块文化出版社2018年版。

法逆转的事实,而且还有不断严重的危险,那么干预的目标是什么呢?从一定意义上说,干预的目标包括两个方面,一方面是提升个体的社会功能,社会工作者可以辅助或协助个体尽可能实现社会功能,如到社交场合或者公共场合与人接触,如常人一般进行用餐、如厕、作息等活动。另一方面是提升患者的生活质量,当恢复能力已经变得不太现实时,干预或者提供服务的重点就在于提升生活质量,包括老年人及其家人的生活质量。讨论失能老人特别是老年痴呆症患者的生活质量的文献不少,其重点在于如何能准确可靠地测量失智老人的生活质量。在失智的不同阶段,生活中不同的部分会对同一个体有不同的影响,例如,在早期和中度痴呆时,自主决定参与什么活动可能是一项重要的生活质量指标,但是在晚期、重度病人身上这一点的适用性会低一些。研究指出,测量失智老人的生活质量要考虑以下几个范畴:一是正负面的情感。二是焦虑,研究证实,早期失智与很多神经性症状相关,包括焦虑症状。三是感官审美,虽然失智老人在逻辑思维、解决问题、自我照顾方面相对较弱,但这不必然影响他们用感官来接触世界,如听音乐、观察动植物、欣赏艺术品、接触大自然等。四是归属感,即是否感受到自己仍然被需要,有人喜欢①。

从社会心理的角度出发,对失智老人家人的干预与对他们的干预同样重要。那么什么样的干预对失智老人的照顾者最有效呢?研究发现,失智老人的家庭照顾者在刚发现老人开始有智力缺损时,需要在角色和心志上作出调整,一来了解失智的特点及其对老年人的影响,二来学习如何照顾失智老年人。随着时间的推移,社会工作者或者其他专业人士可以向家庭照顾者提供健康教育及心理咨询,这有利于提升家庭照顾者的心理健康及对照顾者角色的认同,更能减轻压力感,抑制负面情绪。要使照顾者能长期从事照顾工作,持续的服务性支持也是必不可少的,不然可能照顾者只能短期受惠,当服务停止时,照顾者的压力又变大了,会影响他们提供照顾,对受照顾的老人也非常不利。研究指出,多元化、结构化、个人化的全面干预效果较为理想。有香港研究团队实现了"脑伴同行"干预,从全面评估照顾者的危机、健康和资源入手,以认知行为治疗原则为蓝本,设计了12次辅导式干预(9次面对面干预和3次电话干预),干预内容包括日常压力及情绪管理、深呼吸(静观反思)、音乐疗法、伸展运动、愉快事件回忆、思想记录、每周照顾记录、针对心理行为问题的处方、认知行为矫治等。研究进一步显示,照顾者接受社会心理干预,对他们的身心健康有正面影响,促进他们接受干预的因素包括照顾者认识到自己接受干预的需要、干预的内容与需要相关、干预

---

① Yi-Chen Chiu, Yeaing Shyu, Jersey Liang & Hsiu-Li Huang, "Measure of Quality of Life for Taiwanese Persons with Early to Moderate Dementia and Related Factors," *International Journal of Geriatric Psychiatry*, vol. 23, no. 6(2008), pp. 580-585.

的安排能适合照顾者的日常生活、干预者的知识和能力，而照顾者的身体比较差、知识水平低、自评照顾负荷大、转换提供干预的工作人员、协调不当等因素会降低接受干预的程度①。

二、老年人与社会支持

在任何一个年龄阶段，社会支持都是重要的社会资本，但是在老年阶段，社会支持的功用更加凸显②。下面简单介绍社会支持的定义、功能、分类和理论模型。

关于社会支持的定义，目前还缺乏定论，一般认为，社会支持的定义可以随着不同的理论取向而有所不同。首先，社会支持可以理解为个体社会交往网络的大小、网络的组成和网络中主体与其他人的交往频率。一般认为，网络小到一定程度，如只有 1～2 位家人和朋友，不利于老年人从中互相交换有用的信息和获得必要的帮助。但是网络大到包括 7～8 个或更多朋友又似乎起不到很显著的作用，因为个体要与网络中的他人保持密切和良好的互动关系，如果人数太多，个体有限的时间未必可以分配给网络中的每一个人。其次，也可以从行为角度看个体与周围的人互相交换行为发生的频率来判断社会支持，从这个视角出发还有两种看法，一种只关注个体从周围的人际关系中获得的支持性行为的频率，如日常生活上获得帮助的频率，金钱上获得帮助的频率，情感上感到支持的频率。另一种认为只关注获得多少无法充分体现社会关系的复杂性及互依性，所以建议同时关注互相交换是"等价"交换还是"非等价"交换。在家人中"非等价交换"较易产生及被接受，因为家人之间的关系有历史性，在一定时段内的"非等价"不完全等同于"非等价"，也许当事人认为过去已经付出了很多，或者未来可以有机会回报对方，朋友之间的"等价"关系会比较容易长时间维持。最后，从自我评价出发来看社会支持，所谓支持是个体感受到可能的他会接受到的支持，这是他对现有的支持网络的评价，这个概念比较多地与个体的信心挂钩。

不论从哪一个视角出发，社会支持的来源主要有三方面。

第一，家人，包括配偶、子女、孙子女、亲戚及名义上的亲戚，如"继女"等，个体与家人的关系要么以血缘为基础，要么以婚姻为基础，所以一般家人的支持可以是非条件性的，也可以非常及时。但是社会关系绝非只有互相支持的一面，处

---

① Karen Siu-Lan Cheung, et al., "Multicomponent Intervention on Enhancing Dementia Caregiver Well-Being and Reducing Behavioral Problems Among Hong Kong Chinese: A Translational Study Based on REACH II," *International Journal of Geriatric Psychiatry*, vol. 30, no. 5(2015), pp. 460-469.

② Vivian W. Q. Lou & Nan Lu, "Social Support and Well-Being of Older Adults in Eastern Asia: A Systematic Review," in Sheying Chen(eds.), *Social Support and Health: Theory, Research, and Practice with Diverse Populations*, New York: Nova Science Publishers, Inc, 2013.

于亲密关系中的人也有可能陷入矛盾和冲突，又或者由于互助关系的建立，会有一些人向家人提出后者无法达到的要求，个体有时怕不帮家人、亲戚会伤感情，所以也容易陷入矛盾。

第二，朋友。老年人的朋友可以是从中年期延续下来的，也可以是在老年期新结识的，不论是新朋还是旧友，由于友谊没有血缘或婚姻关系中那么强烈的责任感或依附感，朋友关系较家人来说更容易改变，因此，朋友所能提供的支持多为信息性的。当然，朋友还可以为个体提供归属感或共鸣感。朋友之间像家人一样能持续不断地提供无条件帮助的情况比较少见。

第三，对个体有非常重要意义的人，他们有可能是家人中的一员，也有可能不是，他们不分年龄、性别，有的可能是老人的忘年交，有的可能是过去的老师等，他们的支持往往与生命的价值、意义，克服困难的勇气和信心有关。

一般认为，社会支持网络有六大功能①。第一，社会支持网络中的人成为依附及被依附的对象，在这种情感依附中，个体以及他周围的人都获得了安全感。第二，社会支持网络中个体与网络中的人一起实现社会融合，个体无法在社会中单独存在，个体必须与他人直接或间接地发生关系，以产生一种与群体融合的感觉，在与他人交往的时候，个体与网络中人的部分或者全部产生共鸣，分享类似的兴趣和价值观，所以社会支持网络有助于老年人培养健康生活习惯，例如，一个人做运动缺乏动力，一群人一起做就有助于培养良好的运动习惯；又如戒烟，一个人做可能感到很困难，但是如果大家一起互相鼓励，就不会觉得这么难。在交往的过程中，老年人可以接触到不同人对同一事件的不同看法，学习更正面、积极地面对生活。第三，社会网络为个体提供了一个教养和培育他人的机会，特别是当个体有自己的下一代，甚至再下一代的时候，通过与子女和孙子女的交往互动，个体将文化传统、家庭风气，以及人生的经验和智慧传递给他们，也间接将这些传承活动转化为整合生命的过程，感受到新的生命意义。第四，个体在社会支持网络中肯定自己的成长，在不同的人生发展时期，我们改变交往的圈子，从中小学同学到大学的室友、老师，再到同事、好朋友等，随着个体不断发展，人际交往圈子的改变见证了个体的成长轨迹，并带给个体自尊。第五，社会支持网络能提供一种可靠的、有人相互帮衬的感受，在家人的圈子中这种感受会相对强烈，所以个体通常会在有需要的时候首先向家人求助，因为个体感受到家人是可以依靠的“避风港”。第六，社会支持网络也是在有困难的时候获得有用信息的

---

① Harrison C. White, Scott A. Boorman & Ronald L. Breiger "Social Structure from Multiple Networks. I. Blockmodels of Roles and Positions," *American Journal of Sociology*, vol. 81, no. 4(1976), pp. 730-780. Harrison C. White & Ronald L. Breiger, "Pattern across networks," *Society*, vol. 12, no. 5(1975), pp. 68-74. Herman Tunk, "Interorganizational Networks in Urban Society: Initial Perspectives and Comparative Research," *American Sociological Review*, vol. 35, no. 1(1970), pp. 1-19.

渠道,在日常交往中我们已经积累了很多的信息,某人对法律事务很熟,某人有非常多的社会关系,某人的家人是学校老师,那么在个体遇到相应的挑战或困难的时候,就会按照自己的判断去寻求帮助。有时候,可能只是为个体提供信息已经足以帮他渡过难关,当然更多的时候,他人提供的是物质上的支持或者心灵上的安慰①。

从以上的讨论我们可以看到,社会网络对个体的作用既广又深,从广度上说,社会支持可以包含物质、心理、信息、精神等各个层面,从深度上看,社会支持网络陪伴个体成长,从依附关系到亲密伴侣,一直到老年期的代际关系。由此可见,当个体缺乏社会支持的时候,这种影响可以是非常深远的。那么根据鲍比(J. Bowlby)的依恋理论(attachment theory)②,如果缺乏良好的支持系统,儿童会感到这个世界不安全,这会对个体儿童期的后续发展造成很深远的负面影响,包括学业成绩、性格、行为问题等。在儿童及青少年期,朋辈及父母的支持是个体健康成长的关键,在青年期和中年期,社会支持网络是个体面对生活压力的最好伙伴,在这个时期如果不能维持良好的社会支持网络,个体往往会因为缺乏面对压力的资源而容易陷入困境。

最后到了老年期,社会支持网络从两个层面帮助老年人迎接生活的挑战。一个层面是直接的作用机制,良好的社会支持网络直接影响老人的健康,包括生理健康和精神健康。另一个层面是非直接的作用机制,或者叫缓冲机制。社会支持网络中充满各种资源,如果一个老年人有很充分的支持网络,在没有遇到困难时,可以起到分享快乐、兴趣、信息的作用,一旦遇到困难,老年人就可以依照自己所面对困难的性质和程度,解决困难的难度及所需要的资源,有针对性地发出求助信号,支持资源越丰富,那么得到适当资源来解决困难的可能性也就越大③。如果一个老年人身边只有配偶,没有子女也没有朋友,那么比起一个身边有配偶、子女、孙子女、好朋友的老年人来说,面对同样的生活压力,后者解决问题的资源会丰富很多。这也是许多学者在近年来不断讨论的“四二一”问题,即一个独生子女照顾两个父母和四个祖父母的说法,这是未来中国要面对的生育政策和家庭结构变化所带来的一个重要挑战,子女有没有能力和时间照顾老人成一个重要问题,当然这个挑战的解决方案不在一代人身上,而是需要每一代人乃至全社会的人都要清楚意识到社会支持网络的重要性。如果家庭内部的网络有限,就要设法到家庭以外去建立网络,从年轻时做起,到年老了才能有相互支

---

① Shelley E. Taylor, “Social Support: A Review,” in Howard S. Friedman(ed.), *The Oxford Handbook of Health Psychology*, Oxford: Oxford University Press, 2011, pp. 189-214.

② J. Bowlby, *Attachment and Loss*, New York: Basic Books, 1973.

③ Sheldon Cohen, “Stress, Social Support, and Disorder,” in Hans O. Veiel & Urs Baumann(eds.), *The Meaning and Measurement of Social Support*, New York: Hemisphere, 1992.

持的网络。

当然我们也要充分认识到，我们讨论的社会支持网络主要指非正式的支持系统，如来自配偶、子女、孙子女、亲戚、朋友、邻居等的支持。这种支持有相当的自发性和互惠性，“临时抱佛脚”寻求帮助往往效果不大，或者只能得到1~2次的帮助，而老年人需要的帮助往往是比较长期和持续性的，如有慢性疾病需要长期的护理，突然中风需要康复活动，独居需要建立互助小组，得了癌症需要长时间接受治疗等。一个稳定可靠的支持系统不仅可以在日常生活上帮助有需要的老人，而且可以在心理上提供安慰，在精神上给予关怀，这是用金钱无法买到的。在网络时代，社会网络从概念上说可以跨越地域和时间的限制，老年人可以与异地的子女、孙子女、朋友视频聊天、交流甚至一起娱乐。网络社交媒体的兴起确实增加了老年人建立与维系社会支持网络的机会，但是有机会并不等于可以实现社会网络的功能，基于老年人与数码世界的发展有一定距离，相当一部分老年人不能在数字时代共享科技发展的成果，这值得社会工作者关注①。

第四节 社会工作的重要议题

一、老人自杀

老人自杀在全世界都是一个令人关注的问题。与20世纪90年代比较，2010年的数据显示，全球年龄标准化自杀率下降了约30%，但是老人自杀仍然在所有年龄组别中位于前列，例如，70岁以上年龄组别每十万人有27.45例自杀，50~69年龄组别每十万人有16.17例自杀。中国老年人自杀占全球老年人自杀数量的大约20%。在自杀方面，性别差异值得留意，从全球来看，男性高于女性，但是中国的数据显示女性高于男性。在中国，城乡差异也值得关注，农村老人自杀率相对较高②。

对于中国自杀人口的一般研究表明，自杀的高危因素与其他国家有相似性，自杀高危人群的特征包括：较高的抑郁症状分数；过去曾经有自杀的行为；在自杀前面对很大的压力；生活质量不佳；有长期的压力；在自杀前有较严重的人际冲突；家人、亲属中曾经有人有自杀的行为；有朋友曾经自杀③。对中国老人自

① 刘婕、楼玮群：《完善上海居家高龄失能老人亲属照顾者的社会支持系统》，《华东师范大学学报》2012年第1期，第19—25页。

② Diego De Leo & Andrea Viecelli Giannotti, “Suicide in Late Life: A Viewpoint,” *Preventive Medicine*, vol. 152(2021), pp. 106735-106735.

③ Michael R. Phillips, et al., “Risk Factors for Suicide in China: A National Case-Control Psychological Autopsy Study,” *The Lancet*, vol. 360, no. 9347(2002), pp. 1728-1736.

杀的研究表明，农村、女性、北方老年人自杀率高一些，老人自杀与贫穷及缺乏足够的资源和社会服务来满足其长期需要有关，例如，当老人身体转差又长期受疾病煎熬时，如果没有足够的社会支持来满足其健康、医疗和情感需要，老人很容易产生绝望情绪，这提升了他们的自杀风险。另外，严重的家庭代际冲突、夫妻关系恶化与自杀行为相关。如果亲属、朋友等有自杀行为，老年人自杀的概率也会比较大。社会环境特别是家庭结构日益变化的当今社会，越来越多的老人仅与配偶同住，子女流动性大，有时候无法提供适切的照顾，但是社会上又缺乏能提供可及性高的专业服务的选择。在城市，如果经济负担能力尚可，老人可以请家庭雇工帮忙，但这有时也不足以解决照顾难题，一来家庭雇工的稳定性不足，特别是长假期间，家庭雇工回乡，会给照顾老人带来挑战；二来照顾老人不仅需要一般的家居生活服务能力，而且需要一些专业的护理知识和技巧，家庭雇工未必掌握。研究指出，在子女照顾的情况下，家庭雇工只能起到有限的作用。对中国农村老年人自杀的研究表明，农村老年人不与配偶同住，且经历负面的生活事件是最主要的自杀行为诱发因素①。

自杀对家庭和社会的影响很大。从家庭来看，自杀对家人的打击不言自明。有研究指出，当夫妻一方自杀后，另一方也自杀的可能性比其他人高很多，自杀者的子女、孙子女和其他亲戚朋友也需要社会工作者的特别关注。提供哀伤辅导是一种干预的方法，一般而言，针对自杀者家人的哀伤辅导要特别留意家人的情绪反应，例如，自责："如果我那天帮他一下就好了""一定是我做错了什么事他才这样做的""我应该可以……"；愤怒：恨自杀者为什么要用这种给家人带来烦恼的方法离世，恨自杀者没有交代后事；烦恼：如何对子女或其他亲人解释；等等。在整个哀伤辅导过程中，自杀者家人的需要可能会更复杂和多样化②。自杀对社会也有很大的影响，一方面，通过媒体的宣传，自杀会有一定的感染力，影响那些曾经想过自杀但还没有采取行动的人。另一方面，自杀事件需要警察、医护人员等的参与，一般来说会增加医疗资源的使用，有的自杀者需要接受深切治疗，有些情况下，意欲自杀者会再次尝试自杀，增加社会开支，如果自杀者仍有劳动能力，其自杀后社会也损失了未来可能的生产力③。

自杀往往不是单一因素引起的，需要在不同的层面做积极的预防工作，根据

---

① Alice M. L. Chong, et al., "Domestic Helpers as Moderators of Spousal Caregiver Distress," *The Journals of Gerontology Psychological Sciences & Social Sciences Series B*, vol. 69, no. 6(2014), pp. 966-972.

② Rahel Naef, Richard Ward, Romy Mahrer-Imhof & Gunn Grande, "Characteristics of the Bereavement Experience of Older Persons After Spousal Loss: An Integrative Review," *International Journal of Nursing Studies*, vol. 50, no. 8(2013), pp. 1108-1121.

③ Thomas Niederkrotenthaler, et al, "Association Between Suicide Reporting in the Media and Suicide: Systematic Review and Meta-Analysis," *BMJ*, vol. 368(2020).

世界卫生组织的建议,社会工作者至少可以在以下几个方面进行干预:

第一,完善社区层面的公共医疗体系。预防胜于治疗,协助社区及早发现和及时治疗精神疾病非常重要,研究发现社区层面对抑郁和焦虑症状老年人的支援,包括心理支援、朋辈支援等可以有效地预防自杀。中国传统社会特别强调家庭内部的互相支持,但是随着社会的发展,与成年子女分开居住的老年人越来越多,两代人可能跨省、跨地区甚至跨国家居住,所以针对自杀高危人群,加强其对社区的归属感,使其能在社区中得到适切的支援非常重要。

第二,针对不同性别和年龄组别人群制定不同的干预计划。对老年人的干预至少要考虑城乡差异和性别差异,例如,在农村,老人绝大部分要依靠家庭,贫困可能是自杀的重要因素,农村的社区服务还没有规模性地发展起来所以更需关注。在城市,大部分老人都有退休金,但是养老机构缺乏床位,社区服务刚刚起步,在这种情况下,干预的重点可以放在为贫困且长期患病的老人提供社区服务,同时针对抑郁和焦虑症状提供辅导服务。

第三,加强医疗系统中不同部门的合作,合力在早发现、早跟进、早治疗上下功夫。例如,在急诊室对尝试自杀者进行登记,并现场安排精神科的跟进。

第四,所有参与老龄工作及医护工作的人员都应该接受有关自杀高危因素和预防的培训,有关生死教育或者死亡学的培训也相当重要。在大部分情况下,社会工作者处于接触老人的最前线,社会工作者有足够的知识和能力来做早期识别,对于采取针对性的干预将会有很大的帮助。

第五,自杀预防不能离开实证研究。在中国,关于自杀预防的研究还很少见,国内学者需要在外国研究经验的基础上做本土研究。在外国研究中被认为有效的方法,如加强前线医护人员对抑郁症的识别和限制接触可用于自杀的致命工具等①,对中国预防自杀的实践有没有借鉴作用,这些都需要研究。

第六,媒体在报道自杀的时候要考虑自杀对公众,特别是对高危人群的影响,同时也要考虑到在互联网日益发展的今天,媒体在传递自杀相关的信息时,不能过多偏重于下结论、做判断,或是过多地挖掘自杀者的"故事",希望能把"责任人"找出来,而应该采取以事实为依归的方法,让读者能接触到信息,作出自己的判断②。

二、虐待老人及老年歧视问题

《中华人民共和国老年人权益保障法》总则中清楚规定"禁止歧视、侮辱、虐

① Emma Hofstra & Chijs van Nieuwenhuizen, "Effectiveness of Suicide Prevention Interventions: A Systematic Review and Meta-Analysis," *General Hospital Psychiatry*, vol. 63(2020), pp. 127-140.

② World Health Organization Regional Office of Europe, *From the Margins to the Mainstream: Putting Public Health in the Spotlight: A Resource for Health Communication*, Geneva: World Health Organization, 2003.

待或者遗弃老年人”，保障老年人依法享有的权益。“第八章　法律责任”规定“对老年人负有赡养义务、扶养义务而拒绝赡养、扶养，虐待老年人或者对老年人实施家庭暴力的，由有关单位给予批评教育；构成违反治安管理行为的，依法给予治安管理处罚；构成犯罪的，依法追究刑事责任”。

虐待老人指的是对老年人物理的、性的及心理的不良对待，大部分情况下，受虐待的是残疾老人或者体弱老人。虐待从形式上分为以下几种：（1）物理虐待，包括打耳光、挫伤，或者用限制移动的方法造成老人受伤、疼痛。（2）性虐待，包括用任何方法进行非自愿性的性接触。（3）情感或者心理虐待，包括羞辱、恐吓或者威胁老人。（4）经济或物质生活上的虐待，包括不经老人同意动用老人的金钱和财产。（5）忽略照顾，包括不能提供适当的照顾和关怀，不理会老人，不给老人安排其需要的医护治疗或者服务。（6）自我忽略，放任老年人自己表达或做出伤害自己健康或者安全的行为。

在中国，关于虐待老人的研究不多，一些地区性研究显示大约有 30% 的受访者报告受到不同程度的虐待，包括照顾者疏忽照顾、财务虐待、情绪虐待、身体虐待、性虐待等。研究指出，受虐待的高危个人因素有女性、低教育水平和低收入。美国的代表性样本研究发现，在全国样本中大约有 11% 报告在过去一年中受到一种及以上的不良对待，34. 5% 受到经济/物质上的虐待，33. 5% 受到疏忽照顾，27. 1% 受到情绪虐待，1. 7% 受到多种不良对待，生活不能自理、社会支援薄弱、过去有创伤经历的老人更容易受到多重伤害①。国外研究发现的其他高危因素包括高龄、少数族裔、贫穷、体弱、智力受损等。不难想象，当老人由于贫穷而要依靠他人时，照顾者的态度可能会比较恶劣，如果这时老人仍有能力可以做一些家务，情况会好一些，但是如果老人体弱，再加上智力受损，那么照顾者很可能忽略或者虐待老人。

与其他年龄段的虐待个案类似，虐待老人的多为照顾者。如果受照顾老人在照顾方面有持续的需要，而照顾者又没能很好地平衡自己的生活和照顾者的角色，难免会感到情绪波动，有学者指出，如果我们能够让受照顾者知道一些行为表现是虐待行为的前兆，那么有一些虐待行为可以被及时发现并制止。这些行为主要表现为行为冲动和情绪冲动，行为冲动包括：不想为照顾者提供食物、有打受照顾者的冲动、想禁锢受照顾者、想用粗暴的方法对待受照顾者。情绪冲动包括：想对受照顾者尖叫、想用污言秽语对受照顾者说话、威胁受照顾者停止照顾。

毋庸置疑，社会应对虐待老人零容忍，但是虐待老人的识别和指证颇具争议

---

① Joah L, et al., “Prevalence of Elder Polyvictimization in the United States: Data from the National Elder Mistreatment Study,” *Journal of Interpersonal Violence*, vol. 35, no. 21-22(2020), pp. 4517-4532.

性。在识别方面，口头上的、言语上的不良对待可能与文化和教育程度有关，较难分辨哪些是在特定场合可以接受的污言秽语，哪一些是虐待。在指证方面，虐待者很可能是受虐老人的亲人，很多老人不愿指证。再加上心理/情感方面的虐待取证艰难，所以很多虐待并未被发现或指证。要干预虐待，必须从两方面入手，一方面，对于高危人群、体弱老人的照顾者，需要提供以照顾者为中心的支援和服务，使他们在照顾好自己的基础上，照顾体弱的亲人。由于照顾亲人在传统社会里被看作理所当然的家庭责任，所以很多照顾者都会把关注焦点放在被照顾的老人身上，长期忽视自己的需要。如果照顾者长时间提供高强度照顾，又未能得到充分休息，连身体健康都无暇顾及，那么照顾者很容易出现抑郁情绪，反过来影响被照顾者的健康。另一方面，在全社会要大力提倡尊老爱幼的社会风气，使尊敬老人、爱护老人成为社会共识，避免对老人的偏见和歧视。社会还应尽力满足照顾者在经济、知识、社会支持和情绪资源上的多方位需要，提升照顾者的生活满意度①。

歧视是指对一个群体的不公平的看法，这些看法只是根据一些表面的、片面的信息形成的，不能反映对象的真实情况。歧视的种类有很多，如种族、性别、地域、特长、工资、职业等。对老年群体来说，他们经常受到年龄歧视，如在工作方面，由于年龄关系找不到工作或不受重用等。这些对老年人的不公平的对待与社会中对老年人的负面看法相关，如认为“老年人没有年轻人那么能干”“老年人动作慢不适合做某些工作”“老年人退休了没有用了”等，久而久之，老年人自己也会内化这些对自己的负面看法，认同那些对老年人不恰当的态度和价值观。更有甚者，社会工作者或者其他老年工作者也难免内化社会上对老年人歧视的观点，对老年群体形成一些简单划一的、不准确的印象，这会大大影响社会工作者服务老年人的志愿和热忱。在数字时代，外界对老年人的负面看法会影响老年人学习新技术的意愿，这会使老年人与社会越来越脱节。若要改变年龄歧视，一方面要推动立法，另一方面在日常生活中要推动不同年龄层的人面对面交往，交流生活经验，改变简单印象，让其他人在生活中了解老年人的多样性，欣赏老年人的能力和长处，也看到他们由于年龄增长而受到的限制、遇到的困难，这样才能更好地为老年人提供服务。

三、体弱老人照顾与服务

体弱老人的照顾可以分为非正规照顾和正规照顾，非正规照顾由家人或者家庭雇工提供，在全球范围内，大部分体弱老人由家人照顾，所以对他们的支持

---

① 楼玮群、桂世勋：《上海高龄体弱老人家庭亲属照顾者的生活满意度：照顾资源的作用》，《人口与发展》2012 年第 3 期，第 74—81 页。

服务是相当重要的。正规照顾又包括三类服务:(1) 提供照顾的院舍服务,(2) 以社区日间中心为主的“托老”服务,(3) 以上门为主的居家服务。

院舍服务主要提供给高龄、体弱、重度失能失智老人,由于院舍化的生活管理对个人的活动有一定的限制,所以不到万不得已的情况下应该考虑在社区寻求服务。从文献研究来看,院舍服务有两个趋势。首先,院舍照顾的老人中患老年痴呆症的比例越来越高,可见老年痴呆症患者于病程晚期在社区生活确实有很大的困难,那么在院舍照顾老年痴呆症患者有哪些要留意的地方呢? 一方面是环境设计,由于老年痴呆症患者智力有限,且经常有游走等行为特征,因此环境设计要特别考虑增加环境中的指引,尽量运用游走走廊的设计,在环境中增加自然元素,花草、鱼鸟、小动物等元素都能有效地激发老人的感知。另一方面是生活规律训练,尽量保持老年人的独立生活能力,并提升他们的生活质量。其次,照顾模式从以消灭症状为中心转向以人为本的服务模式,院舍老人的自尊和选择被置于重要的位置,避免不良对待和不必要的活动限制。还要培训服务提供者用身体语言和情绪表达来与老人沟通,这些转变都可以有效地预防行为问题的出现,提升老人的生活质量①。在这样的观念下,社会工作者作为在院舍提供服务的跨专业团队之一,可以从以下几个方面提供自己的专业判断和服务。

首先,可以帮助评估老年人家人的情况,从家庭的角度提出如何在院舍照顾的环境下保持与家人的密切沟通,鼓励家人在照顾老人的不同阶段作出不同程度的贡献,在需要的时候可以进行适当的辅导服务。

其次,针对处于老年痴呆症早期的老人,可以通过辅导服务增加患者的心理准备,帮助其消除可能有的情绪困扰。举行家庭会议可以帮助患者和家人一起面对一些将来可能要做的重要决定,如是否立遗嘱,是否做预立医疗指示等。在这些过程中,老人的参与非常重要,只要老人还有一定的智力,我们就要把握机会听取他们的意见,并实时将他们的意见传达给家人,做好老人与家人的沟通和交流工作。

最后,社会工作者可以设计一些融入行为治疗原则的日常生活法则,帮助解决日常生活中由于生活习惯、智力水平、疾病所引起的行为问题②。针对每一个特定的行为问题,社会工作者可以通过行为观察了解是否在某种特定环境下(时间、地点)这个行为会被激发,然后尝试找出可以改变行为刺激的诱因。研究显示,诱发问题行为的原因包括:与照顾者或者其他院友接触、感到厌倦/无

---

① V. Wq. Lou, G. Kc. Law & X. B. Zhong, "Person-Centred Care for Demented Older Adults: A Qualitative Analysis," *Hong Kong Medical Joural*, vol. 22(2016).

② J. Masopust, D. Protopopová, M. Vališ & Z. Pavelek, "Treatment of Behavioral and Psychological Symptoms of Dementias with Psychopharmaceuticals: A Review," *Neuropsychiatric Disease and Treatment*, vol. 14 (2018), pp. 1211-1220.

聊、进入昏睡状态、感到有压力/挫败感、焦虑、疼痛、饿或者渴、生病、有药物反应等。社会工作者可以循着这些线索尝试发现某一问题行为的诱因，并设计相应的干预措施。当然在院舍改变个人行为不是一个人的努力就可以实现的，要运用团队力量，设计新的行为奖赏机制来培养新的行为模式。奖赏包括给予关注、增加生活中的各种刺激、与患者接触、提供食物、提供舒适的环境等。

社区日间中心的“托老”服务主要有四个重要的功能。第一，为失能失智老年人提供康复评估和训练。日间照顾中心一般配备康复师和康复设备，定期的专业评估和训练对于有潜力康复的老年人非常必要。第二，减轻亲属照顾者的照顾负荷，如果失能失智老年人可以每周定期到日间中心，那么亲属就可以有喘息的机会，更好地照顾自己。第三，为有紧急需要的家庭提供紧急暂托，如照顾者有紧急事务需要离开老人的情况下，日间中心可以成为家庭的有力后盾。第四，为失能失智老年人提供社交的机会。失能失智老年人由于自身能力的限制，在日常生活中往往由于无法自行外出或者不会自行使用电子设备而大大缩小了社交范围，换句话说，几乎没有主动社交的可能性，日间中心就为这些老年人提供了新的社交机会，如果日间中心能有社区中义务工作者的参与，这个功能就能更好地发挥。

在社区的家居照顾团队可以为体弱但仍可以在有限度帮助下独立生活的老年人提供居家服务。这些老年人的需要主要有以下五个方面，一是家居照顾、饮食、日常照顾等需要；二是医护照顾需要，包括药物管理、看医生、判断何时要去医院、慢性病管理等；三是康复需要，评估在日常活动功能方面所需要的康复服务，最大限度地发掘老年人独立生活的能力；四是心理需要，老年人由于体弱的关系，在自尊心、自信心及情绪方面都容易有困扰，社会工作者需要在这些方面提供服务和干预；五是家庭照顾者的需要，帮助家庭照顾者了解老人的情况，并保持他们在照顾老人方面的动力和合作，是社会工作者的工作重点之一。

从以上的分析我们看到，在社区生活的体弱老年人需要一种能有效协调各种专业或非专业服务的机制，这个机制被称为个案管理。个案管理服务可以帮助老人及照顾者找到最适合的服务，并帮助老人及照顾者与不同的服务提供者沟通。个案管理在长期照顾服务中运用广泛，一般包括以下五个主要环节：第一个环节是要对服务对象做一个全面的评估，如前所述，每个老人在居家照顾、医护照顾、康复、社会心理和照顾者方面的需要都不尽相同，所以一个全面可靠的评估可以帮助我们了解老人及照顾者的真正需要。第二个环节是根据每个老人的具体需要，特别是老人及照顾者的优势、资源和危机等，制订个人服务计划，个人服务计划要充分尊重老人和照顾者的意见，还要切实可行。第三个环节是匹配老人所需要的服务，并提供服务，这时候照顾者和老人的合作与参与当然重要，个案经理也要对服务实施的具体计划做好随时调整的准备，因为只有及时的反馈和调整才能最大限度地匹配需要与服务内容和提供形式。第四个环节是个案经理监督各项服务的实施情况,并与服务提供者协商确定服务目标,评估目标的实现情况。由于体弱老人的身体情况可能随时发生变化,所以个人服务计划的评估、制订,以及服务的提供不是一次性的工作,而是不断循环往复的工作,任何环境及老人的变化都可能使预定的服务计划需要做出调整。第五个环节是个案经理对服务计划的成效做出评估,包括与老人及其家人共同回顾计划。个案管理的模式非常多样化,有的个案经理是服务单位派出的,有的个案经理本身就是护士或者社会工作者,有的个案经理做服务协调工作,并向其他社区服务资源购买服务①。

上述服务的运转都需要资金支持,长期照顾服务的融资是一个非常值得思考的问题。不同国家有不同的融资模式,很多是在医疗健康服务融资模式的基础上发展起来的,资金来源主要有税收、个人供款,以及个人、家庭自付等不同形式的结合。例如,在澳大利亚、加拿大和英国,基本医疗金由税收支付,并采用普遍性模式,但在长期照顾上采用了选择性模式,只为那些有需要(体弱)、有经济困难的老人提供费用减免。而德国、日本等就采用了社会保险的混合支付模式,新加坡更是引入了家庭代际户口,可以使老人与家人共同分担费用。在美国,长期照顾只为有特别经济需要的老人提供,而且联邦政府没有对其制定统一政策。在中国,长期照顾的院舍服务还存在床位短缺的问题,社区为本的服务也刚刚开始。不过自 2016 年开始,我国在 15 个城市开始试点长期护理保险,对这 15 个试点城市的满意度调查显示,大约 70%的受访者表示满意,居住在西部城市、只有一个孩子的受访者更倾向于满意。有研究指出,未来长期护理保险的扩展要更加关注覆盖率的问题,目前试点城市长期护理保险的参保资格较为严苛,使一些有需要的人未能享受保险。另外,研究还建议针对城市和农村的差距实现政策协同。目前很多保险的给付还是以院舍服务为主,如何能拓展到社区甚至居家层面还有待研究,针对其总体效果和融资的可持续性也尚待进一步讨论②。从国外的实践中我们可以汲取哪些经验呢?第一,长期照顾要与医疗和其他老人服务分开考虑,在资金、服务模式及服务内容方面都要有创新,而且要考虑本

---

① Vivian Wei-qun Lou, "Case Management in Community-Based Long-Term Care: Good Practices and Challenges in Hong Kong," in Kar-wai TONG and Kenneth Nai-kuen FONG, *Community Care in Hong Kong: Current Practices, Practice-research Studies and Future Directions*, Hong Kong: City University of Hong Kong Press, 2014.

② Yanzhe Zhangand Xiao Yu, "Evaluation of Long-Term Care Insurance Policy in Chinese Pilot Cities," *International Journal of Environmental Research and Public Health*, vol. 16, no. 20(2019).

土特点，将养老院打造为提供长期照顾服务的机构，而非单纯增加床位①。第二，长期照顾服务需要大量的跨专业人才，如老年科医生、老年精神科医生、善终服务提供人员、护士、康复师、社会工作者等，人才培养是做好长期照顾的关键。第三，无论哪一个国家的经验都指出，长期照顾中家人的作用必须得到充分的肯定，而且需要制定政策来扶持家人，分担一部分照顾责任。第四，社会工作者在老人长期照顾服务中可发挥多方面的作用，如评估、健康教育、家人支持、心理辅导等，由于需要长期照顾的老人通常患有各类疾病，所以掌握一定的医护知识是非常必要的。

四、老年人的权益与保护

早在1996年，我国就制定了《中华人民共和国老年人权益保障法》，2012年12月28日全国人民代表大会常务委员会审议通过了对该法的修订。该法对老年人的各项权益都赋予了法律上的保护，其目标是使全社会的老年人都实现老有所养、老有所医、老有所学、老有所为、老有所乐。法律明确指出，老年人从国家和社会获得物质帮助是他们应享有的权利，所以各级人民政府有义务在老年人服务事业上投入资金，并采取适当的组织措施，协调各部门做好老年人权益保障工作。当然在法律中也明确规定了家庭赡养老年人，为老年人提供照顾的义务。在2012年的修订中，该法特别针对当前及未来的国情，增加了有关完善计划生育家庭老年人扶助制度的条目，增加了与长期照顾相关的倡议建立老年人日间照料场所的内容，增加了规范养老服务收费项目和标准的要求。

从总体上说，老年人的权益保护是受法律保障的，法律明确规定了政府、社会、家庭和个人的责任，这对于推动保护老年人权益，实现“五个老有”起到了非常积极的作用。作为社会工作者，在制定服务政策或者为老人提供服务的时候，必须以法律为依据，牢记老年人的权益，这样才能养成适合老年人服务的价值观和工作态度，例如，认识到社会上的年龄歧视对实现老年人权益的影响，反思自己的价值观中是否也有这种偏见或者歧视。尊重老年人参与和自我决定的权利知易行难，当老年人和家人在老年人的权益问题上发生矛盾的时候，如何充分尊重老年人的意愿呢？凡此种种的问题都值得社会工作专业的学生、老师和从业人员在个案中不断反思、讨论和总结。

---

① Michelle H. Y. Shum, et al., “The ‘Leap Forward’ in Nursing Home Development in Urban China: Future Policy Directions,” *Journal of the American Medical Directors Association*, vol. 16, no. 9(2015), pp. 784-789.

【延伸阅读】：

案例描述

王婆婆85岁，从工厂退休后两夫妻和儿子一家同住，还帮忙照顾孙子好几年。十年前，儿子一家为了能让孙子上一所好的小学，决定新买一套房子，搬过去住，王婆婆夫妇满心欢喜，期待改善住房条件。没想到有一天，儿子对王婆婆说："我们决定一家三口搬去新家，妈妈你就和爸爸一起留在老房子住，可以宽敞一些，我们会经常来看你们的。"王婆婆一听，心里不是滋味，但是也只能答应了，并积极转换自己的心态，参与了老年大学的学习，结交了一些新朋友。一年前，王婆婆的丈夫中风，虽然没有完全半身不遂，但是日常起居都离不开人，王婆婆一人承担家务和照顾，身心疲惫，常常夜不能寐，不再去老年大学，常常感到心口郁闷，说不出的难受，但是又不知道怎样和儿子说，逐渐变得闷闷不乐，心事重重。在新冠疫情下，儿子也减少了探望，代之以电话关心。作为一个在居委会工作的社会工作者，应如何分析王婆婆的经历？可以怎样帮助她呢？

案例分析

从压力和应对的角度来看，王婆婆面对的压力是多方面的：王婆婆自从丈夫中风后就承担起了家务和照顾工作，这无疑会给王婆婆带来很多新的挑战。伴随着疫情，她与家人的社交距离也发生改变，过去虽然不与儿子一家同住，但是儿子一家也会在周末、假期来看望，有时候还会陪伴二老去看医生。新冠疫情的出现，这些社交和照顾活动被打乱，王婆婆的角色承担和行为表现都大大受影响。

社会工作者可以循着这个角度来帮助王婆婆了解她目前的处境，帮助她找到新的定位点。根据照顾者的压力理论和活动理论，王婆婆可能需要重新规划照顾安排，建立新的支持系统。自从和儿子分开居住后，王婆婆在老年大学的学习使她建立了一些朋辈关系。但是在长期照顾丈夫，且受新冠疫情影响的情况下，朋辈关系的可支援性下降，社会工作者需要和王婆婆一起探索新的可能有的支持系统，如日间照料中心、长期照顾服务等，这样可以分担一部分照顾者角色的压力。同时，王婆婆可以利用这段时间自己放松，寻找在网络上继续学习和社交的机会。王婆婆年事较高，她认为自己不用学习新技术了，让年轻人帮着干就行，社会工作者要针对王婆婆的这种观点，为她加油打气，鼓励王婆婆学习使用智能手机、社交媒体根据活动理论，增加社区参与，可以舒缓压力，也可以使王婆婆得到与社会连接的归属感。社会工作者还可以从社会建构或女性主义的视角出发进行思考并设计干预措施。

当然上述理论分析只是停留在假设层面，重要的是在分析时要邀请王婆婆分享她的处境，充分听取她对自己生活处境的看法和感受，尊重案主自决。对于王婆婆的情绪问题，社会工作者可以通过辅导来帮助她。最后，社会工作者在整个过程中也要有整个家庭的视角，把丈夫以及儿子的需要考虑在内，与他们保持良好的沟通，使他们明白社会工作者不是帮助王婆婆与他们对抗，而是与他们分享她的心情和困难，同时使她明白丈夫和儿子的心情，以获得丈夫以及儿子的支持。社会工作者要帮助王婆婆、丈夫和儿子共同发展出一个新的照顾和沟通模式，使王婆婆、丈夫和儿子都能积极、正面地面对这次挑战，并能从中找到新的沟通模式和生命意义。

案例："老兵之家"：让退役永不褪色

摘要：近年来，党和政府对优抚安置工作十分重视，使得退役军人这一特殊群体逐渐走进大众的视野。如何满足退役军人多样化的需求，帮助其提升生活质量并传承革命精神，是优抚安置社会工作的一项重要内容。在本案例中，社会工作者通过大量走访调研建立老兵信息库，以服务对象的军队情结、社会尊重、健康维护、多元养老、社会参与等需求为导向，通过链接民政部门、退役军人事务局、慈善基金会、企事业单位等外部资源，运用个案、小组和社区工作方法，为退役老兵提供健康维护、精神慰藉、潜能挖掘和社会支持网络重建等服务。案例服务期内所承接的相关服务评分较高，服务效果良好。本案例的经验对于探索将社会工作引入退役军人优抚工作的方法与模式有重要的参考价值。

本章小结

个体在老年期这个阶段，生理和心理都发生了很大变化，尤其各种身体机能的衰退和智力水平的变化对老年人影响很大，科特雷尔的角色理论、赫威斯特的活动理论及纽加顿、赫威斯特和托宾提出的走中间路线的持续理论都对老年人如何在变化中实现最佳的社会适应有一定的解释力。

随着社会的不断发展，老年人需要面对诸多挑战，包括退休、丧偶和独居，他们需要不断学习来适应快速转变的需要。

老年人的健康问题是其面对的最严峻的挑战，其中主要的表现是失能失智及缺少社会支持。如果说失能是部分老年人必经的人生最后阶段，那么社会支持就是老年人面对失能的良药之一。

关于老年人的社会工作重要议题包括自杀、虐待、歧视、长期照顾、权益保护，虽然有些议题可能只适合于小部分老人，但这恰恰是社会工作者工作的重点——帮助社会上少数最有需要的人获得福祉。

思考题

1. 老年人会经历哪些生理变化？这些变化是正常老化吗？
2. 老年人会经历哪些社会心理变化？
3. 老年社会心理理论有哪些观点？有什么异同？
4. 社会工作者如何帮助老人面对独居生活？
5. 老年人如何做好退休准备？
6. 社会工作者如何帮助和照顾失能老人？
7. 社会支持对老人有什么作用？
8. 虐待老人有哪些种类和危险因素？
9. 社会工作者在保护老年人权益的工作中能够扮演什么角色？

推荐阅读

[美]凯瑟琳·麦金尼斯-迪特里克：《老年社会工作：生理、心理及社会方面的评估与干预(第2版)》，隋玉杰译，中国人民大学出版社2008年版。

梅陈玉婵、林一星、齐铱：《老年社会工作从理论到实践》(第二版)，上海人民出版社。

邬沧萍主编：《社会老年学》，中国人民大学出版社1999年版。

World Health Organization, *Decade of Healthy Ageing: Plan of Action* 2021–2030, Geneva: World Health Organization, 2020.

World Health Organization, *Active Ageing: A Policy Framework*, Geneva: World Health Organization, 2002.

扩展推荐阅读

K. Ferraro & D. Carr (eds.), *Handbook of Aging and the Social Sciences* (*9th ed.*), Salt Lake City: Academic Press, 2021.

N. R. Hooyman, K. Y. Kawamoto & H. A. Kiyak, *Social Gerontology: A Multidisciplinary Perspective* (*10th ed.*), Boston: Allyn &and Bacon, 2017.

Sheying Chen & J. Powell, *Aging in China: Implications to Social Policy of a Chan-*

ging Economic State, New York: Springer, 2012

I. G. Cook & J. L. Powell, *New Perspectives on China and Aging*, New York: Nova Science Publishers, 2007.

R. England, *Aging China: The Demographic Challenge to China's Economic Prospects*, Connecticut: Greenwood Publishing Group, 2005.

R. Atchley, *Social Forces and Aging: An Introduction to Social Gerontology* (*10th ed.*), Belmont: Wadsworth, 2004.

R. Kane & R. Kane, *Long-Term Care: Principles, Programs and Policies*. New York: Springer Publishing Company, 1987.

后　记

参加本教材大纲讨论和正文撰写的学者具有多学科的背景，包括社会工作、社会学、心理学、民族学、人口学等，他们均是在社会工作教学一线耕耘多年的、有丰富社会工作实务经验的教师。

本书第四版撰写者如下。彭华民（南京大学）撰写第一章、第三章第四节、序和后记，合撰第四章、第五章。张洪（南京大学）撰写第二章、第八章；肖萍（南京大学）撰写第三章前三节；许小玲（合肥工业大学）合撰第四章；刘玉兰（常州大学）撰写第六章，合撰第五章；徐愫（南京大学）撰写第七章、第九章；蔺文钧（南开大学）撰写第十章；库少雄（中南民族大学）撰写第十一章、第十二章；楼玮群（香港大学）撰写第十三章、第十四章；沈晖（南京大学）和黄君（华中师范大学）编写与修改第八章第四节；高丽茹（南京财经大学）编写与修改第十一章第三节。

我们组织了多位具有一线实务经验的作者为本教材编写配套案例，包括彭华民、刘玉兰、肖萍、何珊珊、金英爱、黄君、刘泽伟、林慧灵、花逢瑞、万国威、姚进忠、王娟等。案例名称和作者参见后记表1。

后记表1　《人类行为与社会环境》（第四版）
分章案例名称和作者列表

章名	案例名称和作者
第一章　导论	《知中国服务中国：南开大学知行合一服务学习模式》
第二章　人类行为与社会环境互动的理论视角	《抗逆小童星服务项目》（彭华民、刘玉兰）。入选2020年度南京大学专业学位研究生精品共享教学案例。获民政部首届全国优秀专业社会工作服务项目一等奖。该案例收入王思斌主编：《MSW教学案例集》，北京大学出版社2015年版

续表

章名	案例名称和作者
第三章　人类行为与社会环境互动的社会理论	《学习倦怠行为改变服务项目》(肖萍)。该案例收入王思斌主编:《MSW 教学案例集》,北京大学出版社 2015 年版。入选 2020 年度南京大学专业学位研究生精品共享教学案例
第四章　社会结构环境	《从爱心纽带到治理参与:社区基金的福利治理机制分析》(何明洁、潘语、戴茜、阳馨璇、敬昕卓)。教育部主题案例项目(ZT211061007)
第五章　文化环境	《中韩跨文化整合性介入社区抗疫模式研究》(金英爱、彭华民、喻传洋、刘姝伶、胡述耀等)。教育部主题案例项目(ZT20201037),入选学位与教育部研究生教育发展中心/中国专业学位案例中心案例库,案例编号 2022000110016
第六章　人类健康与公共卫生环境	《宁波夜话聚民意:城市社区基金案例分析》(何明洁、马缨、阳馨璇、张向阳、戴茜)。教育部主题案例项目(ZT211061007)
第七章　妊娠、胎儿与社会环境	《唇腭裂患者及家属社会心理支持服务》(黄君)。此案例获 2011 年度民政部—李嘉诚基金会"缝上心上的裂痕——唇腭裂患者及家属社会心理支持服务项目"的支持。中部地区服务由华中师范大学社会学院和武汉大学口腔医院联合实施
第八章　婴儿行为与社会环境	《复元摆渡人:一体化的精神健康社会工作服务》(刘泽伟、曹志禹、徐悦尔、蒋思毅、黄业渠,指导老师彭华民)。获首届全国 MSW 研究生案例大赛一等奖
第九章　幼儿行为与社会环境	《快乐出发:心智障碍者技能学习小组》(林慧灵、孔蕾、江露,指导老师肖萍)。获首届全国 MSW 研究生案例大赛二等奖
第十章　儿童行为与社会环境	《"阳光伙伴"城市外来未成年人助力成长计划》(刘玉兰)。江苏省民政厅优秀社工项目一等奖

续表

章名	案例名称和作者
第十一章　青少年行为与社会环境	《“彝路相伴、共创成长”：提升青少年积极发展能力服务研究》（花逢瑞、穆莉萍、胡智荣、何梅、雷超、何晴，指导老师周正）。获西南财经大学青年志愿者行动十大公益品牌奖
第十二章　青年行为与社会环境	《残疾人家庭抗逆力提升社会工作服务项目》（姚进忠），该案例得到国家社会科学基金青年项目“残疾人家庭抗逆力生成机制的社会工作研究”（16CSH065）资助
第十三章　中年人行为与社会环境	《贫困县促进农业农村现代化和引导农业人口增收研究》（万国威）。该案例得到教育部2020 年主题案例项目（ZT2020009）资助
第十四章　老年人行为与社会环境	《“老兵之家”：让退役永不褪色》（王娟、李琴、杨迷可、张启航，指导老师赵怀娟）。获第二届全国 MSW 研究生案例大赛百强案例

如果我们能不断把人类生生不息的发展变迁充实到教材和教学中，把中国本土社会工作发展作为教学案例，把“后好”做得更好，身为主编的我将不胜欣慰。无论我们有多么美好的愿望，无论我们有如何的付出，受时间和精力的限制，书中仍然可能存在瑕疵。学海无涯，恳请同仁们和读者们在细读本书后，给我们提出改进的意见。最后，我们感谢高等教育出版社先后几位编辑干咏昕、杨琨、张然、张婧涵、程思祎的大力支持。感谢南京大学社会学院对本教材编写工作的支持。感谢许小玲、王梦怡、穆莉萍、花逢瑞的校对工作。感谢课程助教孙睿雯、胡青峰、崔坤杰、姚进忠、秦永超、同雪莉、潘佩佩、康怡、黄君、张婧、陈素敬、范慧、刘玲、王梦龙等。

感谢选修课程的同学们及五湖四海的读者们，你们的健康成长是我们教学和写作的最大动力。

彭华民

2024 年 10 月 9 日于金陵